湛庐 CHEERS

与最聪明的人共同进化

HERE COMES EVERYBODY

2022年中国资产管理行业发展报告

巴曙松　周冠南　禹路　等 / 著

中国财经出版传媒集团
中国财政经济出版社

中国资产管理行业发展报告课题组（2022 年）简介

课题主持人

巴曙松　　研究员，博士生导师
北京大学汇丰金融研究院执行院长
中国银行业协会首席经济学家
中国宏观经济学会副会长

特邀行业一线资深专家（按姓氏汉语拼音排序）

陈　进　　百瑞信托研究发展中心总经理
段国圣　　泰康保险集团股份有限公司执行副总裁、首席投资官，武汉大学经济与管理学院兼职教授
葛国栋　　永安期货股份有限公司董事长
马曙光　　农银理财有限责任公司董事长
任志强　　海富通基金管理有限公司总经理
王　菁　　瑞信证券（中国）有限公司首席执行官
杨　海　　上海东方证券资产管理有限公司总经理助理

课题协调人

周冠南　　华创证券有限责任公司

课题组成员

第 1 章	许洪波	华创证券有限责任公司
第 2 章	夏碧莹	中国东方资产管理股份有限公司
	陶小敏	FTI 咨询
	王晓倩	中央财经大学金融学院
第 3 章	刘蕾蕾	中国人民银行西安分行营业管理部
	周锦鹏	招商银行股份有限公司财富平台部
第 4 章	李成林	中国工商银行股份有限公司成都分行
	王紫宇	泰康资产管理有限责任公司
	陈晋元	中国民生银行股份有限公司
第 5 章	方云龙	中国再保险（集团）股份有限公司博士后科研工作站
	柴宏蕊	对外经济贸易大学金融学院
	吴　培	华南物资集团有限公司
第 6 章	朱茜月	珠海华润银行股份有限公司资金运营中心
	何家榕	中国大地财产保险股份有限公司浙江分公司线上渠道部
	刘雨希	中南财经政法大学金融学院
第 7 章	徐　亮	上海市人民政府发展研究中心上海发展战略研究所
第 15 章	黄文礼	浙江财经大学中国金融研究院
	邵杨楠	中南财经政法大学金融学院
第 16 章	曾　好	浙江财经大学中国金融研究院
	朱远浩	浙江财经大学中国金融研究院
第 17 章	杨　敏	招商银行股份有限公司
	程远飞	中南财经政法大学金融学院

第 18 章	唐芷瑄	中央财经大学金融学院
	亓良宸	中信建投证券研究发展部
	徐扬皓	中国证券金融股份有限公司
第 19 章	江雅妤	国信证券股份有限公司资产管理总部
	巴　茜	中国民生银行股份有限公司
第 20 章	姚沁雪	上海光挚源投资管理有限公司
	陈焕燃	复旦大学经济学院

测一测

资产管理行业新动向，你了解多少？

扫码鉴别正版图书
获取您的专属福利

扫码获取全部测试题及答案，
一起了解资产管理行业的
新动向

- 目前，（　　）和互联网金融平台是个人投资者购买理财产品的主要渠道。

  A. 券商

  B. 银行

  C. 第三方财富管理公司

  D. 保险公司

- 作为一种新兴的资产类别，数字资产的特点是高波动、并且与传统资产相关性高吗？

  A. 是

  B. 否

- 2021 年，全球养老金市场的规模进一步增长，全球最大的养老金市场是哪个国家？

  A. 加拿大

  B. 日本

  C. 美国

  D. 中国

扫描左侧二维码查看本书更多测试题

在市场动荡中为资产管理行业发展新阶段奠基

巴曙松
北京大学汇丰金融研究院执行院长
中国银行业协会首席经济学家
中国宏观经济学会副会长

2022 年的市场依然持续动荡。在新冠肺炎疫情继续冲击全球经济运行的第三年，逆全球化加剧，发端于发达经济体的通货膨胀水平快速攀升，全球金融市场大幅波动。当前中国经济正处在转型升级的关键期，面对纷繁复杂的不确定性，局部风险开始暴露，资产价格波动放大，对资产管理（以下简称“资管”）行业提出了更高的要求。当前，中国经济由高速增长阶段转向高质量发展阶段，处在转变发展方式、优化经济结构、转换增长动力的攻关期。在新旧动能转换过程中，防范化解系统性风险必然伴随着过去累积风险的逐步出清：房地产调控政策基调趋严使得以房地产行业为代表的行业风险释放加速；清理地方政府隐性债务需要逐步打破“城投刚兑”的投资惯性；资管行业清理资金池业务、推动净值化转型，导致产品申赎更加普遍，资产价格波动显著加大。总之，经济转型升级将导致资产的收益风险特征相较于以往出现较大变化，这也对资管行业提出了新的挑战。

但是，正是在这样动荡的市场环境中，中国资管行业发展新阶段的基石逐步显露雏形。这既包括行业运行方式的转变，也包括一系列适应未来发展的新增长点的培育，还包括一系列行业基础设施的逐步完善。

尽管内外部环境复杂多变，但资管行业经历了近5年的转型升级，存量风险得到有效化解，行业韧性显著加强，已经能够更好地应对不断变化的全球经济金融环境。中华人民共和国国民经济和社会发展第十四个五年规划（以下简称“十四五”规划）贯彻落实实施工作有序推进期间，中国经济进入高质量发展阶段，创新、协调、绿色、开放、共享作为新发展理念正在引领社会经济发展。如何在转型整改后实现自身高质量发展与社会经济高质量发展的统一，是资管行业面临的新机遇和新挑战。

首先，资管行业助力社会经济高质量发展，需要更加精细化地发挥资金融通功能。一方面，经济的高质量发展需要增加直接融资的比重，资管行业作为连通资金端与资产端的重要平台，可以发挥更大作用。截至2021年末，我国资管行业资管规模达133.7万亿元，占国内生产总值（GDP）的比重约为118%，较2011年提升了近2.3倍，资管业务已经成为贯通金融市场高效运转和实体经济健康发展的重要桥梁，使投资方与融资方共同分享中国实体经济发展的红利。另一方面，资管行业在资源优化配置的过程中应该注重提升结构优化能力，通过引导资金流向，更好地支持经济转型升级。金融供给侧结构性改革正在推动资管行业加大对“专精特新”中小企业的支持，促进产业迈向中高端，加快形成低能耗、低污染、高附加值的新发展模式，实现经济总量质量双提升。

其次，资管行业要适应经济发展的阶段特征，主动服务高质量发展。

一是在经济转型背景下，深入服务科技型实体企业，促进新经济发展。截至2022年8月，科创板和创业板市值达18.8万亿元，占全市场的比重超过21%，较2019年末提升9.3个百分点，独角兽公司市值超1万亿元。资管行业顺应时代发展趋势，通过一级市场投资、二级市场引流、产品创新设计等方式，聚焦新技术、新产业、新业态、新模式，支持创新型企业发展。

二是在人口老龄化背景下，加大对养老产业的资管服务。2020 年第七次全国人口普查数据显示，我国人口的年龄结构正在发生深刻变化，预计未来 5 年中国老年人口将达到 3 亿，中国由轻度老龄化社会阶段过渡到中度老龄化社会阶段。养老保障事业始终是资管行业的重点服务领域之一，截至 2021 年 6 月末，公募基金业管理养老金 3.6 万亿元，超过养老金委托规模的 50%；保险业为 7.4 万家企业提供企业年金服务，覆盖 1 500 万人，受托资产 1.2 万亿元，约占企业年金委托规模的 70%，同时还受托管理职业年金超 8 000 亿元。此外，信托公司、券商资管和养老金管理公司也在养老金投资管理上发挥作用。资管行业积极服务养老金保值增值，为养老保障事业发展贡献了重要力量。

三是在绿色发展背景下，践行社会责任投资，助力“双碳”目标的实现。碳达峰、碳中和是一场广泛而深刻的社会经济系统性变革，根据国家发展和改革委员会（以下简称“发展改革委”）能源研究所 2021 年预测，未来 30 年中国为实现碳中和目标，仅能源相关基础设施建设领域的投资规模将达到 100 万亿元。2021 年 2 月，国务院印发《关于加快建立健全绿色低碳循环发展经济体系的指导意见》，提出大力发展绿色金融的重点工作。截至 2022 年第二季度，中国公募基金以环境、社会和公司治理（ESG）理念为主题的投资规模已经达到 2 500 亿元。未来，资管行业将持续践行绿色、可持续的投资理念，实现 ESG 投资与传统投资体系的有效结合。

四是在推进共同富裕的过程中，保障民生基础，促进居民资产保值增值。以人均 GDP 衡量，我国仍未跨入高收入经济体行列，且存在收入和财富差距大、家庭资产高度集中于房地产等问题。资管行业作为居民资产的管理者，凭借其较低的投资门槛和较高的收益，助力居民资产保值增值。截至 2021 年末，中国公募基金服务的有效账户达 12 亿个，累计为客户创造利润 6 万亿元，累计分红 3.8 万亿元。此外，资管行业的发展能够优化家庭资产配置结构，分散资产配置风险，提供适合家庭生命周期阶段的金融服务，对于促进共同富裕具有重要的意义。

另外，在支持社会经济高质量发展的同时，资管行业发展也要提质升效，实现自身的高质量发展。过去 5 年，资管行业经历存量整改与净值化转型，《关于规范金融机构资产管理业务的指导意见》(以下简称“资管新规”)通过打破刚兑、规范资金池模式、遏制通道业务、强化期限匹配等方式推动业务发展回归资管本源，而非简单依托牌照优势进行规模扩张，清晰的市场化定价原则正在推动更公平的竞争格局形成。目前，资管行业格局已经实现重塑，并处于从转型整改期走向高质量发展的新阶段。

转型之后，资管行业主动适应市场新特征，创新发展多元化新产品。在坚持“房住不炒”和无风险利率中枢下移的时代背景下，大量资管需求向资管行业迁移。当前，资管机构灵活运用各类投资策略，健全完善产品风险收益曲线，构建覆盖全生命周期的产品谱系，为居民资产投资提供多元化选择。此外，资管机构紧跟国家发展战略方向，积极配合“双碳”目标、国内国际双循环战略、乡村振兴、人口老龄化应对等中长期任务开拓新的投资领域与业务类型。

资管行业回归“受人之托，代人理财”的行业本源，各类资管机构充分发挥自身资源禀赋的优势，寻找新的竞争定位：银行理财子公司承接了银行资管部的渠道优势和大类资产配置能力，正逐步向综合资管机构的方向发展；公募基金、保险资管等机构践行价值投资理念，发挥资本市场“稳定器”和“压舱石”的功能，为经济高质量发展提供长期稳定资金；私募资管机构发挥在股权投资、一二级市场联动投资、资产证券化业务等领域的优势，提供多维度金融服务，寻找差异化定位。未来，资管行业的竞合格局或将愈发清晰。

2022 年，中国资管行业正站在新的起点。作为资管行业发展的记录者，我们深刻感受到过去 20 年资管行业发生的重大变化。立足当下，对于未来资管行业如何助力中国经济迈入新的发展阶段，各市场参与主体都需要通过自己的探索，提供一份有价值的答卷。

是为序。

目　录

第二部分 机构专题篇

第三部分 海外及中国香港地区资管篇

第一部分

行业格局篇

/ 第 1 章 /

新的发展阶段，资管行业的新特征

2022 年是中国资管行业从转型整改期走向发展新阶段的起点。在监管政策驱动下，资管行业格局得以重塑，机构竞争核心从牌照和渠道回归至主动管理能力和产品创新能力，与之匹配的是投研体系、业务模式、系统架构、绩效系统和管理运作的优化升级。在新的阶段，资管行业发展出现了新的特征与新的时代主题，行业未来发展的基石已经初见峥嵘。

5 年转型整改期为资管行业进入发展新阶段打下基础

2017—2021 年，资管行业规模从 115 万亿元上升到 133.7 万亿元，年化增速为 4.17%，而 2013—2017 年年化增速是 30.96%。尽管行业增速有所放缓，但是处在转型整改期的资管行业规模依然保持了平稳的增长，同时实现了子行业分布格局的优化。其中，主动管理能力较强的子行业和积极推进整改的子行业保持了较快的规模增长，以资金池、通道业务为主的子行业规模受到抑制。

- **银行理财：**资管新规发布后，银行理财规模曾一度出现下降趋势，但随着各家银行逐步推进理财业务规范转型，积极探索如何度过转型阵痛期，近年来银行理财规模稳步增长。截至 2021 年末，银行理财规模达到 29.00 万亿元，较 2017 年末增长 30.81%（如图 1-1 所示）。

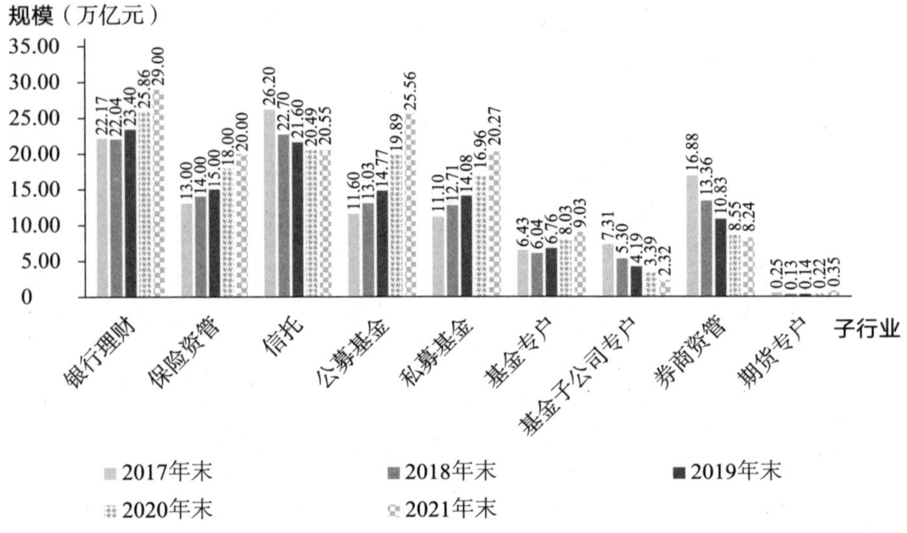

图 1-1　2017—2021 年资管行业规模变化

资料来源：银行业理财登记托管中心、中国保险资产管理业协会、中国信托业协会、中国证券投资基金业协会，课题组整理。

- **公募基金：**资管新规落地后，公募基金净值化管理能力和权益投资的优势更加突出，资管规模快速扩大。截至 2021 年末，公募基金资管规模达到 25.56 万亿元，较 2017 年末增长了 120.34%，基金专户资管规模达到 9.03 万亿元，较 2017 年末增长了 40.44%。

- **保险资管**：保险资管的资金主要来源于保费收入，面临的多层嵌套风险较小，并且前期监管对保险资金的使用要求非常严格，因而保险资管受资管新规影响有限，产品规模呈现持续扩大的趋势。截至 2021 年末，保险资管规模①达到 20.00 万亿元，较 2017 年末增长 53.85%。
- **信托、券商资管等私募资管**：在穿透式监管下，多层嵌套、通道业务、底层不清的资金池业务等规模迅速缩水，信托、券商资管等私募资管规模呈缩小趋势，截至 2021 年末分别为 20.55 万亿元和 8.24 万亿元，较 2017 年末分别压降 21.56%（5.65 万亿元）和 51.18%（8.64 万亿元）。

除了资管行业整体格局的调整，各子行业内部也发生了产品分布格局的健康转变，通道类产品的规模和占比持续压降，主动管理类产品规模快速扩大。银行理财中同业理财规模持续压降至较低水平，截至 2021 年末仅为 541 亿元，较资管新规发布前的 2.13 万亿元下降了 99.75%，占全部银行理财规模的比重不到 0.2%。

信托中具备通道类产品性质的单一资金信托规模从 2017 年末的 12.00 万亿元大幅压降至 2021 年末的 4.42 万亿元（如图 1-2 所示），而集合资金信托和财产管理信托成为本轮调整以来稳定信托业发展的力量。随着券商资管加速主动管理和公募化转型，定向资管计划规模大幅下降，集合资管计划规模由 2017 年末的 2.11 万亿元增长至 2021 年末的 3.65 万亿元。

---

① 保险资管规模为 2021 年度中国保险资产管理业协会调研的 32 家保险资管公司的规模，不包括处于风险处置阶段的保险机构下设的保险资管公司的资管规模。

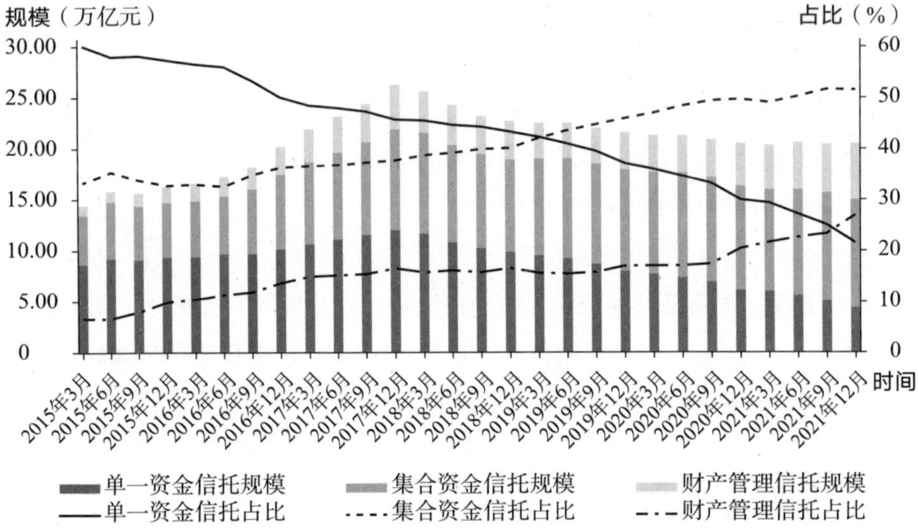

图 1-2　2015 年 3 月至 2021 年 12 月信托业发展状况

资料来源：万得资讯，课题组整理。

资管行业新特征

净值化转型由产品层面向估值方法层面纵深推进

净值化转型对于资管行业的影响极为深远，一是在产品端驱动业务模式转型，从资金池模式向独立运作模式转变；二是在投资端驱动策略转型，从配置型策略向交易型策略转变；三是在销售端驱动投资者教育升级，从“隐性刚兑”向“买者自负”转变。此外，为配合净值化转型，机构的投研体系、后台系统都需要优化升级。总之，净值化转型并不局限于资管新规框架下的整改，2022 年净值化转型进一步由产品层面向估值方法层面纵深推进，引导行业健康发展。

净值化转型 1.0 阶段：由预期收益型产品向净值型产品转变。根据资管新规要求，资金池模式下的预期收益型产品具有滚动发行、集合运作、分离定价等特征，未披露产品净值，需要向净值化转型。在资管新规过渡期（2018 年 4 月至 2021 年 12 月末）内，银行和银行理财子公司大力发展现金管理类理财产品和半年期以上的定期开放型理财产品，两类产品实行净值化管理，但是可以用摊余成本法计量，以利用估值技术降低产品净值波动。随着预期收益型产品规模持续压降和净值型产品不断发行，银行理财产品的净值化转型稳步推进，2021 年底银行净值型理财产品规模为 26.96 万亿元，占全部银行理财规模的 92.97%，基本完成产品层面的整改要求（如图 1-3 所示）。

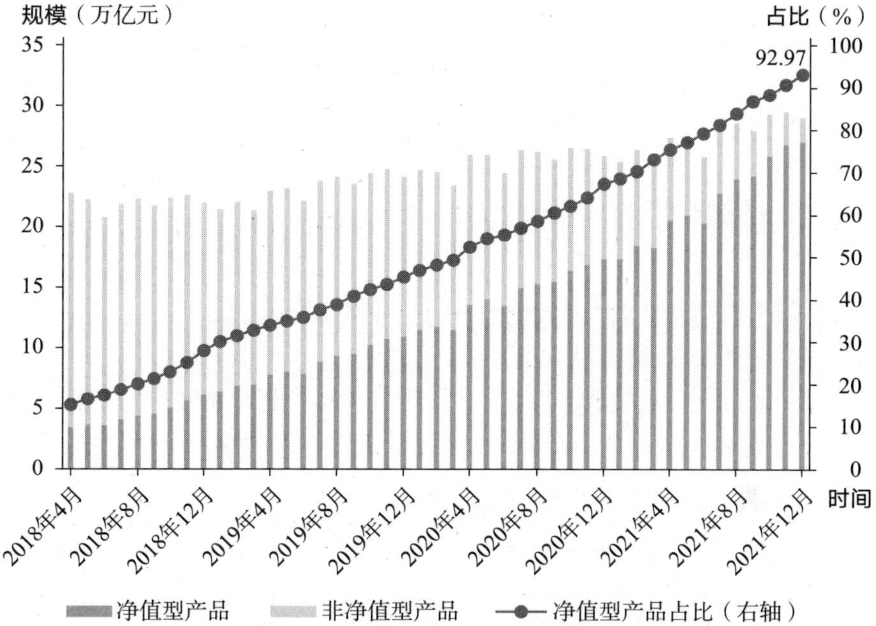

图 1-3　资管新规过渡期内银行理财产品净值化转型稳步推进

资料来源：银行业理财登记托管中心。

净值化转型 2.0 阶段：由摊余成本法计量向市值法计量转变。为进一步落实打破刚兑的政策目标，净值化转型从产品层面继续向估值方法层面纵深推进。

2022 年，资管新规过渡期内的临时性政策安排随过渡期的结束而终止，资管产品正式执行新金融工具相关会计准则。现金管理类理财产品和货币市场基金（MMFs）仍可按照“摊余成本法＋影子定价法”计量，但监管要求有所收紧；其余多数资管产品将以市值法计量，底层资产价格波动可以直接穿透至产品表面，产品净值波动增加或成为后资管新规时代的新特征。

净值化转型背后是对资管机构投研能力、产品运作能力和系统能力的综合要求，管理人需要顺应行业发展趋势，提高产品运作管理能力。一是强化投研团队和投研体系建设，通过自建投研团队、多元化薪酬激励机制、科技赋能优化投资流程等方式提高主动管理能力和风险管理能力。二是积极借助外部机构的投研优势，通过基金中的基金（FOF）/ 管理人的管理人基金（MOM）、基金专户、投资顾问（以下简称“投顾”）等模式开展与外部机构的合作，为客户提供更丰富的产品选择，并在合作中不断提高自身管理水平。三是加强投资者教育，构建基于投资者需求和个性化服务的销售体系，有效识别投资者风险偏好，针对性设计相关产品，并持续支持投资者把握好净值化趋势，强化长期投资理念。

持续推进产品创新，有效联通资金端与资产端

资管行业的高质量发展本质上是一个提高金融资源配置效率、促进金融市场创新、高效服务实体经济的过程。近年来，资管机构立足行业定位，从单一资产、大类资产配置等多维度持续推进产品创新、丰富产品谱系，有效联通资金端与资产端，在平衡收益风险、更好地满足投资者多元化需求的同时，提升了资金融通效率，形成了投资的良性循环。

第一类产品创新锚定单一资产特性，精准联通资金端与资产端，完善了储蓄 - 投资转化机制，主要存在三种创设路径。一是盘活存量资产，权益市场通过创设公募房地产投资信托基金（REITs），拓宽社会资金对优质资产的直接投资渠道；债券市场通过发行跨市场债券交易型开放式指数基金（ETF）促进银行间市场和交易所市场互联互通，在获取流动性溢价的同时，完善储蓄 - 投资转化机

制。二是不断新增对细分市场的配置工具，充分发挥指数型产品等逻辑透明、风险收益清晰的优势，将产品跟踪标的从股票逐步向债券、货币、商品以及进一步的细分资产覆盖，跟踪品类由宽基指数向行业指数、主题指数、策略指数延展。三是服务时代主题和国家重大发展战略，在碳中和、老龄化的时代背景下，发展ESG金融产品、碳金融产品和养老金融产品，为把握国家重大战略布局所带来的投资机遇，创设“专精特新”、粤港澳大湾区、“一带一路”等主题产品，同时提高新经济、区域经济等重点领域的资金融通效率。

第二类产品创新基于大类资产配置策略，进一步完善产品的风险收益曲线，体现机构的差异化竞争优势。打破刚兑之后，基于单一资产的投资将面临更大的估值波动风险，优秀的资管机构通过大类资产配置来满足居民收益与风险偏好的新要求，在匹配“低风险偏好、稳健收益”的投资需求的基础上，将适当增加收益弹性作为创新方向，积极创设“固定收益+”（以下简称“固收+”）产品、FOF等资管产品（如图1-4所示）。基于大类资产配置策略的产品创新形式的兼容性较高，各类资管机构结合自身资源禀赋和能力边界，提供了差异化、具有竞争力的产品及服务。其中，综合型资管机构利用多元化经营优势丰富产品谱系、完善风险收益曲线，通过整合多部门资源来降低内部成本、提升规模和品牌效应；专业化资管机构根据比较优势对细分市场“固收+”产品增厚收益的资产和策略进行差异化选择，如中小型银行理财发展“固收+非标”产品、私募基金发展“固收+量化策略”产品等，这成为打破同质化竞争的重要方式。

综上，随着资管产品创新的持续推进，产品谱系日趋丰富，这体现了金融业的高质量发展。一是资管产品的创新领域紧跟国家发展战略，金融体系转型是推动中国经济发展模式转变和新旧动能转换的前置力量，资管产品有效联通资金端与资产端，在产业链升级、新经济兴起的过程中发挥着不可或缺的作用。二是丰富产品谱系带动相应投资策略与资管业务全流程整合，如在发展ESG金融产品时，资管机构在数据收集、项目审批、资产配置、风险控制等方面嵌入ESG投资理念；为发行养老金融产品，机构在系统、投资者教育、长周期考核体系等方面进行配套工作准备，全方位提高主动管理能力。三是满足投资者多元化投资和

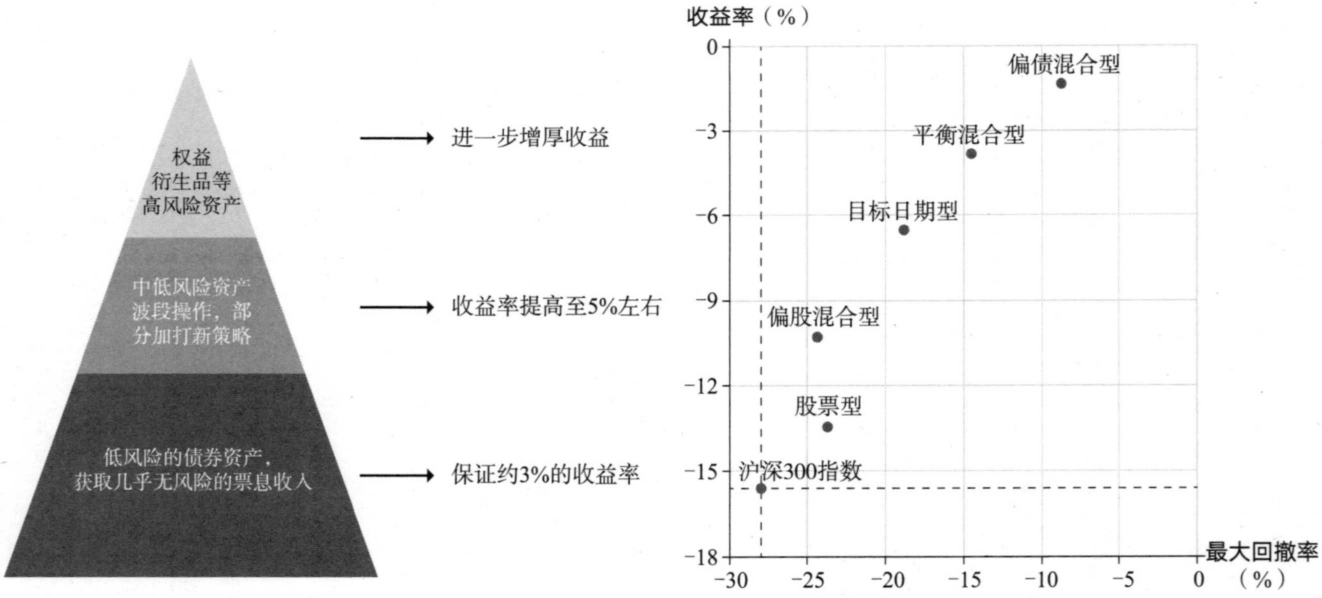

a.“固收+”产品　　b. FOF

图 1-4　大类资产配置类创新产品进一步完善风险收益曲线（2021 年 6 月 25 日至 2022 年 6 月 24 日）

资料来源：万得资讯，课题组整理。

分散风险的需求，处于风险收益曲线不同位置的产品为各类投资者提供更多选择，且产品的差异化设计可以降低彼此的相关性，更利于有效分散风险。

投资者层次更加丰富，机构化、长期化特征显现

资管行业进入新发展阶段的特征还体现在更加丰富的投资者层次上。随着投资者教育不断推进，个人投资者对风险收益的理解更为准确，市场风险偏好曲线更加完善，资管机构针对这一变化，设计不同的产品来满足投资者更加个性化的投资需求。此外，我们可以看到，机构投资者在资本市场的力量在持续壮大，保险资金等长期投资者在加快入市，投资者机构化、长期化带来的稳定资金进一步助推经济高质量发展。

第一，针对个人投资者的投资者教育不断完善。过去在刚兑环境下，个人投资者对自身风险偏好的认知不一定清晰，导致资管新规过渡期内货币基金、银行现金管理类理财产品等类保本产品更符合个人投资者的风险偏好。伴随着净值化转型和投资者教育的不断推进，个人投资者对自身风险偏好以及净值化的认知更为准确。2021 年第三季度中国证券投资基金业协会对公募基金个人投资者的问卷调查结果显示，个人投资者投资收益预期整体比较理性，能理解收益与风险并存，有 90.1% 的个人投资者已经投资或会考虑投资通过设定封闭期或最低持有期限来避免频繁赎回的产品。可以看到，尽管 2022 年第一季度底层资产价格的剧烈波动导致银行理财产品大面积破净，引发了阶段性赎回压力，但 2022 年第二季度银行理财产品规模重回上升趋势。

第二，资管机构对投资者风险偏好的识别更加个性化。一是根据投资者风险偏好的不同，资管机构对具有不同风险收益特征的产品进行差异化布局。2021 年第三季度中国证券投资基金业协会的问卷调查结果显示，个人投资者对公募基金的风险偏好较高，更倾向于投资股票型基金（74.1%）和混合型基金（54.8%）。2017 年至 2022 年 6 月，股票型基金和混合型基金的规模占比分别上升 3.6 个和 5.4 个百分点，达到 10.5% 和 23.0%；投资银行理财产品的个人投资者风险

偏好较低，2021 年末持有银行理财一级（低）和二级（中低）风险等级产品的个人投资者数量占比超过 90%，银行理财一级产品存续规模占比较 2020 年末进一步上升 4.1 个百分点。二是资管产品的久期设计"做两头"特征显著，广义现金管理类理财产品仍是承接原刚兑型产品客群低风险偏好资金的重要创新领域，拉长产品期限为客户提供多策略、收益稳定的产品服务是另一个重要发展方向。2021 年末封闭式理财产品中 1 年期以上品种的存续规模占比较资管新规发布前提高 54.8 个百分点，达到 63.0%，新发产品平均期限由 138 天大幅增加至 481 天，而发行新产品的银行理财子公司的产品期限更高，平均为 574 天（如图 1-5 所示）。

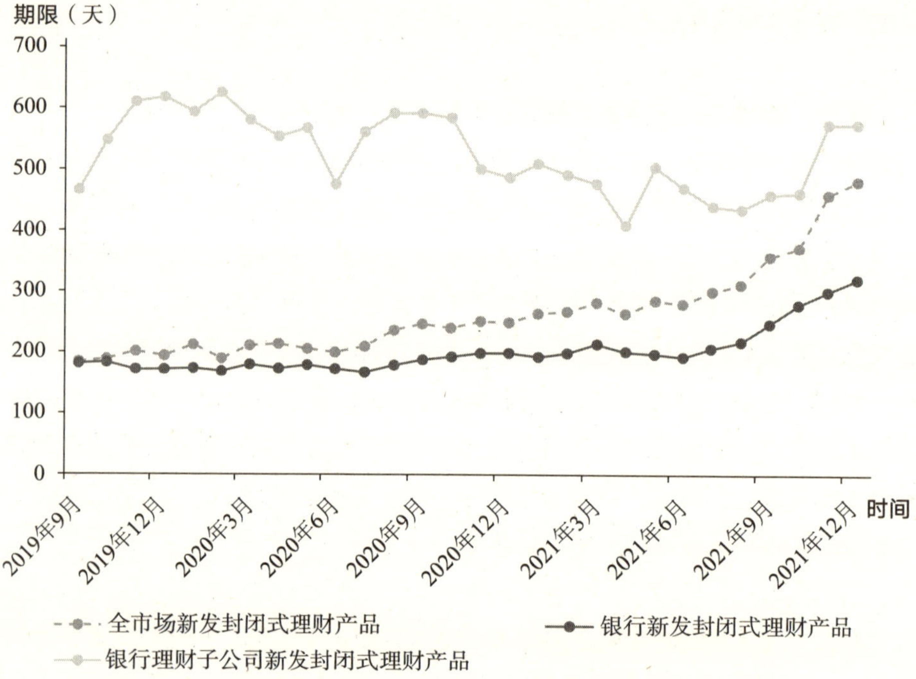

图 1-5　2019 年 9 月至 2021 年 12 月新发封闭式理财产品的期限

资料来源：银行业理财登记托管中心。

第三，资本市场投资者机构化特征显著。由于机构投资者具备更有效的信息资源利用、最大化价值发现、较强投资管理能力等优势，近年来资本市场投资者机构化特征逐步显现。根据中国社会科学院国家金融与发展实验室、中国社会科学院金融研究所发布的《中国国家资产负债表2020》，2013—2019年中国居民金融资产中直接投资权益类资产的比重由54.5%下降至52.4%，通过投资证券投资基金间接入市的比重由2.9%上升至5.9%，对比同期美国居民和非营利组织金融资产10.7%投向共同基金和30%投向养老金配额的比例（如图1-6所示），仍有较大上升空间。根据中国证券投资基金业协会2022年1月发布的《全国公募基金市场投资者状况调查报告（2020年度）》的统计，个人投资者持有10只以上公募基金的比例由2019年的21.9%进一步增加至2020年的25.2%。A股市场机构投资者力量在持续壮大，2021年个人投资者交易占比首次下降到70%以下，截至2022年6月末，境内机构投资者和外资持仓占流通市值的比重由2017年初的15.8%提升至23.5%。

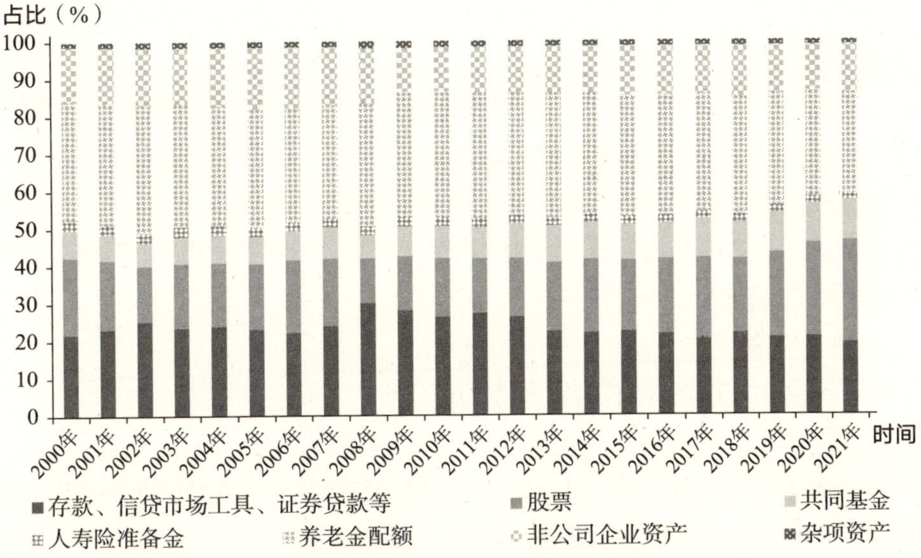

图1-6　2000—2021年美国居民和非营利组织金融资产的结构变化

资料来源：万得资讯，课题组整理。

第四，长期投资理念的践行范围有所扩容。与博取短线交易收益的行为不同，以保险资金、企业年金、社保基金为代表的长期投资者践行穿越周期的价值投资理念，有助于优化资管行业机构，为资本市场持续带来稳定资金，平抑非理性市场波动，因此鼓励长期投资者入市成为近年来监管重要的政策方向。截至2021年末，保险资金已有23.1%投向权益类资产（含股票、长期股权投资、股票型基金、混合型基金、权益类及混合类的组合类保险资管产品），规模合计达5.4万亿元。此外，有71.1%的个人投资者对基金定投这一长期投资行为持肯定态度，银行理财产品中1年期以上产品的投资者平均持有金额约为T+0产品的2倍，反映了个人投资者对长期投资理念的接受度在不断提高。

资管行业培育适应未来发展的新增长点

"十四五"时期，我国已经进入高质量发展阶段，创新、协调、绿色、开放、共享的新发展理念成为社会发展的主题。资管行业作为实体经济直接融资的重要载体，在推动经济转型升级的过程中需要发挥更重要的作用。令人欣喜的是，当前资管行业正在将高质量发展的时代主题与行业自身的新发展阶段有机融合，打造新的行业增长极。

资管行业推动新经济蓬勃发展

经济高质量发展的首要之义在于落实创新发展理念，实现经济发展方式的转变、结构的优化和增长动力的转换，提高全要素生产率。资管行业以服务实体经济为本源，在创新发展理念下，推动以新技术、新产业、新业态为主的新经济蓬勃发展，支持经济新旧动能转换。根据《中共中央关于制定国民经济和社会发展第十四个五年规划和二〇三五年远景目标的建议》，新经济既涵盖可以改善居民生活质量的传统产业科技升级，也包括解决"卡脖子"问题的新一代人工智能、下一代信息通信、新兴能源和材料技术等硬核科技，以及抢夺未来科技制高点的量子通信、生命健康、空天科技等前沿科技。以成都市为例，“十四五”期间成都市新经济新赛道布局涉及多领域（如图 1-7 所示）。

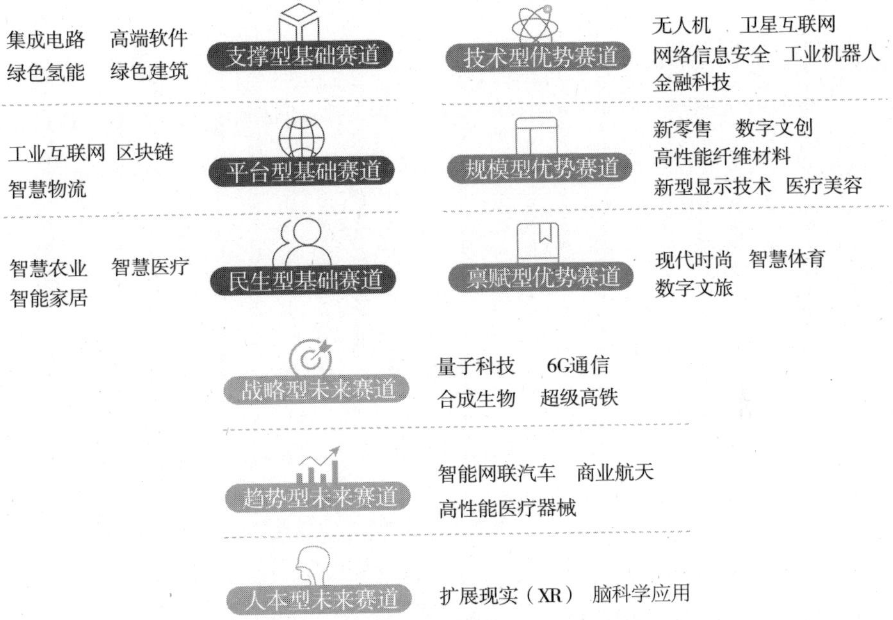

图 1-7 “十四五”期间成都市新经济新赛道布局

资料来源：成都市新经济发展委员会，课题组整理。

资管行业通过加大对权益类资产的配置力度来支持创新型企业发展，其中公募基金较为领先，券商资管大集合产品向公募基金看齐，保险资管已进行初步尝试，银行理财仍待发力。近年来监管鼓励各类资管机构通过直接投资、委托投资等形式提高权益投资的实际占比。其中，公募基金发挥领头羊作用，积极布局混合类、权益类产品，加大权益类资产配置比例（如图 1-8 所示）；券商资管中集合资管计划进行公募化改造，产品类型和大类资产配置结构均向公募基金看齐；保险资管的管理资金主要来源于保险公司的保费收入，风险偏好较低，所以风险资产配置规模占比较小，但在政策鼓励下保险资管已经开始尝试提高权益类资产配置比例，其规模边际增长较快；多家银行理财子公司将提高权益投资占比纳入战略布局，但从目前的产品布局和投资行为来看，混合类理财产品规模仍在持续压降，权益类理财产品规模处于较低水平，产品结构分布仍待优化，且理财产品直接投资权益类资产的比例下降较快，短期或更倾向于通过基金间接实现对权益类资产的配置。

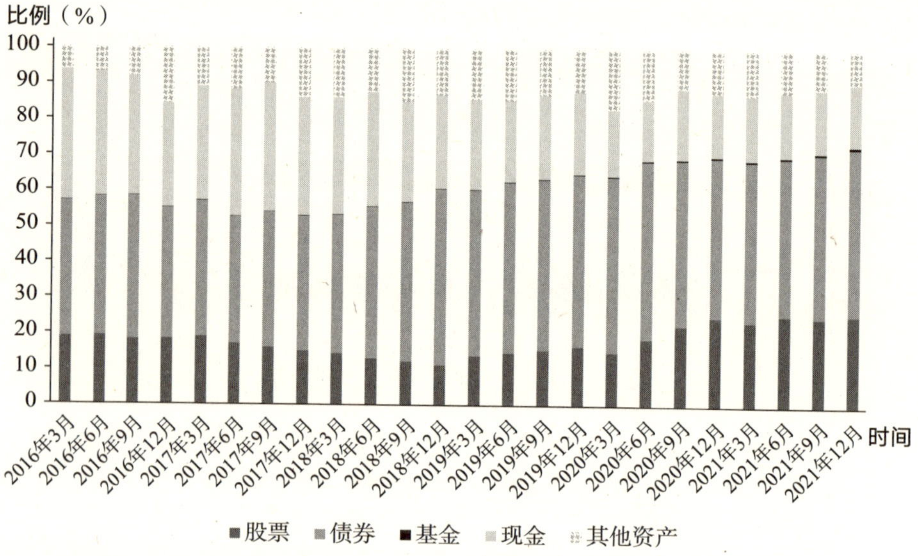

图 1-8　2016 年 3 月至 2021 年 12 月公募基金提高对权益类资产的配置比例

资料来源：万得资讯，课题组整理。

分行业来看，资管机构已根据自身资源禀赋，差异化介入科创企业生命周期的不同阶段，进而提供专业化金融服务：对于公募基金和银行理财，布局新经济主题产品是重要方式，2020 年以来科创板主题和“专精特新”概念产品扩容较快，聚焦科技创新和产业升级背景，布局高成长、高景气赛道（如图 1-9 所示）；对于保险资金，通过新股配筹、战略增发、场内交易等方式参与科创板股票一级和二级市场投资，保险资管通过设立专项产品参与化解上市公司股票质押的流动性风险，为科创企业发展提供稳定资金和流动性风险化解工具；对于私募机构，围绕新经济相关企业，通过股权投资、一级和二级市场投资、以资产证券化盘活企业存量资产等方式全方位提供金融服务。

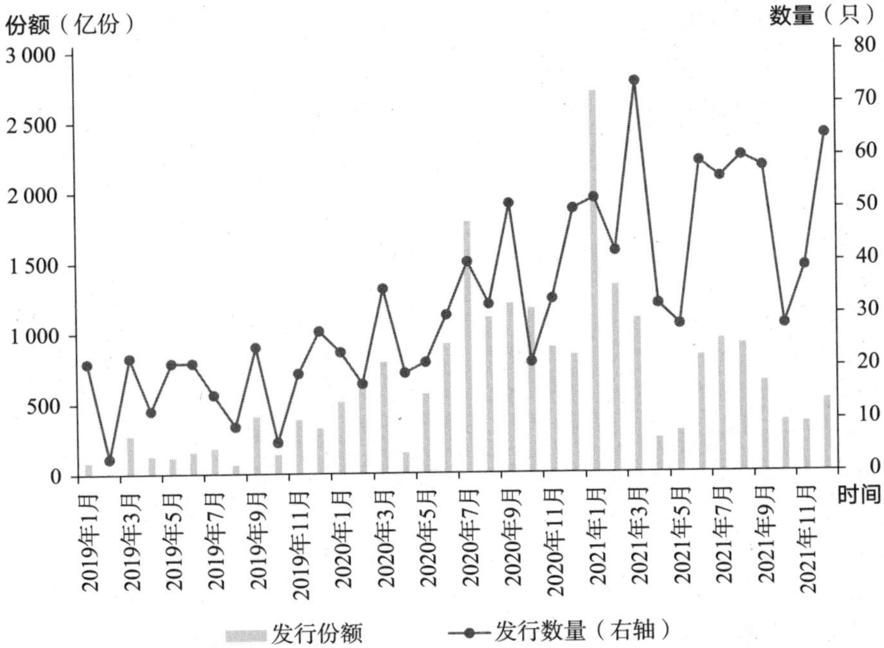

图 1-9　2019—2021 年新经济主题产品（科创板主题 +“专精特新”概念产品）有所扩容

资料来源：万得资讯，课题组整理。

资管行业深入贯彻绿色投资理念

绿色发展强调提供更多优质生态产品。2020 年在第七十五届联合国大会上，我国正式宣布碳达峰目标与碳中和愿景。为践行绿色发展理念，资管行业布局绿色主题产品和运用 ESG 投资理念，积极发挥对实体经济绿色部门的支持作用，让资金更多地流向碳减排领域等环境责任落实较好的企业。

近年来我国资管行业已经在积极探索发行绿色主题资管产品，推动绿色投资发展。2021 年银行理财发行 ESG 理财产品规模超 1 200 亿元，募集乡村振兴、公益慈善等社会责任主题理财产品超 600 亿元，发展正式进入快车道。2020 年是 ESG 公募基金发行大年（如图 1-10 所示）。截至 2021 年末，ESG 公募基金存续规模超过 2 000 亿元。其他资管机构也在积极推进绿色化转型，碳中和主题绿色信托计划和服务信托、ESG 保险资管产品、绿色私募股权基金等多种绿色主题资管产品纷纷落地。

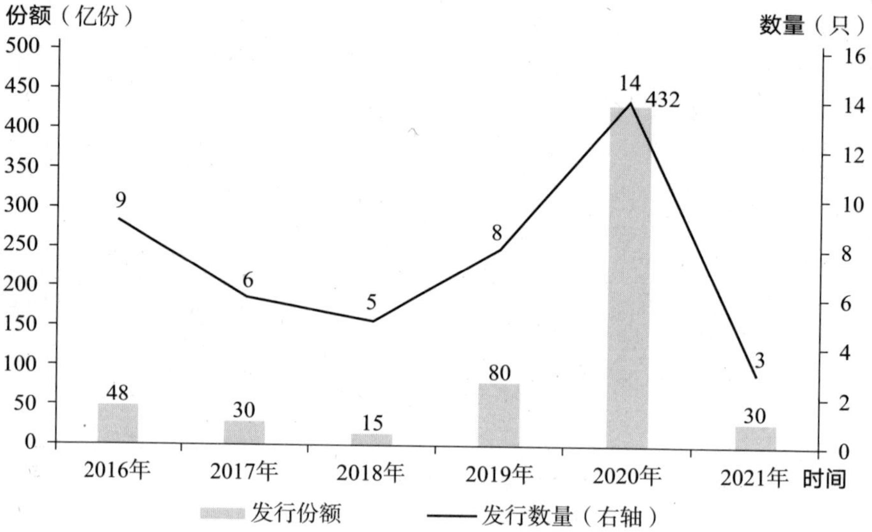

图 1-10　2016—2020 年 ESG 公募基金发行情况

资料来源：万得资讯，课题组整理。

随着 ESG 投资理念在机构端推广，签署联合国支持的“负责任投资原则”（PRI）的资管机构数量逐年增加。PRI 包括 6 项原则，各签署机构需践行 ESG 投资理念。2017 年 3 月以来，我国资管机构开始陆续签署 PRI，2020 年和 2021 年中国签署 PRI 的资管机构分别增加 17 家和 26 家。截至 2021 年末，中国累计已有 19 家公募基金、4 家券商资管、4 家保险资管（含保险公司）和 1 家银行理财子公司签署 PRI，其余大多数为私募基金（如图 1-11 所示）。

分机构而言，公募基金绿色投资实践较私募基金更为普遍，但仍存在缺乏绿色评价方法、风险控制粗放、信息披露不足等问题。根据中国证券投资基金业协会关于基金管理人绿色投资自评价的问卷结果，2021 年已有 83.9% 的公募基金开展绿色投资研究，高于私募证券投资基金的 61.9%，在进行绿色投资理念和体系建设时呈现自下而上的探索性特征，但仍有 46.4% 的公募基金未建立针对投资标的的绿色评价方法，且对环境风险的控制仍处于较粗放的阶段，绿色投资实践还缺少可观察、可验证的信息基础，信息披露机制有待完善（如图 1-12 所示）。

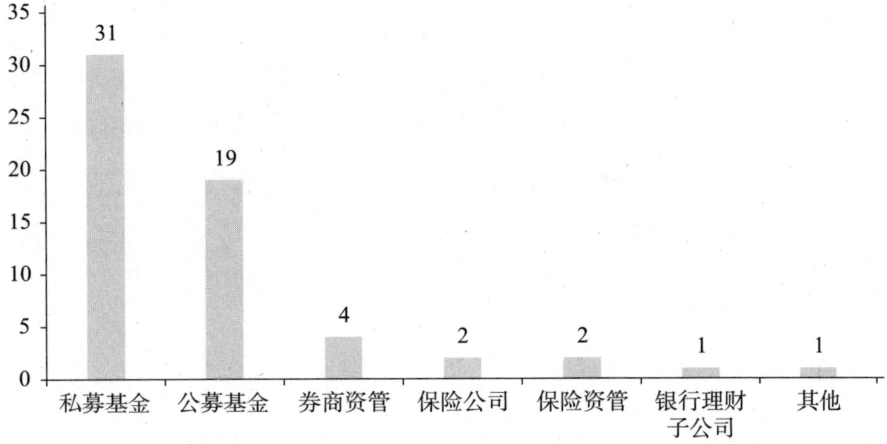

图 1-11　我国签署 PRI 的机构类型分布（截至 2021 年末）

资料来源：PRI，课题组整理。

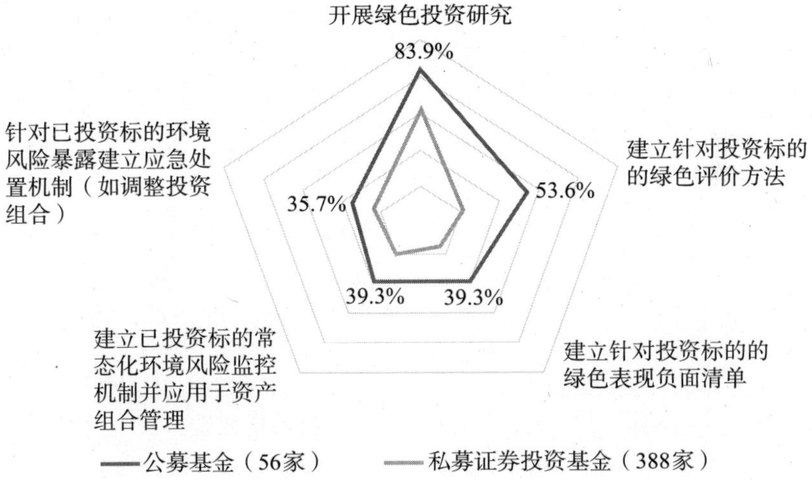

图 1-12　2021 年基金管理人绿色投资自评价问卷结果

资料来源：中国证券投资基金业协会，课题组整理。

在实践中，资管机构将绿色投资理念用于全流程的业务模式创新。资管机构通过自建ESG评价体系①、改良第三方评价体系、跟踪绿色指数（借用第三方评价方法，如表1-1所示）等方式构建绿色评价方法，并积极推动绿色投资策略与资管业务全流程整合，在数据收集、项目审批、资产配置、风险控制等方面充分应用ESG投资理念。

表1-1 部分基金通过跟踪绿色指数进行绿色投资

基金名称	基金成立时间	2021年资产净值（亿元）	基金类型	跟踪指数名称
交银上证180公司治理ETF	2009年9月25日	2.53	被动指数型基金	上证180公司治理指数
建信上证社会责任ETF	2010年5月28日	0.83	被动指数型基金	上证社会责任指数
财通中证ESG100指数增强	2013年3月22日	2.12	被动指数型基金	中证财通中国可持续发展100（ECPI ESG）指数
申万菱信中证环保产业指数（LOF）A	2014年5月30日	5.84	被动指数型基金	中证环保产业指数
新华中证环保产业指数	2014年9月11日	2.17	被动指数型基金	中证环保产业指数
鹏华中证环保产业指数（LOF）A	2015年6月16日	5.32	被动指数型基金	中证环保产业指数
广发中证环保产业ETF	2017年1月25日	29.26	被动指数型基金	中证环保产业指数
华宝摩根士丹利（MSCI）中国A股国际通ESG指数	2019年8月21日	0.40	被动指数型基金	摩根士丹利中国A股国际通ESG通用指数（人民币）
博时可持续发展100 ETF	2020年1月19日	1.68	被动指数型基金	中证可持续发展100指数
银华中债1～3年农发行债券指数	2020年5月25日	68.88	被动指数型基金	中债-1-3年农发行债券指数
国泰中证环保产业50ETF	2021年3月19日	4.97	被动指数型基金	中证环保产业50指数
鹏华中证内地低碳经济主题ETF	2021年4月6日	7.97	被动指数型基金	中证内地低碳经济主题指数

资料来源：万得资讯，课题组整理。

① 利用金融科技、模型构建等自建ESG评价体系，结合财务指标与非财务指标，对投资标的进行因子筛查和打分，经多维度评价后选择优质的绿色标的进行配置。

资管行业支持养老金第三支柱建设

新发展理念中的共享发展理念，强调建立更加公平、更可持续的社会保障制度，即完善社会保险体系，发展职业年金、企业年金、商业养老保险等，支持各类市场主体增加养老服务和产品供给。2022 年 4 月 21 日，国务院办公厅印发《关于推动个人养老金发展的意见》，正式建立个人养老金制度框架。在践行共享发展理念和支持养老金第三支柱建设的时代主题下，资管行业迎来承接大规模长期资金的发展机遇。

目前，资管行业已经在服务养老金第一支柱和第二支柱的过程中积累了丰富的养老金管理经验，为支持养老金第三支柱发展奠定了良好基础。截至 2021 年末，有 1.46 万亿元基本养老保险基金、2.25 万亿元企业年金基金、1.92 万亿元职业年金基金委托至受托机构进行市场化投资运营，各类养老基金受托人采取直接投资和委托投资管理人投资相结合的方式开展投资运作，而资管行业正是以投资管理人的角色介入养老金管理的。如图 1-13 所示，从全国社会保障基金理事会、人力资源和社会保障部（以下简称“人社部”）和中央单位职业年金认定的投资管理人来看，公募基金是最主要的机构类型，截至 2022 年 4 月末，公募基金受托管理各类养老金资产超 4 万亿元，积累了较丰富的养老金管理经验。其次是保险公司，而保险资管、证券公司、券商资管以及养老金管理公司等机构获得养老金投资管理资格的数量相对较少。

2018 年以来，资管机构初步探索发行作为养老金第三支柱的个人养老金融产品。商业养老保险是保险系个人养老金融产品的重要创新，包括个人税收递延型商业养老保险、专属商业养老保险、养老年金保险等，而保险资管主要通过受托管理商业养老保险资金的方式间接服务养老金第三支柱，已有部分机构开始考虑创新发行养老保险资管产品，进一步发挥长期资金管理优势。公募基金的个人养老金融产品是养老目标基金，以追求资产长期稳健增值为目的，按 FOF 形式进行规范化运作，截至 2021 年末，管理规模突破 1 100 亿元（如图 1-14 所示）。银行理财的实践是开展养老理财产品试点，养老理财产品试点已从 2021 年 9 月的“四地四家机构”扩展至2022年2月的“十地十家机构”。

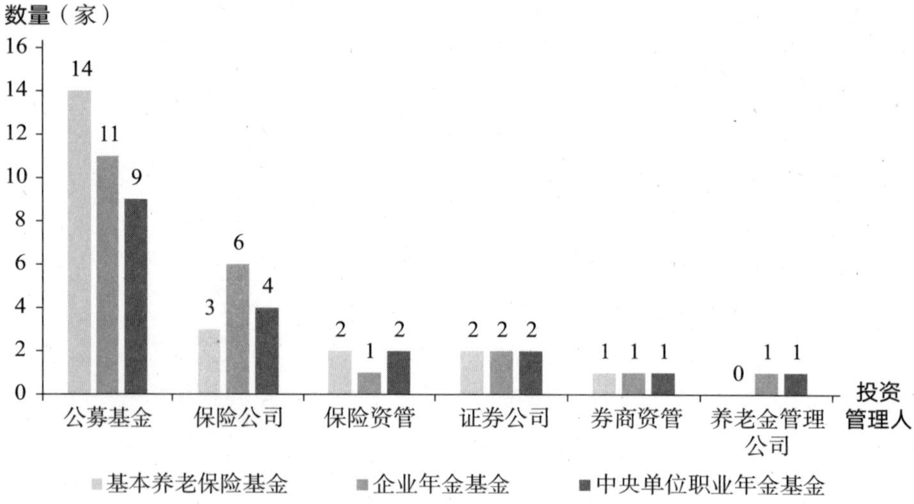

图1-13 养老金第一支柱和第二支柱各类养老基金认定的投资管理人（截至2022年4月末）

资料来源：全国社会保障基金理事会、人社部、《中国证券报》，课题组整理。

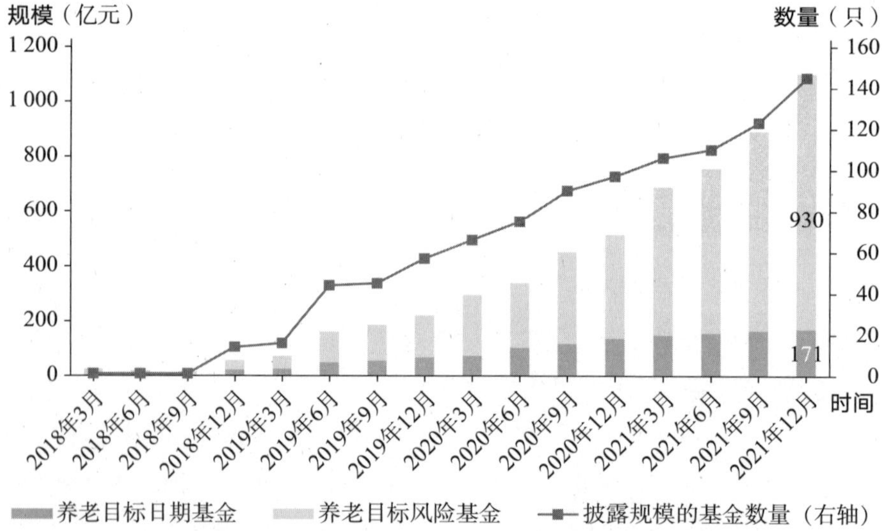

图1-14 2018年3月至2021年12月养老目标基金规模快速增长

资料来源：万得资讯，课题组整理。

相较于海外，中国资管行业支持养老金第三支柱建设仍有较大提升空间。截至2021年末，我国养老金规模[①]为2.1万亿美元左右，与澳大利亚和荷兰的养老金规模较为接近，排名世界第四，但中国养老金规模占GDP的比例仅为12.4%，较经济合作与发展组织（OECD）成员平均水平66.9%差距明显，我国养老金规模与经济实力尚不匹配，仍有较大提升空间（如图1-15所示）。结合2019年末美国43%、加拿大36%的个人养老金规模占比来看，我国养老金第三支柱仍处于起步阶段，增速较高的发展阶段会为资管行业业务发展提供重要增量机会。此外，资管行业支持养老金第三支柱建设，符合其长期投资和价值投资的投资理念，有利于其发挥资本市场“稳定器”和“压舱石”的功能。

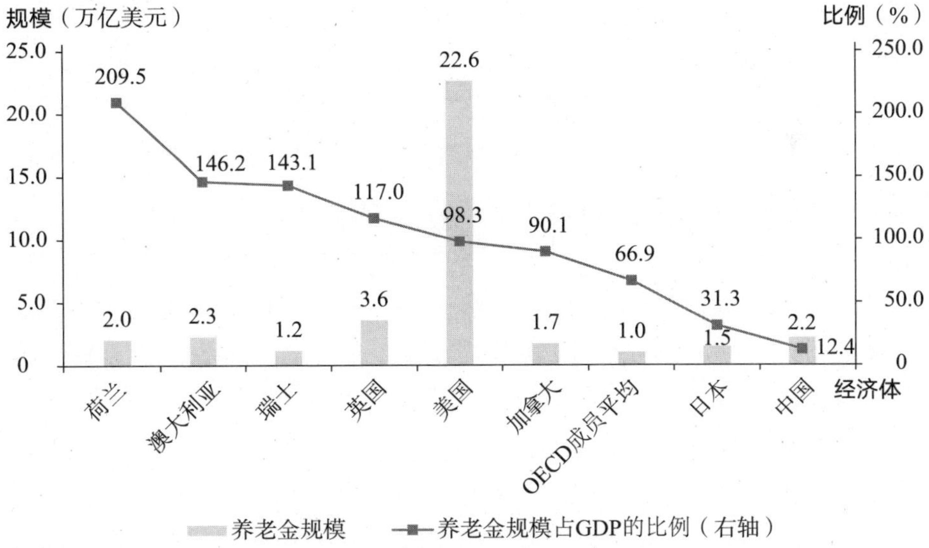

图1-15　各经济体养老金规模以及养老金规模占GDP的比例（截至2021年末）

注：本图仅列示养老金规模在1万亿美元以上的经济体。

资料来源：OECD、万得资讯、全国社会保障基金理事会，课题组整理。

① 我国养老金规模以基本养老保险基金、全国社会保障基金、企业年金、职业年金和养老目标基金的规模之和来表示。其中2021年末全国社会保障基金规模基于2020年末全国社会保障基金规模，结合2018—2020年复合平均增速进行估算，美元兑人民币汇率采用6.7。

资管行业坚持高水平对外开放

开放发展强调促进国内国际要素有序流动、资源高效配置、市场深度融合，形成对外开放新体制。自 2018 年 4 月习近平总书记在博鳌亚洲论坛 2018 年年会上做出金融业对外开放承诺以来，一系列开放举措稳步推进，在扩大境外机构市场准入、深化内地和港澳地区合作发展、扩大金融业双向开放的背景下，资管行业在“走出去”和“引进来”两个方面均有所建树。

资管行业借助粤港澳大湾区互联互通优势“走出去”，积极抓住政策东风带来的业务增量机会，创设区域特色资管模式。

第一，粤港澳大湾区主题产品先行。2019 年以来公募基金集中布局粤港澳大湾区主题基金，多以跟踪粤港澳大湾区债券指数的 ETF 形式进行运作，银行理财创设封闭式或者 6 个月期限以上的定期开放型粤港澳大湾区主题理财产品，为粤港澳大湾区相关主体提供融资（如表 1-2 所示）。

第二，互联互通创新带来增量业务机会。互联互通机制将资本市场股票通、债券通形式的创新进一步拓展至资管市场，为资管产品带来对外开放契机。2021 年 9 月粤港澳大湾区跨境理财通正式启动，其中港澳地区投资者可以通过北向通投资内地风险等级为 R1 ～ R3 的理财产品和公募基金，并且粤港澳大湾区跨境理财通在不断探索扩大试点机构和产品范围。2022 年 6 月 ETF 纳入互联互通机制正式获批启动，叠加保险通等跨境金融创新试点处于探索阶段，资管行业迎来增量业务机会。

第三，粤港澳大湾区特色资管模式已提上议程。2022 年 4 月，广州市决定建设粤港澳大湾区跨境理财和资管中心，以优化粤港澳大湾区金融资源配置，培育以“一城一港一湾”为核心、各具特色的资管集聚区，兼具跨境理财、风险管理、风险投资集聚区功能的资管模式框架较为完备。

表 1-2　公募基金和银行理财布局的粤港澳大湾区主题产品

机构	产品名称	产品成立时间	产品类型
公募基金	平安中证粤港澳大湾区发展主题 ETF	2019 年 9 月 23 日	被动指数型基金
	方正富邦恒生沪深港通大湾区综合指数（LOF）	2019 年 9 月 26 日	被动指数型基金
	工银瑞信粤港澳大湾区创新 100 ETF	2019 年 11 月 1 日	被动指数型基金
	南方粤港澳大湾区创新 100 ETF	2019 年 11 月 29 日	被动指数型基金
	广发粤港澳大湾区创新 100 ETF	2019 年 12 月 16 日	被动指数型基金
	华夏粤港澳大湾区创新 100 ETF	2020 年 2 月 25 日	被动指数型基金
	建信中证沪港深粤港澳大湾区发展主题 ETF	2020 年 3 月 6 日	被动指数型基金
	圆信永丰大湾区主题混合型证券投资基金	2020 年 5 月 14 日	偏股混合型基金
银行理财产品	建信理财粤港澳大湾区指数灵活配置理财产品	2019 年 8 月 20 日	混合型基金
	（大湾区专属）中银理财－稳富（封闭式）	2019 年 11 月 7 日	固收类基金
	交银理财稳享大湾区价值投资（封闭式 / 定开型）	2020 年 5 月 14 日	固收类基金
	渣打银行（中国）代客境外理财计划－大湾区增长及收益	2021 年 3 月 31 日	混合型基金
	广州银行红棉添盈大湾区特色理财产品（封闭式）	2021 年 11 月 16 日	固收类基金

资料来源：万得资讯，课题组整理。

在内外资一致的原则下，境外机构准入门槛放宽、展业范围日益扩大。2018 年 4 月，中国人民银行行长易纲宣布 12 项金融业对外开放的重大举措，率先取消银行和金融资产管理公司外资持股比例限制，允许其他金融机构外资控股，并为外资持股比例完全放开设定过渡期。2019 年 7 月，国务院金融稳定发展委员会办公室发布 11 条金融业对外开放措施，放宽外资保险公司、银行理财子公司、养老金管理公司准入门槛，并缩短其他机构外资持股比例限制全面取消的过渡期。2020 年 7 月，金融业准入负面清单正式清零，银行、保险、基金、券商、期货等领域外资持股比例限制全面取消。在一系列对外开放政策实施之后，境外机构展业范围大幅走扩。截至 2022 年 6 月末，设立外商独资私募基金成为外资开展资管业务的主要方式（如图 1-16 所示），公募基金、银行理财子公司、保险资管和信托公司主要以中外合资形式进行展业，而随着外资持股比例限制的取消，外商独资的公募基金、保险资管和期货公司开始逐步落地。

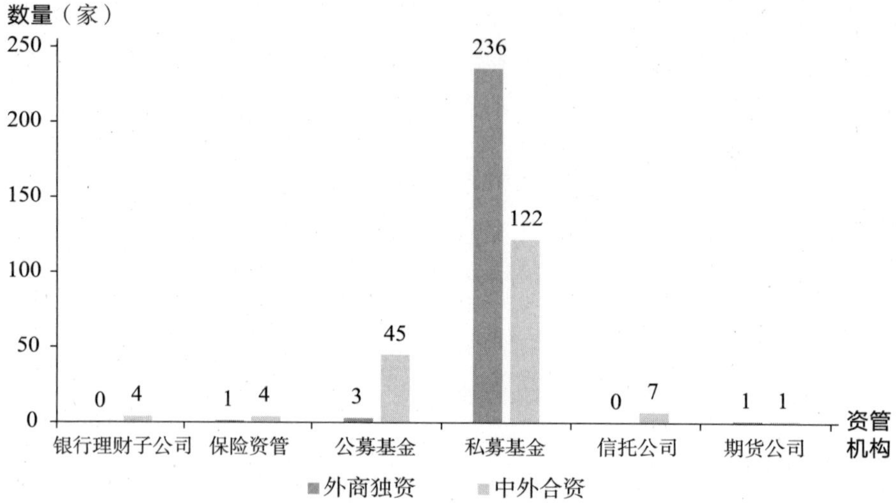

图 1-16　资管行业外商独资和中外合资机构分布（截至 2022 年 6 月末）

资料来源：中国理财网、中国银行保险监督管理委员会（以下简称“银保监会”）、中国证券监督管理委员会（以下简称“证监会”）、中国信托业协会、万得资讯，课题组整理。

境内外资管机构具备差异化竞争优势。在对内投资方面，由于境内外投资环境在资本市场、投资者偏好、监管环境等方面存在较大差异（如表 1-3 所示），外资资管机构在投资管理能力、多元化薪酬激励机制、金融科技系统方面的优势难以快速落地，叠加品牌效应不明显、缺乏销售渠道等因素，外资资管机构面临的本土化挑战使得短期内本土资管机构的境内投资优势仍在。在对外投资方面，外资资管机构可以通过合格境内机构投资者（QDII）机制、合格境内投资企业（QDIE）试点、合格境内有限合伙人（QDLP）试点等方式承接境内资金的对外投资需求，具备全球大类资产配置优势，而本土资管机构仍缺乏境外资管经验和业务模式。整体而言，境内外资管机构的竞争角力，会带来新的商业模式、策略和产品，有利于稳步推进资管行业提质增效以及高水平开放。

表 1-3　境内外投资环境在资本市场、投资者偏好、监管环境等方面存在较大差异

差异	境外	境内	外资资管机构优势面临的本土化挑战
资本市场	市场定价机制效率更高	信用风险体系不成熟，风险定价机制有偏	由于要适应新的定价机制和偏好短线操作的投资者行为，以及规避潜在的合规风险，外资投研能力的有效发挥存在不确定性
投资者偏好	以机构投资者为主，提供中长期资金	以个人投资者为主，短线操作频繁	
监管环境	透明度高，法律和监管体系较完善	业务发展快于监管，存在潜在合规风险	
数据环境	数据质量与实际应用结合紧密，数据质量评价体系建设完善	数据的准确性、适用性、时效性、可比性和可获得性有待进一步提高	对于外资金融科技系统来说，由于数据沉淀方式和质量上的差异，资管信息系统的有效性下降，从而使风险管理和组合管理功能受到影响。面对新的信用风险体系下的有偏定价机制，外资资管机构只有花时间完善系统模块，才能发挥数据处理上的科技优势
治理机制	股权结构分散，股东特质多元，以机构投资者为主	股权结构较集中，机构投资者占比较低	只有在克服治理和激励机制上的差异后，外资资管机构才能更好地进行人才储备、产品研发和业务开发工作
激励机制	考核趋向长期化，注重可持续发展	更注重短期业绩和规模考核	

/ 第 2 章 /

新制度起点促进资管行业稳健发展

2022 年是实施“十四五”规划承上启下的重要一年，也是资管新规正式实施的开局之年。在资管新规过渡期结束之后，资管行业监管工作已经从应急处置转入长效制度建设的发展新阶段。在新制度起点上，2021 年以来监管政策主要从稳增长、防风险和新发展三个方面发力，在着力促进行业稳健发展和稳妥化解处置风险的同时，也在积极引导资管机构助力国家新发展战略。这将对中国资管行业的转型升级产生深刻影响，促进业务模式转型和竞争格局重塑。

稳增长：促进行业稳健发展

2021 年以来，监管部门持续完善金融基础设施和配套监管细则，以及规范机构治理，为资管行业稳健发展举旗定向、谋篇布局。在 2021 年中央经济工作会议“必须坚持稳中求进，调整政策和推动改革要把握好时度效”精神的指导下，中国人民银行、银保监会、证监会等监管部门陆续出台相关政策，资管行业转型取得阶段性成果。

完善金融基础设施建设

金融标准化在金融业重点领域得到深度推进，这促进了与现代金融体系相适应的标准体系形成。2022年2月中国人民银行会同国家市场监督管理总局、银保监会、证监会联合印发的《金融标准化“十四五”发展规划》(以下简称“规划”)，成为指导金融标准化工作的纲领性文件。在回顾“十三五”时期金融标准化体系建设成绩的基础上，规划明确了到2025年基本建成与现代金融体系相适应的标准体系这一目标，提出了全面形成市场驱动、政府引导、企业为主、社会参与、开放融合的金融标准化工作格局。这一规划确定了七个方面的重点任务，进一步确认了金融标准的基础性制度地位，同时加强了对整个金融业标准的统筹与协调，既强调加快完善绿色金融、普惠金融、产业链供应链等金融标准来支持金融产品和服务创新，又强调坚持金融业务与非金融业务严格隔离，厘清科技服务与金融业务边界，防范借科技名义违法违规从事金融业务。

1. 完善信用评级机构监管，推动行业规范发展

2021年2月，证监会修订《证券市场资信评级业务管理办法》，贯彻落实2019年修订的《中华人民共和国证券法》并衔接《信用评级业管理暂行办法》，将信用评级业务由行政许可改为备案管理，鼓励优质机构开展证券评级业务，并从业务发展、独立性要求、信息披露要求、自律管理、违规处罚等角度规范评级行业发展。2021年8月，中国人民银行会同发展改革委、财政部、银保监会、证监会发布《关于促进债券市场信用评级行业健康发展的通知》，促进债券市场信用评级行业规范发展。信用评级行业作为证券市场和债券市场的配套行业，其规范化、标准化、持续化等方面的监管效能提升，为资管行业稳健发展提供基础设施支撑。

2. “放管服”并行，激发市场主体发展活力

2021年6月，在《国务院关于深化“证照分离”改革进一步激发市场主体发展活力的通知》的指导下，证监会、银保监会、商务部等部门发布具体实施方案，在全国范围内推进“证照分离”改革，并在自由贸易试验区加大改革试点力度。具体而言，在全国范围内采取优化审批服务或审批改为备案等改革方式，推动行政许可减材料、简程序、减环节，同时创新和加强事中事后监管，使重心加快从“重审批”向“重指导、优服务、强监管”转移，真正实现“宽进严管”，充分激发市场主体发展活力。

丰富资管行业配套监管细则

近年来，监管部门围绕资管新规这条主线不断完善监管框架，2021年以来出台多部配套细则，以引导资管行业有序发展。从机构类型来看，监管部门主要围绕公募基金、银行理财子公司、保险资管和私募资管等出台了多项新政。从产品类型来看，监管部门进一步完善了现金管理类理财产品、重要货币市场基金等产品的运行规定。从估值方法来看，促进多数资管产品的计量方法向市值法统一。

1. 机构端相关政策

针对公募基金，证监会出台《关于加快推进公募基金行业高质量发展的意见》(以下简称“意见”)，加快构建公募基金行业新发展格局。意见从四个方面提出16项举措：在培育专业资管机构方面，鼓励综合性大型财富管理机构与特色化专业资管机构并举的差异化发展，牌照扩容促进良性竞争，稳步推进高水平开放等；在强化专业能力建设方面，引导公募基金提高核心投研水平和合规风险控制能力，鼓励发展公募REITs、养老投资产品等创新产品；在打造行业良好生态方面，摒弃短期导向，扭转“重投轻顾”展业倾向，提高中长期资金占比，致力于打造“百年老店”。此外，意见还强调通过建设公募基金账户统一查询平台

等基础设施来提升监管转型效能。

针对银行理财子公司，监管部门出台产品销售管理、流动性风险管理等细则来完善监管框架，推动行业双轨运作格局形成。继《商业银行理财子公司净资本管理办法（试行）》实施之后，银行理财子公司的产品销售管理和流动性风险管理办法相继落地，在资管新规、理财新规（《商业银行理财业务监督管理办法》）以及《商业银行理财子公司管理办法》（以下简称“理财子公司管理办法”）相关规定的基础上，充分借鉴同类资管机构的监管规定，并根据银行理财子公司的特点进行适当调整。其中，《理财公司理财产品销售管理暂行办法》弥补了商业银行理财、代销等监管规则全面性和适用性不足的问题，推进统一监管；《理财公司理财产品流动性风险管理办法》要求银行理财子公司将流动性风险管理贯穿产品设计、投资、产品运营等阶段。随着监管细则进一步完善，银行理财子公司逐步转型为独立的非银资管机构，推动理财业务由“母行经营运作和子公司独立运作”的行业双轨运作格局形成。

针对保险资管，监管部门出台了多项政策来提高资金活跃度，并引导主动管理转型。一是提高产品发行效率，继组合类保险资管产品、债权投资计划、股权投资计划三类保险资管产品之后，保险资管的资产支持计划也从注册制调整为登记制。二是保险资金使用约束有所放宽，包括降低对外部信用评级的要求、拓宽可投资金融产品范围、加强与专业股权投资机构合作、精简资金运用监管报告事项等，强调提高权益投资比例和长期资金入市。三是引导主动管理转型，明确保险资金受托人，尤其是保险资管，在受托投资时需执行主动管理责任。四是完善治理监管约束，增补监管手段和违规约束，丰富监督检查和自律管理方式等。

针对私募资管，监管部门继续加强监管力度，要求业务规范运作。《关于加强私募投资基金监管的若干规定》按照“建制度、不干预、零容忍”的总要求，形成了私募基金管理人及从业人员等主体的“十不得”禁止性要求。同时，多部门发布措施规范私募资管业务运作，例如，《期货公司子公司管理暂行办法（征求意见稿）》拟对期货公司设立和管理子公司行为进行规范；《关于清理规范信托公司非金融子公司业务的通知》加强对信托公司非金融子公司业务的监管力度，要求其不得新增对境内外企业的投资。

2021年以来，监管部门对各类资管机构陆续发布了一批监管文件（如表2-1所示）。

表2-1 2021年以来监管部门对各类资管机构的主要监管文件

资管机构	发布时间	发布机构	文件名称	主要相关内容
公募基金	2022年4月	证监会	《关于加快推进公募基金行业高质量发展的意见》	行业指导性文件
银行理财子公司	2021年5月	银保监会	《理财公司理财产品销售管理暂行办法》	明确银行理财子公司范围，界定两大销售渠道
	2021年12月	银保监会	《理财公司理财产品流动性风险管理办法》	进一步明确细化管理规则，提高可操作性
保险资管	2021年9月	银保监会	《关于资产支持计划和保险私募基金登记有关事项的通知》	将保险资管机构的资产支持计划由注册制调整为登记制
	2021年11月	银保监会	《关于调整保险资金投资债券信用评级要求等有关事项的通知》	放宽保险资金投资对外部信用评级的要求，并根据保险公司偿付能力充足率指标进行分类监管
	2021年12月	银保监会	《保险资产管理公司管理规定（征求意见稿）》	全面强化保险资管公司治理监管约束
	2021年12月	银保监会	《关于修改保险资金运用领域部分规范性文件的通知》	支持保险机构加强与专业股权投资机构合作
	2021年12月	银保监会	《关于精简保险资金运用监管报告事项的通知》	对监管报告事项的取消、合并及整合报送时间进行规定
	2022年4月	银保监会	《关于保险资金投资有关金融产品的通知》	拓宽保险资金投资范围
	2022年5月	银保监会	《保险资金委托投资管理办法》	规范保险资金委托投资行为
私募资管	2021年1月	证监会	《关于加强私募投资基金监管的若干规定》	部门规范性文件
	2021年1月	国家市场监督管理总局	《关于做好私募基金管理人经营范围登记工作的通知》	更新私募机构经营范围

续表

资管机构	发布时间	发布机构	文件名称	主要相关内容
私募资管	2021 年 1 月	中国证券投资基金业协会	《关于适用中国证监会〈关于加强私募投资基金监管的若干规定〉有关事项的通知》	对私募基金管理人名称和经营范围的规定适用进行解释
	2021 年 7 月	银保监会	《关于清理规范信托公司非金融子公司业务的通知》	要求信托公司非金融子公司压缩层级、规范业务
	2021 年 7 月	证监会	《期货公司子公司管理暂行办法（征求意见稿）》	规范期货公司设立、管理子公司行为
	2021 年 9 月	中国保险资产管理业协会	《保险私募基金登记管理规则》	明确了登记制下的基金登记程序和管理要求
	2022 年 4 月	中国证券投资基金业协会	《关于发布私募基金备案案例公示的通知》	建立备案案例公示机制，以提高备案效率与透明度

2. 产品端相关政策

针对现金管理类理财产品，新规正式稿落地，执行严监管标准和宽整改要求。2021 年 6 月，银保监会和中国人民银行发布《关于规范现金管理类理财产品管理有关事项的通知》（以下简称“现金管理类理财新规”），弥补了现金管理类理财产品的监管空白，监管要求整体向货币基金看齐，通过拉长久期、信用下沉来提高收益率的方式受到约束，体现了资管新规功能监管、严格整改的标准。但过渡期延长至 2022 年末，以及对产品整改实施新老划断原则等特殊安排也体现了监管充分考虑市场影响、促进行业平稳过渡的原则。在 2021 年末过渡期结束前，现金管理类理财产品整改将继续有序推进。

针对 MMFs，重要 MMFs 监管拟收紧，浮动净值型 MMFs 规则仍待研究。2022 年 1 月，证监会发布《重要货币市场基金监管暂行规定（征求意见稿）》，明确了重要 MMFs 的定义和评估方法，即当单一基金连续 20 个交易日内净资产规模大于 2 000 亿元或者基金份额持有人数量大于 5 000 万个，或者满足证监会认为符合重要 MMFs 特征的其他标准时，基金管理人应在 10 个工作日内主动向证监会报告；在投资集中度、流动性、久期、评级、杠杆、风险准备金等方面提出附加监管要求，要求严于普通货币市场基金和现金管理类理财产品，进一步强化了货币市场基金的规模和风险管控。针对未来发展方向，证监会在公募基金高质量发展意见中提出，要研究制定浮动净值型 MMFs 规则，目前浮动净值型 MMFs 仅有 2019 年第三季度发行的 6 只存续，规则完善后产品或存在扩容可能。

3. 估值端相关政策

资管新规过渡期内临时性的政策安排随过渡期结束而终止。2021 年 1 月，财政部和银保监会发布《关于进一步贯彻落实新金融工具相关会计准则的通知》，指出适用资管新规的资管产品，执行新金融工具相关会计准则的日期可以推迟至 2022 年 1 月 1 日。资管新规过渡期内，现金管理类理财产品和封闭期在半年以上的定期开放型资管产品可临时使用摊余成本法计量。过渡期结束后，现金管理类理财新规规定，现金管理类理财产品仍可按“摊余成本法 + 影子定价法”进行估值，但半年期以上的定期开放型理财产品、摊余成本法债券型基金等已发行的摊余成本法产品需按照新金融工具相关会计准则要求，转换估值方法。

大多数资管产品的估值方法将向市值法统一，这有助于净值化转型的深入推进。2022 年 5 月，财政部发布的《资产管理产品相关会计处理规定》是在现行企业会计准则体系下就资管产品的特定会计问题做出的细化规定，明确指出资管产品的估值既要符合资管新规规定，又要符合企业会计准则，进一步压缩摊余成本法计量的范围，即要同时满足“本金加利息”的合同现金流量特征和“以收取合同现金流量为目标”的业务模式条件，才能采用摊余成本法计量。此外，要求严格按企业会计准则规定计提减值准备、明确管理人报酬计入当期损益、收紧现金管理类理财产品和货币市场基金使用摊余成本法计量的条件等，可以更加真实公允地反映资管产品的经营业绩和净资产规模。因此，大多数资管产品的计量方法转向市值法有助于净值化转型的深入推进，有利于打破刚兑目标的实现。

规范机构治理与加强投资者保护

银保监会在2021年开展了银行业保险业“内控合规管理建设年”活动，奠定了加强机构治理的监管基调。2021年6月，银保监会出台《银行保险机构公司治理准则》，沿袭原规定的核心规范，在监管制度层面对国有银行保险机构中党的领导与公司治理有机融合提出总体要求，并出台相关文件对银行保险机构的薪酬扣回、董事监事履职评价，以及金融控股公司高管任职备案进行规定。此外，针对关联交易行为，银保监会发布《银行保险机构关联交易管理办法（征求意见稿）》；为约束大股东行为，《银行保险机构大股东行为监管办法（试行）》落地，按新老划断原则规范股权质押超比例、高管交叉任职等问题。以上制度的陆续出台，显著弥补了金融机构公司治理方面的短板。

2021年8月，十三届全国人大常委会第三十次会议通过中国首部个人信息保护法，即《中华人民共和国个人信息保护法》，该法解决了个人信息层面法律法规散乱不成体系的问题，为监管执法活动和企业合规体系建设提供重要指引。此外，监管部门出台多个文件加强对投资者权益的保护。2021年5月，中国证券业协会出台《证券公司投资者权益保护工作规范》，督促证券公司积极开展投资者保护活动，维护公开、公平、公正的市场环境。2021年下半年，中国人民银行先后出台了《征信业务管理办法》《关于加强支付受理终端及相关业务管理的通知》等文件，促进征信行业和支付行业健康发展，推进社会信用体系建设。以上文件强化了行为监管，保护了投资者权益。

防风险：稳妥有序地化解风险

当前，我国经济金融领域面临的风险挑战明显增多，需要按照稳定大局、统筹协调、分类施策、精准拆弹的基本方针，运用市场化、法治化方式，稳妥做好风险隐患的化解处置工作。对于资管行业来说，监管可以通过引导资管机构盘活存量资产、积极构建保障机制等方式化解潜在风险隐患。

资产端：鼓励盘活存量资产

资管新规过渡期结束，各资管机构存量资产风险化解工作取得显著进展，但部分“硬骨头”资产风险化解难度较大，主要存在三类问题：一是底层资产已经出现实质性风险，无论是回表、核销还是资管公司等专业机构处置，都存在较大的风险化解难度；二是部分资产回表在法规上存在障碍且缺乏流动性，如未上市公司股权、私募股权基金份额、政府和社会资本合作（PPP）项目份额等；三是部分资产虽然在法规上具备回表条件，但项目投向、资金用途等不符合金融机构自营条件，或对客户集中度、资本充足率等指标造成较大压力，故短期内难以回表。

对于前两类问题，监管部门出台了一系列盘活存量资产的政策，鼓励加快处置进度；对于第三类问题，监管部门结合机构的实际情况施行“一行一策”。因此，下文主要分析监管部门对前两类问题的应对。2021 年以来监管部门陆续出台了存量资产风险化解相关监管文件（如表 2-2 所示）。

表 2-2　2021 年以来监管部门出台的存量资产风险化解相关监管文件

发布时间	文件名称	发布机构	主要相关内容
2021 年 1 月	《关于开展不良贷款转让试点工作的通知》	银保监会办公厅	批准试点机构开展单户对公不良贷款转让和个人不良贷款批量转让
2021 年 1 月	《上海证券交易所公开募集基础设施证券投资基金（REITs）业务办法（试行）》	上海证券交易所（以下简称“上交所”）	规范公募 REITs 上市审核、发售认购、上市交易、收购及信息披露等业务活动
2021 年 4 月	《关于推进信托公司与专业机构合作处置风险资产的通知》	银保监会	鼓励信托公司与专业机构通过批量转让、财务重组等方式处置风险资产

续表

发布时间	文件名称	发布机构	主要相关内容
2021 年 6 月	《关于推进股权投资和创业投资份额转让试点工作的指导意见》	北京市地方金融监督管理局、证监会北京监管局、北京市人民政府国有资产监督管理委员会（以下简称“北京市国资委”）、北京市财政局、北京市经济和信息化局、北京市科学技术委员会、中关村管委会等 7 部门	推动份额转让试点完善机制和服务
2021 年 11 月	《关于进一步推进信托公司“两项业务”压降有关事项的通知》	银保监会	进一步加大存续通道业务和融资类信托业务的压降力度
2021 年 11 月	《关于保险资金投资公开募集基础设施证券投资基金有关事项的通知》	银保监会	允许符合要求的保险资金参与公募 REITs 投资
2021 年 11 月	《关于保险资金参与证券出借业务有关事项的通知》	银保监会办公厅	规范保险资金参与证券出借业务行为，盘活长期持有的存量资产
2022 年 1 月	《公司债券受托管理人处置公司债券违约风险指引》	中国证券业协会	规范公司债券受托管理人处置公司债券违约风险的行为
2022 年 1 月	《深圳证券交易所证券投资基金业务指引第 3 号——基金通平台份额转让》	深圳证券交易所（以下简称“深交所”）	便利公募 REITs 等基金场外份额的转让
2022 年 5 月	《关于进一步盘活存量资产扩大有效投资的意见》	国务院办公厅	聚焦重点领域、重点区域、重点企业，切实做好盘活存量资产工作

1. 应对第一类问题：风险资产和不良资产

针对存量资产风险化解难题中的第一类资产，监管部门出台相关举措引导银行、信托公司、保险公司、金融资产管理 / 投资公司等机构充分发挥各自优势，鼓励处置方式多元化，按照市场化原则积极参与盘活存量风险资产和不良资产。

银行：拓展不良资产的处置类型和方式。为了缓解存量不良资产处置压力，

2021 年 1 月银保监会办公厅出台《关于开展不良贷款转让试点工作的通知》，对 2012 年出台的《金融企业不良资产批量转让管理办法》进行必要调整，以试点方式拓展了不良资产的处置类型和方式。新增单户对公不良贷款和批量个人不良贷款（以个人消费信用贷款、信用卡透支、个人经营性信用贷款为主），并确定了各试点机构具体参与的范围和方式。

信托公司：积累风险加速暴露，推进与专业机构合作处置风险资产。随着“两压一降”工作持续推进，通道业务和融资类信托业务规模不断压降，信托业务前期积累的风险加速暴露，虽然整体处于可控水平，但部分资产的风险问题较为突出。2021 年 4 月，银保监会出台《关于推进信托公司与专业机构合作处置风险资产的通知》，为风险资产处置提供了多元市场化路径，包括向专业机构直接转让资产、向特殊目的载体（SPV）转让资产、委托专业机构提供风险资产管理和处置服务、通过信托保障基金公司反委托收购等，并鼓励探索其他处置模式。

保险公司：发挥资金优势，盘活长期持有的存量资产。2021 年 11 月，银保监会办公厅发布《关于保险资金参与证券出借业务有关事项的通知》，允许偿付能力、资产负债管理能力达标的保险机构参与证券出借业务，在保险资金运用比例允许的范围内丰富资金运用方式，有助于盘活保险资金长期持有的存量资产。

金融资产管理 / 投资公司：通过发行债券融资，增强风险化解能力。2022 年 5 月，国务院办公厅发布《关于进一步盘活存量资产扩大有效投资的意见》，鼓励符合条件的金融资产管理公司、金融资产投资公司通过发行债券融资，解决负债久期与资产久期错配等问题。

2. 应对第二类问题：流动性较差的资产

针对存量资产风险化解难题中的第二类资产，监管部门出台相关举措推动私募股权基金、公募 REITs 的转让，进而实现盘活流动性较差资产的目的。

第一，开展二级市场私募股权基金转让试点，打开一级、二级市场联动渠道。近年来，私募股权投资市场利好政策频出，开启了北京、上海等区域性股权投资和创业投资份额转让试点（以下简称“份额转让试点”），能够有效促进未上市公司股权、私募股权基金份额等底层资产的二级市场交易。

- **从试点政策来看，不断拓宽资产退出和转让渠道。**《国务院关于深化北京市新一轮服务业扩大开放综合试点建设国家服务业扩大开放综合示范区工作方案的批复》《中共中央　国务院关于支持浦东新区高水平改革开放打造社会主义现代化建设引领区意见》等文件相继出台，推动份额转让二级交易市场发展。为加快政策落地，北京市地方金融监督管理局、证监会北京监管局、北京市国资委、北京市财政局、北京市经济和信息化局、北京市科学技术委员会、中关村管委会 7 部门研究出台了《关于推进股权投资和创业投资份额转让试点工作的指导意见》，拓宽资产退出和转让渠道，包括国资基金份额转让和退出路径、建立基金份额登记备案和出质服务体系、完善份额转让试点服务支持体系、建立与行业管理部门的基金份额变更信息对接机制和保障措施等。
- **从机构端来看，政策鼓励资管机构参与私募股权投资和风险投资。**理财子公司管理办法鼓励银行理财子公司参与私募股权投资市场；《证券期货经营机构管理人中管理人（MOM）产品指引（试行）》鼓励券商资管参与私募股权投资市场，《关于证券公司子公司整改规范工作有关问题的答复》拓宽券商和政府平台业务合作范围，放宽证券公司二级管理子公司设立限制；《保险资金投资股权暂行办法》加大保险资金的风险投资力度并拓宽投资范围；《关于进一步明确规范金融机构资产管理产品投资创业投资基金和政府出资产业投资基金有关事项的通知》豁免政府引导和创投基金多层嵌套限制；境外投资者可在合格境外有限合伙人（QFLP）试点城市投资国内私募股权投资和风险投资市场。

第二，规范公募 REITs 投资，深入推进试点，促进良性循环。推动基础设施 REITs 健康发展是“十四五”规划的一项重要部署，对于拓宽权益类融资渠道、盘活资管存量资产（特别是 PPP 项目存量资产、保障房等流动性较差的基础资产）、增强服务实体经济能力等具有十分重要的意义。2021 年 1 月以来，《上海证券交易所公开募集基础设施证券投资基金（REITs）业务办法（试行）》《深圳证券交易所证券投资基金业务指引第 3 号——基金通平台份额转让》等配套细则发布，明确公募 REITs 的框架性要求，进一步便利公募 REITs 等基金的场外份额转让。

公募 REITs 试点于 2021 年 6 月正式启动，截至 2021 年末，已有 11 只公募 REITs 上市，市场运行平稳。当前，证监会正在会同相关监管部门进一步深入推进 REITs 试点。一方面，研究制定基础设施公募 REITs 扩募规则，促进已上市优质运营主体依托市场机制增发份额收购存量资产，促进并购活动，帮助盘活基础设施存量资产，形成投融资的良性循环。另一方面，推动保障性租赁住房公募 REITs 试点落地，吸引社会资本参与，拓宽项目建设资金来源。与此同时，银保监会等有关部门发布了《关于保险资金投资公开募集基础设施证券投资基金有关事项的通知》等文件，引导保险资金等长期资金通过股债结合等方式，加大对基础设施领域、民生工程的投资力度，引入活水进而形成良性循环。

机构端：建立保障机制

自 2017 年第五次全国金融工作会议以来，防范化解金融风险成为主要议题，其中跨行业、连锁性、可能诱发系统性风险的金融风险尤其受到关注。近年来，金融风险处置工作取得显著成效，中国人民银行金融机构评级中的高风险机构从 2018 年第四季度的 587 家下降至 2021 年第四季度的 316 家（如图 2-1 所示），数量压降近一半，高风险机构的总资产规模占银行业总资产规模的比例降至约 1%。

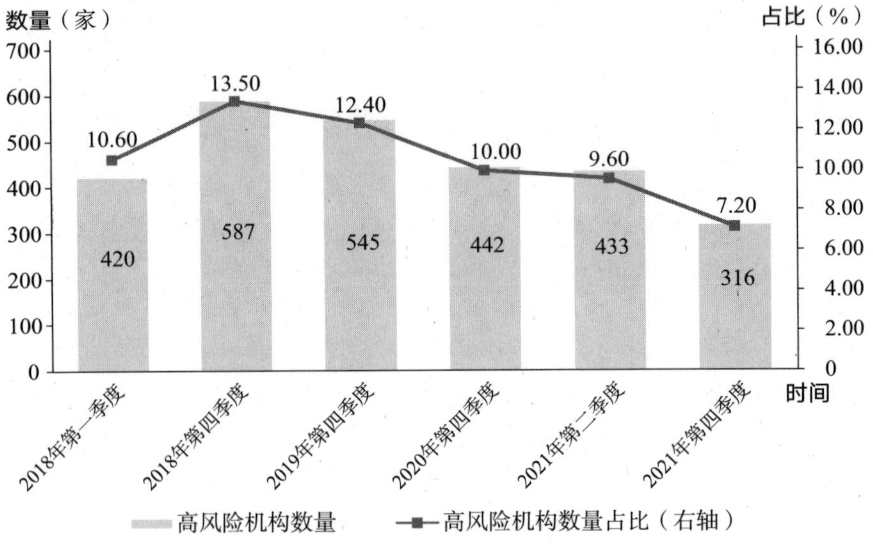

图 2-1　2018—2021 年中国人民银行金融机构评级中高风险机构数量和占比

资料来源：中国人民银行，课题组整理。

围绕重点地区、重点领域和重点部门的风险防范和处置，监管部门构建的更高层面的立体安全保障网（如图 2-2 所示），成为我国宏观审慎监管体系的重要组成部分。具体而言，用于重大系统性风险处置的金融稳定保障基金、发挥常规化风险处置作用的存款保险基金和相关行业保障基金共同构成了我国金融安全网不可或缺的部分，区分不同行业、不同主体实行差别化收费，以平衡好风险、收益与责任。根据银保监会 2022 年 7 月 21 日公布的信息，目前金融稳定保障基金的基础框架初步建立，首批 646 亿元资金已经筹集到位，存款保险制度得到加强，《保险保障基金管理办法》和《信托业保障基金管理办法》正在修订完善。

1. 建立金融稳定保障基金，在更高层面防范金融风险

《2022 年国务院政府工作报告》首次提出“设立金融稳定保障基金，运用市场化、法治化方式化解风险隐患，牢牢守住不发生系统性风险的底线”。目

前金融稳定保障基金相关工作正在积极研究推进之中，主要体现为托底救助安排。设立金融稳定保障基金是国际通行的做法，美国和欧盟分别建立了有序清算机制（OLA）和单一处置机制（SRM），并设立了配套保障基金；德国通过了《金融市场稳定基金法》，并设立了金融市场稳定基金（FMS），该类基金一般由公共部门管理，动用公共资金或行业资源对特定金融机构进行救助和处置，或应对重大金融风险事件。

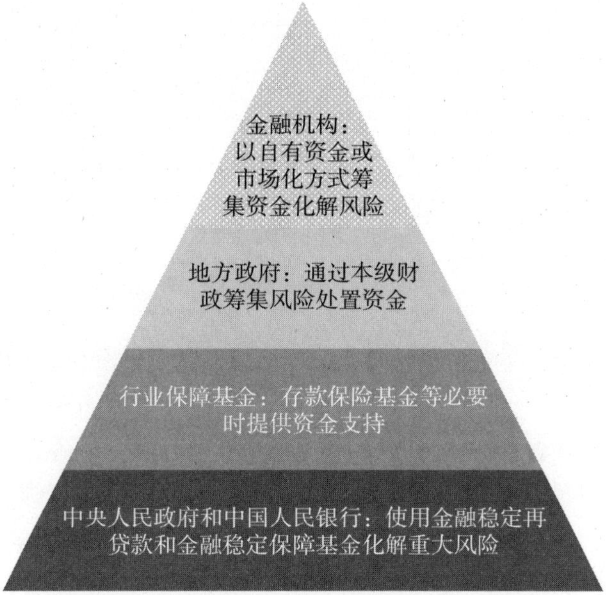

图 2-2　我国重大风险处置立体安全保障网

2. 完善行业保障基金，共同构筑安全保障网

2021 年，监管部门先后出台了《银行保险机构恢复和处置计划实施暂行办法》《保险保障基金管理办法（征求意见稿）》《信托业保障基金和流动性互助基金管理办法（征求意见稿）》等文件，持续提升子行业防范化解风险的能力。例如，信托业保障基金是由信托业市场参与者共同筹集，用于化解和处置信托业风险的行业互助资金，由中国信托业保障基金有限责任公司担任保障基金管理人。

当信托公司面临一般性清偿风险，但有望恢复正常经营时，信托业保障基金可以通过阶段性持股、设立过桥机构或 SPV、收购风险资产等方式参与其风险处置。从运作情况来看，信托业保障基金已经成功救助包商银行、安信信托、华夏证券等高风险机构，收到了良好效果。

3. 完善机构监管评级机制，开展差异化监管

为强化监管导向、实现分类监管，监管部门以风险等级为导向对不同类型机构实施监管评级制度，出台了《商业银行监管评级办法》《保险资产管理公司监管评级暂行办法》等文件，强化评级结果与监管政策衔接，促进各资管机构专注主业和特色发展。例如，《保险资产管理公司监管评级暂行办法》坚持以风险管理能力为核心，聚焦风险管理和合规经营的评级和监管原则，设计指标体系时在各大类指标中都强调和设置有关合规指标，并专门设立全面风险管理维度。评级指标结合保险资管行业的特点，围绕公司治理与内控、资管能力、全面风险管理、交易与运营保障、信息披露等方面设计评级指标和评分规则，覆盖保险资管的全链条和全流程。另外，对于可能出现风险的非标资管机构，监管部门以压缩层级、规范业务为主要思路，发布了《关于清理规范信托公司非金融子公司业务的通知》等相关规定，对非标资管机构业务进行整顿规范。2021 年以来，监管部门陆续出台了机构风险化解相关监管文件（如表 2-3 所示）。

表 2-3　2021 年以来监管部门出台的机构风险化解相关监管文件

发布时间	文件名称	发布机构	主要相关内容
2021 年 1 月	《保险资产管理公司监管评级暂行办法》	银保监会	进一步加强对保险资管公司的机构监管和分类监管
2021 年 6 月	《银行保险机构恢复和处置计划实施暂行办法》	银保监会	恢复和处置计划是银行保险机构与银保监会及其派出机构在危机情景中的行动指引
2021 年 7 月	《关于清理规范信托公司非金融子公司业务的通知》	银保监会	信托公司可选择保留 1 家目前经营范围涵盖投资管理或资管类业务的境内一级非金融子公司

续表

发布时间	文件名称	发布机构	主要相关内容
2021 年 9 月	《商业银行监管评级办法》	银保监会	进一步加强对商业银行的机构监管和差异化监管
2022 年 1 月	《保险保障基金管理办法（征求意见稿）》	银保监会	修订保险保障基金筹集、使用、管理和监督等方面的内容
2022 年 2 月	《信托业保障基金和流动性互助基金管理办法（征求意见稿）》	银保监会	规范信托业保障基金和流动性互助基金的筹集、管理和使用，有效化解和处置信托业风险

新发展：推动新阶段行业提质升级

当前，随着我国资本市场改革开放的全面深化、“双碳”目标及乡村振兴等国家战略的推进，监管政策积极引导资管机构服务新发展：一是增加权益类资产配置，为资本市场提供长期资金支持；二是为绿色金融、乡村振兴、养老金融等重点领域提供多样化产品；三是切实支持新经济相关企业发展。这些政策促使资管行业在发展新阶段谋求自我革新、增强主动管理能力，提升服务实体经济的能力和水平。

制度创新：为“双循环”提供高效服务

在国内国际双循环发展格局下，监管部门积极引导资管行业资产端、机构端为经济发展提供更高效的服务。在资产端，注册制改革的深入推进和北京证券交易所（以下简称“北交所”）的设立，从上游为资管行业提供更多创新型资产。在机构端，监管部门鼓励资管行业增配权益类资产，并放宽外资机构准入条件，促进资本市场高水平双向开放，共同推动中长期资金入市。

1. 资产端：提供更多创新型资产

稳步推进注册制改革，便于新经济企业获得融资。在权益类资产方面，中国人民银行、证监会和银保监会相继推出注册制改革相关规定，从源头上提升上市公司质量，压实中介机构责任，并不断完善常态化退市制度，实现上市公司优胜劣汰的良性循环。在债券方面，政策积极推进公司债券注册制改革配套制度出台，从完善信息披露制度、加强事中事后监管、设立统一分类标准、落实统一执法等方面着手，促进形成健康的债券市场生态。综合来看，注册制的包容性更有利于新经济企业获得融资，从而进一步为资管行业提供创新型资产。2021 年以来，我国发布了一批有关注册制改革的监管文件（如表 2-4 所示）。

表 2-4　2021 年以来有关注册制改革的主要监管文件

发布时间	文件名称	发布机构	主要相关内容
2021 年 3 月	《上市公司信息披露管理办法》	证监会	完善自愿披露制度，细化披露媒体要求
2021 年 4 月	《科创属性评价指引（试行）》	证监会	形成更完善的“4+5”科创属性评价指标体系
2021 年 8 月	《关于推动公司信用类债券市场改革开放高质量发展的指导意见》	中国人民银行、发展改革委、财政部、银保监会、证监会、国家外汇管理局6 部委	界定公司信用类债券，统一发行交易管理分类，压实各方责任，加强债券市场监管和统一执法
2021 年 9 月	《关于修改〈创业板首次公开发行证券发行与承销特别规定〉的决定》	证监会	取消创业板新股发行定价与申购安排、投资风险特别公告次数挂钩的要求，删除累计投标询价发行价格区间的相关规定
2021 年 12 月	《公开发行证券的公司信息披露内容与格式准则第 24 号——公开发行公司债券申请文件（2021 年修订）》	证监会	确立信息披露基本原则和要求，强调披露偿债能力，取消强制评级，压实发行人和中介机构的信息披露职责
2022 年 1 月	《关于注册制下提高招股说明书信息披露质量的指导意见》	证监会	细化制度标准和程序，落实责任追究制度，督促发行人和中介机构归位尽责

设立北交所服务中小企业，创设更多优质的“专精特新”资产。2021 年 11 月，北交所正式开市，成为我国资本市场第三家全国性证券交易所，推动新三板基础层、创新层与北交所“层层递进”的多层次市场结构形成。北交所的设立在为“专精特新”中小企业提供直接融资便利的同时，也为资管机构提供优质投资标的，并通过一、二级市场联动有效加强基础资产的流动性。根据万得资讯的统计，截至 2021 年末北交所共有 82 家上市公司，以战略性新兴产业、先进制造业、现代服务业为主，占比高达 87%，总市值达 2 722.75 亿元。此外，《北京证券交易所投资者适当性管理办法（试行）》将个人投资者门槛从 100 万元降至 50 万元，对机构投资者不设置资金门槛，未对持股比例低于 10% 的普通股东设置限售期，从而有利于私募股权基金有序择时退出，多方面促进参与主体多样化，激发市场活力。

2. 机构端：引导更多中长期资金入市

（1）鼓励国内资管行业增配权益类资产，提高长期资金占比。资管机构作为连接居民财富和服务实体经济的机构投资者，在政策指引下将不断提升中长期投资和权益类资产的占比，以为经济高质量发展提供可持续的金融服务。2022 年 4 月，证监会、国务院国有资产监督管理委员会（以下简称“国资委”）和中华全国工商业联合会联合发布《关于进一步支持上市公司健康发展的通知》，鼓励和支持社保、养老金、信托、保险和理财机构将更多资金配置于权益类资产，强化主动管理能力，提高长期投资收益率。2022 年 4 月，证监会召开全国社保基金和部分大型银行保险机构主要负责人座谈会，明确提出机构应从战略规划上重视权益投资，提高权益投资占比，并充分发挥长期资金克服市场短期波动的优势，发挥专业优势，为促进资本市场深化改革、提升效能贡献力量。

（2）推进高水平双向开放，引导更多境外资金入市。2021 年以来，监管政策持续引导资本市场和机构高水平双向开放，不断深化境内外市场互联互通（如表 2-5 所示）。在资产市场方面，将科创板股票纳入沪港通股票范围；扩展沪伦通机制适用范围，对内增加深交所，对外拓展至瑞士和德国；扩大红筹企业境内上市试点范围等。在机构方面，中外合资或者外商独资的私募基金、公募基金、银行理财子公司、保险资管、信托公司和期货公司日益增多。我国资本市场吸引力不断提升，根据Choice数据的统计，2021年北向资金累计净买入金额达4 321.69亿元，创历史新高。

表2-5　2021年以来资本市场和机构高水平双向开放相关政策

发布时间	文件名称	发布机构	主要相关内容
2021年1月	《上海证券交易所沪港通业务实施办法（2021年修订）》	上交所	科创板股票纳入沪港通股票范围
2021年3月	《关于金融支持海南全面深化改革开放的意见》	中国人民银行、银保监会、证监会、国家外汇管理局4部委	鼓励各类境外金融机构通过新设法人、分支机构和专营机构等方式落户海南
2021年9月	《关于扩大红筹企业在境内上市试点范围的公告》	证监会	扩大红筹企业境内上市试点范围
2021年12月	《关于就修订〈关于上海证券交易所与伦敦证券交易所互联互通存托凭证业务的监管规定（试行）〉公开征求意见的通知》	证监会	拓宽适用范围，纳入深交所，境外拓展到瑞士和德国；允许境外发行人融资
2021年12月	《关于就修改〈内地与香港股票市场交易互联互通机制若干规定〉公开征求意见的通知》	证监会	适用范围扩展至沪港通和深港通，明确投资者的适当性管理原则
2021年12月	《境内企业境外发行证券和上市备案管理办法（征求意见稿）》	证监会	完善法律依据、调整适用范围、明确企业信息安全责任、完善跨境监管合作安排等

产品创新：服务国家重大发展战略实施

为服务我国经济发展模式转型升级，监管部门出台相关政策不断丰富资管产品类型，引导资管行业主动契合“双碳”目标、乡村振兴、应对人口老龄化、高水平对外开放等重大国家发展战略，为相关领域企业的发展拓宽了融资渠道。

1. ESG 资产迅速增长，相关主题资管产品积极创设

在“双碳”目标、乡村振兴战略的时代背景下，绿色债券、乡村振兴债券、社会责任债券、县城新型城镇化建设专项企业债等ESG资产迅速增长，监管部门出台《绿色债券支持项目目录（2021年版）》《银行业金融机构绿色金融评价方案》《社会资本投资农业农村指引（2021年）》等引导金融机构参与ESG投资。资管行业积极创新相关主题产品，ESG基金成为国内公募基金市场的新生力量，2021年全年ESG公募基金新发产品52只，接近此前5年的总和。建信理财推出“龙鑫”固收类封闭式产品支持乡村振兴。中航信托与中国节能协会碳交易产业联盟、上海宝碳新能源环保科技有限公司联合推出全国首单碳中和主题绿色信托计划，通过主动管理模式投资全国范围内可交易的优质碳资产等。

2. 发行个人养老金产品，支持养老金第三支柱建设

随着国家加快养老金第三支柱布局，监管部门发布一系列文件加大个人养老理财产品的创新和探索。2021年9月，银保监会发布了《关于开展养老理财产品试点的通知》，选择“四地四家机构”进行试点，即工银理财在武汉和成都、建信理财和招银理财在深圳、光大理财在青岛开展养老理财产品试点，实施非母行第三方独立托管，引导形成长期稳定资金投向符合国家战略、产业政策的领域。2022年2月，《关于扩大养老理财产品试点范围的通知》将试点范围扩大到“十地十家机构”。此外，2022年4月，《国务院办公厅关于推动个人养老金发展的意见》正式出台，明确指出，个人养老金资金用于购买符合规定的商业养老保险、银行理财产品、公募基金等运作安全、成熟稳定、标的规范、侧重长期保值的满足不同投资者偏好的金融产品。

3. 利用互联互通机制，创新型跨境资管产品落地

2021年9月，《粤港澳大湾区“跨境理财通”业务试点实施细则》正式发

布，同时开放北向通、南向通，所涉资金均使用人民币跨境结算，成为资本项下人民币跨境使用的创新实践，香港、澳门和广东省内九市居民均可直接跨境投资粤港澳大湾区内银行销售的理财产品，深化并扩大了内地与香港金融市场的互联互通，有助于粤港澳大湾区金融发展和市场对外开放。2022 年 6 月，证监会发布《关于交易型开放式基金纳入互联互通相关安排的公告》，参照股票互联互通安排，将内地与香港股票市场交易互联互通机制进一步拓展至 ETF，两地市场融通迈上新高度。2021 年以来，我国制定了一批创新资产和资管产品相关政策（如表 2-6 所示）。

表 2-6　2021 年以来创新资产和资管产品相关政策

类别	发布时间	文件名称	发布机构	主要相关内容
绿色金融	2021 年 3 月	《关于明确碳中和债相关机制的通知》	中国银行间市场交易商协会	明确碳中和债的定义、资金用途、项目遴选、资金管理、信息披露、鼓励措施等
	2021 年 4 月	《绿色债券支持项目目录（2021 年版）》	中国人民银行、发展改革委、证监会	明确定义与标准，推动绿色债券标准与国际接轨
	2021 年 5 月	《银行业金融机构绿色金融评价方案》	中国人民银行	首次将绿色信贷、绿色债券等业务正式纳入考核评价范围，设置定性和定量指标
绿色金融	2021 年 7 月	《深圳证券交易所公司债券创新品种业务指引第 1 号——绿色公司债券（2021 年修订）》	深交所	明确发行条件、募集资金用途及申报材料等要求
	2021 年 7 月	《金融机构环境信息披露指南》	中国人民银行	明确披露原则、形式、频次和内容
	2021 年 7 月	《环境权益融资工具》	中国人民银行	规定了环境权益融资工具的分类、总体要求和实施流程
	2022 年 6 月	《上海证券交易所公司债券发行上市审核规则适用指引第 2 号——特定品种公司债券（2022 年修订）》	上交所	新增低碳转型公司债券事项，归并可交换公司债券、"一带一路"公司债券、疫情防控公司债券等单行规则
乡村振兴	2022 年 3 月	《关于做好 2022 年金融支持全面推进乡村振兴重点工作的意见》	中国人民银行	为农业农村多方面发展提供创新金融服务

续表

类别	发布时间	文件名称	发布机构	主要相关内容
乡村振兴	2021 年 5 月	《关于金融支持新型农业经营主体发展的意见》	中国人民银行、中央农村工作领导小组办公室、农业农村部、财政部、银保监会、证监会等 6 部委	推动农村信用体系建设，拓宽抵押质押物范围，推出专属金融产品和服务
	2021 年 5 月	《金融机构服务乡村振兴考核评估办法》	中国人民银行、银保监会	设置定量和定性评估指标，引导资金配置农村经济
养老理财	2021 年 9 月	《关于开展养老理财产品试点的通知》	银保监会	选择“四地四家机构”正式启动养老理财产品试点
	2022 年 2 月	《关于扩大养老理财产品试点范围的通知》	银保监会	扩展养老理财产品试点范围为“十地十家机构”
跨境资管	2021 年 9 月	《粤港澳大湾区“跨境理财通”业务试点实施细则》	中国人民银行广州分行、深圳市中心支行，银保监会广东监管局、深圳监管局，证监会广东监管局、深圳监管局	试点跨境理财通，允许粤港澳大湾区居民个人跨境购买理财产品
	2022 年 6 月	《关于交易型开放式基金纳入互联互通相关安排的公告》	证监会	明确内地与香港股票市场交易互联互通机制拓展至 ETF

科技创新：赋能新经济企业创新发展

党的十八大以来，党中央部署实施创新驱动发展战略，服务高水平科技自立自强是新起点资管行业面临的必然要求。在此背景下，监管部门不断完善顶层设计，引导资管机构服务新经济、科技创新相关企业发展。

1. 科创主题投资场所多层次设立，提高资管机构专项投资便捷度

自 2021 年 4 月工业和信息化部提出分层培育“专精特新”中小企业群体后，《为“专精特新”中小企业办实事清单》《提升中小企业竞争力若干措施》等文件相继出台，提出为“专精特新”企业设专板、发债券，扩大市场化融资，满足企业发展需求。科创板、北交所等为科创企业提供上市场所，截至 2021 年末，全

国已有 15 家股权交易中心设立“专精特新板”或特色板块服务区域内“专精特新”企业，另有 10 余家拟推出“专精特新板”，科创主题投资场所的多层次设立便于资管机构对科创行业进行专项投资。

2. 推动资管机构进行科创投资的政策导向偏强

2021 年 11 月，银保监会颁布《关于银行业保险业支持高水平科技自立自强的指导意见》，鼓励商业银行具有投资功能的子公司、保险机构、信托公司等机构为科技企业发展提供股权融资，支持资管产品依法投资包括未上市科技企业股权及其受（收）益权在内的权益类资产，实现资管产品期限与其所投资资产期限相匹配、与科技企业成长周期相匹配。2022 年 4 月，公募基金高质量发展意见要求公募基金在推动创新驱动发展战略和经济转型升级中发挥更大功能效用。

3. 多地设立全球财富管理中心，聚集科技创新要素资源、推动资管行业服务新经济

2022年1月，深圳市地方金融监督管理局和深圳市发展改革委联合发布《深圳市金融业高质量发展“十四五”规划》，明确推进“金融 +”战略，聚集科技创新要素资源，着力打造设立国际财富管理中心、金融科技中心、创新资本形成中心，支持资管机构服务先进制造、科技创新等企业发展。2022 年 5 月，北京市地方金融监督管理局、中国人民银行营业管理部、银保监会北京监管局和证监会北京监管局 4 部门联合发布《关于推进北京全球财富管理中心建设的意见》，支持在以科技创新、服务业开放、数字经济为主要特征的自由贸易试验区建设全球财富管理中心，推动公募基金、银行理财、保险资管、券商资管、信托公司、基金子公司、养老金管理公司等资管机构发起设立可投资北交所上市公司股票的产品。这些举措都将有力推进资管行业相关机构服务科创企业创新发展。

站在新的制度起点上，资管行业监管将会逐步转入长效机制建设的发展新阶段，引导资管业务全面回归本源、服务新经济发展，促进资管机构进一步提高主

动管理、风险识别、客户服务的能力和水平。与此同时，在中国金融市场双向开放程度不断提高、经济发展模式转型升级和新旧动能转换不断加快的背景下，资管行业作为金融体系的重要组成部分，其监管政策将会进一步引导各类市场参与者主动服务国家新发展战略、助力经济高质量发展。课题组将持续跟踪后资管新规时代监管政策的变化和演进过程，以及政策发展为行业发展带来的新方向和新格局。

/ 第3章 /

资管新规过渡期结束后的产品服务与个人投资者选择

2022年，资管新规过渡期平稳结束，新资管元年正式到来。这标志着历经过去3年多的“纠错期”“调整期”“破刚兑、去通道、去非标”后，资管市场进入了新的发展阶段。各类资管机构立足新的发展定位，为个人投资者所提供的产品和服务呈现出新趋势、新特点。例如，银行理财子公司的理财产品进入净值化时代，同时，银行理财子公司出现新发理财产品数量减少、开放式理财产品占比增加、封闭式理财产品平均期限延长、投资门槛显著降低、主题类理财产品成为创新方向等新动态。券商聚焦个人投顾服务市场，提供的投顾产品数量显著增长，服务运作和收费模式更加丰富多样。基金公司则在首发市场遇冷的背景下，主推债券型基金、同业存单指数型基金等低波动产品，强化个人投资者在震荡环境下的稳健配置。

资管行业专业化水平不断提升，个人投资者可选择产品日益丰富，投资行为和投资理念也趋于成熟。以银行理财产品为例，受益于资管行业的创新发展，个人投资者所接触的产品、服务更加丰富，在对净值型理财产品的接受度逐渐提高的同时，个人投资者的投资需求日趋多元化、投资理念更加成熟、投资行为更加理性，在选择理财产品、服务、渠道方面，所考虑的因素和投资预期与3年前相比发生了较大的变化，根据2019年课题组问卷调查结果，2019年认为银行理财产品收益波动较小的个人投资者占比52%，2022年该比例则降至16%；2018年全年银行理财产品收益为正的个人投资者占比83.3%，2021年则为69.9%，2018年对持有银行理财产品收益不满意和非常不满意的个人投资者占比21.9%，2021年则为12.4%。

综合供给端资管市场的变革和需求端个人投资者的选择和预期来看，供需两端尚未形成动态平衡，资管行业仍需结合自身资源禀赋探索更高效的产品与服务方案，在实现行业自身更好发展的同时，更有效地满足个人投资者的投资理财需求。

资管新规过渡期结束后，资管产品和服务的新特点、新趋势

银行理财产品和服务的新特点、新趋势

为迎接新资管元年，银行理财行业已经历3年多的考验。到2021年末，全行业净值化转型目标基本完成。对于个人投资者而言，其所面对的崭新的净值型银行理财产品市场呈现出以下新特点。

1. 新发理财产品数量显著减少，主题类理财产品日趋增多

据万得资讯统计，2021年全年各类机构共发行银行理财产品50 057只，较2020年减少22 537只，2021年银行新发理财产品数量为2018年的33.15%。2022年第一季度，各类机构发行银行理财产品7 238只，为2021年全年新发

产品数量的 14.46%（如图 3-1 所示）。银行新发理财产品数量大幅度减少，主要有三个原因：一是资管新规过渡期内，机构发行净值型产品的条件尚有欠缺，产品新发步伐放缓；二是净值型产品历史业绩是吸引投资者的最主要因素，对于机构而言，具有较好历史业绩的往期产品对投资者的吸引力比新发产品更强，因此部分机构将重点放在做好往期产品上，通过做好往期产品不断扩大规模；三是由于资管新规要求对单个资管产品资金采用“三单”管理（单独管理、单独建账、单独核算），对于机构而言，新发产品的要求和成本都较高，部分机构选择发行开放式产品和拉长封闭式产品期限以减少新发产品数量，部分实力较弱的机构选择代销其他机构产品，同样减少了自身新发产品的数量。

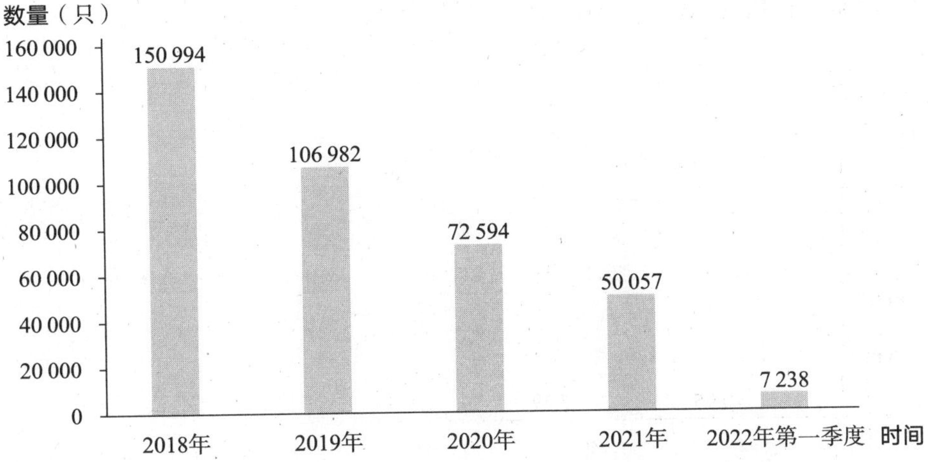

图 3-1　2018 年至 2022 年第一季度银行新发理财产品数量

资料来源：万得资讯。

虽然银行新发理财产品数量减少，但其创新步伐在不断加快。一方面，“固收 +”产品更加丰富，从“+ 权益”进一步延伸到“+ 商品、衍生品或另类资产等”。“固收 +”产品逐渐呈现出与传统的固收产品、主动权益类产品不一样的特征。另一方面，在全面净值化、无风险收益率下行的大背景下，各类主题产品的发行量增加，如工银理财、建信理财、招银理财和光大理财首批养老理财试点产品，各机构发行的 ESG 主题产品等，为个人投资者提供了更加丰富的财富管理工具。

2. 开放式产品数量占比显著增加，封闭式产品平均期限进一步拉长

从运作模式来看，银行理财产品净值化转型后，与基金产品之间竞争加剧，为了提升产品竞争力，近年来银行等机构对标公募基金，一方面，适当加大开放式产品的发行力度，各类机构新发银行理财产品中开放式产品数量占比显著增加，2018 年银行新发开放式理财产品数量占比仅为 0.95%，而到 2022 年第一季度，银行理财新发开放式产品数量占比已达到 13.91%，追求高流动性的个人投资者在投资银行理财产品时有了更多选择（如图 3-2 所示）。另一方面，封闭式产品的投资期限进一步拉长，2018—2021 年银行理财新发封闭式产品的平均期限增长超过 30 天，封闭式产品平均期限约为 200 天。

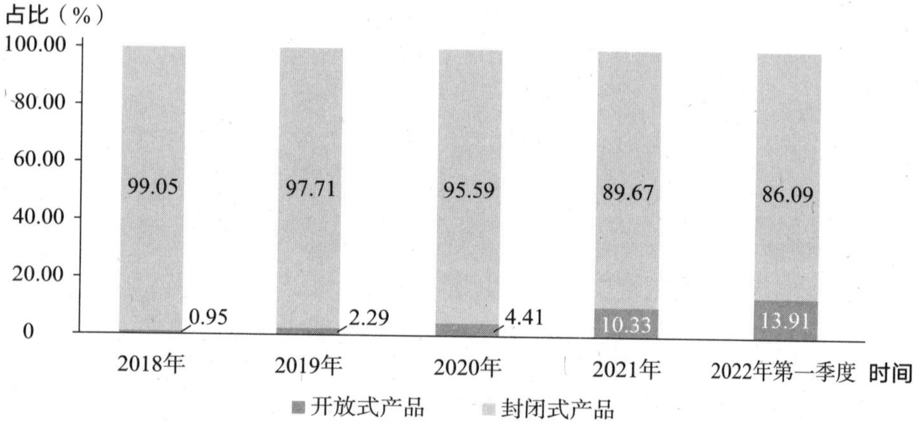

图 3-2　2018 年至 2022 年第一季度银行新发理财产品运作模式占比

资料来源：万得资讯。

3. 销售门槛显著降低，“线上”成为主要销售渠道

随着资管新规落地，银行理财产品的销售门槛从 5 万元降低到 1 万元，银行理财子公司更是推出了 1 元起购的超低门槛理财产品。银行理财产品销售门槛的降低，意味着个人投资者可以把投资分散到更多理财产品中，降低投资风险。

但是，从目前市面上各机构的理财产品来看，1 万元起购的理财产品与 5 万元、10 万元等起购的理财产品在风险和收益方面存在较大差异。个人投资者在同等风险和收益水平下可以选择的券商理财产品、基金，甚至互联网理财替代产品较多，因此银行理财产品投资门槛降低对于个人投资者的吸引力并不是很强。

从销售渠道来看，随着支付电子化和近年来新冠肺炎疫情散发，银行离柜率非常高，为了适应新趋势，网点营销模式正逐步线上化，手机应用程序（App）、微信小程序、微信公众号等成为目前银行理财产品营销的主要渠道。

券商理财产品和服务的新特点、新趋势

资管新规过渡期结束后，券商逐渐找到自身差异化竞争优势，聚焦个人投顾产品和服务市场，提供的投顾产品数量显著增长，投顾产品的服务运作和收费模式更加丰富多样。目前券商提供的投顾业务分为三种：一是仅提供投资信息和资讯，此类产品和服务大多数不向个人投资者收取费用；二是提供个股或其他产品的投资建议、策略和资讯，此类产品和服务的收费模式为按投资收益的一定比例收取佣金或按产品使用期限收费；三是基金投顾业务，此类产品的收费模式多为按投资金额的一定比例收取管理费。目前，绝大多数券商均提供了前两类投顾产品和服务。截至 2022 年 5 月，获批基金投顾业务试点资格的 29 家券商中，已有 17 家券商提供了相应的产品和服务（如表 3-1 所示）。

表 3-1　券商投顾业务情况（截至 2022 年 5 月）

投顾业务	券商名称	收费模式	产品举例
投资信息和资讯	全部券商	一般免费	—
投资建议、策略和资讯	绝大多数券商	1. 按投资收益的一定比例收取佣金 2. 按产品使用期限收费（如元 / 月、元 / 年等） 3. 按跟随策略逐笔收费（买入或卖出推荐股票一笔收取固定金额）	中信证券的“信投顾” 中信建投的“仙人涨” 华西证券的“赢财富” 万联证券的“万联点金”

续表

投顾业务	券商名称	收费模式	产品举例
基金投顾业务	国联证券、中国银河、国泰君安、中金财富、华泰证券、中信建投、申万宏源、中信证券、招商证券、国信证券、东方证券、财通证券、中泰证券、国金证券、光大证券、南京证券、山西证券	多为按投资金额的一定比例收取管理费	中信建投的“蜻蜓管家” 国金证券的“国金100” 中金证券的“A+基金投顾” 中国银河的“财富星” 光大证券的“金阳光管家”

在上述三类投顾业务中，基金投顾业务正在成为券商展业的重点。目前，券商在针对个人投资者开展基金投顾业务时，主要注重三个方向：一是注重瞄准个人投资者需求及风险承受能力等真实需求，站在与个人投资者目标一致的角度，提供相应的策略产品；二是注重个人投资者消费习惯的培养，推动个人投资者接受咨询付费模式；三是注重外部销售渠道的拓展，目前已有部分券商除在自有App上对已有内部客户拓展基金投顾业务外，还通过第三方渠道进行营销，如截至2022年6月，已有7家券商在支付宝的“投顾管家”上线基金投顾产品，也有券商在腾讯理财通的“微智投”提供策略产品与服务。

基金产品和服务的新特点、新趋势

资管新规实施后，银行理财产品净值化转型和券商拓展基金投顾业务虽然对基金行业带来一定竞争性挑战，但影响有限。基金产品和服务的变化依然主要与市场波动和行业自身发展相关，2022年基金产品和服务的变化主要呈现以下特点。

1. 整体发行规模缩减，尤其是权益类产品的投资者关注度下降

2021年，投资者参与基金投资的热情较高，全年基金总发行规模突破3万亿元。而2022年1—5月，新基金发行规模仅有4 249亿元，为2021年同期的32%。其中，债券型基金的发行规模占总发行规模的50%以上。受股票市场底

部震荡影响，权益类产品受到的投资者关注大幅减少。

2. 同业存单指数基金受到个人投资者青睐

2022 年 1—5 月，发行规模居前 10 名的基金中，有 3 只为同业存单指数基金。2022 年 5 月发行份额排名前 10 的基金中，7 只为同业存单指数基金。除机构投资者外，投资同业存单指数基金的个人投资者显著增多。一方面，银行理财产品净值化转型后，个人投资者认为银行理财产品与基金部分同质化，但比基金的投资门槛高，投资低风险银行理财产品的部分个人投资者转投基金；另一方面，新冠肺炎疫情点发、散发，复杂的国际局势以及 A 股市场低位震荡，使得个人投资者的风险偏好走低。

3. 基金投顾业务受到重视

除券商外，基金行业也将基金投顾业务作为财富管理转型的重点，积极展业，在业务模式和销售渠道等方面与券商形成了同质化竞争。例如，在支付宝的“投顾管家”中，除有 7 家券商投顾产品外，还有易方达基金、兴证全球基金等 10 余家基金公司的基金投顾产品。

个人投资者对资管产品和服务的选择与期望

受益于财富管理行业的蓬勃发展，各机构开始加大在资管行业销售端的布局，个人投资者所接触的产品和服务渠道变得更加丰富。与此同时，在资管新规过渡期结束、个人投资者需求变得更加多元的背景下，市场中各机构凭借自身优势开展差异化竞争，加大了对个人投资者“钱包”份额的争夺。

银行和互联网金融平台是个人投资者的主要投资渠道

从各个投资渠道个人投资者的数量来看，银行和互联网金融平台是目前个人投资者购买理财产品的主要渠道。2022 年课题组关于个人投资者专题问卷调查（以下简称“问卷调查”）结果显示，选择在银行购买理财产品的个人投资者占比为 76.8%，选择在互联网金融平台购买理财产品的个人投资者占比为 54.5%，尽管互联网金融的发展使财富管理服务变得更加便捷，但是银行仍然是个人投资者理财的首要渠道（如图 3-3 所示）。从三大主要投资渠道个人投资者的年龄分布来看，互联网金融平台的个人投资者年轻化趋势要远高于银行和券商，互联网金融平台 90% 的个人投资者年龄均在 40 岁以下，而银行和券商则吸引了较多的中老年个人投资者（如图 3-4 所示），这间接说明大部分中老年个人投资者对于线下网点的需求仍然是存在的。

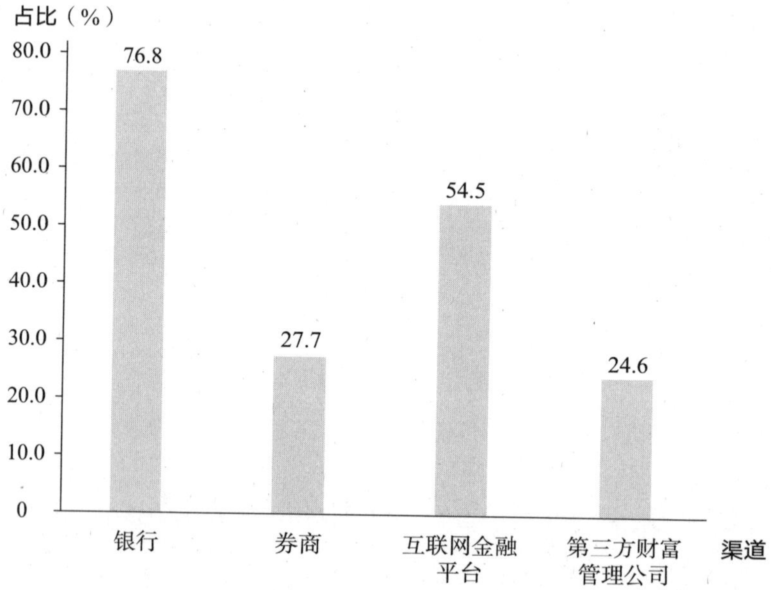

图 3-3　个人投资者选择的投资渠道分布

资料来源：课题组问卷调查。

另外，2022 年课题组问卷调查结果显示，有 56% 的个人投资者选择了两种及以上的投资渠道，其中选择两种投资渠道的个人投资者占比更是达到了 35%

(如图 3-5 所示),这一现象从某种程度上体现了,现阶段个人投资者对理财产品的选择更加开放,试图通过不断拓宽自己的选择范围,找到最适合自己的理财产品。这意味着资管机构在产品设计和服务上需要更多地从个人投资者需求出发,发现机构资源禀赋与个人投资者需求间最重要的联结点,从而提升产品的适配性。

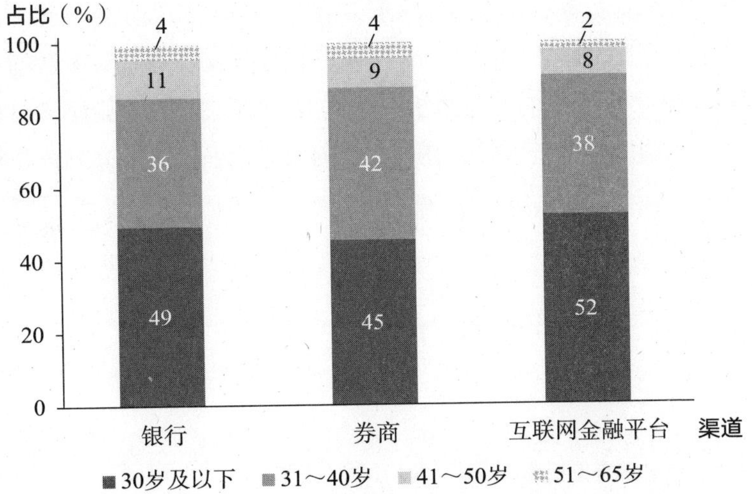

图 3-4 三大主要投资渠道个人投资者的年龄分布

资料来源:课题组问卷调查。

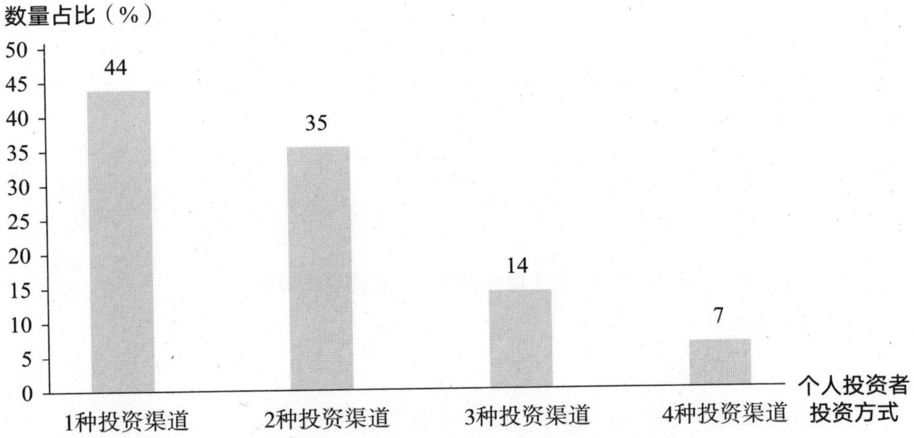

图 3-5 个人投资者选择的投资渠道的数量及占比

资料来源:课题组问卷调查。

个人投资者认为银行理财产品更安全，互联网金融平台的理财产品与服务种类更全面

虽然银行和互联网金融平台均获得了大多数个人投资者的青睐，但是个人投资者选择以上两种投资渠道的原因有显著差异。如图 3-6 所示，“银行的产品更安全”“银行的网点服务更好”是个人投资者选择银行的最主要原因（占比分别为 81% 和 40%）。如图 3-7 所示，个人投资者选择互联网金融平台的主要原因是“互联网金融平台提供的产品与服务种类更全面”“互联网金融平台提供的服务更精准，更知道我想要什么”“互联网金融平台 App 的体验较好”（占比分别为 65%、52% 和 47%）。

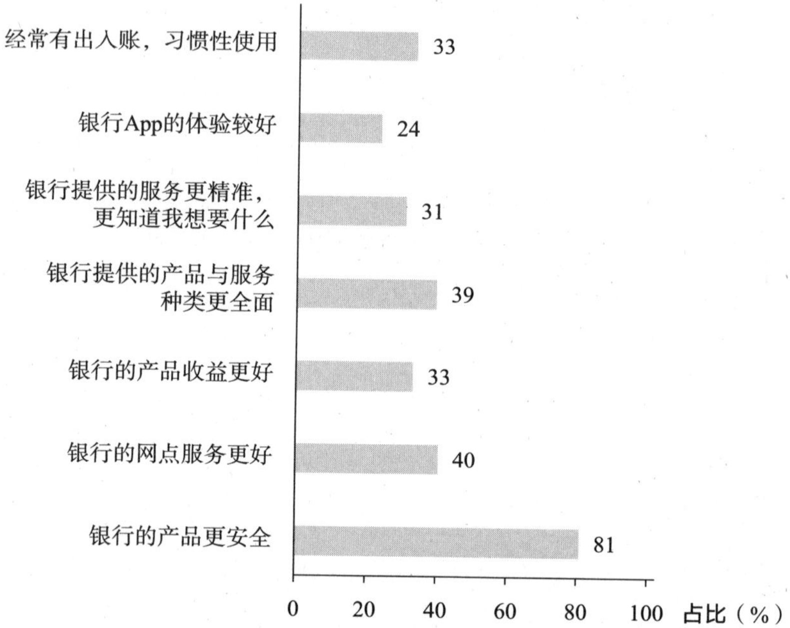

图 3-6　个人投资者选择银行的原因分布

资料来源：课题组问卷调查。

从上述问卷调查数据可以看出，一是在投资渠道的选择上，个人投资者对于理财产品收益的考量较低，更加看重投资渠道提供的理财产品是否安全、理财产品与服

务的种类是否完备，表现出较高的成熟度。二是虽然各大银行均在加大金融科技方面的投入，但是相对于互联网金融平台而言仍存在一定的差距，个人投资者的感知相差较大。尽管如此，在大部分个人投资者心中仍旧保留着银行产品“更安全”的看法，银行网点的线下服务也在一定程度上促成了银行的不可替代性。三是互联网金融平台的平台化效应明显，个人投资者更青睐互联网金融平台所能提供的更齐全的产品和服务，以及通过千人千面实现精准推送，帮助个人投资者省去烦冗复杂的决策过程。

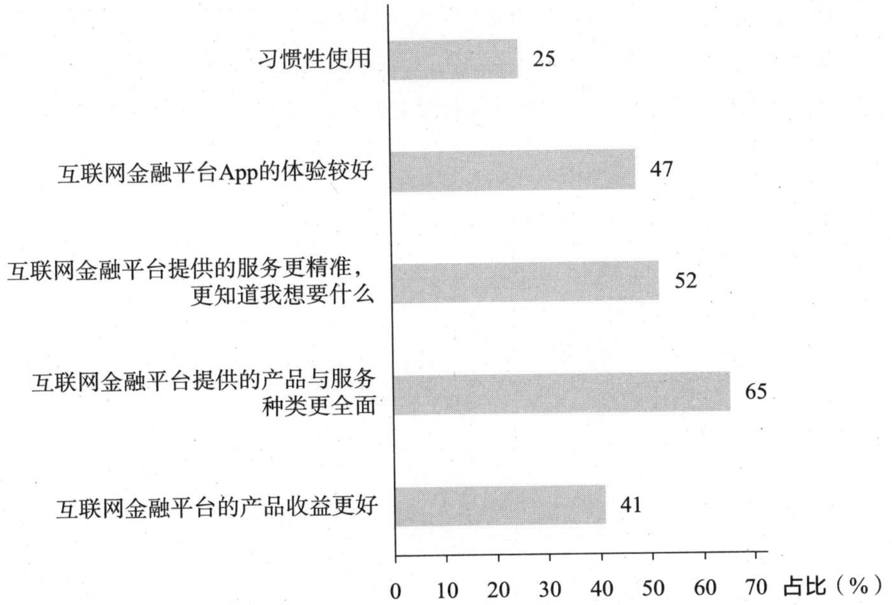

图 3-7　个人投资者选择互联网金融平台的原因分布

资料来源：课题组问卷调查。

综上所述，随着后资管新规时代的到来，新的市场主体不断加入，资管行业从过去的产品视角逐步向客户视角转型，银行利用线下网点、传统风险管理优势不断稳固首位度，互联网金融平台线上运营做得更加精细化，为客户从全市场精选优质产品，而券商也在利用投研优势逐步成为后起之秀。单一产品不再能满足个人投资者的多样化需求，洞察趋势并为个人投资者提供匹配的产品与服务将是未来竞争中的制高点。

资管产品与服务分析——以银行理财为例

2021 年，在资管新规过渡期内的产品创新可谓如火如荼，“固收 +”产品满足了个人投资者低回撤、中等收益的投资偏好，养老理财产品则极大地丰富了长期限理财产品货架，定期分红产品创新更是充分考虑了年长个人投资者的流动性需求。然而，在产品火热销售背后，我们发现个人投资者风险偏好与产品配置之间存在一定程度的不匹配。2022 年课题组问卷调查结果显示，大部分个人投资者持有权益类资产的比重在 15% ～ 35%，但是有 60.31% 的个人投资者不希望本金发生损失，说明较多的个人投资者存在权益类资产超配的情况（如图 3-8、图 3-9 所示）。

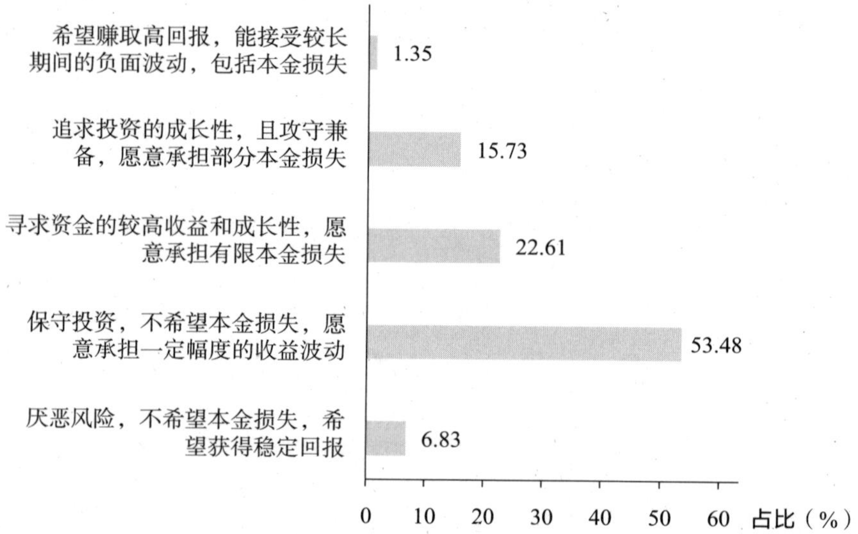

图 3-8　个人投资者的风险偏好

资料来源：课题组问卷调查。

究其原因，一方面，个人投资者风险偏好的影响因素很多，有 75.5% 的个人投资者表示，在资本市场走势发生了变动的情况下风险偏好会发生变化，而只有 2.5% 的个人投资者表示风险偏好不会受到任何因素影响（如图 3-10 所示）；

另一方面，通过资管机构提供的风险偏好测评问卷调查出的风险偏好具有一定的偏差，在完成资管机构要求的风险偏好测评问卷填写时，仅有 43.41% 的个人投资者表示所填写的完全符合个人实际（如图 3-11 所示）。这意味着当资管机构根据风险偏好测评结果去给个人投资者推荐产品时，面临着以上两种情况下的失真，这导致个人投资者的风险偏好与产品配置之间存在一定程度的不匹配，因此资管机构不应该仅仅依靠个人投资者的风险偏好测评结果来提供产品，更应该关注个人投资者对产品与服务的差异化需求。

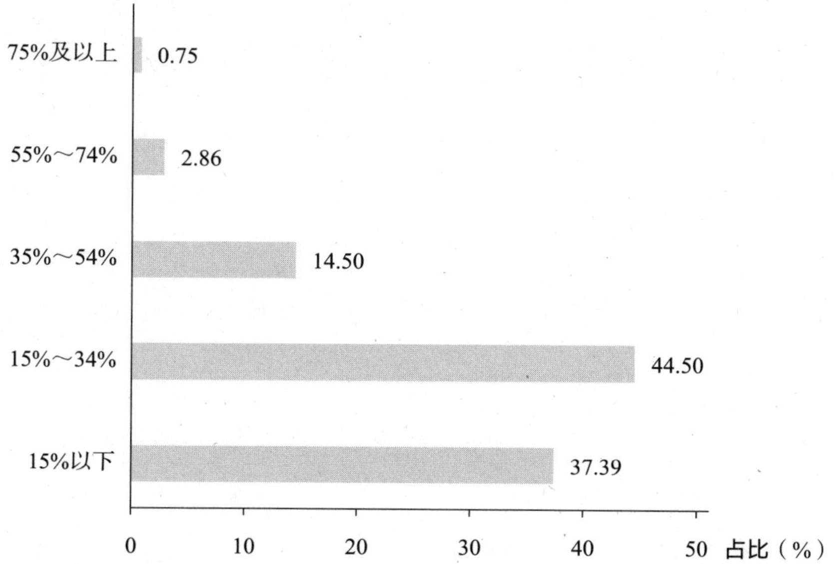

图 3-9　权益类资产在个人投资者全部金融资产中的占比

资料来源：课题组问卷调查。

以银行理财为例，2022 年课题组问卷调查结果显示，个人投资者对银行理财产品的关注度要高于服务。银行理财产品净值化转型后，个人投资者改变了认为银行理财产品是保本产品的看法。2019 年课题组问卷调查结果显示，认为银行理财产品收益波动可能性较小的个人投资者占比为 52%，2022 年这一比例仅为 16%。个人投资者在逐渐接受银行理财产品收益波动的同时，对银行理财产品安全性的关注程度在显著提高，对银行理财产品安全性的要求远高于流动性和收益。此外，在现金管理类理财新规以及客户经理的引导下，个人投资者逐步接受了通过拉长投资期限来换取高收益的理念，对于流动性的要求低于收益。在产品与服务上，个人投资者希望得到售前的精准推送（如图 3-12 所示），这间接说明个人投资者对产品的选择更加谨慎，评估的因素更加多元。

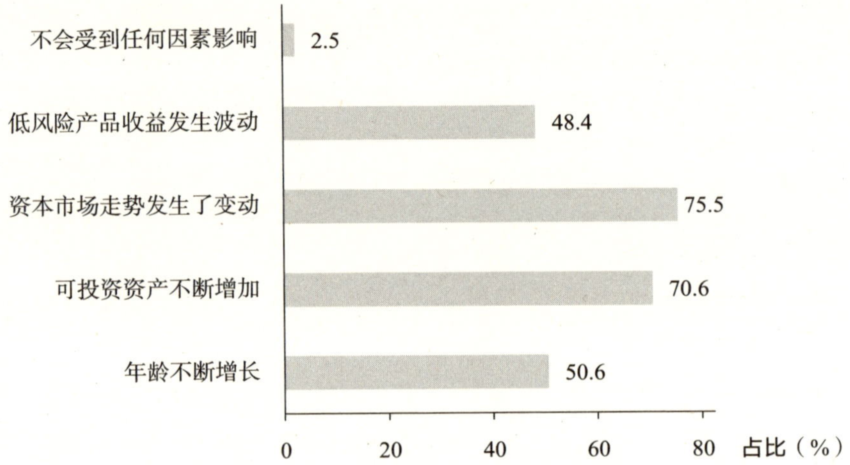

图 3-10　个人投资者风险偏好的影响因素

资料来源：课题组问卷调查。

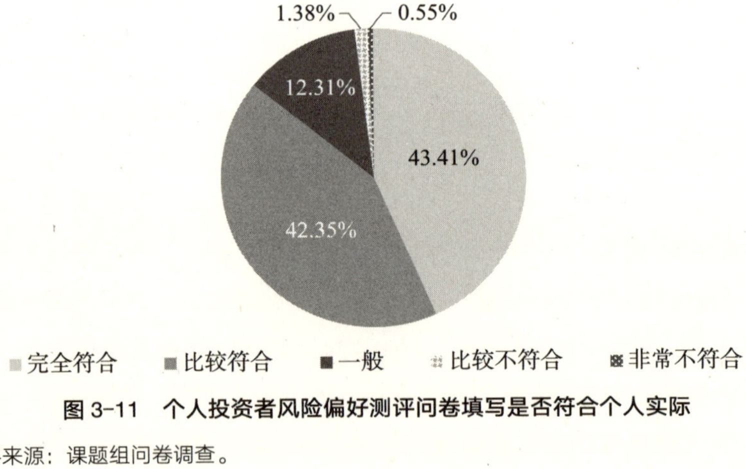

图 3-11　个人投资者风险偏好测评问卷填写是否符合个人实际

资料来源：课题组问卷调查。

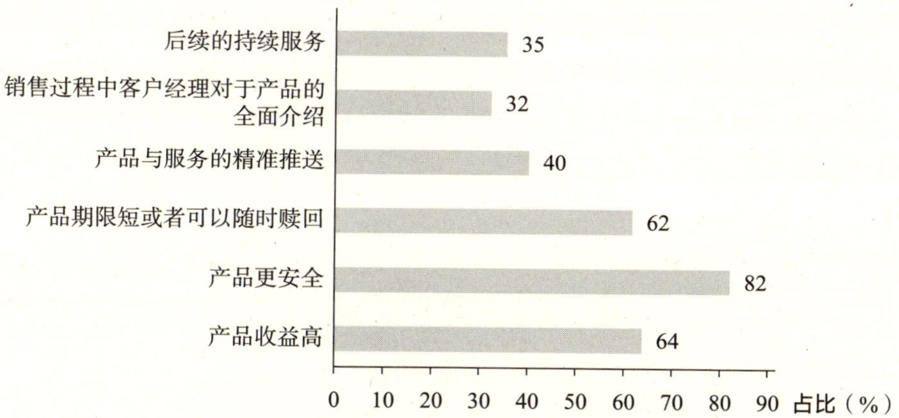

图 3-12　个人投资者希望的银行理财产品与服务

资料来源：课题组问卷调查。

尽管银行理财产品日趋丰富、服务不断提升，但是相对于个人投资者需求仍有较大的提升空间，81% 的个人投资者认为现有的银行理财产品和服务仅部分满足了其需求，仅有 16% 的个人投资者认为银行理财产品和服务无须提升（如图 3-13 所示）。从具体提升方向来看（如图 3-14 所示），个人投资者认为目前银行理财产品特征的改进空间较大，个人投资者对现有银行理财产品收益的提升期待较高，另外，个人投资者希望银行理财产品的期限更灵活。这意味着各机构需要加强产品管理的主动性，灵活匹配产品期限，进而推出更符合个人投资者需求的特色产品。

从细分客户来看，不同年龄段的个人投资者对于银行理财产品的需求有所不同（如图 3-15 所示）。除了产品收益外，年轻个人投资者更看重产品期限是否灵活，而中老年个人投资者更看重产品是否安全，这与不同年龄段个人投资者所处的财富阶段有关，年轻个人投资者正处于财富积累阶段，更需要能随时支取以满足流动性需求，而中老年个人投资者处于财富消耗阶段，更关注财富的安全保障，因此资管机构需关注个人投资者的年龄特征，为不同年龄段的个人投资者提供适合的产品。在对净值化转型的认识方面，虽然大部分个人投资者认为银行理财产品净值化转型是必然趋势，但是仍然有 38.4% 的个人投资者认为银行理财产品收益波动会越来越小，甚至有 16.4% 的个人投资者仍认为银行理财产品是保本产品（如图 3-16 所示），这意味着资管机构可以针对该部分个人投资者进行差异化的投资者教育，以提升这部分个人投资者对于银行理财产品的认知。

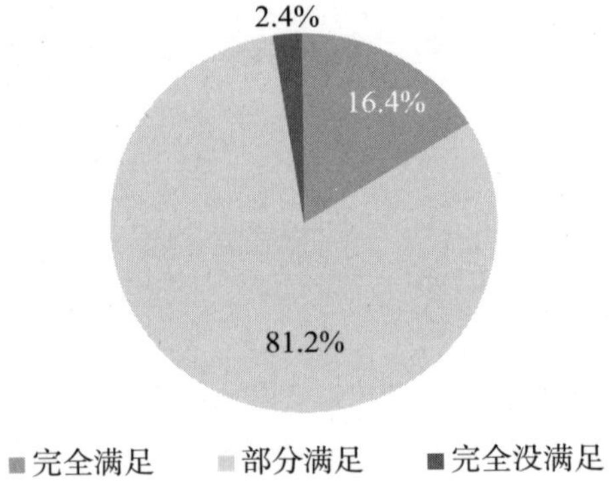

图 3-13　银行理财产品是否满足个人投资者需求

资料来源：课题组问卷调查。

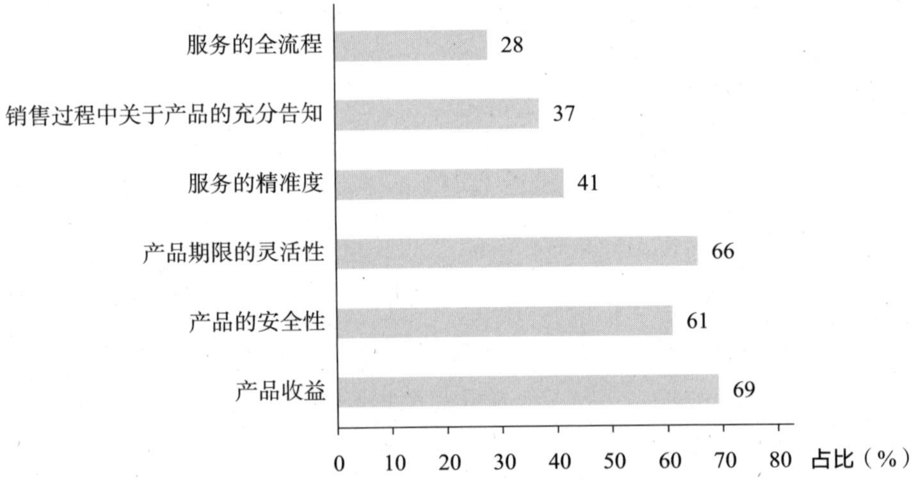

图 3-14　银行理财需要提升的方面

资料来源：课题组问卷调查。

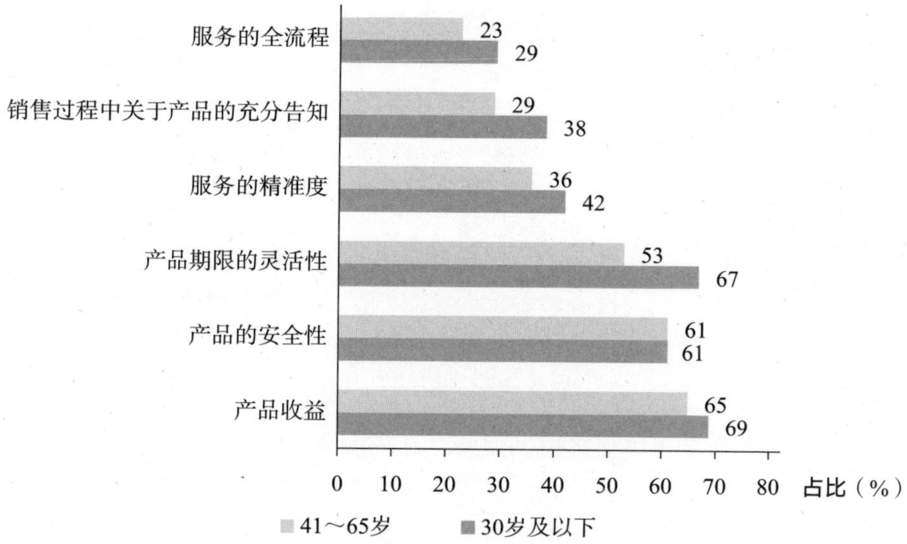

图 3-15　银行理财需要提升的方面（分年龄）

资料来源：课题组问卷调查。

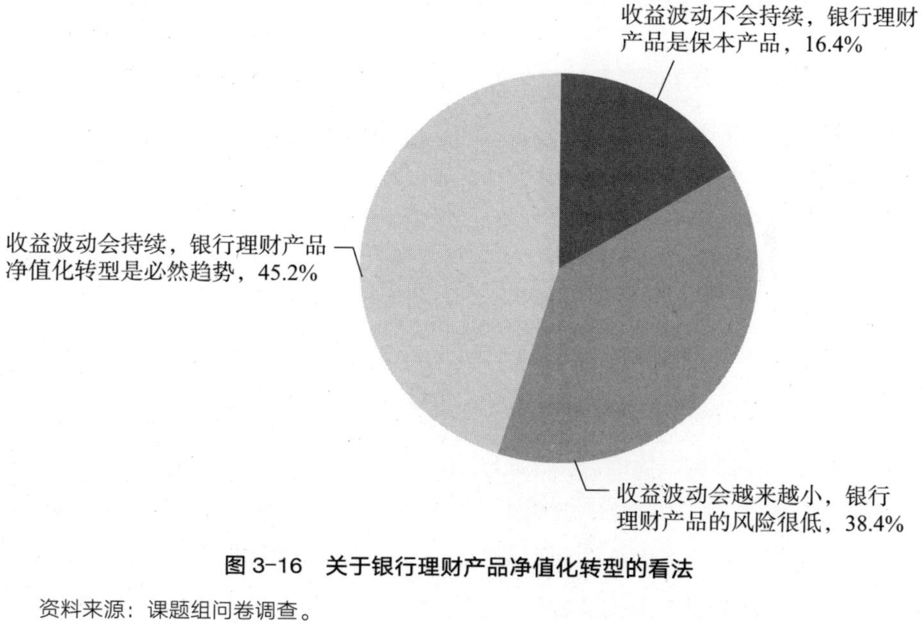

图 3-16　关于银行理财产品净值化转型的看法

资料来源：课题组问卷调查。

相关建议

在资管新规过渡期结束后，资管行业发展与个人投资者成长之间将会产生更为良性的互动。从机构视角来看，资管机构在产品与服务的创新上将会更多地从个人投资者需求角度出发，在投资场景中想个人投资者之所想，结合自身的资源禀赋找到满足个人投资者需求的核心产品。从个人投资者视角来看，个人投资者在市场日趋规范的过程中会变得更加理性，在选择产品时会考虑得更加全面。但如果资管机构产品的创新滞后于个人投资者的需求变化，那么个人投资者的选择将变得更加谨慎。因此，真正理解并满足个人投资者的需求将是资管机构在资管新规正式实施后亟须培养的能力。基于上文针对资管机构产品与服务的分析，为帮助资管机构更好地了解个人投资者需求，笔者提出几点建议。

资管机构需充分识别个人投资者真实的风险偏好

2022 年课题组问卷调查结果显示，个人投资者的风险偏好始终处于不断变化的状态，并且个人投资者在面对资管机构的风险偏好测评时，并没有完全反映自身实际情况。目前，资管机构对于个人投资者风险偏好的识别，主要依据个人投资者自行填写的风险偏好测评问卷，这意味着资管机构对于个人投资者需求的了解存在一定程度的偏差，为个人投资者提供的产品可能与其需求和风险偏好不匹配。

另外，个人投资者风险偏好的变化主要与自身条件（如年龄、可投资资产）和外部环境（如资本市场的波动）的变化有关。因此，资管机构在已有的风险偏好测评问卷基础上，需建立一套更全面的模型和准则，在被允许获取个人投资者信息的情况下，充分考虑各方面可能的因素，准确识别个人投资者现阶段的真实风险偏好，及时捕捉个人投资者风险偏好转变的时间节点，利用信息优势做好产品和服务的精准推送，进一步提升产品和服务的精准度和适配性。

资管机构需充分利用自身优势，提供差异化的产品和服务

目前，大多数个人投资者的投资渠道并没有单一化，个人投资者更愿意在不同的投资渠道体验差异化的专业服务。例如，2022 年课题组问卷调查结果显示，在银行个人投资者更希望有安全的产品可供选择，在互联网金融平台个人投资者更希望能接触全面的产品和服务。这意味着资管机构在了解个人投资者的过程中，需要厘清个人投资者选择各个投资渠道的原因，并据此在后续的产品供应和创设上与财富管理机构做好针对性的合作，强化“资产管理—财富管理—个人投资者”的信息反馈机制，提升产品与终端个人投资者的适配性。另外，资管机构在逐步提升直接触达客户的能力的同时，需要充分发挥自身的资源禀赋优势，从满足特定个人投资者的需求开始，打造具有品牌宣传效应的产品与服务，在行业竞争者不断增加的情况下提升自身的差异化竞争优势。

银行理财需关注个人投资者需求，做好细分服务

2022 年课题组问卷调查结果显示，个人投资者认为目前银行理财产品与服务满足了其大部分需求，但仍希望银行理财产品收益能有所提升、产品期限能更为灵活。从年龄结构看，中老年个人投资者更希望提升产品的安全性，而年轻个人投资者更希望产品期限更灵活。因此，建议银行及其理财子公司在提供理财产品与服务时着重关注个人投资者需求，并在客户细分的经营策略上做深做透。首先，可加大与券商、基金公司、保险公司、互联网金融平台等财富管理机构的合作，将自身产品创新能力与其他机构的客户洞察能力有机结合，做好客户细分服务。其次，重点关注产品收益、期限灵活性和产品安全性，从不同维度区分个人投资者对于流动性、收益和安全性的不同要求，提供有针对性的产品和服务，有效提升个人投资者对产品和服务的满意度。最后，在对银行理财产品净值化转型的认知方面，仍然有部分个人投资者对于收益波动存在与现实不一致的看法，建议强化对该部分个人投资者的识别，并重点做好投资者教育，帮助该部分个人投资者形成更成熟的投资理财意识。

/ 第4章 /

未来已来，人口老龄化趋势下资管行业的变革及应对

当前，积极应对人口老龄化已上升为国家战略。长寿时代来临，需要创新资源配置来主动适应长寿时代的现实需求，在此背景下不断强化金融服务的资源配置能力是重要前提。资管行业是金融业的重要组成部分，人口年龄结构长寿化对其带来的影响是全面而深远的，因此，厘清人口老龄化趋势下资管行业的发展现状及变革趋势，对引导资管行业更好地转型并赋能实体经济具有重要的现实意义。本章以我国人口老龄化现状和养老金体系设计为切入点，重点讨论资管机构在产品端和资产端的创新模式，并在此基础上通过借鉴海外经验，为我国资管机构的转型发展提出了应对建议。

我国人口老龄化现状及养老金体系格局与制度设计

中国人口老龄化进程加快，对经济的影响深刻

1. 我国人口老龄化现状

人口老龄化是社会发展的重要趋势，既是一种全球普遍现象，也是我国今后较长一段时期的基本国情。据联合国统计，2021 年全球 65 岁及以上人口占人口总数的比例达 9.6%，其中在全球主要发达国家中，日本、意大利和德国位居前三，这一比例分别是 29.1%、23.3% 和 21.7%。在中国，2021 年 65 岁及以上人口首次突破 2 亿人，占比为 14.2%（如图 4-1 所示），**这标志着我国正式迈入深度老龄化社会。**[①] 随着我国第二波婴儿潮[②] 人口集中变老，未来 10 年我国人口老龄化进程将会进一步加快。

与其他国家相比，**我国人口老龄化具有四大特征：一是规模大。**截至 2021 年末，我国 65 岁及以上人口规模为 20 056 万人，占全球 65 岁及以上人口的比重已超 25%，这意味着全球每 4 个老年人中就有 1 个中国人。**二是速度快。**从时间跨度看，中国自 2000 年进入老龄化社会后，跨入深度老龄化社会仅耗时 21 年，快于日本的 24 年、德国的 40 年、英国的 46 年、美国的 65 年和法国的 126 年，属全球最快。从趋势来看，当前中国人口老龄化仍在加速，预计到 2030 年中国 65 岁及以上人口的占比将超过 20%，中国将正式步入超老龄化社会，并且到 2050 年这一比例将超过 30%。**三是未富先老。**2021 年我国人

① 按照国际通行划分标准，当一个国家或地区 65 岁及以上人口占比超过 7% 时，意味着其进入老龄化社会；当占比达到 14% 时，则进入深度老龄化社会；当占比超过 20% 时，则进入超老龄化社会。

② 我国第二波婴儿潮自 1962 年“三年困难时期”结束后开始，这一波婴儿潮的高峰出现在 1965 年，持续至 1973 年，是我国历史上出生人口最多、对后来经济影响最大的主力婴儿潮。

均 GDP 为 1.25 万美元，接近发达经济体下限，但远低于美国、日本等部分步入深度老龄化社会的发达国家水平，[①] 同时中国 14.2% 的人口老龄化程度已经超过中高收入经济体 10.8% 的平均水平。**四是未备先老。**高龄化、空巢老人问题日益突出，2021 年我国失能老人超 4 200 万人，空巢和独居老人接近 1.2 亿人，生活照护、情感支持等家庭养老保障不足，2021 年我国老年人口抚养比已达 20.8%，预计“十四五”时期这一比例会更高，社会养老压力进一步凸显。

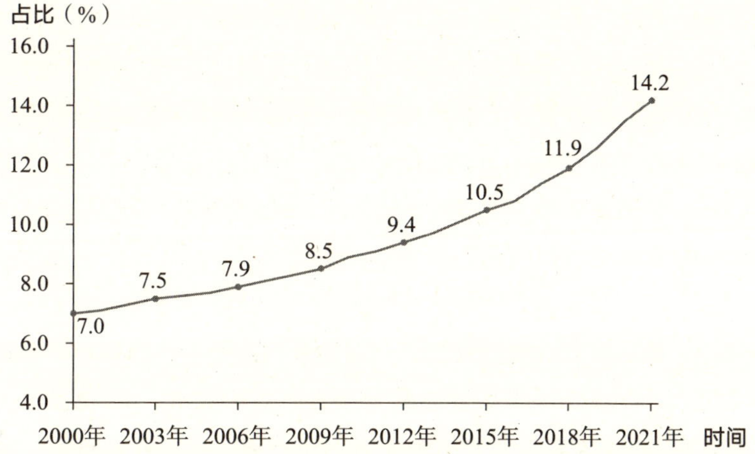

图 4-1　2000—2021 年我国 65 岁及以上人口占比的变化趋势

资料来源：万得资讯，课题组整理。

2. 人口老龄化为经济金融带来深刻影响

从经济层面看，快速发展的人口老龄化，正成为深刻影响我国经济可持续发展的长期性、基础性和约束性因素。首先，人口老龄化导致劳动参与率和人口增速双降，进而改变劳动力供给格局。**其次，**在人口老龄化趋势下养老、医疗、照料、福利与设施方面的经济投入增加，将推高经济社会运行成本。**再次，**人口老龄化加剧，倒逼企业向依靠技术进步、提高资本效率的方向转型，从而促进产业

① 2015 年，美国正式步入深度老龄化社会，人均 GDP 为 5.78 万美元；1995 年，日本正式步入深度老龄化社会，人均 GDP 为 3.90 万美元。

结构升级，同时加速催生养老产业更多市场机遇。**最后**，人口老龄化会导致社会消费需求结构发生重大变化，以老年人口为主的消费市场，如医药、服务、旅游等行业将不断扩张。

从金融层面看，老龄化对金融领域的影响深远。一方面，人口老龄化会降低居民储蓄率。从储蓄的生命周期理论来看，人口年龄结构是影响储蓄率的重要因素之一，由于居民储蓄主要来自 16 ～ 60 岁人群，老年人口占比的上升必然引起居民储蓄率的下降。**另一方面**，人口老龄化将影响金融体系的格局。目前金融体系以银行为主导，然而随着人口老龄化的加速推进，人口年龄结构长寿化将驱动风险意识保守化。保险公司、养老金融机构等契约性储蓄机构能够提供长期稳定的收入流，从而满足老龄化人口的投资需求，因此未来将形成银行传统业务地位下降、以契约性储蓄机构为代表的机构投资者地位稳步上升的局面，未来的金融体系可能由存款性金融机构和契约性储蓄机构共同主导。

除此之外，居民层面也悄然发生了一些观念的变革。一方面，养老金融产品客群不断年轻化。《2021 年中国养老前景调查报告》发现，在 18 ～ 34 岁的年轻人中，有 50% 的受访者已经开始为养老进行长期储蓄。**另一方面，居民进行养老储备和金融投资的意识增强。**中国人民银行 2019 年的调查显示，户主年龄在 65 岁及以上的家庭投资银行理财产品、资管产品、信托产品的均值为 23.9 万元，是总体平均水平的 1.4 倍，占其家庭金融资产的 34.8%，远高于其他年龄段水平，个人养老金融市场大有可为。

我国养老金体系格局

自 1994 年世界银行首次提出“三支柱”养老金模式以来，该模式现已成为全球养老金体系的主流模式，[①] 其中第一支柱为公共养老金计划，其特点在于强制性；

---

① 在全球范围内，仅智利和中国香港地区的养老金体系与“三支柱”养老金模式差异较大。智利为强制性个人保险制度，中国香港地区为私人托管的强制性缴费计划，包括强制参保的职业年金和自愿参保的个人储蓄。

第二支柱为职业养老保险计划，由雇主发起设立；第三支柱为个人养老储蓄计划，由个人自愿实施。聚焦国内，在目前的制度框架下我国养老金体系的第一支柱采用现收现付制，第二支柱和第三支柱则采用积累制（相关构成如图 4-2 所示）。

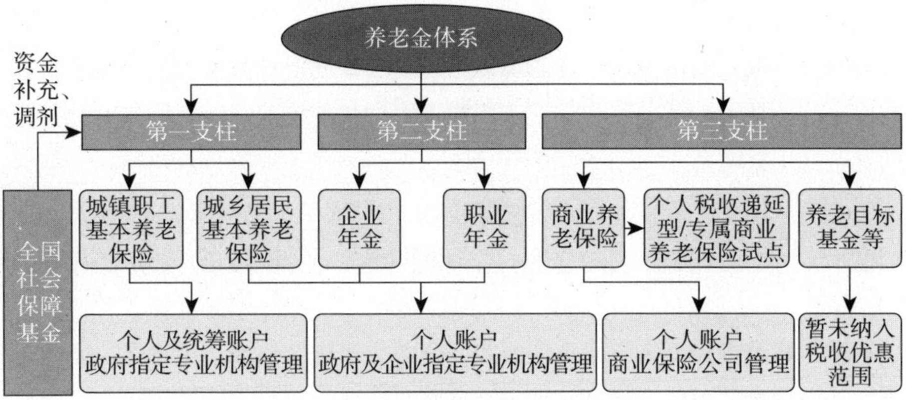

图 4-2　我国养老金体系三支柱结构

第一支柱为基本养老保险，主要包括城镇职工基本养老保险和城乡居民基本养老保险。根据人社部公布的《2021 年度人力资源和社会保障事业发展统计公报》，截至 2021 年末，基本养老保险全国参保人数为 10.29 亿人，基金累计结存 6.40 万亿元，其中城镇职工基本养老保险参保人数为 4.81 亿人，基金累计结存 5.26 万亿元，城乡居民基本养老保险参保人数为 5.48 亿人，基金累计结存 1.14 万亿元。另外，由中央财政预算拨款、国有资本划转、经国务院批准以其他方式筹集的资金及其投资收益等资金构成的全国社会保障基金对人口老龄化高峰时期的基本养老保险支出进行补充、调剂。**第二支柱为企业建立的企业年金和机关事业单位建立的职业年金**，截至 2021 年末，全国有 11.75 万家企业建立企业年金，参保企业职工达 2 875 万人，累计规模为 2.64 万亿元，同比增长 17.38%。截至 2021 年末，除西藏外，全国 30 个省（自治区、直辖市）、新疆生产建设兵团和中央单位职业年金基金累计投资运营规模约 1.79 万亿元，当年投资收益额为 932.24 亿元。**第三支柱为个人自愿缴纳的养老金计划，主要为个人储蓄性养老保险和各金融机构推出的养老金融产品**，整体上看，当前我国养老金第三支柱处于起步阶段。

我国养老金投资制度

从国际经验来看，养老金投资范围的扩大以及第三支柱个人养老金投资的快速发展，都与顶层制度设计密切相关，美国养老金提升权益类资产配置比例、发展个人退休金账户（Individual Retirement Account，IRA）制度，日本养老金加大海外资产配置比例等成功经验都是通过顶层制度设计来实现的。在现阶段全球范围内利率持续走低，负利率资产规模不断增长的情况下，赋予养老金投资更多的灵活性十分重要。

1. 第一、第二支柱：采用信托管理模式，逐步放松投资范围限制

在基本养老保险基金方面，实行收支两条线管理，各省、自治区、直辖市支付当期养老保险待遇后，结余基金按规定留存部分，其余上缴省级社会保险经办机构纳入财政专户，委托全国社会保障基金理事会采用直接投资和委托投资相结合的方式进行投资运营。其中，直接投资由全国社会保障基金理事会直接运作，主要包括银行存款和股权投资；委托投资由全国社会保障基金理事会委托人社部评估认定的合格投资管理人运作。截至 2021 年末，基本养老保险基金直接投资 5 574.10 亿元，占比 38.17%，委托投资 9 030.63 亿元，占比 61.83%，直接投资与委托投资的规模之比与 2020 年相比略有上升。

在年金基金方面，企业年金基金和职业年金基金均采用信托管理模式，即委托人或代理人将年金资金作为信托资产委托给受托人，受托人再委托投资管理人进行年金基金资产的投资管理，保障年金基金资产的独立性，实现破产隔离。企业年金基金和职业年金基金的管理模式整体上十分类似，只在受托人设置等方面略有不同。

基本养老保险基金和年金基金的管理模式大致相同，均包括委托人、受托人、账户管理人、投资管理人、托管人 5 个角色。**最大的区别在于受托人设置：**基本养老保险基金的受托人由全国社会保障基金理事会担任；企业年金基金的受托人由人社部评估认定，2021 年 10 月发布的合格受托人名单包括 12 家机构，

以养老保险公司和银行为主；关于职业年金基金的受托人，由人社部评选中央国家机关事业单位职业年金基金受托人，各省、自治区、直辖市人社厅分别评选各地区机关事业单位职业年金基金受托人。**资管机构主要通过担任投资管理人来参与第一、第二支柱养老金资产的投资运营。**

在投资范围方面，鉴于我国监管体系“法无授权即禁止”的基本精神，养老金投资的最大边界是必须严格依照政策规定执行。第一、第二支柱养老金制度在设立之初，考虑到资金安全性，投资基本为银行存款和国债，收益率极低，甚至无法跑赢通胀，巨额养老金长期处于贬值状态。直至2011年《企业年金基金管理办法》颁布，企业年金基金率先入市，首次明确了企业年金基金的投资范围和比例限制要求。随后2015年基本养老保险基金入市，2016年职业年金基金入市，政策规范的资金主体随之从企业年金基金逐步拓展到基本养老保险基金和职业年金基金（如表4-1所示）。

养老金投资施行白名单制，企业年金基金和职业年金基金的投资政策基本一致，基本养老保险基金的投资政策略有不同。2020年末，《关于调整年金基金投资范围的通知》正式发布，第一次明确企业年金基金和职业年金基金适用同一套投资标准，在境内投资范围外，首次允许年金基金通过股票型养老金产品或公募证券投资基金投资港股通标的股票，新增优先股、同业存单、永续债、非公开定向债务融资工具（PPN）、资产支持证券（ABS）、资产支持票据（ABN）、债权投资计划、国债期货等投资标的。

基本养老保险基金仅限于境内投资。与年金基金相比，基本养老保险基金增加了地方政府债券和股权投资，其中股权投资指国有重点企业的改制和上市，范围限定为中央企业及其一级子公司，以及地方具有核心竞争力的行业龙头企业，包括省级财政部门、国有资管部门出资的国有或国有控股企业。同时政策鼓励基本养老保险基金投资国家重大工程和重大项目建设，并规定投资国家重大项目和重点企业股权的比例，合计不得高于基本养老保险基金资产净值的20%。年金基金和基本养老保险基金的投资范围如表4-2所示。

表4-1 第一、第二支柱养老金投资相关政策

发布时间	发布机构	文件名称	主要内容	备注
2011年2月	人社部、银行业监督管理委员会（以下简称“银监会”）、证监会、保险监督管理委员会（以下简称“保监会”）	《企业年金基金管理办法》	明确了企业年金基金受托人、账户管理人、投资管理人、托管人的任职条件、职责分工、费用收取、信息披露等内容，并规范了企业年金基金的投资范围及比例限制	第六章废止
2013年3月	人社部、银监会、证监会、保监会	《关于扩大企业年金基金投资范围的通知》	企业年金基金投资范围扩大至商业银行理财产品、信托产品、基础设施债权投资计划、特定资管计划、股指期货。投资比例限制增加了组合层面的要求。明确企业年金基金可投资的商业银行理财产品、信托产品、基础设施债权投资计划、特定资管计划应符合的要求及相关发行主体条件	2021年1月废止
2013年3月	人社部、银监会、证监会、保监会	《关于企业年金养老金产品有关问题的通知》	明确了企业年金养老金产品的定义和投资范围、类型和投资比例、发行流程、管理运作安排、信息披露等内容	部分内容以2020年12月颁布的《关于调整年金基金投资范围的通知》为准
2014年3月	人社部办公厅	《关于印发扩大企业年金基金投资范围和企业年金养老金产品有关问题政策释义的通知》	对《关于扩大企业年金基金投资范围的通知》《关于企业年金养老金产品有关问题的通知》进行释义，解释了专门投资组合的含义、属性，养老金产品的流动性，单个企业年金计划基金资产的投资比例，单个投资组合委托投资资产的投资比例，资产配置比例合规要求，大型企业划分标准及投资备案要求等内容	—
2014年4月	人社部基金监督司	《关于企业年金养老金产品信息披露有关问题的函》	明确了产品设立、净值、管理情况和终止等信息的披露要求，以及产品临时报告、重大信息披露和产品管理情况业务报表等内容	—
2014年9月	人社部	《关于企业年金基金股权和优先股投资试点的通知》	新增企业年金基金投资中国石化销售有限公司增资入股项目的股权投资试点和投资中国铁路发展基金股份有限公司优先股项目的优先股投资试点，并明确了投资方式、投资比例、投资收益、转让与退出机制、估值核算等内容	部分内容以2020年12月颁布的《关于调整年金基金投资范围的通知》为准

续表

发布时间	发布机构	文件名称	主要内容	备注
2015年8月	国务院	《关于印发基本养老保险基金投资管理办法的通知》	明确了基本养老保险基金的委托人、受托机构、托管机构、投资管理机构等的担任条件及职责分工，并规范了基本养老保险基金的投资范围、比例限制、报告制度、监督检查要求等内容	—
2016年9月	人社部、财政部	《关于印发职业年金基金管理暂行办法的通知》	明确职业年金基金受益人、委托人、代理人、受托人、托管人、投资管理人等参与方的定义、管理职责、收益分配及费用安排，职业年金基金的投资范围及投资比例限制，职业年金基金投资的信息披露等内容	第三章废止
2019年8月	人社部办公厅	《关于加强养老金产品管理有关问题的通知》	明确投资管理人申请发行、变更养老金产品的要求	—
2020年12月	人社部	《关于调整年金基金投资范围的通知》	对企业年金基金和职业年金基金投资进行统一规范，适用于同一套标准，进一步扩大了年金基金的投资范围和比例限制，具体包括增加香港市场股票投资，上调权益类资产比例上限，豁免部分组合流动性比例下限，单品种集中度基本维持不变，扩大可投公募基金范围等内容，并要求穿透式管理，不得指定投资	—
2020年12月	人社部办公厅	《关于印发调整年金基金投资范围有关问题政策释义的通知》	对《关于调整年金基金投资范围的通知》进行政策释义，包括银行存款的发行主体、股票、投资组合、单个年金计划基金资产、信托产品的信用增级等内容	—

资料来源：人社部和国务院官网，课题组整理。

表 4-2 基本养老保险基金和年金基金的投资范围

品种		基本养老保险基金	年金基金
银行存款		√	√
标准化债权类资产（包括公开发行和非公开发行）	国债	√	√
	中央银行票据	√	√
	同业存单	√	√（新增）
	政策性银行金融债券	√	√
	地方政府债券	√	×
	金融债券	√	√（新增）
	企业债券	√	√（新增）
	公司债券	√	√（新增）
	可转换债券	√	√
	可交换债券	√	√
	（超）短期融资券	√	√
	中期票据	√	√
	PPN	×	√
	ABS（包括信贷 ABS 和证券交易所挂牌交易的 ABS）	√	√（新增）
	ABN	×	√（新增）
债券回购		√	√
信托产品		×	√
债权投资计划		×	√（新增不动产债权计划）
公募证券投资基金		√	√
股票		√	√（新增优先股）
股权		√	×
股指期货		√	√
国债期货		√	√（新增）
养老金产品		√	√
通过股票型养老金产品或公募证券投资基金投资港股通标的的股票		×	√（新增）

资料来源：人社部和国务院官网，课题组整理。

2. 第三支柱：个人养老金制度正式启动，顶层设计迈出关键一步

我国养老金第三支柱建设起步晚、发展慢。目前，养老金第三支柱主要由团体或个人自愿购买的商业养老保险和各类养老金融产品组成，在过去很长时间内没有统一的顶层设计，主要采用各产品分别试点的方式推进，整体发展效果一般，截至 2021 年末第三支柱在养老金体系中的规模占比不超过 1%。

2022 年 4 月，国务院办公厅发布《关于推动个人养老金发展的意见》，宣布实行个人养老金账户制，我国个人养老金制度设计迈出关键一步，第三支柱个人养老金市场迎来重大发展机遇。**一方面，第三支柱个人养老金市场有望引进万亿元规模的长期资金。**个人养老金制度适用于参加城镇职工基本养老保险或城乡居民基本养老保险的劳动者，截至 2021 年末，城镇职工基本养老保险和城乡居民基本养老保险的参保人数合计为 10.29 亿人。个人养老金账户参与人每年缴纳个人养老金的上限为 12 000 元，考虑到个人养老金账户是自愿参与，未来缴款情况还要看后续的税收优惠政策、居民收入水平和政策宣导力度等，最终实际参与人数及人均缴款规模会在一定程度上低于上限，但长期来看仍可为养老金市场带来一笔可观的增量资金。同时，个人养老金账户中的资金除了达到领取基本养老金的年龄、完全丧失劳动能力、出国（境）定居等国家规定的情况外，不得提前支取，这也保证了个人养老金账户内资金的长期性。**另一方面，银行理财、储蓄存款、商业养老保险、公募基金等金融产品或迎来新业务发展机会。**制度指出个人养老金账户资金可投资范围由相关金融监管部门把关，最终确定并公开可参与个人养老金市场的金融机构和金融产品名单供投资者筛选，在产品设计上要求运作安全、成熟稳定、标的规范，侧重长期保值。这对金融机构的产品设计能力提出较高要求，已发行养老理财产品、养老目标基金的资管机构具有一定的先发优势。

资管行业参与养老金管理的实践

对于我国日益加重的社会养老负担，养老金制度层面已经开始发力，养老金第一、第二支柱投资范围逐渐拓宽，养老金第三支柱个人养老金制度重磅推出，顶层制度设计框架已初步完善。养老金市场前景广阔，对于资管机构而言是一个巨大的发展机遇。对于养老金第一支柱基本养老保险基金和养老金第二支柱年金基金的投资市场，资管机构的发力点在于争取人社部的合格投资管理人资格认定，对于养老金第三支柱中的养老金融产品，资管机构则需在产品端加大产品设计和策略研究投入。

第一、第二支柱：合格投资管理人资格认定

截至2021年末，我国养老金市场规模超15万亿元，其中委托市场机构投资管理的资金规模超5万亿元，其巨大的资金体量及可预计的发展愿景对资管机构具有极大的吸引力。

养老金第一、第二支柱的投资管理人资格由人社部负责评估认定，目前合格投资管理人主要为公募基金、保险资管、养老保险及少数券商（如表4-3所示）。2016年12月，全国社会保障基金理事会评审认定了21家机构的基本养老保险基金证券投资管理资格。职业年金基金投资管理人的认定结果于2018年10月公布，共19家机构入选。2021年10月，人社部认定了22家机构的企业年金基金投资管理资格，根据《企业年金基金管理机构资格认定暂行办法》[①]规定，这一资格的有效期为3年，期限届满前3个月机构应当向人社部提出延续申请。

①《企业年金基金管理机构资格认定暂行办法》于2004年12月由劳动保障部公布，并根据2015年4月颁布的《人力资源社会保障部关于修改部分规章的决定》修订。

表 4-3　我国养老金投资管理人资格认定机构清单

机构名称	基本养老保险基金（2016 年 12 月认定）	职业年金基金（2018 年 10 月认定）	企业年金基金（2021 年 10 月认定）
博时基金	√	√	√
长江养老保险	√	√	√
富国基金	√	√	√
工银瑞信基金	√	√	√
海富通基金	√	√	√
华泰资管	√	√	√
华夏基金	√	√	√
南方基金	√	√	√
平安养老保险	√	√	√
泰康资产	√	√	√
易方达基金	√	√	√
银华基金	√	√	√
招商基金	√	√	√
中国人寿养老保险	√	√	√
中信证券	√	√	√
嘉实基金	√		√
中国人保资管	√	√	
建信养老金管理		√	√
太平养老保险		√	√
中金公司		√	√
大成基金	√		
广发基金	√		
汇添富基金	√		
鹏华基金	√		
国泰基金			√
新华养老保险			√
中国人民养老保险			√

资料来源：人社部官网，课题组整理。

第三支柱：多元化的养老金融产品

我国基本养老保险基金缺口在2013年之后持续扩大，居民养老需求的日益增加给财政造成极大负担，养老金融市场供给开始向多样性、普惠性方向转变。2016年3月中国人民银行、民政部、银监会、证监会、保监会等5部委联合发布《关于金融支持养老服务业加快发展的指导意见》，鼓励金融机构积极发展服务居民养老的专业化金融产品，在政策的号召下，银行、保险公司、基金公司、信托公司等金融机构纷纷参与养老金第三支柱建设，推出了多样化的养老金融产品。

1. 银行系：养老理财产品试点范围再扩大

银行系养老理财产品广义上是指为养老客群设计的具有养老属性的理财产品，最早可追溯到2009年交通银行发行的"得利宝·久久添利"，这类养老理财产品缺乏制度规范，在产品设计、风险管理上并没有完全满足养老资金稳健性、长期性的特点，因此并没有发展起来。

在《2021年国务院政府工作报告》"规范发展第三支柱养老保险"的要求下，银保监会发布《关于开展养老理财产品试点的通知》，选择"四地四家机构"进行为期1年的试点，此类养老理财产品的名称中带有"养老"字样，是狭义上的养老理财产品。2022年2月，银保监会发布《关于扩大养老理财产品试点范围的通知》，将试点范围扩大至"十地十家机构"，加上2022年2月单独获批的贝莱德建信，共有11家养老理财产品试点机构，合计获准发行养老理财产品规模上限为2 700亿元。

截至2022年4月9日，共有16只养老理财产品发行。养老理财产品设计以固定收益类为主，即投资于存款、债券等债权类资产的比例不低于80%。大部分养老理财产品为封闭式运作，比较特殊的是，光大理财和建信理财各有1只开放式运作的养老理财产品，该类养老理财产品募集资金规模不固定，可在协议约定的时间和场所申购、赎回。

2021 年以来发行的规范化养老理财产品有以下特点：**一是准入门槛低，具有普惠性。**养老理财产品均为 1 元起购，仅收取托管费和管理费，总费率一般不超过 0.12%，远低于一般理财产品。**二是长期持有，收益稳健。**养老理财产品的业绩比较基准为 4.8% ～ 8%，期限为 5 年，而 2021 年银行理财产品加权平均年化收益率为 2.29% ～ 3.97%，银行和银行理财子公司新发封闭式理财产品加权平均期限分别为 320 天和 574 天，相比之下养老理财产品有长期、稳健的特点，有利于进行长期价值投资。**三是风险保障机制完善。**养老理财产品设置了平滑基金、风险准备金、减值准备等措施，能够平滑收益波动，实施非母行第三方独立托管，进行风险隔离。**四是产品设计考虑了流动性，**设置现金分红、定期开放、重大疾病或购房时可提前赎回等流动性安排。

目前银行系养老理财产品仍处于发展初期。截至 2022 年 4 月，其规模占理财市场整体规模的比例不足 2%。从试点的情况看，绝大部分养老理财产品认购火爆，屡创销售新高，可见居民对养老金融产品的需求极其旺盛。但是，养老理财产品刚刚起步，截至 2022 年 4 月还没有业绩披露，其较高的业绩基准是否能实现需要观望。

2. 基金系：养老目标基金已突破千亿元市场规模

养老目标基金是以追求养老资产的长期稳健增值为目的，鼓励投资者长期持有，采用成熟的资产配置策略，合理控制投资组合波动风险的公募证券投资基金。2018 年 2 月证监会发布《养老目标证券投资基金指引（试行）》，正式推出养老目标基金。

养老目标基金投资策略可以分为目标日期策略和目标风险策略两种。其中，目标日期策略是指随着所设定目标日期的临近，逐步降低权益类资产的配置比例，增加非权益类资产的配置比例。目标风险策略是指根据特定的风险偏好设定权益类和非权益类资产的基准配置比例，或使用广泛认可的方法界定并有效控制组合风险。

养老目标基金需具备以下特点：一是主要采用 FOF 形式运作，通过资产配置及基金经理选择两个层面分散风险；二是采用定期开放的运作方式或设置投资者最短持有期限，避免频繁申购、赎回影响基金业绩；三是鼓励设置优惠的基金费率，并通过差异化费率安排，鼓励投资者长期持有；四是在基金名称中包含“养老目标”字样且反映基金的投资策略。

《养老目标证券投资基金指引（试行）》的发布拉开了公募基金参与养老投资的序幕，养老目标基金市场迅速发展，截至 2022 年 4 月 10 日，规模已突破千亿元。根据 Choice 金融终端的数据，截至 2022 年 4 月 10 日，全市场共存续 184 只养老目标基金，存续规模为 1 172.57 亿元，包括目标风险基金 106 只，存续规模为 997.55 亿元，目标日期基金 86 只，存续规模为 175.02 亿元。目标风险基金的存续规模远超目标日期基金，可能与目标日期基金策略相对复杂、生命周期投资理念暂未在投资者中普及等因素有关。

虽然存续规模不大，但是目标日期基金的收益率水平要明显高于目标风险基金。以已存续 1 年以上的基金为例，目标日期基金的平均年化收益率为 7.72%，目标风险基金的平均年化收益率则仅为 4.89%。截至 2022 年 4 月 8 日，年化收益率排前 15 名的养老目标基金中仅有“兴全安泰平衡养老三年持有（FOF）”是目标风险基金，其余上榜产品均为目标日期基金。存在这种收益率水平差异的主要原因可能是目标日期基金所设定的目标日期大部分处于 2030 年以后，资金期限较长，能够保证其较好地贯彻产品投资策略，资产配置中股票配置比例在 6% 左右，高于目标风险基金 3% 左右的股票配置比例。

3. 保险系：商业养老保险是最主流的养老金融产品

保险系对养老金融的参与可以分为传统保险行业和保险资管行业。传统保险行业的养老金融产品主要包括商业养老保险、个人养老保障管理产品、老年人住房反向抵押养老保险等类别。商业养老保险是指被保险人自费交纳保险费后，从一定的年龄开始领取养老金的长期人身险，是基本养老保险的重要补充。其中，个人税收递延型商业养老保险是于2018年4月开始在部分地区试点的特色商业养老保险，截至2021年10月末累计实现保费收入近6亿元，远不及市场预期，主要受制于税收优惠额度低、个税起征点提高导致政策优惠覆盖面减小等因素。个人养老保障管理产品是指养老保险公司作为管理人，接受个人委托，为其提供养老保障以及与养老保障相关的资金管理服务。老年人住房反向抵押养老保险是一种将住房抵押与终身养老年金保险相结合的创新型商业养老保险，是首个形成一定规模的"以房养老"金融产品，突破了传统的养老理念。但其业务流程复杂，涉及房地产、财税、金融等多个领域，且相关法律法规尚不完善，仍属于小众产品，截至2022年7月，只有中国人民人寿保险和幸福人寿保险两家公司获准推出了两款相关产品。

保险资管机构长期以来具有To B（面向企业）的特征，其发行的保险资管产品主要向机构合格投资者销售，因此保险资管主要以养老金第一、第二支柱投资管理人的角色参与养老金投资。合格投资管理人资格审批严格，目前只有部分头部保险资管机构获此资格，大部分保险资管机构将在第三支柱个人养老金投资市场挖掘机会。2020年9月，中保保险资产登记交易系统有限公司授予阳光资管、太平资管、泰康资管、长江养老保险、华泰资产等5家保险资管机构首批自然人合格投资者账户代理开户资质，2020年11月华泰资产非公开发行首只面向个人合格投资者的产品，起投门槛为100万元，最终募集规模超5亿元。保险资管参与个人养老金产品投资目前处于起步阶段，主要针对的仍是高净值客群，各家保险资管机构态度较为审慎，更多关注产品投资策略的积累，以发挥长期资金管理优势，最终为投资者带来稳定回报。

4. 信托系：养老信托产品尚待普及

信托公司在养老金融产品的开发上相对匮乏，截至2022年6月末，尚无

明确的制度指引，只有少部分信托公司在养老信托方面做了尝试，代表性产品是养老金融信托产品和养老消费信托产品。

养老金融信托产品是指在传统信托产品上嫁接养老服务机构，在为投资者财产进行保值增值的同时提供养老服务。国内首只养老金融信托产品是兴业银行与外贸信托在2015年12月推出的“安愉信托”，该信托产品针对30岁（含）以上的金融产品合格投资者，认购起点为600万元（含），一次性认购，自认购3年封闭期后的任何一年开始，可选择一次性收益分配或按季度分配，直至信托结束。产品设计主打中低风险配置，借鉴了家族信托架构，灵活指定初始受益人与后备受益人。**部分养老金融信托产品与养老服务机构合作，**如中航信托于2020年10月与寿险公司合作推出“鲲瓴养老信托”，同样采用家族信托架构，并创新性地与大型养老社区合作，实现医养融合，为客户提供养老、传承、投资一站式综合服务。**整体看，养老金融信托产品投资起点高、产品数量少，不具备普惠性。**

养老消费信托产品是指信托公司从投资者的养老需求及权益出发，使投资者在购买产品的同时获得养老消费权益的一种信托产品。养老消费信托产品可以直接连接投资者和产业方，将投资者的消费需求与产业方的融资需求整合起来。与传统的投融资集合资金信托计划不同，养老消费信托产品的目的不在于获取财产增值，而是通过认购信托产品，获取性价比高且优质的养老消费权益。国内首只养老消费信托产品是中信信托于2014年12月与四川晚霞康之源养老产业投资有限公司（以下简称“四川晚霞”）合作推出的“中信和信居家养老消费信托”，该产品期限为1年，设置银卡、金卡、白金卡3个产品档位，对应交付1.1万元、2.1万元、3.1万元，即可享受四川晚霞居家养老服务、中颐信健康管理服务及远盟康健紧急救援服务等的折扣价。**养老消费信托产品期限短，投资起点低，主要聚焦医养服务，不具备养老金保值增值功能。**

信托公司参与养老金投资具有独特的优势。一是信托公司主要服务高净值客群，其养老信托业务的开展可以家族信托客户作为抓手，具有优质客源。二是可横跨货币、资本、实业三大市场，除了财富保值增值，还可以协同养老社区、医疗机构等养老服务机构来构建养老生态。三是信托制度灵活性高，在基础设施建设、不动产领域的投资经验丰富，能够为养老金投资寻找优质标的，同时可以参与养老产业投资，实现资本与实体的联动。**但从目前的产品实践来看，信托公司参与养老金投资的普惠性途径还有待探索。**

养老金大类资产配置策略：与资金稳健、长期属性相适应

养老金大类资产配置策略需要考虑资金的长期避险属性，在风险可控的前提下，尽可能提高收益风险比。一方面，养老金是投资者退休后的养老保障，投资风格必须稳健。另一方面，养老金具有较长久期，且除规定的情况外一般不可取出，对投资经理而言可保证策略执行的延续性，以挖掘长期价值。目前，主流的养老金投资策略包括 FOF 和“固收 +”。

1. FOF 发展进入快车道

FOF 是一种以市场上已有的基金产品为投资标的，进行多资产配置的组合基金，具有较稳健的投资收益，属于类固收产品。在策略设置上，可以分为战略资产配置和战术资产配置两个层面，前者指的是在不同的市场环境下选择配置何种大类资产，后者则是在各大类资产中挑选合适的资产类别对应到 FOF，即挑选按照风格划分的细分基金。

FOF 与养老金投资追求长期性、安全性的特点高度适配。一是收益稳健，重视风险控制。FOF 具有投资分散、流动性偏弱、子基金二次收费等天然弱势，短期绝对收益不如单只基金，但其子基金的选择有专业管理人把控，辅以更科学成熟的资产配置和产品选择策略，能够充分分散风险获得长期稳定收益，达到平滑波动的效果。**二是可利用规模效应降低整体运作成本。**FOF 规模较大，在实现高门槛基金投资的同时，在子基金申购费、管理费等费用上具有规模优势。

从美国的经验来看，FOF 的爆发式增长与养老金入市密切相关。20 世纪

90 年代，美国雇主养老金计划由确定收益型养老金计划（Defined Benefit Plan）逐渐向确定缴费型养老金计划（Defined Contribution Plan）转变，这促使更多的养老金计划入市。当然，美国 FOF 市场的爆发除了与美国养老金制度改革有关外，还与 20 世纪 90 年代后期美国证券市场改革法案取消对公募基金公司发行 FOF 产品的限制以及互联网泡沫带来的资本市场繁荣紧密相关。

随着相关监管制度的完善，我国 FOF 迎来发展机遇期。自 2005 年第一只 FOF 产品“招商证券基金宝”设立以来，FOF 的发展长期处于不温不火的状态。直到 2014 年证监会颁布《公开募集证券投资基金运作管理办法》才正式明确公募 FOF 的概念，2016 年颁布的《公开募集证券投资基金运作指引第 2 号——基金中基金指引》进一步确定了 FOF 产品设计的具体要求，FOF 发展进入快车道。截至 2022 年第三季度末，FOF 产品数量达 347 只，规模达 2 333 亿元（如图 4-3 所示）。但相比美国等成熟 FOF 市场超 2 万亿美元的规模，我国 FOF 市场在品种和规模上仍有较大发展空间。

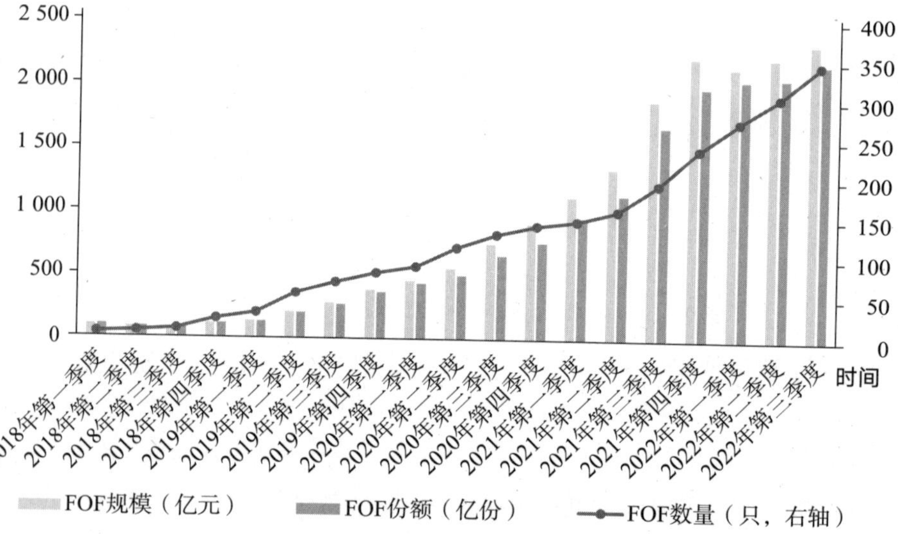

图 4-3　2018 年第一季度至 2022 年第三季度中国 FOF 发展情况

资料来源：万得资讯，课题组整理。

2. 低利率叠加资管新规，“固收 +”产品迎来爆发期

“固收 +”产品主要以固收类资产为底仓锁定基础收益，在控制回撤的基础上，附加配置其他资产或策略产品以增厚收益，在投资目标上追求绝对收益。2020 年以来，“固收 +”产品迎来爆发期，主要原因有以下几点：**一是我国长期利率中枢下行趋势不可避免**，市场开始考虑在风险可控的前提下，适当增加风险资产和策略产品以提高收益；**二是资管新规落地打破刚兑**，“固收 +”产品能够在一定程度上填补过去刚兑型理财市场的空缺；**三是我国经济结构性调整持续，各类金融改革措施对金融产品产生直接冲击，大类资产轮动迅速，单一标的或策略产品存在较高投资风险。**

养老金投资目标与“固收 +”产品高度适配。目前我国养老金资产配置倾向于固收类标的，无论是以机构投资者形式进行的养老金第一、第二支柱基本养老保险基金和年金基金投资，还是个人投资者参与的第三支柱养老金融产品投资，风险可控都是首要投资原则。另外，养老金具有期限长的特点，期待长久期能带来较高回报。从市场发展情况看，资管机构正在积极布局“固收 +”产品市场，如大部分银行理财子公司均推出“固收增强”系列产品，公募基金发行运用“固收 +”策略的混合债券型二级基金和偏债混合型基金。

人口老龄化背景下海外养老金市场的实践经验

全球养老金资产规模持续增长

当前，全球人口老龄化明显，养老金资产规模持续增长。在人口老龄化背景下，政府养老金给付的可持续性面临挑战，当前大多数国家建立的养老金体系

基于“三支柱”养老金模式，由政府、企业和个人共同承担养老金的给付，部分发达国家正在逐步扩大第二、第三支柱对养老金的贡献度。根据 OECD 的统计，截至 2020 年末，全球养老金市场规模超过 56 万亿美元，较 2019 年末增长 11%（如图 4-4 所示）。其中，OECD 成员养老金资产总额为 54.1 万亿美元，非 OECD 成员养老金资产总额为 2 万亿美元。

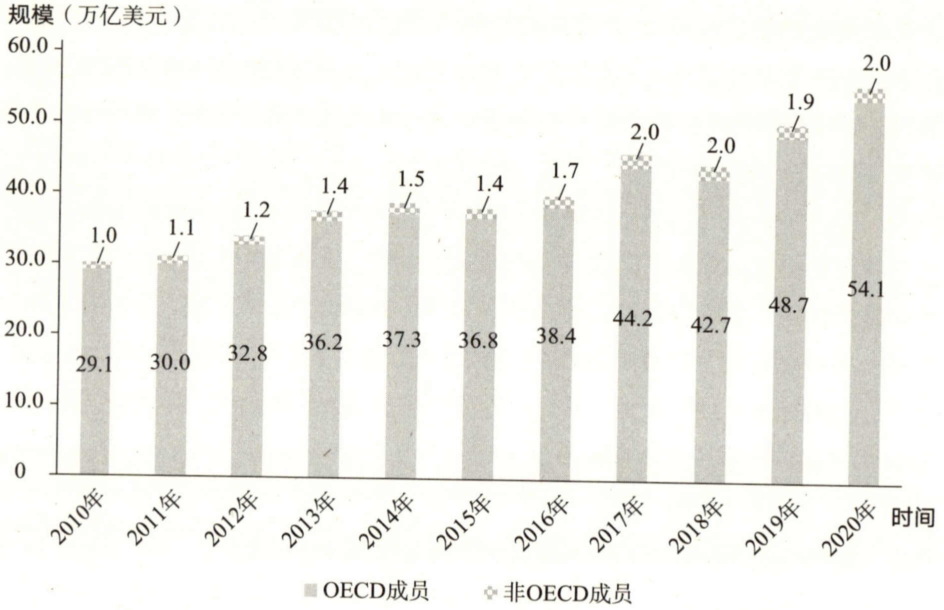

图 4-4　2010—2020 年全球养老金资产规模

资料来源：OECD《聚焦养老金市场 2021》（*Pension Market in Focus* 2021），课题组整理。

养老金资产的运营管理日益市场化，投资方式以直接投资和委托投资相结合为主。养老金资产规模较大，通常对安全性要求较高，为了平衡收益和风险，获得更高水平的收益，需要投资多元化资产，这往往需要委托外部专业机构来提高养老金的投资收益水平。大多数国家的养老金投资采用直接投资与委托投资相结合的方式，如现金、债券等传统资产采用直接投资的方式，权益类资产、另类资产等采用委托投资的方式。

养老金基金化管理成为常见模式，尤其是公募基金由于其严格的信息披露制度、专业的投资能力等在海外养老金资管中发挥了重要作用。据韦莱韬悦统计，截至2020年末，全球前300名养老基金管理的资产占全球养老金总资产的41%，前20名养老基金管理的资产占全球养老金总资产的17%。

资产配置是养老金实现长期投资目标和风险控制的重要手段。近年来，全球养老金资产配置呈现出以债券和股票为主、另类资产占比有所提升、全球化配置属性增强的特点。第一，养老金资产配置以票据、债券和股票为主，2020年全球范围内养老金资产对票据、债券和股票的配比平均为47.52%和24.11%（如表4-4所示）。第二，另类资产占比有所提升，2020年分类资产占比为16.17%，较2010年的13.6%有所提升。一方面，在全球低利率环境下，投资者倾向于投资更稳健且收益更高的资产，加大了对长期资产的配置以获取更高收益。另一方面，另类资产与股票和债券等的相关性不高，可以分散组合风险，降低资产组合的波动性。第三，养老金资产全球化配置属性增强，一是通过海外市场投资分散风险，二是寻求更高收益，以促进养老金实现全球化资产配置。

表4-4　2020年全球养老金配置不同资产的平均水平

单位：%

	股票	票据和债券	现金和存款	集合投资计划	其他
OECD成员	27.63	44.85	5.31	22.74	16.17
非OECD成员	21.21	49.77	13.96	14.21	13.36
全球	24.11	47.52	10.10	18.70	14.72

注：其他包括贷款、房地产、保险、对冲基金、私募股权基金、结构化产品、其他共同基金（不投资于股票、票据和债券或现金和存款的共同基金）。

资料来源：OECD《聚焦养老金市场2021》，课题组整理。

2010—2020年部分OECD成员养老金资产配置情况如图4-5所示。

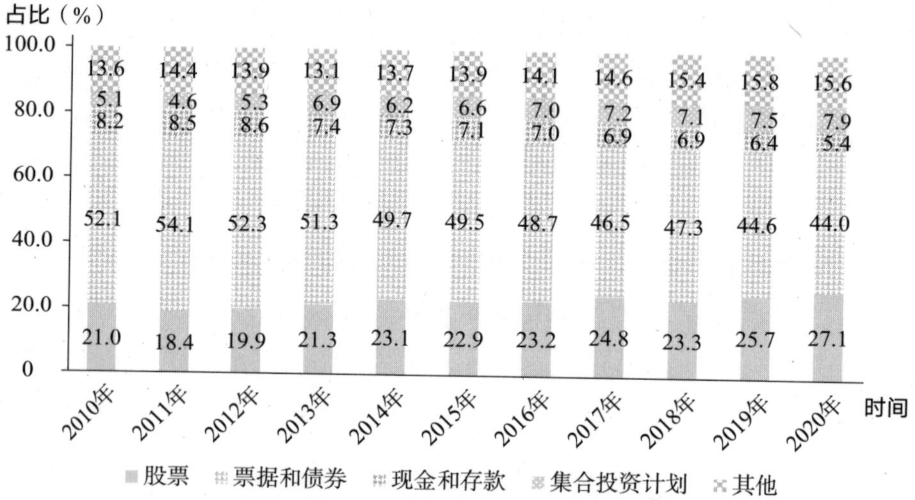

图 4-5　2010—2020 年部分 OECD 成员养老金资产配置情况

注：养老金资产配置数据由以下 25 个 OECD 成员的养老金资产配置数据计算得来：加拿大、智利、哥伦比亚、捷克、丹麦、爱沙尼亚、德国、希腊、冰岛、以色列、意大利、日本、韩国、立陶宛、卢森堡、墨西哥、荷兰、挪威、波兰、斯洛伐克、斯洛文尼亚、瑞典、瑞士、土耳其和美国。

资料来源：OECD《聚焦养老金市场 2021》，课题组整理。

美国养老金市场

1. 美国养老金三支柱：第二、第三支柱贡献主要力量

如图 4-6 所示，在美国养老金体系中，养老金第一支柱是联邦公共养老金（OASDI），由美国联邦政府统一组织、美国国会立法强制执行，是美国目前覆盖面最广、最基础的养老金。养老金第二支柱是雇主养老金计划，主要分为确定收益型养老金计划和确定缴费型养老金计划，两类计划最主要的差异在于退休后确定缴费型养老金计划的待遇不确定，确定收益型养老金计划的待遇具有确定性。养老金第三支柱主要指个人退休金账户，是完全由个人决定是否参与的个人养老金计划。

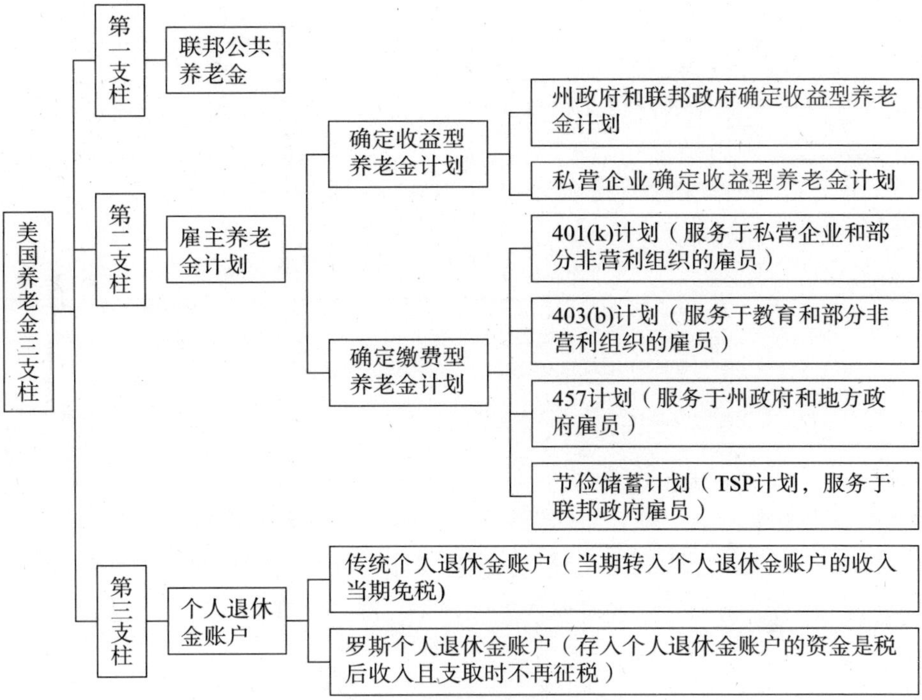

图 4-6　美国养老金三支柱体系

美国养老金三支柱运作模式如表 4-5 所示。

表 4-5　美国养老金三支柱运作模式

		养老金第一支柱	养老金第二支柱		养老金第三支柱	
分类	主要细分类型	联邦公共养老金	确定缴费型养老金计划	确定收益型养老金计划	传统个人退休金账户	罗斯个人退休金账户
参与主体	发起人	美国联邦政府	雇主		个人	
	参与者	纳税人	雇员		个人	
	资金管理方	信托基金	第三方金融机构		第三方金融机构	
参与方式	特点	美国政府发起，强制参与	雇主发起，非政府强制		个人具有完全的自主性	
	缴纳方式	工资税（Payroll Tax）	雇主和雇员缴费		个人自主存入	
	收付形式	现收现付制	基金积累制		基金积累制	

续表

		养老金第一支柱	养老金第二支柱		养老金第三支柱	
	领取方式	达到年龄后按月领取	可选按月或一次性领取	按月发放	达到年龄后每年必须从账户中取出一定比例金额	可一直存放
投资管理	特点	较高的安全性	选择专业的第三方金融机构提供投资管理、账户管理等一站式服务。共同基金占比最大		共同基金占比最大	
核心竞争力		覆盖面广	税收优惠		税收优惠	

注：较高的安全性体现在，美国《社会保障法案》中 201（d）款规定联邦公共养老金信托基金只可参与美国联邦政府发行或担保的利率型产品。

资料来源：美国社会保障管理局，课题组整理。

美国养老金第二、第三支柱贡献主要力量，养老金资产配置以共同基金为主。如图 4-7 所示，从规模来看，美国养老金三支柱总规模呈增长态势，从结构来看，养老金第一支柱规模保持总体稳定，养老金第二、第三支柱占比超过 90%，是美国养老金体系的主要力量。

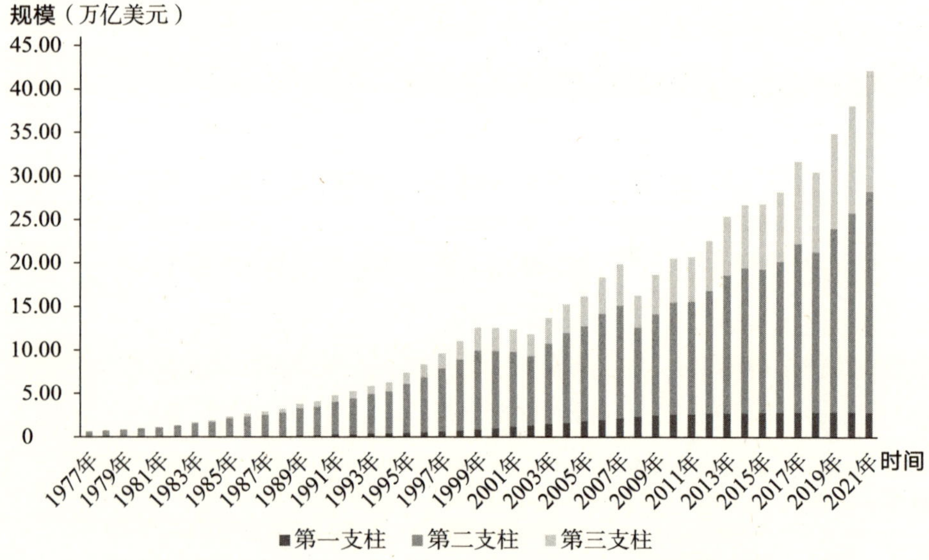

图 4-7 1977—2021 年美国养老金三支柱的规模变化

资料来源：美国社会保障管理局、美国投资公司协会，课题组整理。

养老金第二支柱中确定缴费型养老金计划的主要形式 401（k）计划，是美国市场最主要的职业养老金形式。截至 2021 年末，401（k）计划资产占确定缴费型养老金计划总资产的比例为 70.38%。401（k）计划资产投资方向包括共同基金、股票和债券等，截至 2021 年末，资产配置中共同基金占比高达 64.49%（如图 4-8 所示）。

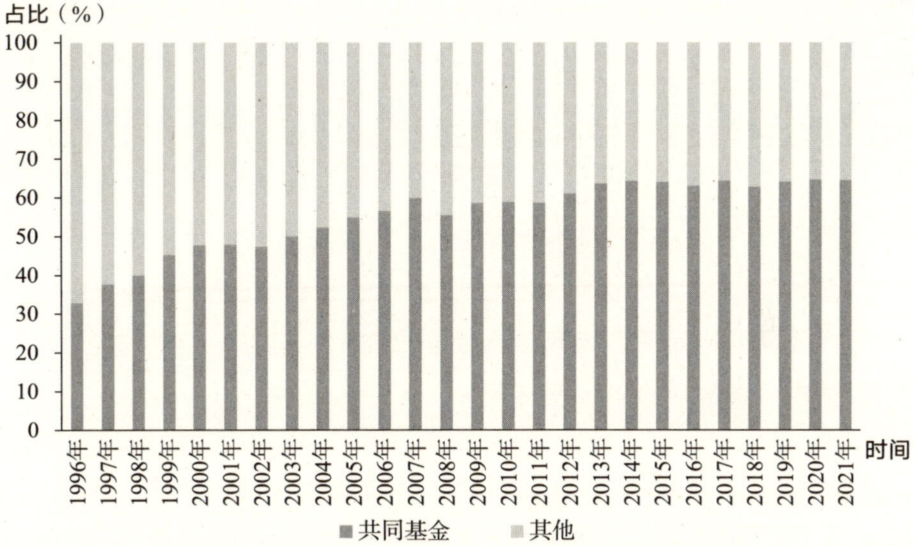

图 4-8　1996—2021 年 401（k）计划资产配置中共同基金的占比

资料来源：美国投资公司协会，课题组整理。

个人退休金账户资产投资共同基金的占比逐年上升（如图 4-9 所示）。伴随着美国资本市场的发展和机构投资者的壮大，个人退休金账户的资产配置结构经历了由银行储蓄存款等低风险产品为主到共同基金和其他权益类资产为主的转变。共同基金管理的个人退休金账户的资产配置中，股票型基金占比最高。2021 年股票型基金占比接近 60%，但在 2000 年互联网泡沫时期和 2008 年金融危机时期这一比例出现了明显的下降，这反映了投资者在风险过后，风险偏好降低，投资决策变得更成熟。

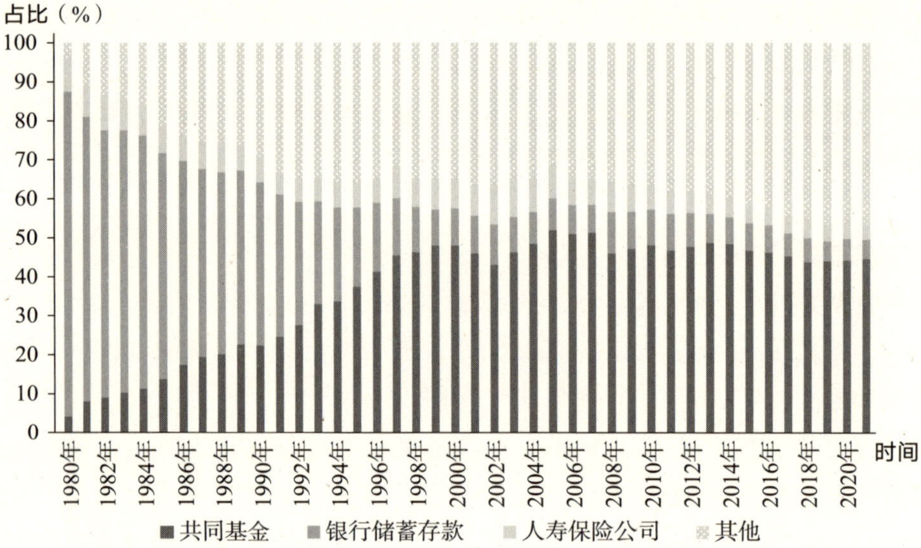

图 4-9　1980—2021 年个人退休金账户资产配置中共同基金的占比稳步提升

注：其他指的是股票、债券、封闭式基金、ETF 等其他资产。

资料来源：美国投资公司协会，课题组整理。

税收优惠和养老金第二、第三支柱账户间灵活转存的模式促进了美国养老金第二、第三支柱的繁荣。在 401（k）计划中，一方面，雇员缴纳的费用当期免税，支取时缴税，这种递延缴税模式使个人获得这部分税费的时间价值，且个人退休后收入普遍低于工作时收入，在累进税率机制下，个人退休后缴税可以享受税率优惠；另一方面，雇主养老金计划中包含的投资收益、分红、利息收入等增值部分免征资本增值税。个人退休金账户的税收优惠包含税收延迟模式（EET 模式）和提前征税模式（TEE 模式）。同时，美国允许雇主养老金计划与个人退休金账户之间通过转存实现资产转换，保留税收优惠。

美国养老金第二、第三支柱主导的养老金体系为资管行业提供了较稳定的长期资金和大量优质客户，为不同金融机构提供了合适的切入路径，助推了美国金融市场的繁荣。

2. 养老目标日期基金与养老 REITs 助力美国养老金融发展

美国养老金融产品发展时间长、种类丰富，接下来主要介绍养老目标日期基金与养老 REITs 的特点和当前发展规模等。

美国养老目标日期基金的规模迅速扩大。美国养老目标日期基金是以投资者退休日期为目标，根据不同生命阶段个人投资者的风险承受能力进行资产配置的基金，大多通过 FOF 形式进行投资。一方面，养老目标日期基金根据个人投资者不同的生命阶段动态配置资产，便于理解、操作简便，备受个人投资者欢迎。另一方面，养老目标日期基金通过定期开放的封闭式运作或限定个人投资者最短持有期限，鼓励个人投资者长期投资，避免短期频繁申购、赎回对基金投资策略和业绩的影响。2008—2021 年美国养老目标日期基金规模从 0.16 万亿美元增长至 1.81 万亿美元（如图 4-10 所示），其中 19% 来自个人退休金账户投资，66% 来自确定缴费型养老金计划投资，两项合计占比达 85%。

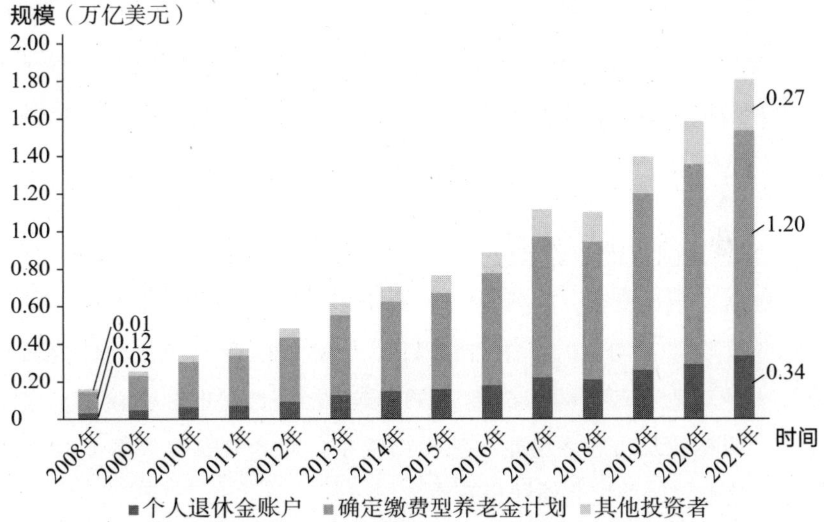

图 4-10　2008—2021 年美国养老目标日期基金中的投资者分布

资料来源：美国投资公司协会，课题组整理。

养老目标日期基金遵循动态资产配置策略，其下滑轨道是最显著的动态调整特征。养老目标日期基金通过权益类资产配置比例随退休日期的临近逐渐下降这一特点，吸引众多 401（k）计划和个人退休金账户的投资者。2006 年，美国《养老金保护方案》提出设立合格默认投资选择（QDIA），养老目标日期基金为 401（k）计划的合格默认投资选择之一，未进行任何投资的雇员通常会将其 401（k）计划资金投资于养老目标日期基金。养老目标日期基金能够有效地匹配养老金投资和个人投资者风险承受能力，有助于提高个人投资者的长期投资收益率，为老年收入提供保障。

美国养老 REITs 匹配养老金投资特定需求，收入稳定、波动性小。养老 REITs 是美国养老房地产的主要拥有者之一，最常见的经营模式有净出租模式（Net Rental）和委托经营模式（Entrusted Operation）。在净出租模式下，养老 REITs 将养老物业出租给运营商以获得租金收入，但不承担经营风险、不获取经营收益，运营商自行承担税费、保养费、维修费等，所有经营风险自担，该模式是目前养老 REITs 主要采用的模式。在委托经营模式下，养老 REITs 将养老物业委托给运营商管理，每年支付稳定的管理费，获得所有经营收入，养老 REITs 既承担经营风险，又可以获得租金和剩余收益。依赖于租金收入和部分经营所得，养老 REITs 可以获得稳定收入，为养老房地产市场提供了长期资金，成为养老房地产市场的长期投资者。

2021 年，美国上市养老 REITs 的收益率为 16.32%，在 REITs 的所有分类中收益率较高且相对稳定。如图 4-11、图 4-12 所示，虽然 2012—2021 年养老 REITs 的年度收益率均值低于住宅 REITs、工业 REITs 和自用仓储 REITs，但其标准差小于其他所有类别。养老 REITs 受到经济形势的影响较小，且租客多为老年人，租期较长、收入稳定、波动性较小。养老 REITs 相较于其他类别而言更容易吸引追求较稳定收益的投资者。

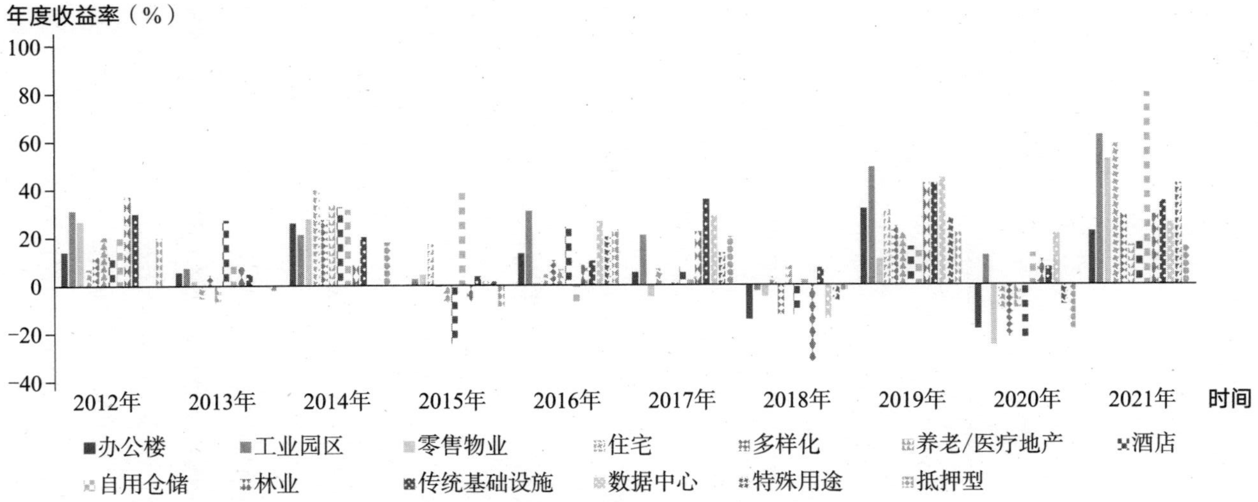

图 4-11　2012—2021 年美国 REITs 各分类年度收益率

资料来源：全美房地产投资信托协会（NAREIT），课题组整理。

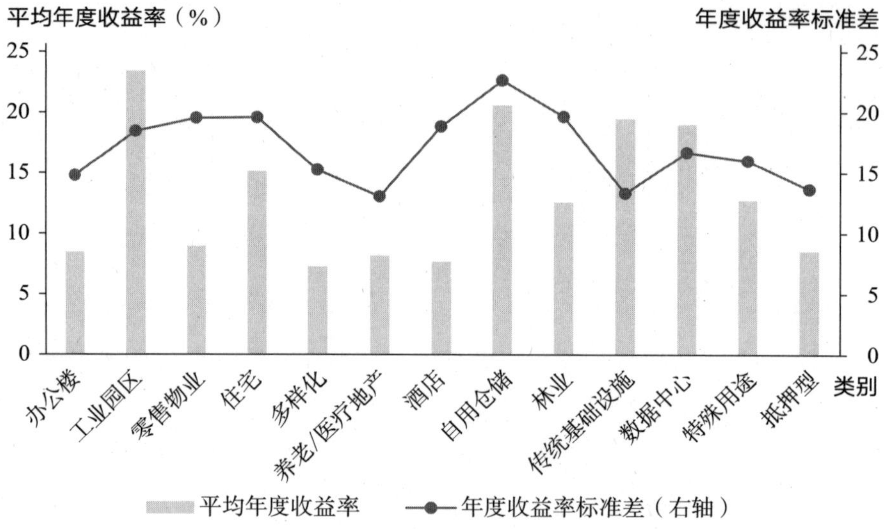

图 4-12　2012—2021 年美国 REITs 平均年度收益率和年度收益率标准差

资料来源：美国房地产投资信托协会，课题组整理。

日本养老金市场

1. 日本养老金三支柱：第一支柱为核心，第二、第三支柱为重要补充

在日本养老金体系中，养老金第一支柱为公共养老金，由日本国民年金和厚生年金保险构成，覆盖面广，具有强制性。养老金第二支柱为企业自愿加入的养老金计划，主要包括确定收益型养老金计划和确定缴费型养老金计划，其中确定收益型养老金计划分为基金型和契约型。养老金第三支柱由个人储蓄账户计划（NISA）和个人缴费确定型养老金计划（iDeCo）构成。截至 2022 年 3 月，日本养老金第一支柱资产规模为 196.59 万亿日元。截至 2021 年 3 月，日本养老金第二支柱企业养老金计划资产规模为 104 万亿日元，养老金第三支柱 NISA 的资产规模为 23.37 万亿日元，iDeCo 的资产规模为 2.97 万亿日元。

日本政府养老金投资基金管理资产规模不断提升，成为全球最大的公共养老

金。日本养老金第一支柱主要由日本政府养老投资基金统一运营管理，以实现稳定收益为目标在全球进行多样化投资，从而为日本现收现付的养老金体系和老龄化社会提供支持。根据韦莱韬悦发布的研究数据，截至 2021 年末，日本政府养老投资基金管理资产规模达 199.25 万亿日元，成为全球最大的公共养老金，规模比全球排名第二的挪威政府养老基金大 31.70%。

日本政府养老投资基金的投资目标是在最小风险下获得稳定的目标投资收益，具体呈现如下特征：**一是投资分散化**。日本政府养老投资基金规定养老金投资国内债券、国外债券、国内权益类资产和国外权益类资产的比例分别为 25% ± 7%、25% ± 6%、25% ± 8% 和 25% ± 6%，进行分散化投资以降低风险。截至 2022 年 3 月，2021 财年前 3 季度日本政府养老投资基金资产配置类别占比如表 4-6 所示。**二是主要采用被动投资**。根据 2021 年日本政府养老投资基金财报，截至 2022 年 3 月，日本政府养老投资基金的投资组合中被动投资占比超过 80%，且股票较债券而言在被动投资方面表现得更彻底，四大类资产中，国内债券被动投资和主动投资的规模占比分别为 77.80%、22.20%，国外债券被动投资和主动投资的规模占比分别为 79.30%、20.70%，国内股票被动投资和主动投资的规模占比分别为 93.65%、6.35%，国外股票被动投资和主动投资的规模占比分别为 90.82%、9.18%。

表 4-6　日本政府养老投资基金资产配置类别占比（截至 2022 年 3 月）

	投资规模（万亿日元）	占比（%）
国内债券	53.24	26.33
国外债券	48.68	24.07
国内股票	49.51	24.49
国外股票	50.77	25.11

资料来源：日本政府养老投资基金，课题组整理。

日本养老金第三支柱占比较小，但增长迅速。NISA 和 iDeCo 作为具有税收优惠的养老金第三支柱，可促使日本民众积累养老资产。NISA 本质上是一种专为投资所设立的免税账户，可引导投资者进行多样化的资产配置，目前主要配置股票和投资信托。iDeCo 由参与者向日本国家养老金基金联合会自行缴费，由日本国家养老基金联合会与金融机构签订契约、设计产品，并提供给参与者并由参与者做选择，最后再由金融机构进行管理，旨在为提升劳动力市场多样性和流动性服务，实现养老金领取的平等性。日本养老金第三支柱 NISA 和 iDeCo 的比较如表 4-7 所示。

表 4-7 日本养老金第三支柱 NISA 和 iDeCo 的比较

	NISA	iDeCo
建立时间	2014 年	2001 年
适用人群	日本居民	20 ～ 59 岁的个人
可开账户数	每人可开 1 个	每人可开多个
可投资产品	股票、投资信托	投资信托、存款和保险
缴费上限	120 万日元 / 年	因工作性质而异
领取限制	无年龄限制，按照合同规定领取	到 60 周岁方可领取
税收优惠	提前征税模式	税收延迟模式
免税投资额度	每年 40 万日元	缴费和投资收益免税
免税期限	5 年	开设账户后直到 60 周岁
监管机构	日本金融厅	厚生劳动省

资料来源：日本金融厅、厚生劳动省，课题组整理。

2. 日本政府养老投资基金与 ESG 投资深度结合

截至 2021 年 3 月，日本政府养老投资基金资管实现了与 ESG 100% 的整合，其中跟踪 ESG 指数的投资规模达到 10.6 万亿日元，投资绿色债券的资产规模达 1.1 万亿日元，被联合国责任投资原则组织（UN PRI）评为 A+ 级。日本政府养老投资基金认为践行 ESG 投资有助于提升上市公司质量，进一步吸引外资投资日本市场，从而提振日本股票市场。

日本政府养老投资基金在 ESG 投资方面最有特色的是跟踪 ESG 指数的被

动投资。从 2007 年起，ESG 被动投资资管规模不断增长，截至 2021 年，日本政府养老投资基金 4 次增加 ESG 指数投资。第一次主要针对日本股票市场，希望通过选择 ESG 指数投资激励企业加强 ESG 评估并从长期角度提升企业价值。第二次新增日本国内和国外股票市场 2 个环境主题指数投资，希望促进企业提升碳效率及相关信息披露。第三次增加 2 个 ESG 主题国外股票指数投资。第四次增加 ESG 指数投资，从碳强度、气候风险和机遇三个方面筛选成分股。日本政府养老投资基金对 ESG 指数的选择十分谨慎，会综合考虑 ESG 指数的市场表现、指数编制、采用的 ESG 评价体系、指数多样性等。日本政府养老投资基金选择的 ESG 指数如表 4-8 所示。此外，日本政府养老投资基金还积极推进绿色债券及其他相关债券的投资。

表 4-8　日本政府养老投资基金选择的 ESG 指数

时间	ESG 指数	初始投资额（万亿日元）
2017 年 7 月	FTSE Blossom Japan Index	1.00
	MSCI Japan ESG Select Leaders Index	1.00
	MSCI Japan Empowering Women Index	1.00
2018 年 9 月	S&P/JPX Carbon Efficient Index	1.20
	S&P Global Ex-Japan LargeMid Carbon Efficient Index	1.20
2020 年 12 月	MSCI ACWI ESG Universal Index	1.00
	Morningstar Gender Diversity Index	0.30
2022 年 3 月	FTSE Blossom Japan Sector Relative Index	0.76

资料来源：日本政府养老投资基金，课题组整理。

美国和日本的养老金体系既相似又有区别。一方面，美国和日本的养老金第三支柱都采用账户制，都有税收优惠政策，且资产配置较丰富。另一方面，因金融体系和养老金体系的构建不同，美国和日本养老金三支柱的侧重点不同，养老金融产品的发展也不同。我国未来养老金体系的构建与养老金融产品的发展应充分结合中国特色，吸取海外经验，推动资管行业和各类金融机构发展壮大。

我国养老金投资面临的挑战及应对建议

2022年中国个人养老金制度重磅发布，标志着我国正式形成完整的养老金制度体系。但这只是应对不可逆的人口老龄化趋势的第一步，相较于美国、日本等发达国家，我国养老金市场仍有很长的路要走。目前我国养老金市场仍面临基本养老保险资金缺口增大、养老金第三支柱尚处于起步阶段、养老金融产品策略待挖掘、投资者教育待加强等问题，但同时养老金市场所蕴含的巨大潜力，对所有资管机构而言都是巨大机遇。资管机构需尽早布局，抓住先发优势。

养老金体系初步完善，未来仍面临挑战

1. 基本养老保险收支承压，养老金市场规模有待培育

截至2021年末，我国养老金市场规模超15万亿元，主要由养老金第一、第二支柱组成，第三支柱尚在起步阶段，占比基本可以忽略不计。而同期美国养老金市场规模约42万亿美元，其中养老金第三支柱占比接近33%，美国养老金市场的规模和结构明显优于中国。随着我国人均寿命的增长，退休人口基数增大，2010—2021年老年抚养比上升约9个百分点，过去长期依赖第一、第二支柱的养老金支付体系承压。在不考虑财政补助的情况下，基本养老保险基金当期结余在2019年便已出现赤字，财政补助对保障居民基本养老的贡献巨大，但仍难以扭转基本养老保险资金缺口增大的趋势，培育第二、第三支柱养老金市场迫在眉睫。

2. 制度设计仍需完善，个人养老金账户制实施效果仍待观望

从国际经验看，养老金投资市场化进展与制度顶层设计息息相关。目前我国养老金制度设计不完善，是制约养老金市场发展的主要因素。**一方面，养老金第一、第二支柱投资范围和比例要求受到监管明文约束，在一定程度上影响了资产**

配置的多样性。监管政策从保障养老金投资稳健性和安全性的角度出发，近年来根据投资实践情况，逐步放宽养老金投资范围限制，但关于海外投资、权益投资占比等仍有开放空间。**另一方面，第三支柱个人养老金账户制千呼万唤始出来，但实施细则尚不明确。**过去我国养老金体系中第三支柱建设长期缺位，个人投资者参与养老金投资缺乏政策激励与引导。个人养老金账户制的发布开启了一个崭新的市场，但未来仍需关注个人养老金账户制的监管运作成本、税收优惠政策力度、养老金三支柱资金互通等问题的解决方案。

3. 年金基金投资存在委托代理问题，投资管理人业绩考核方式待优化

从理论上讲，养老金具有久期长的特点，适合长期价值投资，能够穿越牛熊周期，获得超额收益。但在实际操作中，年金基金受托人为了保证较好的投资业绩，只能将资金划分为投资组合并委托给多个投资管理人进行投资运营，通过投资管理人之间的相对业绩排名来化解管理难题。目前年金基金受托人对投资管理人的考核期限一般以季度为单位，频繁的短期考核在一定程度上扭曲了投资管理人的长期投资策略，养老金长期投资的优势并未发挥出来。

4. 养老金融产品尚处于起步阶段，投资者教育有待加强

养老金融产品是个人投资者进行养老投资的直接渠道，与养老金第三支柱的发展密切相关。目前我国养老金融产品尚处于起步阶段，银行养老理财产品2021年9月正式开始试点，养老目标基金于2018年2月颁布指引文件，个人税收递延型商业养老保险自2018年4月试点以来效果未达预期，养老信托目前仍只是少数信托公司的创新产品，尚无标准化的文件规范，普惠性养老金融产品还有很长的路要走。就目前已发行的养老金融产品而言，与普通金融产品相比，区别主要在于拉长期限、增加部分流动性条款等方面，针对养老属性的投资策略还有待挖掘。另外，个人养老金账户制的设立促使更多投资者入市，除了相关部门对个人养老金账户可投资金融产品做初步筛选外，投资者教育也需要加强。

资管行业积极应对，稳抓养老新机遇

1. 挖掘养老金长期稳定投资策略

养老金具有天然的长期资金优势，不仅能提升市场活跃度，还可以引导价值投资理念的应用，对资本市场的健康发展起到不容忽视的作用。资管机构要围绕养老金的长期性特点，以长期稳健为投资理念，探索全生命周期服务模式，积极投向符合国家战略和产业政策的领域。

2. 鼓励产品创新设计，满足多样化养老需求

养老金融产品面临日益多样化的需求，以需求为导向加强养老金融产品的创新，可以更好地与投资者的养老规划相适应。充分学习海外经验，如养老目标日期基金可以将资产配置的风险水平与个人所处生命周期阶段进行匹配，并随之进行自动调整；养老 REITs 具有流动性大、可在证券交易所上市交易等优势，能够将原本流动性低、资金占用大的固有资产转变为可在金融市场上市交易的流动性强的资产，为解决我国养老房地产融资问题提供方向。

3. 完善资产配置，提高收益风险比

参考海外养老金投资经验，我国养老金投资优化资产配置可以从以下几个方面着手：一是投资分散化，适当放宽养老金投资权益类资产和海外资产的比重，在风险可控的前提下增加收益；二是增加被动投资占比，提升收益的稳健性；三是从配置策略上来说，结合全生命周期进行动态配置可以更好地将投资与个人投资者的风险承受能力相匹配，提高个人投资者的长期投资收益率，为其退休后的生活提供有效保障。

4. 积极参与ESG投资，助力可持续发展

规模庞大的养老金与ESG投资的长期性、稳健性和安全性特点较契合。当前中国养老金资管机构的ESG投资尚处于起步阶段，行业共识有待进一步加强。ESG养老金融产品既要获得令人满意的收益，又要对社会产生积极影响，养老金资管机构可以充分利用机构投资者的专业优势，在形成中长期可见的产品业绩后，逐步向个人投资者推广，加深社会认知，达到双重目的。

5. 优化对投资管理人的业绩考核机制

资金方需从更长的时间维度来评价和审视养老金的运行模式和绩效，而非过度关注短期的阶段性波动。考核虽然是事后，但考核方法会影响投资管理人事前和事中的投资理念和方法。建议延长投资管理人的业绩考核窗口，尽量减少短期频繁排名，除了考核当年业绩外，还应考核3年、5年甚至更长期的业绩，以激励长期投资。

6. 持续完善风险管理体系，与养老金的安全性、长期性和稳定性相适应

资管行业的风险管理点多面广，因此针对养老金资管需要持续完善风险管理体系。一是资管机构必须在监管规则范围内开展业务；二是养老金资管机构需强化过程管理，将风险管理贯穿投资各环节，注重投前准入、投中控制、投后监控，实现养老金投资全流程的风险管理；三是风险决策必须基于准确的风险计量，提高规范性、科学性和标准性，以匹配养老金的安全性、长期性和稳定性；四是充分利用金融科技，实现智能化方式识别，提高风险管理效率。

/ 第5章 /

ESG投资标准的中国实践

伴随着ESG投资理念在全球范围内的不断推广，越来越多的资管机构在原有的投资决策体系中增加了ESG因素，以弥补单一的财务指标的不足。彭博行业研究（Bloomberg Intelligence）的数据显示，截至2021年末，全球ESG投资规模已接近40万亿美元，较2016年末大幅增长66%，占全球资管规模的30%。2021年，"双碳"目标上升为中国国家战略并被写入《中华人民共和国国民经济和社会发展第十四个五年规划和2035年远景目标纲要》。另外，经济高质量发展、共同富裕等国家战略的实施使全社会更加关注公平正义与社会责任。在中国自上而下的政策驱动和资本市场对外开放持续推进的背景下，我国资管机构在投资过程中越来越关注非财务指标，ESG投资发展迅速。我国ESG公募基金数量呈井喷式增长，2021年全年新发ESG公募基金52只，新发公募基金数量接近此前5年的总和。截至2022年5月20日，73家基金公司发行ESG公募基金160只，总规模达2 269.11亿元。

随着ESG投资策略的广泛应用，ESG评价体系逐渐发展成为ESG投资框架中不可或缺的"基础设施"。海外ESG评价体系建设具备先发优势，例如摩根士丹利在衡量公司ESG表现方面有50年的经验，早在1972年就开始了ESG投资研究，在1990年开始发布ESG指数。我国ESG评价体系建设起步较晚，仍处于探索阶段，尚未形成统一标准。建设具有本土特色且公正客观的ESG评价体系，是资管机构做出高质量的ESG投资判断的基础，随着“双碳”目标等国家战略的持续推进，ESG评价体系建设迎来发展机遇期。因此，本章以ESG投资标准的中国实践为题，对海内外主流ESG评价体系的特点与异同进行梳理，并针对未来我国应如何进一步完善ESG评价体系，从而为资管机构提供客观公正的ESG投资参考做出展望。

境外主要机构的ESG评价体系对比

21世纪初海外ESG评级机构已经推出各具特色的ESG评价体系，认可度较高的摩根士丹利、路孚特（Refinitiv）、富时罗素和穆迪（Moody's）等ESG评级机构，经过数十年的发展已形成较完善的ESG评价体系。这些作为“基础设施”的ESG评价体系逐渐成为海外资管机构进行ESG投资的重要参考指标。ESG评价体系主要对证券的发行主体，即发行股票的上市企业和发行各类债券的上市及非上市企业进行评价。由于针对绿色债券的认定和评价，海内外均有专门的指标体系和标准，本部分内容仅讨论针对证券发行主体的ESG评价体系。海外主要ESG评级机构ESG评价体系的对比如表5-1所示。

表5-1　海外主要ESG评级机构ESG评价体系的对比

ESG评级机构	数据来源	指标体系	行业权重	ESG评价体系设置
摩根士丹利	1. 上市公司官网、公告、可持续发展报告等 2. 监管部门 3. 新闻舆情 4. 非政府组织、行业协会 5. 企业沟通渠道	3个维度 10个议题 35个关键问题 1 000多个数据点	行业权重存在差异	共7级，由低到高分别是：CCC、B、BB、BBB、A、AA、AAA

续表

ESG 评级机构	数据来源	指标体系	行业权重	ESG 评价体系设置
路孚特	1. 上市公司官网、公告、可持续发展报告等 2. 监管部门 3. 新闻舆情 4. 非政府组织，行业协会	3 个维度 10 个议题 186 个子指标 500 多个数据点	—	共 12 级，由低到高分别是：D−、D、D+、C−、C、C+、B−、B、B+、A−、A、A+
富时罗素	1. 上市公司官网、公告、可持续发展报告等 2. 监管部门 3. 新闻舆情 4. 非政府组织，行业协会	3 个维度 14 个议题 300 多个数据点	—	0 ～ 100 分
穆迪	1. 企业报告 2. 与公司的直接联系 3. 利益相关者网站 4. Factiva 新闻数据库	三大支柱 17 个核心议题 273 个数据点	行业权重存在差异	1 ～ 5 分。E-1、S-1 或 G-1 代表企业在该领域有正面影响；E-5、S-5 或 G-5 代表企业在该领域有极高的负面影响
苏黎世永续资产管理公司	1. 问卷设计 2. 来自媒体、政府、监管层等的社会广泛报道	该公司考虑了经济、环境和社会维度，各包含 17 个、8 个和 12 个细分项	行业权重存在差异	0 ～ 100 分

资料来源：课题组根据公开资料整理。

海外 ESG 评级机构在框架设置、数据来源、指标赋权、风险管理等方面存在共性

首先，从评价体系框架来看，ESG 评价体系通常由三个层级构成，其中一级指标通常由环境、社会、公司治理三个维度构成，二级指标通常由上述三个维度下的细分主题构成，具体由几十乃至上千个三级指标或数据点构成，最终通过加权调整得出各项议题的评分与评级。

其次，在数据来源方面，各 ESG 评级机构基本覆盖了上市公司披露文件（如年度报告、可持续发展报告、社会责任报告）、政府和非政府组织信息、专业数据库、媒体资源等。

再次，在指标赋权方面，各 ESG 评级机构存在两个共性：一是各 ESG 评级机构均遵循实质性原则，采用指标赋权法，指标赋权法具有较高的主观性；二是在指标设计和权重分配上，大多数 ESG 评级机构考虑了行业的差异性，权重行业异质性主要体现在环境和社会两个维度上。

最后，在具体公司层面的考量上，引入风险暴露和管理能力、主动管理和被动管理两个维度的评价，避免因行业内公司面临同样的风险而导致 ESG 评价体系没有区分度的情况。

海外 ESG 评级机构在底层逻辑、指标设计及度量方法上存在差异

虽然主流 ESG 评级机构在 ESG 核心议题上已经达成共识，但 ESG 评价在具体实施过程和评价结果的呈现上，仍存在一定差异。整体来看，差异主要来源于两个方面：**一是底层逻辑上存在差异。**实际上，ESG 投资是一种价值观的反映，具体指标具有非中性特点，各 ESG 评级机构因服务对象、市场定位以及主营业务等方面的不同，在对不同问题的看重程度、指标选取的考量以及对定性数据的处理等方面均有自身的考量，从而呈现出不同的评价结果。**二是方法论上存在差异。**方法论上的差异具体体现为指标覆盖范围差异、度量方法差异和权重赋予方法差异。为充分理解上述两个方面的差异，下文我们将以案例和数据描述的方式展开分析。

1. 底层逻辑上的差异

海外 ESG 评级机构在 ESG 评价体系的底层逻辑上存在差异。底层逻辑上的差异一方面源于，全球目前对于 ESG 没有统一的定义，各 ESG 评级机构根据自身对 ESG 的理解提出不同的界定方法，形成了各具特色和影响力的 ESG 评价体系。另一方面，全球几大知名 ESG 评级机构，大多具有传统金融背景，并非独立的 ESG 评级机构，因此，ESG 评级机构对 ESG 评价体系的构建，更

多基于金融产品的市场需求导向以及其传统业务的资源禀赋等。例如，摩根士丹利作为指数编制公司，其服务对象为全球资管机构，这使其在构建 ESG 评价体系时更加关注 ESG 得分对企业长期业绩和风险的影响，因而在构建 ESG 评价体系过程中，主要从风险与机遇两个方面选取对企业成本或经营业绩产生实质性影响的 ESG 非财务指标。晨星作为国际权威的基金评级机构，同样关注 ESG 得分对企业财务绩效和风险的影响，不同于摩根士丹利的底层逻辑，晨星的 ESG 评价体系侧重于风险把控原则，即更加关注企业的实质性 ESG 风险对企业财务底线的影响，并未将 ESG 可能带来的机遇考虑在内。

（1）摩根士丹利与路孚特：基于风险、机遇和争议事件三大维度评估企业 ESG 表现

摩根士丹利与路孚特重点关注 ESG 非财务指标与投资回报之间的实质性关系。基于该底层逻辑，摩根士丹利与路孚特主要从公司风险敞口和管理能力两个维度对风险和机遇的底层指标进行评分，同时考虑 ESG 争议事件[①] 的负向扣减，从而形成了风险、机遇和争议事件三大评估维度。虽然摩根士丹利与路孚特的底层逻辑基本一致，但对于如何将争议事件纳入 ESG 评价体系，两者有不同的方法论。具体地，摩根士丹利将争议事件纳入公司治理维度下，作为公司治理能力的扣减项目，而路孚特则单独计算争议事件得分，综合公司 ESG 得分与争议事件得分，得出公司最终 ESG 得分，这种方法放大了重大争议事件对公司最终 ESG 得分的影响。摩根士丹利与路孚特争议事件纳入方法如图 5-1、图 5-2 所示。

① ESG 争议事件是指公司在环境、社会和公司治理方面的负面新闻报道，如可疑行为和产品危害丑闻等。此类消息引发投资者对公司未来前景的质疑，对公司声誉构成风险，并最终对公司价值产生影响。

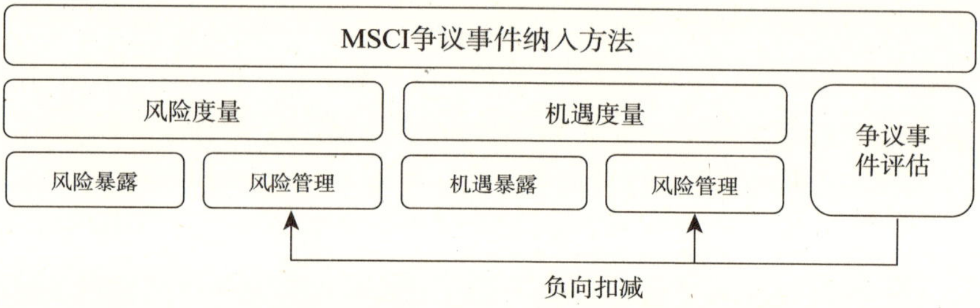

图 5-1　摩根士丹利争议事件纳入方法

资料来源：摩根士丹利，课题组整理。

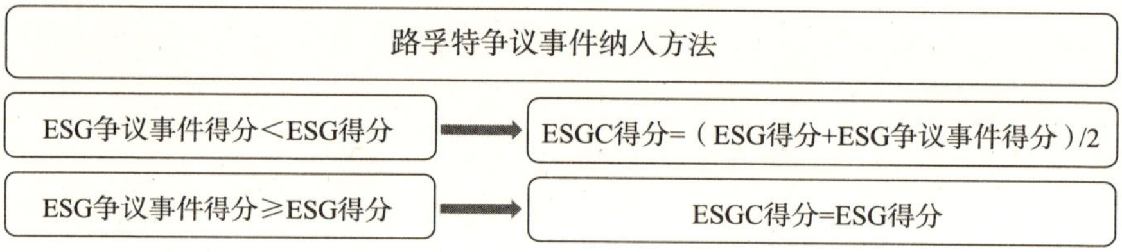

图 5-2　路孚特争议事件纳入方法

资料来源：路孚特，课题组整理。

（2）晨星：聚焦风险视角评估公司 ESG 表现

晨星 ESG 评价体系基于风险视角进行评估，旨在衡量一家公司未管理的 ESG 风险的大小。在底层逻辑上，晨星 ESG 评价体系具有显著区别于其他 ESG 评价体系的两大特征：第一，晨星仅从单一的风险维度对公司 ESG 表现进行评估，未对 ESG 可能催生的投资机遇进行评估。第二，在一级指标选择上，国际 ESG 评级机构通常选择环境、社会和公司治理三个维度评估公司的整体 ESG 表现，而晨星则从公司治理、重大 ESG 议题、特殊 ESG 议题三个维度评估公司整体 ESG 的风险等级。但在风险的度量上，晨星遵循和摩根士丹利一致的逻辑，即分别从风险敞口和风险管理能力两个维度评估公司的 ESG 风险。晨星关键 ESG 议题风险敞口评估方法如图 5-3 所示。

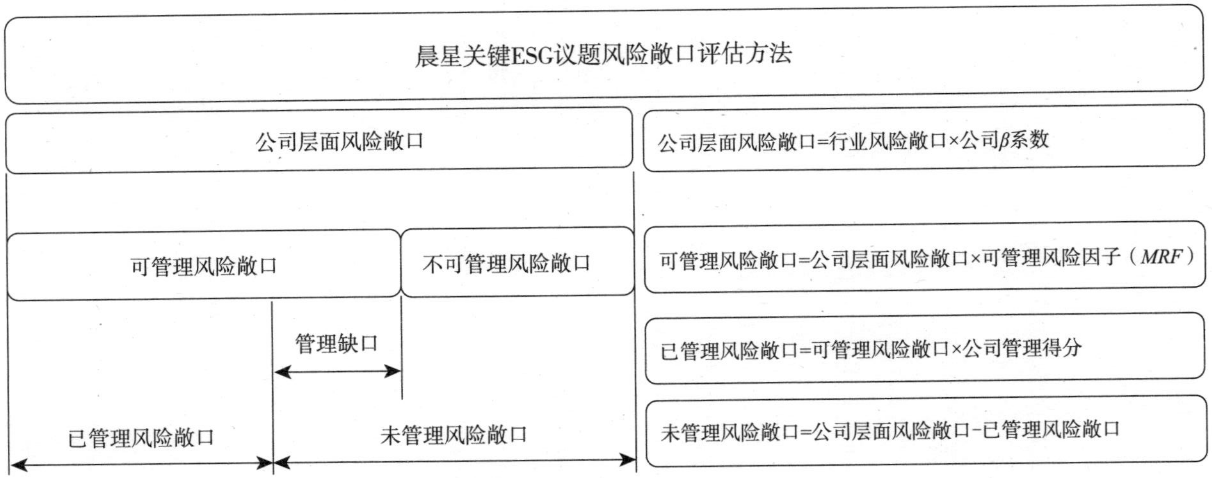

图 5-3 晨星关键 ESG 议题风险敞口评估方法

资料来源：晨星，课题组整理。

2. 方法论上的差异

方法论上的差异，主要体现为指标覆盖范围差异、度量方法差异和权重赋予方法差异，贝格（Berg）等 2019 年的研究表明，在 ESG 评价体系的差异中，度量方法差异贡献了 56% 的评价结果差异，指标覆盖范围差异贡献了 38% 的评价结果差异，权重差异贡献了 6% 的评价结果差异。

（1）指标覆盖范围差异

虽然主流 ESG 评级机构对 ESG 的核心议题已形成基本共识，如气候变化、自然资本、污染和废弃物、人力资源管理、社区关系、管理框架、薪酬管理、股东权益等均为核心议题，但由于各 ESG 评级机构对 ESG 的理解不同，核心议题和底层指标仍存在一定差异。课题组从国际主流 ESG 评级机构的环境、社会和公司治理这三个维度出发，对 ESG 核心议题进行了对比（如表 5-2 所示）。

表 5-2　国际主流 ESG 评级机构的 ESG 核心议题对比

维度	ESG 核心议题	摩根士丹利	路孚特	富时罗素	Robeco SAM
环境	气候变化	√	√	√	√
	自然资本	√	√	√	√
	污染和废弃物	√	√	√	√
	环境机遇	√	√	√	×
	环境争议事件	√	√	×	×
社会	人力资源管理	√	√	√	√
	社区关系	√	√	√	√
	客户关系	√	√	√	×
	社会争议事件	√	√	×	×
	社会机遇	√	√	√	×

续表

维度	ESG 核心议题	摩根士丹利	路孚特	富时罗素	Robeco SAM
公司治理	管理框架	√	√	√	√
	薪酬管理	√	√	√	√
	股东权益	√	√	√	√
	信息披露	√	√	√	×
	反腐	√	×	×	×
	商业道德	√	×	×	√

注：因晨星未按照环境、社会和公司治理三个维度构建 ESG 评价体系，故此表未包含晨星 ESG 核心议题。

（2）度量方法差异和权重赋予方法差异

不同 ESG 评级机构对 ESG 的理解和关注点不同，导致它们在面对同一家公司的 ESG 信息时，关注的重点也不同，因此采用的具体度量方法和权重赋予方法存在较大差异。为了洞悉其中的差异来源，本部分内容将国际主流 ESG 评级机构的度量方法差异和权重赋予方法差异进行总结（如表 5-3 所示），度量方法有打分法、排名法等，而关于权重赋予方法，各机构则分别基于自身理解对不同指标赋予不同权重。

表 5-3　国际主流 ESG 评级机构的度量方法差异和权重赋予方法差异

	摩根士丹利	路孚特	富时罗素	RobecoSAM
度量方法	打分法： 根据公司业务的细分（如核心产品或业务部门、运营地点以及其他相关指标）对核心议题的风险敞口打分；对公司在管理特定水平的风险或机遇方面表现出的良好业绩打分，同时扣除争议事件得分，得出关于风险管理能力的分值。上述分值的取值为 0～10 分	分位数排名法： 通过排名法计算每个议题下子指标具体得分，加总子指标的得分得到每个议题的得分（0～1 分）。再对每家公司各议题按照上述得分排名，依据排名得到议题得分	矩阵评分法： 根据有效指标的比重以及指标暴露程度矩阵，得到议题得分，取值范围为 1～5 分。其中，指标暴露程度依据所处行业和运营地点评为高、中、低三等；有效指标比重是指待评估议题中有效指标占总指标的比重	评审团队打分法： 通过发放问卷的形式，将含有 ESG 问题的问卷发放到公司，由专业团队依据问卷信息对公司的 ESG 表现打分，分值为 0～100 分

续表

	摩根士丹利	路孚特	富时罗素	RobecoSAM
权重赋予方法	指标赋权法：根据指标对行业影响程度的大小和影响时间的长短赋予权重。每个核心议题的赋权为 5%～30%	指标赋权法：依据基于客观和数据驱动的方法确定的重要性矩阵，决定每个行业内 10 个议题的权重	指标赋权法：依据敞口大小进行赋权，最重要的 ESG 问题被赋予最大的权重	指标赋权法：依据因子重要性评价矩阵，对因子进行权重设定与评价。因子重要性权重矩阵根据因子重要程度以及发生可能性确定

ESG 评价体系的国内外比较

国内 ESG 评价体系现状：多元格局，仍处于探索阶段

随着我国资本市场国际化程度的日益提高，全球 ESG 评级机构开始覆盖 A 股上市公司，国内 ESG 评级机构也开始构建自己的 ESG 评价体系。与发达国家 ESG 评价体系相比，国内 ESG 评价体系发展起步较晚，尚未形成统一标准，仍处于探索阶段。总体来看，国内 ESG 评价体系呈现出多元发展格局，各具特点。截至 2021 年末，国内主流 ESG 评级机构有华证指数、微众揽月、万得资讯、中证指数、中债金融估值中心、社会价值投资联盟（深圳）（以下简称“社投盟”）、商道融绿、中诚信绿金、中财大绿金院、润灵环球、妙盈科技、鼎力公司等，其 ESG 评价体系的对比如表 5-4 所示。

表 5-4　国内主流 ESG 评级机构的 ESG 评价体系的对比（截至 2021 年末）

机构名称	机构属性	覆盖范围	数据来源	ESG 评价体系构成
微众揽月	二级市场核心参与者	711 家上市公司	国内首个基于另类数据，以人工智能算法驱动的 ESG 评分系统	3 个维度，41 个二级指标。短期 ESG 风险波动、长期 ESG 质量评价、近 1 年改善 ESG 表现的努力

续表

机构名称	机构属性	覆盖范围	数据来源	ESG 评价体系构成
万得资讯	金融数据和分析工具服务商	覆盖全部 A 股上市公司	公司自主披露的年报、ESG 报告、社会责任报告，政府及监管部门，新闻媒体、网络舆情，行业协会、非政府组织等	3 个维度，27 个议题，300 多个指标
华证指数	二级市场核心参与者	A 股上市公司，2 000 多家债券发行主体	以上市公司公开披露数据为主	3 个一级指标，14 个二级指标，26 个三级指标以及 130 多个底层数据指标
中债金融估值中心	第三方咨询机构	覆盖中国债券市场和 A 股市场近 8 000 家机构主体（其中债券发行主体超过 5 000 家）	公司社会责任报告、公司定期报告、国家行政部门处罚信息、第三方认证机构信息、新闻舆情等公开信息	3 个评价分项，14 个评价维度，39 个评价因素，160 多个具体计算指标
社投盟	第三方咨询机构	沪深 300 指数成分股	将万得资讯作为定量指标数据的合作方	由筛选子模型和评分子模型 2 个部分构成。前者包括 6 个方面、17 个指标；后者包括 3 个一级指标，9 个二级指标，28 个三级指标，57 个四级指标
商道融绿	第三方咨询机构	1 700 多家 A 股上市公司	公司网站、年报、可持续发展报告、社会责任报告、环境报告、公告、媒体采访等	3 个主题，13 个分类议题，200 多个三级指标，来源于 1 000 多个数据点
中诚信绿金	第三方咨询机构	4 000 多家 A 股、H 股上市公司，2 300 多家债券发行主体	主要参考上市公司公开信息的披露情况	3 个主题，16 个一级指标，50 多个二级指标，140 多个三级指标，240 多个四级指标；40 多个 ESG 行业评价模型
中财大绿金院	第三方咨询机构	涵盖上市公司与债券发行主体两个层面近 8 000 家公司	上市公司公开信息	3 个维度。负面行为与风险的定性与定量指标，共 160 个三级指标
润灵环球	第三方咨询机构	中证 800 指数成分股	主要参考上市公司的社会责任报告	3 个维度，23 个关键议题，200 多个底层数据指标
中证指数	第三方咨询机构	A+H 股上市公司	上市公司年报、社会责任报告，政府机构及权威媒体发布的各类相关信息等公开披露信息	3 个支柱，14 个议题，22 个单元，100 多个指标
妙盈科技	第三方咨询机构	覆盖超过 100 万家上市和非上市公司	主要参考新闻资讯、政府网站、公司公开报告、监管机构报告、社会责任报告等数据源	3 个支柱，19 个议题，1 000 多个数据点，700 多个标准化指标

续表

机构名称	机构属性	覆盖范围	数据来源	ESG 评价体系构成
鼎力公司	第三方咨询机构	中证 800 指数成分股	主要参考上市公司的公开信息	5 个一级指标，20 个二级指标，150 多个底层数据指标，基础数据涵盖 1 000 多个数据点

1. 国内 ESG 评价体系在评价对象、数据来源和流程机制上存在相同点

首先，考虑到数据的可获得性以及信息披露的完善度和质量，国内 ESG 评级机构基本上都聚焦上市公司以及部分债券发行主体进行评分。其次，国内 ESG 评级机构获取的数据基本上都来源于三个方面：一是被评价主体主动发布的信息，包括公司年报、社会责任报告、环境报告、公司公开的其他信息等；二是官方披露的信息，包括政府机构公开披露信息、国家行政部门处罚信息、政府网站报道、监管机构报告等；三是媒体资讯，包括新闻报道、媒体采访、网络舆情等。最后，国内 ESG 评级机构所采用的流程机制基本相同，均构建金字塔式评分体系，通过各种渠道，收集公司的 ESG 信息，设计分层指标体系，对被评价公司的每一个 ESG 指标表现进行分析和打分，并进行维度和指标赋权，最终汇总计算得到 ESG 评分和对应的评级。

2. 国内 ESG 评价体系在覆盖范围、底层数据以及评价模型等方面存在差异

第一，根据覆盖范围的不同，ESG 评级机构可以分为仅覆盖上市公司、同时覆盖上市公司和债券发行主体两大类。从覆盖范围的大小以及覆盖主体的性质来看，国内 ESG 评级机构 ESG 评价体系的覆盖范围总体上重股票、轻债券。一是专注于覆盖上市公司，如截至 2021 年末，社投盟 ESG 评价体系覆盖沪深 300 指数成分股，商道融绿 ESG 评价体系覆盖 1 700 余家 A 股上市公司，润灵环球 ESG 评价体系覆盖中证 800 指数成分股，微众揽月 ESG 评价体系覆

盖 711 家上市公司，中证指数 ESG 评价体系覆盖 A+H 股上市公司。二是同时覆盖上市公司和债券发行主体，如截至 2021 年末，华证指数 ESG 评价体系覆盖 A 股上市公司以及 2 000 余家债券发行主体，中诚信绿金 ESG 评价体系覆盖 4 000 余家 A 股、H 股上市公司以及 2 300 多家债券发行主体，中财大绿金院 ESG 评价体系覆盖上市公司与债券发行主体两个层面近 8 000 家公司，中债金融估值中心 ESG 评价体系覆盖中国债券市场和 A 股市场近 8 000 家机构主体，并发挥债券市场数据供应商优势，主要针对债券发行主体进行评价，覆盖国内债券市场超过 5 000 家公募信用债发行主体，其中上市公司发行的债券约占 13%，其余均为非上市公司发行的债券。

第二，国内 ESG 评级机构 ESG 评价体系的底层数据主要来源于被评价主体主动发布的信息、官方披露的信息、媒体资讯以及通过独特方式获取的信息。不同 ESG 评级机构因自身特点和评价模型的不同，对底层数据的选取存在不同的偏好。中证指数、中债金融估值中心、商道融绿、万得资讯、妙盈科技等 ESG 评级机构的数据来源较为多元，基本上涵盖被评价主体主动发布的信息、官方披露的信息以及媒体资讯。而华证指数、中诚信绿金、中财大绿金院、鼎力公司主要利用上市公司公开发布的信息进行建模并评分。另外，个别 ESG 评级机构的数据来源较为独特，如社投盟将万得资讯作为定量指标数据的合作方；微众揽月基于人工智能算法技术，通过抓取上市公司及其关联公司数据，构建新闻舆情标签和公告标签，实现高低频数据融合处理，从而提供实时有效的 ESG 评分结果。

第三，大部分 ESG 评级机构基于环境、社会和公司治理三个维度构建评价模型，个别 ESG 评级机构较另类。目前，国内 ESG 评级机构的 ESG 评价模型基本上都基于环境、社会和公司治理三个维度，通过构建多级指标体系计算综合得分。与此不同的是，社投盟的 ESG 评价模型分为筛选子模型和评分子模型两个部分。其中，筛选子模型按照特殊行业、产业政策、财务问题、负面事件、违法违规、特殊处理等 6 个方面及 17 个指标，对被评价主体做出判断，只要符合其中任何一个指标，被评价主体就会被淘汰，无法进入评分环节。评分子模型依据“3A 三力三合一”的原理，从目标的驱动力、方式的创新力、效益的转化力三个方面对被评价主体进行量化打分。评价结果设置 A、B、C、D 四档、共 10 个基础等级，并用“+”和“-”微调得到 10 个增强级别。

另外，在权重赋予上，不同的 ESG 评级机构对不同指标的重要性持不同看法，由此导致在计算时给予不同的权重。例如，中证指数在计算 ESG 得分时，加权的权重综合考虑公司所处行业特征和指标数据质量；中债金融估值中心根据中国实践给予不同的行业基础分，并在此基础上分行业设计衡量维度；商道融绿根据行业特性设置权重，并对各行业指派行业特定指标，以更好地把握不同行业的可持续发展绩效。

中国与海外 ESG 评价体系对比分析

中国 ESG 评价体系在借鉴海外主流评价指标和方法的基础上，融入了本土特色。比较来看，中国与海外 ESG 评价体系的主要相同点有：首先，评价指标数量大致相同，均是从环境、社会和公司治理三个维度出发，下设二级、三级指标，底层数据指标为数十个到上百个不等。其次，评价信息主要来源于公司公开披露的信息，如公司年报、社会责任报告等。最后，评价模式大致相同，均从 ESG 的三个维度出发，对定性信息采取一定的办法进行量化，然后对三个维度进行赋权处理。

中国与海外 ESG 评价体系具有一定相似性，那么它们对同一主体的 ESG 评价结果是否具有较强的可比性呢？本部分内容以摩根士丹利和万得资讯的 ESG 评价结果分布为例，来说明中国与海外 ESG 评级机构 ESG 评价结果的异同。由图 5-4 可以清晰地看出，摩根士丹利的 ESG 评价体系对我国 A 股上市公司的覆盖范围较小，明显少于万得资讯的 ESG 评价体系。从具体结果看，摩根士丹利和万得资讯的 ESG 评价结果均呈偏态分布，摩根士丹利的 ESG 评价结果分布偏右，为正偏态，对我国 A 股市场的 ESG 评价偏低，而万得资讯的 ESG 评价结果分布偏左，为负偏态，对我国 A 股市场的 ESG 评价相对较高。

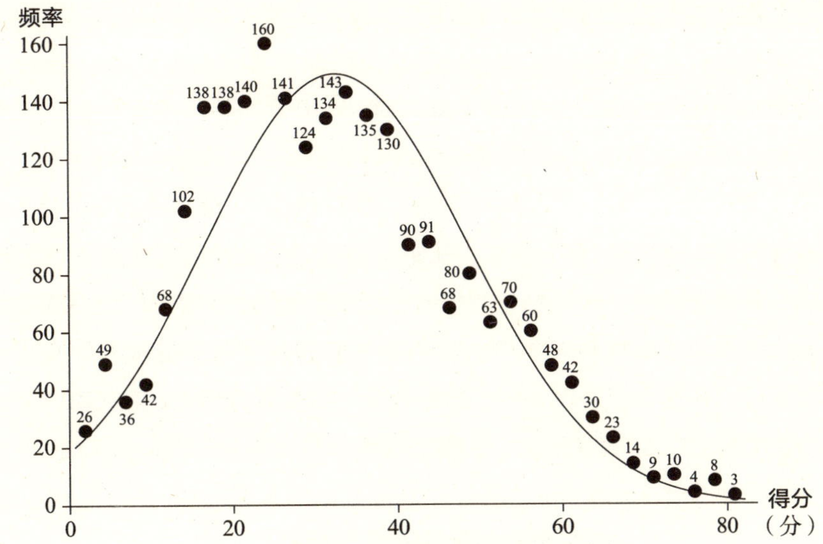

a. 摩根士丹利的ESG评价结果分布

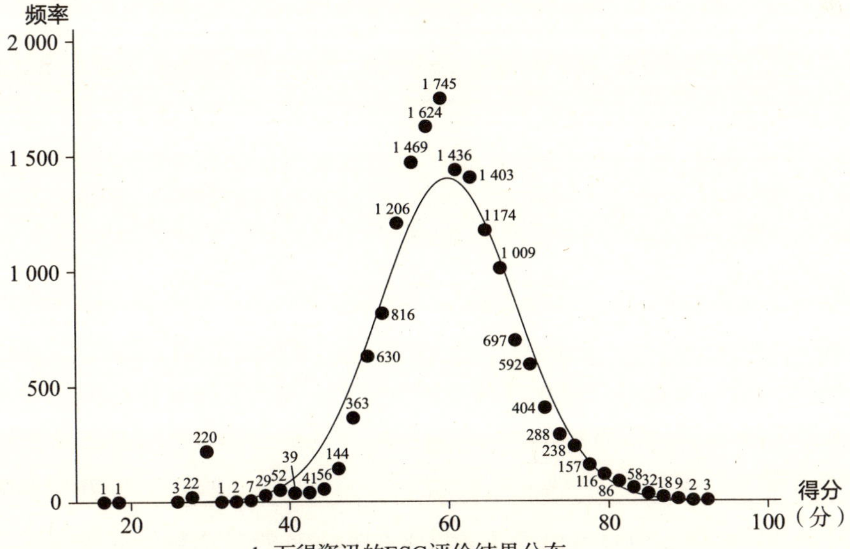

b. 万得资讯的ESG评价结果分布

图 5-4　摩根士丹利与万得资讯对我国 A 股市场的 ESG 评价结果分布

注：为便于对比，将 2 家 ESG 评级机构的 ESG 评价结果量纲进行了统一处理，将万得资讯的 ESG 评价结果乘以 10。

为了更细致地对比中国与海外ESG评级机构对同一主体的评价结果的异同，我们进一步搜集了中国与海外几家ESG评级机构对我国上市公司的ESG评价结果，受限于数据可得性，这几家ESG评级机构分别是摩根士丹利、富时罗素、路孚特、腾讯金融研究院、万得资讯、商道融绿、社投盟和华证指数，它们均对我国A股上市公司进行了ESG评价。现以2015—2022年这8家ESG评级机构重合的ESG评价结果为样本，从定量角度进一步观察其异同。个别ESG评级机构，如商道融绿、华证指数等没有给出具体的ESG得分，而是通过评级进行区分，如从AAA级到C级等。本部分内容将这些表示等级的类别指标转化为数值指标，并按大小顺序排列，数值越大，代表等级越高，ESG表现越好，如AAA级等于17，C级等于1。本部分内容采用皮尔逊（Pearson）相关性分析方法和斯皮尔曼（Spearman）相关性分析方法对8家ESG评级机构的ESG评价结果进行了相关性分析，分析结果如表5-5所示。

表5-5　2015-2022年中国与海外ESG评级机构对我国上市公司ESG评价结果的相关性分析

	摩根士丹利	富时罗素	路孚特	腾讯金融研究院	万得资讯	商道融绿	社投盟	华证指数
摩根士丹利	1.000	0.609	0.875	0.346	0.491	0.461	0.444	0.250
富时罗素	0.588	1.000	0.645	—	0.596	0.487	0.410	0.276
路孚特	0.882	0.656	1.000	0.255	0.374	0.391	0.382	0.179
腾讯金融研究院	0.349	—	0.266	1.000	0.398	0.390	0.587	—
万得资讯	0.475	0.584	0.360	0.388	1.000	0.543	0.537	0.271
商道融绿	0.484	0.482	0.422	0.391	0.568	1.000	0.478	0.336
社投盟	0.381	0.402	0.331	0.548	0.484	0.432	1.000	0.437
华证指数	0.219	0.246	0.150	—	0.297	0.321	0.404	1.000

注：左下三角为皮尔逊相关系数，右上三角为斯皮尔曼相关系数；空缺值表示2家ESG评级机构的ESG评价年份未重合。

资料来源：各机构官网，课题组整理。

ESG评级机构的ESG评价结果两两之间的皮尔逊相关系数为0.150～0.882，

斯皮尔曼相关系数为 0.179 ～ 0.875。其中，华证指数和路孚特的 ESG 评价结果的皮尔逊相关系数和斯皮尔曼相关系数均最低，分别是 0.150 和 0.179。而摩根士丹利和路孚特的 ESG 评价结果的皮尔逊相关系数和斯皮尔曼相关系数均最高，分别为 0.882 和 0.875。另外，从分析结果看，海外 3 家 ESG 评级机构的 ESG 评价结果的皮尔逊相关系数和斯皮尔曼相关系数均在 0.500 以上，说明海外 ESG 评级机构 ESG 评价结果的相关性较高，对同一主体的 ESG 评价大致相同，侧面印证了海外 ESG 评级机构的 ESG 评价体系较为稳定和成熟。而国内的 ESG 评级机构的 ESG 评价结果无论是与海外 ESG 评级机构比，还是与本土其他 ESG 评级机构比，皮尔逊相关系数和斯皮尔曼相关系数均较低，大多数在 0.400 左右。这说明国内 ESG 评级机构的 ESG 评价结果与海外 ESG 评级机构具有较大区别，同时国内各 ESG 评级机构之间的 ESG 评价结果的相关性普遍偏低，国内各 ESG 评级机构并未就上市公司的 ESG 评价达成一致，评价标准并不完善。

造成 ESG 评价结果相关性不高的主要原因是中国与海外 ESG 评级机构的 ESG 评价体系存在差异，其原因可能有以下三个方面。

第一，数据来源有差异。由于目前 ESG 底层数据的披露尚未形成统一标准，且各 ESG 评级机构所选取的数据提供方不同，从底层数据上难以达成一致。另外，虽然中国与海外 ESG 评级机构都将公司公开披露的报告作为 ESG 评价的重要参考，但摩根士丹利等海外 ESG 评级机构同时也会参考大量的第三方机构发布的数据和信息，并使用大量的另类数据，而中国由于可持续信息披露制度不健全（如表 5-6 所示），ESG 评级机构主要参考公司年报和官方社会责任报告等。

第二，ESG 评价模型的指标和行业权重有差异。在指标方面，国内 ESG 评级机构融入了具有本土化特色的指标，比如华证指数等 ESG 评级机构积极响应国家号召，添加扶贫、反垄断等指标，使得 ESG 评价模型更适用于中国现实情况。海外 ESG 评级机构使用的指标较为统一，对地区发展阶段和特色的考量较为欠缺。在行业权重上，海外 ESG 评级机构给予碳排放较大权重，因此能源行业的环境评价普遍较低，而国内 ESG 评级机构大多采用行业中性评价原则，从而有助于区分高能耗行业中不同公司的 ESG 表现。

表 5-6 中国与海外可持续信息披露要求

国家或地区	文件名称	发布机构	发布时间	效力	涉及定义	主要需披露信息
欧盟	《金融服务业可持续性相关披露条例》	欧盟议会和理事会	2019 年 11 月	强制性	可持续投资可界定为所投资公司有较好的公司治理，并符合无重大损害原则，即确保没有对环境和社会产生重大损害	1. 可持续风险政策 2. 实体层面由于可持续因素产生的主要不利影响 3. 与将可持续风险纳入投资决策相关的薪酬政策考虑 4. 产品层面：如何纳入投资决策及可能的影响；主要不利影响
澳大利亚	《公司法案》中第 1013DA 条披露指引	澳大利亚证券投资委员会	2011 年 11 月	强制性	可持续投资可界定为声称考虑劳工标准、环境、社会或伦理因素的投资	1. 投资所考虑因素 2. 考虑各因素的权重或重要程度 3. 监控、检查方法
中国香港	《致香港证监会认可的单位信托基金和共同基金-ESG 基金管理公司的函》	香港证券及期货事务监察委员会（以下简称"香港证监会"）	2021 年 6 月	强制性	ESG 基金是投资重点，并体现在投资目标和投资策略中	1. 投资重点及标准 2. 投资策略及方法（标准或原则） 3. 参考基准 4. 相关风险和限制 5. 定期监察和评估
中国内地	《绿色投资指引（试行）》	中国证券投资基金业协会	2018 年 11 月	非强制性	绿色投资是指以促进公司环境绩效、发展绿色产业和减少环境风险为目标，采用系统性绿色投资策略，对能够产生环境效益、降低环境成本与风险的公司或项目进行投资的行为	1. 绿色基准 2. 绿色投资理念 3. 绿色投资体系建设 4. 绿色投资目标达成（环境绩效）

第三，根本原因在于 ESG 评价指标具有主观性。ESG 评价指标为非财务指标，其概念含义丰富，对同一指标存在仁者见仁，智者见智的情形，非中性特

征明显，将定性指标进行量化极易受到评价者认知水平、社会背景和评价目的的影响。

上述三个方面共同导致了中国与海外 ESG 评级机构对中国上市公司的 ESG 评价结果的相关系数的差异。除了 ESG 评价结果相关系数不同外，在覆盖范围和评价体系介绍方面，中国与海外 ESG 评级机构的 ESG 评价体系也有明显差距。在覆盖范围方面，海外成熟 ESG 评价体系的覆盖范围较广，甚至覆盖多个主权国家的资产标的，比如摩根士丹利覆盖全球范围内 14 000 多家上市公司。而中国的 ESG 评价体系由于刚刚起步，重点围绕沪深 300 指数成分股展开，延伸至整个 A 股、H 股乃至非上市公司。在评价体系介绍方面，摩根士丹利和路孚特等海外 ESG 评级机构都有较详细的用户手册介绍其评价体系，基本可以掌握其评价逻辑，而中国很多 ESG 评级机构对其评价体系的介绍较笼统，甚至只公布评价结果，说服力有限。

中国 ESG 评价体系建设与应用展望

中国 ESG 评价体系发展展望和建议

海外 ESG 评级机构对我国上市公司的 ESG 评价结果与中国 ESG 评级机构的差异较大，这表明海外 ESG 评价体系并不完全适用于中国市场的 ESG 投资标的。进一步完善我国 ESG 评价体系，提高 ESG 评价结果的科学性、客观性和合理性，对我国资管机构做出高质量的 ESG 投资判断至关重要。当前，我国 ESG 评价体系建设面临一些挑战，比如由于 ESG 数据不具备传统财务指标的价值中性，在公司 ESG 信息披露标准未统一的情况下，评价者的立场或者认知水平会严重影响 ESG 评价结果，导致 ESG 评价结果之间差异巨大，甚至对同一被评价主体做出截然相反的评价结果。另外，我国的ESG信息披露是非强制性的，导致我国ESG评价体系的数据源受限。但自2021年以来，我国有关公司ESG信息披露方面的政策密集出台[①]，未来ESG信息披露制度不断完善将为ESG评价体系的发展提供极大助力。

1. 在信息披露制度尚不健全的情况下，可以加强技术整合，跟踪另类数据

当前我国ESG评价体系大部分处于数据处理、评价打分阶段，但数据处理与评价打分并没有揭示企业的ESG风险。因此，比ESG评价结果更有价值的是ESG评价体系的底层数据。由于ESG指标更多的是将定性指标进行量化，在信息披露制度尚不健全的情况下，加强技术整合、跟踪另类数据，是使ESG评价结果更加合理真实的重要手段。ESG评级机构可以用大数据、人工智能等技术进一步拓展ESG评价体系的底层数据源，从各类新闻网站、高质量自媒体以及社交媒体上收集投资标的的另类数据，追踪相关ESG争议事件等，这些另类数据源可以作为重要的信号，助力完善ESG评价机制。

---

① 2021年2月，证监会发布《上市公司投资者关系管理指引（征求意见稿）》，明确提出“公司的环境保护、社会责任和公司治理信息”是投资者关系管理中上市公司与投资者沟通内容的一部分。

2021年5月，证监会发布《公开发行证券的公司信息披露内容与格式准则第2号——年度报告的内容与格式（征求意见稿）》《公开发行证券的公司信息披露内容与格式准则第3号——半年度报告的内容与格式（征求意见稿）》，在公司治理章节的基础上，新增环境和社会责任章节。

2021年5月，生态环境部印发《环境信息依法披露制度改革方案》，提出建立健全环境信息依法强制性披露规范要求、协同管理机制、监督机制，加强环境信息披露法治化建设，以及“到2025年，环境信息强制性披露制度基本形成”的主要目标。

2021年7月，中国人民银行正式发布《金融机构环境信息披露指南》，对金融机构环境信息披露形式、频次、应披露的定性及定量信息等方面提出要求，并根据各金融机构实际运营特点，对商业银行、资管、保险、信托等金融子行业定量信息测算及依据提出指导意见。

2. 进一步丰富评价结果的呈现方式，为资管机构提供多样化的投资指引

主流的ESG投资策略包括负面筛选、正面筛选、ESG整合、影响力投资等7种方式，单一的ESG评价结果呈现方式显然不能满足资管机构开展差异化ESG投资的策略选择。海外相对多元的ESG评价体系能够满足资管机构差异化的ESG投资需求。资管机构如何将ESG要素纳入投资决策，取决于每家资管机构所重视的社会责任议题以及所期望达到的目的。在ESG评价结果的呈现方式上，中国ESG评级机构可积极借鉴海外ESG评级机构做法，如穆迪的ESG评价体系有两个独立的分数：一是发行人ESG分数，即发行人从环境、社会和公司治理三个维度打分，包括发行人环境得分、发行人社会得分和发行人公司治理得分；二是ESG信用影响分数，即发行人的ESG表现对发行人整体信用评价结果的影响程度，反映了ESG分数与整体信用评价的关系。中国ESG评级机构可以根据投资者需求，在ESG评价和风险事件评估以外，设计更加多元的ESG评价结果呈现方式，为资管机构提供多样化的投资指引，满足资管机构多样化的ESG投资策略需求。

3. 进一步做好ESG评价体系本土化建设，延续特色化优势

ESG评价体系的构建和投资策略的选择要结合中国是发展中国家这一客观事实，从多维度客观全面评价一家公司的ESG表现。以能源供给为例，中国目前仍以煤炭为主，2021年煤炭消费量占一次能源消费总量的56%。尽管煤炭、石油等污染较重行业的公司无法像清洁能源公司那样在碳排放与环境保护方面带来正外部性，但考虑到其对经济以及能源供给的重要作用，ESG评级机构可以从化石能源的节约与高效利用、碳排放的减少以及生产安全性的提高等角度，对该类公司进行客观的ESG评价。另外，公司的精准扶贫、对口帮扶等行为带来的效益虽然不能反映在财务指标上，但其具有明显的正外部性，且符合ESG投资兼顾社会公平的本质，因此要给予一定的ESG指标权重，延续特色化优势。

中国资管机构对ESG评价结果的应用展望

海外经验显示，外部ESG评价结果是资管机构进行ESG投资的重要参考依据，但在实际运用过程中资管机构会与自身的投资策略相结合。全球可持续投资联盟（GSIA）的数据显示，2020年全球可持续投资策略依据资产规模从高到低分别是ESG整合、负面筛选、正面筛选、按标准筛选、可持续发展主题投资、积极股东法、影响力投资。值得注意的是，在构建ESG投资策略的过程中，资管机构并非完全基于第三方提供的ESG评价结果进行剔除或筛选。以美国ESG主动投资基金的代表帕纳索斯核心股票基金（Parnassus Core Equity Fund，PCEF）为例，首先，PCEF会筛选出ESG表现较差的公司并建立限制名单。其次，PCEF会对不在限制名单上的拟投资公司进行进一步的ESG分析，对公司业务风险和舆情风险进行评判。研究员将参考公开资料、卖方报告和外部机构ESG评价结果出具ESG评价报告，最终决定是否将该公司的股票纳入投资组合。

目前，中国资管机构直接运用外部ESG评价结果进行投资面临一些挑战。香港中文大学（深圳）高等金融研究院与华夏理财有限责任公司联合发布的《2021年度中国资管行业ESG投资发展研究报告》中的一项调研数据显示，无论在国内还是国外，对于第三方机构所提供的ESG评价结果，都有34%的资管机构持怀疑态度。资管机构认为各类ESG评价结果具有一定的参考价值，但受制于ESG相关信息的披露和公司信息披露质量的欠缺，现有ESG评价结果难以指导ESG投资实践。另外，参与调研的资管机构中已经有28%左右自建了ESG评价体系，还有超过50%考虑构建或正在构建自身的ESG评价体系。

我国不同类型的资管机构对ESG评价结果的应用存在多种途径。对于大型资管机构而言，ESG评价指标的非中性特点使得自建ESG评价体系或是未来趋势。中国证券投资基金业协会公布的《基金管理人绿色投资自评估报告》显示，易方达基金、汇添富基金、兴证全球基金以及华安基金等均自建了绿色投资评价方法和策略。对于中小资管机构而言，自建ESG评价体系付出的成本较高，未来可能以直接使用第三方咨询机构的ESG评价结果或与其合作开发指数产品的方式进行ESG投资。值得注意的是，无论是直接使用外部ESG评价结果还是自建ESG评价体系，资管机构都会将ESG因素整合进财务指标中，通过设立加减分机制来影响投资决策，ESG整合未来或许是资管机构应用ESG评价结果最为充分的主流策略。

/ 第 6 章 /

碳金融助推碳市场发展，受到资管行业关注

为了应对全球气候变暖的威胁，全球各国达成共识陆续设立碳减排目标，碳排放权交易市场（以下简称“碳市场”）在此背景下诞生。目前全球各经济体已经形成了不同规模、各具特点的碳市场。碳市场的参与机构逐渐从早期只涉及碳减排需求的企业，扩展至金融机构以及其他非金融类投资机构；碳排放权交易（以下简称“碳交易”）也从早期由碳减排企业的单一碳排放需求驱动，演变为兼具投机、投资需求的多元化行为。碳市场通过碳交易与金融市场联通，具备了金融属性，从而衍生出碳金融产品。这对于资管行业来说是一个全新的领域，存在可挖掘的投资价值，因此本章主要围绕碳金融以及碳资管的可行方向进行探讨。

碳市场发展现状

全球碳市场的形成基于三个里程碑式制度的颁布。1992 年，150 多个国家和地区共同签署了《联合国气候变化框架公约》，该公约是国际层面在全面控制二氧化碳排放方面达成的第一个公约，为全球碳市场构建做了铺垫。1997 年，作为《联合国气候变化框架公约》的补充条款的《京都议定书》颁布，覆盖 190 多个国家和地区，制定了具体的碳市场交易机制。2015 年，超过 170 个国家和地区签订《巴黎协定》，明确了全球碳减排的长期目标，即控制全球平均升温幅度在工业化前水平以上 2℃内，并努力控制在 1.5℃以内。至此，碳市场的发展目标得以量化和统一。

国际碳市场发展迅速，具备多种交易机制和定价模式

碳资产是指在强制碳交易机制或者自愿碳交易机制下，产生的可直接或间接影响组织温室气体排放的配额排放权、减排信用额及相关活动。碳资产最开始并不属于商品范畴，不具备交易属性，1997 年颁布的《京都议定书》建立了三种主流的碳交易机制，从而使碳资产能够实现交易流通。国际排放贸易机制（IET），指的是发达国家将其超额完成减排义务的指标，以贸易的方式转让给另外一个未能完成减排义务的发达国家并同时从转让方的允许排放限额上扣减相应的转让额度。联合履行机制（JI），指的是发达国家从其在具有减排义务的其他发达国家投资的减排项目中获取减排信用用于抵减其减速排义务。清洁发展机制（CDM），指的是发达国家从其在发展中国家实施的有利于发展中国家可持续发展的减排项目中获取“核证减排量”（CER），以抵减其减排义务。

目前，全球碳市场的运行机制基本上都基于以上三种碳交易机制，按照资产的类别，碳市场可以分为基于配额的碳市场和基于项目的碳市场两种模式（如

表 6-1 所示），前者是在总量管制与配额交易制度下，向参与者制定、分配排放配额，后者则是通过项目的合作，买方向卖方提供资金支持，获得温室气体减排额度。

表 6-1　全球主要碳市场模式

模式	案例
基于配额的碳市场	欧盟碳排放权交易体系（EU ETS，以下简称“联盟碳交易体系”）、美国区域温室气体减排行动（RGGI）和分配数量单位（AAUs）、澳大利亚新南威尔士州温室气体减排计划（NSW GGAS）、芝加哥气候交易所（CCX）、中国的 7 个碳交易试点市场等
基于项目的碳市场	联合履行机制、清洁发展机制、《京都议定书》体系外的自愿减排碳市场（VCM）

碳定价是碳交易的基础，按照世界银行的定义，碳定价主要分为两类，即正碳价和负碳价或显性碳价和隐性碳价。从价格来看，正碳价表明碳排放需要支出成本，即碳具有价格，而负碳价则指碳排放不仅不需要支出成本，反而可以收到补贴。从碳价的形成来看，显性碳价由政府制定，常见的机制有碳税、碳交易体系等，而隐性碳价往往通过计算得出，用于评估不同政策的效果。由于本章主要围绕碳交易展开讨论，有关碳定价的主要关注点在于碳交易定价机制。

作为目前最主要的碳交易定价机制，碳税是以化石燃料的碳含量或碳排放量占比为基准征收的一种税，公司需要为其排放的碳付出额外成本。碳交易体系是一种基于市场的政策工具，一般分为总量控制和交易机制、基准线和减排机制两种类型。前者意味着政府对碳排放实施总量控制，纳入碳交易体系的公司可以在限额内交易。后者则是纳入碳交易体系的公司规定各自的碳排放基准，并向已将碳排放量降至此水平以下的实体发放信用额度，公司在限额内排放和交易。虽然碳税和碳交易体系都是基于市场的定价机制，但二者在实施情况和效果上存在很多不同（如表 6-2 所示）。

表 6-2 碳税与碳交易体系的区别

主要内容	碳税	碳交易体系
减排效果	税率稳定，碳排放量难以预测	碳排放配额（CEA）价格波动，碳排放量稳定易测
实施成本	仅增加管理成本	交易规则设计复杂，监控成本高
公平性	以碳含量或碳排放量占比为基准征税，更公平	公司初始碳排放配额往往不同
覆盖范围	一般仅对单一国家或地区有效，难以形成超国家征税部门	对参与交易的所有公司有效，范围更广，灵活性更高

资料来源：世界银行，课题组整理。

从 1990 年碳税首次实施至今，碳税和碳交易体系在数量与覆盖范围上均有了显著的增长，也带来了可观的财政收入。截至 2021 年，全球共有 64 个碳税机制投入运行，其中 61 个已经实施，3 个计划实施，运行中的碳定价工具可以覆盖全球 21.4% 的温室气体排放量，相比 2020 年增加了 6.3 个百分点。根据国际碳行动伙伴组织（International Carbon Action Partnership，ICAP）的统计，2008—2021 年，全球碳交易体系带来的财政收入累计超过 1 610 亿美元，欧盟 2021 年收入 367.34 亿美元，相较于 2020 年增长了 2/3；英国 2021 年建立的碳交易体系也带来近 60 亿美元的财政收入。

当前全球碳市场交易总额和交易总量均创历史新高。2021 年全球碳市场交易总额为 7 593.51 亿欧元，相较于 2020 年增长 164%，全球碳市场交易总量达到 158.11 亿吨，相较于 2020 年增长 24%（如表 6-3 所示）。从主要市场来看，欧盟碳市场为全球最大的碳市场，2021 年交易额占比达到 90%。

表 6-3 2019—2021 年全球碳市场交易情况

碳市场	2019 年		2020 年		2021 年	
	交易量（亿吨）	交易额（亿欧元）	交易量（亿吨）	交易额（亿欧元）	交易量（亿吨）	交易额（亿欧元）
欧盟碳交易体系	87.06	2 158.94	104.78	2 600.67	122.14	6 825.01

续表

碳市场	2019 年		2020 年		2021 年	
	交易量（亿吨）	交易额（亿欧元）	交易量（亿吨）	交易额（亿欧元）	交易量（亿吨）	交易额（亿欧元）
英国碳交易体系	—	—	—	—	3.35	228.47
北美［西部气候倡议（WCI）、区域温室气体减排行动）］	16.73	223.65	20.10	260.28	26.80	492.60
中国	1.30	2.49	1.34	2.57	4.12	12.89
韩国	0.38	7.44	0.44	8.70	0.51	7.98
新西兰	0.30	4.33	0.30	5.16	0.81	25.05
CER（一级和二级市场）	0.12	0.40	0.16	0.61	0.38	1.51
合计	105.89	2 397.25	127.12	2 877.99	158.11	7 593.51

注：1. 欧盟碳交易体系的交易量和交易额包括现货、拍卖和期货，不包括期权持仓；
2. 中国碳市场交易量包括试点碳交易体系、全国碳交易体系（2021 年）碳排放配额和中国核证减排量（CCER）交易量。交易额只包括碳排放配额交易额；
3. 未做特殊说明的，交易量统计口径为碳排放配额。

资料来源：路孚特。

全球各大碳交易体系的碳排放成本急剧上升，使得碳排放配额价格大幅上涨。如图 6-1 所示，欧盟碳交易体系碳排放配额交易价格在 2021 年度增幅达 139%，交易额增幅达 162%。英国于 2021 年 1 月 1 日推出了自己的碳交易体系，二级市场从 2021 年 5 月 19 日开始进行碳排放配额交易，2021 年价格最高达到 93.14 欧元 / 吨。此外，2021 年北美碳市场的碳排放配额交易量和交易额均创下新高，价格上涨了 70%，交易额突破 490 亿欧元。

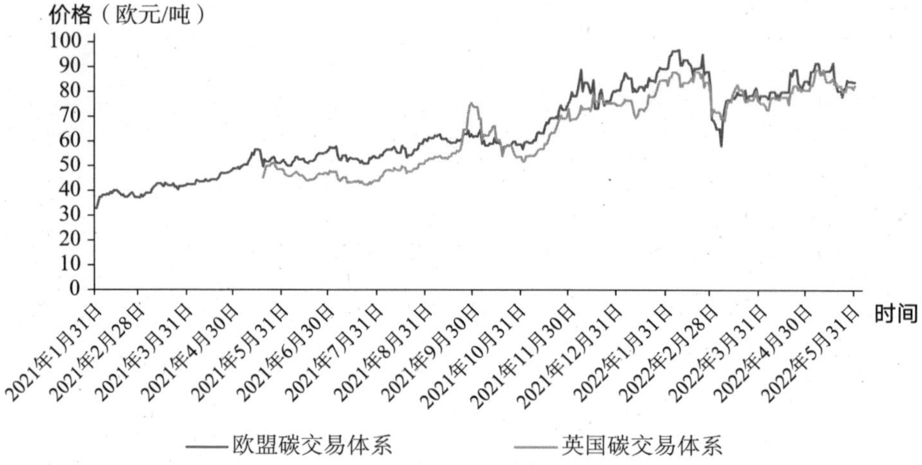

图 6-1　2021 年 1 月 31 日至 2022 年 5 月 31 日欧盟碳交易体系及英国碳交易体系碳排放配额交易价格

资料来源：英国沙袋气候活动组织（Sandbag Climate Campaign），课题组整理。

中国碳市场基础设施构建逐步完善，已形成一定规模

我国自 1993 年正式加入《联合国气候变化框架公约》以来，一直推动低碳领域的立法完善，不断强化减排承诺。从政策推动层面来看，中国碳市场的发展可以大致分为 4 个阶段（如表 6-4 所示）。

我国碳市场交易机制以地方碳交易试点市场运行作为经验，逐步确立了碳排放配额交易为主，CCER 交易为辅的全国碳市场。碳排放配额是国家主管部门（生态环境部）通过总量设定并分配给重点排放单位的温室气体排放权，目前我国仅有发电行业被纳入碳交易体系。CCER 是我国碳交易的一种补充机制，指的是对我国境内可再生能源、林业碳汇、甲烷利用等项目的温室气体减排效果进行量化核证，并在国家温室气体自愿减排交易注册登记系统中登记的温室气体减排量。对于实际碳排放量高于碳排放配额的企业，可通过 CCER 抵消企业部分实际碳排放量，实现履约。

表 6-4　我国碳市场的发展阶段及相关政策梳理

时间	阶段	重要文件	发布机构	主要内容
1997—2009 年	起步阶段	1997 年《中华人民共和国节约能源法》	全国人大常委会	该阶段主要确立了节能减排的国家长远战略方针；梳理了我国能源使用情况，明确了节能重点领域；中国政府承诺到 2020 年单位 GDP 二氧化碳排放量比 2005 年下降 40% ～ 45%
		2004 年《能源中长期发展规划纲要（2004—2020 年）（草案）》	国务院	
		2007 年《中国应对气候变化国家方案》	国务院	
		2009 年提出“40 ～ 50 目标”	中国政府承诺	
2010—2014 年	试点阶段	2011 年《关于开展碳排放权交易试点工作的通知》	发展改革委	该阶段主要设立了我国 7 个碳交易试点市场；对 CCER 项目交易市场进行了详细的界定和规范；搭建起全国统一的碳排放配额交易市场的基础框架
		2011 年《“十二五”控制温室气体排放工作方案》	国务院	
		2012 年《温室气体自愿减排交易管理暂行办法》	发展改革委	
		2014 年《碳排放权交易管理暂行办法》	发展改革委	
2015—2020 年	推广阶段	2015 年提出“60 ～ 65 目标”	中国政府承诺	该阶段主要启动了全国碳市场，进一步细化了全国碳市场的后续建设思路，将原由发展改革委承担的相关职责统一归口至生态环境部，中国政府承诺到 2030 年单位 GDP 二氧化碳排放量比 2005 年下降 60% ～ 65%
		2016 年《“十三五”控制温室气体排放工作方案》	国务院	
		2017 年《全国碳排放权交易市场建设方案（发电行业）》	发展改革委	
		2018 年《关于国务院机构改革方案的决定》	全国人大	
2020 年至今	加速阶段	2020 年《碳排放权交易管理办法（试行）》	生态环境部	该阶段重塑了我国碳市场的基础框架，确立了我国碳交易的核心监管文件框架，中国政府承诺二氧化碳排放力争于 2030 年前达到峰值，努力争取 2060 年前实现碳中和
		2020 年提出“双碳”目标	中国政府承诺	
		2021 年《碳排放权交易管理暂行条例（草案修改稿）》	生态环境部办公厅	
		2021 年《碳排放权登记管理规则（试行）》《碳排放权交易管理规则（试行）》《碳排放权结算管理规则（试行）》	生态环境部	

目前我国碳市场仍然是以碳排放配额交易为主，经过多年发展，我国碳市场已经具备一定体量，形成了“双城 - 八地，全国与地方并行”的市场结构。自

2021 年全国碳市场设立以来，我国开始实行全国碳市场与地方碳交易试点市场并行的模式。全国碳市场的交易中心位于上海，全国碳排放权注册登记系统设立在武汉，地方碳交易试点市场包括北京、天津、上海、重庆、湖北、广东、深圳和福建 8 个省市。此外，CCER 管理和交易中心位于北京。

1. 全国碳市场

自 2021 年 7 月设立以来，全国碳市场交易量逐步增长。全国碳市场交易可以分为两个阶段，7—9 月是企业准备阶段，10—12 月是真正的交易阶段。全国碳市场首个交易日，碳排放配额的交易量达到了 410.4 万吨，交易额超过 2.1 亿元。从 2021 年 10 月开始，全国碳市场碳排放配额日交易量开始上升，2021 年 11 月和 12 月履约周期临近结束时，交易量大幅度上升（如图 6-2 所示）。截至 2021 年末，全国碳市场涉及发电行业的重点排放单位有 2 225 家，分布在不同省市，重点排放单位最多的省份是山东，超过 200 家，远多于其他省份。2021 年 7 月至 2021 年末，全国碳市场覆盖年二氧化碳当量占全国总排放量的 40% 左右，接近 45 亿吨。

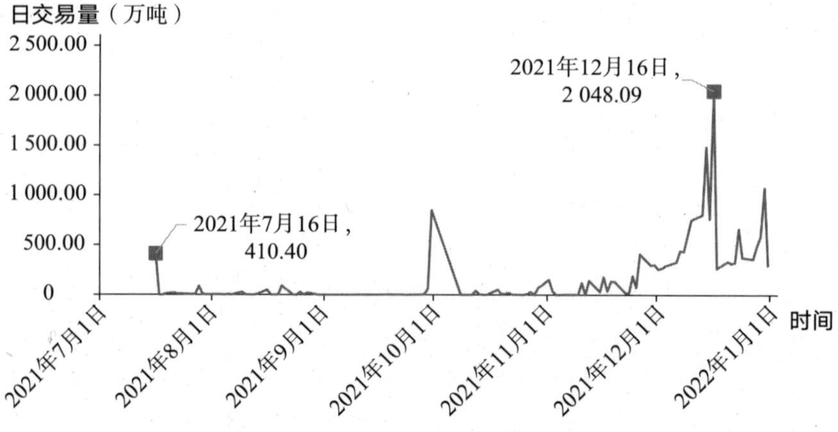

图 6-2　2021 年下半年全国碳市场日交易量

资料来源：同花顺 iFinD，课题组整理。

2. 碳交易试点市场

2013 年 6 月，我国首个碳交易试点市场在深圳成立，随后在北京、上海、天津、广东、湖北和重庆成立了第一批碳交易试点市场，2018 年在福建成立了第八个碳交易试点市场。碳交易试点市场目前仍然是中国最大的碳市场。截至 2021 年末，碳交易试点市场碳排放配额累计交易量达到 4.08 亿吨，累计交易额为 93.48 亿元。其中，广东碳交易试点市场的碳排放配额交易量和交易额最多，是唯一碳排放配额交易量过亿吨的碳交易试点市场，其次是湖北碳交易试点市场，碳排放配额交易量和交易额仅次于广东，二者的碳排放配额交易量和交易额均远超于其他碳交易试点市场（如表 6-5 所示）。北京碳交易试点市场的交易均价是所有碳交易试点市场中最高的，是其他碳交易试点市场的数倍。

表 6-5　碳交易试点市场碳排放配额交易情况（截至 2021 年末）

碳交易试点市场	交易量（万吨）	交易额（亿元）	交易均价（元 / 吨）
广东	18 212.90	37.94	29.15
湖北	8 139.78	17.60	24.60
上海	4 790.22	11.61	32.43
深圳	4 534.51	10.59	22.58
北京	1 591.50	9.96	59.45
天津	1 476.92	2.86	21.10
福建	1 069.02	2.03	20.11
重庆	977.18	0.89	18.16

资料来源：同花顺 iFinD、各交易所官网，课题组整理。

说明：广东和上海碳交易试点市场的部分数据来源于各交易所年报，其他数据来源于同花顺 iFinD。数据库数据存在一定统计误差，但不影响总体分析结果。

CCER 市场

CCER 市场前期受多种因素制约发展相对缓慢，重启后的发展趋势还有待观察。发展改革委曾在 2017 年暂停新 CCER 项目申请，2021 年全国碳市场开启后，CCER 被纳入市场交易，CCER 项目审批逐渐恢复。据北京绿色交易所预测，未来全国碳市场扩容至八大行业后纳入配额管理的碳排放总量或将达到70亿～80亿吨，届时CCER需求将达到每年3.5亿～4亿吨。

中国碳资管公司相继成立，促进碳市场高效发展

随着我国碳市场进入加速发展阶段，控排企业需要加强对碳资产本身的管理，这就需要拥有独立的专业管理团队。站在控排企业角度，碳资产的管理主要有三种形式：一是在总部成立碳资管部门；二是形成独立的碳资管公司；三是由总部碳资管部门和独立的碳资管公司共同管理。碳资管公司的诞生，能够帮助控排企业更好地利用碳资产提升减排量，从而促进碳市场高效发展。

碳资管公司是为控排企业提供专业化碳资管服务的机构，与传统金融市场中的资管机构既有区别又有一定联系。首先，碳资管公司只负责控排企业的碳资管，这是一个综合体系，涉及碳资产的前期数据整合、监测，CCER项目的开发、申报，碳资产本身的交易以及后续的履约清缴等。其次，碳资管公司除了为控排企业提升减排量以外，还需要参与碳资产交易为控排企业带来超额收益，这就需要碳资管公司具备投资能力。最后，可以发现碳资管公司是能够将碳市场与金融市场相连接的桥梁，传统的金融机构或者资管机构通过与碳资管公司进行碳交易、合作投资项目，能够将金融市场的资金引入碳市场。

目前中国两大电网（国家电网和南方电网）、五大发电集团（华能集团、国家电投、大唐集团、国家能源集团和华电集团）、六小发电集团（三峡集团、华润电力、中广核集团、国投电力、中核集团和中国节能环保集团）大部分已经陆续成立专门的碳资管公司，仅剩国投电力、三峡集团和华润电力3家尚未成立碳资管公司（如表6-6所示）。以国网英大碳资产管理（上海）有限公司（以下简称“英大碳资管”）为例，该公司成立于2013年11月，2021年1月划归国网英大股份有限公司直接管理，是国家电网系统内唯一的专业碳资管公司。2021年国网英大股份有限公司年报显示，全资子公司英大碳资管实现营收2 577.67万元，净利润217.68万元，首次实现经营性盈利。国网英大股份有限公司2022

年发布的ESG报告显示，2021年度总碳排放量为16 353吨，比2020年度减排了3 117吨，同比下降16%，支持全国碳市场履约，协助3家控排企业在全国碳市场首个履约周期内完成履约，出售105万吨CCER。

表6-6 中国碳资管公司

名称	成立日期	所属集团
国网英大碳资产管理（上海）有限公司	1998年1月	国家电网
龙源（北京）碳资产管理技术有限公司	2008年8月	国家能源集团
华能碳资产经营有限公司	2010年7月	华能集团
中广核碳资产管理（北京）有限公司	2012年5月	中广核集团
华璟碳资产管理（北京）有限公司（已注销）	2015年4月	中国节能环保集团
大唐碳资产有限公司	2016年4月	大唐集团
中国华电集团碳资产运营有限公司	2021年6月	华电集团
九江三峡碳资产管理有限公司	2021年9月	（非三峡集团控股）
国家电投集团碳资产管理有限公司	2021年10月	国家电投
南网碳资产管理（广州）有限公司	2021年12月	南方电网
中核碳资产经营有限公司	2022年5月	中核集团

碳资管公司已经开始为控排企业创造投资收益，2021年上市公司年报显示，多家发电公司新增一项碳交易收入，其中，大唐发电、华能国际和华电国际的碳交易收入分别达到3.02亿元、2.69亿元和1.40亿元，国电电力碳排放配额本期发生额接近1.17亿元。

国际碳金融市场与碳资管

碳市场的发展离不开金融的推动，世界银行在2006年首次界定了碳金融的含义，即以购买减排量的方式为产生或者能够产生温室气体减排量的项目提供的资源。鉴于以上定义，发达地区的碳资管（指金融市场的资管范畴）具有天然的条件，同时碳市场作为一个新兴领域能够吸引各类投资者参与。

欧盟碳市场具备完善的基础设施，碳金融产品丰富

欧盟碳交易体系是目前全球规模最大、覆盖范围最广、发展最成熟的碳市场，具备支撑碳资管发展的较好条件。截至 2021 年末，欧盟碳市场的碳交易额占全球碳交易总额的 90%，具备较强的代表性。基于此，本部分内容主要针对欧盟碳市场进行探究。

1. 欧盟碳市场基础设施

欧盟碳市场的基础设施全面，为碳资管提供了有力支持。在场所方面，欧盟碳市场主要在欧洲能源交易所（EEX）和洲际交易所（ICE）进行交易，由一级、二级市场共同构成（如表 6-7 所示），一级市场主要用于欧盟碳排放配额（EUA）的拍卖，2012 年航空公司被纳入控排企业后新增了欧盟航空碳排放配额（EUAA），二级市场则主导欧盟的碳市场交易，其中衍生品交易活跃度远远高于其他产品。

表 6-7　欧洲能源交易所与洲际交易所市场构成情况

交易所	市场	基础资产	交易品种
欧洲能源交易所	一级市场	EUA	—
		EUAA	—
	二级市场	CER	期货
		EUA	期货、期权、价差
		EUAA	期货

续表

交易所	市场	基础资产	交易品种
洲际交易所	一级市场	EUA	—
		EUAA	—
	二级市场	CER	期货、期权
		EUA	期货、期权
		EUAA	期货

资料来源：欧洲能源交易所、洲际交易所，课题组整理。

在支持服务方面，欧盟碳市场已经具备碳指数和碳保险等。碳指数可以反映碳市场的供求状况和价格信息，为投资者了解碳市场动态提供投资参考。欧盟碳市场相关的碳指数包括巴克莱资本全球碳指数（BCGCI）、瑞银温室气体指数（UBS GHI）、道琼斯－芝加哥气候交易所－CER/欧洲碳指数（DJ-CCX-CER/EC-I）和美林全球二氧化碳排放指数（MLCX Global CO_2 Emission Index）、欧洲能源交易所现货市场的 ECarbix 碳指数等。

碳保险基于碳金融活动，可以帮投资者规避碳市场投资的风险。例如，苏黎世保险集团推出的清洁发展机制项目保险业务，可以同时为 CER 的买方和卖方提供保险，交易双方通过该保险能够将项目实施过程中的风险转移给苏黎世保险集团。如果买方在合同到期时未能获得保险协议规定数量的 CER，那么苏黎世保险集团将按照保险协议予以赔偿，如果清洁发展机制项目未能达到预期收益，那么苏黎世保险集团也会进行赔偿。

2. 欧盟碳市场金融产品

欧盟碳市场金融产品丰富，为资管提供了多元化选择。首先是碳金融衍生品，目前欧盟碳市场最主要的碳金融衍生品是碳期货、碳期权、碳远期及碳掉期等，碳金融衍生品能够帮助投资者评估碳定价，有效进行风险转移，提供对冲碳价格波动的方法。

其次是碳融资类产品，主要包括碳债券和碳基金，这也是资管行业的主流投资产品。2008 年世界银行推出的首只绿色债券，是面向机构投资者的与 CER 相关联的债券，也是首只直接挂钩碳资产的债券。实际上，欧盟大部分已发行的绿色债券都具有低碳减排用途。碳基金也指依托该工具形成的管理机构。自世界银行 2000 年创设首只碳基金以来，欧洲各国陆续开始建立碳基金，包括荷兰欧洲碳基金（NECF）、意大利碳基金（ICF）、西班牙碳基金（SCF）、德国复兴信贷银行（KFW）碳基金、丹麦碳基金（DCF）、欧洲碳基金（CFE）等（如表 6-8 所示）。

表 6-8　欧盟碳市场的主要碳基金

主要碳基金	成立时间	规模	发起与管理	目的
荷兰欧洲碳基金	2004 年	18 000 万美元	由世界银行和国际货币基金组织发起，由世界银行管理	主要针对在乌克兰、俄罗斯和波兰共同实施的减排项目
意大利碳基金	2004 年	8 000 万美元	由世界银行和意大利政府发起，由世界银行管理	支持有成本效益的减排项目和清洁技术转让，例如水电和垃圾管理
西班牙碳基金	2005 年	17 000 万欧元	由西班牙政府发起，由世界银行管理	支持东亚和太平洋地区、拉美和加勒比地区的三氟甲烷、垃圾管理、风电、水电、运输等项目
德国复兴信贷银行碳基金	2005 年	6 000 万欧元	德国复兴信贷银行与德国政府共同出资设立	为德国和欧洲有意购买交易证书的企业提供服务工具
丹麦碳基金	2005 年	7 000 万美元	由丹麦政府和私人部门发起，由世界银行管理	支持风能、热电联产、水电、生物质能源、垃圾掩埋等项目
欧洲碳基金	2007 年	5 000 万欧元	由爱尔兰、卢森堡、葡萄牙三国与比利时弗拉芒大区及挪威一家公司出资设立，由世界银行和欧洲投资银行管理	帮助欧洲其他国家履行《京都议定书》和欧盟《排放额交易计划》的承诺

资料来源：气候债券倡议（*Climate Bonds Initiative*），课题组整理。

碳期货、碳期权和碳基金是国际上发展最快的碳金融产品

1. 碳期货、碳期权

在全球较为成熟的碳市场，碳期货、碳期权是最主要的碳金融衍生品，碳金融衍生品有助于筹集和分配资本用于可持续投资，帮助碳市场参与者对冲相关的金融风险，促进碳市场价格发现，提升市场效率。全球主要碳期货包括欧盟碳交易体系的 EUA 期货、美国加利福尼亚州总量管制与排放交易体系的加利福尼亚州碳排放配额（CCA）期货、加利福尼亚州空气资源委员会发行的抵消信用的加利福尼亚州碳补偿（CCO）期货等。

全球碳期货和碳期权的交易量呈现不断增长的趋势，截至 2022 年第一季度，北美 CCA 期货和期权的交易总量为 59.55 万宗（如图 6–3 所示），欧洲 EUA 期货和期权交易总量为 347 万宗（如图 6–4 所示）。碳期货和碳期权的迅速发展，反映了投资者对碳市场的投资热情。

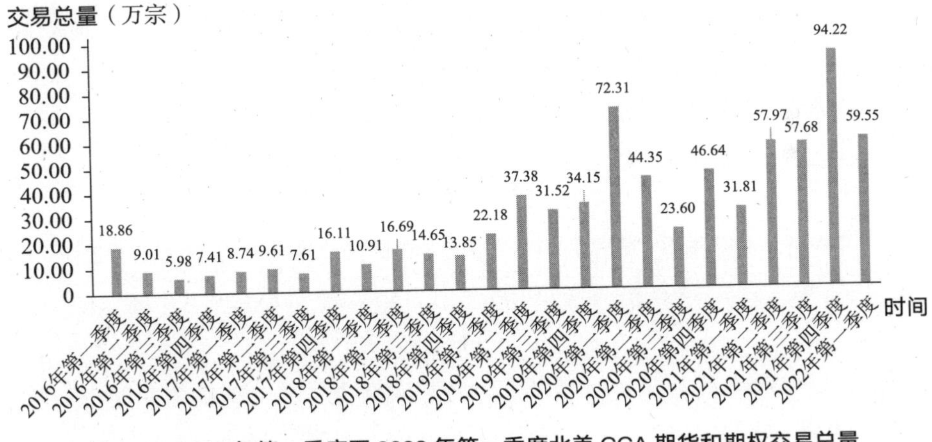

图 6–3　2016 年第一季度至 2022 年第一季度北美 CCA 期货和期权交易总量

资料来源：洲际交易所官网，课题组整理。

2. 碳基金

为了减少碳排放企业的交易压力、促进减排项目开展，不少发达国家和相关企业、投资者通过建立各种碳基金来支持节能减排项目的开展，碳基金成为国际碳市场投资交易的重要工具和交易主体。碳基金投资和一般意义上的基金投资类似，主要分为三个阶段：一是投资阶段，进行项目选择、评估和资金募集；二是收益阶段，通过项目运行和基金管理获取收益；三是撤资阶段，项目终止后进行清算退出。

碳基金根据其资金来源、投资目标和投资策略等可以划分为不同的类型。

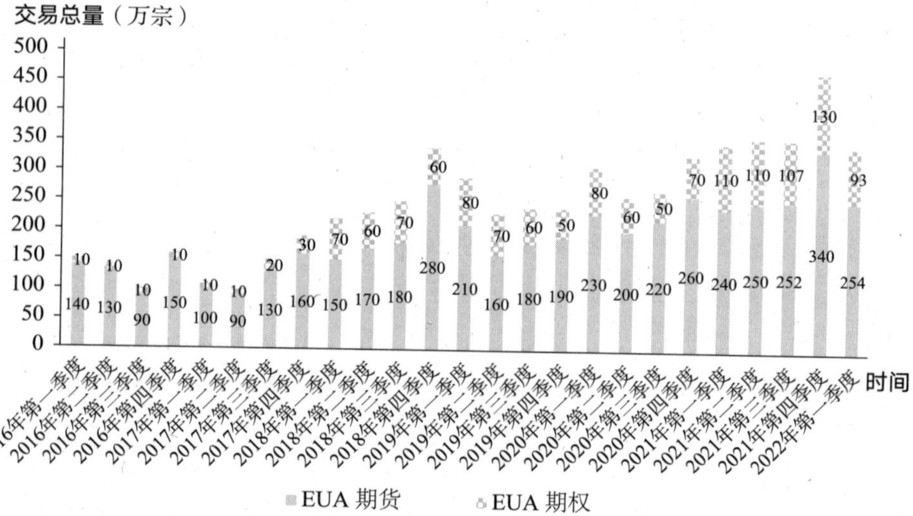

图 6-4　2016 年第一季度至 2022 年第一季度欧洲 EUA 期货和期权交易总量

资料来源：洲际交易所官网，课题组整理。

从资金来源来看，碳基金可以分为公共碳基金、私人碳基金和混合碳基金（如表 6-9 所示）。

表 6-9　根据资金来源划分碳基金

类型	资金来源	资金目的	举例
公共碳基金	国家、政府、国际组织	抵消超额排放，投资发展中国家的清洁发展机制项目，少部分为了获得经济收益	韩国碳基金、亚太地区碳基金等
私人碳基金	企业、能源供应商、金融投资者	抵消超额排放，提供碳信用，获得经济收益	CE2 碳资本碳基金、气候变化资本碳基金
混合碳基金	国家、政府、企业、金融投资者	投资清洁发展机制项目，抵消超额排放，提供碳信用，获得经济收益	欧洲碳基金、社区发展碳基金

注：碳信用，又称碳权，是指国家或企业经过联合国或联合国认可的减排组织认证，以增加能源使用效率、减少污染或减少开发等方式减少碳排放，因此得到可以进入碳市场交易的碳排放计量单位。碳信用与碳交易体系的区别在于，碳交易体系的诞生基于政府规定的强制义务，碳信用则基于自愿行为。

资料来源：CDC *Climat Research based on data from Environmental Finance*, 2010，课题组整理。

从投资目标来看，碳基金一般可以分为减排承诺碳基金、收益性碳基金、自愿性碳基金和发展碳基金（如表 6-10 所示）。

表 6-10　根据投资目标划分碳基金

类型	投资目标	运作方式	投资回报
减排承诺碳基金	符合减排要求	购买碳信用出售给企业	通过信贷方式提供
收益性碳基金	投资获利	投资碳资产，在二级市场转售获得收益	最接近金融投资的模式
自愿性碳基金	自愿减排抵消	投资者通过投资该基金承担减排责任，资金常用于购买碳信用和碳排放配额	获得碳信用、碳排放权，承担企业责任
发展碳基金	促进可持续发展	通过为清洁发展机制 / 联合履行机制项目提供资金，出售项目产生的 CER，为发展中国家的增长做出贡献	非营利，出售 CER 获取的资金用于资助发展中国家可持续发展项目

资料来源：CDC *Climat Research based on data from Environmental Finance*, 2010，课题组整理。

从投资策略来看，碳基金主要可以分为信用碳基金、项目碳基金、信用与项目混合碳基金以及多策略投资碳基金（如表 6-11 所示）。

表 6-11　根据投资策略划分碳基金

类型	投资策略	举例
信用碳基金	购买减排项目产生的碳信用。碳信用作为投资者的“股息红利”，被投资者用于符合减排要求的企业行为，或在二级市场转售以获得超额收益	摩洛哥碳资本基金
项目碳基金	由相应的碳资管公司管理，投资清洁发展机制、联合履行机制项目等，为积极开发和管理减排项目提供直接资金和专业知识	Dexia 碳基金、气候变化投资 I 和 II
信用与项目混合碳基金	部分资金投资清洁发展机制、联合履行机制项目等并获得相应项目公司股权，部分资金用于购买碳信用	Planetree 资本的碳资产基金计划 II
多策略投资碳基金	投资清洁发展机制、联合履行机制项目，从事可持续事业的公司，碳排放配额以及 CER 等	ARKX 碳基金

资料来源：CDC *Climat Research based on data from Environmental Finance*, 2010，课题组整理。

基于基础类型的碳基金，世界银行以及其他金融机构通过多年的创新，结合传统金融市场的投资方式，创造出不同结构和策略的碳基金。例如伞形碳基金（the Umbrella Carbon Fund Facility），这是一种 FOF，通过基金的投资组合多样化来分散风险，为大型气候项目提供资金。自 2008 年以来，资管机构参与碳市场的活跃度逐渐提高，积极购买碳排放配额。例如，英国气候变化资本集团（Climate Change Capital）开发了碳信用投资组合管理业务，其战略定位类似于投资资本和投机性更强的对冲基金；CF Partners[①] 于 2009 年推出一只 5 000 万美元的碳对冲基金，其策略依赖于碳排放配额、碳信用和大宗商品（如煤炭、石油和天然气等）的价格变化。

① 一家位于伦敦、成立于 2006 年的专门从事碳咨询和交易的环境金融公司。需要注意的是，该公司与石天资本并非一家公司。

3. 碳期货 ETF

投资者可以利用碳期权、碳期货的价格信号来评估其投资组合中的风险，一些资管机构利用碳期权和碳期货指数开发投资组合，形成了一种引导投资者参与碳市场投资并有效对冲风险的新模式，即碳期货 ETF。2020 年 7 月，美国金瑞基金（KraneShares）创设了全球碳策略 ETF（KRBN），以埃信华迈（IHS Markit）的全球碳指数作为基准（该指数追踪目前主流的欧洲和北美碳排放配额产品，如 EUA、CCA 和区域温室气体减排行动），该指数追踪交易量最大的碳信用期货合约，覆盖范围广。因此，全球碳策略 ETF 的走势与以上 3 个碳市场挂钩，截至 2022 年 5 月 31 日，全球碳策略 ETF 净资产达到 12.6 亿美元，平均年化收益率为 47.17%，具体的持仓情况如表 6-12 所示。

表 6-12 全球碳策略 ETF 持仓情况

持仓品种	持仓比例（%）
EUA 期货（2022 年）	55.96
CCA 期货（2022 年）	23.79
EUA 期货（2023 年）	5.22
英国碳排放配额（UKA）期货（2022 年）	5.13
区域温室气体减排行动期货（2022 年）	5.14
CCA 期货（2023 年）	4.76

机构投资者逐渐成为全球碳市场的主要参与者

根据全球碳市场发展经验，随着碳市场交易的不断发展，以及交易主体的多元化，机构投资者逐渐开始成为碳市场的有力支撑。碳市场既涉及世界银行、国际货币基金组织等公共金融机构，又有商业银行、投资银行等传统金融机构参与，还有极具碳市场特色的新型金融机构不断涌现（如表 6-13 所示）。

表 6-13　机构投资者参与碳市场

机构类型	机构名称	参与方式
公共金融机构	世界银行、区域开发银行、国际货币基金组织等	通过碳基金、绿色债券和贷款等方式引导低碳发展
传统金融机构	商业银行、投资银行、保险公司	理财产品、信贷、并购、风险管理、参与清洁发展机制项目
新型金融机构	私人碳基金、碳资管公司	参与碳市场交易、对企业投资

机构投资者参与碳市场的盈利模式主要分为两种：一是直接参与碳市场一级项目开发获得碳信用，再通过二级市场交易赚取差价；二是参与二级市场投机交易或者赚取中间机构服务费用。目前国际上已经形成一些成熟的资管机构（或机构投资者），它们参与碳市场投资并获取收益（如表 6-14 所示）。

表 6-14　机构投资者参与碳市场的方式

机构投资者名称	参与碳市场方式	盈利模式
摩根大通	收购碳资管公司（英国益可环境国际金融集团）成为发展中国家注册清洁发展机制项目的经纪人，并将所属的相关项目交由英国益可环境国际金融集团管理	通过专业碳资管公司运作，将手中的项目进行细分，根据项目实际产生的减排量进行直接销售，转移风险，或结合汇率对冲的产品组合销售
巴莱克资本	收购瑞典碳资管公司（Tricorona），以低成本获取 CER 进行交易，并开展做市业务	拥有专业的碳交易和分析团队，利用期货合约提前锁定价格进行套期保值，进行高频做市交易赚取中间差价
德国复兴信贷银行	与欧洲投资银行发起碳基金，以企业委托方身份与减排提供方签订长期购买协议，保障减排量供给	引入政府资金，为政府机构提供碳排放配额拍卖服务，代表政府部门进行外国交易
特斯拉	通过新能源转型节能减排积累了大量碳排放配额，直接在碳市场进行碳排放配额交易	利用行业优势，通过研发新能源项目与产品节省碳排放配额，并在二级市场将碳排放配额高价出售从而获利

资料来源：申万宏源研究，课题组整理。

中国碳金融市场与碳资管

与发达国家或地区高度金融化的环境相比，我国碳市场与金融市场较为割裂，尚未形成一体。目前我国碳市场以碳排放配额交易为主，参与主体主要为控排企业，控排企业之间交易的碳排放配额呈现出明显的商品属性。但随着碳市场基础设施的完善，中国碳市场开始朝着金融属性发展，各类碳金融产品相继落地，为碳资管奠定了基础。

碳金融产品在中国地方碳交易试点市场落地

目前我国已出台碳金融产品的规范性文件《碳金融产品》，按照金融的特性，碳金融产品可分为碳市场交易工具、碳市场融资工具和碳市场支持工具。其中，碳市场交易工具包括碳期货、碳期权、碳远期、碳掉期、碳借贷等标准化交易类金融产品，碳市场融资工具包括碳债券、碳资产抵质押融资、碳资产回购、碳资产托管等类信贷业务，碳市场支持工具包括碳指数、碳保险、碳基金等（如图 6-5 所示）。

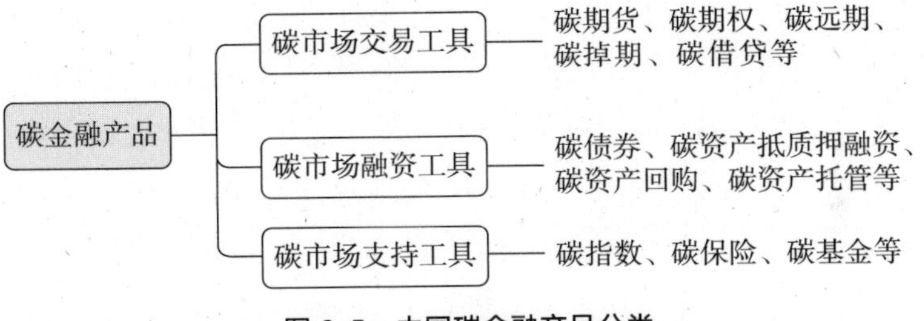

图 6-5　中国碳金融产品分类

我国碳金融产品目前只在地方碳交易试点市场落地，全国碳市场由于成立时间较晚，目前只以碳排放配额交易为主。由于各个地方碳交易试点市场相对割裂、体量差异大以及没有制定统一的交易规则，只有碳远期和碳资产抵质押融资应用较为广泛并形成一定规模。

1. 碳市场交易工具

目前我国碳市场交易工具中只有碳远期发展起来，并形成一定规模。上海、广州和湖北碳交易试点市场都曾进行过碳远期业务尝试，但由于交易量较小，交易规则有待完善等原因，广州和湖北暂停了相关业务。上海碳交易试点市场自 2016 年 12 月 19 日碳远期上线试运行以来，一直运行至今。截至 2021 年末，上海碳交易试点市场碳远期累计协议 43 708 个，累计交易额 15 772.80 万元（如表 6–15 所示）。

表 6–15 2016—2021 年上海碳交易试点市场碳远期交易数据

时间	累计协议数量（个，双边）	累计交易量（万吨，双边）	累计交易额（万元）
2016 年	1 804	18.04	—
2017 年	39 902	399.02	14 632.12
2018 年	42 108	421.08	15 148.80
2019 年	42 108	421.08	15 148.80
2020 年	43 308	433.08	15 612.80
2021 年	43 708	437.08	15 772.80

资料来源：上海环境能源交易所官网，课题组整理。

北京碳交易试点市场推出我国第一单碳排放配额场外掉期合约和碳排放配额场外期权合约。2015 年 6 月 15 日，中信证券、北京京能源创碳资产管理有限公司和北京绿色交易所正式签署了国内首单碳排放配额场外掉期合约，交易量为 1 万吨。2016 年 6 月 16 日，深圳招银国金投资有限公司、北京京能源创碳资产管理有限公司和北京绿色交易所正式签署碳排放配额场外期权合约，交易量为 2 万吨。2016 年 7 月 11 日，北京绿色交易所发布了《碳排放权场外期权交易合同》（参考模板）。北京尝试了首单碳期权和碳掉期后，国内并没有再发展碳期权和碳掉期。

目前国内碳期货并未落地，但已经在加快推动。2022 年 6 月 6 日，广州期货交易所正式发布《广州期货交易所交易管理办法》，将碳排放配额期货等绿色金融产品作为核心战略板块。根据广州期货交易所的介绍，碳期货上市后我国有潜力成为全球最大的碳金融衍生品市场。

2. 碳市场融资工具

目前我国碳市场融资工具率先发展起来，以碳资产抵质押融资、碳资产回购为主，碳市场融资工具为投资者提供了新的杠杆选择。广东碳交易试点市场是目前全国规模最大、交易最活跃的碳交易试点市场之一，在碳金融产品推动上，广州碳排放权交易所已经推出碳排放配额抵质押融资、碳资产回购业务、碳资产托管业务，截至 2022 年 9 月末，广州碳排放权交易所累计碳排放配额抵质押融资金额 7 617 万元、笔数 23 笔，碳排放配额回购金额 2.01 亿元、笔数 44 笔，碳资产托管交易量 1 871 万吨、笔数 53 笔，碳排放配额交易远期金额 1.70 亿元、笔数 134 笔。比较突出的是碳市场融资工具，累计为企业融资 37 266 万元（如表 6-16 所示）。

表 6-16　广州碳排放权交易所碳金融产品交易数据（截至 2022 年 9 月末）

类型	笔数	数量（万吨）	金额（万元）
碳排放配额抵押融资	23	515	7 617
碳排放配额回购	44	1 752	20 083
碳排放配额远期交易	134	1 092	17 048
CCER 远期	5	28	252
碳资产托管	53	1871	—

资料来源：广州碳排放权交易所，课题组整理。

3. 碳市场支持工具

2014 年 6 月，北京绿色金融协会正式发布中国碳交易指数（以下简称“中碳指数”）。中碳指数选取北京、天津、上海、广东、湖北和深圳 6 个已开市交易的碳交易试点市场的碳排放配额线上交易数据，并根据样本地区碳排放配额规模设置权重，基期为 2014 年度第一个交易日（2014 年 1 月 2 日），包括中碳市值指数和中碳流动性指数。中碳指数的推出，能够为碳市场投资者了解中国碳市场的运行情况提供参照。

中国碳资管处于初期探索阶段

资管机构想要参与碳市场，一是可以直接购买碳市场交易工具，二是可以投资碳基金等碳金融产品。目前中国正在朝着这个方向发展，碳资管行业处于初期探索阶段，中国的银行、券商、基金公司等机构都有参与碳市场投资，本部分内容主要围绕具体案例进行探讨。

中国首只银行间市场碳债券：2014 年 5 月 12 日，中广核风电有限公司、中广核财务有限责任公司、浦发银行、国家开发银行和深圳排放权交易所在深圳共同宣布，中广核风电附加碳收益中期票据在银行间市场成功发行。发行主体为中广核风电有限公司，发行规模为 10 亿元，期限为 5 年。中广核风电附加碳收益中期票据采用“固定利率 + 浮动利率”的定价方式，固定利率为 5.65%，采用创新性地附加碳资产收益的交易结构，在碳债券存续期内与中广核风电有限公司 5 个风电场的 CCER 收益挂钩，当年度碳减排收益占碳债券发行规模的比例小于 0.05% 时，浮动利率为 0.05%；当比例高于 0.20% 时，浮动利率为 0.20%；当浮动利率为 0.05% ～ 0.20% 时，浮动利率设定的本意在于使投资者可以共享碳减排收益。自 2018 年 5 月 12 日起，发展改革委提高 CCER 项目审核标准，5 个 CCER 项目备案申请暂停，未能产生碳减排收益，碳收益为零。按照募集说明书中约定的浮动利率的计算方法，浮动利率取区间下限，即 0.05%。

中国首只经证监会备案的碳基金：2014 年 11 月 26 日，华能集团与诺安基金共同发布“诺安资管 - 创赢 1 号碳排放专项资产管理计划”，这是全国首只经证监会备案的碳基金，募集规模为 3 000 万元，发行期限为 12 个月。该碳基金由诺安基金对外发行，华能碳资产经营有限公司作为该碳基金的投资顾问，将参与湖北碳排放权交易中心的投资，主要投向湖北碳排放配额二级市场，最终实现

16.1% 的年化收益率。

中国首只大型券商参与的针对 CCER 的专项投资基金： 2014 年 12 月 30 日，海通资管与上海宝碳新能源环保科技有限公司（以下简称“上海宝碳”）在上海环境能源交易所发行了规模为 2 亿元的专项投资基金“海通宝碳 1 号集合资产管理计划”（以下简称“海通宝碳基金”）。海通宝碳基金是中国规模最大的 CCER 碳基金，由海通资管对外发行，海通新能源股权投资管理有限公司和上海宝碳作为投资人和管理者，对全国的 CCER 进行投资，海通证券作为国内大型券商首次参与碳市场投资，标志着国内碳市场与资本市场实现联通。

中国首只香港碳期货 ETF： 2020 年 3 月 23 日，香港交易及结算所有限公司（以下简称“香港交易所”）正式推出中国首只与碳期货挂钩的 ETF——中金碳期货 ETF，由中国国际金融香港资产管理有限公司管理，通过追踪洲际交易所 EUA 碳期货指数，投资 EUA 中最有代表性、最活跃的洲际交易所 EUA 期货合约，将在香港上市的商品 ETF 涵盖范围进一步扩展至碳信用产品。截至 2022 年 4 月初，中金碳期货 ETF 资管规模达到 7 766 万港元，1 个月内的最高价和最低价分别是 71.70 港元和 66.96 港元。在香港上市碳期货 ETF 意味着投资者可通过该碳期货 ETF 参与世界上规模最大、流动性最高、交投最活跃的碳市场。此外，碳资产与其他资产的相关性不高，投资碳期货 ETF 是实现多元化投资的重要途径。

中国碳资管发展趋势

中国碳资管将面向全国碳市场，或将形成全国统一的交易机制。随着全国统一的碳市场落地运转，地方碳交易试点市场的试点企业将逐步被纳入全国碳市场，从而更有助于碳资管的发展。未来相关纲领政策和监管文件将逐步细化并趋严，对所涉及的金融活动予以法律规范，明确碳资产的法律和金融属性。除了推出统一的交易机制外，还需要建立一个权威专业的确立行业标准的类似于香港品质保证局的专业机构，对碳金融产品、碳资产的确认等做出客观评估。

碳资管将推动碳金融市场推出更加市场化和金融化的交易产品和工具。首先，在碳现货产品的基础上，增加碳期权、碳期货等能增强抗风险能力的碳金融衍生品。其次，可以参考国际经验推出多策略投资碳基金，投资标的不仅仅局限于单一碳资产，可以同时涵盖碳现货、碳期货、碳排放交易抵消项目等多策略投资。此外，可效仿香港碳期货 ETF，通过设立 ETF 使内地投资者能够参与国际碳市场投资，实现全球碳市场的联通。这需要创设更多的碳指数和碳保险等碳市场支持工具，以增厚投资安全垫。

碳资管将继续扩大引入机构投资者，并进一步引入个人投资者。目前中国碳资管处于初期探索阶段，并没有在真正意义上引入机构投资者。中国碳市场未来可参考国际经验引入更多机构投资者，可以是传统金融机构、公共金融机构，也可以是非金融机构投资者。目前国内部分符合条件的个人投资者可以在地方碳交易试点市场开户参与碳市场交易，未来可进一步放宽个人投资者对碳金融产品的投资限制，使具有不同预期、不同风险偏好、不同投资目的的个人投资者能够参与碳市场交易。

/ 第 7 章 /

中国公募 REITs 二级市场发展真容初窥

2021 年 6 月，中国正式启动公募 REITs 市场。中国公募 REITs 市场的建立，为中国基础设施领域补充了重要的市场化投融资工具。从融资角度看，公募 REITs 为基础设施建设提供了全新的融资方式，提高了市场化配置效率。从投资角度看，公募 REITs 新增了一种风险收益特征介于股票和债券之间的资产，为资管市场带来了新的结构化产品。

借鉴发达国家的经验，中国公募 REITs 市场未来还有极为广阔的扩容空间。截至 2022 年 6 月，已有近百个基础资产项目正在交易所排队审核。中国公募 REITs 仍处于发展初期，而二级市场的成熟程度和定价有效性将会影响一级市场的发行和扩容，因此中国公募 REITs 二级市场的发展状况非常具有研究价值。

成熟的公募 REITs 二级市场通常具有市场流动性高、定价有效性强等特点。市场流动性可以理解为单笔交易对证券价格的影响，换手率在一定程度上能够反映市场整体的流动性水平。定价有效性强意味着市场信息透明度较高，不同标的的情况变化能够快速反映到市场价格上。本章将对比国内外公募 REITs 二级市场的发展特点，并尝试分析中国公募 REITs 二级市场的发展状况。

2022 年全球公募 REITs 二级市场的发展

境外公募 REITs 二级市场发展概况

1. 境外公募 REITs 市场规模与资产类别

全球公募 REITs 市场主要涵盖北美地区、亚洲地区以及部分欧洲、中东、非洲国家（如图 7-1 所示）。如表 7-1 所示，20 世纪 60 年代美国推出了全球首只公募 REITs 产品，经过 20 世纪 80 年代一系列税收法案改革，美国公募 REITs 市场得到快速发展，现已发展成为全球最大的公募 REITs 市场。而亚洲公募 REITs 市场起步于 20 世纪初，随着新加坡、日本、中国香港等地公募 REITs 市场的建立，亚洲公募 REITs 市场逐渐成形。除上述国家或地区外，英国、法国、澳大利亚、加拿大等国家也纷纷建立公募 REITs 市场。截至 2022 年 6 月，全球已有 41 个国家或地区建立了公募 REITs 市场，总市场规模超过 2 万亿美元。其中北美公募 REITs 市场和亚洲公募 REITs 市场是全球最主要的两大公募 REITs 市场。

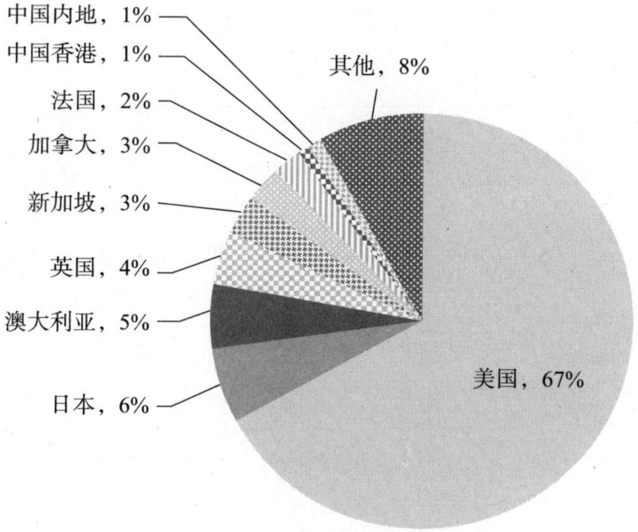

图 7-1　全球公募 REITs 市场格局

资料来源：美国房地产投资信托协会，课题组整理。

表 7-1　全球各个国家 / 地区公募 REIFs 市场建立时间

时间	国家 / 地区	时间	国家 / 地区	时间	国家 / 地区
1960 年	美国	2003 年	中国香港	2010 年	菲律宾
1969 年	荷兰	2005 年	保加利亚	2011 年	匈牙利
1969 年	新西兰	2005 年	马来西亚	2013 年	爱尔兰
1969 年	中国台湾	2005 年	泰国	2013 年	南非
1971 年	澳大利亚	2006 年	阿联酋	2014 年	印度
1993 年	巴西	2006 年	以色列	2014 年	肯尼亚
1993 年	加拿大	2007 年	德国	2015 年	巴林
1995 年	比利时	2007 年	意大利	2015 年	越南
1995 年	土耳其	2007 年	英国	2016 年	沙特阿拉伯
1999 年	希腊	2008 年	巴基斯坦	2018 年	阿曼
1999 年	新加坡	2009 年	哥斯达黎加	2019 年	葡萄牙
2000 年	日本	2009 年	芬兰	2020 年	斯里兰卡
2001 年	韩国	2009 年	西班牙	2021 年	中国内地
2003 年	法国	2010 年	墨西哥		

资料来源：美国房地产投资信托协会，课题组整理。

2. 美国市场

从规模来看，截至2022年6月，美国上市交易的公募REITs共170只，市值总规模约1.4万亿美元。其中，权益类公募REITs为市场主流，数量占比达80%以上，规模占比达90%以上。如图7-2所示，美国公募REITs底层资产种类较丰富，包括工业园区、办公楼、零售物业、酒店、自用仓储、医疗地产、数据中心、林业等10多个类别。其中住宅、工业园区、零售物业、传统基础设施（如高速公路、电信铁塔、能源槽罐等）等是美国公募REITs底层资产的主要类型，四者合计约占美国公募REITs市场规模的50%。美国公募REITs市场最初以商业地产为核心，包括酒店、零售物业等多种物业类型。近年来，尤其是在新冠肺炎疫情暴发后，则以数据中心等基础设施类资产为扩容主力。

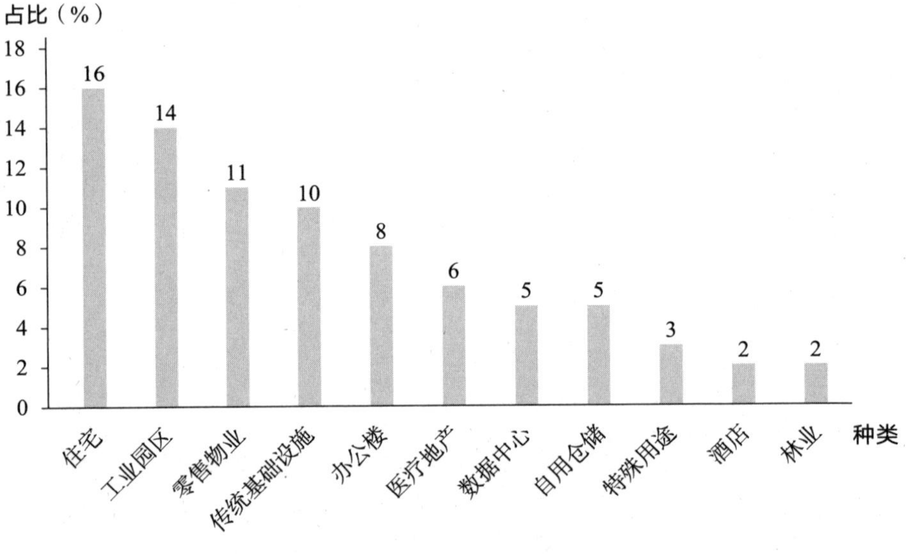

图7-2　美国公募REITs市场各类底层资产的占比

资料来源：美国房地产投资信托协会，课题组整理。

3. 亚洲公募 REITs 市场

亚洲公募 REITs 市场主要分布在日本、新加坡和中国香港，三地公募 REITs 的市值之和占亚洲公募 REITs 市场的近 90%。亚洲公募 REITs 市场于 1997 年亚洲金融危机之后在新加坡、日本和中国香港等地逐步形成。根据戴德梁行关于亚洲公募 REITs 市场的研究报告，2010—2020 年，亚洲公募 REITs 数量由 70 只增长至 185 只，总市值由 412 亿美元增长至 2 814 亿美元，在新冠肺炎疫情之前，年均保持 20% 的增幅。

在亚洲公募 REITs 市场，日本引入公募 REITs 制度较早、税收配套政策较完善、货币政策宽松，所以日本公募 REITs（J-REITs）现已成为亚洲最主要的公募 REITs 市场。2001 年 9 月，2 只 J-REITs 于东京证券交易所上市，标志着 J-REITs 市场正式起步。在历经次贷危机、欧洲债务危机、新冠肺炎疫情等多次波折后，截至 2022 年 5 月，J-REITs 存续数量共计 61 只，市场规模超过 16.5 万亿日元（约合 1 266 亿美元），包括办公楼、物流设施、酒店等 9 种资产类别。

新加坡公募 REITs（S-REITs）市场及中国香港公募 REITs（H-REITs）市场的规模比 J-REITs 市场小。截至 2022 年 4 月，S-REITs 和 H-REITs 存续数量分别共计 31 只和 11 只，市场规模分别达 884 亿新元（约合 628 亿美元）和 2 200 亿港元（约合 281 亿美元）。另外，亚洲地区还有韩国、泰国、越南等其他公募 REITs 市场，相比前述三大公募 REITs 市场，亚洲其他地区的公募 REITs 市场所受关注度稍低。

4. 境外公募 REITs 投资者结构

境外公募 REITs 投资者主要是专业的机构投资者。美国公募 REITs 市场较发达和成熟，各类投资者都积极参与公募 REITs 投资。其中，机构投资者占比为 80% 左右，以公募基金、保险资金和养老金为主（占比约 65%），ETF

约占 12%。除机构投资者外，个人投资者占比约为 15%，而原始权益人或内部管理者的占比为 5% 左右。在美国公募 REITs 市场，个人投资者占比相对较高，不少个人投资者通过个人退休金账户或 401（k）计划等配置公募 REITs 资产。

在 J-REITs 市场，机构投资者占比约为 90%，个人投资者占比约为 10%。在机构投资者中，海外投资机构占比超过 25%，而日本本土金融机构等总体占比约 55%。J-REITs 市场国际化程度相对较高，海外投资机构提供了近 50% 的市场交易量，对 J-REITs 市场具有重要影响。在 S-REITs 市场，投资者以私人银行、家族办公室、长线基金和对冲基金等本土金融机构为主，另有中国香港、马来西亚和欧美的一些投资者参与。相较于 J-REITs 市场，S-REITs 市场的国际性体现在资产层面，S-REITs 的底层资产除位于新加坡外，还有大量位于马来西亚、印度尼西亚和中国。

由于公募 REITs 产品具备收益水平稳定、久期长、流动性高等特性，其与保险资金和养老金具有较高的匹配度。公募 REITs 产品交易成本较低、认购便利等特点，也使境外个人投资者有机会参与优质的基础设施投资，获取稳定的派息分红和底层物业增值收益。

5. 境外公募 REITs 的收益特征与估值

截至 2022 年 5 月 15 日，北美公募 REITs 市场的估值表现如表 7-2 所示。

表 7-2　北美公募 REITs 市场的估值表现（截至 2022 年 5 月 15 日）

底层资产类型	数量（只）	市值（亿美元）	市值占比（%）	2012—2021 年年化收益率（%）	2020 年收益率（%）	2021 年收益率（%）	2021 年股息率（%）
工业园区	14	2 183	13.20	21.95	12.17	62.03	1.73
办公楼	20	1 096	6.62	7.31	−18.44	22.00	3.35
零售物业	33	2 058	12.44	7.07	−25.18	51.91	3.82

续表

底层资产类型	数量（只）	市值（亿美元）	市值占比（%）	2012—2021 年年化收益率（%）	2020 年收益率（%）	2021 年收益率（%）	2021 年股息率（%）
住宅	22	2 671	16.15	13.44	-10.69	58.29	2.19
多元化经营	13	400	2.42	6.00	-21.76	29.25	3.97
酒店	15	412	2.49	5.69	-23.60	18.22	0.05
医疗地产	16	1 276	7.71	7.34	-9.86	16.32	4.05
自用仓储	5	1 268	7.67	18.56	12.91	79.43	2.28
林业	4	411	2.48	10.47	10.33	28.82	1.94
传统基础设施	4	2 688	16.25	18.66	7.25	34.41	2.03
数据中心	3	1 370	8.28	—	21.00	25.45	1.90

资料来源：万得资讯，课题组整理。

从估值来看，在头部效应的驱动下，北美公募 REITs 的市值规模影响着估值差异。北美公募 REITs 在规模上显现出较明显的头部效应，各类别公募 REITs 都有着较高的集中度，如截至 2022 年 5 月，零售物业公募 REITs 前五大产品规模占比为 67.84%；办公楼公募 REITs 前五大产品规模占比为 68.43%；工业园区公募 REITs 前五大产品规模占比为 76.29%；医疗地产公募 REITs 前五大产品规模占比为 77.35%。通过对北美公募 REITs 进行回归测算可以发现，市值每提升 100 亿美元，市净率提升 0.95 倍，市盈率提升 7.62 倍（如图 7-3 所示）。这一现象反映了公募 REITs 产品经营管理能力随着底层资产规模的扩大而提升。

亚洲公募 REITs 市场估值比北美公募 REITs 市场略低一些。从市净率来看，截至 2022 年 5 月，J-REITs 市场平均市净率为 1.045 7，S-REITs 市场平均市净率约为 1.1，H-REITs 市场平均市净率低于 1，而同期北美公募 REITs 市场平均市净率为 1.361 2。从市盈率来看，H-REITs 市场平均市盈率为 19.7 倍，J-REITs 市场平均市盈率为 17.3 倍，同期北美公募 REITs 市场平均市盈率

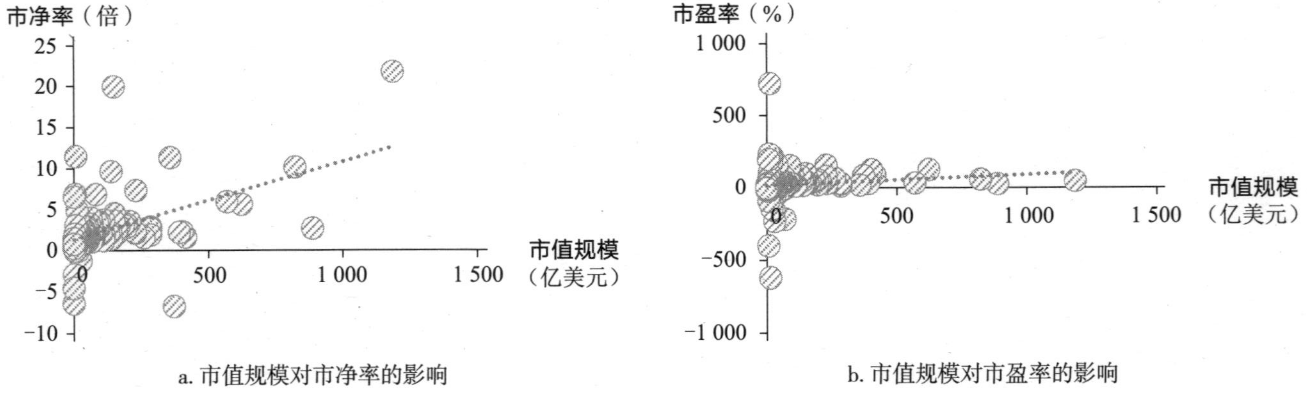

图 7-3　北美 REITs 市值规模对市净率和市盈率的影响（截至 2022 年 5 月）

资料来源：万得资讯，课题组整理。

为 21.3 倍。亚洲公募 REITs 市场估值水平长期低于北美公募 REITs 市场。从资产类别来看，亚洲公募 REITs 市场估值水平较高的公募 REITs 多为多元化公募 REITs。例如，数据中心 S-REITs 平均市净率达到 2.1 倍，医疗康养 J-REITs 平均市净率达到 1.4 倍，而零售物业、酒店等传统公募 REITs 的平均市净率不到 1 倍。一方面，因为新冠肺炎疫情对零售行业和酒店行业的打击；另一方面，传统公募 REITs 底层资产的商业逻辑相对透明，增长空间比较有限，投资者更愿意投资具有更多增长空间的多元化资产。因此，底层资产种类较少在一定程度上降低了亚洲公募 REITs 市场的活跃度和估值。

另外，随着欧美地区疫情逐渐收尾以及防控措施的逐渐放松，公募 REITs 估值产生了一些新的变化。在全球通胀预期逐渐走高以及发达国家逐渐启动加息进程的背景下，国际投资者对历来具有抗通胀特性的公募 REITs 产品愈发偏爱。在 2022 年上半年高通胀、高利率背景下，美国公募 REITs 市场表现优于标准普尔 500 指数（如图 7-4 所示）。

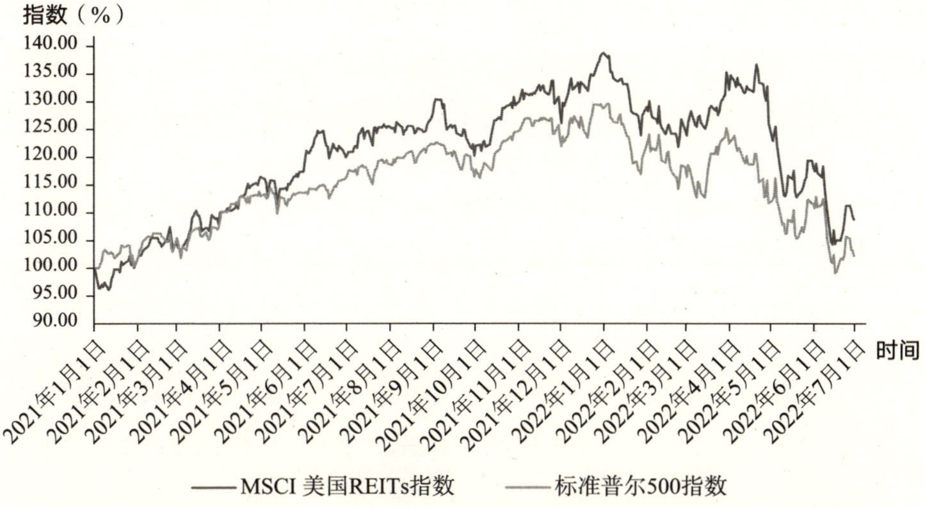

图 7-4　2021 年 1 月 1 日至 2022 年 7 月 1 日美国公募 REITs 市场与股票市场的表现

资料来源：万得资讯，课题组整理。

中国公募 REITs 市场发展概况

中国公募 REITs 市场规模与底层资产类别

2020 年 4 月，发展改革委和证监会联合印发《关于推进基础设施领域不动产投资信托基金（REITs）试点相关工作的通知》，正式开启了我国基础设施公募 REITs 的试点工作。我国公募 REITs 采用“公募基金 +ABS”的产品架构，优先支持仓储物流、高速公路、生态环保、产业园区等项目类别。2021 年 6 月，首批 9 个公募 REITs 项目正式在上交所和深交所挂牌上市，中国公募 REITs 市场正式建立。

以中期视角看，通过全国 PPP 项目体量，可以推测中国公募 REITs 市场中期规模。根据全国 PPP 项目信息监测服务平台的统计，截至 2022 年 6 月，全国现存 PPP 项目近 8 000 个，投资总额超 11 万亿元。假设其中有 2% ～ 3% 的项目能够通过公募 REITs 进行资产证券化，预计中国公募 REITs 市场中期规模上限有望达到 2 000 亿～ 3 000 亿元。

以长期视角看，通过计算境外公募 REITs 市场规模占 GDP 的比重，可以推测中国公募 REITs 市场远期规模。除中国香港、新加坡外，截至 2021 年末，全球主要本土公募 REITs 市场规模占 GDP 的比重大多数为 2.5% ～ 8.0%（如表 7-3 所示）。若以 2021 年中国 GDP 17.46 万亿美元进行静态估算，保守估计公募 REITs 市场规模占 GDP 的比重为 3%，则中国公募 REITs 市场远期规模将不低于 3 万亿元。

表 7-3　全球各个国家 / 地区公募 REITs 市场规模占 GDP 的比重（截至 2021 年末）

国家 / 地区	公募 REITs 市场规模（亿美元）	GDP（亿美元）	公募 REITs 市场规模 /GDP（%）
美国	13 627.4	233 151.0	5.8
日本	2 129.5	49 374.2	4.3

续表

国家 / 地区	公募 REITs 市场规模（亿美元）	GDP（亿美元）	公募 REITs 市场规模 /GDP（%）
澳大利亚	1 417.9	16 332.9	8.7
英国	1 243.4	31 876.3	3.9
新加坡	1 007.2	3 969.9	25.4
加拿大	974.2	19 907.6	4.9
法国	735.2	29 354.9	2.5
中国香港	395.5	3 681.4	10.7
西班牙	356.7	14 262.2	2.5
比利时	346.6	5 999.9	5.8
平均数			7.7
中位数			5.3

资料来源：美国房地产投资信托协会、万得资讯，课题组整理。

从 REITs 底层资产种类角度看，2020 年证监会 40 号文初步确立了基础设施领域不动产投资信托基金覆盖交通设施、市政工程、污染治理等五类底层资产类别；2021 年 958 号文拓展了能源基础设施和保障性租赁住房类别，并细化了项目上市条件、申报程序等具体要求；2022 年国办 19 号文全面重申了进一步盘活存量资产重点方向和方式。截至 2022 年 10 月，国内 REITs 市场已上市产品底层资产已涵盖了政策允许范围内的大部分行业。

表 7-4　中国公募 REITs 底层资产分类

资产类别	所处行业	文件
交通设施	仓储物流	《关于推进基础设施领域不动产投资信托基金（REITs）试点相关工作的通知》（证监发〔2020〕40 号）
	收费公路	
市政工程	水电气热	
污染治理	城镇污水垃圾处理	
	固废危废处理	

续表

资产类别	所处行业	文件
新型基础设施	*信息网络*	
	战略性新兴产业集群	
产业园区	高科技产业园区	
	特色产业园区	
新增类别	特高压输电项目	《关于进一步做好基础设施领域不动产投资信托基金（REITs）试点工作的通知》（发改投资〔2021〕958 号）
	充电基础设施	
	分布式冷热电项目	
	水利	
	旅游	
	保障性租赁住房	
全体类别	交通	《关于进一步盘活存量资产扩大有效投资的意见》（国办发〔2022〕19 号）
	水利	
	清洁能源	
	保障新租赁住房	
	水电气热	
	生态环保	
	产业园区	
	仓储物流	
	旅游	
	新型基础设施	

注：已发行 - 灰底 / 潜在类别 - 斜体

资料来源：证监会官网、国务院官网，课题组整理。

基于前述关于中国公募 REITs 市场规模的测算，结合我国基础设施庞大体量的现实情况，未来中国公募 REITs 市场有望发展成为亚洲最大的公募 REITs 市场。

6. 中国公募 REITs 投资者结构

如表 7-5 所示，从中国公募 REITs 一级市场发行视角看投资者参与情况可以发现，截至 2021 年末，公募 REITs 认购份额主要以战略配售为主，平均占比达 70.76%。战略配售的投资者以原始权益人及关联方为主，其次为保险资金。而网下发售（机构投资者）次之，平均占比为 21.22%，以券商自营为主。公众配售份额最少，仅占 8.02%。从上述数据可以看出，在中国公募 REITs 市场，机构投资者参与热情较高，但所获份额有限。

表 7-5　中国公募 REITs 市场首批公募 REITs 投资者参与情况统计（截至 2021 年末）

投资者	战略配售		网下发售		网上发售		合计	
	规模（亿元）	占比（%）	规模（亿元）	占比（%）	规模（亿元）	占比（%）	规模（亿元）	占比（%）
原始权益人及关联方	125.90	56.66	—	—	—	—	125.90	40.09
券商自营	16.24	7.31	43.74	65.65	—	—	59.98	19.10
保险资金	33.36	15.01	8.64	12.96	—	—	42.00	13.38
银行理财	17.65	7.94	6.86	10.30	—	—	24.51	7.80
产业资本	20.48	9.21	—	—	—	—	20.48	6.52
公募基金	1.89	0.85	3.00	4.50	—	—	4.89	1.56
私募基金	—	—	4.05	6.08	—	—	4.05	1.29
公众投资者	—	—	—	—	25.20	100.00	25.20	8.02
其他	6.70	3.02	0.34	0.51	—	—	7.04	2.24
合计	222.22	100.00	66.63	100.00	25.20	100.00	314.05	100.00

资料来源：万得资讯，课题组整理。

中国公募 REITs 市场投资者参与情况如表 7-6 所示。

表 7-6　中国公募 REITs 市场投资者参与情况

序号	REIT 简称	底层资产类别	募集份额（万份）	战略配售占比（%）	网下发售占比（%）	公众配售占比（%）
1	中航首钢绿能 REIT	生态环保	10 000	60.00	28.00	12.00
2	华夏越秀高速 REIT	交通设施	30 000	70.00	21.00	9.00
3	东吴苏园产业 REIT	产业园区	90 000	60.00	30.00	10.00
4	华安张江光大 REIT	产业园区	50 000	55.33	31.27	13.40
5	建信中关村 REIT	产业园区	90 000	70.09	20.94	8.97
6	博时蛇口产园 REIT	产业园区	90 000	65.00	24.50	10.50

续表

序号	REIT 简称	底层资产类别	募集份额（万份）	战略配售占比（%）	网下发售占比（%）	公众配售占比（%）
7	富国首创水务 REIT	生态环保	50 000	76.00	16.80	7.20
8	浙商沪杭甬 REIT	交通设施	50 000	74.30	21.85	3.86
9	中金普洛斯 REIT	仓储物流	150 000	72.00	19.60	8.40
10	平安广州广河 REIT	交通设施	70 000	78.97	14.72	6.31
11	红土盐田港 REIT	仓储物流	80 000	60.00	28.00	12.00
12	华夏中国交建 REIT	交通设施	100 000	75.00	17.50	7.50

资料来源：万得资讯，课题组整理。

如表 7-7 所示，从中国公募 REITs 二级市场交易视角看投资者参与情况可以看出，根据 2021 年首批公募 REITs 年报公布数据，截至 2021 年末，首批公募 REITs 基金份额主要由机构投资者持有，平均占比达 91.32%，个人投资者持有基金份额占比仅为 8.68%。将中国公募 REITs 市场投资者结构与期间最高涨幅、最大回撤等二级市场表现相结合，可以发现个人投资者参与程度与二级市场交易波动性或具有一定相关性（如图 7-5 所示）。

表 7-7　中国公募 REITs 市场首批公募 REITs 基金份额持有者结构

REIT 简称	发行规模（亿元）	持有规模（亿元）		持有基金份额占比（%）	
		机构投资者	个人投资者	机构投资者	个人投资者
中航首钢绿能 REIT	13.38	9.90	3.48	74	26
博时蛇口产园 REIT	20.79	17.26	3.53	83	17
富国首创水务 REIT	18.50	15.36	3.15	83	17
红土盐田港 REIT	18.40	16.01	2.39	87	13
华安张江光大 REIT	14.95	13.31	1.64	89	11
浙商沪杭甬 REIT	43.60	40.11	3.49	92	8
东吴苏园产业 REIT	34.92	32.82	2.10	94	6
中金普洛斯 REIT	58.35	55.43	2.92	95	5
平安广州广河 REIT	91.14	86.58	4.56	95	5
加权汇总	314.03	286.78	27.26	91	9

资料来源：万得资讯，课题组整理。

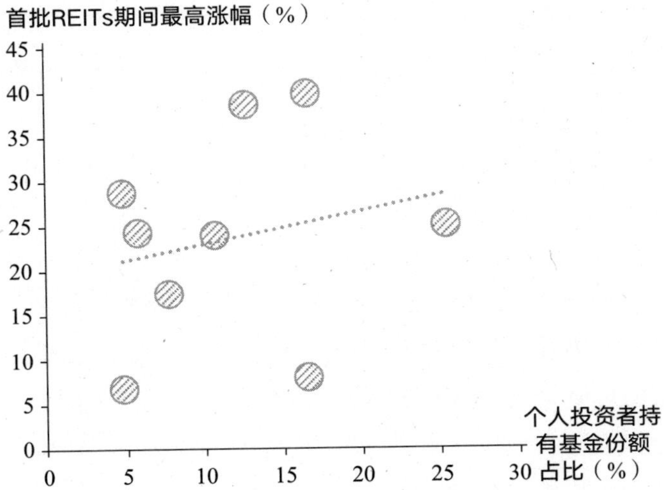

a. 首批REITs期间最高涨幅与个人投资者持有基金份额占比的关系

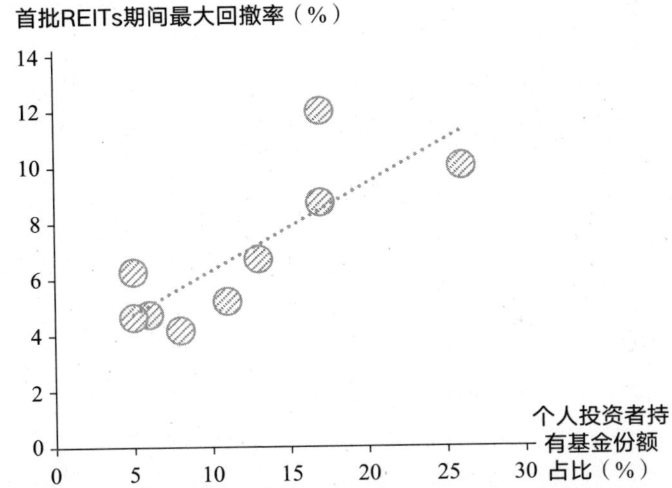

b. 首批REITs期间最大回撤率与个人投资者持有基金份额占比的关系

图 7-5　中国首批公募 REITs 价格波动与个人投资者持有基金份额占比的关系（截至 2021 年末）

资料来源：万得资讯，课题组整理。

由于中国公募 REITs 市场刚刚起步，相较于机构投资资金的体量，公募 REITs 整体规模过小，市场供给明显不足。2021 年发行的首批公募 REITs 财务报告显示，截至 2022 年 5 月，中国公募 REITs 底层资产运营情况较好，派息分红能力超过市场预期。因此，自首批公募 REITs 发行以来，在供需极度不平衡的情况下，市场资金进入带动公募 REITs 价格明显上涨。

中国公募 REITs 的收益特征与估值

如表 7-8 所示，从中国公募 REITs 市场基本概况来看，2021 年公募 REITs 发行规模为 458.12 亿元。经过近一年发展，截至 2022 年 5 月 13 日，中国公募 REITs 市场市值规模达 526.66 亿元，较发行规模上涨 14.96%，平均涨幅为 22.82%。2021 年 6 月 21 日至 2022 年 5 月 19 日中国公募 REITs 市场走势如图 7-6 所示。

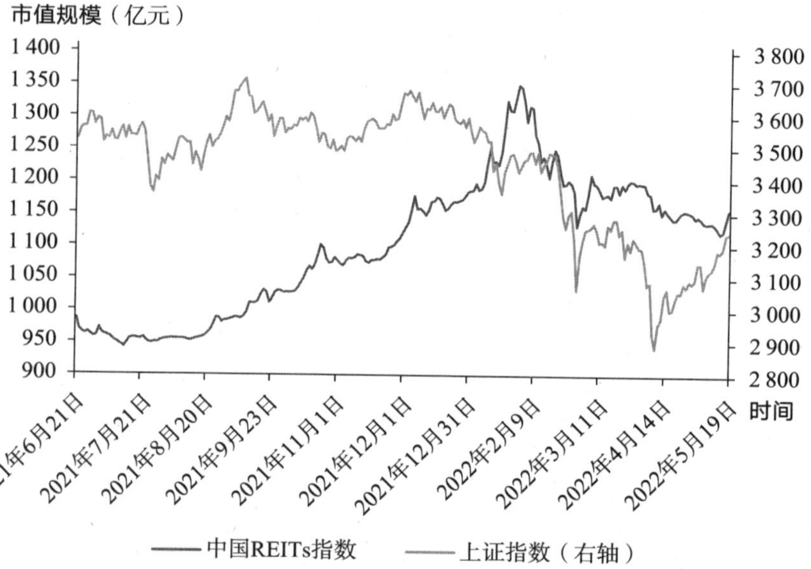

图 7-6　2021 年 6 月 21 日至 2022 年 5 月 19 日中国公募 REITs 市场走势

注：中国公募 REITs 指数根据市值原则以除数修正法编制。

资料来源：万得资讯，课题组整理。

表 7-8　中国 REITs 市场基本概况（截至 2022 年 5 月 27 日）

序号	REIT 简称	底层资产类别	发行规模（亿元）	募集份额（万份）	发行价（元 / 份）	收盘价（元 / 份）	市值规模（亿元）	涨幅（%）	历史最高涨幅（%）	交易所
1	中航首钢绿能 REIT	生态环保	13.38	10 000	13.38	17.31	17.31	29.34	39.97	深交所
2	华夏越秀高速 REIT	交通设施	21.30	30 000	7.10	8.43	25.28	18.66	40.37	深交所
3	东吴苏园产业 REIT	产业园区	34.92	90 000	3.88	4.63	41.69	19.38	41.47	上交所
4	华安张江光大 REIT	产业园区	14.95	50 000	2.99	3.64	18.20	21.74	49.63	上交所
5	建信中关村 REIT	产业园区	28.80	90 000	3.20	4.51	40.57	40.88	73.59	上交所
6	博时蛇口产园 REIT	产业园区	20.79	90 000	2.31	3.04	27.39	31.73	57.39	深交所
7	富国首创水务 REIT	生态环保	18.50	50 000	3.70	5.40	27.00	45.92	102.00	上交所
8	浙商沪杭甬 REIT	交通设施	43.60	50 000	8.72	9.88	49.38	13.25	22.91	上交所
9	中金普洛斯 REIT	仓储物流	58.35	150 000	3.89	4.80	71.94	23.29	37.37	上交所
10	平安广州广河 REIT	交通设施	91.14	70 000	13.02	12.60	88.18	−3.25	9.87	深交所
11	红土盐田港 REIT	仓储物流	18.40	80 000	2.30	3.02	24.14	31.17	76.62	深交所
12	华夏中国交建 REIT	交通设施	93.99	100 000	9.40	9.56	95.61	1.71	4.15	上交所

资料来源：万得资讯，课题组整理。

从中国公募REITs二级市场交易视角看投资者参与情况可以发现，公募REITs市场成交活跃度波动较大，但总体水平较股票市场略低（如图7-7所示）。截至2022年6月7日，公募REITs市场平均换手率较年内4%以上的高点已回落至1.66%，日均成交额达2.07亿元，日均成交量为0.39亿份。

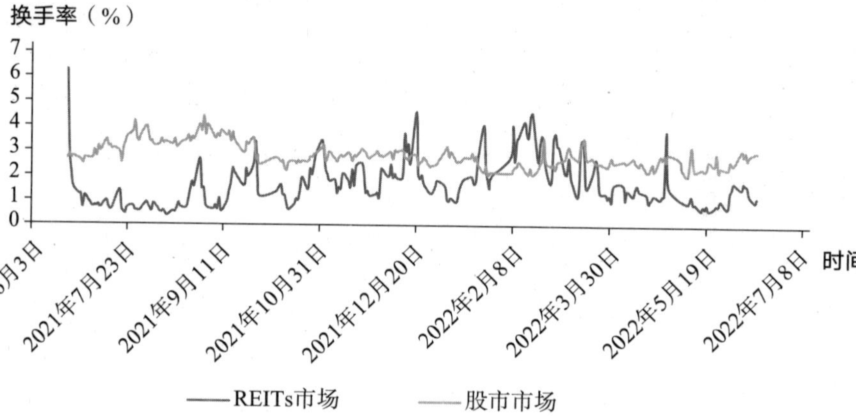

图7-7 2021年6月22日至2022年6月13日中国公募REITs市场及股票市场换手率对比

资料来源：万得资讯，课题组整理。

如表7-9、表7-10所示，从市场估值表现看投资者资产偏好可以发现，截至2022年5月13日，生态环保公募REITs得到机构投资者的认可、估值最高，其平均相对净值溢价率达42.81%；而产业园区公募REITs和仓储物流公募REITs估值居中，平均相对净值溢价率分别为29.83%和26.34%；交通设施公募REITs估值最低，平均相对净值溢价率仅为11.02%。从中可以看出，公募REITs市场的估值表现与其底层资产的性质有着明显关联，且产权类公募REITs估值普遍高于特许经营权类公募REITs。同时，若聚焦特许经营权类公募REITs，则可以发现该类公募REITs估值逐渐呈现分化趋势。在特许经营权类公募REITs中，高速公路公募REITs和生态环保公募REITs都有着较为明确的业务增长逻辑，业务定价受到监管制约，因此其底层资产有着较明确的预期现金流，估值表现通常较低。然而，2022年生态环保公募REITs市场的估值表现远远高于高速公路公募 REITs，两类公募 REITs 分别处于估值高峰和估值低谷，这引起了投资者对公募 REITs 市场估值的重新思考。

表 7-9　中国公募 REITs 市场估值表现（产品视角，截至 2022 年 5 月 13 日）

序号	REIT 简称	底层资产类别	最新净值	公募 REITs 估值	ABS 估值	相对净值溢价率（%）	*PV* 乘数	ABS 估值收益率（%）
1	博时蛇口产园 REIT	产业园区	3.00	3.00	3.06	29.87	0.98	5.13
2	平安广州广河 REIT	交通设施	12.46	12.46	14.61	−1.75	0.85	6.95
3	华夏越秀高速 REIT	交通设施	8.30	8.30	8.04	16.86	1.03	9.32
4	红土盐田港 REIT	仓储物流	2.95	2.95	2.34	26.71	1.26	6.04
5	中航首钢绿能 REIT	生态环保	17.09	17.09	11.79	43.12	1.45	9.28
6	华安张江光大 REIT	产业园区	3.58	3.58	3.21	20.72	1.12	5.12
7	浙商沪杭甬 REIT	交通设施	9.54	9.54	9.05	14.25	1.05	7.67
8	富国首创水务 REIT	生态环保	5.26	5.26	3.30	39.42	1.59	7.86
9	华夏中国交建 REIT	交通设施	9.48	9.48	9.99	0.87	0.95	8.20
10	东吴苏园产业 REIT	产业园区	4.52	4.52	4.07	15.33	1.11	5.59
11	中金普洛斯 REIT	仓储物流	4.73	4.73	3.94	23.01	1.20	6.84
12	建信中关村 REIT	产业园区	4.41	4.41	3.52	37.91	1.25	5.88

注：*PV* 乘数 = 公募 REITs 估值 /ABS 估值。

资料来源：万得资讯，课题组整理。

表 7-10　中国公募 REITs 市场估值表现（底层资产类别视角，截至 2022 年 5 月 13 日）

序号	底层资产类别	成交量（亿份）	成交额（亿元）	平均相对净值溢价率（%）
1	仓储物流	23.45	94.82	26.34
2	交通设施	8.93	99.16	11.02
3	生态环保	8.37	62.92	42.81
4	产业园区	35.36	129.90	29.83

资料来源：万得资讯，课题组整理。

截至 2022 年 6 月，中国上市公募 REITs 共有 12 只。经过近一年的市场探索，中国公募 REITs 资产估值总体变化幅度平稳，但产权类公募 REITs 与特许经营权类公募 REITs 逐步显现出估值分化的趋势（如图 7-8 所示）。其中，产权类公募 REIFs 指数收益水平明显较特许经营权类公募 REITs 更高，尤其是在 2022 年春节前上行区间，产权类公募 REITs 明显呈现更快的价格上涨趋势。

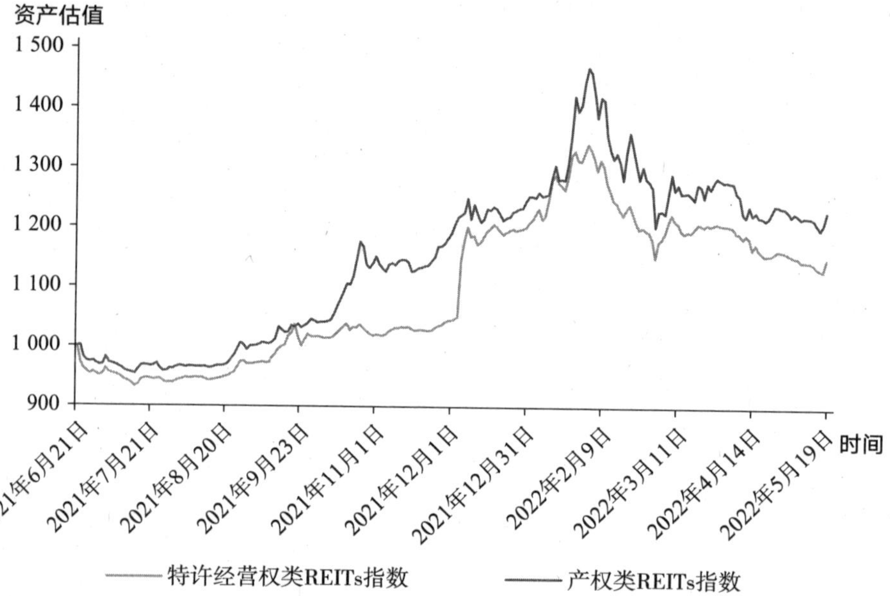

图 7-8　2021 年 6 月 21 日至 2022 年 5 月 19 日不同底层资产中国公募 REITs 指数

注：中国公募 REITs 分类指数根据市值原则以除数修正法编制。

资料来源：万得资讯，课题组整理。

根据 2021 年第一批 9 只公募 REITs 年报披露的信息，5 只产权类公募 REITs 资产评估价值平均较招募说明书提升 0.9%，而 4 只特许经营权类公募 REITs 资产评估价值平均较招募说明书下降 1.6%。这一趋势同样在二级市场估值表现上体现。如表 7-11、表 7-12 所示，截至 2022 年 5 月 27 日，5 只产权类公募 REITs 平均历史最高涨幅为 52.50%，而 4 只特许经营权类公募 REITs 平均历史最高涨幅为 43.69%；5 只产权类公募 REITs 收盘价较发行价平均涨幅为 23.21%，而 4 只特许经营权类公募 REITs 收盘价较发行价平均涨幅为 18.73%。

表 7-11　中国公募 REITs 二级市场估值表现（截至 2022 年 5 月 27 日）

序号	REIT 简称	底层资产类别	发行价（元/份）	历史最高价（元/份）	历史最高涨幅（%）	收盘价（元/份）	较发行价涨幅（%）	类别
1	中航首钢绿能 REIT	生态环保	13.38	18.73	39.97	17.09	27.73	特许经营权类
2	华夏越秀高速 REIT	交通设施	7.10	9.97	40.37	8.30	16.90	特许经营权类
3	东吴苏园产业 REIT	产业园区	3.88	5.49	41.47	4.52	16.49	产权类
4	华安张江光大 REIT	产业园区	2.99	4.48	49.63	3.58	19.73	产权类
5	建信中关村 REIT	产业园区	3.20	5.56	73.59	4.41	37.81	产权类
6	博时蛇口产园 REIT	产业园区	2.31	3.64	57.39	3.00	29.87	产权类
7	富国首创水务 REIT	生态环保	3.70	7.47	102.00	5.26	42.16	特许经营权类
8	浙商沪杭甬 REIT	交通设施	8.72	10.72	22.91	9.54	9.40	特许经营权类
9	中金普洛斯 REIT	仓储物流	3.89	5.34	37.37	4.73	21.59	产权类
10	平安广州广河 REIT	交通设施	13.02	14.31	9.87	12.46	-4.30	特许经营权类
11	红土盐田港 REIT	仓储物流	2.30	4.06	76.62	2.95	28.26	产权类
12	华夏中国交建 REIT	交通设施	9.40	9.79	4.15	9.48	0.85	特许经营权类

资料来源：万得资讯，课题组整理。

表 7-12　不同底层资产类别下中国公募 REITs 二级市场收益水平

底层资产类别	资产类别	平均历史最高涨幅（%）	收盘价较发行价平均涨幅（%）
特许经营权类	生态环保	70.99	34.93
产权类	仓储物流	56.99	24.94
产权类	产业园区	49.50	22.05
特许经营权类	交通设施	16.39	2.54

资料来源：万得资讯，课题组整理。

产生这一分化趋势的原因，一方面，在于产权类公募 REITs 的底层资产期末具有退出价值，在当前低利率市场环境下估值具有相对抬升趋势；另一方面，新冠肺炎疫情导致上海、北京等重要城市交通停顿，车流量下降造成通行业务收入减少，影响了以高速公路为代表的特许经营权类公募 REITs 预期现金流，降低了特许经营权类公募 REITs 表现。相比较而言，环保水务公募 REITs 等特许经营权类公募 REITs 的底层资产收益水平及预期现金流相对稳定，受疫情影响有限，而高速公路公募 REITs 则因封城或静态管理措施，所受影响更明显。

随着中国公募 REITs 二级市场交易价格的大幅上涨，尤其是产权类公募 REITs 二级市场表现较好，产权类公募 REITs 资本收益不断抬升，形成较高的市场溢价。导致较高市场溢价的原因，一方面，是公募 REITs 产品本身较稳定的现金流和资产属性，在经济波动不断加大的背景下显得尤为珍贵；另一方面，公募 REITs 市场空间相对有限，难以满足大量机构投资者的需求，在市场供需错配的情况下进一步凸显公募 REITs 的稀缺性。

然而从长期来看，公募 REITs 市场较高溢价场景并不具备持续性。2022 年 2 月中旬，随着监管层窗口指导和公募 REITs 市场业绩预警，市场价格开始逐步回落。而 2022 年 6 月首批公募 REITs 份额将逐步解禁，加之后续公募 REITs 市场的不断扩容，将为公募 REITs 市场提供更多空间和容量。未来中国公募 REITs 市场定价与估值将不断向内在价值回归。

中国公募 REITs 二级市场的定价与估值

估值与定价是否合理在很大程度上决定了二级市场的有效性，也是公募 REITs 进一步扩容的关键。中国公募 REITs 估值体系虽然总体上仍然以自由现金流折现为核心，但由于底层资产分为特许经营权类和产权类，采用的现金流量和折现率略有不同。整体而言，特许经营权类公募REITs估值定价的框架接近特许经营期限内的债券，以“营运现金流（FFO）+内部收益率（IRR）”作为主要计算要素；产权类公募REITs估值定价的框架则接近股票，以“净营业收入（NOI）+资本化率（Cap Rate）”作为主要计算要素。

以下从大类资产相关性、二级市场波动收益等方面研究中国已上市公募REITs的表现。

与大类资产的相关性研究

公募REITs在二级市场上的表现与大类资产波动具有一定相关性。通过观察公募REITs与股票、债券、商品等指数的相关性，可以发现不同类别公募REITs的“股性”与“债性”占比各有不同。如表7-13所示，环保水务公募REITs与上证指数、中证500指数等权益类指数具有最高的相关性水平，其与上证指数、中证500指数的相关系数约为0.35、0.32；仓储物流公募REITs及产业园区公募REITs与权益类指数的相关性水平居中；高速公路公募REITs则与权益类指数有着最低的相关性水平，去除新发行的华夏中国交建REIT，平均相关系数约为0.23。从这一角度看，环保水务公募REITs及仓储物流公募REITs体现出较高的“股性”，结合前述各类公募REITs二级市场的收益表现，也可以验证其“股性”较强的倾向。

表7-13　公募REITs与大类资产指数

类型	REIT简称	上证指数	中证500指数	中证信用	中证国债	万得资讯商品指数
高速公路	平安广州广河REIT	0.237 6	0.186 1	0.104 3	0.027 8	0.050 9
	浙商沪杭甬REIT	0.058 4	0.097 3	0.004 1	−0.077 9	−0.098 5
	华夏越秀高速REIT	0.241 4	0.253 0	−0.271 1	−0.005 6	0.175 2
	华夏中国交建REIT	0.392 9	0.383 8	−0.253 4	−0.039 9	0.186 8

续表

类型	REIT 简称	上证指数	中证 500 指数	中证信用	中证国债	万得资讯商品指数
仓储物流	红土盐田港 REIT	0.255 9	0.168 4	−0.522 5	−0.178 5	0.131 9
	中金普洛斯 REIT	0.346 7	0.300 7	−0.156 5	−0.126 7	0.025 8
环保水务	中航首钢绿能 REIT	0.352 1	0.324 6	−0.128 5	−0.033 8	0.173 8
	富国首创水务 REIT	0.341 7	0.311 6	−0.403 5	0.033 4	0.479 3
产业园区	博时蛇口产园 REIT	0.176 1	0.133 8	−0.324 6	−0.164 4	0.186 0
	东吴苏园产业 REIT	0.216 8	0.176 6	−0.175 1	−0.042 9	0.010 8
	华安张江光大 REIT	0.269 9	0.205 0	−0.487 4	−0.180 8	0.150 2
	建信中关村 REIT	0.387 1	0.329 1	−0.306 4	−0.073 5	0.205 1

注：为获取公募 REITs 全部上市样本，观察窗口取 2022 年 4 月 28 日至 2022 年 7 月 1 日。

资料来源：万得资讯，课题组整理。

在中证信用、中证国债等债券类指数下，高速公路公募 REITs 体现出相对较高的正相关性水平，环保水务公募 REITs 及产业园区公募 REITs 的相关性水平居中，而仓储物流公募 REITs 体现出相对较高的负相关性水平。从这一侧面来看，高速公路公募 REITs 更加偏向“债性”。结合前述不同底层资产类别下中国公募 REITs 二级市场的收益水平可以看出，高速公路公募 REITs 近一年二级市场的最大回撤率较低，也反映出该类公募 REITs 的“债性”偏强。

相较于前三类，产业园区公募 REITs 与股票类和债券类指数的相关性水平略低，与各指数的联系相对离散，或是由于各产业园区出租、续租情况相对分散，受疫情影响不同。统计各大类资产指数与公募 REITs 的相关性后，可以发现不同类别公募 REITs 二级市场表现与相关大类资产指数呈现出不同的相关性水平，这一特点或与其底层资产所属行业在市场的表现有一定关联。值得注意的是，自 2022 年 3 月以来，中国股票市场迎来一波较大的调整，而同期公募 REITs 市场相对于股票市场呈现出明显的抗跌性。未来，随着公募 REITs 市场的发展和成熟，其与权益市场的相关性或将产生新的趋向，值得投资者注意。

二级市场收益波动的影响因素

除前述不同大类资产指数与公募 REITs 二级市场表现存在一定相关性之外，公募 REITs 市场收益波动也与底层资产所属行业发展趋势、市场流动性等因素有关。从目前行业相关性看，公募 REITs 二级市场表现与其底层资产所属行业发展趋势的相关性更趋明显。而行业发展趋势将影响机构投资者对公募 REITs 未来收益水平及其派息分红情况的判断。

如表 7-14 所示，从资产类别来看，环保水务公募 REITs 与其行业指数的相关性水平最高，相关系数达到近 75%；产业园区公募 REITs 与行业指数的相关性也较明显，整体相关系数接近 70%；仓储物流公募 REITs 与行业指数的相关性水平略低，相关系数约为 50%，而高速公路公募 REITs 与行业指数存在较弱的相关性。导致弱相关的原因有两个方面：一方面，在于观察窗口选择，本次相关性观察窗口为 2022 年 4 月 28 日至 2022 年 6 月 7 日，该窗口与华夏中国交建 REIT 发行日期过于接近；另一方面，不同高速公路公募 REITs 项目因各自路线及车流量特性，有其市场估值特殊性，单一的高速公路行业指数或难以对其进行表征。

表 7-14　公募 REITs 与行业指数

底层资产类别	REIT 简称	中证基建	中信行业指数：基建建设	中信行业指数：园区综合开发	中信行业指数：环保及水务	申万行业指数：水务及水治理	申万行业指数：高速公路	申万行业指数：产业地产	申万行业指数：基建市政工程
高速公路	平安广州广河 REIT	4.71	−32.13	77.74	−8.23	22.91	−2.05	9.51	−16.72
	浙商沪杭甬 REIT	24.55	−25.98	84.94	8.21	39.87	12.67	19.63	−10.62
	华夏越秀高速 REIT	46.95	−27.83	84.13	43.15	67.75	48.07	39.62	−14.20
	华夏中国交建 REIT	−37.51	14.49	72.20	−68.48	−66.04	−67.98	−43.44	32.30
仓储物流	红土盐田港 REIT	54.95	−17.79	92.55	49.66	75.49	53.52	52.59	−2.39
	中金普洛斯 REIT	49.63	−6.71	55.44	56.41	67.09	52.63	50.02	0.30

续表

底层资产类别	REIT 简称	中证基建	中信行业指数：基建建设	中信行业指数：园区综合开发	中信行业指数：环保及水务	申万行业指数：水务及水治理	申万行业指数：高速公路	申万行业指数：产业地产	申万行业指数：基建市政工程
环保水务	中航首钢绿能REIT	75.41	8.72	80.00	74.54	88.57	77.01	77.63	20.40
	富国首创水务REIT	44.17	-18.73	93.52	32.51	61.76	37.05	41.91	-2.26
产业园区	博时蛇口产园REIT	55.99	-12.52	91.09	46.59	73.03	51.51	52.32	2.66
	东吴苏园产业REIT	14.82	-5.03	19.72	5.80	17.47	7.51	6.14	-4.62
	华安张江光大REIT	49.66	-14.44	82.54	33.75	61.60	43.17	32.88	-0.81
	建信中关村REIT	42.91	-24.38	86.62	30.92	59.05	38.26	30.92	-9.04

资料来源：万得资讯，课题组整理。

虽然行业发展趋势能够在一定程度上影响公募 REITs 市场价格波动，但公募 REITs 市场价格波动更多源自底层资产，包括营业收入、税息折旧及摊销前利润（EBITDA）、底层资产重新估值、实际可供分配金额及派息分红情况等因素。其中 EBITDA 的预期变化对公募 REITs 二级市场表现影响相对明显（如图 7-9 所示）。

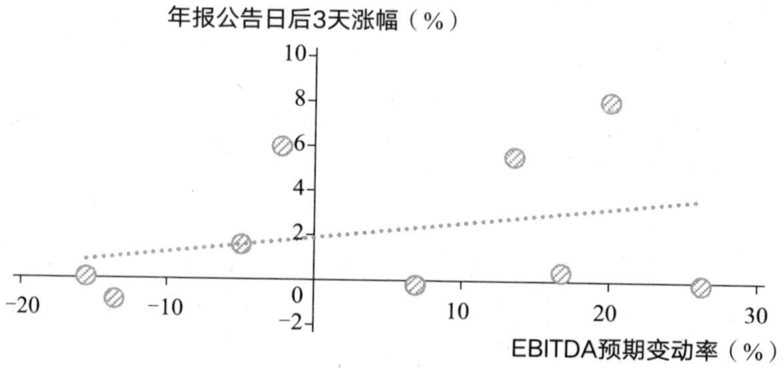

图 7-9 EBITDA 预期变化对公募 REITs 市场的影响（截至 2022 年 3 月 31 日）

资料来源：万得资讯，课题组整理。

首批公募 REITs 年报相关数据与公告日后市场表现如表 7-15 所示。

表 7-15　首批公募 REITs 年报相关数据与公告日后市场表现

序号	REIT 简称	底层资产类别	年报公告日	营收变动率（%）	成本变动率（%）	净利变动率（%）	资产评估变动率（%）	EBITDA 预期变动率（%）	年报公告日后 3 天涨幅（%）
1	浙商沪杭甬 REIT	交通设施	2022 年 3 月 30 日	45.00	61.40	-589.70	-2.48	-4.92	1.53
2	平安广州广河 REIT	交通设施	2022 年 3 月 30 日	41.10	18.10	303.50	-0.02	-15.51	0.04
3	红土盐田港 REIT	仓储物流	2022 年 3 月 30 日	62.90	96.10	59.40	1.35	13.53	5.53
4	中金普洛斯 REIT	仓储物流	2022 年 3 月 31 日	12.20	127.30	-78.10	1.38	6.92	-0.22
5	富国首创水务 REIT	生态环保	2022 年 3 月 31 日	18.00	14.60	27.40	-7.10	-13.60	-0.95
6	中航首钢绿能 REIT	生态环保	2022 年 3 月 30 日	15.50	54.50	-171.90	-3.32	20.03	8.02
7	博时蛇口产园 REIT	产业园区	2022 年 3 月 16 日	21.00	138.90	-11.50	0.24	-2.22	5.94
8	东吴苏园产业 REIT	产业园区	2022 年 3 月 31 日	15.20	23.50	17.60	0.30	26.26	-0.13
9	华安张江光大 REIT	产业园区	2022 年 3 月 30 日	10.30	56.10	-740.20	0.68	16.79	0.37

资料来源：万得资讯，课题组整理。

另外，公募 REITs 投资者结构对其市场表现也有一定程度的影响，将公募 REITs 个人投资者持有份额占比与历史最大涨幅、历史最大回撤等二级市场表现相结合，可以发现较高的个人投资者持有份额占比常常与更多极端市场场景对应出现（如图 7-10 所示）。投资者结构对于公募 REITs 二级市场的影响，或与权益市场类似。

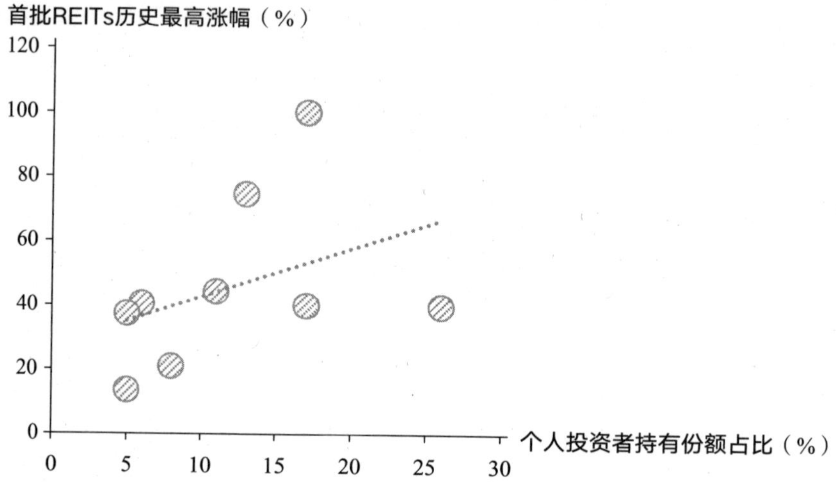

a. 首批REITs历史最高涨幅与个人投资者持有份额占比的关系

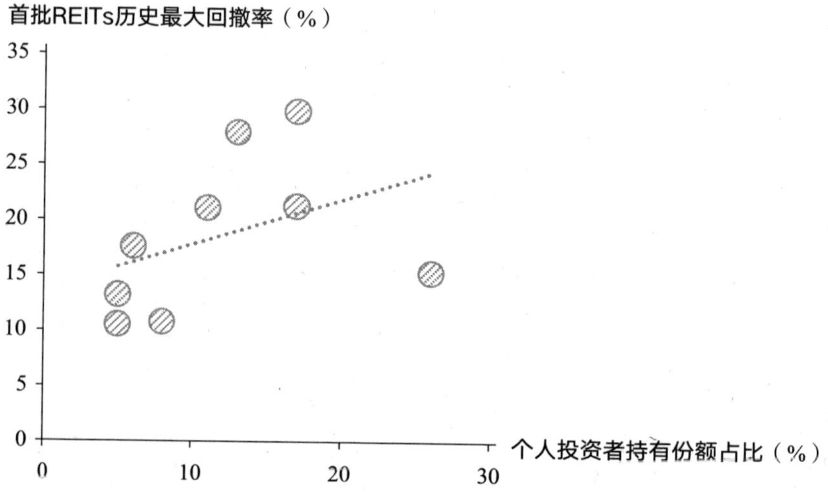

b. 首批REITs历史最大回撤率与个人投资者持有份额占比

图 7-10　中国 REITs 中较高的个人投资者占比容易放大资产价格波动（截至 2022 年 6 月 7 日）

资料来源：万得资讯，课题组整理。

价格走势相关性

公募REITs的定价效率主要由机构投资者决定。在市场发展初期，投资者偏好、市场流动性、市场舆论情况等因素都会影响公募REITs定价的有效性。对目前相对有限的周期进行观察可以发现，公募REITs市场呈现相对明显的同涨同跌现象。

同一批次的公募REITs上市首月呈现出较为集中的市场走势。如图7-11所示，观察3批公募REITs上市首月的市场表现可以发现，第一批与第二批公募REITs呈现出较为明显的区别。第一批9只公募REITs上市后呈现出较为明显的折价表现，9只公募REITs一致下跌，市场平均跌幅约3.57%。第二批2只公募REITs上市后，又呈现出明显的溢价表现，2只公募REITs全部上涨，市场平均涨幅达5.95%。

考虑到不同时期市场流动性的差异，将观察窗口分别集中至2022年春节前后2个月，可以发现不同上市批次的影响已大为减弱，可以排除市场流动性差异因素，但各公募REITs同涨同跌现象依然明显。通过计算不同周期市场表现的离散程度，发现春节前公募REITs市场所有11只产品同步上涨，平均上涨7.41%，标准差为0.074 8，呈现出市场普涨局面；而春节后公募REITs市场所有产品则一致下跌，平均下跌15.61%，标准差为0.059 0，呈现市场普跌局面（如图7-12所示）。

再将观察窗口移动至12只公募REITs产品全部上市后，可以发现经历过不同上下行区间后，市场依然存在较为明显的集中定价表现，12只公募REITs产品呈现出较为相近的走势，平均下跌0.46%，离散程度为0.203（如图7-13所示）。通过对公募REITs不同时期进行窗口观察，可以看出公募REITs同涨同跌的抱团现象较为明显。

学术界通常认为，公募REITs二级市场价格走势的独立性，反映了单个标

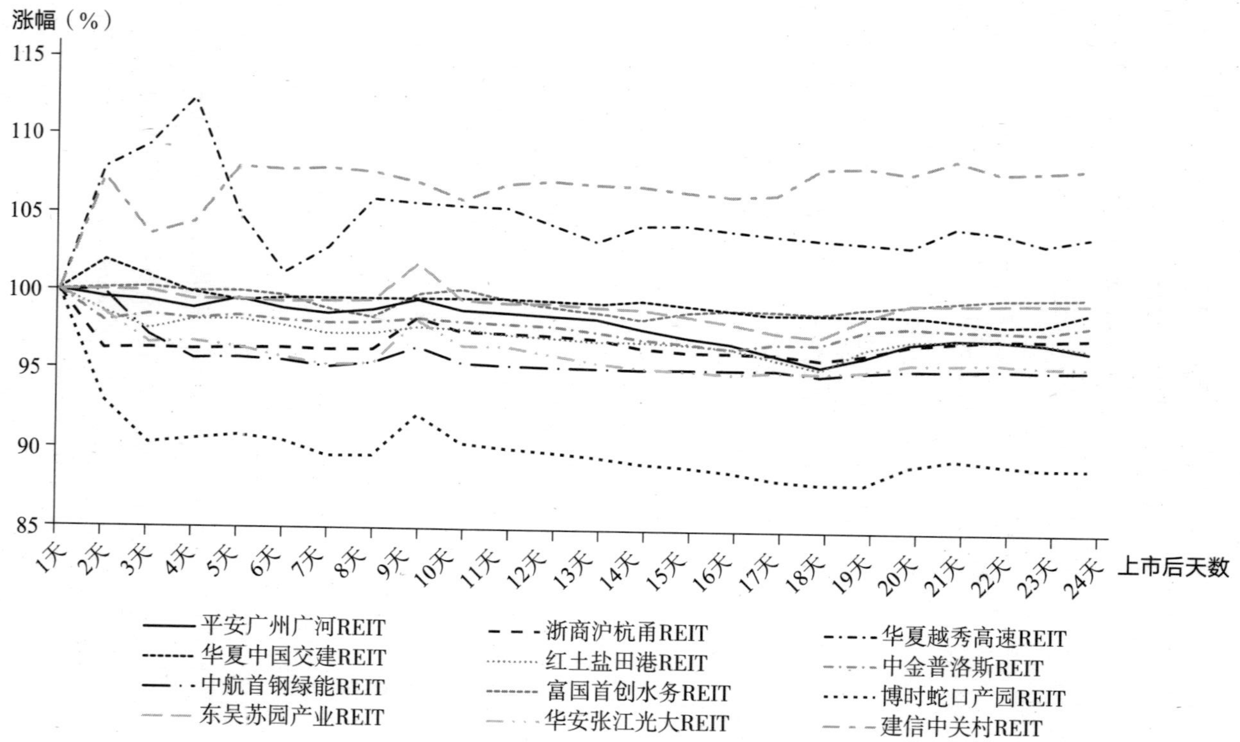

图 7-11　三批公募 REITs 上市首月表现（截至 2022 年 6 月 7 日）

注：平安广州广河 REIT、浙商沪杭甬 REIT、红土盐田港 REIT、中金普洛斯 REIT、中航首钢绿能 REIT、富国首创水务 REIT、博时蛇口产园 REIT、东吴苏园产业 REIT、华安张江光大 REIT 为第一批公募 REITs，华夏越秀高速 REIT、建信中关村 REIT 为第二批，华夏中国交建 REIT 为第三批。

资料来源：万得资讯，课题组整理。

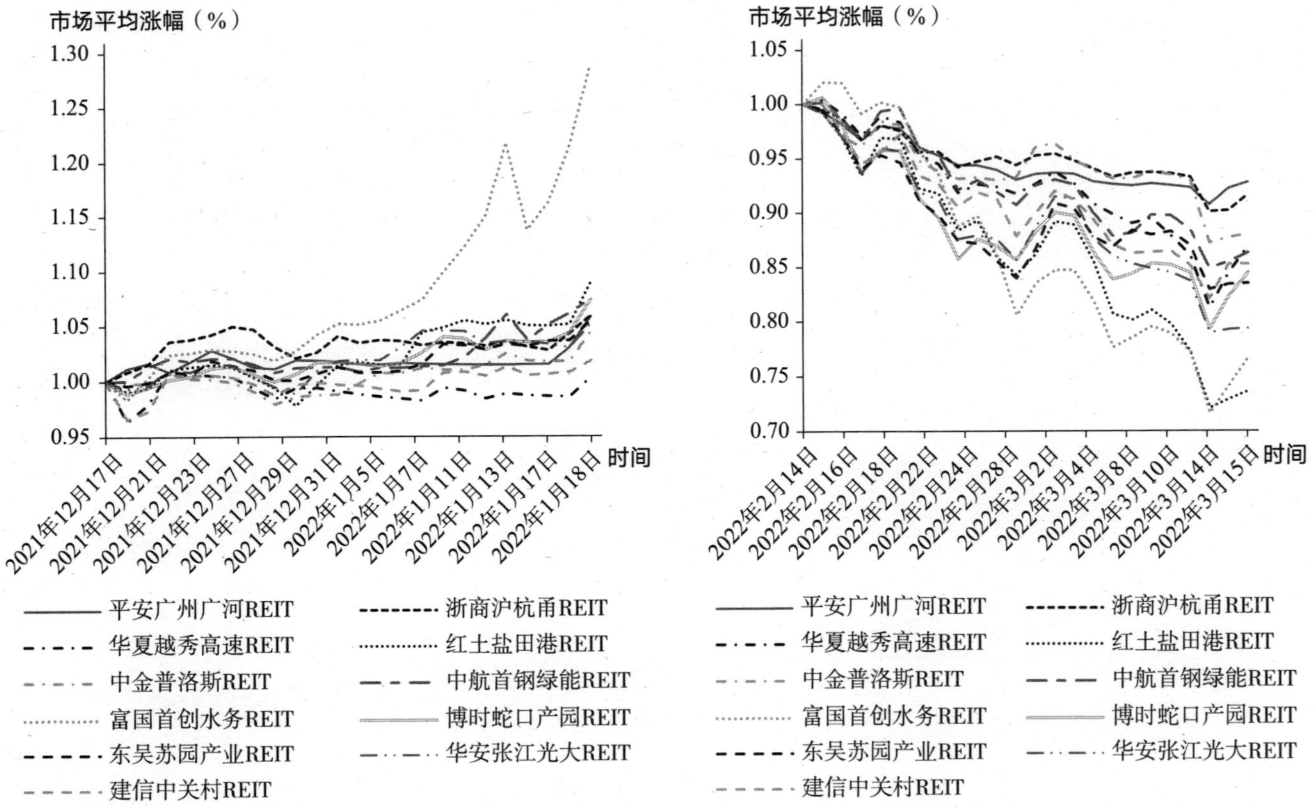

a. 2021年12月17日至2022年1月18日上行周期REITs市场表现

b. 2022年2月14日至2022年3月15日下行周期REITs市场表现

图 7-12　上行和下行周期 REITs 市场表现

资料来源：万得资讯，课题组整理。

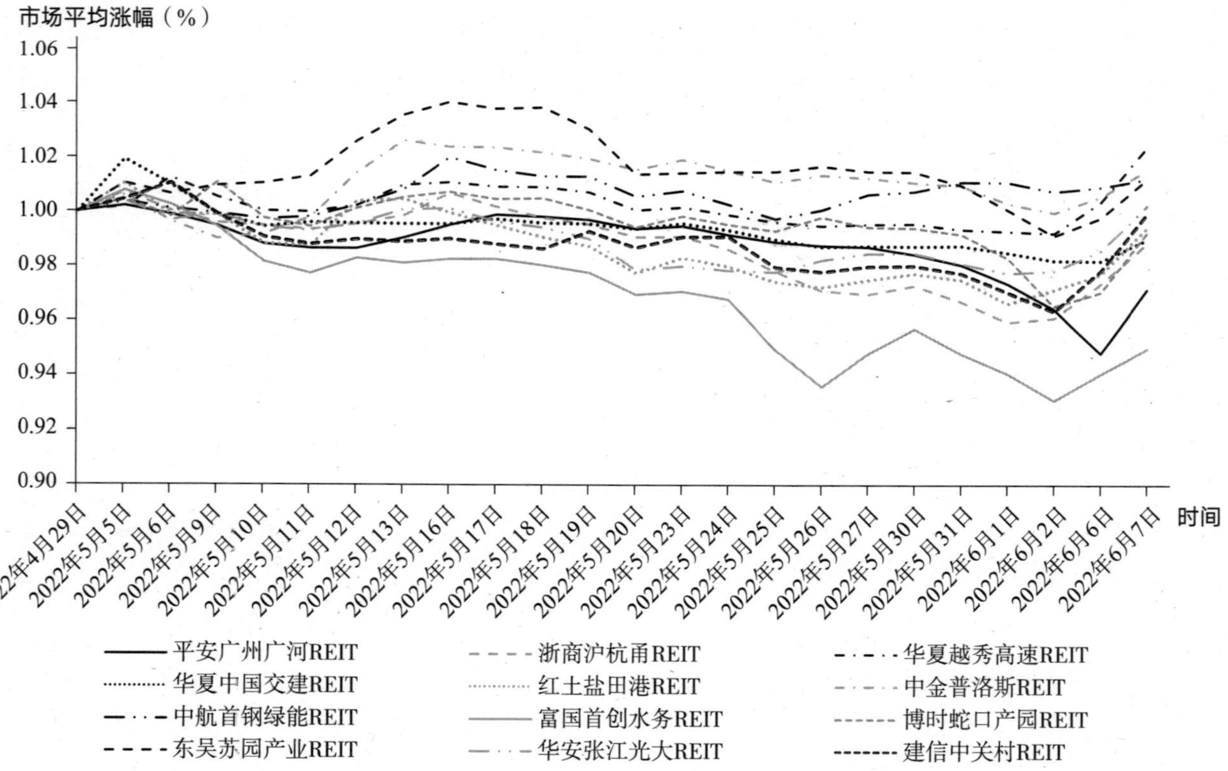

图 7-13　中国公募 REITs 存在较为明显的集中定价表现（2022 年 4 月 29 日至 2022 年 6 月 7 日）

资料来源：万得资讯，课题组整理。

的价格中包含的信息较多、市场有效性较强，而中国公募 REITs 目前的价格走势比较趋同。从市场角度来看，目前中国公募 REITs 市场容量较小，投资标的也仅为几个有限类别，在这样狭小的市场空间下，机构投资者更容易形成一致性预期，彼此间相似的市场操作也进一步推动同涨同跌现象出现。从底层资产来看，虽然公募 REITs 底层资产有不同预期现金流和派息分红特性，但是在市场发展初期，尤其是在新冠肺炎疫情影响下，机构投资者对于底层资产未来收益及派息分红情况并不确定，在价格大幅波动期间，对公募 REITs 投资更倾向于采取保守和跟随策略。

公募 REITs 投资的机遇与挑战

在疫情反复冲击经济增长、市场风险渐入高位的背景下，具备稳定现金流和高派息分红比例的公募 REITs 产品成为资管机构眼中良好的投资标的。多只公募 REITs 产品的超募情况和配售比例凸显出资管机构对公募 REITs 产品的重视。因此，对公募 REITs 市场的发展进行研究，需要重视机构投资者参与情况及其投资过程中存在的难点和堵点。

预期差视角下的投资机会

公募 REITs 的收益主要由两个部分构成，即派息分红和资本利得。在底层资产有利润可分的前提下，公募 REITs 每年会以现金分红的方式向持有人分配不低于 90% 的年度可分配利润。根据美国房地产投资信托协会的数据，2003 年至 2022 年 6 月，美国公募 REITs 市场年化收益率长期稳定在 12.8% 左右。从收益结构看，价格和分红对公募 REITS 收益的贡献基本各占 50%，而目前中国公募 REITs 的主要收益构成基本来自二级市场的溢价。

在公募REITs分红视角下，公募REITs的收益来源主要是其底层资产的租金收入，不同底层资产有着不同租金收入表现，同时也对应不同的租金收入预期。通常而言，公募REITs底层资产租金收入水平以稳定著称，但是宏观变化和行业发展动态会大幅影响租金收入预期。这种预期差的来源是底层资产类别。根据相关研究统计，我国公募REITs市场表现与宏观资金面的相关性水平并不高，而与底层资产行业指数的相关性水平较高。根据不同公募REITs所属行业分类进行加权计算的公募REITs行业市值指数与各地对应的行业指数的相关系数基本达到50%以上，而其中高速公路公募REITs与基础设施建设类指数的相关性明显。中国公募REITs与行业指数及宏观因素的相关性如表7-16所示。

表7-16　中国公募REITs与行业指数及宏观因素的相关性

产业面相关性				资金面相关性			
中证行业指数：基础设施建设工程	中信行业指数：基础设施建设	中信行业指数：园区综合开发	中信行业指数：环保及水务	全市场机构的加权平均回购利率	银行间质押式回购加权利率：7天	中债国开债到期收益率：10年	中债国债到期收益率：10年
70.43%	66.47%	58.84%	53.31%	3.59%	7.76%	-24.75%	1.11%

资料来源：万得资讯，课题组整理。

机构投资者参与仍然面临困难

1. 交易结构复杂

为达到我国公募基金需投资上市股票、债券和证券监督管理机构规定的其他证券及其衍生品的要求，以及考虑税费节约等因素，我国公募REITs产品架构采用“公募基金+ABS”模式。这虽然有利于克服现存机制障碍，实现公募REITs快速推出，但原始权益人、公募基金管理人、计划管理人、运营管理机构等多个主体并存催生出复杂的交易结构。而由复杂交易结构衍生出来的种种委托代理关系，包括公募REITs投资者委托公募基金管理人投资、公募基金管理人委托原始权益人管理基础资产等事项，更容易造成信息不对称和利益冲突，存在产生道德风险的潜在可能。

2. 市场空间有待逐步完善

目前，中国公募 REITs 市场处于起步阶段，投资标的的供给仍远远小于潜在需求。未来中国公募 REITs 市场逐步扩容后，将带来两个方面的影响：一方面，随着市场的发展，中国公募 REITs 有望在政策允许范围内发行新的资产类别公募 REITs，这向目前估值定价尚待完善的中国公募 REITs 市场及机构投资者提出了新的挑战；另一方面，关于存量项目扩募的配套政策正在逐步细化，未来扩募资产是否能够持续保持原资产收益水平，将为机构投资者带来不确定性。对于未来中国公募 REITs 市场规模、投资者结构、资产类别等种种因素，投资者需要拭目以待。

第二部分

机构专题篇

/ 第 8 章 /

深度参与资本市场，推动银行理财子公司高质量发展

2022 年，随着资管新规过渡期的结束，银行理财全面迎来净值化时代。作为银行理财新的展业平台，走过几年初创期的银行理财子公司，正式进入专业化、市场化转型的成长期。身处统一监管规则下的大资管时代，过去以固收投资为主的银行理财，未来是否应该大力发展权益投资、深度参与资本市场是业内持续讨论的热点话题。

银行理财子公司深度参与资本市场的必要性

目前，中国已经转向高质量发展阶段，无论是从提高社会融资效率、满足实

体经济融资需求、助力全体人民共同富裕的角度看，还是从银行理财乃至商业银行自身发展转型的角度看，银行理财子公司都有必要深度参与资本市场，具体可以概括为“六个有利于”。

一是有利于促进社会融资结构优化。经济高质量发展需要更高水平的社会融资结构助力。受各种因素制约，目前中国仍非常依赖商业银行主导的间接融资，而在发达经济体，金融市场主导的直接融资的占比普遍达到70%甚至更高。从中国的情况看，以剔除政府债券融资后的社会融资规模存量口径计，非金融企业债券与股票融资合计占比在15%左右；若算上政府债券融资，则直接融资占比为29%左右，距发达经济体仍有相当差距。2021年印发的“十四五”规划再次强调，要提高直接融资特别是股权融资比重。银行理财作为轻资本业务，在资金端连接表内存款，在资产端连接金融市场，是连接间接融资与直接融资的桥梁，有望成为中国提高直接融资比重、优化社会融资结构的中坚力量。

二是有利于推动资本市场深化发展。近年来，随着资本市场基础制度、基础设施的不断完善，以及公募基金等机构增量资金的增长，A股“散户化”特征有了较为明显的改善。银行理财作为稳健型、配置型的机构投资者，与基金、保险资金、养老金等中长期资金共同参与资本市场，一方面，有利于进一步引导理性投资、价值投资和长期投资，提升市场深度，增强资本市场抗风险能力；另一方面，伴随着注册制下新股入口放宽和退市制度不断优化，银行理财资金入市将加速A股“机构化”进程，有利于促进上市企业的优胜劣汰，提高资本市场定价效率，使资本市场真正成为服务优质企业融资需求的金融基础设施。

三是有利于服务银行客户的直接融资需求。近年来，随着资本市场的不断深化，国内优质企业纷纷挂牌上市，资本市场直接融资对企业的重要性不断提升。商业银行作为中国金融体系的中流砥柱，其客户多以上市企业、“专精特新”企业等为主，从中长期看，上述客户对直接融资尤其是股权融资的依赖度将不断提升，而银行传统信贷资源则更多是对企业日常现金流的补充。因此，如果不能深度参与资本市场，对于客户很大一部分的融资需求，商业银行就无法满足。在新客户拓展方面，定增、并购、二级市场直接投资等权益类业务更是起到了“敲门砖”的作用。

四是有利于满足居民财富多元化配置需要。当前在中国居民的财富结构中，房地产仍处于核心配置地位。从中长期看，随着中国经济进入高质量发展阶段，中央坚持“房住不炒”定位不动摇，金融资产有望逐步成为居民财富保值、增值的重点配置方向。尤其是在促进共同富裕的第二个百年奋斗目标下，深化资本市场发展，提高金融资产配置效率是优化收入分配结构的有效路径。银行理财深度参与资本市场，将大大拓宽银行理财资金可投资资产范围，进一步丰富银行理财产品供给，有机会为广大居民创造更多正向财产性收入。在资本市场发达的美国，金融资产在居民家庭资产中的占比达到了70%左右，并且涵盖了养老金、共同基金、股票、债券、私人股权、保险等多个资产类别。

五是有利于银行理财子公司做大做强。对于以按比例收取管理费作为主要盈利模式的资管行业而言，产品规模无疑是资管机构的生命线与胜负手。自资管新规发布以来，回归资管业务本源的银行理财在经历了短暂的转型阵痛后，虽然产品规模重回上升轨道，但增速已明显下降。究其原因，除了“净值化运作＋市值法估值”导致银行理财产品管理难度加大以外，银行理财资金配置过于集中于固收类资产，导致收益弹性不佳也是重要因素。首先，随着利率长期趋于下行，利率曲线平坦化，来自债券配置的票面利率和资本利得变薄。其次，非标债权资产在日益严格的监管要求下，配置空间越来越小；最后，2019—2021年的结构性牛市为公募基金带来了良好的投资业绩，广大公募基金持有人在分享经济高质量发展红利的同时，也带动公募基金管理规模在过去3年实现了25%的复合年均增速，而银行理财产品由于“缺席”权益市场，未能在同期为投资者提供较有吸引力的投资收益，过去3年银行理财产品复合年均增速仅有10%。在这种情况下，银行理财子公司亟待拓展投资能力圈，以突破管理规模与市场份额的增长瓶颈。纵观国际领先的银行系资管机构，无一不具备多元化资产配置能力，其中权益类资产配置占比普遍在20%以上，若算上另类资产等其他非固收类资产，则占比达到50%以上。此外，考虑到混合类产品和权益类产品的投资管理费率显著高于固收类产品，大力发展权益投资等多资产投资能力，是银行理财子公司提升营业收入和利润的重要途径。

六是有利于商业银行综合化经营转型。中国经济已经处于换挡降速、转向高质量发展的新阶段，利率市场化进程不断深化，银行客户金融需求愈加多元，无论从盈利增长维度看还是从业务发展维度看，中国商业银行都到了转型求变的时刻。参考海外发达经济体的经验，利率市场化改革对商业银行以存贷业务为主、具有顺周期特点的传统盈利模式造成了直接冲击，客户更多依靠资本市场而非信贷融资，而在金融危机后的低利率时代，国际大型商业银行资管业务的营业收入增速普遍高于全行营业收入。银行理财子公司基于对经济与行业周期的判断，深度参与资本市场，一方面通过合理配置大类资产与相关标的，能够充分发挥资管业务抗周期、低波动的属性，为商业银行带来相对稳定的盈利贡献；另一方面能够直接为银行客户提供融资支持和理财服务，极大地拓宽了商业银行的服务边界。

从美国资管市场发展历史
看银行理财子公司当前发展阶段

当前中国资管行业已经形成“银行理财借鉴公募基金，公募基金学习海外经验”的学习链条，其中的海外经验主要指美国经验，美国拥有全球最发达的资管市场，其基金规模保有量长期占全球市场的 50% 以上。美国的经验表明，资管市场与资本市场的发展是相辅相成的。正是 20 世纪 70 年代美国经济的停滞性通货膨胀导致“大萧条”时代形成的金融管制逐渐放开，利率市场化进程开启，金融创新不断涌现，引发美国资本市场深度变革，从而带动了资管市场的大发展。

20 世纪 70 年代：MMFs 投资时代。20 世纪 70 年代美国通货膨胀高企，市场利率大幅上升，但商业银行受限于Q条例[①]无法提高存款利率，导致存款收益不足以跑赢通货膨胀，投资者对短期限、高流动性、高收益的投资产品的需求大幅上升。在此背景下，金融机构和企业大力进行业务创新，针对零售客户的MMFs于1972年应运而生，集合零散资金投资起投门槛高的高利差货币市场工具，使个人投资者也能间接享受货币市场的利差收益。由此，MMFs迎来黄金发展期，在共同基金中的占比由1974年的5%迅速提升至1981年的77%。

20 世纪 80 年代：债券投资时代。20 世纪 80 年代伊始，美国监管机构顺应市场发展趋势出台《1980年存款机构放松管制和货币控制法》，正式废除Q条例，利率市场化进程加速，零息债券、不动产抵押债券、可变期限债券等金融工具陆续被创造出来，债券类资产大为丰富。同时，美国市场利率持续下行导致MMFs吸引力下降、债券价格上升，吸引大量资金流入债券型基金。1982—1992年，债券型基金资管规模增长20倍，在共同基金中的占比提升23个百分点至31%。

20 世纪 90 年代以来：权益投资时代开启。20 世纪 90 年代，美国进入“三高两低”，即高经济增速、高劳动生产率、高企业效益、低失业率、低通货膨胀率的“新经济”时代，第二、第三支柱养老金账户不断提升权益类基金配置，与股票市场繁荣形成良性循环。权益类基金快速成长为共同基金的主要品种，1999年权益类基金资管规模在共同基金中的占比达到59%，较1990年提高37个百分点。

从产品结构的角度比较中美两国资管市场可以发现，中国公募基金整体相当于美国20世纪90年代初的水平。2011年及以前为中国债券型基金起步期，资管规模不足2 000亿元，占比不足10%。2012—2018年，中国债券型基金资管规模占比逐步提升，最高达2018年的80%以上，与之对应的是混合型基金与权益类基金资管规模占比下降至20%以下。2019—2021年，得益于A股连续3年的结构性牛市，混合型基金与权益类基金资管规模占比再次反弹至40%附近。

---

① Q条例是美国联邦储备委员会执行的一项条例，目的在于限制银行对存款支付的利息率。

关于银行理财，因历史原因，2018 年资管新规发布以前发行的各类预期收益型理财产品，实质上为保本保息的类存款产品。虽然随着银行理财子公司的成立与开业，银行理财公司化、净值化转型已基本完成，但其产品体系、客户积累和品牌形象仍深受早期结构影响，专业化、市场化转型依然任重而道远。截至 2021 年末，中国理财市场仍有 92% 以上的产品为固收类产品，混合类及权益类理财产品占比不到 8%，这在美国资管行业发展史上很难找到对标阶段，只能近似对应 20 世纪 80 年代初期。可以说，我国的银行理财子公司较公募基金还有十几年的发展差距。

公募基金参与资本市场能力建设的经验

银行理财子公司深度参与资本市场需要专业化、市场化的机制设计以及有竞争力的资源配置。相比之下，公募基金历经资本市场 20 余年的锤炼，如今已成长为中国资管行业的标杆。当前，不少银行理财子公司已在提升资本市场投资能力尤其是权益投资能力方面做出了一些尝试，但对照国内公募基金的实践经验来看，银行理财子公司仍有较长的路要走。公募基金具有以下特征：

一是人员配置较为充裕。资本市场投资是专业化、系统化程度非常高的金融业务，需要前中后台部门共同配合。头部公募基金公司总人数普遍在 600 人以上，人均资管规模通常在 20 亿元左右。由于个人的研究与投资能力是有边界的，研究与投资部门人数通常占公募基金公司总人数的 1/3 甚至更多，而产品与营销部门、中后台部门的人数占比则根据公募基金公司自身资源禀赋与管理特点而定。

二是投研部门分工专业化。在保证员工总量基础上，公募基金公司对投研部门有着更加细致、灵活的职责分工。**在研究端**，公募基金公司的研究部门普遍涵盖了宏观与策略、信用评级与固收、行业与股票、量化与衍生品等各个细分领域，其中行业与股票研究员占据相当大的比例。**在投资端**，在设置基本的固收投资、权益投资部门的基础上，公募基金公司普遍设立FOF投资、量化投资、衍生品投资、跨境投资、专户/年金投资等专业投资部门。在上述常设部门之外，公募基金公司还鼓励优秀基金经理基于特定策略设立柔性投资团队，视同一级部门管理。

三是投研一体相对成熟。面对瞬息万变的资本市场，投资是基于信心的，研究员扎实的工作成果是基金经理信心的重要来源。但是，研究员作为智囊，不直接管理资金，导致投研一体成为资管机构内部运作机制的设计难点。除了投资策略会、观点交流会和研报发布平台等常规机制外，公募基金公司也在不断创新方式深入推进投研一体。例如，对于研究部门，除要求提供一般性、综合性研究支持外，还要求负责具体品种与策略的研究，同时要求加强研究部门负责的标的准入池跟踪、监测与维护，并通过构建模拟投资组合检验研究成果。再例如，一些公募基金公司有意模糊研究员与基金经理的界限，或安排研究员与基金经理合署办公，或建立若干跨部门投研小组，经过充分交流后形成投资策略，同时为研究员成长为基金经理创造条件。

四是营销管理体系扁平化。公募基金公司的业务已经覆盖资本市场的各类品种，但自身渠道覆盖有限、下沉不足。为充分拓宽资金来源，更好地满足不同类别、不同层次客户的资管需求，公募基金公司普遍按照战略客户部、机构业务部、养老金业务部、互联网金融部、分公司等维度设立“直销+代销”的营销机构体系。其中，分公司通常被视为与总部营销部门平行的一级部门，实行扁平化管理，以强化不同渠道、不同区域的营销工作。有条件的头部公募基金公司，还单独设立了客户服务部门。

五是突出公募基金产品的统筹管理。产品部门作为公募基金设计与发行的统筹部门，负责对产品的全生命周期进行管理，包括产品体系规划、产品创新研发、产品后评价、行业动态跟踪等。不少公募基金公司将产品部门定位为连接营销与投资两端的核心枢纽，由其负责汇总分析负债端与资产端两方信息，及时提出产品策略调整建议，并向营销部门和投资部门反馈。从公募基金的产品结构看，权益投资为公募基金的传统优势领域，混合型基金和股票型基金资管规模合计占比通常超过 40%。

六是激励约束机制较为灵活。在做实产品后评价与组合业绩归因分析的前提下，公募基金公司的薪酬资源总体向前台投研部门倾斜，其中浮动奖金的占比较大，与市场业绩表现高度绑定，以更好地衡量投研人员对投资业务的贡献。为鼓励研究员多出优质成果，更好地支持投资，优秀研究员的薪酬可接近基金经理的水平。公募基金公司对研究员和基金经理的考核普遍采取短期考核与中期考核相结合、定量考核与定性考核相结合的方式，在传导市场业绩压力的同时给予一定范围的容错空间。

七是金融科技投入持续加大。随着中国资本市场改革不断深化，投资品种持续丰富，参与者日益多元，市场有效性显著提升，稳定、高效、智能的金融科技系统成为公募基金公司研究、投资、营销、风险控制、运营等各环节的关键支撑。从头部公募基金公司的情况来看，它们均高度重视金融科技系统建设，配备了相当数量的自有和外包科技人员，金融科技系统建设的费用投入通常占公司营收的 4% 左右。近年来，头部公募基金公司更是加快了大数据、人工智能等金融科技应用与数字化转型的步伐。

以深度参与资本市场为契机，推动银行理财高质量发展

金融是经济的血脉，资管行业是金融业的一个重要细分领域，而银行理财子

公司是中国资管行业的中坚力量。站在新的历史起点，银行理财子公司要从战略高度重视资本市场投资，以银行理财业务高质量发展助力中国经济高质量发展。在具体实施层面，为尽快缩小与公募基金乃至全球领先资管机构的发展差距，银行理财子公司要在明确业务目标的基础上，重点从组织架构与人才储备、投资能力与投研机制、产品体系与分销渠道、风险管理与系统支持四个方面入手，切实提升跨市场、多元化的投资管理能力，打造新的竞争优势，推动银行理财业务真正从过去“铺摊子”的粗放式增长转向集约化、内涵式发展。需要特别指出的是，资管业务是高度市场化的业务，具有头部效应显著、先发优势显著的特点，银行理财子公司若错过了早期参与资本市场的能力建设与投入，等大资管时代的资本市场格局稳定后，则很难再弥补这一短板。

一是突出战略导向。在中国经济转向高质量发展的历史新时期，银行理财子公司要深度参与资本市场，就必须贯彻创新、协调、绿色、开放、共享的新发展理念，服务国内国际双循环相互促进的新发展格局构建，引导银行理财资金优先投向乡村振兴、战略性新兴产业、数字经济、绿色低碳、新型城镇化等经济高质量发展的重点领域。在这一过程中，要树立长期投资与价值投资理念，实施长周期考核，同时积极行使股东权利，积极参与上市公司治理，推动上市公司提高质量，切实提升金融供给侧效能。

二是明确业务发展目标。银行理财子公司若想真正在资本市场占有一席之地，以 10 年为维度计，应至少制定中短期和长期两个阶段的发展目标。**就中短期发展目标而言，**权益类资产在银行理财子公司管理的全部理财资产中的配置比例应不低于 10% ～ 15%，积极发展 FOF、MOM、股票直接投资、量化投资、股权并购等多种权益投资业务，其中股票直接投资业务要实质性起步，存续规模力争达到百亿元级别，核心股票跟踪覆盖数量达到上百个。**就长期发展目标而言，银行理财子公司**应力争权益类资产配置比例不低于 20%，实现各类权益投资业务的全面覆盖，并在 FOF、MOM、股票直接投资领域具备一定市场影响力，在部分行业成为资本市场重要参与机构，股票直接投资业务存续规模达到千亿元级别，核心股票跟踪覆盖数量达到数百个。

三是优化组织架构设置。在设立权益投资部门的基础上，为兼顾专业性与灵活性，银行理财子公司可以参照公募基金模式，通过选派与自荐相结合的方式，试点由专业能力突出的投资经理牵头组建具有鲜明投资策略的柔性投资团队，匹配必要的人手和薪酬资源，视同一级部门管理，若投资运作情况不理想，则可以在履行必要评估审查程序后撤销。针对各类创新投资领域，银行理财子公司可以考虑将非标项目投资部门升级为另类投资部门，进一步扩大高收益资产来源。此外，在交易端，银行理财子公司要积极加强交易人员能力建设，适时设立股票交易团队，打造全天候、跨市场的交易能力。

四是强化专业人才保障。首先，要设计与权益投资规模相匹配的投研人员编制，为未来在行业、品种、策略等专业领域的专业化分工预留发展空间。其次，在坚持高层集体决策、风险政策统一的前提下，探索参照“研究助理 / 交易助理—研究员 / 交易员—高级研究员 / 高级交易员 / 投资经理助理—投资经理”的成长体系，重点培养一批差异化授权、市场化考核、专项化激励的投资经理，摆脱对明星投资经理的依赖。最后，充分考虑权益投资市场化程度高、净值波动大的特点，以聘任制为基础，建立以专业能力为导向、能上能下的 MD（Managing Director）职级体系，为员工提供稳定可预期的上升通道。

五是拓展权益投资品种。目前已经开业的各家银行理财子公司都将混合类产品和权益类产品纳入银行理财产品体系规划，但更多还停留在概念阶段，要真正做大管理规模、丰富产品类别，还需要从三个方面丰富权益类资产的配置选择。**第一，持续巩固 FOF、MOM 业务。**在开展权益投资的起步阶段，采用 FOF、MOM 等委外投资方式，能够有效弥补银行理财子公司在专业人才和经验方面的不足，促进权益投资规模的有效提升。其中，委外投资合作机构、委外管理人的准入与遴选、管理与评价是关键，需要专门的部门来开展，以实现投管分离，强化风险底线。**第二，积极发展股票直接投资业务。**从当前公募基金的市场容量来看，由于工具型 FOF 产品投资范围偏小、优秀专户基金经理稀缺等，FOF、MOM 供给能力有限。若直接投资市场上的公募基金，在短期业绩考核压力下，基金经理将呈现出风格趋同、追逐短期热点的倾向，与银行理财稳健型、配置型的投资运作风格有所差异。因此，从长期做大规模的角度看，银行理财子公司发展股票直接投资业务是必由之路。另外，值得一提的是，全国社会保障基金FOF、MOM业务之所以发展较好，是因为基金管理人本身具备专业的股票投研能力。**第三，加大一级市场股权投资布局。**在积极开展二级市场权益投资业务的同时，银行理财子公司还可以充分发挥集团协同优势，依托母行的产业积淀与客户资源，稳步开展一级市场、一级半市场等非上市股权投资业务。通过股权投资参与公司治理，银行理财子公司还能在深化客户与母行集团业务合作的同时，丰富私募银行理财产品的资产供给，拓展新的收入增长点，实现与母行、客户的"三赢"。

六是建立投研一体机制。与固收投资有所不同的是，由于涉及的行业与领域千差万别，策略的选择更加多样，权益投资高度依赖研究部门或研究员的研究成果。参照公募基金经验并结合银行理财子公司实际可以得出，银行理财子公司可行的投研一体化举措包括但不限于以下内容：投资决策委员会至少按月对上一阶段权益投资策略进行审视，重点是组合业绩归因分析与产品后评价两大维度；建立研究、投资、营销、产品等部门共同参与的高频定期交流机制，及时形成"渠道—投资—研究"的信息反馈链；研究部门建立公开持仓的模拟投资组合，定期检视业绩并进行复盘分析；探索建立研究标的推荐机制，对研究员推荐且投资经理实际配置的标的，投资收益按一定比例计入研究员年度绩效奖励等。

七是丰富产品研发布局。银行理财子公司要充分发挥产品部门连接营销与投资两端的核心枢纽作用，综合评估市场环境与自身能力，在拓展权益投资品种、积累权益投资经验的同时，按照权益类资产配置比例从低到高的顺序，稳步推进"固收+"、混合类、权益类产品布局。其中，"固收+"产品侧重于服务一般客户，力求在兼顾较低风险与较高流动性的前提下，适当提高收益弹性，这类产品的权益类资产仓位较低、期限设计较灵活，可以作为银行理财子公司的主力产品；混合类产品重点满足高净值客户的理财需求，而权益类产品对风险偏好较高、追求高收益的客户更加适用，混合类产品和权益类产品的权益类资产仓位较高，以1年期以上定期开放型理财产品为宜。在上述基本产品分类之外，银行理财子公司还要在做好大势研判的基础上，综合运用专户打新、蓝筹委外、量化平衡、指数增强等多种投资策略，控制好净值回撤，积极提升权益投资的胜率。

八是打造多元渠道体系。权益投资品种的拓展意味着权益类银行理财产品布局的不断完善，除了银行理财子公司当前主打的“固收 +”产品外，混合类产品乃至权益类产品的规模也将稳步提升。由于银行理财产品投资者总体风险偏好依然较低，对产品流动性要求比较高，在权益投资业务发展初期，净值波动较大、期限偏长的混合类产品与权益类产品将更多依赖行外渠道或者直销渠道进行推广，以在先期提升市场知名度与影响力。后续随着权益投资能力的提升与投资者接受度的提高，混合类产品和权益类产品的全渠道推广将成为可能。

九是加强主动风险管理。与购买公募基金等资管产品的投资者相比，购买银行理财产品的投资者范围更广、总体风险偏好更低，更偏好中短期产品。因此，银行理财的第一追求永远是绝对收益，最大程度兼顾银行理财产品的安全性、流动性和收益是银行理财子公司必须坚持的基本原则，权益投资也不例外。在这种情况下，必须树立风险管理部门的中台核心地位，并强调主动风险管理。具体而言，**首先**，风险管理部门要加强银行理财产品的全生命周期风险监测，并主要依托系统控制来实现。事前重点关注持仓集中度、禁限投等硬性指标，事中关注交易环节风险，事后关注投后管理，尤其当权益类资产组合收益率与比较基准偏离度较大时，要及时提出止盈或止损的建议。对于重大事件等风险预警信息，要通过系统及时推送至投资部门。**其次**，风险管理部门要加强对投资组合的定期与不定期压力测试，特别要及时评估权益类资产组合的风险敞口。**最后**，风险管理部门要负责投资组合的业绩归因分析与绩效评估，以便从客户角度就产品的跟踪评价与产品部门进行互相印证与补充。

十是加快数字化转型。资本市场瞬息万变，每天都有海量的数据与信息要收集、归纳、整理和分析，加上仍在不断改革完善的监管规则，强大的系统支持与数字化作业流程，对于提高投资管理效率至关重要。**首先**，银行理财子公司要打造一支科技产品经理队伍。银行理财过去采用的是记账式核心业务系统以及各类百纳被式支持系统，系统研发基本上是传统的瀑布式，周期长、效率低，已经无法适应净值化运作、多元化投资、全方位渠道、高频次估值下的业务经营需要。在这种情况下，银行理财子公司必须以业技融合与敏捷开发为导向，建立一支具有“金融＋互联网技术（IT）”背景、采用IT业务伙伴（IT Business Partner，ITBP）模式、实行“业务＋科技”双线考核的科技产品经理队伍，以实现对业务系统需求研发与维护的快速响应和快速应对。**其次**，银行理财子公司要切实做好数据治理。银行理财由于历史原因，数据的标准化、通用性水平不高，内部普遍存在数据孤岛问题，需要花大力气进行规范治理，2022年4月银保监会发布的《理财公司内部控制管理办法（征求意见稿）》明确要求加强数据质量管理。银行理财子公司要在风险控制合规的前提下，切实打通前中后台数据痛点堵点，逐步实现各类报表的自动化加工与处理，打造便捷高效的数据服务平台，持续提升数据挖掘与分析能力。**最后**，银行理财子公司要深化金融科技应用。一方面，银行理财子公司可以通过股权投资、协同开发等形式与金融科技公司进行合作，在研报分析、用户行为分析、用户画像等具体领域进行有益探索；另一方面，银行理财子公司可以基于数字化转型战略与数据治理成果，打造全资产、一站式、智能化的投研平台，逐步实现知识图谱、动态监控、智能研报、智能搜索、智能推送、组合构建、模型运作、算法服务和数据服务等功能落地。

/ 第9章 /

资管行业机构客户服务体系建设的思考与实施路径

产品和客户服务体系是任何一家企业为客户创造价值的直接抓手，是企业核心竞争力的集中体现和重要组成部分，在企业价值链中处于首要地位。与其他行业相比，资管行业具有产品形态同质性强、服务效果需事后验证、客户体验受多方面因素影响等特点。对于资管机构而言，打造卓越的投资能力，为客户提供具有竞争力的投资收益是提升客户体验的基础性因素。除此之外，打造科学的产品和客户服务体系，为客户提供一站式、多元化的产品和服务也是提升客户体验的重要抓手。

机构客户是资管业务资金来源的重要组成部分，对专业服务有更高要求。根据波士顿咨询公司的报告，截至2020年，从全球范围看，资管行业机构客户的规模占比达60%，在中国资管行业这一比例已达44%。与零售客户相比，机构客户具有管理目标多样化、产品需求综合化、服务质量要求高、服务需求个性化强等特点。伴随着中国资本市场和机构客户逐步走向成熟，打造科学的机构客户服务体系日益成为资管行业竞争制胜的关键要素之一。**本章将讨论中国资管行业**

机构客户服务体系建设中存在的共性问题，提出新形势下加强机构客户服务体系建设对资管机构的重要意义，并从实际操作角度提出机构客户服务体系建设的若干路径。

中国资管行业机构客户服务体系建设中存在的共性问题

中国资管行业正处于转型发展的关键时期，在产品和客户服务体系建设方面仍处于探索阶段。由于发展思路、业务结构的历史惯性，不少资管机构在机构客户服务体系建设中存在欠缺之处，导致机构客户综合体验不佳、机构客户服务效率低下等问题。**以保险资管行业为例**，中国保险资管公司普遍出身于保险公司的投资部，在历史上专注于集团内保险资金运用的投资端业务，缺乏产品和客户的相关概念和文化。随着第三方机构业务的逐步开展，保险资管公司在产品和客户服务体系上的短板开始显现。

从实践上看，中国资管行业在机构客户服务体系建设中普遍存在以下几个方面的问题。**第一，对机构客户服务体系建设重视程度不够，战略投入不到位。**多数资管机构的产销客板块更加强调以产品为中心，在业务开展中更加关注直接销售的贡献，对于机构客户服务体系建设的战略投入不足。在产品同质化竞争的背景下，资管机构客户黏性较低。**第二，机构客户服务资源分配不合理，缺乏统一思想和有效机制。**在现实中，机构客户价值贡献的二八分化现象非常普遍，头部20%的机构客户贡献了80%的规模与管理费收入，但在服务资源分配中的占比远小于其价值贡献，结果是资管机构对重点机构客户服务覆盖不足，资源配置效率低下。**第三，机构客户服务内容与模式不清晰，机构客户服务体系规模经济性差。**部分资管机构未对机构客户需求及机构客户服务内容进行系统梳理，在面对不同类型和规模量级的机构客户时一概而论，导致其机构客户服务体系标准化程度低、可复制性差，在机构客户数量快速增长时未能形成规模经济效应，也难以满足不同类型机构客户的差异化需求。**第四，内部服务资源缺乏有效整合，服务体系碎片化。**重点机构客户的服务需求多元而分散，往往需要资管机构内部不同板块和业务条线形成合力。不少资管机构内部并未形成资源集中整合、统筹调度和考核激励的有效机制，机构客户服务团队单兵作战，效果较差。**第五，缺乏科学的客户体验管理体系与流程。**部分资管机构客户体验管理意识不强，客户调研等工作流于形式，导致客户旅程中的问题、痛点未能及时呈现和解决，严重影响客户体验。

新形势下加强机构客户服务体系建设的重要性日益凸显

近年来，中国资管行业第三方机构业务呈现快速发展态势，机构客户的专业服务需求日益丰富，此外，良好的客户体验日益成为行业竞争制胜的关键要素之一。在此背景下，资管机构加强机构客户服务体系建设的重要性日益凸显。

首先，第三方机构业务有望呈现较快发展态势，机构客户数量、客群类型可能保持较快增长。一方面，伴随着国民财富持续积累，以养老金为代表的上游机构投资者有望持续扩容，将带来资管行业机构业务规模和客户数量的持续增长。以养老金为例，截至 2021 年末，中国养老金资产规模仅相当于 GDP 的 12% 左右，与主要发达国家和全球平均水平（64%）的差距巨大。未来，人口老龄化加剧将对中国养老保障体系建设提出更高要求。伴随着中国养老保障体系日益健全、企业年金覆盖面不断扩大、基本养老保险基金入市比例持续提升，养老金投资管理市场有望维持较快增长。预计到2026年，基本养老保险基金[①]、企业年金和职业年金投资管理市场规模将从2021年末的5.3万亿元增长到10.9万亿元，实现规模翻番。**另一方面**，自资管新规出台以来，各资管子行业的业务边界和牌照差异进一步被打通，融合共生的资管生态加速形成。不同类型的资管机构在投资能力、渠道能力、产品能力、解决方案能力等方面各有千秋，存在合作共赢、优势互补的巨大空间，各资管子行业互相竞争、协作融合将成为长期趋势。例如，银行理财子公司在渠道网点、产品发行方面具备显著优势，而公募基金、保险资管机构则具备多元化投资能力优势，两者天然互补。银行理财子公司可以通过认购产品、委托专户投资、合作开发白标产品等方式与其他资管机构合作，共同服务广大居民日益增长的财富管理需求，未来银行理财有望成为资管行业重要的机构客户。

其次，机构投资管理分工更加精细化，机构客户需求日益丰富。一方面，越来越多的机构投资者开始采取自营投资、内部委托与市场化委托相结合的投资模式，统筹利用和发挥内外部资管机构的投资能力优势，提升业绩水平。例如，中国保险资产管理业协会的调研显示，截至2021年末，超过60%的受访保险公司已经参与了委外投资，而保险资管公司受托管理的第三方保险资金规模达1.6万亿元。**另一方面**，伴随着机构客户的逐步成熟，资管机构与机构客户之间的委托模式有望从全委托模式为主逐步转向半委托模式为主。在半委托模式下，资金所有者自主开展资产配置并在全市场选择优秀投资管理人，这意味着机构客户在资产配置、风险管理、投资研究等增值服务和解决方案方面拥有更多诉求。专业资管机构不仅需要提供更加全面的策略化产品和工具以满足机构客户的配置需求，而且需要强化机构客户服务能力建设，以满足机构客户多元化的增值服务和解决方案需求。

最后，从竞争格局来看，未来资管行业的竞争将从成本和效率的竞争转向客户体验的竞争。在传统意义上，效率提升、成本优化和客户体验提升是商业机构

① 此处的基本养老保险基金仅包含入市部分。

创造价值的三种模式。在资管行业，这三种模式对应着资管机构的投资业绩优势、成本优势和客户体验优势。一般而言，业绩和成本驱动的商业模式是行业主流，但我们必须意识到，业绩和成本的竞争优势存在天然壁垒：超额业绩的竞争优势往往难以长期保持，并且具有很强的规模约束，而成本优化有下限约束。在未来竞争中，围绕提升客户体验打造竞争优势至关重要。一方面，提供具有竞争力的投资收益是提升客户体验的基础因素，资管机构持续提升投研能力是永恒主题；另一方面，以客户体验为中心，为客户提供一站式、定制化服务的能力日趋重要，也日益成为领先资管机构的核心竞争力之一。

中国资管机构加强机构客户服务体系建设的实施建议

优化资源配置，推动机构客户分群、分层管理

实现机构客户分群、分层管理是提升机构客户服务能力、优化资源配置的必然要求。面对机构客户数量和服务需求的持续增长，资管机构必须考虑机构客户属性和重要性程度，对机构客户进行恰当的分类管理，并在此基础上完成机构客户分层服务体系的设计。

首先，以机构客户需求为导向进行机构客户分群。资管机构应当以机构客户需求为标准，从机构客户的行业类型、资金属性、所属监管、区域特点和体量等维度对目标机构客群进行划分，针对不同机构客群制定差异化的机构客群经营策略、销售策略和竞争策略。在服务体系方面，要推动同类机构客户服务项目形成标准化模块，提升机构客户服务的规模经济性。

其次，以机构客户价值贡献和潜力为导向进行机构客户分层，以便针对基石客户、战略客户、重要客户、高潜力客户等不同机构客户匹配差异化服务策略，优化内部资源配置结构（如图 9-1 所示）。在资源有限的情况下，服务能力有必要向重点客户倾斜：针对规模领先的基石客户，通过提升服务质量稳定钱包份额，重点在于根据基石客户需求主动匹配增值服务，提升基石客户黏性；针对规模较大的战略客户，优先匹配客户所需的产品、解决方案和相关服务，确保服务质量；针对数量众多、分布分散、资源占用较多的长尾客户，则必须探索高效的平台式、集群化覆盖模式。同时，针对业务增长潜力较大的新客户或存量客户，应将其纳入高潜力客户名单，有针对性地加强销售资源倾斜，实现精细化管理。

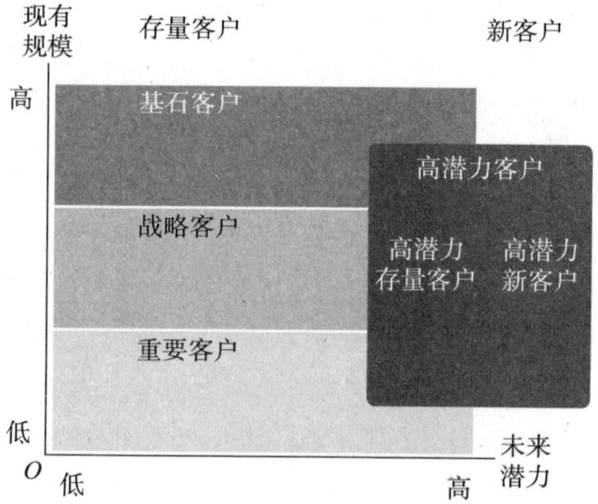

图 9-1 分群、分层机构客户分类标准示意

机构客户分群、分层经营是机构客户服务体系建设的基础，需要结合业务实际定期调整，并形成管理规则与制度规范，指导资管机构营销、产品、运营等各方面资源的有序投入。部分资管机构同时管理集团内部资金与第三方资金，因此还需要做好内外部客户服务资源的协调。部分国际资管机构在探索中设立了专门的自有资金服务团队，在确保满足其自身各项需求的同时，保证第三方业务的独立性。例如，德国安联集团旗下 AGI 作为具有保险背景的资管机构，设立了专业化销售团队分别服务于安联集团自有资金（安联集团即客户）、安联集团零售客户（安联网络）和第三方客户（第三方机构、第三方零售平台）。法国安盛公司（AXA）则建立了兼顾内外部客户的专业化客户服务团队，包括专业化的AXA 客户关系管理团队和第三方业务销售团队。

形成组织合力，充实机构客户服务货架

资管机构的机构客户服务货架既包括为机构客户提供的产品、专户、投顾等多种形式的资管服务，也包括投研资讯、专业培训、解决方案等各类增值服务。完整的机构客户服务货架由标准化产品、定制化解决方案和其他相关服务构成。**机构客户服务货架的打造必须以机构客户需求为导向，同时应着重发挥资管机构自身优势，形成机构特色。**某种程度上，机构客户服务货架的打造是资管机构投资管理能力、运营能力、风险控制能力和产品能力等的标准化呈现。此外，完备的产品货架是服务货架的重要组成，需要一整套科学的产品管理体系支撑。

构建并落地机构客户服务货架，要在强化机构客户分群、分层结果应用的基础上，整合内部优势资源，形成资管机构整体的服务清单、服务手册和服务日历。一是形成服务清单。资管机构需要梳理整合内部服务职能和解决方案能力，明确各类服务事项的具体内容、适用客群、服务频次、主责部门和配合部门等，形成服务清单底表（如表 9-1 所示），作为内部管理和服务能力建设的抓手。服务清单底表的管理和维护应由专人专岗负责，并建立跨板块、跨部门协同机制和相应的考核激励机制，推动解决服务清单落地的痛点、难点问题，实现服务清单的持续迭代。**二是打造服务手册。**资管机构要站在机构客户视角，完整介绍自身的基本情况、产品体系和服务体系，赋能一线销售工作，优化客户体验。**三是制定服务日历。**为确保资源向重点客户倾斜，资管机构可以针对基石客户制定年度服务日历，明确主动服务的时间表。

表 9-1　分层服务清单示意

服务分类	服务项目	主责部门	适用客群	分层机构客户标准（分层列示）		
				服务模式	服务频次	响应速度
产品	1. ××					
	……					
解决方案	2. ××					
	……					
服务	3. ××					
	……					

夯实组织保障，打造“1+N”机构客户服务团队

机构客户的服务需求专业性强、复杂度高，远超过非机构客户服务人员的能力范围，通常需要多领域专家联合提供专业服务。这要求资管机构必须充分调动和整合内部资源，以对接机构客户的复杂需求。针对这一方面，海外大型资管机构普遍采取“1+N”团队服务模式，为机构客户提供团队式、立体化专业服务。例如，全球最大的资管公司贝莱德（BlackRock）围绕主权投资机构、养老金、银行、保险资金、财富管理公司和资管公司六大客群分别设置了首席客户官，负责统筹客群战略，牵头进行客户账户规划、需求研讨和专家对接，对内协调管理层、智库、产品和投资等内部资源以进行客户覆盖。

“1+N”团队服务模式中的“1”指1位面向机构客户的客户经理，由其牵头售前—售中—售后全周期机构客户关系管理，统筹机构客户营销活动和产品服务匹配，推动内部团队和资源满足机构客户需求，对整体销售业绩和机构客户体验负责。“N”则指来自不同部门的业务专家，包括投资部门、产品部门、风险管理部门、市场部门、客服部门等主要相关部门，围绕机构客户需求提供本领域内的专业服务支持。**“1+N”团队服务模式既有助于实现针对机构客户需求的单点对接、快速响应，又保证了服务内容的专业性，使得机构客户服务流程更加顺畅、高效，为机构客户提供更加优质的体验。**

“1+N”团队设置过程中，同样要以机构客户需求为导向，针对不同类型机构客户的实际情况设置覆盖安排。针对体量较大的单一基石客户，设置专属客户服务团队进行 1 对 1 对接；针对客群体量较大且服务需求存在共性的客群（包括数量众多的长尾客群），可设置多个客户服务中心，由总部团队针对该类客群特点，统一设计覆盖方式和平台化打法、对接客群总部单位，并由各区域团队落地执行、对接覆盖区域内的机构客户分公司或子公司。

建立与“1+N”团队服务模式相匹配的考核与激励体系是确保其有效落地的关键。为实现高效联动和协同，应基于核心机构客户和客群规划，对各个“1+N”团队进行独立考核，团队成员需共同承担客户规模、收入等直接业绩指标以及客户服务完成情况、客户满意度等客户评价类指标，并将“1+N”团队成员的考核要求拆解纳入其所属的部门，使得前端销售团队和后端服务团队的利益和目标一致。

促进正向循环，建立机构客户体验闭环管理体系

建立闭环的机构客户体验管理体系是驱动机构客户服务体系持续提升的保障。大型资管机构有必要建立一套完整的机构客户体验管理体系，围绕端到端的客户旅程，不断发现和解决问题，持续提升客户体验。一般而言，机构客户体验闭环管理包括旅程梳理、痛点识别、改善方案寻求等主要环节。

首先，必须注重全面的客户旅程的梳理。客户体验体现为客户旅程全过程中的客户评价，局部触点的满意不能代表整个旅程体验的满意。做好客户体验管理，需要对客户旅程进行全面梳理，确定影响客户体验的关键环节和触点，并建立完整的监测和管理体系。从业务实践看，资管行业机构客户旅程包括了解公司与产品信息、沟通业务需求、尽调采集、签署合同、入资交易、接受相关报告、运营管理服务、客户关系维护和清算销户九个一级旅程，每个一级旅程下包含多个二级旅程和触点（如表 9-2 所示）。

表 9-2　资管行业机构客户旅程示意

序号	一级旅程	二级旅程和触点	序号	一级旅程	二级旅程和触点
1	了解公司与产品信息	获取相关信息	6	接受相关报告	市场研究报告
		产生兴趣 / 寻找机构			信息披露
2	沟通业务需求	首次拜访			投资运营报告
		建议细化方案			路演汇报
		敲定方案	7	运营管理服务	
3	尽调采集	采集尽调信息	8	客户关系维护	抱怨
		进行招投标流程			投诉
4	签署合同	确认合同细节			获取额外增值服务
		准备了解客户（KYC）材料	9	清算销户	账户清算
5	入资交易	开户			销户
		入资			
		交易			

其次，建立完善的客户体验调研反馈机制，识别客户旅程痛点及原因。客户体验调研是发现和诊断客户旅程痛点的重要手段，一般而言，客户体验调研体系包括常规性年度测评和深度访谈、重要触点的触发式调研、客户投诉等主动反馈渠道。资管机构可以通过调研结果监测诊断客户体验中存在的问题和痛点，分析痛点背后的深层原因。在此过程中，要不断总结提炼重要客户触点上影响和驱动客户体验的关键因素（如便捷性、及时性、专业化、个性化、透明度、受尊重程度等），将客户痛点归因到具体因子上，更有助于挖掘客户痛点背后的根本原因，以寻找改善方案。此外，对机构客户而言，正式投诉门槛高、适用性有限，容易导致机构客户不满积少成多，得不到及时发现和解决。因此，需要建立与机构客户适配的投诉机制和分级响应规则，并给予销售团队有力的解决抓手，及时推动客户体验的改善。

最后，针对客户体验中存在的问题和痛点提出改善方案，并建立追踪机制。针对客户体验调研环节发现的问题和痛点进行优先级排序，明确关键改造清单、提出优化解决方案。与此同时，针对客户体验调研不同环节出现负面评价的客户，要进行追踪回访，确保提升举措落地。

此外，客户体验管理是一个持续的过程，需要相应的组织和机制安排，使得客户体验管理成为资管机构整体机构客户服务体系持续优化的支撑。大型资管机构应当明确专门的客户体验管理团队，推动客户体验提升工作常态化。一方面，需要从客户视角出发，运用科学方法，公正透明地对客户体验进行监测、跟踪与管理；另一方面，客户体验管理团队需要负责牵头客户体验提升举措的规模化推动，不断将客户体验调研成果应用到产品设计、营销、销售、客户服务等的改进中。

加强科技赋能，推动机构客户服务体系建设

数字化建设是推动机构客户服务体系建设各项核心工作落地的重要抓手。机构客户服务体系的数字化建设，可以遵循信息化、数据智能化、决策智能化三步走的思路。通过数字化赋能，**一是**可以实现机构客户关系管理（Customer Relationship Management，CRM）和客户服务相关业务流程的线上化，在机构客户数量和服务需求不断增加的情况下，通过系统功能承载业务扩张，有效提升 CRM 和服务效率；**二是**可以通过内外部数据的有机整合，构建资管公司统一的客户数据管理平台，为客户管理和服务提供扎实的数据分析服务（同时支持产品管理体系及其他产销客系统群），提升客户营销及销售活动的针对性；**三是**可以通过 CRM 及客户服务系统群建设，推动机构客户服务体系的标准化、系统化和平台化。例如，在 CRM 系统中内嵌标准化的账户规划模板、销售业绩看板、绩效考核看板等，实现部分数据的自动填写和指标的自动计算，推动相关工作规范化和体系化。

从应用层面看，CRM 系统定位于统一的客户全生命周期管理系统，应以全面的客户信息为基础，实现端到端的 CRM、销售管理、营销管理和客户体验闭环管理功能。具体而言，CRM 模块需全景式展现客户基本信息、业务往来和业

绩贡献等信息，实时进行客户钱包份额、市场份额分析，追踪客户价值贡献、资源占用情况。销售管理模块支持重点客群和重点客户的需求分析、目标规划和行动计划制订等。营销管理模块包括商机管理、重点销售活动、路演、会议记录和推进情况。客户体验闭环管理模块则应包括客户分类服务统计、客户满意度调研及分析等。

总体来看，中国资管机构的机构客户服务体系建设仍处于探索阶段，随着中国资管行业转向高质量发展，机构客户服务能力日益成为资管机构的核心竞争力。强化机构客户分群、分层管理，构建完备的机构客户服务货架，打造“1+N”团队服务模式，建立机构客户体验闭环管理体系，加强科技赋能等，有助于资管机构打造科学的机构客户服务体系，提升服务能力和效率，为机构客户提供更加优质的投资体验。

/ 第 10 章 /

债券型基金的变革与发展

2021 年公募基金市场整体发展概况

2021 年，公募基金数量和规模稳步增长的趋势得以延续，迎来数量突破 9 000 只和规模突破 25 万亿元的历史性时刻。

统计数据显示，截至 2021 年末，国内公募基金数量合计达到 9 175 只，较 2020 年末的 7 403 只增加 1 772 只，增长 23.94%；资管规模达到 25.53 万亿元[①]，较 2020 年末的 20.05 万亿元增加 5.48 万亿元，增长 27.33%。受益于行业发展，中国公募基金在全球的排名稳步上升。美国投资公司协会数据显示，2021 年末，中国开放式基金（FOF 除外）总规模在全球的排名较 2020 年前进一位，居全球第四，仅次于美国、卢森堡和爱尔兰。

① 本章所指资管规模合计均剔除 ETF 联接基金的规模。

从市场结构看，截至2021年末，货币市场基金规模占据首位，总计9.52万亿元，较2020年同期增加1.47万亿元，增长18.26%，占公募基金总规模的比重由2020年末的40.23%降至37.30%。非货币市场基金规模的增幅更为显著，从2020年末的12万亿元增至16万亿元，增幅达33.33%。

从基金类型看，如表10-1所示，2021年债券型基金规模的增长最为突出，整体规模较2020年末增加1.88万亿元，增长37.57%，占非货币基金规模的比重由2020年末的41.67%上升至2021年末的43.01%，在非货币基金中规模占比最高。2021年，FOF和QDII基金的规模虽然处于较低水平，但增速较高，尤其是FOF，数量和规模的增幅均为各类公募基金之最。截至2021年末，FOF产品数量达240只，同比增长67.83%，规模由2020年末的910.54亿元增至2 222.41亿元，增幅达144.08%。而2021年QDII基金规模的增长主要来源于存量基金规模的增长，由2020年末的1 199.53亿元增至2021年末的2 407.05亿元，增幅达100.67%，但产品数量较2020年同期仅增加28只。受A股市场走势分化等影响，2021年股票型基金和混合型基金规模的增速较2020年显著放缓，同比分别增长26.69%和27.72%。受股票多空型基金规模缩水的影响，另类投资基金（AIFs）是2021年整体规模出现下滑的唯一基金大类，由2020年末的838.98亿元降至776.03亿元，缩水幅度为7.50%，其中股票多空型基金较2020年同期缩水120.41亿元，缩水幅度达21.02%。值得关注的是，中国基础设施公募REITs在2021年取得突破性进展，迎来中国公募REITs元年，进一步拓展了中国公募基金产品线，11家基金管理人共计发行11只公募REITs产品，截至2021年末，合计规模为358.67亿元。

表10-1　2021年各类公募基金数量和规模统计（截至2021年末）

基金类型	截至2021年末				2021年同比变动	
	数量（只）	占比（%）	规模（亿元）	占比（%）	数量提升（%）	规模提升（%）
股票型基金	1 752	19.09	23 514.77	9.21	37.30	26.69
普通股票型基金	494	5.38	8 507.54	3.33	18.75	21.84

续表

基金类型	截至 2021 年末				2021 年同比变动	
	数量（只）	占比（%）	规模（亿元）	占比（%）	数量提升（%）	规模提升（%）
被动指数型基金	1 094	11.92	13 368.07	5.24	49.05	28.02
增强指数型基金	164	1.79	1 639.16	0.64	30.16	44.25
混合型基金	3 906	42.57	61 891.38	24.25	27.65	27.72
偏股混合型基金	1 710	18.64	34 956.05	13.69	42.14	23.24
平衡混合型基金	21	0.23	555.77	0.22	−38.24	−54.68
偏债混合型基金	647	7.05	8 794.24	3.45	68.49	81.43
灵活配置型基金	1 528	16.65	17 585.32	6.89	6.18	25.43
债券型基金	2 683	29.25	68 843.28	26.97	13.21	37.57
中长期纯债型基金	1 753	19.11	46 650.03	18.28	10.46	26.19
短期纯债型基金	236	2.57	5 030.46	1.97	31.84	91.62
混合债券型一级基金	89	0.97	2 144.25	0.84	−5.32	97.82
混合债券型二级基金	429	4.68	10 693.52	4.19	21.53	105.18
被动指数型债券基金	175	1.91	4 320.41	1.69	12.18	4.87
增强指数型债券基金	1	0.01	4.61	0	0	412.11
货币市场基金	333	3.63	95 219.36	37.30	0	18.23
AIFs	55	0.60	776.03	0.31	1.85	−7.50
股票多空型基金	25	0.27	452.55	0.18	0	−21.02
商品型基金	30	0.33	323.48	0.13	3.45	21.60
QDII 基金	194	2.11	2 407.05	0.94	16.87	100.67
国际（QDII）股票型基金	107	1.17	1 701.96	0.66	28.92	134.55
国际（QDII）混合型基金	42	0.46	578.63	0.23	16.67	120.65
国际（QDII）债券型基金	26	0.27	85.62	0.03	−7.14	−41.54
国际（QDII）AIFs	19	0.21	40.84	0.02	0	−37.37
FOF	240	2.62	2 222.41	0.87	67.83	144.08
股票型 FOF	5	0.05	12.33	0	400.00	796.82
混合型 FOF	233	2.55	2 204.16	0.87	64.08	142.44
债券型 FOF	2	0.02	5.92	0	—	—

续表

基金类型	截至 2021 年末				2021 年同比变动	
	数量（只）	占比（%）	规模（亿元）	占比（%）	数量提升（%）	规模提升（%）
REITs	11	0.12	358.67	0.14	—	—
其他	1	0.01	32.46	0.01	0	-0.71
全部基金	9 175	100.00	255 265.41	100.00	23.94	27.29

资料来源：万得资讯金融终端，课题组整理。

债券型基金的发展契机和配置价值

从历史视角看债券型基金的增长和发展潜力

债券型基金以收益稳定、风险较低的特点获得投资者青睐，逐渐成为公募基金产品体系中最为重要的基金大类之一。

如图 10-1 所示，近 10 年来，中国债券型基金实现了快速发展，整体规模从 2012 年末的 0.31 万亿元暴涨至 2021 年末的 6.88 万亿元，增长超过 21 倍，在所有公募基金产品中的规模占比从 11.15% 跃升至 26.97%，成为非货币基金中规模占比最高的基金类型。尤其是自 2018 年以来，中国债券型基金的数量和规模均高速增长，2021 年债券型基金规模的增长更是达到 1.88 万亿元。一方面，投资者对于固收类资产的配置意愿提升；另一方面，2018 年以来，中国债券市场启动新一轮牛市放大了债券投资赚钱效应，叠加资管新规等政策落地和 2018 年 A 股市场震荡行情，使债券型基金的投资价值凸显，在以上多重因素的共同作用下，中国债券型基金进入发展快车道。

在银行理财产品全面净值化后，固收类银行理财产品的刚兑优势不再，叠加公募基金的税收优势，债券型基金有望继续承接固收类银行理财的外溢投资需求。随着中国证券市场的不断成熟、开放以及养老金等长期资金入市步伐的加快，债券型基金作为资管行业重要的产品类型之一，预计会持续稳健增长。

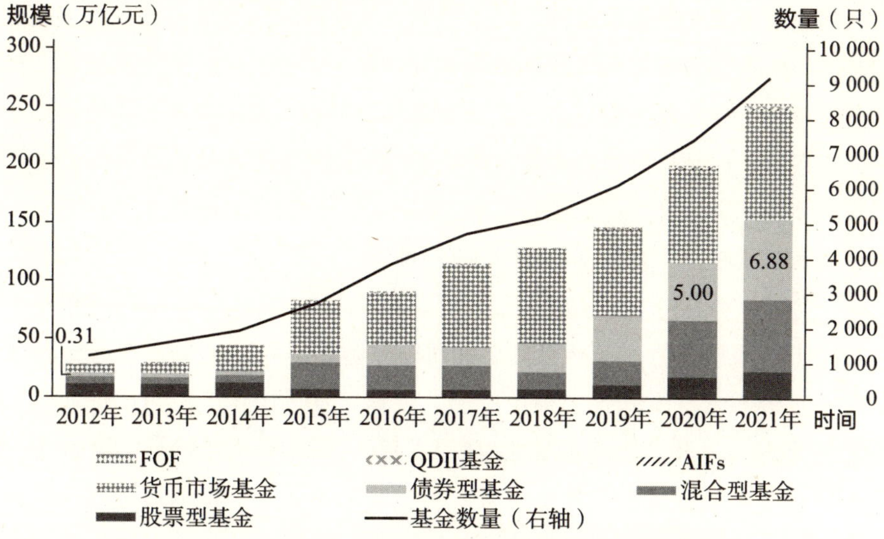

图 10-1　2012—2021 年中国公募基金规模和数量变化

资料来源：万得资讯，课题组整理。

债券型基金的行业定位和配置需求分析

从投资策略来看，债券型基金可以分为主动管理类债券型基金①和指数型债券基金，两者均在近年取得长足的发展。其中，主动管理类债券型基金发展更为迅速，产品数量从 2012 年的 224 只增长至 2021 年的 2 507 只，规模从 2012 年的 3 034 亿元增长至 2021 年的 6.45 万亿元，数量和规模在债券型基金中的占比分别达 93.44% 和 93.72%，在债券型基金中占据绝对地位。值得注意的是，

① 主动管理类债券型基金包括中长期纯债型基金、短期纯债型基金、混合债券型一级基金和混合债券型二级基金。

国内投资工具自2018年起进入发展快车道，在多重因素作用下，指数型债券基金获得快速发展，产品数量从2018年初的37只增长至2021年末的176只，规模从2018年初的206.86亿元增长至2021年末的4 325.02亿元，占国内债券型基金规模的比重由1.32%提升至6.28%。

根据投资范围和投资标的的不同，债券型基金可以分为纯债型基金、混合债券型基金和指数型债券基金。纯债型基金可以进一步分为中长期纯债型基金和短期纯债型基金，混合债券型基金可以分为混合债券型一级基金和混合债券型二级基金，指数型债券基金既可以根据投资策略的不同分为被动指数型债券基金和增强指数型债券基金，又可以根据运作形式的不同，分为场外指数型债券基金、债券上市型开放式基金（LOF）和债券ETF等。

相对于股票型基金，债券型基金的风险收益特征符合大额资金稳健增值和流动性管理的需求，受到各类机构投资者青睐，其机构化、定制化特征较其他类型的基金更为显著。尤其是自2015年以来，在优质资产稀缺的背景下，公募基金承接了大量银行委外资金需求开展代客理财业务，推动债券型基金品类和规模增长。统计数据显示，截至2021年全市场债券型基金中机构投资者持有比例[①]约为87%，其中中长期纯债型基金、指数型债券基金投资者机构化现象更为显著，机构投资者持有比例均达90%以上。对于个人投资者而言，当权益市场表现不佳或震荡幅度较大时，债券型基金的吸引力更易得到提升。根据历史数据，权益市场年度表现与个人投资者持有债券型基金的意愿基本呈反向关系。

值得关注的是，在银行理财产品刚兑优势被打破、货币市场基金监管趋严和收益率下行等背景下，短期纯债型基金和混合债券型二级基金作为相关品类的替代品种跻身主力理财产品行列，规模和数量均得到显著增长，尤其是在互联网基金代销平台，有两类产品受到个人投资者青睐，个人投资者持有比例和规模提

① 本章所指投资者持有比例均为依据规模计算的加权平均值。

升明显。统计数据显示，个人投资者持有短期纯债型基金的比例由 2020 年末的 32.46% 提升至 2021 年末的 50.79%，持有混合债券型二级基金的比例由 2020 年末的 29.6% 提升至 2021 年末的 32.21%，加之短期纯债型基金和混合债券型二级基金的整体规模激增，个人投资者持有这两类产品的绝对规模的增幅更为显著，2021 年末较 2020 年同期分别增长 199.82% 和 123.27%。

中国主动管理类债券型基金发展概况和未来展望

中国主动管理类债券型基金的发展概况

截至 2021 年末，全市场共有 2 507 只主动管理类债券型基金，规模达 6.45 万亿元。其中，中长期纯债型基金为主要产品，共有 1 753 只，规模为 4.67 万亿元，占比为 72.40%，平均单只规模约为 26.64 亿元；混合债券型二级基金次之，共有 429 只，规模为 1.07 万亿元，占比为 16.59%，平均单只规模约为 24.94 亿元（如图 10-2 所示）。在中长期纯债型基金中，摊余成本法债券型基金[①]数量为 180 只，规模为 1.19 万亿元，平均单只规模约为 66.11 亿元，是债券型基金中平均单只规模最高的品类。

① 本章所指摊余成本法债券型基金，仅指中长期纯债型基金中使用摊余成本法进行估值的基金，部分短期纯债型基金中使用摊余成本法进行估值的基金，不计算在摊余成本法债券型基金的范畴内。

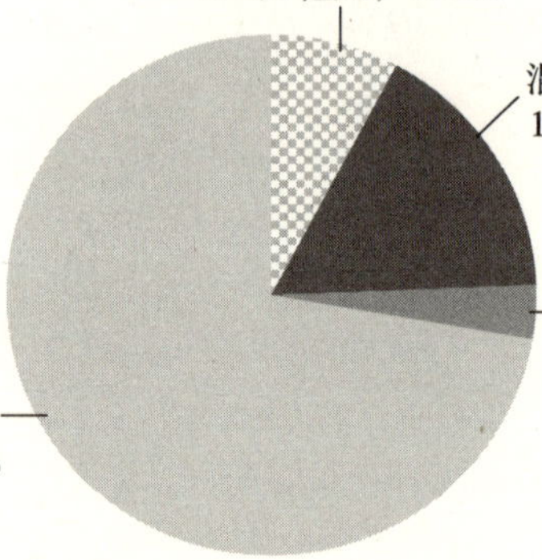

图 10-2　2021 年末主动管理类债券型基金的规模分布

资料来源：万得资讯，课题组整理。

如图 10-3 所示，自 2011 年以来，主动管理类债券型基金存续规模呈稳步增长态势，从 2011 年末的不足 1 400 亿元增长至 2021 年末的 6.45 万亿元。[①]其中，2015 年、2016 年、2018 年和 2019 年存续规模增幅最为显著。截至 2021 年末，中长期纯债型基金是主动管理类债券型基金中存续规模占比最高的类型，也是存续规模增长最快的品种，从 2011 年末的不足 80 亿元增长至 2021 年末的 4.67 万亿元。其中，摊余成本法债券型基金功不可没，从 2011 年末的零规模增长至 2021 年末的 1.19 万亿元，存续数量 180 只，存续规模占中长期纯债型基金的 25.51%。在 2012 年被取消网下打新资格后[②]，几年内混合债券型一级基金的存续规模呈下降态势，虽然在 2015 年以后有所增长，但其增速与其他类型的主动管理类债券型基金不可同日而语。短期纯债型基金在 2017 年以前存续数量和存续规模均十分有限，2018 年迎来发展高峰，存续规模迅速扩张至 1 700 多亿元，此后几年存续规模逐步增长，2021 年迎来又一次突破性发展，

① 因统计期间相当数量的主动管理类债券型基金存在变更投资范围、转型或清盘的情况，在统计过程中已经尽量消除上述因素的影响，但计算结果仍有存在误差的可能性。

② 2012 年 7 月颁布的《关于首次公开发行股票询价对象及配售对象备案工作有关事项的通知》明确规定，从通知发布之日起，停止受理混合债券型一级基金和集合信托计划成为新股配售对象的备案申请。

存续规模已超 5 000 亿元。混合债券型二级基金存续规模在 2011—2018 年保持增长态势，但发展平平，而近 3 年一跃成为复合增速最高的一类债券型基金，存续规模从 2018 年末的 1 519 亿元增长至 2021 年末的超万亿元。

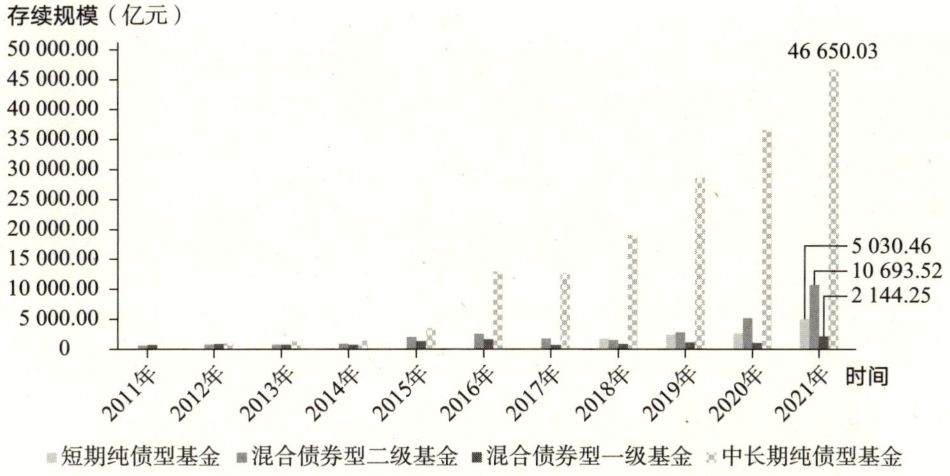

图 10-3　2011—2021 年主动管理类债券型基金存续规模的变化

资料来源：万得资讯，课题组整理。

在基金发行方面，如图 10-4 所示，自 2011 年以来，主动管理类债券型基金的发行规模呈震荡上行态势。受“股债跷跷板效应”影响，2014 年和 2015 年主动管理类债券型基金的发行规模出现明显回落。2016 年机构定制债券型基金大发展，主动管理类债券型基金发行规模较 2015 年增长超 400%，超过 4 000 亿元。资管新规落地后，摊余成本法债券型基金在 2019 年和 2020 年迎来发行高峰，发行规模分别占当年主动管理类债券型基金发行规模的 58.64% 和 69.14%，2 年合计发行规模超过 1 万亿元，助力主动管理类债券型基金发行规模达 1.56 万亿元。但自 2020 年下半年起，摊余成本法债券型基金发行数量和规模双双受限，使得该类基金在 2021 年的发行规模仅为 507.30 亿元，较 2020 年萎缩 91.93%，中长期纯债型基金发行规模也出现自 2015 年以来的最大降幅。主力基金发展受限，使 2021 年主动管理类债券型基金发行规模下降至 6 334.71 亿元，较 2020 年回落 30.35%。值得注意的是，相比中长期纯债型基金发行规模的负增长，混合债券型二级基金发行规模实现了自 2019 年以来连续第三年的高速增长，2021 年发行规模同比增长 54.76%，达到 905.18 亿元。

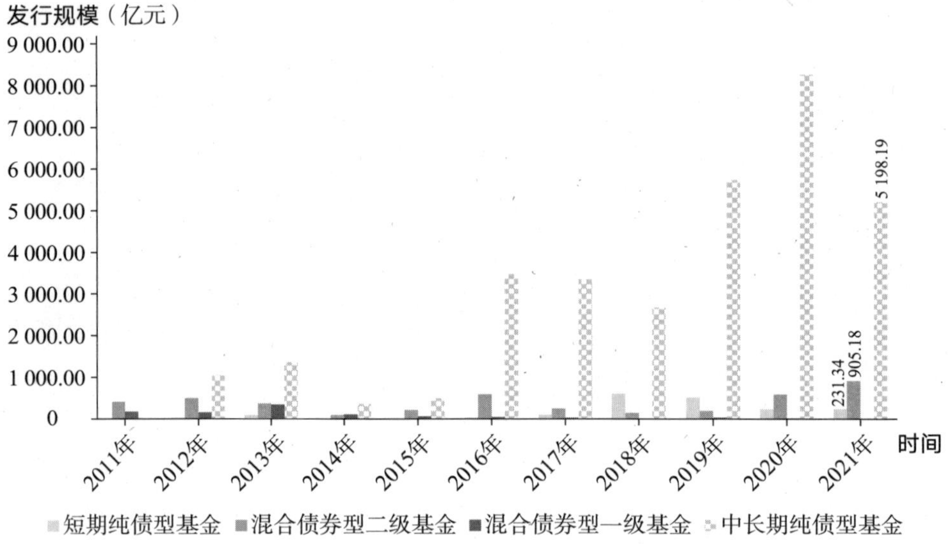

图 10-4　2011—2021 年主动管理类债券型基金发行规模的变化

资料来源：万得资讯，课题组整理。

在投资者结构方面，如图 10-5 所示，自 2011 年以来，中国主动管理类债券型基金机构投资者持有比例稳步上升，机构投资者成为该类基金的主导型投资者。2011 年末，主动管理类债券型基金机构投资者持有比例为 34.50%。此后两三年，主动管理类债券型基金机构投资者持有比例稳步提升，到 2015 年末，主动管理类债券型基金机构投资者持有比例超过个人投资者，达到 58.10%，机构投资者成为主动管理类债券型基金的主要投资者。在此后几年的发展中，机构投资者在主动管理类债券型基金中扮演越来越重要的角色，截至 2020 年末，机构投资者持有比例已经超过 90%。2020—2021 年混合债券型二级基金蓬勃发展，个人投资者大量参与混合债券型二级基金投资，使得主动管理类债券型基金机构投资者持有比例略有下降，截至 2021 年末，主动管理类债券型基金机构投资者持有比例为 86.69%。

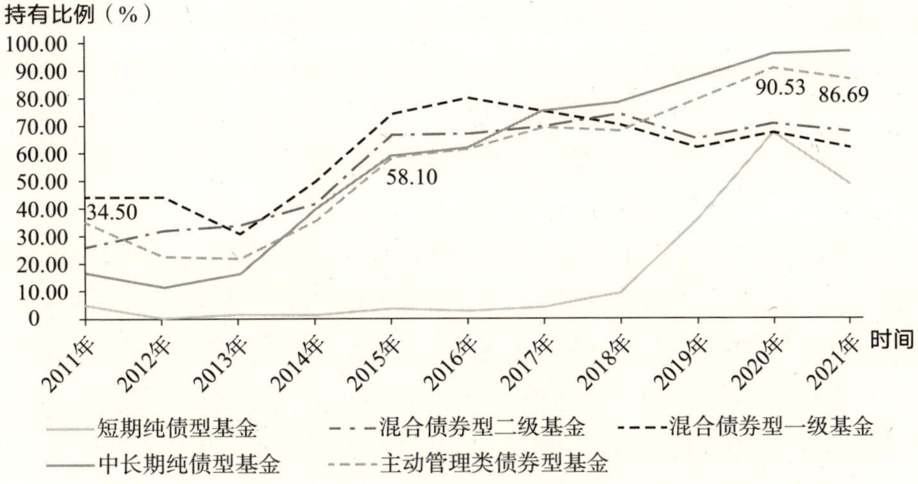

图 10-5　2011—2021 年主动管理类债券型基金机构投资者持有比例的变化

资料来源：万得资讯，课题组整理。

中国主动管理类债券型基金市场格局形成的原因分析

主动管理类债券型基金的发展变化是中国宏观经济发展、大资管行业竞争格局变化、A 股市场行情变化、投资者需求变化和公募基金行业法律法规变化等诸多因素共同作用的结果。

公募基金行业越来越完善的法律法规体系为行业健康发展奠定了基础。2014 年证监会重新制定并发布了《公开募集证券投资基金运作管理办法》，将公募基金产品审查由核准制改为注册制，对公募基金的发展起到了很好的促进作用。2018 年资管新规的颁布给整个资管行业带来了变革性的影响。自资管新规落地以来，保本型银行理财转型形成资金溢出，根据银行业理财登记托管中心公布的数据简单估算发现，该部分资金的规模逾 7 万亿元，受此影响，2019 年债券型基金发行规模翻倍增长，摊余成本法债券型基金蓬勃发展。

近年来，投资者对债券型基金的需求发生了变化。在 2015 年以前，以个人投资者为主的债券型基金市场，对投资收益的要求相对较高，风险偏好也较高，因此含权债券型基金在债券型基金市场占据相当比例。而在2015年以后，银行委外资金需求大幅增长，机构投资者主导了债券型基金的发展。随着中国经济的发展和国民收入水平的日益提高，理财需求愈发旺盛。根据银行业理财登记托管中心发布的《中国银行业理财市场年度报告（2021年）》，2015年末银行理财资金账面余额达23.5万亿元，而在2013年末仅为10.24万亿元。同时，因受到经济下行压力加大、利率持续下行、信用风险暴露、政府鼓励债券等低成本融资方式等因素的影响，高成本融资需求萎缩，高收益优质资产供给减少，银行资产配置压力增加，委外资金需求量巨大，2016年机构定制债券型基金迎来了大发展，中长期纯债型基金存续规模激增，同比增长273.25%，跨入万亿元阶段。

2019—2021年主动管理类债券型基金出现了新的发展趋势，改变了过去几年中长期纯债型基金一枝独秀的发展局面，自2019年以来混合债券型二级基金成为新的发展热点，短期纯债型基金在2021年有不俗的表现。其中，混合债券型二级基金的大发展是诸多因素共同作用的结果，在2019—2020年A股牛市期间，配置权益类资产成为提高投资收益率的有效方式，混合债券型二级基金在收益率方面较其他债券型基金有很大优势，由于银行、保险公司等机构内部投资权限的划分，投资混合债券型二级基金成为固收部门参与权益市场的重要途径，同时，配置混合债券型二级基金也是部分机构在自身权益投资比例受限的情况下提高权益市场参与度的重要方式。除混合债券型二级基金外，2021年短期纯债型基金也迎来发展机遇，因现金管理类理财产品加速整改，银行、保险资管等机构的现金管理类理财产品规模收缩，且在低利率环境下电商平台中货币市场基金的7天年化收益率跌破2%，短期纯债型基金趁势借电商平台做大了规模。

值得一提的是，中长期纯债型基金的规模增长主要来自新发产品，机构投资者在选择产品时，除了在一定程度上考量基金管理人的历史业绩外，更多的是对基金管理人资质和双方合作等方面的考量。但混合债券型二级基金的规模增长大部分来自存续基金的持续营销，而非新基金的发行，说明投资者在投资混合债券型二级基金时，更多地以业绩作为标准来选择基金，偏好历史业绩优秀的基金。

中国主动管理类债券型基金的未来展望

回首主动管理类债券型基金的发展历程，其发展的每一步都是特定历史背景下多种因素共同作用的结果。凭借公募基金公司在投研能力方面的优势、公募基金的税收优惠政策，以及摊余成本法债券型基金的估值优势，主动管理类债券型基金，尤其是中长期纯债型基金获得了长足的发展。但是，公募基金的政策红利正在逐步减少，银行、保险公司等金融机构加快了自身投研团队的建设，越来越倾向于直接投资固收类资产，委外资金规模呈缩减态势，银行理财子公司的成立更是加速了这一趋势。因此，对于债券型基金来说，要实现持续稳健的发展，就要针对不同类型的产品采取不同的发展策略。

其中，中长期纯债型基金的规模增长主要依靠每年新发基金的募资，且资金主要来自机构投资者，存续产品的持续营销和个人投资者对规模增长的贡献有限。这一现象的出现与过去的市场环境和政策环境有密不可分的关系，但是在未来的发展中，中长期纯债型基金要更多地依靠基金管理人的投研能力、历史业绩优秀的存续产品的持续营销、精细化的产品线布局，以及个人投资者对债券型基金的配置，才能有望延续过去良好的发展势头。

与中长期纯债型基金不同，混合债券型二级基金自2019年以来快速发展，存续产品持续营销带来的规模贡献率始终在75%以上，基金产品之间、基金管理人之间的规模分化较中长期纯债型基金更严重。从投资者结构来看，中长期纯债型基金和混合债券型二级基金也有所差异，2015年以来，虽然两类基金的投资者都以机构投资者为主，但是混合债券型二级基金的机构投资者持有比例多年来一直都保持在70%左右，而中长期纯债型基金的机构投资者持有比例则一直处于上升态势，到2021年末已经攀升至96%以上。这种发展的差异性很好地说明，由于权益仓位的存在，混合债券型二级基金产品通过一定时间的运作，产品之间的区分度更易体现，也说明由于存在获得更高收益的可能性，混合债券型二级基金一直对个人投资者保持着远超中长期纯债型基金的吸引力。

从未来发展来看，长期而言，权益类资产带来的收益远超固收类资产，长期配置优质的权益类资产已成为投资者的共识。公募基金在权益投资领域相较于资管行业其他机构仍有领先优势，因此其他机构配置混合债券型二级基金的需求未来仍然存在。同时，随着投资者教育工作的推进，大类资产配置理念、投资分散化理念越来越深入人心，混合债券型二级基金有机会获得越来越多的个人投资者的青睐。基金管理人需要做的就是长远布局，培育良好业绩，做出自身特色。

短期纯债型基金作为一种流动性管理工具，能够很好地解决风险偏好低，或者对流动性要求较高的资金的投资需求，目前该类基金的销量已经因为电商平台的加入而有所增长，未来有望进一步做大规模。

中国指数型债券基金发展概况和未来展望

发展概况

2003 年 10 月，长盛基金发行了国内首只指数型债券基金“长盛全债指数增强债券”，正式拉开中国指数型债券基金的发展序幕，但随后受限于市场不够成熟和投资者认知度较低等因素，国内指数型债券基金的发展一度陷入停滞，直到 2011 年首只真正意义上的指数型债券基金“南方中证 50 债券指数证券投资基金（LOF）”成立，才标志着国内指数型债券基金的重启。2013 年，指数型债券基金的种类进一步丰富，不仅涉及多种标的券种，在产品形式上也进一步拓展，除原有的场外指数型债券基金和债券 LOF 外，新增债券 ETF 和分级指数型债券基金。① 2018 年，信用债爆雷事件增多和国债收益率走低推动形成利率债牛市，

① 根据 2018 年 4 月颁布的《关于规范金融机构资产管理业务的指导意见》，“公募产品和开放式私募产品不得进行份额分级”，市场原有分级指数型债券基金于 2020 年末之前已完成整改或退市。

利率债迎来配置热潮，以政金债指数基金为代表的利率债指数基金密集发行，带动国内指数型债券基金快速发展。

截至2021年末，中国共发行指数型债券基金228只，其中存续产品176只，存续规模合计4 325.01亿元，占全市场债券型基金存续规模的比例为6.28%，存续规模较2020年增长4.95%（如图10-6所示）。具体来看，债券ETF共15只，存续规模为239.63亿元；增强指数型债券基金1只，存续规模为4.61亿元；债券LOF 1只，存续规模为18.63亿元；场外指数型债券基金159只，存续规模为4 062.14亿元，为指数型债券基金中的主力品种，存续规模占比达93.92%。

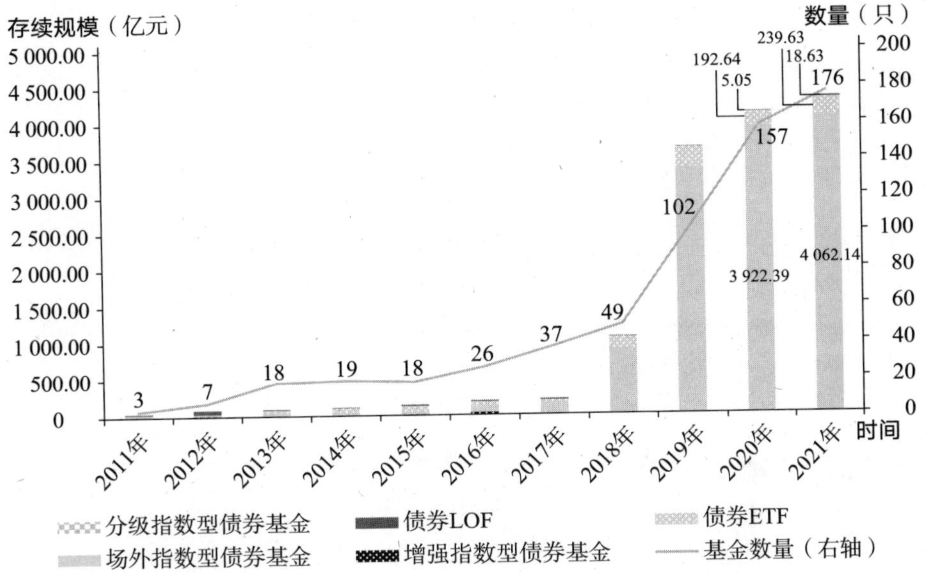

图10-6　2011—2021年指数型债券基金存续规模和数量变化

注：部分基金的存续规模较小，图中未作显示。

资料来源：万得资讯，课题组整理。

从标的券种来看，如表10-2、表10-3所示，截至2021年末，指数型债券基金以利率债为主，利率债合计存续数量为145只，存续规模为3 722.75亿元，占全部指数型债券基金存续规模的比重达86.07%，其中以政金债为标的的场外指数型债券基金占据绝对主导地位，存续规模在全部指数型债券基金中的占比达82.91%，存续数量占比为73.86%。债券ETF以往也多以利率债为主，但是在2021年信用债ETF规模上升幅度较大，规模赶超利率债ETF，截至2021年末，信用债ETF存续规模为130.17亿元，占债券ETF存续规模的比重为54.32%。

表10-2　指数型债券基金存续规模概况（截至2021年末）

标的券种	存续规模（亿元）					合计占比（%）
	场外指数型债券基金	增强指数型债券基金	债券ETF	债券LOF	合计	
利率债	3 622.39	—	100.36	—	3 722.75	86.07
国债	0.73	—	30.25	—	30.98	0.72
政金债	3 585.86	—	—	—	3 585.86	82.91
地方债	13.88	—	70.11	—	83.99	1.94
国债＋政金债	21.92	—	—	—	21.92	0.51
信用债	167.27	—	130.17	—	297.44	6.88
可转债	0.04	—	9.10	—	9.14	0.21
同业存单	152.39	—	—	—	152.39	3.52
综合债	120.05	—	—	18.63	138.68	3.21
股债混合	—	4.61	—	—	4.61	0.11
总计	4 062.14	4.61	239.63	18.63	4 325.01	100.00

资料来源：万得资讯，课题组整理。

表10-3　指数型债券基金存续数量概况（截至2021年末）

标的券种	存续数量（只）					合计占比（%）
	场外指数型债券基金	增强指数型债券基金	债券ETF	债券LOF	合计	
利率债	135	—	10	—	145	82.39
国债	2	—	5	—	7	3.98
政金债	130	—	—	—	130	73.86
地方债	1	—	5	—	6	3.41
国债＋政金债	2	—		—	2	1.14
信用债	15	—	3	—	18	10.23
可转债	1	—	2	—	3	1.70
同业存单	6	—	—	—	6	3.41

续表

标的券种	存续数量（只）					合计占比（%）
	场外指数型债券基金	增强指数型债券基金	债券 ETF	债券 LOF	合计	
综合债	2	—	—	1	3	1.70
股债混合	—	1	—	—	1	0.57
总计	159	1	15	1	176	100.00

资料来源：万得资讯，课题组整理。

从新发情况看，2021 年指数型债券基金新发热度较 2019 年和 2020 年下降明显，全年新发指数型债券基金 41 只，总发行份额为 1 204.72 亿份，较 2020 年下降幅度达 38.89%。从产品形式看，2021 年度新发指数型债券基金均属于场外指数型债券基金，无新增债券 ETF 及其他品种。

新发指数型债券基金在标的券种上仍以政金债为主。据统计，2021 年新发政金债指数型债券基金 33 只，总发行份额为 966.78 亿份，约占全年新发指数型债券基金总发行份额的 80%；新发 2 只信用债指数型债券基金，总发行份额为 85.55 亿份，占全年新发指数型债券基金总发行份额的 7.13%，其中“浦银安盛 CFETS 0–5 年期央企债券指数发起式”发行规模达到 80 亿元。值得关注的是，推动现金管理类产品净值化转型的创新产品——同业存单指数型债券基金，自募集申报起便受到市场的高度关注，截至 2021 年末，首批 6 只同业存单指数型债券基金正式落地，合计发行规模为 152.39 亿元。由于同业存单指数型债券基金更有优势的收益和更低廉的费率水平，叠加 2022 年初权益市场的震荡行情，投资者对同业存单指数型债券基金的申购热情显著提升，截至 2022 年第一季度末，首批 6 只同业存单指数型债券基金存续规模达 298.95 亿元，较成立时近乎翻倍。

整体来看，2021 年国内指数型债券基金新增规模为 204.37 亿元，主要来源于新发基金的贡献，当年新发指数型债券基金规模为 1 069.68 亿元。而存续（非当年发行）指数型债券基金在 2021 年遭遇较大比例净赎回，规模同比下降 789.72 亿元（如表 10–4 所示），此外还有 22 只指数型债券基金于 2021 年终止运作（以下讨论不含已清盘基金）。

表 10-4　2021 年存续（非当年发行）指数型债券基金规模变化

标的券种	规模变化（亿元）				
	场外指数型债券基金	增强指数型债券基金	债券 ETF	债券 LOF	合计
利率债	-832.59	—	-6.53	—	-839.12
国债	0.02	—	-2.42	—	-2.40
政金债	-753.56	—	—	—	-753.56
地方债	-0.42	—	-4.11	—	-4.53
国债＋政金债	-78.63	—	—	—	-78.63
信用债	-55.07	—	62.83	—	7.76
可转债	-0.73	—	-4.36	—	-5.09
综合债	29.14	—	—	13.88	43.02
股债混合	—	3.71	—	—	3.71
总计	-859.25	3.71	51.94	13.88	-789.72

注：2021 年存续（非当年发行）指数型债券基金规模变化情况的统计不包括当年已清盘基金。

资料来源：万得资讯，课题组整理。

分类别看，在场外指数型债券基金中，除以综合债为标的的产品的规模增长外，以利率债、信用债及可转债为标的的产品的规模均出现不同程度的下降，其中利率债指数型债券基金下降幅度最大，同比减少 832.59 亿元，下降幅度达 22.98%。在债券 ETF 中，利率债 ETF 和可转债 ETF 的规模均出现下滑，而信用债 ETF 的规模增长显著，同比增长 62.83 亿元，增长幅度高达 93.32%。

具体来看，2021 年度信用债 ETF 规模的增长主要来源于海富通基金旗下的“海富通中证短融 ETF”，截至 2021 年末，该基金的规模为 65.28 亿元，是市场上规模最大的债券 ETF。“海富通中证短融 ETF”相较于传统场内流动性管理工具，如货币 ETF、国债逆回购等，在收益率、操作便捷程度和资金周转率等方面具备一定优势，受到投资者青睐，成为 2021 年度最受欢迎的债券 ETF。

从投资者结构看，指数型债券基金投资者机构化特征显著。自 2011 年指数型债券基金重启发行以来，机构投资者就占据绝对主导地位，随着规模的增大，机构投资者持有比例在 2013 年出现短暂下滑后，自 2014 年起进入高增长态势，在 2016 年及以后，机构投资者持有比例均维持在 95% 以上的高位，到 2021 年末，机构投资者持有比例达 97.59%（如图 10–7 所示）。但是从单一投资者持有情况来看，指数型债券基金的单一投资者持有比例为 38.96%，显著低于中长期纯债型基金 64.47% 的水平。从上述数据可以看出，指数型债券基金的定制化特征弱于中长期纯债型基金，以机构拼单持有形式为主。分类别来看，场外指数型债券基金是指数型债券基金中投资者机构化程度最高的细分品种，到 2021 年末，机构投资者持有比例达 98.29%。债券 ETF 自 2013 年落地以来，机构投资者便成为其投资主角，除 2014 年出现短暂调整外，其他年份机构投资者持有比例均在 90% 以上，到 2021 年末，机构投资者持有比例为 92.86%。债券 LOF 和增强指数型债券基金尚未成为国内指数型债券基金市场的主流产品，机构投资者持有比例均处于低位。

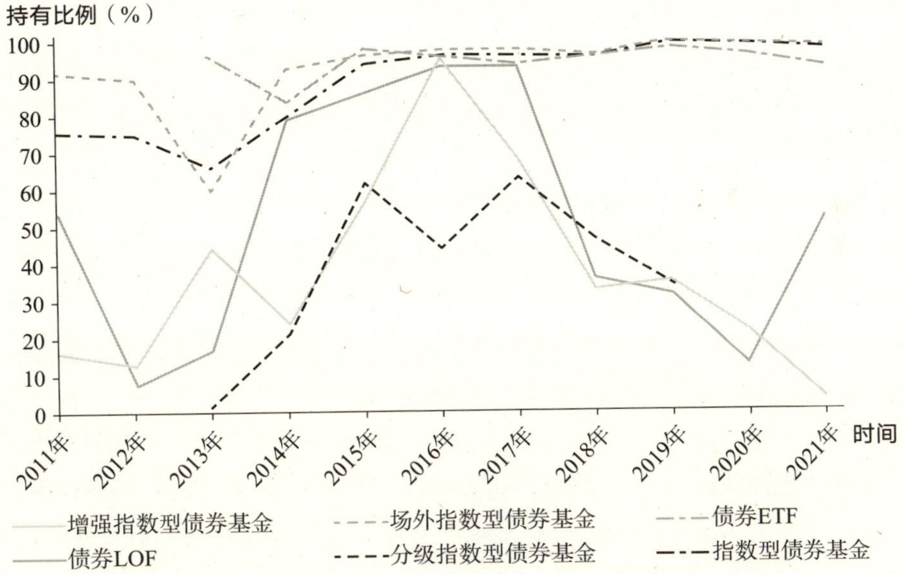

图 10–7　2011—2021 年指数型债券基金机构投资者持有比例的变化

资料来源：万得资讯，课题组整理。

中国指数型债券基金市场格局形成的原因分析

从上述分析可以看出，尽管近几年中国指数型债券基金的规模快速增长，发展进程加快，但受限于市场机制仍然不够成熟、投资者认知度不高等因素，中国指数型债券基金的产品结构和投资者结构均存在一定程度上的失衡。产品结构失衡具体表现为跟踪标的以利率债为主，信用债较少，在产品形式上以场外指数型债券基金为主，债券 ETF 数量较少且规模提升困难等。投资者结构失衡具体表现为机构投资者占据绝对主导地位，个人投资者参与意愿较低等。

从产品结构看，中国指数型债券基金的标的券种以利率债为主，其中以政金债为标的的指数型债券基金占据绝对主导地位。究其原因，主要存在以下几个方面：首先，中国近年来信用债违约现象屡有发生，而利率债在政府背书的前提下，具有高流动性和高安全性的特点，可以有效规避信用风险，投资者对于利率债指数型债券基金的认可度相对更高。其次，相对于主动管理类债券型基金，指数型债券基金标的指数的编制相对透明，商业银行布局国债、政金债等风险权重较低的指数型产品，便于通过指数成分券进行"穿透式监管"，在计算资本充足率时给予恰当的风险权重从而满足考核要求。此外，利率债本身对于商业银行而言不受大额风险暴露的限制，配置利率债指数型债券基金可以缓解在大额风险暴露监管体制下银行委外资金计入"匿名账户"的压力，因此商业银行有动力配置利率债指数型债券基金。最后，相较于国债，机构投资者投资政金债所获得的资本利得和票息收入需要缴纳所得税，而借道公募基金具有税收优势，因此，机构投资者更乐于借道公募基金进行政金债投资，而对于国债，则更倾向于通过自主配置的方式参与投资，这也是指数型债券基金中政金债数量和规模远超其他标的券种的原因。

相较于场外指数型债券基金，债券 ETF 凭借既可以在一级市场申购赎回，又可以在二级市场交易的功能，具有资金周转率高、交易便捷和交易成本低等优势，可以实现多样化的投资策略，工具优势显著，在海外市场受到投资者的广泛认可。但受限于国内债券市场机制尚不成熟、债券 ETF 生态圈建设不够完善等因素，一直以来中国债券 ETF 发展较为缓慢。具体而言，首先，中国债券市场仍以银行间债券市场为主，而债券 ETF 属于交易所交易基金，在银行间市场和交易所市场尚未实现全面互联互通的背景下，挂钩银行间债券的交易所债券 ETF 在跨市场结算方面存在一定阻隔，虽然跨市场债券能够通过转托管参与银行间市场交易，但由于跨市场债券发行规模有限以及转托管手续较为繁杂，银行间市场机构投资者对债券 ETF 的参与动力不足。其次，中国债券市场以机构投资者为主，且具有“整量成交”的特点，对于传统采用实物申购赎回运作模式的债券 ETF，投资者在赎回后往往面临散券管理困境，使得债券 ETF 的流动性和吸引力难以得到提升。最后，从海外市场经验来看，做市商的参与对于债券 ETF 规模的增长和流动性的提升非常重要，同时其本身也是 ETF 重要的投资者之一，目前国内做市商的盈利来源相对单一，做市动力缺乏，客观上导致中国债券 ETF 市场的流动性和深度不足。

指数型债券基金一直以机构投资者为主导，个人投资者参与意愿较低。在这背后，一方面是由于上文提到的指数型债券基金对于机构投资者而言具有诸多益处；另一方面，中国债券市场相对于股票市场，一直以保险公司、券商和银行等大型金融机构投资交易为主，个人投资者对其的认知度和参与度较低，叠加指数型债券基金在超额收益的获取上弱于主动管理类债券型基金，而中国个人投资者的理财理念常以“收益为王”为主，资产配置理念不够成熟，指数型债券基金对其吸引力不足，个人投资者对于指数型债券基金配置的需求的培育有待进一步加强。值得一提的是，在指数型债券基金中，债券 ETF 的个人投资者配置需求的培育在 2021 年成效明显，统计数据显示，个人投资者持有债券 ETF 的比例由 2020 年末的 3.86% 提升至 2021 年末的 7.14%，这与债券 ETF 市场部分产品二级市场流动性的提升密不可分。通常来说，相对于二级市场流动性低的产品，流动性较高的产品的个人投资者参与意愿更高，如 2021 年度日均成交额位列债券 ETF 第一位的“海富通中证短融 ETF”，2021 年末其机构投资者持有比例为 83.16%，显著低于债券 ETF 的平均水平。

中国指数型债券基金的未来展望

随着中国资本市场对外开放的稳步推进，养老金等长期资金投资群体扩容，预计未来指数型债券基金将在资本市场中扮演越来越重要的角色。

首先，指数型债券基金具有工具属性，能满足特定配置需求。不同于主动管理类债券型基金是为了获取超额收益，指数型债券基金的工具属性更为显著，具有组合构建透明、风险收益较为确定、交易成本低等优势，能够满足特定客户市场择时、风险分散以及资产配置的投资需求，尤其是对于大型配置机构，通过持有指数型债券基金可以免去随着时间的推移债券逐渐到期带来的调仓操作，使得投资组合仓位始终稳定在满足特定需求的久期或券种。未来随着投资者认知度的不断提升和资产配置理念的不断深入，指数型债券基金将承接更加多元化的资产配置需求，市场发展空间广阔。

其次，从海外市场指数型债券基金的体量和中国债券资产指数化程度看，中国指数型债券基金未来成长空间巨大。截至 2021 年末，美国市场指数型债券基金的规模约为 1.85 万亿美元，占债券型基金规模的比例约为 26.93%，而中国这一比例仅为 6.28%，有较大的成长空间。截至 2021 年末，中国指数型债券基金的规模占债券市场规模的比例仅为 0.33%，而中国指数型股票基金占股票市场规模的比例为 1.64%，从不同大类资产的指数化投资占比来看，中国指数型债券基金的成长空间也很大。

再次，随着中国金融市场对外开放进程的加快，指数型债券基金将迎来更加有利的发展机遇。境外投资者更加注重资产配置，偏好跨资产的分散化投资，对于债券资产具有天然投资需求，但其往往对中国债券市场了解较少，搭建本土团队或进行委外投资的成本较高，甚至缺乏债券场外交易市场的交易途径，因此对于指数型债券基金有强烈的投资需求。目前，中国债券市场在全球投资者资产配置中的占比仍然偏低，未来，随着中国债券市场对外开放的持续推进，指数型债券基金将为境外投资者提供中国债券市场更具代表性、更符合其投资习惯的优质投资工具，境外投资者的相关投资需求也将推动中国指数型债券基金的进一步发展。

最后，从海外债券 ETF 市场的蓬勃发展来看，随着市场机制的完善和投资者认知度的提升，中国债券 ETF 的发展环境正逐步改善。相对于海外市场，中国债券 ETF 市场目前仍处于起步阶段，与中国债券大国的国际地位不相适应。统计数据显示，截至 2021 年末，作为全球最发达的 ETF 市场，美国债券 ETF 规模超 1.6 万亿美元（如图 10-8 所示），占全部 ETF 规模的比例超 20%，而中国的这一比例仅为 1.7%。当前，中国债券 ETF 面临的市场环境和投资者需求正在发生巨大变化，随着中国债券市场互联互通的推进、债券 ETF 生态圈的完善、海外投资者的引入以及个人投资者投资需求的培育等，债券 ETF 未来或许会成为中国指数型债券基金的下一片蓝海。

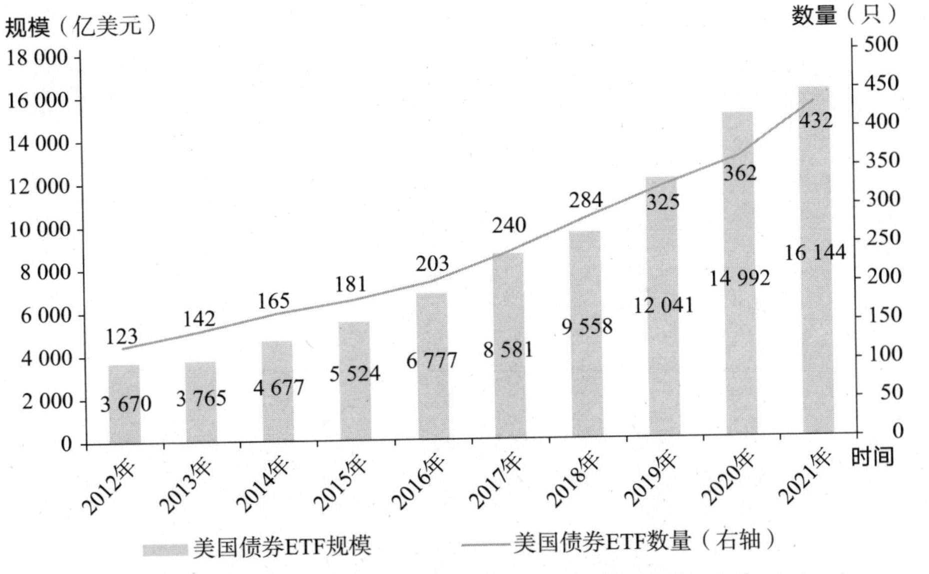

图 10-8　2012—2021 年美国债券 ETF 规模和数量的变化

资料来源：晨星，课题组整理。

/ 第11章 /

藏器待时，厚积薄发：券商资管公募化转型的挑战与机遇

2021年是“十四五”规划的开局之年，是“两个一百年”奋斗目标的交汇之年。随着资管新规过渡期的平稳结束，资管行业竞争格局重塑，步入了全新的发展阶段。站在新起点，券商资管在积极布局公募业务、拓展管理能力边界的同时，也面临着公募行业百舸争流、境内外机构并驱争先的激烈竞争局面。面对新挑战，券商资管应拥抱时代机遇，提升公司治理水平，聚焦专业投研和专业服务，打造核心竞争力，为促进中国资本市场高质量发展贡献力量。

净值化时代开启，券商资管回归本源再出发

资管新规过渡期收官，资管行业竞争格局重塑

自2018年资管新规颁布以来，国内资管行业资管规模出现微降后又在2020年企稳回升。截至2020年末，资管行业资管规模已超过资管新规颁布前的最高水平。2021年资管行业资管规模增速进一步加快，截至2021年末，资管规模达到134.6万亿元，同比增长10.4%（如图11-1、图11-2所示）。

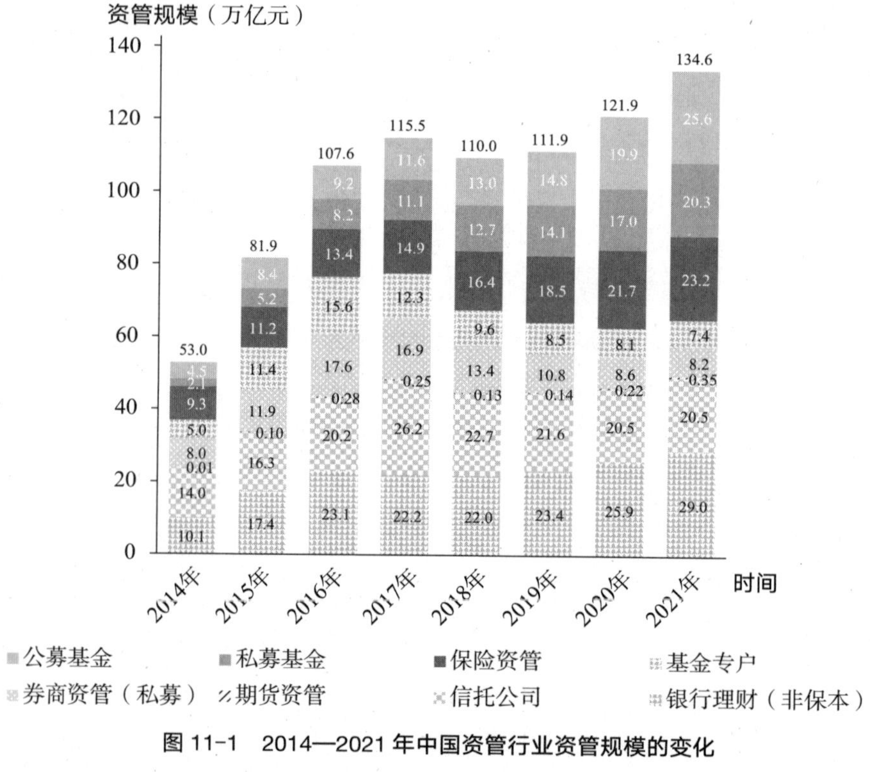

图11-1　2014—2021年中国资管行业资管规模的变化

注：1. 基金专户不含养老金。

2. 2021年数据为估算值。

资料来源：银保监会、中国证券投资基金业协会、中国信托业协会、中国理财网、万得资讯，东方红资产管理整理。

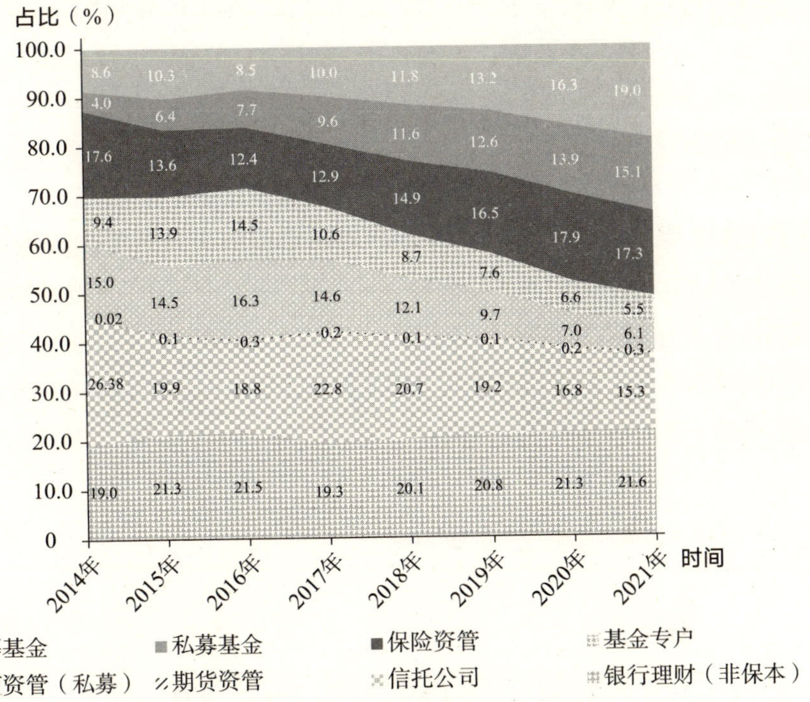

图 11-2　2014—2021 年中国资管行业结构变化

注：1. 基金专户不含养老金。
　　2. 2021 年数据为估算值。

资料来源：银保监会、中国证券投资基金业协会、中国信托业协会、中国理财网、万得资讯，东方红资产管理整理。

资管新规过渡期收官，资管行业竞争格局重塑，体现为标准化资产投资比例提升，资产质量更优。在鼓励标准化资产投资、限制非标资产投资的政策下，过去以非标资产投资、资金池业务为主的券商资管、基金子公司和信托等细分板块的规模及占比继续压降，其中券商资管、基金专户和信托自 2017 年以来规模降幅达 51%、40% 和 22%；以主动管理、标准化资产投资为主的公募基金、私募基金、保险资管等细分板块的规模及占比有所提高，其中公募基金、私募基金和保险资管自 2017 年以来规模增幅达 120%、83% 和 56%。**未来非标资产投资业务发展仍将受限，标准化资产投资将继续引领市场增长。**

从资金端看，居民资产向资本市场投资转化，未来将是市场重要的新增资金来源。根据招商银行和贝恩公司的估算（如图 11-3、表 11-1 所示），2021 年中国个人可投资资产总规模达 268 万亿元，其中现金及存款 106 万亿元（约占 40%），投资性房地产 53 万亿元（约占 20%），资本市场产品 42 万亿元（约占 16%）。受资管新规、“房住不炒”定位、资本市场行情等多方面影响，高净值人群的资产配置变得更加多元，信托产品、银行理财产品、债券等固收类产品及房地产的投资占比进一步缩减，公募基金（尤其是权益类基金）、私募股权等产品的投资占比显著增加（如图 11-4、表 11-2 所示）。随着投资者金融成熟度不断提升，其对净值型、权益类产品的接受度提高，预计将会有更多的投资者通过基金等标准化产品参与资本市场投资。

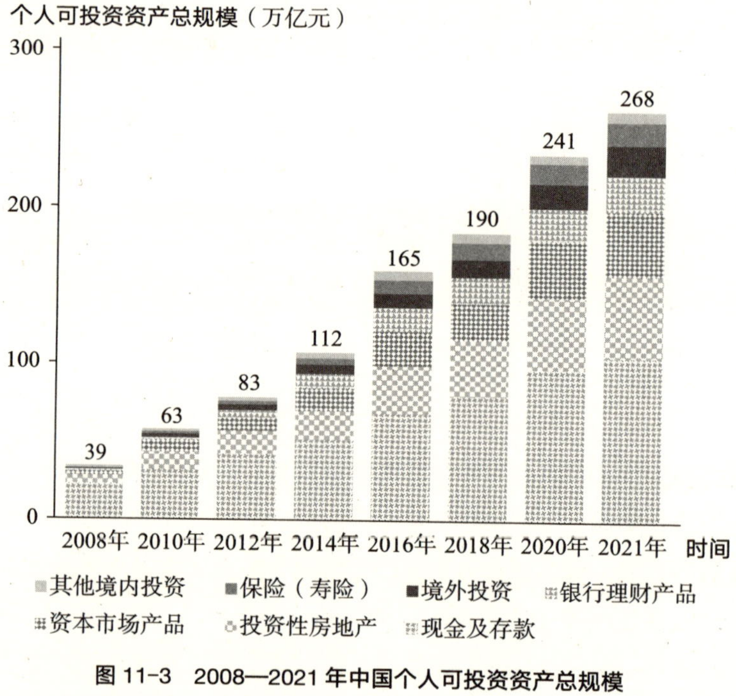

图 11-3　2008—2021 年中国个人可投资资产总规模

注：1. 资本市场产品包括个人持有的股票、公募基金、新三板股票和债券。
　　2. 其他境内投资包括个人持有的信托、基金专户、券商资管、私募股票、黄金和私募股权等。

资料来源：招商银行和贝恩公司联合发布的《2021 中国私人财富报告》。

表 11-1　2008—2021 年中国个人可投资资产总规模的复合年均增速

单位（%）

	2008—2020 年	2012—2014 年	2014—2016 年	2016—2018 年	2018—2020 年	2020—2021 年
合计	16	16	21	7	13	1
其他境内投资	42	48	35	0	–5	14
保险（寿险）	18	18	23	15	11	20
境外投资	32	20	26	10	21	11
银行理财产品	25	40	29	6	9	14
资本市场产品	19	27	22	1	27	12
投资性房地产	20	8	30	8	14	9
现金及存款	13	11	15	8	9	11

注：1. 资本市场产品包括个人持有的股票、公募基金、新三板股票和债券。

2. 其他境内投资包括个人持有的信托、基金专户、券商资管、私募股票、黄金和私募股权等。

资料来源：招商银行和贝恩公司联合发布的《2021 中国私人财富报告》。

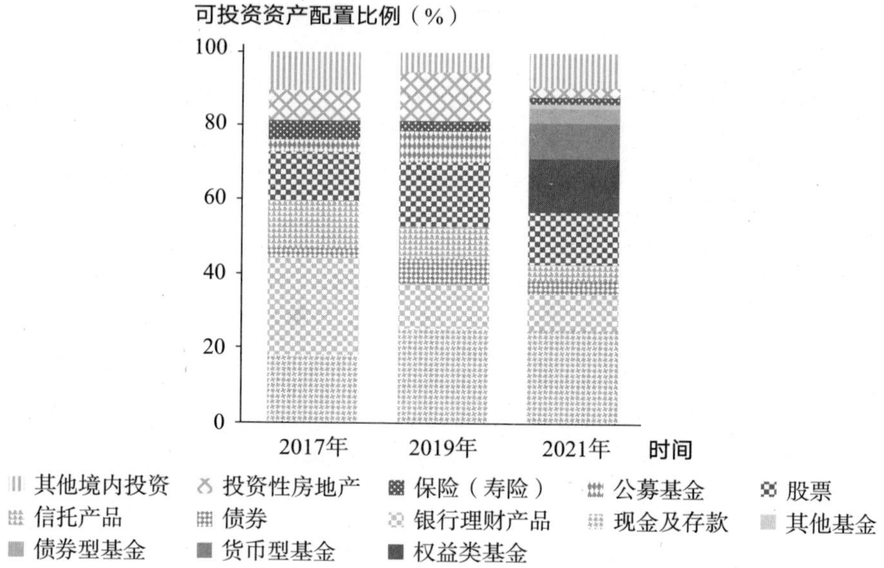

图 11-4 2017 年、2019 年、2021 年中国高净值人群境内可投资资产配置比例

注：1. 银行理财产品包括净值型理财产品（浮动收益）和非净值型理财产品（稳定 / 预期收益，含结构性存款）。

2. 公募基金包括货币型基金、债券型基金和权益类基金等。

3. 其他境内投资包括私募股权基金、私募证券投资基金、黄金、对冲基金和收藏品等。

资料来源：招商银行和贝恩公司联合发布的《2021 中国私人财富报告》。

表 11-2 2017—2019 年、2019—2021 年中国高净值人群境内可投资资产配置比例的变化

可投资资产	比例变化（%）		可投资资产	比例变化（%）	
	2017—2019 年	2019—2021 年		2017—2019 年	2019—2021 年
其他境内投资	−5	4	信托产品	−4	−4
投资性房地产	5	−11	债券	4	−3
保险（寿险）	−2	0	银行理财产品	−14	−2
公募基金	5	21	现金及存款	7	−1
股票	4	−3			

注：1. 银行理财产品包括净值型理财产品（浮动收益）和非净值型理财产品（稳定 / 预期收益，含结构性存款）。

2. 公募基金包括货币市场基金、债券型基金和权益类基金等。

3. 其他境内投资包括私募股权基金、私募证券投资基金、黄金、对冲基金和收藏品等。

资料来源：招商银行和贝恩公司联合发布的《2021 中国私人财富报告》。

券商资管主动管理转型初显成效，资管结构持续优化

1. 通道业务规模大幅压降，主动管理业务规模迅速增长

券商资管行业整体规模自 2017 年起持续下降，但其中以主动管理类产品为代表的集合产品规模自 2019 年开始企稳回升。2016 年 7 月，证监会发布《证券期货经营机构私募资管业务运作管理暂行规定》（“新八条底线”）。2018 年 4 月，中国人民银行、银保监会、证监会、国家外汇管理局联合发布《关于规范金融机构资产管理业务的指导意见》，即资管新规。2018 年 10 月，证监会体系下的私募资管细则落地实施。私募资管业务严监管的基调延续至今，过去以通道业务为主的券商资管行业的整体规模随之逐年压降。截至 2021 年末，券商及其资管子公司私募资管业务规模[①] 合计 7.6 万亿元，相比 2016 年末顶峰时的 16.9 万亿元缩水过半。其中，通道性质较强的单一产品规模相比 2016 年末锐减 72.8%；而以主动管理类产品为代表的集合产品规模较同期增长 63.6%，占券商资管规模的比例由 13.0% 提升至 47.4%（如图 11–5 所示）。

从行业头部机构的情况来看，近年来券商资管主动化、公募化转型趋势明显。2021 年 19 家代表性上市券商资管规模同比增长 16.7%，其中集合资管规模同比增长 106.8%，单一资管规模同比降低 16.0%，公募基金规模同比增长 54.5%。具体而言，中信证券、中金公司、广发证券等券商集合资管规模同比增长均超 150%，华泰证券、财通证券的公募基金规模分别同比增长 206.2%、107.9%（如表 11–3 所示）。

① 此处不包括券商私募子公司（直投）、券商管理的养老金、专项资管计划，包括未规范的大集合产品存续规模。

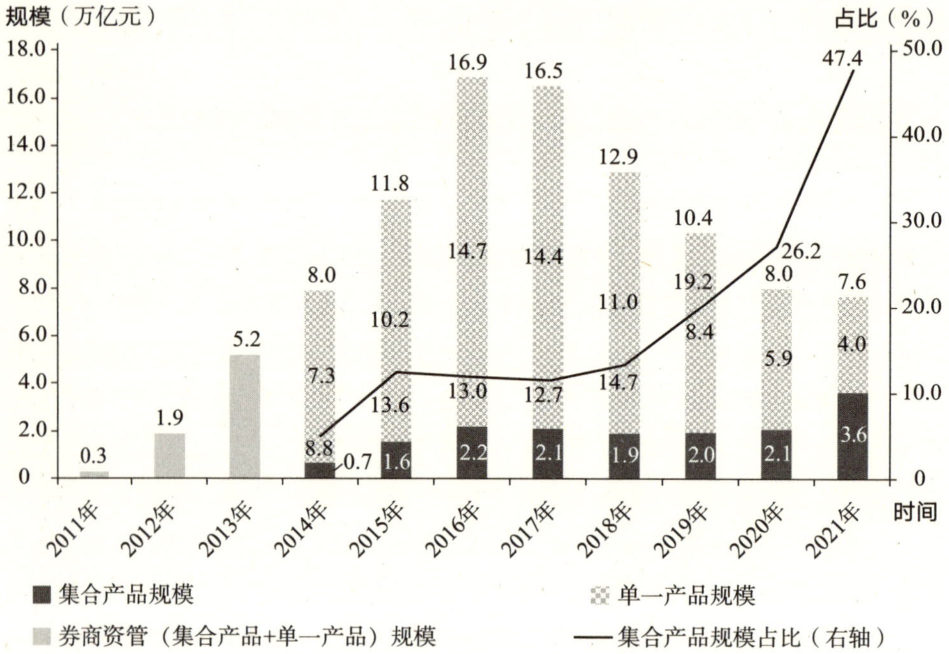

图 11-5　2011—2021 年券商资管规模下降，集合产品规模及占比企稳回升

资料来源：中国证券投资基金业协会、万得资讯，东方红资产管理整理。

表 11-3　2021 年 19 家代表性上市券商资管规模概况

代表性上市券商	资管规模		集合资管规模		单一资管规模		公募基金规模	
	金额（亿元）	较 2020 年增长比率（%）	金额（亿元）	较 2020 年增长比率（%）	金额（亿元）	较 2020 年增长比率（%）	金额（亿元）	较 2020 年增长比率（%）
中信证券	16 257	19.0	6 605	153.9	9 653	-12.7	0	—
中金公司	11 283	120.0	5 683	243.5	5 600	61.2	—	—
中银证券	7 095	47.5	2 131	216.2	3 804	27.8	1 160	9.0
广发证券	4 824	62.3	3 526	157.6	1 298	-14.3	0	—
招商证券	4 180	-10.8	2 028	55.6	2 152	-38.1	0	—
光大证券	3 671	57.3	1 932	212.8	1 738	13.3	0	—
东方证券	3 496	22.6	661	11.5	139	-49.1	2 696	35.1

续表

代表性上市券商	资管规模		集合资管规模		单一资管规模		公募基金规模	
	金额（亿元）	较 2020 年增长比率（%）	金额（亿元）	较 2020 年增长比率（%）	金额（亿元）	较 2020 年增长比率（%）	金额（亿元）	较 2020 年增长比率（%）
华泰证券	3 238	−12.3	696	−47.5	1 805	−41.5	737	206.2
中信建投	2 899	−12.9	1 613	221.4	1 286	−56.9	0	—
国泰君安	2 741	−26.9	1 068	17.0	1 432	−59.5	241	—
申万宏源	2 463	−32.3	—	—	—	—	—	—
财通证券	1 981	32.8	569	17.9	414	28.2	998	107.9
中泰证券	1 834	26.3	393	17.2	1 266	25.0	175	63.9
平安证券	1 537	67.6	—	—	—	—	—	—
中国银河	1 192	−18.9	431	−15.0	762	−22.9	0	—
国信证券	1 174	1.0	795	90.9	379	−54.9	0	—
国金证券	1 129	48.1	632	1 827.3	497	−30.2	0	—
海通证券	725	−54.6	399	−48.0	326	−75.0	0	—
国联证券	653	169.3	130	80.7	523	78.7	0	—
合计	72 372	16.7	29 292	106.8	33 074	−16.0	6 007	54.5

注：上述 19 家代表性上市券商为中国证券投资基金业协会“2021 年第四季度证券公司私募主动管理资产月均规模前 20 家”中的券商，删除未上市券商（五矿证券）。部分券商未单独披露集合资管、单一资管、公募基金规模。因为资产证券化业务不属于本报告探讨内容，所以此处资管规模不包括资产证券化产品规模。

资料来源：各代表性上市券商 2021 年年报、2020 年年报，东方红资产管理整理。

2. 盈利质量和收入水平有所提升

在主动管理、公募化转型过程中，券商资管的整体规模虽有缩减，但盈利质量和收入水平有所提升。根据中国证券业协会统计数据测算，券商资管费率自 2018 年起持续回升，并在 2021 年末创下近 10 年新高（0.34%），较 2018 年的费率（0.18%）增长了89%（如图11-6所示）。此外，在资管新规过渡期内，券商资管规模虽持续回落，但资管业务净收入不降反升，由2018年的275亿元增长到2021年的318亿元，增幅达16%。同时，资管业务净收入占券商总营收的比重长期来看有所提升，由2011年的1.6%提升至2021年的6.3%，增幅达294%（如图11-7所示）。

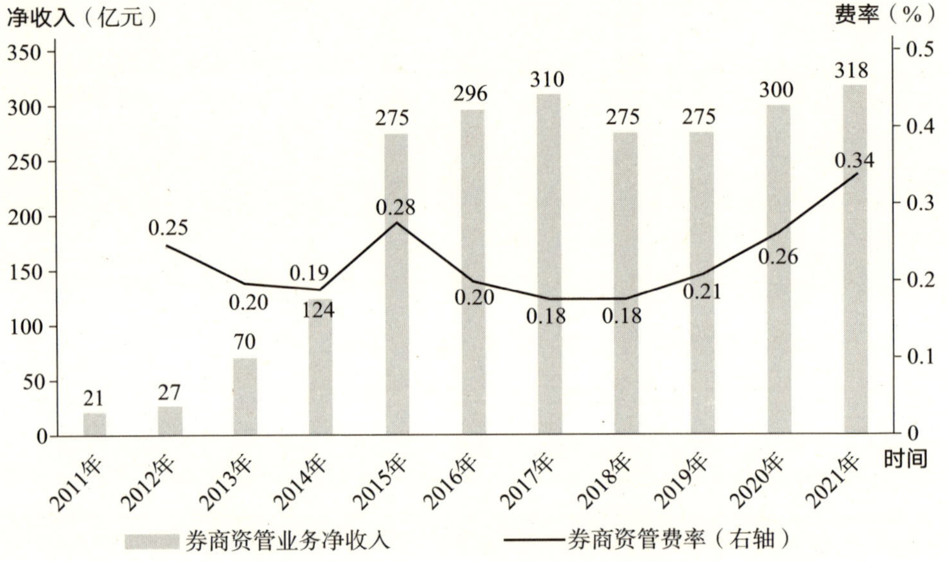

图11-6　2011—2021年券商资管业务净收入和费率的变化趋势

注：券商资管费率按“资管业务净收入／受托管理本金期初期末均值”来估算。

资料来源：中国证券业协会、万得资讯，东方红资产管理整理。

部分头部及中型券商资管业务净收入增速高于行业平均水平，在主动管理转型过程中展现出较强的盈利能力。具体而言，2021年19家代表性上市券商资管业务净收入227.7亿元（同比增长39.7%），其中东方证券（46.9%）、中信证券（42.2%）、中金公司（34.9%）、中泰证券（70.4%）等券商的资管业务净收入增速远超行业平均水平，且收入增长大部分来自主动管理业务（集合资管及公募基金业务），盈利质量取得了一定的提升（如表11-4所示）。

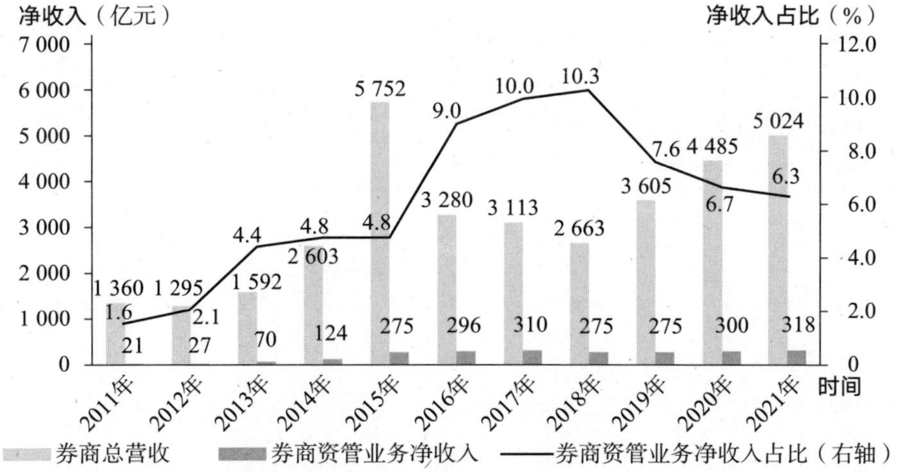

图 11-7 2011—2021 年券商资管业务净收入、券商总营收及券商资管业务净收入占券商总营收的比重的变化趋势

注：2019—2021 年券商资管业务净收入占比降低主要是因为近年来券商资管规模持续降低、资管业务净收入变化较小，而券商经纪业务、投行业务、自营业务净收入增长较多导致券商总营收增长迅猛。

资料来源：中国证券业协会、万得资讯，东方红资产管理整理。

表 11-4 2021 年 19 家代表性上市券商资管业务净收入概况

代表性上市券商	资管业务净收入		集合资管净收入		单一资管净收入		公募基金净收入	
	金额（亿元）	较 2020 年增长比率（%）	金额（亿元）	较 2020 年增长比率（%）	金额（亿元）	较 2020 年增长比率（%）	金额（亿元）	较 2020 年增长比率（%）
东方证券	36.2	46.9	—	—	—	—	—	—
中信证券	33.3	42.2	18.0	46.5	15.3	35.6	0	—
华泰证券	18.9	-4.7	14.8	-3.8	2.8	-19.3	1.4	1.6
国泰君安	17.9	16.0	—	—	—	—	—	—
海通证券	16.0	15.0	12.3	-1.8	3.7	2 338.5	0	—
中金公司	13.6	34.9	2.8	70.6	10.8	25.2	0	—
财通证券	13.2	15.9	7.6	-3.7	1.2	-8.2	4.4	96.2
招商证券	11.8	6.1	7.7	-1.4	4.0	14.8	0	—

续表

代表性上市券商	资管业务净收入		集合资管净收入		单一资管净收入		公募基金净收入	
	金额（亿元）	较2020年增长比率（%）	金额（亿元）	较2020年增长比率（%）	金额（亿元）	较2020年增长比率（%）	金额（亿元）	较2020年增长比率（%）
光大证券	10.3	−28.3	8.9	−26.0	1.4	−47.2	0	—
广发证券	10.2	−18.7	7.7	−25.8	2.5	16.2	0	—
中信建投	10.0	12.9	—	—	—	—	—	—
申万宏源	8.7	7.4	—	—	—	—	—	—
中银证券	7.7	−4.7	—	—	—	—	—	—
中泰证券	5.6	70.4	2.6	50.2	2.2	39.9	0.8	—
平安证券	5.1	7.3	—	—	—	—	—	—
中国银河	4.8	−15.9	4.2	−11.8	0.6	−35.1	0	—
国信证券	2.4	−12.0	1.6	−11.3	0.8	−14.8	0	—
国联证券	1.1	87.3	0.5	15.3	0.6	28.8	0	—
国金证券	0.9	−2.0	0.3	26.6	0.6	−9.1	0	—
合计	227.7	39.7	89.0	0.1	46.5	23.2	6.6	83.9

注：上述19家代表性上市券商为中国证券投资基金业协会“2021年第四季度证券公司私募主动管理资产月均规模前20家”涉及的券商，删除未上市券商（五矿证券）。部分券商未单独披露券商集合资管、单一资管、公募基金净收入，其中中信证券、招商证券、华泰证券、海通证券、中银证券、平安证券、国金证券和国联证券采用单独披露的券商资管业务数据，其他代表性上市券商采用合并报表数据。因为资产证券化业务不属于本报告探讨内容，所以资管业务净收入不含资产证券化产品净收入。

资料来源：各代表性上市券商2021年年报、2020年年报，东方红资产管理整理。

3. 存量权益类产品规模占比上升，新发固收类产品规模占比下降

从存量规模来看，券商资管存量产品中固收类产品和混合类产品的规模不断降低，权益类产品、商品及金融衍生品类产品的规模有所提升。截至2021年末，券商资管私募产品中固收类产品规模为6.13万亿元（占比79.71%），较2019年末缩减22%；混合类产品规模为0.85万亿元（占比11.05%），较2019年末

缩减 55%；权益类产品规模为 0.69 万亿元（占比 8.98%），较 2019 年末增长 17%；商品及金融衍生品类产品规模为 0.02 万亿元（占比 0.26%），较 2019 年末增长 400%（如图 11-8 所示）。但是，截至 2021 年末，权益类产品的绝对规模和占比依然较小，未来还有较大的发展空间。

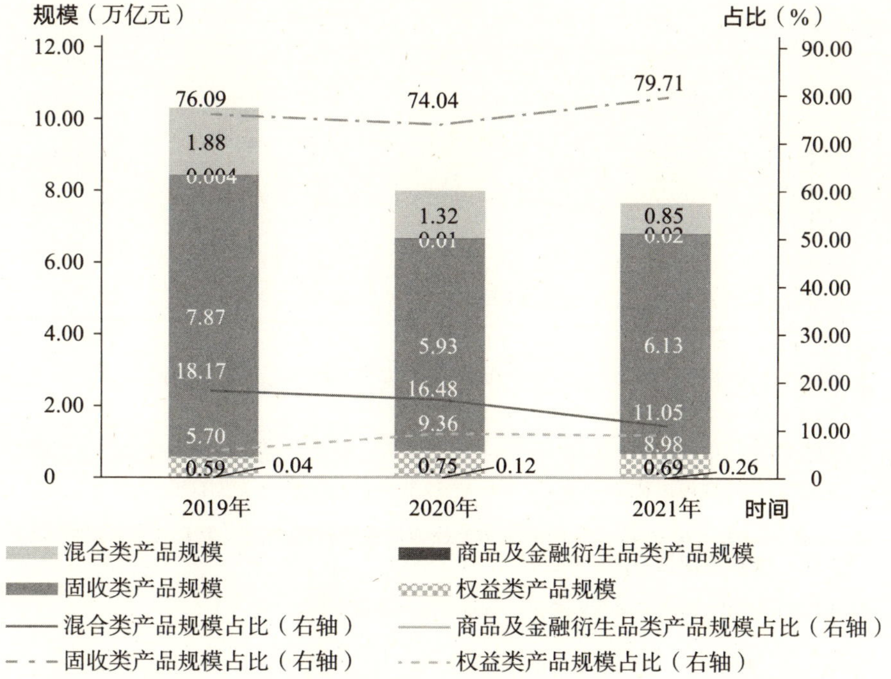

图 11-8 2019—2021 年券商资管存量产品以固收类产品为主，权益类产品规模占比提升

资料来源：中国证券投资基金业协会，东方红资产管理整理。

从新发规模来看，目前券商资管新发产品仍以固收类产品为主，但新发混合类产品和权益类产品的规模占比提升显著。2021 年券商资管新发固收类产品规模为 2 397 亿元，占比由 2019 年的 85.9% 下降至 65.6%；新发混合类产品规模为 823 亿元，占比由 2019 年的 9.0% 上升至 22.5%；新发权益类产品规模为 331 亿元，占比由 2019 年的 4.9% 上升至 9.1%；新发商品及金融衍生品类产品规模为 101 亿元，占比由 2019 年的 0.2% 上升至 2.8%（如图 11-9 示）。

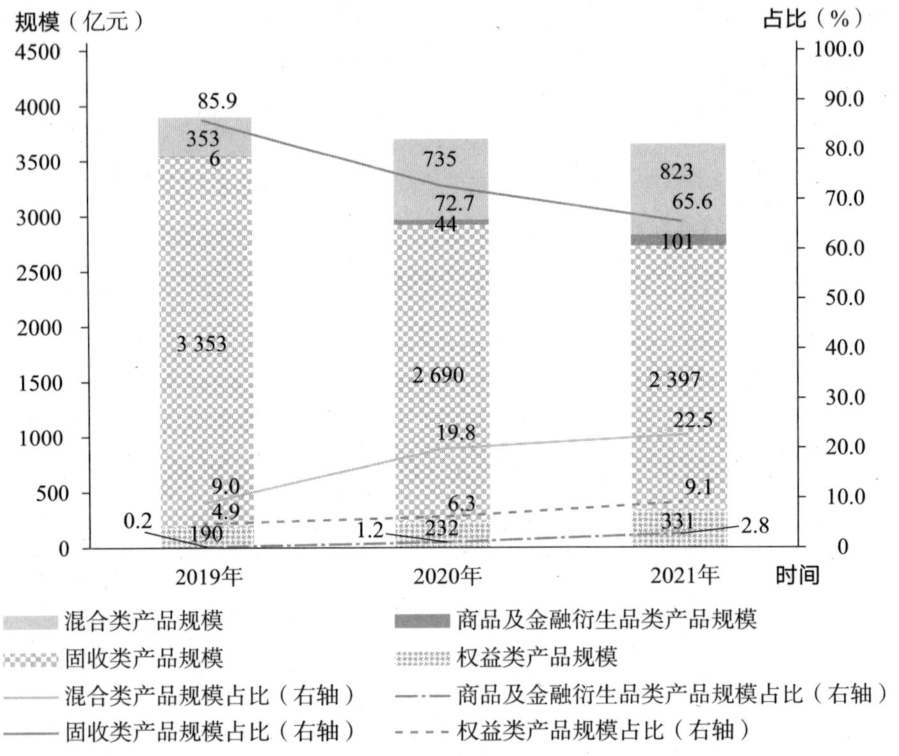

图 11-9　2019—2021 年券商资管新发产品以固收类产品为主，混合类产品和权益类产品规模占比提升显著

资料来源：中国证券投资基金业协会，东方红资产管理整理。

4. 券商集合产品业绩表现可圈可点

券商集合产品的收益率与资本市场行情相关，其中股票型集合产品和混合型集合产品的业绩表现与权益市场的相关性较强，波动幅度较大；债券型集合产品的业绩表现与债券市场的相关性较强，波动幅度较小。从 2012—2021 年的年度平均收益率来看（如图 11-10 所示），债券型集合产品每年均取得正收益，业绩表现与债券市场涨跌相近；股票型集合产品和混合型集合产品在大多数年份均能取得正收益，收益和波动水平介于股票市场和债券市场之间。

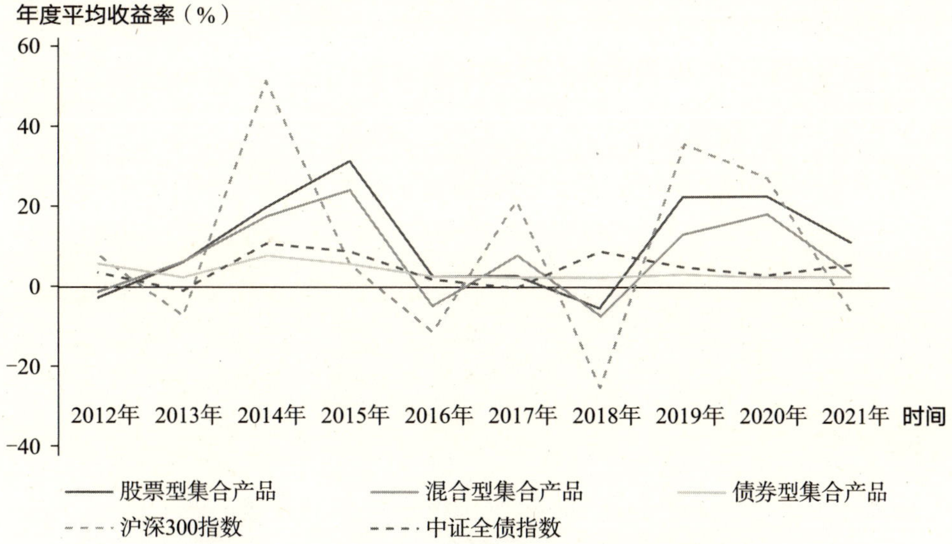

图 11-10　2012—2021 年券商集合产品年度平均收益率

注：年度平均收益率的计算采取简单平均，样本数选取了万得资讯收录的 7 011 只券商集合产品（495 只股票型、1 597 只混合型、4 919 只债券型），同时剔除分级产品。

资料来源：万得资讯，东方红资产管理整理。

5. 头部券商资管集中度提升，业务转型领跑同行

2015—2017 年券商资管行业集中度逐年下降，自 2018 年起有所回升，呈现出规模向头部管理人集中的趋势。截至 2021 年末，行业排名前 5、前 10、前 20 的管理人占总规模的比重分别达到 46.5%、65.0%、80.0%，为近 7 年来最高水平（如图 11-11 所示）；其中排名第一的中信证券市场占有率达 15%。

头部券商资管继续领跑，也有中小型券商资管异军突起。根据中国证券投资基金业协会披露的 2021 年第四季度数据，中信证券、中金公司在券商私募资管规模和主动管理规模两个榜单中分别稳居第一和第二，其中主动管理规模分别同比增长 3 816 亿元和 6 143 亿元，呈现强者恒强态势（如表 11-5、表 11-6 所示）。此外，中银证券 2021 年第四季度主动管理规模较 2020 年同期增长 3 297 亿元，

排名跃升 11 位；另有平安证券、五矿证券、国金证券、国联证券 4 家后起之秀，新晋主动管理规模前 20 名榜单。

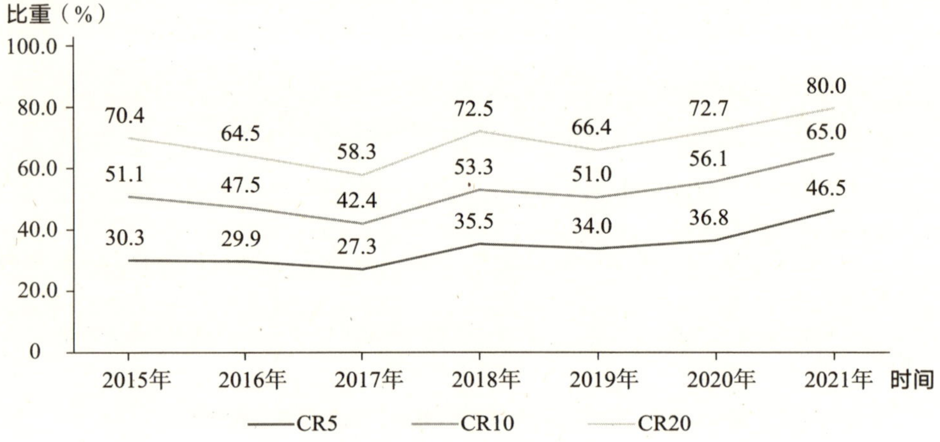

图 11-11　2015—2021 年券商资管行业集中度自 2018 年以来企稳回升

注：CR5、CR10、CR20 分别指券商私募资管月均规模排名前 5、前 10、前 20 占券商资管规模的比重。

资料来源：中国证券投资基金业协会、《中国证券投资基金业年报》，东方红资产管理整理。

头部券商凭借较强的产品创设能力及综合实力，在主动管理、净值化转型过程中保持行业领先地位。例如，中信证券坚持“立足机构、做大零售”战略，在深耕社保、年金客户的同时，积极开拓与银行理财子公司、银行私人银行等机构的合作，并加大高净值人群、零售客群（大集合产品公募化改造）、互联网渠道客户的开发力度，实现了主动管理规模的快速扩张。**个别中小型券商着力打造差异化优势，也有机会在竞争激烈的资管行业成功突围。**例如，国金证券提供高端资管定制业务，其“定制家”品牌在业内已初具影响力；国联证券提供专业化资产配置和底层资产评价服务，为客户提供全生命周期、全业务链条的综合金融服务解决方案，行业排名显著提升。[①]

① 上市券商相关内容来自相应券商 2021 年年报。

表 11-5　2021 年第四季度券商私募资管月均规模前 20 名

排名	券商名称	月均规模（亿元）	较 2020 年第四季度排名变动	较 2020 年第四季度规模变动（亿元）
1	中信证券	11 675.28	→	1 414
2	中金公司	8 681.18	↑ 7	6 011
3	中银证券	5 977.38	↑ 2	1 891
4	广发资管	4 975.01	↑ 4	2 022
5	招商资管	4 416.59	↓ 3	-732
6	光大资管	3 066.31	↑ 5	1 091
7	国君资管	3 019.54	↓ 4	-2 100
8	华泰资管	2 883.88	↓ 4	-1 965
9	中信建投	2 779.98	↓ 3	-1 123
10	申万宏源	2 463.28	↓ 3	-1 173
11	中泰资管	1 742.59	↑ 4	434
12	平安证券	1 536.92	↑ 8	620
13	国信证券	1 288.71	→	-241
14	银河金汇资管	1 278.86	↓ 2	-338
15	安信资管	1 035.56	↓ 1	-388
16	财通资管	1 034.59	新进	—
17	五矿证券	1 012.44	新进	—
18	国金证券	937.86	新进	—
19	浙商资管	855.80	↓ 2	-290
20	海通资管	834.92	↓ 10	-1 458

注：季度月均规模指当季度各月末券商私募资管规模的算术平均值，不包括券商管理的养老金和已规范整改的大集合产品。

资料来源：中国证券投资基金业协会“2021 年第四季度证券公司私募资管月均规模前 20 家”，东方红资产管理整理。

表 11-6　2021 年第四季度券商私募主动管理资产月均规模前 20 名

排名	券商名称	月均规模（亿元）	较 2020 年第四季度排名变动	较 2020 年第四季度规模变动（亿元）
1	中信证券	10 462.53	→	3 816
2	中金公司	8 575.48	↑ 3	6 143

续表

排名	券商名称	月均规模（亿元）	较 2020 年第四季度排名变动	较 2020 年第四季度规模变动（亿元）
3	广发资管	4 748.97	↑ 3	2 443
4	中银证券	4 111.76	↑ 11	3 297
5	招商资管	3 480.75	↓ 2	721
6	光大资管	2 673.17	↑ 3	1 410
7	华泰资管	2 353.97	↓ 3	−293
8	中信建投	2 326.56	↓ 1	324
9	国君资管	2 267.79	↓ 7	−1 060
10	中泰资管	1 678.37	↑ 2	655
11	申万宏源	1 370.12	↓ 1	207
12	平安证券	1 346.76	新进	—
13	国信证券	1 032.86	↓ 2	−31
14	财通资管	1 010.67	↑ 4	301
15	五矿证券	983.82	新进	—
16	国金证券	833.31	新进	—
17	东方红资产管理	784.81	↓ 4	−99
18	海通资管	722.76	↓ 10	−800
19	银河金汇资管	694.55	↓ 2	−28
20	国联证券	644.25	新进	—

注：季度月均规模指当季度各月月末券商私募主动管理资产规模的算术平均值，不包括券商管理的养老金和已规范整改的大集合产品。

资料来源：中国证券投资基金业协会“2021 年第四季度证券公司私募主动管理资产月均规模前 20 家”，东方红资产管理整理。

净值化时代开启，券商资管面临新挑战、新机遇

2021 年末，资管新规过渡期收官，券商资管存量业务整改基本完成；行业

规模企稳回升，主动管理规模占比不断提高，业务转型取得较好成效。2022年，净值化时代正式拉开序幕，券商资管由“通道资管”逐渐走向“真资管”。与此同时，不少行业机构结合大集合产品参公运作经验，开始通过设立资管子公司、申请公募牌照等方式进一步拓展业务边界，**公募化转型已成大势所趋，券商资管面临全新的挑战和机遇。**

在蓝海时代，境内外各类型机构同台竞技，牌照红利逐渐消失，只有建立专业的核心竞争力才能制胜。券商资管在客户资源、全业务链以及投研领域积累了一定优势，但公募基金赛道竞争日趋激烈，基金公司已具备先发优势，要想在公募基金领域占有一席之地，券商资管仍然任重而道远。

正本清源再出发，券商资管加速公募化转型

券商资管“设子申公”，提升公募基金业务战略定位

公募基金在投资门槛、客群广度、销售便捷度、规模容量、向下穿透、多层嵌套等方面均有优势，同时公募基金业务也可以与券商的其他业务条线互补，因此获取公募牌照对于券商财富管理转型意义重大。

2022年4月26日，证监会发布公募基金高质量发展意见，明确提出支持券商资管子公司依法申请公募牌照，从事公募基金管理业务，同时适度放宽同一主体下公募牌照数量限制。公募基金高质量发展意见的出台，为券商资管申请公募牌照扫清了障碍。

1．“一参一控”政策放开，设立资管子公司成为获取公募牌照的重要途径

2020年7月，证监会发布《公开募集证券投资基金管理人监督管理办法（征求意见稿）》（以下简称“管理人办法”），拟优化公募牌照制度，放宽“一参一控”限制，允许同一主体同时控制一家基金公司和一家公募持牌机构。这意味着，已控股基金公司的券商，可以通过设立资管子公司的方式获得公募牌照，从而进一步拓展公募基金业务。

在此背景下，设立资管子公司将资管业务从券商主体剥离，继而申请公募牌照成为券商布局公募基金业务的重要途径。证监会数据显示，截至2022年第一季度末，已有22家券商设立券商资管子公司（如表11-7所示）；此外，国联证券、国信证券、中信证券、中金公司、中信建投等多家券商已发布申请设立资管子公司的公告。

表11-7　22家券商资管子公司获批情况（截至2022年第一季度末）

券商	券商资管子公司	获批时间	注册资本（亿元）	注册地
东方证券	东方红资产管理	2010年4月23日	3	上海
国泰君安	国君资管	2010年5月12日	8	上海
光大证券	光大资管	2011年11月23日	2	上海
海通证券	海通资管	2012年3月29日	10	上海
浙商证券	浙商资管	2012年11月1日	5	浙江杭州
中国银河	银河金汇资管	2013年12月10日	5	广东深圳
广发证券	广发资管	2013年12月19日	3	广东珠海
兴业证券	兴证资管	2014年1月26日	5	福建福州
中泰证券	中泰资管	2014年4月2日	1	上海
华西证券	华西资管	2014年6月2日	5	上海
华泰证券	华泰资管	2014年7月7日	3	上海

续表

券商	券商资管子公司	获批时间	注册资本（亿元）	注册地
长江证券	长江资管	2014 年 8 月 19 日	2	上海
财通证券	财通资管	2014 年 11 月 5 日	2	浙江杭州
德邦证券	德邦资管	2014 年 11 月 24 日	1	上海
招商证券	招商资管	2015 年 1 月 26 日	3	广东深圳
国盛证券	国盛资管	2015 年 4 月 27 日	2	广东深圳
东北证券	东证融汇资管	2015 年 7 月 8 日	5	上海
渤海证券	渤海汇金资管	2016 年 1 月 4 日	2	广东深圳
安信证券	安信资管	2019 年 12 月 3 日	10	广东深圳
德邦证券	德邦资管	2020 年 3 月 13 日	10	上海
天风证券	天风资管	2020 年 3 月 27 日	5	上海
山西证券	山证资管	2021 年 5 月 18 日	5	上海

资料来源：证监会，东方红资产管理整理。

2. 牌照审批重启，券商公募布局加速落地

2020 年 12 月 30 日，证监会核准了国君资管公募基金业务资格。国君资管因此成为“一参一控”政策松绑后首家获批公募牌照的券商资管。此次公募牌照的发放，距离中泰资管获批公募基金业务资格已过去 3 年之久，沉寂已久的“券商申公”宣告重启。

截至 2022 年第一季度末，全市场共有 12 家券商或其资管子公司持有公募牌照（如表 11-8 所示），另有五矿证券、华金证券等券商已先后提交公募基金管理资格牌照申请，目前仍在排队中。可以预见，券商申请公募牌照已开始提速，发力公募基金业务将成为券商打造主动管理能力、实现差异化竞争的重要路径。

表 11-8　12 家持牌券商或其资管子公司获得公募牌照的情况

券商或其资管子公司名称	注册地	办公地	取得公募牌照时间
东方红资产管理	上海	上海	2013 年 8 月 26 日
山西证券	太原	太原	2014 年 3 月 19 日
国都证券	北京	北京	2014 年 8 月 19 日
浙商资管	杭州	杭州	2014 年 8 月 19 日
渤海汇金资管	深圳	深圳	2014 年 11 月 5 日
北京高华证券	北京	北京	2015 年 8 月 6 日
中银证券	上海	上海	2015 年 8 月 20 日
财通资管	浙江	浙江	2015 年 12 月 21 日
长江资管	上海	上海	2016 年 1 月 5 日
华泰资管	上海	上海	2016 年 7 月 26 日
中泰资管	上海	上海	2017 年 12 月 18 日
国君资管	上海	上海	2020 年 12 月 30 日

资料来源：证监会，东方红资产管理整理。

券商资管公募化转型成为大势所趋

1. 持有公募牌照的券商资管公募基金业务情况

截至 2022 年第一季度末，12 家持有公募牌照的券商资管的公募基金产品保有规模超 7 000 亿元（不含 ETF 联接基金），产品总数量为 311 只（如图 11-12 所示）。其中，东方红资产管理公募基金产品规模达 2 398 亿元，位列市场第一，财通资管及中银证券次之，规模也超千亿元。此外，华泰资管旗下的货币型基金“华泰紫金天天发货币”，自 2021 年 11 月由大集合产品转型为公募基金产品，为华泰资管公募基金业务带来超过 600 亿元的规模增量。截至 2022 年第一季度末，各持牌券商公募基金产品规模及市场占有率如图 11-13 所示。

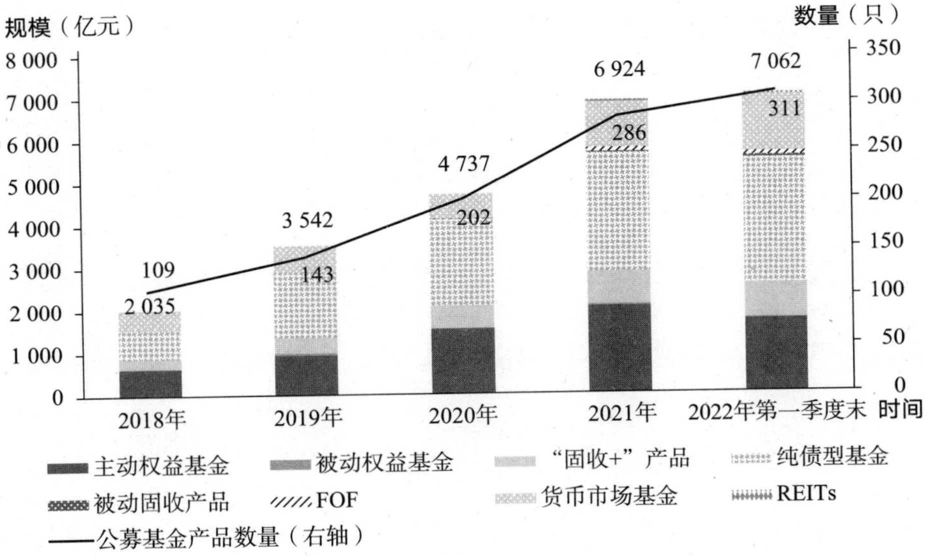

图 11-12　2018 年至 2022 年第一季度末持牌券商公募基金产品总规模和总数量

资料来源：万得资讯，东方红资产管理整理。

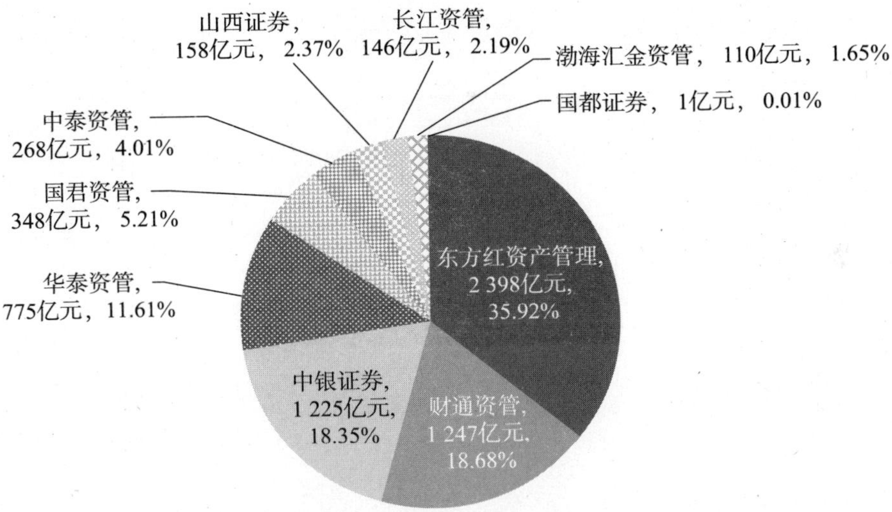

图 11-13　各持牌券商公募基金产品规模及市场占有率（截至 2022 年第一季度末）

资料来源：万得资讯，东方红资产管理整理。

就业绩表现而言，持有公募牌照的券商或其资管子公司之间业绩表现差异很大。在主动权益业务方面，东方红资产管理、财通资管和中泰资管业绩名列前茅；在“固收+”业务方面，东方红资产管理排名靠前，另外，长江资管的5年期业绩比较突出①。除上述券商资管子公司外，其余持牌券商或其资管子公司的业绩多处于行业中游或靠后位置。截至2022年第一季度末，持牌券商或其资管子公司主动权益基金和“固收+”产品业绩在公募基金市场的排名（如表11-9所示）。

表11-9 持牌券商或其资管子公司主动权益基金和“固收+”产品业绩在公募基金市场的排名（截至2022年第一季度末）

管理人	主动权益基金			“固收+”产品	
	最近3年	最近5年	最近7年	最近3年	最近5年
东方红资产管理	105/116	22/91*	2/76*	29/112*	10/89*
财通资管	10/116*	—	—	77/112	39/89★
中银证券	—	—	—	71/112★	65/89
华泰资管	74/116★	—	—	57/112★	—
中泰资管	16/116*	—	—	—	—
浙商资管	35/116*	61/91★	75/76	72/112★	—
山西证券	—	—	—	48/112★	—
长江资管	115/116	—	—	66/112★	5/89*
渤海汇金资管	110/116	—	—	104/112	—
国都证券	112/116	91/91	—	—	—

注：*表示当期业绩位于市场前1/3，★表示当期业绩位于市场前1/3～2/3，未标记的表示当期业绩位于市场后1/3；国君资管主动权益基金、“固收+”产品暂未满3年业绩，故未纳入。

资料来源：主动权益基金业绩排名资料来源于中国银河基金研究中心，“固收+”产品业绩排名数据来源于海通证券，东方红资产管理整理。

具有公募牌照的券商资管根据自身特色，稳步构建差异化的公募业务发展路径。

① 长江资管仅1只“固收+”产品（长江收益增强债券）有5年期业绩数据。

（1）东方红资产管理：坚持长期价值投资理念，封闭运作权益类产品颇具特色

东方红资产管理成立于 2010 年，是东方证券的全资子公司，也是国内首家独立的券商资管子公司。公司坚定发展主动管理业务，逐步完善自己的价值投资体系。2013 年新修订的《中华人民共和国证券投资基金法》正式实施后，东方红资产管理成为首家获得公募牌照的券商资管子公司。

截至 2022 年第一季度末，东方红资产管理旗下公募基金产品规模达到 2 398 亿元，位列券商资管第一。其中，主动权益基金规模为 1 271 亿元，占比达 53%；“固收 +”产品规模为 664 亿元，纯债型基金规模为 263 亿元，合计规模为 927 亿元，占比为 39%（如图 11-14 所示）。

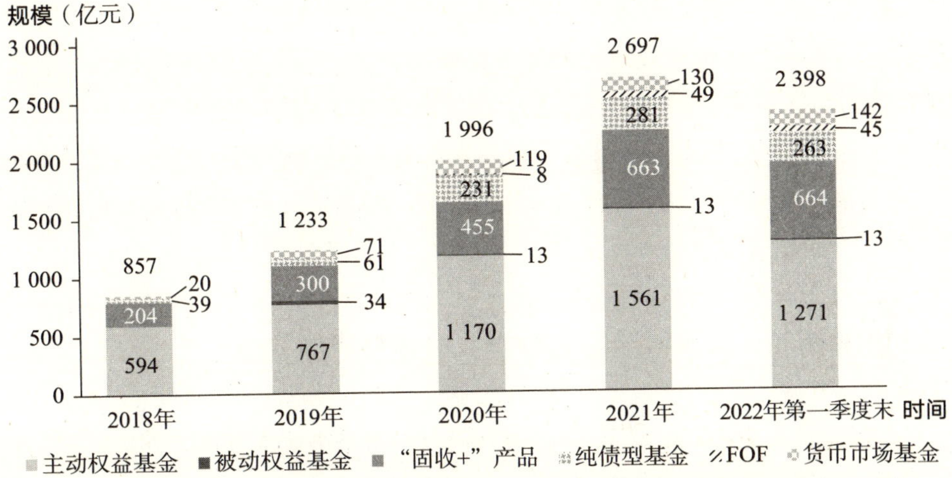

图 11-14　2018 年至 2022 年第一季度末东方红资产管理公募基金产品情况

资料来源：万得资讯，东方红资产管理整理。

此外，东方红资产管理一直致力于帮助投资者建立正确的长期投资理念。一方面，东方红资产管理团队始终强调通过专业服务长期陪伴投资者，与投资者共

度周期；另一方面，东方红资产管理通过封闭式产品设计帮助投资者避免“追涨杀跌”、获得较为稳定的长期回报。截至 2022 年第一季度末，东方红资产管理存续封闭期在 3 年以上的权益类产品 18 只，总规模为 833 亿元，数量和规模均位列市场第一。

（2）财通资管：纯债型基金为主，主动权益基金发展提速

2016 年 7 月，财通资管成功发行首只公募基金产品“财通资管积极收益债券”，彼时规模仅有 13 亿元；在不到 6 年的时间里，财通资管公募基金业务实现了跨越式发展。截至 2022 年第一季度末，财通资管公募基金产品总规模已超过 1 200 亿元，仅次于东方红资产管理。其中，非货币公募基金产品规模为 1 097 亿元，突破千亿元关口。

从产品结构上看，财通资管公募基金产品以纯债型基金为主，截至 2022 年第一季度末，财通资管纯债型基金规模为 852 亿元，占比高达 68%（如图 11-15 所示）。其中，2019 年成立的“财通资管鸿福短债”的规模从 3 亿元快速扩张至 246 亿元，目前已经成为全市场规模最大的短债产品。此外，近年来在“主动管理 + 风险防控”双核发展战略引导下，财通资管主动权益基金也有较快的发展，目前规模达 169 亿元，占比为 14%，仅次于纯债型基金。

（3）国君资管：公募基金行业新兵，加速布局新赛道

国君资管于 2020 年 12 月 30 日获得开展公募基金业务资格，公募基金业务起步较晚，直到 2021 年 9 月才发行第一只公募基金产品，即“国泰君安 30 天滚动持有中短债”。相对而言，国君资管公募基金业务发展历史较短，截至 2022 年第一季度末，公募基金产品（含大集合转型产品）规模为 347 亿元，剔除货币市场基金后，规模为 151 亿元。在非货币公募基金产品中，主动权益基金规模为 62 亿元，占比超 40%（如图 11-16 所示）。

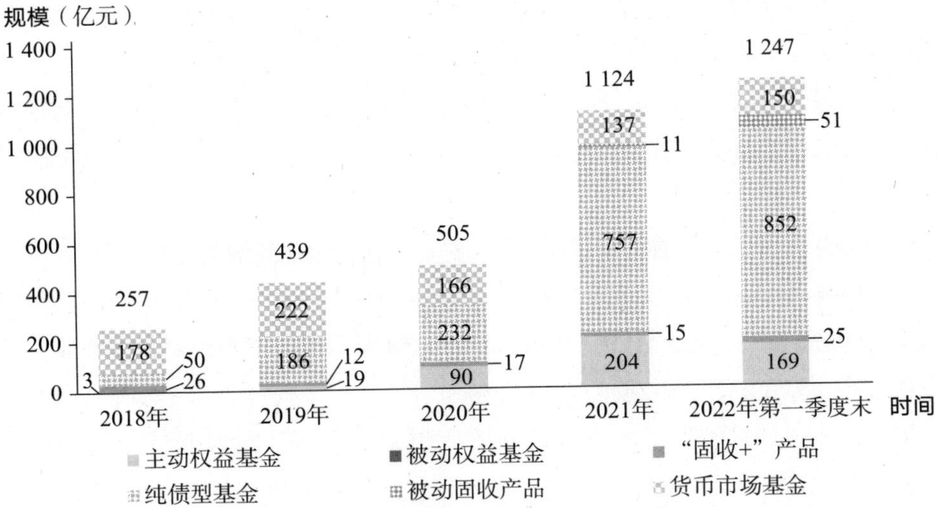

图 11-15　2018 年至 2022 年第一季度末财通资管公募基金产品以纯债型基金为主

资料来源：万得资讯，东方红资产管理整理。

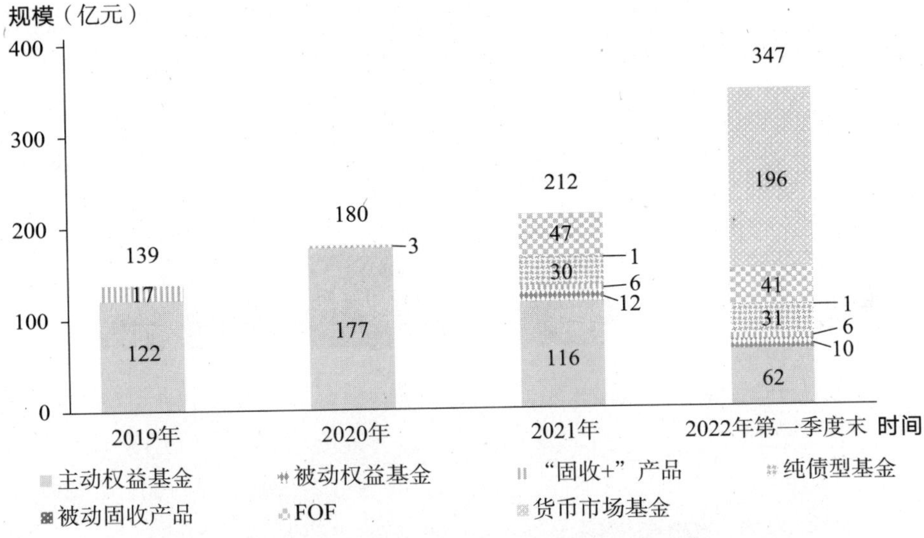

图 11-16　2019 年至 2022 年第一季度末国君资管开始发力公募 FOF

注：2022 年第一季度国君资管货币市场基金规模大幅增长，原因是保证金大集合现金管家完成转型。

资料来源：万得资讯，东方红资产管理整理。

获取公募牌照后，国君资管为发力公募基金业务做了多方面的内部调整。在投研体系上，对标国际一流资管机构，改革投研体系；在人才队伍建设上，从外部引进了著名投资经理；在产品布局上，加速扩展新赛道，先后发行了指数增强型基金、FOF，以及医药、信息两大行业主题基金，快速完善公募基金产品线。

值得注意的是，国君资管 FOF 业务颇具特色。“国泰君安君得益三个月持有混合（FOF）”是市场首只完成公募化改造的 FOF 产品，转型完成后持营超 70 亿元，创造 FOF 行业的历史。于 2021 年 12 月发行的“国泰君安善融稳健一年持有期混合（FOF）”，规模也近 20 亿元。

2. 无公募牌照券商发力大集合产品公募化改造

自资管新规实施以来，无公募牌照的券商资管通过大集合产品参公转型初探公募基金业务，2008 年至 2022 年第一季度末规模持续增长。万得资讯数据显示，截至 2022 年第一季度末，已有 18 家券商的 140 只产品陆续完成大集合产品的参公改造，存续规模为 1 303 亿元（如图 11-7 所示）。

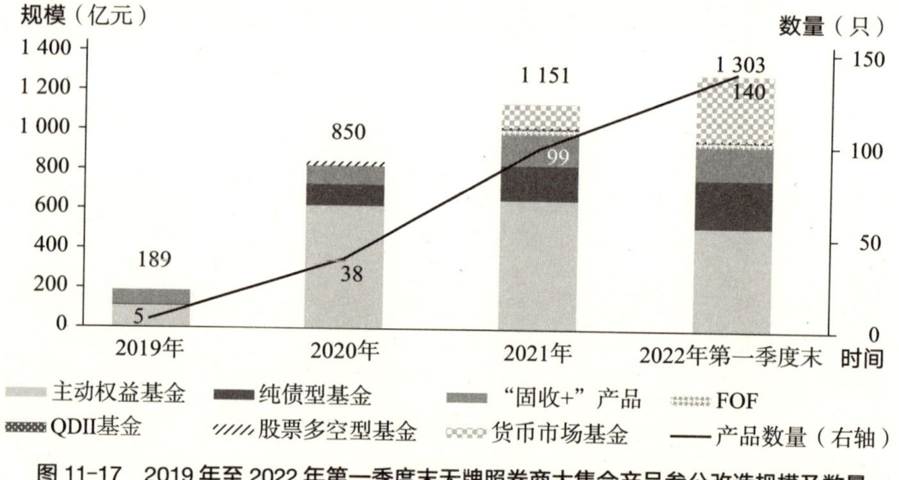

图 11-17　2019 年至 2022 年第一季度末无牌照券商大集合产品参公改造规模及数量

资料来源：万得资讯，东方红资产管理整理。

如表 11-10 所示，截至 2022 年第一季度末，参公大集合产品数量最多、规模最大的是中信证券，其已有 16 只大集合产品完成参公改造，总规模为 377 亿元。其中，“中信证券卓越成长两年持有混合”单只规模达到 111 亿元，是全市场规模最大的非货币参公大集合产品。另外，光证资管、安信资管和方正证券已完成参公改造的大集合产品规模也超过百亿元。

表 11-10　参公大集合产品规模及数量（截至 2022 年第一季度末）

管理人	参公大集合产品数量（只）	参公大集合产品规模（亿元）	主动权益基金规模（亿元）	纯债型基金规模（亿元）	“固收+”产品规模（亿元）	FOF 规模（亿元）	货币市场基金规模（亿元）	其他产品规模（亿元）
中信证券	16	377	323	4	39	11	—	—
光证资管	15	244	22	30	47	11	126	8
安信资管	6	148	—	34	1	—	113	—
方正证券	4	115	16	—	7	—	92	—
广发资管	7	66	45	5	15	—	—	1
中金资管	6	57	36	20	—	—	—	1
华安证券	8	55	21	—	34	—	—	—
海通资管	14	43	8	26	9	—	—	—
国联证券	3	27	—	22	5	—	—	—
太平洋证券	1	25	—	25	—	—	—	—
中信建投	1	20	20	—	—	—	—	—
东证融汇资管	4	19	1	18	—	—	—	—
长城证券	2	17	—	17	—	—	—	—
国海证券	2	13	7	6	—	—	—	—
兴证资管	6	13	12	—	1	—	—	—
其他	45	64	13	37	14	—	—	—
合计	140	1 303	525	246	170	22	331	10

资料来源：万得资讯，东方红资产管理整理。

（1）中信证券：牌照齐全的“巨无霸”，即将突破“一参一控”“设子申公”

2021 年第四季度，中信证券月均私募规模为 1.17 万亿元，私募主动管理规模为 1.05 万亿元，在券商资管行业遥遥领先。此外，中信证券还具备社保基金、基本养老保险基金、企业年金投资管理人资格，其中仅企业年金的投资管理规模就达 1 100 亿元。

中信证券 2019 年中启动大集合产品参公转型，并计划以此为契机逐步扩大公募基金业务布局，后续还将通过设立资管子公司、申请公募牌照的方式切入公募基金赛道。截至 2022 年第一季度末，中信证券已完成 16 只大集合产品参公改造，总规模为 377 亿元。其中，主动权益基金 9 只，规模为 323 亿元，占总规模的 86%；另外还有 3 只“固收 +”产品、3 只纯债型基金和 1 只 FOF（如图 11-18 所示）。

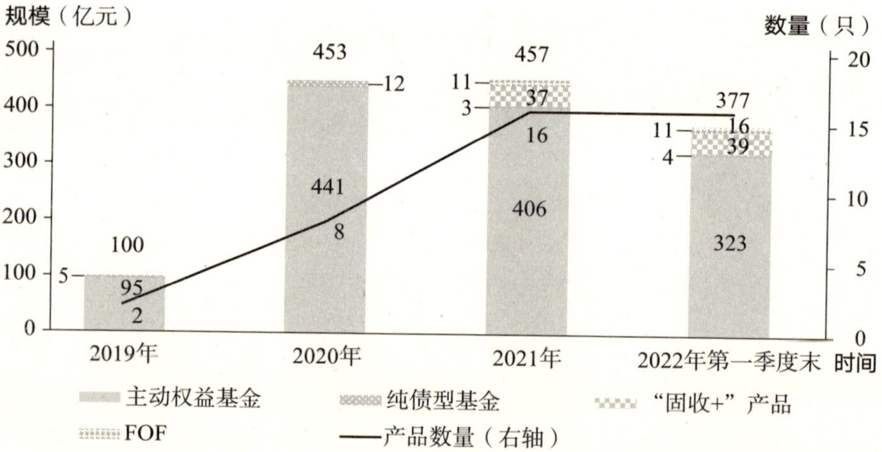

图 11-18　2019 年至 2022 年第一季度末中信证券参公大集合产品数量及规模

资料来源：万得资讯，东方红资产管理整理。

中信证券于 2021 年 3 月发布公告，拟出资不超过 30 亿元设立资管子公司并申请公募牌照。2021 年 8 月，中信证券在其 280 亿元配股方案公告中称将加大对资管业务的投入力度，未来“中信资管将对标一流基金公司，打造具有证券公司特色的资产管理机构，持续保持主动管理规模证券行业领先地位；申请公募基金管理资格后，将以公募基金为载体打破机构业务落地瓶颈、扩展业务边界，为资产管理业务带来新的增长点，分享公募基金业务发展机遇。”中信证券对于资管子公司及公募业务赛道的重视程度可见一斑。

（2）光证资管：参公大集合产品线全面，差异化竞争破局

如图 11-19 所示，截至 2022 年第一季度末，光证资管已有 15 只大集合产品完成参公改造，总规模 244 亿元，仅次于中信证券。目前，光证资管参公大集合产品围绕固收投资、港股投资团队优势，打造以“固收 +”“A+H”“持有期”为主要特色的产品线，实现了主动权益基金、“固收 +”产品、纯债型基金、FOF、QDII 基金、股票多空型基金和货币市场基金等各个品类的全面覆盖，是产品线最丰富的券商资管公司，为市场提供了差异化的产品选择。

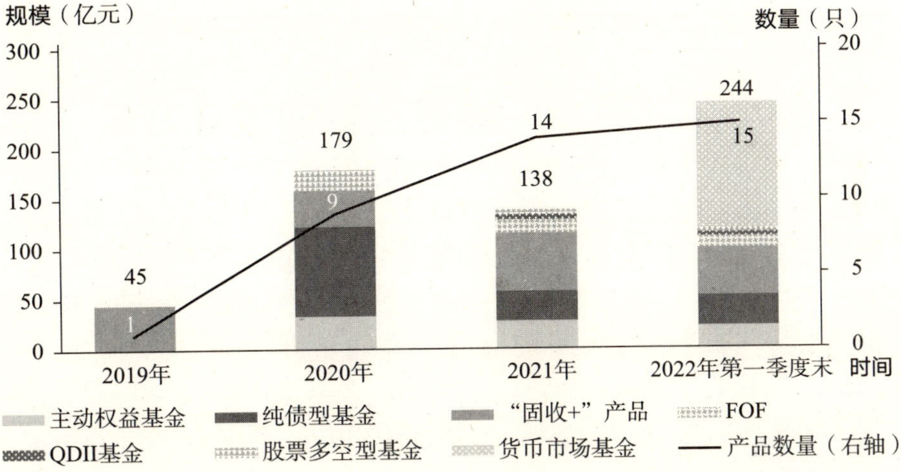

图 11-19　2019 年至 2022 年第一季度末光证资管参公运作大集合产品数量及规模

资料来源：万得资讯，东方红资产管理整理。

此外，光证资管已在2021年年报中表示，2022年将持续推进公募化转型，推进公募基金管理资格牌照申请。预计未来光证资管将在公募基金业务方面持续发力。

综上所述，大部分头部券商资管都体现出明显的公募化趋势：中信证券、中金资管、光证资管、中信建投等明确将申请公募牌照。作为首家获得公募基金业务资格的券商资管子公司，东方红资产管理于2013年获得公募牌照，2014年初开始开展公募基金业务，截至2022年第一季度末，非货币公募基金产品规模已跻身行业前20名。中银证券、华泰资管、国君资管、财通资管等近年来也已获得公募牌照并开始大力拓展公募基金业务。可以预见，随着公募基金高质量发展意见及相关配套法规制度的陆续落地，更多的券商将入局公募基金赛道并继续提升主动管理能力，以服务更广泛的投资者客群。若仅依靠券商资管牌照开展私募资管业务，券商资管将很难在资管行业做大做强，牌照单一或将成为券商资管冲击大资管行业头部机构征途上的最大桎梏。

逐鹿公募舞台，券商资管的攻守之道

券商资管与基金公司公募基金业务比较

1. 政策端：券商资管有两套标准、监管更严

不同于基金公司，券商资管作为公募基金管理人，在机构性质上仍为券商，需要同时满足券商、基金公司的相应监管要求。同时，公募基金业务相关监管政策在内控、产品创新、营销管理等方面对所有的基金管理人（包括基金公司与其他持牌资管机构）均提出了一致性要求，但在集团化发展、公司治理、长期激励

约束机制（如员工持股）等方面只给予了基金公司更多的政策空间。因此，券商资管相比基金公司在投资业绩、业务开展和内部管理等方面存在劣势，在公募基金业务全面竞争的格局下处于不利位置。

（1）投资限制方面

券商资管在投资方面所受的相关限制要严于基金公司。第一，券商资管关联交易管控限制严于基金公司。**第二，**券商资管管理的公募基金参与包括定向增发在内的部分业务时被部分承销商要求缴纳保证金，未被公平对待。**第三，**由于券商资管子公司之间同业竞争禁止或业务划分的限制，券商资管机构管理的产品投资特定投资品种（如新三板股票等）受限。鉴于以上限制，相比基金公司，券商资管相同策略的投资组合的业绩或受负面影响。

（2）业务多元化布局方面

与基金公司相比，持牌券商资管机构在设立专业子公司、通过集团化运作扩展业务外延方面存在明显劣势。首先，持牌券商资管机构难以通过下设子公司来实施专业化、多元化发展战略。同时，券商设立海外子公司的要求显著高于基金公司，使券商难以在海外设立子公司，开展海外业务受到制约。另外，由于券商集团业务划分等方面的限制，券商资管在申请基金销售、基金投顾等业务资格时存在障碍。但根据2020年7月发布的管理人办法以及2022年4月发布的公募基金高质量发展意见，基金公司可以设立子公司专门开展公募REITs、股权投资、基金投顾、养老金融服务、指数投资、FOF/MOM、金融产品销售、运营管理服务等业务，向综合性大型财富管理机构转型，截至2022年第一季度末行业中已有多家基金公司设有专户子公司、海外子公司和销售子公司等各类子公司。**其次，**在实践中，券商资管子公司难以引入战略投资者，难以取长补短、提升业务优势。**最后，**相比基金公司，券商资管子公司并不具有申请成为社保基金、养老金及企业年金投资管理人的适格性，目前第一、第二支柱养老金投资管理人仍以基金公司为主。

（3）公司治理结构及内控方面

券商资管在治理结构、内部控制等方面所受的限制严于基金公司。第一，券商资管子公司的股东方（券商）多为国资重点单位，且对资管子公司通常是全资控股或绝对控股，实施与股权相关的激励或有国有资产流失的考量，难度显著高于基金公司。**第二，**券商资管风险准备金存在重复计提的情况，占用券商资管可用资金。**第三，**券商资管自有资金管理和运用的灵活度低于基金公司，不利于支持业务发展，为自身创造或有的投资收益。**第四，**相比基金公司，券商资管子公司建立独立品牌的难度更大。

2. 产品端：券商资管缺乏特色、有待细分

2012—2016 年，券商资管以通道和资金池业务为主，2017 年以后才开始在严格的监管下回归主动管理本源。同时，由于**券商资管**过去主要开展私募业务，在标准化资产的投资策略方面更侧重绝对收益，**产品线比较单一，同质化现象严重。**随着资管新规的落地实施，尽管券商资管着力提升主动管理规模、依托公募化转型拓展零售客群，但仍未结合自身资源禀赋形成特色发展模式，产品线丰富度相比基金公司仍有较大差距，不能满足不同客户的多元化投资需求。

基金公司公募基金产品种类丰富、颇具特色。第一，基金公司长期专注于标准化资产投资，在主动权益、固收、量化产品方面均积累了丰富经验，在工具型产品方面更是具备显著的先发优势。**第二，**基金公司通过市场化机制吸引和保留了一批高质量人才，积累了较强的投研能力，开发了差异化、多元化的投资策略。**第三，**基金公司积极响应客户需求加强产品创新，近年来在指数型基金、“固收 +”产品、公募 REITs、FOF/MOM 等产品方面或实现突破，或加速发展，产品线进一步细分，产品种类进一步丰富，覆盖多种资产并具有不同风险收益特征，从而满足各类投资者需求。**此外，在行业深化发展的同时，不同基金公司的产品线布局也呈现出差异化趋势。**综合实力较强的头部基金公司，如易方达基金、广发基金、汇添富基金、华夏基金等，进行全业务线布局。部分基金公司借

助自身资源禀赋在细分领域发展比较优势，探寻差异化发展，如中欧基金、兴全基金等聚焦主动权益类产品线，天弘基金等专注于货币市场基金及“固收+”产品，也在市场头部占据一席之地。

3. 平台端：券商资管依托集团、瑕瑜互见

（1）券商资管：集团财富管理版图中的重要组成部分

依托集团平台，券商资管布局公募基金赛道时具有以下优势：一是渠道优势。大中型券商有遍布国内的网点渠道，积累了一定的个人与机构客户资源，财富管理业务发展具有扎实基础，券商资管通过与经纪和财富管理板块的业务联动能够有效助力产品销售。**二是全业务链优势。**券商的业务范围较广，包括财富及经纪、研究、自营、投行、资管、证券金融等，整体来看深度参与了资本市场的各个环节。券商资管可以和券商其他板块形成协同，在多元化业务开展中充分利用全业务链优势，为客户提供一站式综合投融资解决方案，有助于维系客户黏性、拓展客户来源。同时，依托投行及另类投资等业务的客户资源获取和资产创设能力，券商资管在公募 REITs 这一细分赛道上具备比较优势。

但是，券商资管在公募基金业务方面与集团开展协作存在以下问题：第一，在投行业务联动方面，由于公募基金主要投资标准化资产，除公募 REITs 以外，在业务隔离要求下很难与投行开展业务协同。**第二，**在研究业务联动方面，由于券商卖方研究业务的盈利模式主要是分仓佣金，只有面向全市场各类买方机构提供服务才能扩大收入来源，而且其中管理规模大、市场影响力强的基金公司往往是最重要的客户；反过来，券商资管在进行公募基金业务佣金分配时，也需要结合各卖方研究所的专业水平、服务质量等进行综合考虑，买卖双方合作是高度开放的市场化双向选择，目前看很难形成有效的业务协同。**第三，**在经纪业务联动方面，短期内虽然各分支机构能够对券商资管的公募基金产品销售形成一定支撑，但与卖方研究业务类似，在券商财富管理业务高速增长、市场化程度逐步提高的大背景下，财富条线有动力与市场上长期业绩好、品牌实力强的基金管理人

加强合作，与自家券商资管的相互依赖度可能会逐步下降。

（2）基金公司：自主与股东、外部机构开展业务联动

基金公司股权结构多元化，既可与股东开展业务联动，又可避免股东的过度影响。同时，基金公司在二级市场投资、净值型产品管理方面经验丰富，长期专攻主动管理业务，投研实力较强，客户接受度较高，品牌具有一定优势。

经过长期探索发展，业内头部基金公司已经摆脱对股东的依赖，形成了高度市场化的销售体系，建立了人员充实、专业化程度高的销售服务团队，拓展了相对均衡、分散的资金来源。在渠道建设方面，头部基金公司与外部机构开展了广泛而深入的合作，覆盖银行、券商、第三方平台、电商等各类销售机构。在机构业务方面，头部基金公司与保险、银行自营及理财、养老金等客户保持深度合作。

券商资管公募基金业务发展困境

1. 各类机构同台竞技，公募基金业务竞争激烈

在拥抱广阔公募基金市场的同时，券商资管也将面临来自 100 余家基金公司与近 30 家银行理财子公司的激烈竞争。

（1）基金公司：具有先发优势，或将进一步扩容

自 1998 年第一家基金公司成立至今，公募基金行业已经历 24 年的发展，积累了宝贵的经验和深厚的先发优势。截至 2022 年 4 月底，业内共有基金公司 138 家。由于长期聚焦主动管理业务，并且监管一直较为严格，公募基金行业发展相对比较规范。随着国内经济金融环境不断优化、资本市场深化改革持续推进，公募基金行业管理规模近年来屡创新高。在激烈的市场竞争中，各基金公司

的投研实力逐步增强，销售体系日趋完善，跨界创新不断涌现。此外，在大资管行业各细分板块中，基金公司受资管新规影响相对较小，其在主动投研能力、净值型产品管理经验等方面的优势近两年得到进一步巩固。

证监会2022年4月发布公募基金高质量发展意见，提出积极推进商业银行、保险机构、券商等金融机构依法设立基金管理公司；适度放宽同一主体下公募牌照数量限制；支持券商资管子公司、保险资管公司、银行理财子公司等更多专业资管机构申请公募牌照。可以预见，随着未来基金管理人队伍的继续壮大，基金行业的竞争将进一步加剧，头部集聚效应将日趋显著。

（2）公募理财：背靠母行资源，擅长固收投资

银行理财子公司背靠商业银行，具有得天独厚的渠道优势。依托结算账户功能以及遍布各地的营业网点，商业银行掌握了最为雄厚的机构与个人客户资源，银行理财子公司可以依托母行在获客来源方面形成压倒性优势。从数据来看，截至2021年末，银行理财产品存续规模高达29万亿元，在大资管行业中占比最高（22%），较排名第二的公募基金的25.56万亿元（19%）高出3.44万亿元；而银行理财子公司中排名第一的招银理财资管规模达2.78万亿元，远超公募基金行业排名第一的易方达的1.67万亿元。

同时，由于投资范围包含非标资产、投资限制较公募基金更为宽松、收益增厚来源更加广泛，公募理财产品在固收领域仍有绝对优势。根据银行业理财登记托管中心发布的《中国银行业理财市场年度报告（2021年）》，截至2021年末，固收类理财产品存续规模为26.78万亿元，同比增长22.80%，占全部理财产品的92.34%。2021年各月度，理财产品加权平均年化收益率最高为3.97%、最低为2.29%，收益率波动相对平稳，对稳健型投资者具有较强的吸引力。

因此，面对渠道优势显著、固收类产品极具竞争力的银行理财子公司，券商资管在开展公募基金业务过程中如何错位竞争将是一个重大挑战。

2. 长期业绩积累不足，市场认可尚需时日

公募基金业务发展是一项长期工程，需要在较长的周期中通过稳定的历史业绩、鲜明的投资理念和价值观、优质的投资者服务与陪伴来获得投资者信任，进而才能逐步建立良好的市场口碑和公司品牌。

然而，券商资管行业的公募化发展历程可谓一波三折。2012—2016 年，券商资管依靠政策红利规模快速扩张，随着 2016 年以后包括新八条底线、资管新规在内的一系列严监管政策的出台，券商资管才逐步回归本源。部分券商资管由于多年来满足于开展通道业务，在投研能力建设方面投入不足，主动管理类产品业绩一般，其公司治理水平、公募基金产品运营管理能力、销售体系建设、投资者服务能力与基金公司、银行理财子公司相比仍有较大差距。仅从公募基金业务来看，即便是券商资管机构中最早获得公募牌照的东方红资产管理，开展公募基金业务也只有不足 9 年的时间，相比第一批基金公司尚有 10 年以上的差距。总体来看，券商资管公募基金业务发展时间较短，大部分公司还是行业新兵，处于筹备和起步阶段，需要日拱一卒、久久为功，逐步积累出色的中长期业绩，以期获得市场认可。

3. 公司治理有待完善，经营理念还需净化

由于公募基金具有认申购起点低、公开宣传、信息披露充分、涉及投资者广泛等普惠性特点，具有独立、健全、规范的内部治理体系是券商资管规范运作公募基金产品的基本保障。然而，部分券商资管仍存在公司治理独立性不足、市场化程度不高、专业化能力不强、经营目标及考核机制短期化、缺乏长效激励约束手段、核心人员团队稳定性差等问题，不利于公募基金业务的健康发展。在加快构建公募基金行业新发展格局的大背景下，随着券商资管公募化转型进程的不断加速，公司治理水平与经营理念滞后带来的问题或将进一步凸显。

攻守有方，券商资管公募基金业务发展有道

1. 提升公司治理水平，保持定力守初心

（1）完善治理体系，强化长效激励约束机制

治理体系是维护公司长期健康发展的根基。券商资管公募化转型，首要任务是提升公司治理水平，树立正确的经营理念。**第一**，券商资管应坚持公司治理的相对独立，在“投资者利益优先”的基本原则下制定科学的经营目标和清晰的发展战略。**第二**，依托健全的“三会一层”制度，强化各层级管理机构及高管人员各司其职、恪尽职守。**第三**，借鉴国际先进经验，尝试通过扁平化组织架构、多元的基金经理制度创新、灵活的职业路径选择和长周期的考核体系，提高组织活力、提升团队稳定性。①

（2）厚植长期主义文化，自上而下组织创新

证监会主席易会满在谈到证券行业文化建设时曾强调：“要努力把文化建设与专业能力建设、人的全面发展、历史文化传承有机结合起来。”良好的文化生态是券商资管健康发展的重要支撑，也是长期可持续发展的基础工程。

美国资本集团（Capital Group）是以企业文化形成竞争优势的典型案例，注入基因、由内而外的长期主义与自上而下、持续迭代的创新文化是其核心竞争力的根本来源。**第一**，将长期主义内核根植于公司文化，创始人乔纳森·贝尔·洛夫莱斯（Jonathan Bell Lovelace）奠定了公司深度研究的投资基调，确定了公司重视长期的战略方向，营造了公司谦虚平等的文化氛围。**第二**，公司重视自上而下的稳定机制和组织创新，建立了完全由员工持股的私有股权架构和与之相匹

① 沈娟、王可、汪煜：《证券 / 多元金融：从资本集团看海外主动资管组织进化》，华泰研究，2022 年 1 月。

配的股权管理和售回机制，促进公司维系长期价值文化、保持独立经营、稳定投研体系。**第三**，大部分基金均引入基金经理持有份额的机制，实现投研人员激励与产品表现深度绑定。总体来看，美国资本集团以长期主义文化为战略内核，以制度创新文化为经营基石，打造出股东、员工与投资者利益协同的三位一体机制[①]，并成为世界上最受人尊重的资管公司之一。

如前文所述，公募基金业务是一项长期工程，只有以长期主义、投资者利益优先为基础，以文化建设与公司治理为翼，大力弘扬工匠精神，致力于打造“百年老店”，才能使券商资管在公募基金业务发展道路上行稳致远，成为受人尊敬、让人信服的资管机构。

2. 围绕专业投研能力，建立核心竞争力

后资管新规时代下，券商资管入局公募基金赛道，将面临行业内 100 余家基金管理人发行的 9 000 余只基金的业绩竞争压力，需要围绕专业投研能力打造核心竞争力、深化公司护城河。

首先，应当重视价值研究，进行投研能力的长期培育。通过对宏观经济、资本市场、行业和公司的深度研究和长期跟踪，逐步积累投研经验，构建团队化、平台化、一体化的投研体系。**其次**，熟知资产特性，形成资产配置和资产轮动的投研视角。在资产端，紧密跟踪经济周期和环境特征，实现资产轮动、择优配置；在资金端，对资金特征进行清晰刻画，实现投资者需求与投资策略的精准对接。**再次**，准确归纳不同资产的定价方式及交易结构特征，对各类资产的风险进行精准识别并合理定价，通过复盘、回测、推论等方式寻找资产价格的变动逻辑，为投研结论提供可靠的判断依据。**最后**，依托券商集团平台优势，探索券商资管在投行端、资产端、研究端的投研资源联动，形成多元、综合的产业链研究

① 沈娟、王可、汪煜：《证券 / 多元金融：从资本集团看海外主动资管组织进化》，华泰研究，2022 年 1 月。

体系，从投融资多方视角洞察投资价值与风险，进一步提升整体投研能力。[①]若未来监管放开持牌券商资管机构设立专业子公司，则各机构还可在投资标的范围、产品种类和展业地域等方面进一步扩展，逐步覆盖私募股权投资 / 风险投资一级市场、公募 REITs 及其他不动产、高收益债券及不良债权、海外资产等业务，更充分地发挥券商在产业链投研方面的优势，在更长的时间维度上保持与基金公司平等竞争。

从行业机构情况看，多家券商正积极提升自身投研能力、备战公募基金业务。例如，中信证券提出将以公募基金为载体扩展业务边界，持续保持主动管理规模行业领先，对标一流基金公司，打造具有券商特色的资管机构。中金资管坚持将“打造对一流人才有吸引力的平台”作为工作重点，组建了在权益类产品、债券、配置、量化等方面具备国际化背景和丰富投资经验的投研团队，形成了相对稳健的投资风格，未来将继续注重主动管理能力培养。财通资管在“深度研究、价值投资、绝对收益、长线考核”理念指导下，通过市场化机制吸引专业人才，并以建设长期投资文化为抓手，打造高质量投研团队。国海证券以量化投资为特色，公司量化团队自 2017 年起专注于量化模型的研发与升级，未来还将继续在固收、权益、量化、FOF 及衍生品投资等板块“内培外引”专业人才。[②]东方红资产管理始终围绕长期价值投资理念打造投研体系，近年来致力于进一步升级投研一体化平台，力争实现“价值投资理念之下的多元化、投研高度融合的一体化、专业化基础之上的规模化”，深化专业投研战略。

3. 提供专业财富管理服务，完善产品线布局

随着公募化转型的深入，券商资管应强化产品销售、投资者引导与陪伴等财富管理服务的专业性，构建差异化的产品体系，力争为投资者创造更大价值。

---

① 崔春：《后新规时代券商资管发展未来展望》，《清华金融评论》2022 年第 1 期，第 41—43 页。

② 朱琳娜：《券商资管竞速公募赛道　丰富产品线布局成关键》，《上海证券报》2021 年 8 月 26 日。

（1）专业财富管理服务提升投资体验

a. 坚持以投资者利益为先的销售策略

资管业务的本质是“受人之托，代人理财”，应始终坚持将投资者利益放在首位，着力提高投资者获得感。具体而言，**在产品设计方面**，应以提升投资者投资体验为宗旨，围绕投资管理能力拓展产品矩阵，通过适当的封闭期或最短持有期设置逐步改变投资者频繁交易、“追涨杀跌”的投资行为模式，有效消除产品收益与投资者盈利之间的差异。**在产品营销方面**，强化投资者适当性管理，践行“逆向销售”，积极拓展持续营销。**在投资者引导与陪伴方面**，坚持宣导长期投资、价值投资、风险与收益相匹配的正确投资理念，创新投资者陪伴方式，加大投资者保护力度。

b. 借力金融科技提升服务水平

公募基金是券商资管为普通个人投资者提供专业投资管理服务的重要载体。在投资者服务方面借力金融科技，一方面能够有效降低人员成本，提升投资者服务的效率、扩大覆盖半径；另一方面能够结合数据分析提升投资者精准画像能力，助力券商资管财富管理服务专业化。

从全球领先资管及财富管理机构的实践来看，积极推进数字化转型能够有效提升财富管理服务水平。例如，摩根士丹利的财富管理计划系统（Goals Planning System，GPS），能够以客户需求为中心，提供覆盖客户生活的全方位的投资方案，并周期性跟踪运作进展、提出调整建议。嘉信理财将数字化提升至战略高度，在美国证券市场每一轮变革趋势中都适时推出创新的数字化应用，引领创新并提供一体化和一站式服务。

国内部分券商资管近年来也在积极借助金融科技推动财富管理服务数字化转型。例如，国君资管于 2021 年 8 月发布了围绕机构客户打造的在线服务平台

“国泰君安资管机构+”，重点围绕“+科技”“+定制”“+研究”“+智能”四大主题打造整体服务生态，提升机构客户服务水平。中金公司引入阿里巴巴、腾讯作为战略投资者，通过“券商+互联网机构”进行战略部署，加快完善财富管理服务数字化平台建设，利用科技手段释放更多潜能。华泰资管通过持续建设围绕客户服务、资产定价、资产配置、投资交易等核心业务的数字平台，运用科技手段强化综合性财富管理服务能力。

(2) 根据自身资源禀赋优化产品战略布局

面临公募基金市场各类机构并驱争先的激烈竞争态势，券商资管应当基于自身资源禀赋和竞争优势进行产品创新与差异化布局，打造独具特色的产品线。

从不同类型机构的情况来看，头部券商资管倾向于打造覆盖权益、固收、量化、指数、海外、资产配置等各类策略的全产品线矩阵，实现综合化发展，成为为投资者提供一站式服务的综合性大型财富管理机构。例如，中信证券资管不断细化投资品种的研究及策略开发，具有丰富完整的产品线，覆盖固收类产品、权益类产品、另类资产、海外资产等多元资产。中金资管在大集合产品参公改造完成后，将覆盖债券、混合类产品、股票、量化对冲等多种策略或产品，提供尽可能完善的产品线布局。

中小型机构则更适合立足自身资源禀赋，聚焦部分细分领域业务并做专做深，致力于成为具有长期优良业绩的特色化专业资管机构。例如，平安证券资管重点建设“+”能力，定位于做夹层空间的领先者，将金融衍生品资产及策略、量化 FOF/MOM、主动权益量化策略这三项优势做精做细，致力于打造比银行固收类理财产品收益高，比公募权益类产品波动小、回撤低的差异化优势。招商证券资管在科创主题、“固收+”、定期开放式债券等细分产品线方面重点突破。光证资管则在公募化转型过程中，将“A+H”“固收+”“持有期”作为公司布局公募基金产品的重点方向。

总 结

回首 2021 年，资管新规过渡期收官，大资管行业整体规模企稳回升，再创新高。资管行业竞争格局重塑，标准化投资及主动管理的规模占比持续提升。从资金来源看，国内经济不断发展，居民财富逐步积累，财富管理需求日益增长，未来仍将继续带来增量规模。

随着资管新规整改工作的完成，券商资管行业破而后立、正本清源，主动管理转型初显成效，盈利质量和收入水平有所提升，业务结构持续优化，权益类产品规模占比开始提高。行业头部集聚效应继续增强，集中度达到 7 年来最高水平，呈现出强者恒强态势。

与此同时，头部券商资管近 2 年来加速“设子申公”，提升公募基金业务战略定位，体现出明显的公募化趋势。截至 2022 年第一季度末，行业内共有 22 家券商资管子公司，12 家券商或其资管子公司获得公募牌照。其中，持牌券商资管保有公募基金产品规模突破 7 000 亿元（不含 ETF 联接基金），个别机构已跻身非货币公募基金产品规模前 20 名榜单；暂未持牌的券商也通过大集合产品公募化改造初探公募基金业务，同时积极筹备公募牌照申请。随着公募基金高质量发展意见落地，头部券商入局公募基金行业指日可待，行业竞争或将进一步加剧。

面对新形势、新挑战，券商资管在加速公募化转型的过程中，应进一步聚焦提升主动管理能力和投资者服务水平，厚积而薄发；坚持以投资者利益为核心，立足专业化、寻求差异化，打造核心竞争力。在构建公募基金行业高质量发展格局的关键时期，我们期待券商资管为行业发展注入新活力，切实做到与投资者利益同提升、共进步。

/ 第 12 章 /

信托业转型财富管理之路

随着中国经济实力的增强和居民财富的增长，中国财富管理市场从无到有，发展迅猛，向财富管理机构转型正在成为各类金融机构的共识。虽然信托公司转型财富管理面临一些短板，但是也具有很多独特优势，只要信托公司强化以客户为中心的定位，提升资产配置能力，利用好信托的制度优势以及家族信托、慈善信托等独有金融工具，就能在财富管理市场开辟出一番新天地，成为财富管理市场的中流砥柱。

信托业转型财富管理的必要性

中国财富管理新时代已经来临

经过改革开放 40 多年的高速发展，中国居民财富实现了爆发式增长，高净值人群规模大幅扩张，财富管理市场的重心逐步由发达市场国家向新兴市场国家转移，中国财富管理市场具有巨大的活力。根据莱坊（Knight Frank）公布的《2022 年财富报告》（*2022 Wealth Report*），全球超高净值人群数量在 2020 年增长 2.4%，在 2021 年增长 9.3%。从区域来看，超高净值人群数量增长最快的 5 个国家分别是美国、英国、法国、日本和中国。其中，中国以 6% 的增速位居全球第五。《2022 年财富报告》预测，到 2026 年，亚洲将超越欧洲成为第二大财富地区。根据招商银行和贝恩公司联合发布的《2021 中国私人财富报告》，2020 年个人可投资资产在 1 000 万元以上的中国高净值人群数量达到 262 万人，高净值人群人均可投资资产约 3 209 万元，共持有可投资资产 84 万亿元。居民财富总量的快速持续增长为中国财富管理行业的发展奠定了良好的需求基础，财富管理的发展浪潮即将到来。

中国居民财富管理需求的潜力正在持续释放。一方面，居民财富的增长和理财意识的觉醒，特别是新冠肺炎疫情的暴发提升了民众的风险意识，个人和家庭通过理财和保险等平滑消费、规避风险的需求愈加迫切。此外，通货膨胀是后疫情时代全球经济最鲜明的特征之一，居民通过财富管理实现资产保值增值的需求比以往更强烈。另一方面，老龄化正在加速催化财富管理业务的变革。民政部养老服务司副司长李邦华表示，“根据相关预测，‘十四五’期间中国老年人口将突破 3 亿，将从轻度老龄化迈入中度老龄化”。而养老金缺口的加大对发展三支柱养老金融体系提出要求，同时也催生了养老相关财富管理产业，这需要更加健全的投融资服务支持，以满足居民多样化的养老金管理需求。在供给方面，财富管理具有弱周期、资本消耗少以及大负债管理等特征，有助于金融机构摆脱传统业务依赖、加快经营转型，这也是越来越多的金融机构开始布局财富管理业务的主要内生动力。

监管积极引导金融机构转型财富管理

2018 年 4 月，中国人民银行、银保监会、证监会和国家外汇管理局联合发布的《关于规范金融机构资产管理业务的指导意见》，即“资管新规”，于 2022

年正式实施。资管新规出台后，刚性兑付的局面被打破，促使投资者向更加专业的财富管理机构寻求财富保值或增值服务，从而助推财富管理行业快速发展。资管新规的出台推动金融机构加速转型，由简单的资管产品销售模式向财富管理的投顾模式转变。财富管理的相关业务标准在不断完善，2021 年 12 月 29 日，中国人民银行正式发布《金融从业规范　财富管理》，从服务流程、职业能力、职业道德与行为准则、职业能力水平评价等方面对财富管理从业者的执业标准进行了详细的界定。根据 2022 年 4 月 3 日银保监会颁布的《关于调整信托业务分类有关事项的通知（征求意见稿）》，信托业务被划分为资产管理信托、资产服务信托和公益 / 慈善信托三大类，其中，资产服务信托包括财富管理受托服务信托等 4 项分类，财富管理受托服务信托项下又细分为家族信托、保险金信托、遗嘱信托、特殊需要信托和其他财富管理信托。监管引导信托业转型财富管理的路径更加明朗和细化。

近年来，随着金融机构转型进程的持续推进，财富管理已经成为金融领域的重要蓝海业务，各类机构纷纷介入，形成了以金融机构为核心的供给主体群。无论是银行、券商，还是保险公司，都将财富管理作为新的业务增长点而加以培育。银行已经形成以私人银行、一般富裕客户为目标客户的财富管理体系，券商则形成了以一般客户的资本市场投顾业务和高净值客户的资产配置服务为核心的财富管理体系，保险公司以保险业务为核心，全力推进对各类客户的服务供给，而信托公司则逐步形成了以高净值客户为核心的财富管理体系。由于中国财富管理市场规模较大，各类金融机构之间虽然有竞争，但是在财富管理领域具有一定差异，这决定了各类金融机构彼此之间合作的空间仍较大。

信托业转型财富管理具有独特优势

自《中华人民共和国信托法》颁布以来，中国信托业取得了长足的发展。截至 2021 年末，中国信托业受托资产规模为 20.55 万亿元，信托公司已经成为最主要的资管机构。但是信托公司业务结构单一、融资功能滥用、监管套利等问题仍比较突出，监管和市场都在呼吁信托公司转型发展。财富管理符合中国经济发展趋势和监管引导方向，目前中国财富管理行业正处于各类金融机构群雄逐鹿、资管生态重构的新蓝海阶段。从财富管理行业的竞争格局来看，中国财富管理市场的主要参与者包括商业银行、券商、第三方财富管理机构、互联网平台、公募基金、私募基金和信托公司等，这些机构在客户资源、品牌认可度、专业能力构成、基础产品供给以及受托人资格等方面具有差异，各有比较优势。信托公司虽然参与财富管理较晚，但是具有很多独特优势，业务逻辑与财富管理具有很高的契合度，使其成为财富管理市场的重要参与者。

信托公司有“金融百货公司”之称，与其他金融机构相比，信托公司参与财富管理具有独特优势。一是信托公司可以进行全方位的跨市场投资，而其他金融机构因监管制度的制约而有诸多限制，比如，商业银行不能涉及股票市场和实业领域的投资，基金公司不能涉及信贷市场和实业领域的投资等。二是信托制度在提供财产安全隔离、破产保护、代际传承和慈善等方面具有比较优势，且信托具有保密性，可以保护高净值客户的隐私。三是信托功能灵活。美国信托法权威奥斯汀·魏克曼·斯科特（Austine Wakeman Scott）曾说：“信托的应用范围可与人类的想象力相媲美。”信托可以根据委托人自由意志和实际需要，灵活设定期限、收益分配条件和财产管理运用方式，实现委托人财富管理的各项需求。四是信托公司长期服务对象是高净值客群，容易获取优质的客户资源，在多年的积累下，信托公司拥有大量稳定的高净值客群。

此外，信托业与财富管理的理论起源更加契合。财富管理理论研究起源于西方，研究的主要内容是资产配置理论和生命周期理论。资产配置理论主要指通过对不同权重的投资产品进行组合，达到最优的资产配置，从而提高经济收益。生命周期理论主要是研究在人的一生中，人们如何规划储蓄和消费。信托公司设置的财富管理业务更符合资产配置理论和生命周期理论所支持的内容。针对不同的高净值客群，信托公司可以利用独有的制度优势开展财富管理服务，包括财富保护、财富积累和财富传承等，可以在家族理财、遗产传承、资产避税和股权代持等方面发挥其独特作用。

信托业转型财富管理概况

信托业转型财富管理已经形成共识

自 2013 年起，从个别信托公司率先试水，到众多信托公司积极跟进，信托业在财富管理领域开展了有益的探索，积累了一定经验。在 2021 年 61 家信托公司发布的年报中，有 46 家信托公司将财富管理写入战略规划，占比高达 75%。其中 13 家信托公司的战略目标不仅仅是要发展财富管理业务，还要打造财富管理品牌，成为专业的财富管理机构。比如，上海信托的战略目标是逐步把公司打造成为“全球资产和财富管理服务提供商”，苏州信托以“独具特色的财富受托人”为愿景。大多数信托公司还根据公司发展战略的需要对组织架构进行了调整，在专设财富中心、家族信托办公室的基础上，加大业务布局，强化内部管理，以推动业务转型。相较于信托公司的传统业务，财富管理业务虽然难以迅速贡献收入和利润，但是其一旦形成规模且顺利运行，就将成为信托公司客户黏性最高、最稳定、长期可持续性最强的业务类型。财富中心的快速扩张一方面体现了中国居民对资产保值增值的需求，另一方面体现了金融机构为拓宽获取资金渠道、发掘融资途径以及转变业务结构而形成的市场竞争。

总体来说，信托业转型财富管理已经形成共识，信托公司转型的积极性在逐步提高，可供参考的经验正在逐步积累。但是，信托业开展财富管理业务尚处于初级阶段，各家信托公司转型的路径和标准各异。在战略上高度重视，根据自身情况进行前期探索是信托业转型财富管理的基本现状。

信托业发展财富管理存在的问题

整体来看，中国财富管理行业的生态体系已经逐步成熟，但是与西方成熟的财富管理行业相比，中国财富管理行业生态体系还有部分短板需要加快弥补。特别是，中国信托公司财富管理起步较晚，在发展财富管理过程中还存在很多不足。

一是财富管理业务定位不清晰。目前，绝大部分信托公司的财富管理部门仍主要致力于满足公司信托产品的资金募集需求，将财富管理作为“销售和成本中心”，而较高的营销展业成本和相对较弱的财富管理品牌效应在一定程度上制约了信托公司财富管理业务的发展。

二是缺乏专业人才。信托公司财富管理业务定位不清使得相关人才严重缺失，特别是擅长投资咨询和资产配置的高端财富管理人才，以及围绕客户需求设计产品的人才。

三是财富管理工具有待丰富。高净值人群财富管理目标较为多元，但是大部分信托公司主要以公司业务为导向进行产品创设，信托产品供给较为单一，只有少数信托公司引入其他金融产品，普遍缺乏非固收类产品供给，无法满足客户的多样化和定制化需求。

四是投资者教育任重而道远。目前资管行业改革主要从供给端入手，但是需求端投资者的接受度同样重要。在意识层面，长期以来中国资管市场充斥着各种各样的刚兑产品，刚兑预期短期内难以完全破除。在宏观层面，有关投资者教育的战略规划和长效机制有待进一步完善。在微观层面，资管机构参与投资者教育的积极性和投资者教育方式的有效性有待加强。

五是监管机制有待完善。中国人民银行、证监会和银保监会都涉及财富管理的监管，监管机制正在逐步完善，比如，信托产品销售的日益规范，对家族信托等部分具有特定功能的财富管理工具有了初步的监管导向。但是总体来说，中国监管部门对于财富管理行业的监管仍停留在分业监管层面，尚未形成像资管行业那样的统一监管体系。

海外财富管理发展借鉴

海外财富管理最初以私人银行的形式起源于瑞士，20 世纪 90 年代在美国、欧洲和日本等发达国家或地区盛行，目前已经趋于成熟。海外开展财富管理业务的机构主要是商业银行、券商、独立财务顾问和资管公司等。从海外财富管理的资金规模看，银行业占据最重要的一席之地，中国可以借鉴西方发达国家的财富管理模式，发挥后发优势，少走弯路，从而更好更稳地发展。以美国为例，美国财富管理行业的生态体系更加成熟，这得益于其监管和参与主体的成熟，监管和参与主体共同推动了行业的健康发展。

一是各类金融机构形成了相对差异化的竞争格局。例如，金融科技机构主要服务于长尾客户，银行零售业务主要服务于一般富裕客户，券商和银行等机构服务于高净值客户，而私人银行和家族办公室等机构主要服务于超高净值客户。不同金融机构根据自身特色在各自细分市场深耕细作，涌现出一批知名的财富管理机构，如以综合性财富管理和资管业务为特色的摩根大通、美国银行等，服务于长尾客户的智能投顾机构 Betterment 等，以高净值客户为服务对象的美林公司、高盛集团等，以服务于超高净值客户为核心的贝西默信托。

二是为客户提供丰富的财富管理工具。除了提供丰富多样的资管产品外，信托在居民的财富管理中发挥着重要作用，可以设立各类满足居民财富管理需求的信托方案，比如，遗嘱通常为遗产安排和财富传承的良好工具，遗嘱与信托相结合可以解决更多个性化问题。美国居民还可以设立私人基金会，在满足一定条件的情况下，在参与社会公益事业的同时，实现税收筹划。美国居民还可以应用丰富的离岸金融工具，以补充境内财富管理工具的不足。

三是具有完善的财富管理监管和支撑体系。美国早在 20 世纪就建立了投资顾问相关法律，从根本上规范了投资顾问的行为。2008 年金融危机后，美国设立独立的监管部门，推动盈利模式由收取佣金向收取投资顾问费转变，构建以客户需求为导向的服务模式，加强金融消费者保护力度。同时，美国监管部门逐步将家族信托办公室、智能投顾等财富管理机构纳入其监管范畴，对信托、遗嘱的应用持相对鼓励态度，认可其合法避税等功能。在支撑体系方面，美国围绕财富管理需求形成了包括专业的律师事务所和税务机构在内的综合性生态体系。

通过与美国的财富管理模式对比，可以看出中国的财富管理目前仍处于发展的初级阶段。西方财富管理体系比较完善，成熟的金融机构以客户为中心，为高净值客户提供全面、综合的财富管理服务，解决高净值客户在投资、养老、遗嘱等方面遇到的问题。专业的财富管理人员根据高净值客户不同的年龄阶段、不同的财富层次和不同的投资理念，利用自己的专业技能和理财经验，快速准确地为客户提供财富管理规划，从而满足不同高净值客户的不同需求。在竞争愈加激烈的中国财富管理市场，开展财富管理的金融机构可以借鉴海外成熟的财富管理模式，为高净值客户提供合理的财富管理规划。各金融机构在满足高净值客群资产保值增值需求的同时，自身也能扩大业务规模、拥有稳定的资金来源、助力机构持续发展。

信托业转型财富管理的发力点

信托业转型财富管理是一个系统工程。首先，要有战略化思想与市场化思维，根据自身发展战略和资源禀赋确定公司财富管理的战略目标和中长期规划，并坚定不移地执行。其次，要做好财富管理需要从以产品销售为导向向以客户需求为导向转变的规划。最后，要做好系统化统筹建设与数字化前瞻布局，包括加强标准化、综合化服务团队建设，培养复合型人才等，为财富管理业务的开展做好支撑。信托业转型财富管理的发力点主要在于以下几个方面。

强化以客户为中心的定位，提升资产配置能力

资产配置的重要性不言而喻，3 000 多年前，被誉为“犹太智慧羊皮卷”的《塔木德》就提出，每个人都应当把自己的资产分成三部分，其中，1/3 投资土地，1/3 投资商业，剩余的 1/3 则作为现金储备。1990 年，哈里·马科维茨（Harry

Markowitz）凭借现代资产组合理论荣获当年的诺贝尔经济学奖。该理论证明当投资者尽量降低投资组合中股票之间的相关性时，便能在一定的收益水平上通过投资更多的股票来降低所需承担的风险。这一理论奠定了资产配置在财富管理行业中的核心地位。直到 21 世纪初期，资产配置的概念和理念才逐渐在中国市场落地生根，并逐渐成为财富管理市场各参与方津津乐道、不懈追求的目标。

信托公司传统的财富管理业务以产品为中心，驱动力来自资产端的产品发行。而财富管理的核心是以客户为中心，客户的需求才是业务的逻辑起点。未来，信托公司的财富管理业务需要从以产品为中心向以客户为中心转变，这就需要信托公司从战略层面给予支持，重点是要以管理一个投资账户的思维去开展业务，放眼全市场去配置投资标的，因而需要建立完善的投研体系。与资管投研体系不同的是，以财富管理为核心的投研体系需要更加注重大类资产配置与财富管理目标的匹配。研究内容主要有两个方面：一是客户需求，根据客户的资产规模、财富来源、地理区域、传承需求和纳税情况等，建立动态的全生命周期模型对客户进行画像，实现对客户个性化的全生命周期服务；二是资产配置，根据客户的财富保值增值、财富转移等目标，从金融市场和非金融市场，选择合适的产品，构建满足客户需求的资产配置方案。

发挥家族信托优势，更好地赋能财富管理

早在 2014 年，银监会办公厅颁布的《关于信托公司风险监管的指导意见》就明确提出，“探索家族财富管理，为客户量身定制资产管理方案”的家族信托是信托业本源业务之一，是信托业鼓励的转型方向。2018 年 8 月，银保监会信托监督管理部（以下简称“信托部”）下发《信托部关于加强规范资产管理业务过渡期内信托监管工作的通知》，不仅首次对家族信托进行官方定义，而且还对这一细分领域的业务进行了详细阐述。2018 年末，银保监会新任信托部主任赖秀福首次公开对外发声，题目为《发挥信托制度优势，助力家族财富管理行稳致远》。文章指出，用好信托制度服务家族财富管理需求，既是新时代中国社会经济发展的切实需要，也是推动信托业实现高质量发展的重要方向。2022 年 4 月

颁布的《关于调整信托业务分类有关事项的通知（征求意见稿）》更是明确将家族信托列为财富管理受托服务信托的第一大类。

家族信托常被喻为信托业务的“明珠”，通过为高净值客户提供专业性较强的综合管理服务，来实现家族财富规划与传承的目标，能够对家族财富起到特殊保护和优化传承的作用。家族信托架构灵活，可以与多种金融工具叠加综合运用。例如，家族信托 + 保险，即保险信托，可以通过杠杆作用降低家族信托门槛，还可以兼顾客户的人身保障和身后安排。家族信托 + 家族办公室，可以更好地关注家族成长史的梳理，以及家族使命。家族信托 + 慈善信托，可以通过家族的现金流持续为慈善信托提供资金支持，为家族传承增加慈善基因。家族信托的这些独特的运用方式，可以助力信托更好地转型财富管理。

根据中国信托登记有限责任公司的数据，截至 2021 年末，中国家族信托存量规模已达 3 494.81 亿元。2022 年 1 月单月家族信托规模新增 128.99 亿元，较 2021 年 12 月增长 33.54%，创近 1 年内新高。家族信托是信托公司独有的金融工具，已经得到越来越多信托公司的重视。家族信托与财富管理相互赋能协同发展，是信托公司发展财富管理业务的独门秘籍。

加大金融科技投入，让财富管理更有温度

科技给金融业态带来巨大变革，正在驱动财富管理行业加入数字化转型的阵营。对于信托公司而言，信息系统的安全性、可靠性和有效性直接关系到公司运营，可以通过前中后台的科技化运用为客户提供更优质的服务。例如，通过自然语言处理、机器人流程自动化、机器学习、大数据分析等金融科技应用，在前台赋能服务团队持续提升客户服务精准度和响应速度，在中后台加强业务风险控制能力、提高运营效率，并通过建立敏捷开发等机制，加快响应速度，打造卓越运营能力。最终将过去人工服务高净值客户的能力，逐步转向财富客群、大众客群，从而实现定制化、规模化和品牌效应。

从客户端来看，在数字化浪潮下，消费者对数字化服务的接受度日益提升且诉求不断升级，客户需求更加多层次、多样化和复杂化，借助以大数据、云计算、人工智能和区块链等为代表的金融科技，财富管理机构能够对客户进行更加精准的画像，从而提供有针对性的营销和服务方案，构建差异化服务体系，提升客户服务体验，使财富管理更有温度。金融科技的迅猛发展为财富管理业务的发展奠定了良好的技术基础，未来随着科技创新的持续发展，信托公司等财富管理机构需要持续深度挖掘前沿金融科技，并通过收购、战略投资金融科技、打造金融科技加速器等举措打造体系化的开放创新生态，为财富管理业务的发展提供更好的支撑。

总 结

2022 年，资管新规过渡期结束，大资管时代正式来临，监管对银行理财产品、信托产品、基金等各类产品的监管要求基本拉平，不同资管产品之间的收益率和投资门槛等要素差异不断缩小，行业同质化现象显著。在此背景下，对处于转型关键期的信托公司而言，利用自身优势提升财富管理能力，建立差异化的品牌优势是未来破局的关键。

财富管理市场目前还是一片蓝海，国内财富管理的实践刚刚开始，短期内满足客户的投资需求仍然是首要任务，信托公司需要制定符合客户条件的资产配置策略并有效执行。就满足客户投资需求而言，财富管理只是起点，资管才是终点，要打通资管和财富管理，两者之间要实现各种功能的对接，这种对接意味着要进行系统的内部整合和外部协同。长期来看，财富管理业务的关键是培养客户对信托公司的长期信任，特别是对其管理能力和服务能力的信任，重点是实现客户服务的个性化、专业化和长期化。赢得客户的信任需要经历时间的检验，不是一蹴而就的，在短期内往往难见成效，信托公司还有很长的路要走。未来，随着中国金融改革的不断深化，以及监管政策的不断完善，社会需求将不断增长，相信信托公司会在转型财富管理的进程中实现行业自身的涅槃。

/ 第 13 章 /

乘借资管新规浪潮，期货资管舵正行远

2021 年是“十四五”规划的开局之年，也是中国全面建成小康社会、实现第一个百年奋斗目标之后，乘势而上开启全面建设社会主义现代化国家新征程的起始之年。2021 年还是资管新规过渡期的收官之年，是资管行业除旧立新、谋划高质量发展的关键之年。在这一继往开来的重要时点，世界政治经济格局发生了深刻复杂的演变，受新冠肺炎疫情冲击、供应链受阻、流动性宽松等多重因素的影响，全球经济不确定性加剧，通货膨胀的威胁日益紧迫，变幻莫测的宏观环境为期货行业和期货资管的发展提出了新的课题与挑战。面对百年未有之大变局和世纪疫情交织的复杂形势，期货资管谋新局、开新篇，乘借资管新规浪潮，在新发展阶段，以新发展理念构建新发展格局，彰显了强劲的发展韧性和强烈的使命担当，在大资管时代洪流中乘风破浪、舵正行远。

资管行业进入新发展阶段的必要性

在资管新规过渡期的收官之年，大资管行业保持了良好的发展势头，规模与质量双双提升（如图 13-1 所示）。截至 2021 年末，银行理财市场规模达到 29.00 万亿元（其中，保本型银行理财产品规模已经由 2018 年 4 月资管新规发布时的 4 万亿元压降至 0，净值型银行理财产品存续规模为 26.96 万亿元，占比达 92.97%），同比增长 12.14%；信托资管规模达到 20.55 万亿元，同比增长 0.29%；保险资管规模达到 23.23 万亿元，同比增长 5.69%；公募基金资管规模达到 25.56 万亿元，同比增长 28.51%；基金公司及其子公司私募资管业务规模为 7.39 万亿元，同比减少 8.31%（主要为非标业务压降）；基金公司管理的养老金规模为 3.96 万亿元，同比增长 17.86%；券商及其子公司私募资管业务规模为 8.24 万亿元，同比减少 3.63%（主要为非标业务压降）；期货公司及其子公司私募资管业务规模为 0.35 万亿元，同比增长 61.54%；私募基金资管规模达到 20.27 万亿元，同比增长 19.57%，在科创板上市公司中，有 80% 以上在上市前曾获得私募股权和创投基金投资。

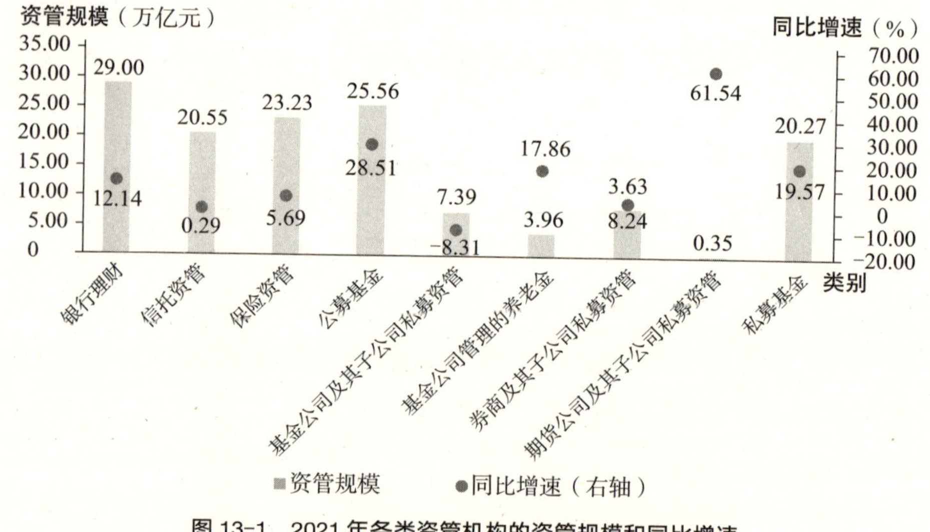

图 13-1　2021 年各类资管机构的资管规模和同比增速

资料来源：中国银行业协会、中国信托业协会、中国保险资产管理业协会、中国证券投资基金业协会，永安期货整理。

大资管行业良好的发展局面得益于近年来中国实体经济的稳健发展、宏观环境的总体向好、居民财富管理需求的旺盛以及国际合作和竞争新优势的不断增强，新的发展环境为资管行业进入新的发展阶段提供了坚实基础和有利条件，资管行业处于前所未有的战略机遇期。

资管行业新发展阶段是服务实体经济的应有之意

经济是肌体，金融是血脉，两者共生共荣。资管行业作为实体经济的主要资金供给方之一，是促进实体经济发展的重要力量。首先，随着资本市场的深入发展，需要资管行业为优秀企业提供长期稳定的资金，资管行业承担着价值发现者和市场“稳定器”的功能。其次，日益丰富的融资主体和多样化的融资需求需要资管行业充分发挥自身的资源优势，形成一、二级市场联动的投融资解决方案。最后，当前中国新经济正在迅速崛起，独角兽企业的数量仅次于美国居全球第二，众多成长型企业急需资金支持，需要资管行业顺应时代趋势，聚焦支持“专精特新”企业发展，推动科技创新力量不断发展壮大。

资管行业新发展阶段是居民财富管理的迫切要求

近年来，中国居民可投资资产规模快速增长。根据高盛集团和毕马威的报告，中国居民可投资资产规模从2015年的18万亿美元增长到2021年的42万亿美元，预计到2025年规模可增长到50万亿美元，复合年均增速超过10%（如图13-2所示）。面对快速增长的居民可投资资产规模，作为财富管理需求的承接者，资管行业要积极发挥专业力量，助力居民财富保值增值。以公募基金为例，自20世纪90年代起步以来，凭借较低的投资门槛和较优异的投资业绩，公募基金成为普惠金融的典型代表，是居民通过资本市场分享经济发展红利的重要渠道。2021年公募基金累计盈利7 265亿元，其中，混合型基金的平均收益率达到8.53%，股票型基金的平均收益率达到7.82%，债券型基金的平均收益率达到5%。资管机构通过不俗的业绩回报帮助亿万普通投资者实现财富增值，携手助力共同富裕进程。

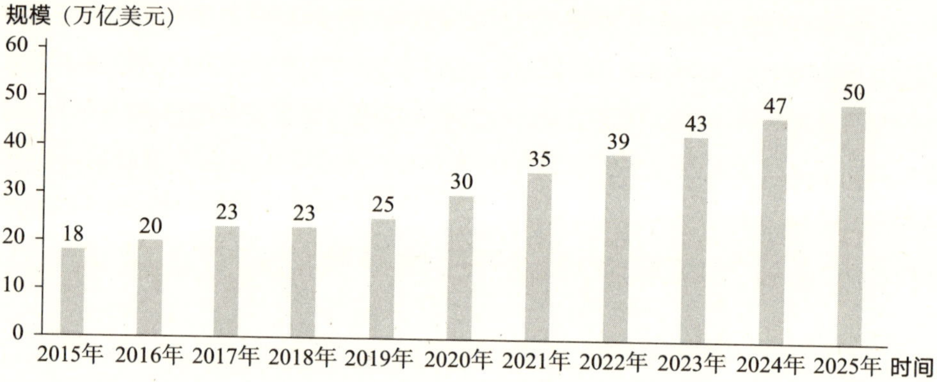

图 13-2　2015—2025 年中国居民可投资资产规模

注：其中，2021—2025 年数据为估计值。

资料来源：高盛集团、毕马威。

资管行业新发展阶段是优化投资的必由之路

首先，资管行业引导投资方向。以私募股权基金为例，资管机构凭借自身专业优势，引导资本投向创新科技领域企业、关键核心技术攻关企业、“专精特新”企业和 ESG 领域等，资管行业一马当先引领创新投资新方向。其次，资管行业优化投资久期。资管行业充分发挥机构资金长期投资的优势，树立长期投资理念，践行专业投资和价值投资，已经成为促进资本市场发展、维护资本市场稳定的中坚力量。最后，资管行业改善投资者结构。资管机构的发展壮大提升了资本市场机构投资者持有比例，有利于 A 股市场投资者机构化，为 A 股慢牛、长牛运行格局提供坚实的基础。

资管行业新发展阶段是民生保障的有力支撑

资管行业在服务民生、促进共同富裕的进程中，承担着资金融通和风险管理的重要职能，发挥着保民生、保稳定的重要作用。作为民生保障最重要的组成部分之一，养老保障事业是资管行业的重点服务领域。中国证券投资基金业协会数据显示，截至2021年末，公募基金管理各类养老金3.96万亿元，超过养老金委托投资运作规模的50%。保险公司则为超过7万家企业提供企业年金投资管理服务，约占企业年金委托投资运作规模的70%。各类资管机构积极参与养老金管理，获得了良好回报，为养老保障事业发展贡献了资管力量，成为金融助力共同富裕、保障民生的典范。

期货资管乘风破浪驶过资管新规收官之年

制度建设为期货资管发展保驾护航

2021年以来，期货资管行业在制度建设方面取得了重大进展（如表13-1所示），从行业基本大法到行业自律规则，再到具体行业标准，期货资管行业制度建设结出丰硕成果。

表13-1　2021年以来期货资管制度建设成果

发布时间	发布机构	文件名称	主要作用和意义
2021年5月13日	中国人民银行、银保监会、证监会	《资产管理产品介绍要素》	对证券期货资管计划及相关要素进行统一介绍，使投资者能够对产品实质性风险做出及时准确的判断，切实保护投资者利益
2021年11月26日	中国期货业协会	《期货经营机构资产管理业务信用报告工作规则》	意味着期货经营机构资管业务信用报告工作的启动
2021年11月26日	中国期货业协会	《期货经营机构资产管理业务备案管理规则》	对期货经营机构开展资管业务的备案工作进行细化和调整
2022年4月20日	全国人大常委会	《中华人民共和国期货和衍生品法》	期货行业的基本大法，在期货资管业务资质、业务隔离、责任与义务等方面做出了规定和指引

资料来源：中国期货业协会，永安期货整理。

2021年5月13日，中国人民银行、银保监会和证监会正式发布金融行业标准《资产管理产品介绍要素》。其中，《资产管理产品介绍要素　第2部分：证券期货资产管理计划及相关产品》从投资者的角度出发，对证券期货资管计划及相关的基本要素进行统一介绍，使投资者能够对产品实质性风险做出及时准确的判断，有利于投资者充分理解产品风险收益特征，切实保护投资者利益，维护金融市场稳定。该标准的发布有助于进一步规范面向投资者使用的资管产品介绍，填补中国尚无统一的资管产品介绍要素标准的空白，切实保护广大中小投资者的权益。

中国期货业协会于2021年11月26日发布《期货经营机构资产管理业务备案管理规则》（以下简称"备案管理规则"）与《期货经营机构资产管理业务信用报告工作规则》（以下简称"信用报告工作规则"）。备案管理规则以扶优限劣、突出行业特色为目的，对期货经营机构开展资管业务的备案工作进行细化和调整。信用报告工作规则的发布意味着期货经营机构资管业务信用报告工作的启动，有助于进一步加强期货资管行业自律管理，推动期货资管行业以信用立身。两项规则的发布与实施，对于当前在大资管行业虽然规模占比不高但正在快速成长中的期货资管有着积极意义，有助于期货资管业务提升核心驱动力，体现期货和衍生品投资优势，持续拓展投资管理能力。

十三届全国人大常委会第三十四次会议于2022年4月20日表决通过《中华人民共和国期货和衍生品法》（以下简称《期货和衍生品法》）。《期货和衍生品法》的出台有效填补了资本市场法治建设中期货方面的空白，同时标志着资本市场法治体系"四梁八柱"的搭建基本完成，是中国市场经济体制改革进程中一部具有标志性的法律，将推动期货和衍生品市场步入崭新的历史发展阶段。《期货和衍生品法》作为期货行业的基本大法，不仅为期货行业的发展提供了坚实的法律基础和保障，也在期货资管业务资质、业务隔离、责任与义务等方面做出了规定和指引，期货资管业务进入了有法可依的新发展阶段。

期货资管市场规模创新高，活力持续增强

1. 期货资管规模保持稳步增长

资管新规出台后期货资管进入稳步发展阶段，期货公司对资管业务高度重视，并形成了独具特色的发展路径。相比传统资管机构，期货资管专注于标准化产品投资，对衍生品理解深刻、运用专业，在量化投资策略、绝对收益策略、多资产组合投资策略等细分领域形成了比较优势。2021 年大宗商品价格波动加大、商品交易顾问（CTA）策略优势显现，随着期货市场扩大开放和期货期权品种进一步丰富，投资者对期货资管的接受度显著提升，对其的资产配置需求逐步提高，推动期货资管规模再创历史新高。截至 2021 年 6 月，期货资管存续规模达 2 681 亿元，基本回到了资管新规出台之前的水平。截至 2021 年末，期货资管存续规模为 3 542 亿元，历史上首次突破 3 000 亿元大关，同比增长 61%，自 2018 年资管新规出台以来，期货资管存续规模连续三年保持正增长（如图 13-3 所示）。

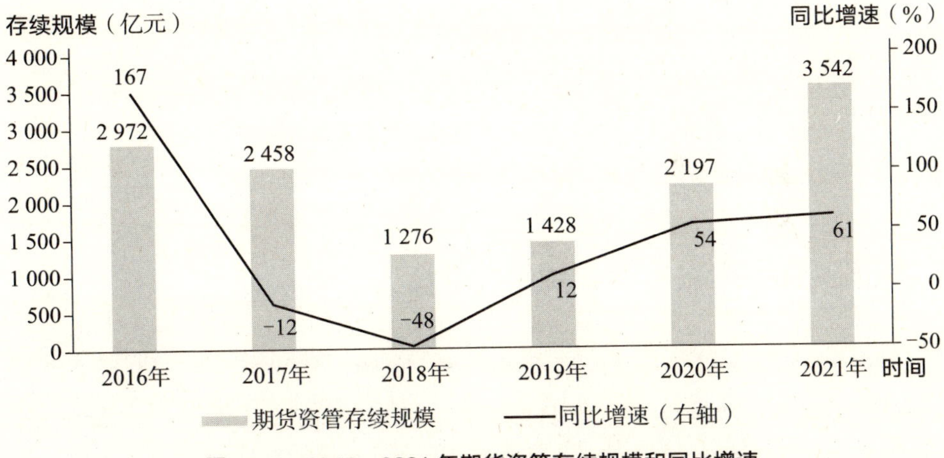

图 13-3　2016—2021 年期货资管存续规模和同比增速

资料来源：中国证券投资基金业协会、中国期货业协会，永安期货整理。

2. 期货资管市场保持活力

2021 年在大宗商品价格持续上涨、资本市场结构性机会延续的宏观背景下，期货资管业务保持了自 2020 年下半年以来的快速增长趋势，月均新增备案产品规模达到 30 亿元，继于 2020 年 9 月创下单月新增备案产品规模 65 亿元的历史峰值后，在 2021 年 1 月又创下单月新增备案产品规模达到 50 亿元的不俗成绩（如图 13-4 所示）。期货资管新产品的不断涌现表明期货资管进入了平稳健康发展的新阶段，市场增长活力充沛。

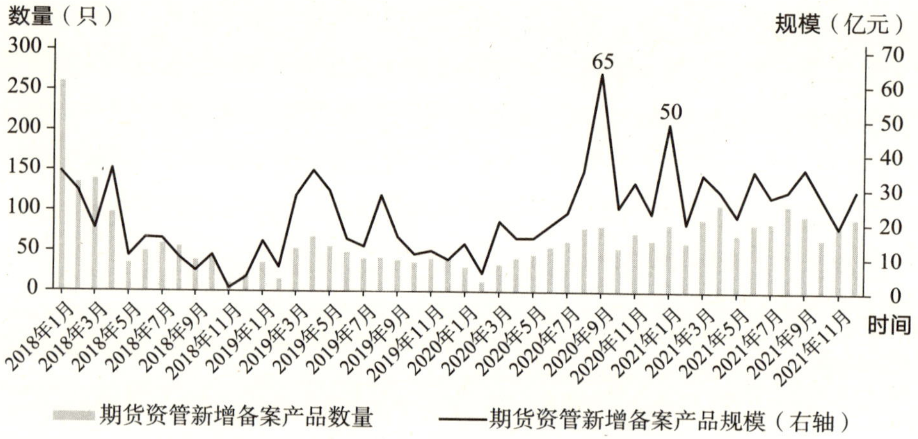

图 13-4　2018—2021 年期货资管新增备案情况

资料来源：中国证券投资基金业协会、中国期货业协会，永安期货整理。

3. 期货资管机构平均资管规模再创新高

经过 2018 年大资管市场的规范和重塑，2019 年以来期货资管机构平均资管规模逐步回升。2021 年全行业 112 家期货资管机构资管规模合计 3 549 亿元，平均资管规模为 32 亿元，不仅度过了资管新规出台以来的行业转型阵痛期，而且一举改写了行业的历史纪录（如图 13-5 所示）。期货资管机构平均资管规模的增长体现了期货资管机构的资管能力在大资管行业的新发展阶段得到了提升，期货资管的优势和价值得到了市场和投资者的认可。

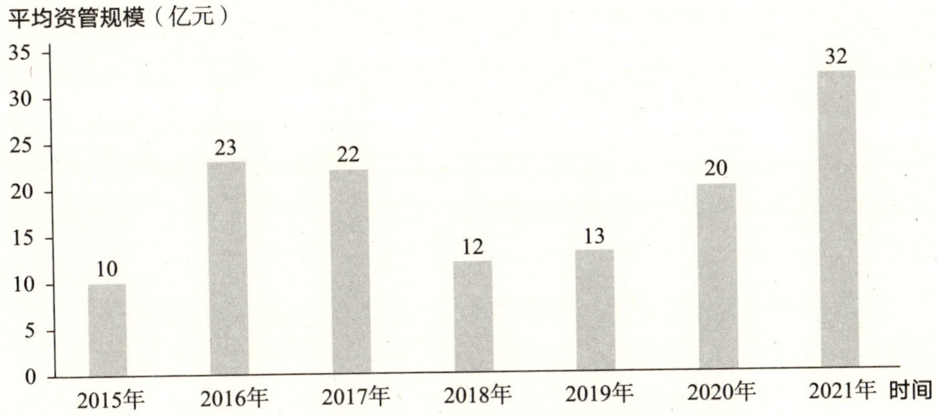

图 13-5　2015—2021 年期货资管机构平均资管规模

资料来源：中国证券投资基金业协会、中国期货业协会，永安期货整理。

期货资管市场结构持续优化，行业功能日益凸显

1. 期货资管机构发挥专业化优势引领行业发展，投资风险管理能力凸显

2021 年大宗商品价格波动剧烈行情令 CTA 策略逆周期调节、降低组合波动、有效管控投资组合风险等特点吸引了金融机构和高净值客户的目光，其期货衍生品配置需求增加。期货资管紧紧围绕期货及衍生品这一核心优势，进一步夯实以期货衍生品和大类资产配置为特色的资管模式，紧跟资管行业趋势，创新业务类型、拓展业务方向，将目光置于大资管行业的竞争上。截至 2021 年末，期货资管中商品及金融衍生品类产品数量同比增长 55%，混合类产品数量同比增长 37%，固收类产品数量同比增长 24%，权益类产品数量同比增长 15%（如表 13-2 所示）。期货资管充分发挥自身专业优势做大做强商品及金融衍生品细分领域，突出核心引领行业快速发展。

表 13-2　2020 年和 2021 年期货资管产品投资类型和数量

期货资管产品投资类型	期货资管产品数量（只）		同比增速（%）
	2020 年	2021 年	
商品及金融衍生品类产品	354	550	55
混合类产品	445	609	37
固收类产品	376	467	24
权益类产品	87	100	15

资料来源：中国期货业协会，永安期货整理。

2. 期货资管主动管理与外部协同合作齐头并进、相得益彰

一方面，在资管新规出台后，期货资管积极提升主动管理能力，快速去通道、去非标，提前完成了行业整改。另一方面，资管行业是资本与智力双密集型行业，单纯依靠期货公司完成核心人才投入、资源资金投入和投研系统建设较困难，因此期货资管大力布局与其他资管机构的合作，发挥协同优势，通过聘请外部投资顾问、合作发行 FOF 产品等方式与银行理财子公司、公募基金、券商、私募基金建立了深入的合作关系，各类外部资管机构通过期货资管拓展投资领域，实现自身投资风险的对冲作用。截至 2021 年末，共有 420 只存续期货资管产品聘请了外部投资顾问，占比 24%，期货资管主动管理类产品与外部投顾产品的数量分别保持同比 35% 和 45% 的快速增长（如图 13-6 所示）。

3. 期货资管成为金融机构大类资产配置的重要组成部分

近年来，随着期货品种的持续丰富和国际化的日益推进，期货资管凭借对大宗商品价格走势敏感度较高和与权益市场的相关度低的优势，很好地满足了机构投资者大类资产配置和宏观对冲的需求，机构投资者对期货资管的配置需求逐步提高。特别是在 2021 年大宗商品价格波动剧烈的宏观背景下，期货资管与各金融机构间的合作进一步加强，期货资管产品成为银行、券商、信托公司、基金公司等机构大类资产配置中不可或缺的组成部分。截至 2021 年末，期货资管产品最大的资金来源为银行，合计规模为 2 029 亿元，占比 57.27%。其他主要资金

来源分别是自然人投资者，规模为 530 亿元，占比 14.96%；私募基金，规模为 320 亿元，占比 9.04%；一般法人投资者，规模为 296 亿元，占比 8.35%；信托公司，规模为 242 亿元，占比 6.83%；券商，规模为 83 亿元，占比 2.34%；期货公司，规模 32 亿元，占比 0.90%（如图 13-7 所示）。

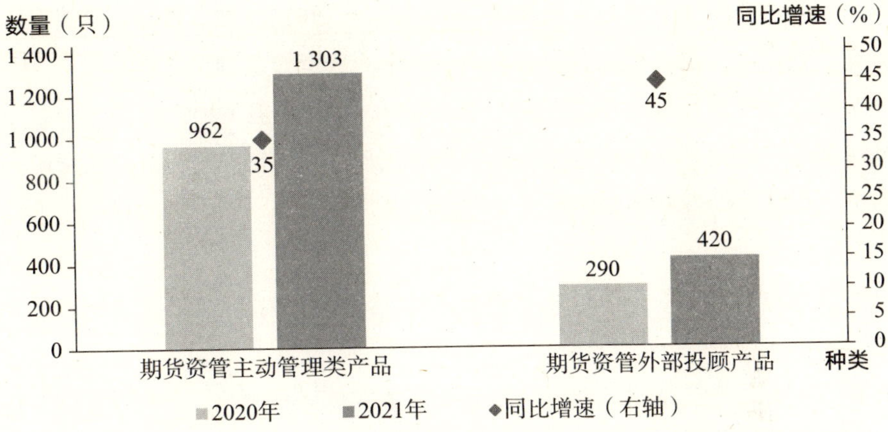

图 13-6　2020 年和 2021 年期货资管主动管理类产品与外部投顾产品数量和同比增速

资料来源：中国期货业协会，永安期货整理。

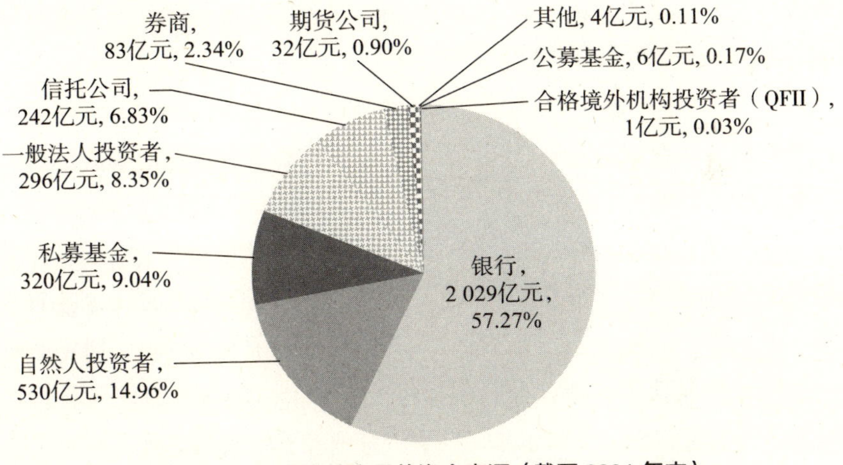

图 13-7　期货资管产品的资金来源（截至 2021 年末）

资料来源：中国期货业协会，永安期货整理。

期货资管舵正行稳面向未来

随着资管新规过渡期的圆满收官，大资管时代开启了新的篇章。站在崭新的起点上，期货行业与期货资管牢记初心与使命，充分发挥行业上接全球大宗商品供需、下沉产业实体一线的独特优势，承上启下，继往开来，将行业发展融入国家战略的践行中，融入行业转型的攻坚中，融入大资管蓬勃发展的洪流中。面对百年未有之大变局和世纪疫情交织的宏观背景，期货资管要应对好全球大宗商品价格震荡的挑战，发挥好深耕产业供应链的优势，利用好国家经济长期稳定向好的机遇，以更高的发展格局对时代之问给出期货答案。

期货资管要打造大宗商品服务生态圈，护航实体经济发展

党的十九大报告指出，要"增强金融服务实体经济能力"。现代金融体系的根本目的是服务实体经济，在中国经济发展的新时代，现代金融体系只有在服务实体经济的过程中才能实现自身的持续健康发展。期货公司与产业市场接触密切，对产业有更深入、更系统的理解，期货资管发展要从期货行业本源出发，整合大资管平台资源，未来协同期货风险管理、场外衍生品运用和国际化定价等业务功能，持续为实体经济发展保驾护航。

一是期货行业发展以实体经济为导向，期货资管发展根深叶茂。期货市场以实体产业链需求为导向，优化存量，做好增量，不断拓展实体产业链相关新品种，根据产业群体现实诉求，不断提升期货服务现货供应链的能力。截至 2021 年末，中国境内期货交易所已上市 94 个期货和期权品种，覆盖农产品、有色金属、黑色金属、贵金属、能源、化工和金融等国民经济重要领域。同时，期货市场国际化稳步推进，商品期货和期权国际化品种增至 9 个，拓展了期货市场服务实体经济跨境经营的覆盖面。面向未来，期货资管的投资范围将更广，与实体经济发展紧密相连，直接或间接为实体经济发展提供专业化服务。

二是加快期货场外衍生品市场建设，期货资管与风险管理协同发展。近年来期货行业风险管理业务深入发展，仓单交易试点稳步扩大、期货和现货综合交易平台功能逐渐完善，期货衍生品加强与新兴科技、金融、仓储、物流等的合作，强化产融联合，加快构建大宗商品生态圈，打造大宗商品交易中心和信息中心，促进场内场外协同发展，持续扩大期货衍生品服务实体经济覆盖面。未来作为期货行业两大核心创新业务的资管和风险管理将互通并协同发展，打造一站式大宗商品投行。

三是期货行业持续扩大对外开放，期货资管参与国际商品定价。期货行业在改变传统商业模式、完善市场诚信体系、重塑上下游产业链等三个方面发挥了重要作用，有效提高了中国要素市场资源配置效率，为中国建设大宗商品定价中心奠定了基础。随着期货市场持续扩大特定开放品种范围，不断提升国际化品种的价格影响力，原油、精对苯二甲酸（PTA）和铁矿石等品种在国际定价影响力上已经初步形成突破。受益于期货市场深入推进制度型开放，更多境外交易者参与国内市场，期货行业国际化发展的质量和服务水平显著提升。未来期货资管将沿着“走出去、引进来”的国际化路线，联通国内国际两个市场，助力提升大宗商品国际定价中的中国声音。

期货资管打造财富管理生态圈，护航小康社会推进共同富裕

满足居民不断增长的财富管理需求，服务居民财富保值增值是小康社会推进共同富裕的关键举措。在此过程中，期货资管机构可以充分发挥专业优势，打造具有期货特色的财富管理生态圈。

一是期货资管产品的对冲功能可以有效管控投资风险，稳定金融市场。期货资管机构在期货及衍生品的管理能力方面独具优势，期货资管利用商品期货及衍生品的对冲功能，可以有效降低资产组合的波动性，优化收益风险比，获得绝对投资收益。当通过期货和期货资管产品管控风险时，市场参与者可以在市场波动

过大时，主动进行套期保值和风险敞口控制，而不必在现货市场进行大额交易，从而降低短期内现货市场的交易压力，从交易机制上减少参与者不必要的情绪恐慌和过度反应，进而起到防范化解金融风险、稳定金融市场的作用。

二是期货资管产品与其他大类资产的相关度低，是财富管理资产配置的必要选择。期货资管的低波动性、逆周期性和杠杆交易等特征，决定了其在大类资产配置中成为除股票、债券和现金之外的重要组成部分，期货资管产品可以有效提高资金使用效率，优化收益风险比，降低投资组合的系统性风险。现阶段银行理财、私募基金、信托公司和券商等资管机构已经通过配置期货资管计划调整自身产品的风险收益特征，丰富了资管产品种类，为满足具有不同风险偏好的客户的需求提供了有利条件。2021 年期货资管机构投资者持有比例超过 85%（如表 13-3 所示）。

表 13-3　2021 年期货资管投资者结构

投资者类型	投资规模（亿元）	持有比例（%）
银行	2 029	57.27
私募基金	320	9.04
一般法人投资者	296	8.35
信托公司	242	6.83
券商	83	2.34
期货公司	32	0.90
公募基金	6	0.17
其他	4	0.11
QFII	1	0.03
自然人投资者	530	14.96

资料来源：中国期货业协会，永安期货整理。

未来期货资管与其他金融机构的合作将更加广泛而深入。首先，随着商业银行和保险机构获准参与国债期货交易，未来会有更多银行和保险机构通过利率衍生品与期货资管合作。其次，关于大宗商品指数研究开发，期货资管将通过资管产品与其他机构合作提供资产配置的多元化选项。最后，期货资管利用对金融衍生品和大宗商品投资的高度专业性和对产业风险管理的高度敏感性，加强与券商和基金公司等机构在投顾和其他相关业务上的合作。面对大资管行业的配置需求，期货资管将继续发挥自身行业特色，不断挖掘期货及衍生品领域在资产配置中的价值，指数投资、“固收 +”期货策略、FOF 和 MOM、利用期货和期权对冲的绝对收益策略、场外衍生品等都是前景广阔的发展方向。

三是期货资管发展 CTA 策略 FOF，填补资管产品中大宗商品类 FOF 的空白。期货公司对于金融衍生品的投资与风险管理具有天然优势，发行 CTA 策略 FOF 与主营业务相匹配，具备一定的业务先发优势。首先，经过多年发展，期货公司在经纪业务和资管业务方面都积累了大量投顾合作伙伴。其次，期货公司在风险管理方面独具优势，对金融衍生品市场非常了解，风险管理经验丰富，产品设计专业。最后，由于股票价格指数和债券都有期货衍生品，期货公司对传统的债券和股票的研究也有所覆盖，因此期货资管在大类资产配置方面的研究较为全面。截至 2021 年末，期货资管 FOF 存续数量为 397 只，同比增长 75%，存续规模为 322 亿元，同比增长 77%（如图 13-8 所示）。期货资管 FOF 高速增长，显示出未来发展的强劲动能。

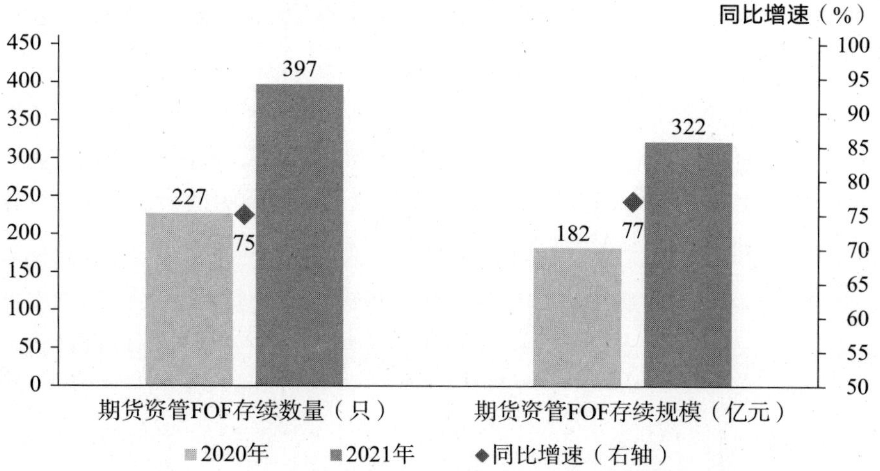

图 13-8　2020 年和 2021 年期货资管 FOF 存续情况和同比增速

资料来源：中国期货业协会，永安期货整理。

期货资管打造绿色低碳服务生态圈，护航经济高质量发展

党的十九大报告提出要建立健全绿色低碳循环发展的经济体系，这是中国立足于基本国情、结合国际趋势、面向第二个百年奋斗目标做出的战略选择，具有十分重要的战略意义。2020 年 9 月，习近平主席在第七十五届联合国大会一般性辩论上宣布，中国将提高国家自主贡献力度，采取更加有力的政策和措施，碳排放力争于 2030 年前达到峰值，努力争取 2060 年前实现碳中和。坚持绿色发展是发展观的一场深刻革命，要坚持统筹谋划，在降低碳排放的同时确保能源安全、产业链供应链安全和粮食安全。伴随着碳达峰和碳中和目标的提出，期货资管行业需要把握机遇，成为绿色发展、绿色投资的先行者和生力军。

首先，发展绿色低碳投资与期货行业以及期货资管的发展方向高度契合。碳中和目标提出后，绿色经济将带动产业结构加快转型，新能源汽车、绿色能源、能源基础设施升级和生态环保治理等成为转型重点领域。期货行业积极为绿色低碳经济发展提供助力，2021 年成立的广州期货交易所定位于创新型期货交易所，其未来发展规划将涵盖科技、绿色、金融、环保等新兴产业。2021 年 5 月证监会批准了广州期货交易所未来 2 年新推出品种计划，明确将 16 个期货品种交由广州期货交易所研发上市，包括碳排放权、电力等事关国民经济基础领域和能源价格改革的重大战略品种，中证商品指数、能源化工、饲料养殖、钢厂利润等商品指数类创新品种，工业硅、多晶硅、锂、稀土、铂、钯等与绿色低碳发展密切相关的产业特色品种，咖啡、高粱、籼米等具有粤港澳大湾区与“一带一路”特点的区域特色品种，以及国际市场产品互挂类品种。以广州期货交易所为代表的绿色低碳基础设施日渐完善，为期货资管的发展提供了更加广阔的成长空间。当前，期货资管机构正在积极行动，在战略、投研、风险管理和人才等方面做好充分准备。市场各参与方进一步统一思想，共同发力，系统推进绿色投资生态建设。

其次，碳中和目标对期货资管行业提出了绿色发展的新要求。推进“双碳”目标实现进程的实质是加快科技创新与产业变革，实现经济增长动能与生产生活

方式的转变。碳中和主题投资标的的不断推出，为资产端带来巨大的投资机会。根据中国建银投资有限责任公司投资研究院《中国投资发展报告（2022）》中的预测，未来中国低碳经济投资规模将超百万亿元，是巨大的蓝海市场。期货资管行业作为投资端的重要参与力量，通过绿色投资引导投资新方向，是推动实体经济绿色增长和可持续发展的重要载体。坚持绿色发展需要坚持统筹谋划，在降低碳排放的同时确保能源安全、产业链供应链安全和粮食安全，这不仅涉及新能源、新材料、新标的的蓬勃兴起，也关系到旧能源、旧商品、旧产业的稳定、改革或退出。期货资管在新旧交替、承前启后的发展阶段需要发挥自身的专业优势，做产业升级的“助推剂”、资源配置的“引导员”以及价值发现的“探测器”，以行业发展为绿色低碳发展贡献力量。

/ 第14章 /

全权委托：外资机构进入中国资管市场的融合模式与实现路径

境内资管行业概述

各类资管机构发展概览

历经了3年过渡期后，资管新规落地实施，中国资管行业的整体规模依然稳步增长，截至2021年末，中国资管行业总规模达到133.7万亿元，创历史新高。参与的机构类型更加多元、产品形式日渐丰富，业务模式逐渐规范化，部分产品线、投资标的和投资范围开始与国际接轨。

各类资管机构的资管规模均呈稳步增长态势（如图14-1所示）。自2019年起，公募基金取代了银行理财，在资管规模上成为资管行业第一大类主体。银行理财在2018年转型、压缩非标银行理财产品和存量保本银行理财产品后，开始加速腾飞。银行理财子公司的资管规模在 2021 年同比增长 158%，成为银行理财的主力。保险资管稳步增长，业务布局扩展。私募基金资管规模保持高速增长，马太效应凸显。而券商资管、信托公司和基金子公司仍处在深化转型阶段，资管规模继续下滑。外资资管机构在 2021 年开始全方位布局中国市场。中国资管行业在规模稳步增长的同时，也暴露出一些问题。

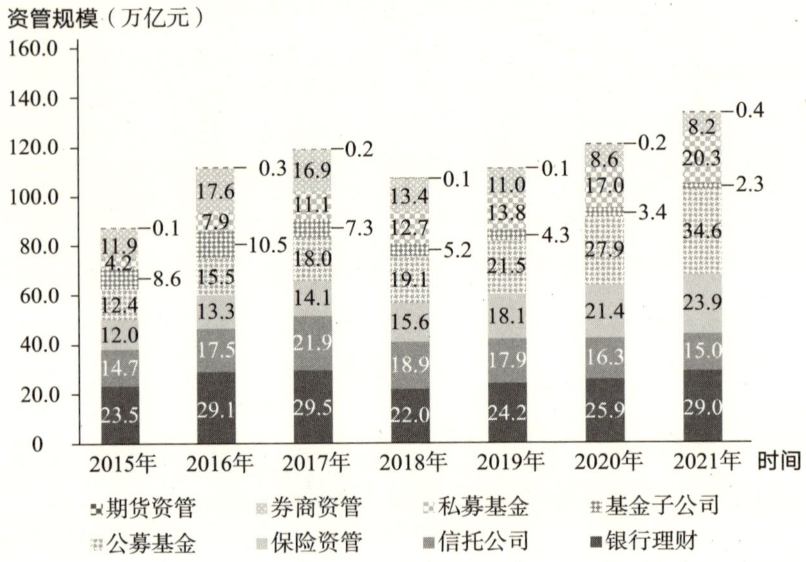

图 14-1　2015—2021 年中国资管行业资管规模

资料来源：万得资讯。

目前，中国资管机构根据主体类型可以分为公募基金、银行理财、券商资管、私募基金和信托公司等，各类主体的发展情况简述如下。

1. 公募基金

截至 2021 年末，公募基金资管规模达 34.6 万亿元，是资管行业第一大子行业。公募基金经过多年发展，在产品标准化、业务规范化和创新等方面具有一定优势，覆盖并服务了高净值人群、非金融机构、养老金与主权财富基金等各类投资者。近年来，公募基金在权益类产品、固收类产品和 FOF 等方面均有良好发展。2021 年以来，“固收 +”产品收益稳健，波动率低，广受追捧。主动权益类产品自 2019 年后业绩表现持续向好，股票 ETF 规模平稳增长，产品数量激增。自 2020 年起，FOF 快速增长，未来可期。此外，受益于政策创新，公募基金在养老金管理业务领域扬帆起航，助力养老金第三支柱建设；公募 REITs 破土而出，配套政策支持其扩容。

公募基金在发展中一直面临以下两方面的问题：

一是产品同质化严重。公募基金产品之间在风险收益特征和费率等方面没有实质性区别，市场营销和渠道开拓等成为各家基金公司竞争的主战场。激烈的同质化竞争难以实现优胜劣汰，也难以满足中国居民日益丰富多元的理财需求。2022 年 4 月证监会发布的公募基金高质量发展意见提出，积极推进商业银行、保险机构、券商等优质金融机构依法设立基金管理公司，适度放宽了同一主体下公募牌照数量限制，这可能导致公募基金行业的同质化竞争更为激烈。

二是公募基金长期面临“基金管理人赚钱、投资者不赚钱”的指责。统计研究显示，截至 2021 年末，公募基金持有人收益率明显低于同期的公募基金收益率。一方面，公募基金销售高度依赖渠道机构，这加剧了基金管理人与投资者之间潜在的“利益冲突”。以营销为业务导向的渠道机构和管理机构，在市场高位大量销售，在销售过程中没有真正立足于投资者需求和风险承受能力。另一方面，部分公募基金侧重基金经理的短期业绩考核，缺少立足于长期投资的研究投入，加大了公募基金产品的业绩波动，使投资者反复体验业绩“过山车”。

2. 银行理财

资管新规实施后，银行理财产品由预期收益型向净值型逐步转化（如图 14-2 所示）。随着预期收益型银行理财产品逐步到期，银行理财产品数量快速萎缩，同时净值型银行理财产品的占比逐年提升，从 2017 年末的 3.02% 提升至

2022 年 6 月末的 90.46%。2020 年以来，城市商业银行、股份制商业银行和外资银行净值化转型进展相对较快，国有商业银行进展较慢。从银行理财产品结构看，债权类资产仍占据配置榜首，同时银行理财子公司也在同步发展投资股票、商品等的其他标准化产品。

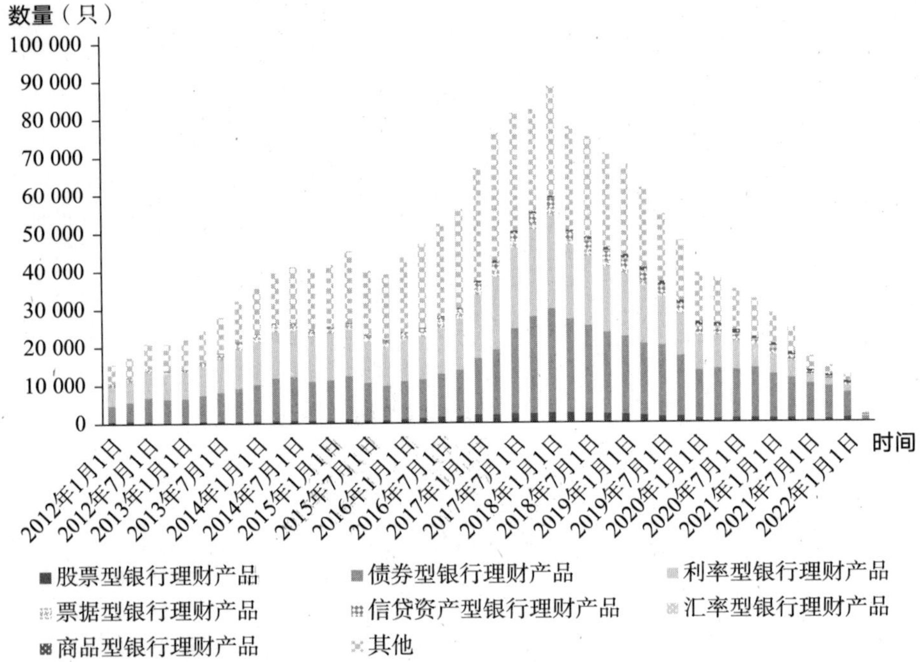

图 14-2　2012 年 1 月 1 日至 2022 年 4 月 1 日各类银行理财产品的数量

资料来源：万得资讯。

但是，银行理财产品的投资者以个人投资者为主，他们仍保持着之前对预期收益型银行理财产品的认知惯性，新的净值型银行理财产品缺乏足够长的历史业绩，面临市场大跌对客户忠诚度的压力测试。同时，部分银行理财产品为了平滑业绩曲线，虽然在形式上是净值型的，但在实际操作中仍比照货币市场基金采用摊余成本法估值，但在久期、评级和估值偏离度上与货币市场基金有较大差距。为了保持银行理财产品的优势地位，银行应当充分了解个人投资者

“风险第一、收益第二”“追求稳定预期收益”的投资习惯，并基于此来设计银行理财产品、构思业务模式。对此我们在后文关于资管业务的模式分析中，会详细叙述。

3. 券商资管

券商资管业务在2016年前经历了快速扩张期，由于资管新规的影响，2017年券商资管规模开始连续下滑，在经过几年整改和规范化后，2020年以来券商资管规模逐渐稳定（如图14-3所示）。

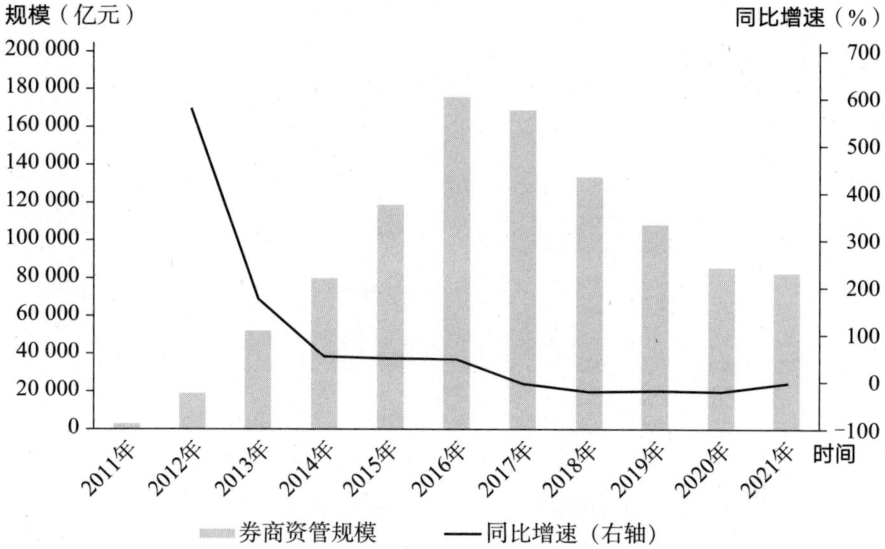

图14-3　2011—2021年券商资管规模和同比增速

资料来源：万得资讯。

随着通道业务、非标业务被压缩，券商资管产品快速向净值型产品转化。在资产端，券商资管基于自身优势，开展市场中性策略、量化投资、资产证券化、科创板和期权等与公募基金相差异的业务。在需求端，券商资管借助各地营业部的优势，深度挖掘风险偏好较高的高净值客户的理财需求，推动传统经纪业务向财富管理业务转型升级。从产品特点看，券商资管发行的私募资管计划与私募基金同属资管新规管理，但是私募资管计划在投资范围、集中度和杠杆比例等方面的规则更严格，信息披露更充分。截至2022年第一季度，券商资管产品类型分布如图14-4所示。

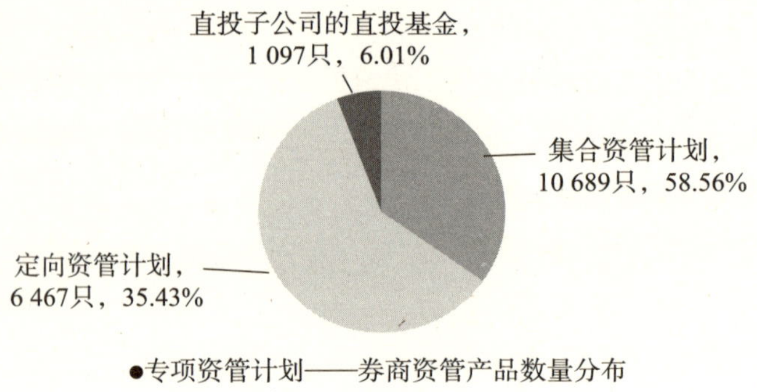

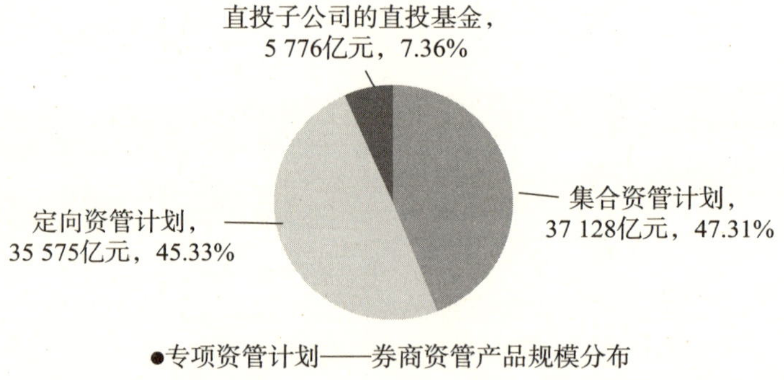

图14-4 券商资管产品类型分布（截至2022年第一季度）

注：规模按照2021年末的基金资产净值计算。

资料来源：万得资讯、中国证券投资基金业协会。

4. 私募基金

截至2022年第一季度末，私募基金总资管规模约为20.4万亿元，其中私募股权基金和风险投资基金资管规模最大，为13.2万亿元；私募证券投资基金为

6.3 万亿元（如图 14-5 所示）。从发展趋势看，2015—2018 年私募基金资管规模增长的主要动力来自私募股权基金和风险投资基金，2020 年后私募股权基金和风险投资基金基本进入停滞状态。但是，2019 年后私募证券投资基金和私募资产配置基金进入快速发展阶段。

私募基金在投资策略、运作灵活性、产品的定制化和创新性等方面具有一定的优势和特色。部分私募基金由“海归”或业内领军人士创立，在投研能力、技术水平和产品特色上具有较强竞争力。但同时，也有大量私募基金的内控和管理能力不足，投资能力和从业人员水平参差不齐。此外，私募基金普遍面临产品资金容量偏小、人员稳定性差、运作规范性低等长期发展的瓶颈问题。

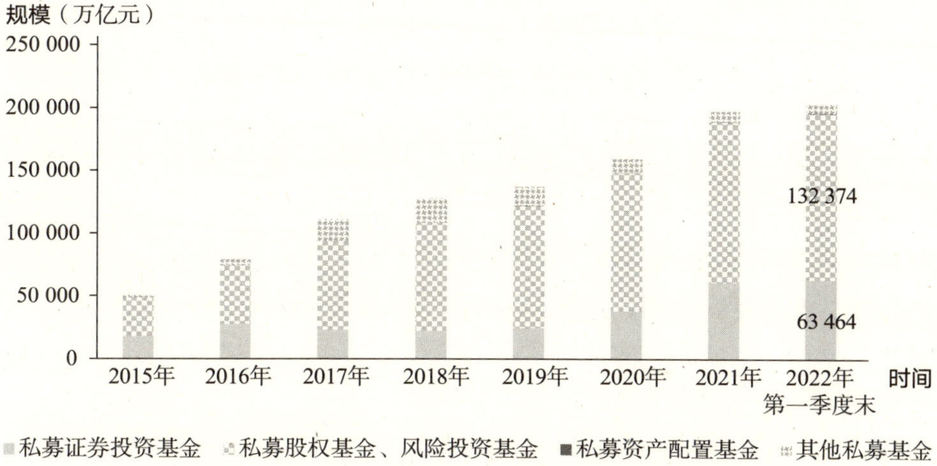

图 14-5　2015 年至 2022 年第一季度末各类私募基金的规模

注：规模按照当年末的基金资产净值计算。

资料来源：万得资讯，中国证券投资基金业协会。

5. 保险资管

截至 2021 年末，保险资管机构合计共有 35 家，其中保险资管公司 27 家，具有存量保险资金业务的机构 8 家。根据银保监会数据，截至 2021 年末，保险业总资产规模为 24.9 万亿元，其中保险资金运用余额为 23.2 万亿元（如图 14-6 所示）。

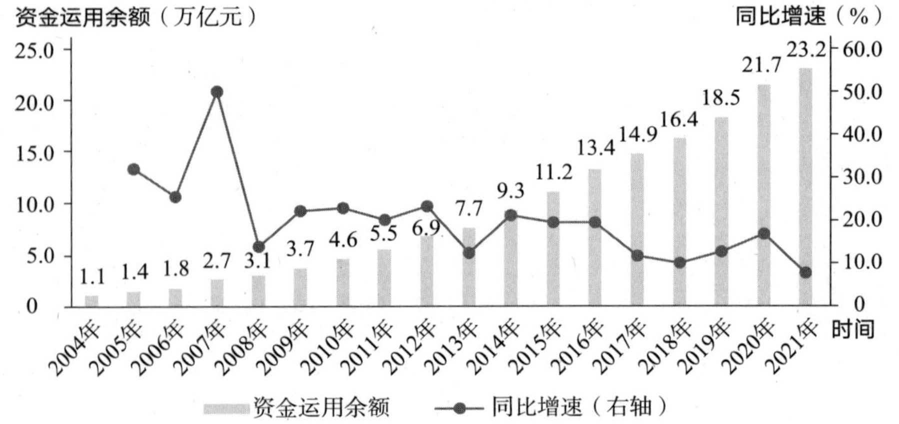

图 14-6　2004—2021 年保险资金运用余额和同比增速

资料来源：万得资讯、银保监会。

虽然目前保险资管机构主要聚焦股东机构委托资金的管理，但是随着资管新规的落地和监管标准的统一，以泰康保险为代表的保险资管机构也在积极开拓高净值客群，力争将原先以服务机构客户为主的投资能力向高净值客群输出。

6. 信托公司

与公募基金、券商资管产品和私募基金等资管产品相比，信托产品的设立效率较高、监管规则简单、种类多样、兼容性高。2008—2017 年，信托业呈井喷式发展（如图 14-7 所示）。随着资管新规的落地以及房地产行业的转型和规范化，近几年信托业务发展方向快速转变，通道业务和非标业务逐步清退，融资类信托业务占比明显下降，投资类信托业务占比显著提升。

长期来看，信托业要回归资管本源，一方面要在标准化资产上与其他各类资管机构公平竞争，另一方面探索自身的特色产品，以专业化服务为客户提供差异化产品。在标准化产品方面，信托公司借助 FOF 和 MOM 等形式转型主动管理类证券投资信托。在服务方面，近年来家族信托日渐火爆，信托公司通过服务信托和公益信托成为高净值客户业务新的增长点。

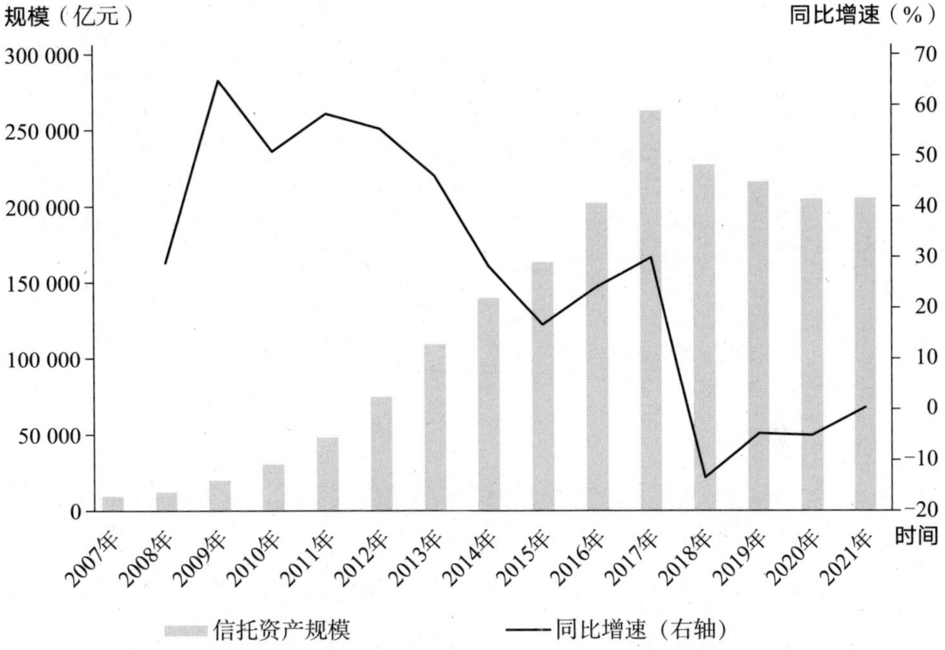

图 14-7　2007—2021 年信托资产规模及同比增速

资料来源：万得资讯、中国信托业协会。

境内资管行业的发展机遇

随着中国经济的发展与国民收入水平的提高，中国高净值人群市场日益受到关注（如图 14-8 所示）。根据招商银行和贝恩公司联合发布的《2021 中国私人财富报告》，中国境内净资产在 1 000 万元以上的私人银行客户人数约为 296 万，可投资资产规模约 96 万亿元，头部效应日益明显。针对高净值人群市场细分的财富管理市场和资管市场，仍有未被开发的大片蓝海。

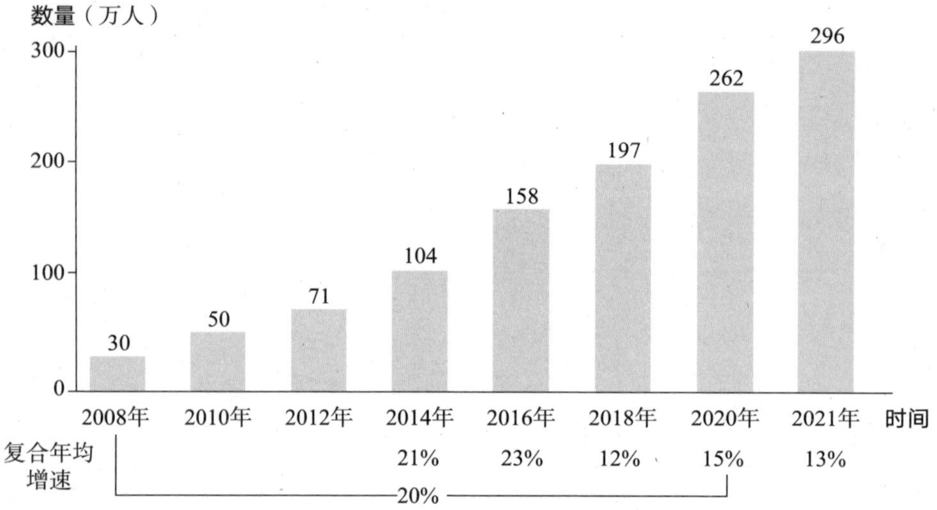

图 14-8　2008—2021 年中国境内高净值人群数量与复合年均增速

资料来源：贝恩公司。

除了需求端的蓬勃发展，中国在资产端的定价优势放到全球同样瞩目。目前中国基金费率与海外相比仍属于明显偏高水平，对外资机构具有一定吸引力。截至 2022 年第一季度末，中国共有 15 825 只公募基金，其中股票型基金和混合型基金的费率分布较为集中，约为 1.50%；债券型基金的费率较低，且分布较为分散，多为固定费率，以 0.30% 居多。被动管理类产品费率较低，指数型产品的费率中枢在 0.50% 左右。2000—2020 年，美国共同基金的费率不断下降，免佣金基金占比不断提高，投资者支付的基金总费率持续下降。根据美国投资公司协会的统计，2000—2020 年，美国免佣金基金占比从 44% 上升到 72%，美国共同基金的规模加权平均费率从 2003 年的 0.94% 降低至 2020 年的 0.75%。

中国境内较大的定价空间将继续吸引外资机构进入中国开设分支机构，或通过合资模式抢占市场。但是，中国境内的定价空间在激烈的竞争中，也将趋于变小。

资管业务模式的本质

借鉴波士顿咨询公司的相关报告，我们按照“关注资金收益率或者服务与客户体验”“提供阿尔法收益或者贝塔收益”两个维度，将上述所有类型的资管机构的业务模式，从本质上分为四大类（如图 14-9 所示）。

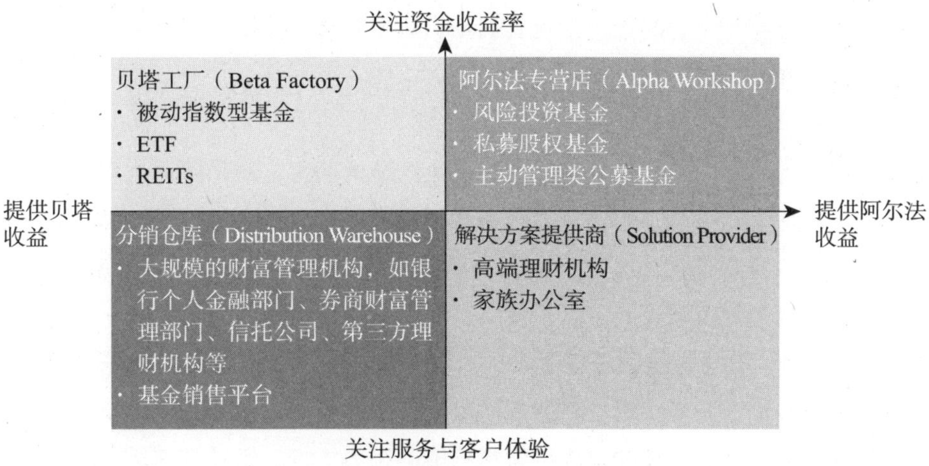

图 14-9　资管机构的业务模式分类

资料来源：波士顿咨询公司。

阿尔法专营店

这一资管业务模式的典型代表有风险投资基金、私募股权基金和主动管理类公募基金等。

这些机构的价值通常在于持续为客户贡献超额收益，公司品牌与核心创始人或基金经理挂钩。它们高度关注服务与客户体验，通常很难跨界，因此不提供资产配置服务。优点在于利润率高，人均产出高，缺点是人工成本高，而且基金的规模存在限制，不会太大。

做好这类资管业务模式的关键在于做到“小而专”，专注于特定资产或特定策略，网罗优秀人才，持续输出超额收益，并通过设置激励机制和提高后端报酬留住核心人才。采用这一资管业务模式的优秀代表有海外的 KKR 集团，中国的红杉中国、高瓴集团等。

贝塔工厂

这一资管业务模式的典型代表有被动指数型基金、ETF、REITs 等，专注于为客户提供资产配置工具。

这些机构通常会依靠全范围覆盖和密集团队的研究，输出普适通用的标准化产品。其优点是门槛低、标准化程度高、产品的流动性好，容易形成规模效应。缺点是周期性强，规模与公司利润都会受到牛熊周期的影响。以公募基金为例，传统的公募基金大多采用固定费率模式，很少采用浮动业绩提成模式，因此从投资收益角度看，基金经理的激励很难与客户利益完全一致，“做大”优于“做强”，阿尔法能力让位于贝塔工具。随着市场成熟度不断提升，主动管理类产品获取阿尔法收益越来越难，为投资者创造附加价值的能力下降，主动管理策略趋同，而被动管理类产品业绩稳、费率低、税费省，资金呈现净流入趋势，因此逐渐成为市场主流。波士顿咨询公司的统计数据显示，2003—2021 年，被动管理类产品资管规模增速是主动管理类产品的 4 倍多。根据波士顿咨询公司 2021 年的预测，2025 年全球被动管理类产品的规模占比有望进一步提升至 25%。从全球净资产规模排名前 10 的公募基金的属性来看，ETF 和指数型基金的被动管理类产品居多。

这一模式的制胜关键在于尽早树立在某些细分领域的品牌与口碑，或者通过并购整合来扩大覆盖范围，从而形成规模效应和强大的产品储备。例如，作为全球规模最大的资管集团、风险管理和顾问服务公司之一，贝莱德 2022 年第一季度全球资管规模约为 9.57 万亿美元，涵盖多种资产类别。贝莱德 2007 年收购 Quells 旗下 FOF 业务，2009 年收购巴克莱的 iShare 以拓展 ETF 业务。贝莱德持续扩充其被动管理类产品规模，近年来其被动指数型基金和 ETF 的规模和占比均稳步上升。截至2022年第一季度末，贝莱德的主动管理类产品的规模占比为26%，指数型基金和ETF的规模占比为66%，现金管理类产品的规模占比为8%。

未来，中国的公募基金可能会出现分化，也许会出现一两家大型头部机构专注于被动管理类产品，效仿贝莱德的成功发展路径。

以上两类资管业务模式更关注资金收益率，接下来要介绍的两类资管业务模式更关注服务与客户体验。

分销仓库

这一资管业务模式的典型代表有大规模的财富管理机构，如银行个人金融部门、券商财富管理部门、信托公司、第三方理财机构等。

该模式依靠大规模的网点或线上渠道以及销售人员形成客户触点，销售的产品包括信托产品、公募基金、金融资产交易所产品，以及早些年的个人对个人（P2P）产品等。

做好这类模式的关键在于借助密集的资金与人员形成渠道端优势，以及具备众多种类丰富、“足够好”的产品。典型例子有海外的嘉信理财，中国的宜信财富、诺亚财富等。

早些年这一资管业务模式资产端的收益可以覆盖财富端的综合融资成本，但是随着金融监管趋严、资管新规逐步落地、去杠杆和资管产品净值化，该模式面临逐步规范化的挑战，粗放模式不再可行。

解决方案提供商

这一资管业务模式的典型代表有高端理财机构、家族办公室。

该资管业务模式的特点是利用覆盖各大类资产的配置经验和全球资源，为客户提供一揽子解决方案，既关注资金收益率，又关注服务与客户体验。

该资管业务模式的核心能力在于多资产配置与投资组合构建能力、投资模式与客户风险偏好互相契合的能力、定制化服务能力。

随着投资理念的成熟和资产配置意识的加强，高净值人群对资产多元化配置的认知度和接受度提升。中国合格的高端理财机构尚属凤毛麟角，家族办公室的概念近些年逐渐被接受。

作为第四类资管业务模式的经典例子，瑞信在中国境内的资管业务定位于服务超高净值客户、侧重全面的解决方案提供商，并在未来借助商业银行渠道和客户资源，与分销仓库有机结合、互相助力。瑞信提供的服务不仅包括现金理财、股票投资、基金投资、债券投资、FOF 投资、大宗商品投资、房地产投资等传统金融服务，在不久的将来，瑞信还会进一步提供家族信托、公益慈善、税务筹划、法务咨询、企业家健康管理和子女教育等非金融服务。

外资机构进入中国资管行业的模式

参股公募基金和银行理财子公司

早期外资机构以参股成立合资公募基金公司的形式参与中国公募基金业务，典型的合资公募基金公司有工银瑞信、交银施罗德、上投摩根等。2019 年 7 月 20 日，国务院金融稳定发展委员会办公室公布了 11 条最新的金融业对外开放措施。鼓励境外金融机构参与设立、投资入股商业银行理财子公司；允许境外资管机构与中资银行或保险公司的子公司合资设立由外方控股的银行理财子公司。2021 年末，战略投资者摩根资管出资 26.67 亿元认购招银理财 10% 的股权。截至 2022 年 7 月，汇华理财、贝莱德建信理财已经开门迎客，施罗德交银理财和高盛工银理财也已获批成立。

截至2022年6月，中国共有公募基金公司139家，较2022年4月增加1家，其中外商投资公募基金公司有 45 家，已经注册的中外合资银行理财子公司有 4 家（如表 14-1 所示）。

表 14-1　中外合资银行理财子公司的概况

名称	开业 / 获批筹建时间	注册资本（亿元）	注册地
汇华理财	2020 年 9 月 27 日	10	上海
贝莱德建信理财	2021 年 5 月 13 日	10	上海
施罗德交银理财	2022 年 2 月 14 日	10	上海
高盛工银理财	2021 年 5 月 20 日获批筹建	—	上海

资料来源：银保监会、企查查官网。

该模式的缺点在于：一是参股方话语权受限，几方股东的意见和文化未能充分融合，本土化往往不足，容易水土不服。二是公募基金监管严格，导致产品种类、业务模式和形态受限。三是合资公募基金公司与中资公募基金公司在产品上出现同质化现象，定价空间未来有逐步变小的趋势。

外商独资私募证券投资基金

虽然外商独资私募证券投资基金（WFOE PFM）牌照已经放开了 5 年多，但是由于缺乏适合、强大的募资合作渠道和本土化投资策略，该模式在国内发展艰难，规模普遍较小。据中金公司研究部测算，2021 年外商独资私募证券投资基金资管规模不足 600 亿元，占中国私募基金整体资管规模的不足 1%。

表 14-2 是规模排名前 20 的外商独资私募证券投资基金公司。根据万得资讯

的数据，截至2021年末，现有的35家外商独资私募证券投资基金公司中，有27家的资管规模仅为0～5亿元，占比高达77.14%，其中包括2017年备案的富敦投资管理（上海）有限公司、景顺纵横投资管理（上海）有限公司、路博迈投资管理（上海）有限公司、安本私募基金管理（上海）有限公司、施罗德投资管理（上海）有限公司等。

表14-2　规模排名前20的外商独资私募证券投资基金公司（截至2021年末）

排名	公司名称	成立时间	登记日期	资管规模（亿元）
1	桥水（中国）投资管理有限公司	2016年3月7日	2018年6月29日	＞100
2	元胜投资管理（上海）有限公司	2012年3月26日	2018年6月29日	50～100
3	润晖投资管理（天津）有限公司	2018年10月9日	2020年11月9日	20～50
4	腾胜投资管理（上海）有限公司	2018年11月11日	2019年9月11日	20～50
5	德劭投资管理（上海）有限公司	2010年2月24日	2019年4月11日	20～50
6	瑞银资产管理（上海）有限公司	2015年8月19日	2016年8月15日	20～50
7	惠理投资管理（上海）有限公司	2017年3月23日	2017年11月9日	10～20
8	英仕曼（上海）投资管理有限公司	2017年5月3日	2017年9月7日	10～20
9	澳帝桦私募基金管理（上海）有限公司	2020年10月28日	2021年9月27日	0～5
10	荷宝私募基金管理（上海）有限公司	2019年7月12日	2021年9月27日	0～5
11	韩华投资管理有限公司	2016年10月21日	2020年10月16日	0～5
12	上海首奕投资管理有限公司	2019年5月23日	2020年9月22日	0～5
13	柏基投资管理（上海）有限公司	2019年5月30日	2020年9月1日	0～5
14	迈德瑞投资管理（珠海横琴）有限公司	2019年3月26日	2020年8月17日	0～5
15	鲍尔赛嘉（上海）投资管理有限公司	2019年4月15日	2020年7月27日	0～5
16	威廉欧奈尔投资管理（上海）有限公司	2019年6月10日	2020年4月24日	0～5

续表

排名	公司名称	成立时间	登记日期	资管规模（亿元）
17	弘收投资管理（上海）有限公司	2017年10月11日	2020年3月10日	0～5
18	罗素投资管理（上海）有限公司	2015年3月31日	2020年2月14日	0～5
19	东亚联丰投资管理（深圳）有限公司	2017年10月25日	2019年12月25日	0～5
20	霸菱投资管理（上海）有限公司	2018年8月3日	2019年6月20日	0～5

资料来源：中国证券投资基金业协会、东方财富 Choice 金融终端、万得资讯、中金公司研究部。

由于该模式难度较大，过去几年已有数家外商独资私募证券投资基金公司“弃私转公”。贝莱德在获得公募牌照后，于2021年3月主动注销了旗下外商独资私募证券投资基金公司贝莱德投资管理（上海）有限公司的私募证券投资基金管理人资格。2021年8月，富达国际在获批成立外资全资控股基金公司后，于2022年3月主动注销了旗下外商独资私募证券投资基金公司富达利泰投资管理（上海）有限公司的私募证券投资基金管理人资格。

该模式下成功案例较少，其中之一是美国桥水基金。2016年，桥水基金在上海成立全资子公司——桥水（中国）投资管理有限公司，2018年在华推出首只私募基金产品，投资者均为中国在岸高净值人群和机构投资者。2021年，桥水（中国）投资管理有限公司开始发力资管规模的扩张，利用中国多个头部渠道发行私募基金产品，募集完成后规模达百亿元，成为中国唯一的百亿元级外资私募基金公司。

控股或独资公募基金公司

自2020年4月1日起，中国境内的公募基金正式取消了外资持股比例限制，已经有多家海外资管巨头向中国证监会提交了公募牌照申请。2020年8月21日，贝莱德基金成为中国第一家获批的外商独资公募基金公司（WFOE FMC）。富达国际、路博迈也已经分别于 2021 年 8 月、2021 年 9 月获得公募基金设立的核准批文。

截至 2022 年 10 月，贝莱德在中国已经发行 3 只公募基金产品（贝莱德中国新视野混合 A/C、贝莱德先进制造一年持有混合 A/C、贝莱德港股通远景视野混合 A/C），规模为 61 亿元左右。另有贝莱德浦悦丰利一年持有混合 A/C 预计于 2022 年 11 月发行。在募资渠道上，贝莱德主要通过中信证券、中国建设银行和平安银行等主流的银行渠道发行公募基金产品。银行理财子公司的产品则通过合资方中国建设银行渠道发行。

富达基金管理（中国）有限公司是中国境内第二家获批成立的外商独资公募基金公司。富达国际在全球有大量退休基金、主权基金、保险公司等“长钱客户”，并长期为雇员福利计划提供投资服务，积累了大量经验。获批公募牌照之前，富达国际通过各种渠道宣传其将利用在全球的养老金管理优势，帮助中国居民改善长期财务状况。其在中国的业务突破口是解决养老金投资需求，帮助中国投资者进行长线财务规划，解决短线资金投资屡屡亏钱的痛点。

海外资管巨头的加入进一步增加了中国公募基金行业的活力。从中长期看，外资资管机构进入中国公募基金行业将提升行业竞争力和整体水平。外资基金管理人的优势在于，经验更加丰富，投资理念、投资流程和风险控制体系更加完善，对于国际金融市场有更深刻的理解等。外资基金管理人的劣势在于，缺少在中国长时间的实盘投资业绩，积累在中国的业绩曲线需要时间，海外投资体系并不一定完全适应中国市场，需要完成投资体系的本土化，在中国的渠道销售和市场运作上仍缺少经验等。

上述三种模式成功的关键都在于做好本土化，按中国发展规律制定战略。除了这三种模式以外，接下来将介绍另一种模式——全权委托模式，该模式是私人银行将财富管理和资管结合起来形成的产物。

全权委托模式——财富管理与资管有机融合的新模式

全权委托模式是内嵌在财富管理和私人银行内部的、特定的资管业务模式，客户将资金全权委托给资管机构管理。该模式对应前文资管业务模式分类中的解决方案提供商，为客户提供定制的解决方案。全权委托模式是海外私人银行业务中极具竞争优势的重要业务模式之一，在海外高净值客户业务中占比接近50%。

以瑞信为例，在解决方案提供商资管业务模式下，瑞信的全权委托业务会布局多条产品线，以FOF投资为起点，覆盖多个大类资产，与多家优秀的精品店保持沟通，并选择“投研价值输出”型机构进行多角度的深度合作，然后以此为基础逐渐向外拓展。瑞信的全权委托业务会同时利用母公司与全球投研团队的优势，基金代销、投资顾问与全权委托等数条业务线既相对独立又共享资源，充分调动全球团队，从战略性资产配置（SAA）到战术性资产配置（TAA）为客户提供定制化服务。

此外，全权委托模式也是其他类似外资机构进入中国可以选择的发展路径之一。

全权委托模式的内涵与特点

全权委托模式的内涵

纵览海外市场财富管理业务发展和境内资管行业实践情况，财富管理机构或资管机构为客户提供的服务主要包括投资顾问服务和全权委托服务这两种模式。

投资顾问服务，即围绕客户投资需求，为客户提供资产配置方案、投资标的的选择等建议，客户对投资建议进行自主判断，并决定是否进行投资。在投资顾问模式下，客户拥有全部决策权。

全权委托服务则是客户将资金全权委托给资管机构管理的服务模式（如图14-10所示）。资管机构在客户授权的投资范围内，围绕客户的投资目标和风险偏好制订投资方案，由资管机构主动进行资产配置、投资标的的选择等投资决策，定期与客户就投资业绩进行回顾检视，力争实现客户希望的投资结果。在海外市场，全权委托模式是被广泛接受和认可的资管服务模式，超过50%的（超）高净值客户会选择全权委托模式的资管服务。

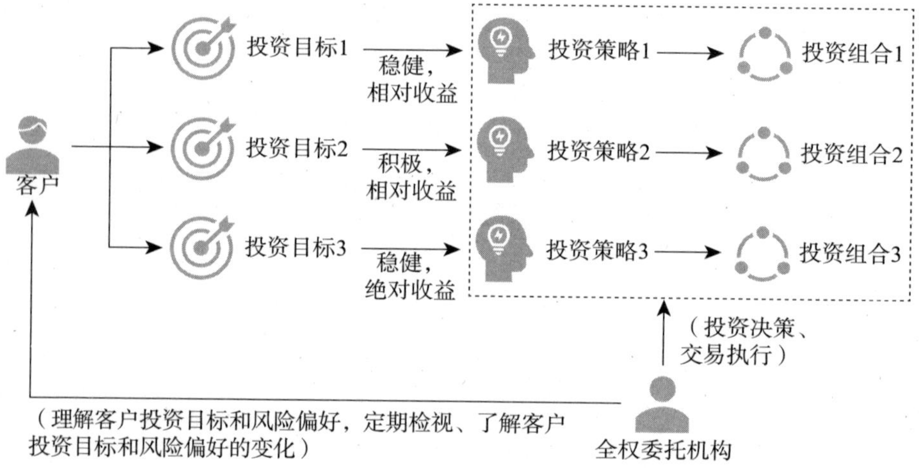

图 14-10 全权委托投资服务模式

资料来源：王菁：《全权委托——高净值客户财富财富管理与资产管理的整合》，《北大金融评论》2022年第2期，第56—59页。

这两种模式的核心差异在于投资决策权的归属。在投资顾问模式下，客户拥有全部决策权。在全权委托模式下，客户则把决策权全部让渡给资管机构。在国内资管行业发展和实践过程中，两者之间还出现了半委托模式，即资管机构圈定投资大致的范围与产品种类，客户选择具体投资标的与投资时机，典型代表就是近些年快速发展的私募FOF产品。本质上，半委托模式是在国内法律规范和客户成熟度约束下，财富管理机构与资管机构对投资顾问模式继续发展升级的一种探索。半委托模式在一定意义上展现出，国内市场对追求投资目标和结果的全委托模式存在大量需求。

在全权委托模式下，资管机构拥有更多的主动管理决策权限，同时必须就投资业绩对客户负责，客户则通过让渡投资决策权限，换取由专业资管机构实现更符合其财富管理与投资目标的结果。在此模式下，投资业绩是连接资管机构与客户的纽带，客户对服务是否满意可以通过对投资业绩的考核进行充分展现。这种决策分层的业务模式，既简化了客户投资决策的复杂度和难度，也清晰化了资管机构的服务目标。因此，全权委托模式有助于资管机构帮助客户克服非理性判断，引导实现长期投资。

全权委托服务的流程

在流程上，全权委托服务大致可分成4个环节（如图14-11所示）。

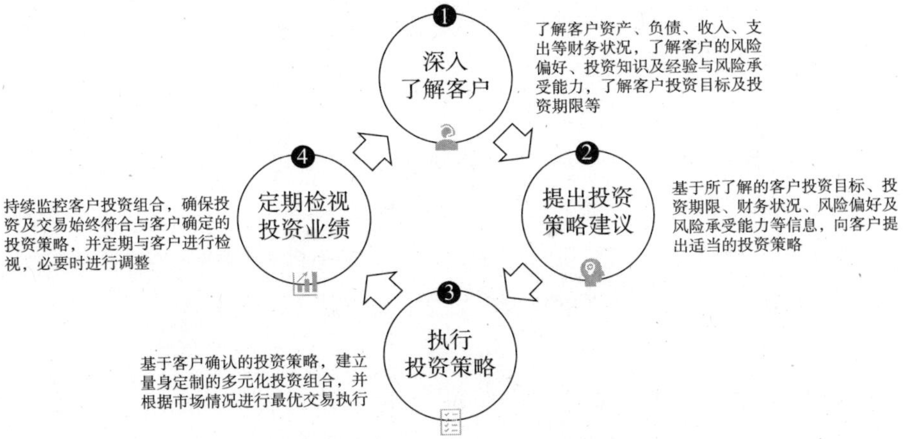

图14-11　全权委托服务流程

资料来源：王菁：《全权委托——高净值客户财富财富管理与资产管理的整合》，《北大金融评论》2022年第2期，第56—59页。

在全权委托服务中，准确详实地识别客户需求至关重要。资管机构不仅需要具备专业的投资管理能力，还需要具备深入洞察客户表层及深层需求，并将需求“翻译”为投资策略的能力。

在准确识别客户需求的基础上，资管机构需要为客户制订投资方案，设定投资目标、考核方式、投资范围与工具、风险限制、投资期限等核心要素，并据此选择合适的投资策略为客户建立投资组合。其中，投资目标与考核方式的确定，是资管机构对客户需求认知度的体现，也是执行后续投资管理环节的起点。

资管机构按照与客户商定的投资方案，围绕客户投资目标开展资管活动。基于客户的投资目标和风险偏好，资管机构进行大类资产配置，并在此基础上结合针对具体金融工具（包括但不限于股票、债券、私募股权、非标债权、结构化产品、公募基金、私募基金、FOF、商品、股票价格指数期货、期权、外汇衍生品等）的深入研究，同时考虑各资产之间的相关性、期限、流动性等要素，构建匹配客户个性化投资目标的投资组合。只要市场运行和波动范围未超出与客户约定的范围，资管机构就代客户全权决策。在坚守为客户制订的长期战略性资产配置方案的基础上，资管机构在日常管理中还将根据其对宏观市场、中观行业和特定主题的研判，针对战术性投资机会为客户动态调整战术性资产配置，从而在长期内更好地实现投资目标。

全权委托服务的最后一个环节是定期检视投资业绩。投资业绩检视既是资管机构向客户展示汇报投资业绩的过程，也是资管机构与客户互动交流，引导和影响客户的过程。在投资业绩检视过程中，资管机构还能进一步发现业绩表现与客户实际期望之间的差异，从而优化投资方案，使其更贴近客户需求。

在上述体系化流程的支持下，全权委托服务可以形成有效的闭环，从而提升客户体验和客户黏性，帮助资管机构与客户在长期的投资合作中实现共赢。

全权委托模式的特点及意义

全权委托模式具有五个方面的特点。

一是个性化、定制化属性强。与公募基金等标准化资管产品相比，全权委托模式下的产品最突出的特点在于定制化属性强。在国内市场，公募基金等资管产品同质化明显，投资业绩的贝塔属性强、周期性特点突出，客户的获得感和投资体验难以改善，长期面临“基金管理人赚钱、投资者不赚钱”的困局。全权委托模式下产品可以通过更好地绑定资管机构和投资者利益，充分发挥投资组合的定制化属性，使资管机构真正重视投资者的需求和目标，从而应对和解决这一问题。因此，基于定制化、专属化和个性化的特点，全权委托模式在服务（超）高净值客群、单一家族办公室等领域可能得到广泛应用。

二是管理规模容量大。从资管机构管理能力的角度看，全权委托模式通常采取自上而下和自下而上相结合的投资体系，从大类资产配置出发，到下层投资策略和投资标的的选择，可以支持较大的资管规模。从服务对象和客户投资需求角度看，全权委托模式主要为（超）高净值客群服务，目标客群投资规模较大。以瑞信为例，2021 年末其全权委托投资业务资管规模为 2 948 亿瑞郎，占其总资管规模的比例达 18.3%。

三是投资期限长。全权委托模式以为客户创造价值为核心，在服务结果上可以帮助客户拉长投资期限，引导实现长期投资。在全权委托模式下，专业的投资管理人对业绩表现负责，在成熟投资框架或投资纪律下生成投资决策，可以更好地保障理性决策，避免“追涨杀跌”的行为，从而在中长期内实现超越投资目标或业绩比较基准的回报。当市场剧烈波动时，投资管理人则会持续与客户沟通，引导和稳定客户资金和投资预期。因此，相比客户自行决策，全权委托模式有助于引导客户理性投资、长期投资。

四是私密性强。在海外实践中，全权委托模式通常以为客户建立专户的方式来提供服务，客户的投资要求、组合信息等仅向客户披露，具有很强的私密性。结合境内的法规和产品体系看，单一资管计划也可以实现专属化的投资管理服务，在投资管理的流程中对客户相关的信息按合规要求进行严格保护，保障全权委托的私密性。

五是可拓展性强。全权委托模式还可承载投资以外的其他需求，如财富传承、慈善捐赠等。例如，将全权委托投资与家族信托等法律工具相结合，将有助于满足高净值客户个人及家族跨代际的综合化财富管理需求，可以探索实现单纯投资管理、财富保值增值之外的多元化目标，如财务规划、税收规划、财富传承、慈善捐赠等。

全权委托模式的价值和意义

全权委托模式既可以为投资者创造服务价值、改善提升其投资体验，也可以稳定、平滑资管机构资管规模和收入，这对资管机构和投资者是一种实现双赢的合作模式。

1. 全权委托模式对客户的价值

全权委托模式的本质就是为客户节约时间，解决理财、投资的困扰，让客户可以聚焦主业，实现时间、精力的优化配置。在全权委托模式下，高净值客户不再需要为具体投资决策、产品选择、资产到期再投资等投资交易细节操心，可以节约宝贵的时间。

全权委托模式的定制化属性强，为（超）高净值客群量体裁衣，提升客户体验。标准化与同质化的资管产品难以有效满足（超）高净值客户多样化的资管需求。全权委托模式从深入了解客户入手，基于对客户的投资目标、风险承受能力、流动性要求、投资期限、策略偏好等方面的深入了解，制订个性化的资产配置和投资策略方案。因此，全权委托模式不仅可以为客户提供更符合其个性化需求的投资产品，也能在投资收益和业绩表现上更符合客户预期，这将减少客户投资与风险承受能力不匹配的风险，帮助客户更容易地实现长期投资，并可能提升其长期投资的收益风险比。

全权委托模式还可以有效减少委托人和投资管理人的利益冲突，实现正向激励，解决委托代理问题。长期以来，国内资管机构与投资者的潜在利益冲突难以有效解决。在全权委托模式下，资管机构与投资者按约定的投资目标制定业绩基准，并设立业绩报酬驱动的费率模式，可以引导资管机构和投资者的利益趋向一致。在合理的激励模式下，资管机构有动力为投资者创造更优的投资收益。

2. 全权委托模式对资管机构的意义

对于资管机构而言，全权委托模式可以创造服务闭环，增强客户黏性，有利于客户的长期经营。如前文所述，全权委托模式可以实现从深入了解客户到定期检视投资业绩的闭环，并在长期服务合作过程中逐步加深对客户需求的深入认知，使服务能力在迭代升级过程中更加符合客户需求，从而提升客户体验。全权委托模式下的服务闭环所带来的客户与资管机构之间的长期信任关系，有利于提升客户忠诚度和黏性。

全权委托模式可以稳定资管规模、平滑收入，对促进资管机构中长期发展意义重大。个性化、定制化的全权委托服务可以更好地满足（超）高净值客群的投资需求，引导客户进行中长期投资，从而有利于锁定客户资金。同时，在全权委托模式下，客户按资管规模和业绩表现付费，费用不会随交易数量或市场情况剧烈波动，有利于资管机构平稳其业务收入。

此外，全权委托模式可以加强内外部竞争，促进资管机构管理能力和水平的提升。一方面，全权委托模式依赖于主动投研能力的建立，全权委托业务发展所带动的主动投研能力的提升，可对资管机构其他各项业务产生协同效应和溢出效应，在资产配置、产品选择、业务布局等方面带动业务发展。另一方面，主动管理的全权委托产品可与外部产品形成充分竞争，对外部产品起到筛选和淘汰的作用，促进资管机构向客户提供的产品与服务的全面升级。

机构发展全权委托业务所需的能力

作为连接财富管理和资管的一种服务模式，全权委托业务不仅要求资管机构具有成体系的主动投研架构与能力，还要求资管机构具有客户画像能力、风险管理能力和创新能力。

1. 主动投研能力

在全权委托业务中，资管机构最重要的是取得让客户满意的投资收益，主动投研能力是达成这一目标的重中之重。但在主动投研能力的侧重点上，全权委托业务的要求，与目前境内以公募基金为代表的资管机构买方存在不同。

首先，全权委托业务更重视资产配置能力。海外研究已经证明，资产配置可以解释和影响长期投资业绩的90%。在客户追求中长期绝对收益时，建立稳定、体系化的资产配置能力至关重要。在这个方面，海外的资管机构或私人银行已经发展形成了流程完善、框架全面的资产配置投研体系，并在全球不同国家、各大类资产上运行多年，其经验值得境内资管机构学习和借鉴。

其次，在标的资产的选择上，应结合自身禀赋，聚焦优势领域构建投研团队。在资产配置之外，某些领域的投研优势可以为全权委托业务提供阿尔法收益，这可以为投资组合提供安全垫，降低组合波动性，从而提升客户体验。同时，部分领域的研究优势，也有助于资管机构形成市场口碑和获取客户。

最后，全权委托业务并不局限于自身管理的策略和产品，对其他外部投资管理人的研究和产品选择能力也很重视。全权委托业务以为客户实现更好的投资业绩为核心目标，若外部投资管理人在具体的投资工具或投资策略上具有显著优势，则全权委托管理人可以将其投资工具或投资策略纳入投资组合。

2. 客户画像能力

如前文所述，准确的客户画像对全权委托业务非常重要。这要求资管机构或财富管理机构具有专业水平和能力素养较高的销售团队，建立规范化服务流程、客户分类与回访机制等内部培训与制度流程以有效规范销售活动，并通过内部培训、投资者教育等方式不断提升客户投资能力。此外，基于客户意见的反馈和全权委托投资组合的业绩检视，资管机构应根据情况调整投资方案或小幅修正投资策略，真正做到围绕客户需求不断迭代优化自身的投资管理能力。

3. 风险管理能力

与主动投资相匹配，全权委托业务还需要建立专业的风险管理能力。专业的风险管理不是简单地对投资行为进行监督或禁止，更重要的是通过投资业绩回顾，促进投资行为的不断改进。风险管理在确保客户要求的底线风险得到控制的基础上，需要在分析投资收益来源、监督落实资产配置方案、帮助投资团队理解过往操作和改进投资策略上体现价值。

4. 创新能力

做好全权委托业务需要具有较强的创新能力。全权委托需要全面围绕客户需求开展业务，资管机构应在投资策略创新、产品创新和业务模式创新等方面扩大服务能力边界，持续探索提供更好的产品。例如，随着多层次资本市场的改革和发展，北交所、期权等不断涌现的新型可投资市场基础设施或投资工具可以为客户的投资组合带来新的价值，资管机构应重视和把握这些创新机会。外资资管机构可以借鉴海外母公司经验，指导推动自身创新。

未来展望

随着中国不断深化改革、坚持扩大开放，资本市场制度建设不断完善，市场基础设施和投资工具创新层出不穷，近几年中国资产的吸引力不断提升，中国市场与国际市场不断接轨，中国市场的广泛需求和勃勃生机持续吸引各类外资资管机构参与中国资管行业的发展和竞争。在市场前景上，中国居民财富再配置的长期机会为各种类型的资管机构和财富管理机构提供了良好的发展空间。基于对中国资本市场和投资需求的长期看好，外资资管机构将持续进入中国市场。在业务模式上，外资资管机构的进入将为中国资管行业引入更多创新。其中，全权委托模式作为融合财富管理和资管的服务模式，可能在境内市场发挥更大作用。

资管新规推动资管行业向主动投资转型

2018 年以来，在国务院金融稳定发展委员会、中国人民银行、银保监会和证监会的带领下，资管新规及其细则迅速落地，为资管行业公平竞争、中长期有序发展奠定了基础。经过 3 年多的发展和改革，资管行业正本清源，基本实现了净值化、规范化转型，中国资管行业总资管规模在短暂停滞后，再次迎来快速增长。

在本质上，资管新规的落地是一次供给侧结构性改革，对资管行业产品与服务的质量提出了更高的要求。资管新规通过清退具有隐性风险的影子银行业务，有效发挥公平的市场化竞争机制，引导资管行业和机构提升主动投研能力和创新能力，优化中国存量财富的资产配置结构，在长期内支持经济高质量发展。

规范统一的监管为资管行业持续发展创造了良好的制度环境。随着资管行业逐步清退保本保收益的产品，投资者不能再继续选择表面无风险、不承担市场波动风险的资管产品，各类资管机构也将面临公平的竞争环境。资管行业要想进一步发展扩大，还需要围绕以投资管理服务为核心的本源开展业务，为投资者创造价值。

长期来看，资管行业的发展和竞争都将围绕净值型产品展开，而投研能力将成为资管机构的核心竞争力。因此，财富管理机构和资管机构均应主动适应净值型产品构成的新业态，通过提升自身投研能力，发展具有竞争力的投资管理服务能力或资管产品体系。

在前文所述的资管机构业务模式分类中，我们介绍了贝塔工厂、阿尔法专营店、分销仓库和解决方案提供商等资管机构业务模式。在发展自身投研能力之外，资管机构也可以根据其资源禀赋、目标客群需求等因素，选择适合自身的发展战略，并有侧重点地培育特定方向的投研能力。举例而言，对于贝塔工厂，产品研发创新能力至关重要；对于阿尔法专营店，投资标的研究、主动投资管理能力则更加重要。

全权委托模式发展前景广阔

在难得的发展机遇面前，资管行业在服务模式和产品形式上还有待完善。在中国资管行业客群日渐分化的大背景下，多元化、定制化投资需求难以被同质化、普适性的资管产品充分满足，学习参考海外先进经验，探索发展全权委托模式正当其时。

全权委托模式在发达经济体和发展中经济体的渗透率有较大差异，在发展中经济体还有很大的提升空间。海外数据显示，截至 2018 年，欧美地区私人银行客户资管规模中 40% ～ 50% 通过全权委托模式进行管理；而在亚太地区，全权委托模式的渗透率刚超过 10%。这既说明全权委托模式是发达经济体的成熟客群所习惯和偏好的业务模式，也说明其在发展中经济体还有较大的发展潜力值得挖掘。

作为在境内市场方兴未艾的新兴业务模式，全权委托模式的长期发展空间巨大，发展前景广阔。全权委托模式是财富管理和资管形成良性融合的业务模式，可以很好地同时满足产品供给需求和客户需求，可能是未来国内最具发展潜力的业务模式之一。

从需求端看，全权委托模式可以帮助客户获得更符合其自身期望和风险承受能力的投资结果。在多年习惯于保本保收益产品后，中国居民可能需要一定时间来适应资管产品的净值化转型。在此过程中，财富管理机构或资管机构应充分考虑投资者教育，协助客户加深对净值化投资的认知，围绕客户需求提供产品和服务。市场上的存量资管产品普遍存在投资方案标准化、策略同质化、服务单一化的问题，难以帮助客户认清其投资目标和风险承受能力。全权委托模式更注重从客户需求出发构建投资组合，在持续管理过程中通过客户服务和投资业绩检视的互动来深化客户认知，并达到投资者教育的目的，从而使客户体验不断改进。

从供给端看，全权委托模式可以助力部分资管机构或财富管理机构适应净值化新时代的发展方式，实现业务转型升级。随着资管新规的落地，各类机构正在积极向主动管理转型，这导致资管行业竞争加剧，“赢者通吃”的特点逐渐显现。在资管行业转型过程中，许多资管机构或财富管理机构的产品供给能力成为短板。打造差异化、有特色的投资管理能力是破局发展困境的关键，而全权委托模式可以帮助各类机构形成适合自身客群的产品体系，助力转型升级。全权委托模式在业务上呈现以服务带投资的特点，资管机构可以聚焦优先建立或强化自身核心客群所关注的投资策略或投资能力，从而有效增强客户黏性，为业务转型升级打好基础。此外，全权委托模式也支持各类机构根据自身资源禀赋，通过差异化的投资策略开展竞争，最终丰富中国资管行业的产品供给，改善过度同质化的局面。

全权委托模式融合财富管理和资管的特色，具有定制化属性强、资金规模容量大、私密性强等特点，可以支持引导客户长期投资、理性投资，是满足（超）高净值客群多元化、个性化投资需求的有效工具，也将助力资管行业实现以客户需求为本的高质量发展。

第三部分

海外及
中国香港地区
资管篇

/ 第 15 章 /

美国资管：全面复苏的市场

2021 年是美国资管行业全面复苏的一年。一方面，2021 年新冠肺炎疫情对美国金融市场的冲击相对有限，美国金融市场资金流动状况恢复正常，部分资管产品资金流入录得历史新高。另一方面，2021 年美国全年 GDP 增速高达 5.7%，尽管这一数值建立在 2020 年基期数值较低的基础上，但是强劲的经济复苏态势仍然有助于恢复投资者的信心和盈利预期，为美国资管市场的复苏打下了基础。

2021 年道琼斯指数的涨幅为 18.72%，标准普尔 500 指数的涨幅为 26.89%，纳斯达克综合指数的涨幅为 21.38%，三大股票价格指数的优异表现助推权益类产品持续吸引资金流入。但是，通货膨胀率高企的预期以及投资者抛售政府债券等因素使美国债券市场表现不佳，固收类产品的资金加速流出。总体而言，受益于资金的稳定流入和赎回压力的降低，2021 年美国共同基金取得了资管规模和数量的双增长。ETF 延续了近年来的快速增长态势，资金流入规模录得历史新高，但是行业竞争态势进一步加剧。高经济增速和低利率市场环境共同驱动美国另类资管产品规模的增长，风险投资、私募股权基金和对冲基金在 2021 年均取得了较快的增长，但是从长期来看，另类资管产品规模的增速仍将回归中枢水平。

共同基金：资管规模稳步上升，行业费率持续下降

资管规模稳步上升

共同基金仍然是美国资管市场规模最大的产品，2021 年资管规模稳步上升。根据美国投资公司协会的统计，2021 年美国市场共同基金的数量为 9 027 只，而资管规模达到 27 万亿美元，无论是数量还是资管规模，相比 2020 年都有所上升（如表 15-1 所示）。从数量来看，2021 年新冠肺炎疫情对美国金融市场的冲击较为有限，使许多小型共同基金的赎回压力大幅下降，在股票市场优异表现的加持下，新成立共同基金的数量进一步增加，使美国共同基金数量有所上升。从资管规模来看，共同基金延续了稳步增长的趋势，长期稳定的资金流入使其资管规模持续上升，2021 年美国共同基金资金净流入 3 630 亿美元。自 2019 年以来，货币市场共同基金是美国吸引资金流入最多的一类共同基金，2021 年货币市场共同基金的资金净流入为 4 220 亿美元，相比之下，其余类型的共同基金的资金净流出合计为 590 亿元。这一资金流动状况一方面与货币市场共同基金较低的费率有关，2019—2021 年，货币市场共同基金的平均费率分别为 0.24%、0.21% 和 0.12%，远低于权益类共同基金和混合型共同基金，并且其费率仍有继续下降的趋势。另一方面，2020 年暴发的新冠肺炎疫情使部分投资者的流动性需求增加，进而进行了资产组合调整，从而使货币市场共同基金的资金流入上升。

表 15-1　2016—2021 年美国共同基金数量和资管规模的变化

时间	数量（只）	资管规模（10 亿美元）
2016 年	9 505	16 353
2017 年	9 354	18 764
2018 年	9 599	17 707
2019 年	9 105	19 569
2020 年	8 669	24 200
2021 年	9 027	27 000

资料来源：美国投资公司协会。

家庭部门是持有共同基金的主力军，共同基金长期相对稳定的投资收益是其吸引家庭部门投资的重要原因。2021 年共有约 5 900 万户美国家庭持有共同基金，而持有共同基金的投资者数量则达到 1.026 亿人。家庭部门持有美国共同基金 89% 的份额，而家庭部门持有共同基金以退休养老、教育投资等长期金融目标为主，共同基金长期以来相对稳定的投资收益为实现这些长期金融目标提供了基础。从共同基金的投资标的来看，55% 的共同基金投向了权益市场，另有 21% 和 18% 的共同基金投向了固收市场和货币市场，其余份额则为混合型共同基金，美国股票市场长期以来的优异表现是共同基金能够实现稳定投资收益的重要原因。

行业费率持续下降

2021 年，美国各类共同基金的费率继续下降。在日益激烈的行业内部竞争以及外部 ETF 产品冲击等因素的作用下，美国共同基金的费率在过去数年中经历了持续的下滑（如图 15-1 所示）。以规模最大的权益类共同基金为例，1996—2021 年，美国权益类共同基金的平均费率由 1.04% 下降至 0.47%。一方面，行业竞争促使共同基金的费率下降，头部共同基金具备市场竞争优势，资管规模较大，进一步形成规模经济效应，这使其能够进一步降低费率来吸引资金流入。另一方面，近年来美国资管市场 ETF 的资管规模迅速扩张，其低费率优势吸引了大量的资金流入。2021 年权益类 ETF 的平均费率为 0.16%，而 ETF 行业巨头贝莱德和先锋领航 2 只权益类核心产品的费率仅为 0.03%，远低于权益类共同基金的费率。因此，在外部压力的作用下，美国共同基金的费率不断下降。

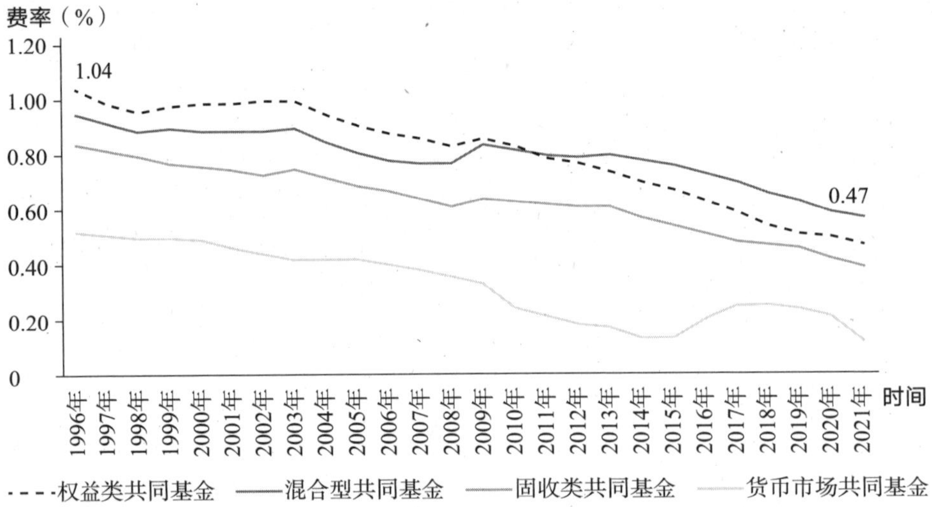

图 15-1　1996—2021 年美国共同基金费率的变化趋势

资料来源：美国投资公司协会、晨星。

ETF：资金流入达到历史新高，行业格局分化明显

资管规模和数量显著增长

2021 年美国 ETF 资管规模和数量显著增长，延续了近年来快速增长的势

头，资金进一步向头部产品集中。截至 2021 年末，美国 ETF 市场资管规模达到 7.07 万亿美元，相较于 2020 年末的 5.32 万亿美元大幅增长（如图 15-2 所示）。2019—2021 年，美国 ETF 市场资管规模的增幅分别为 30.51%、23.06% 和 33.07%，凸显了 ETF 对于投资者的巨大吸引力。在数量方面，截至 2021 年末，美国 ETF 市场共拥有 2 628 只 ETF，2019—2021 年，美国 ETF 市场 ETF 数量的增幅分别为 5.87%、5.88% 和 17.64%。美国 ETF 市场资金仍然向头部产品集中，推动了美国 ETF 市场行业格局的分化。

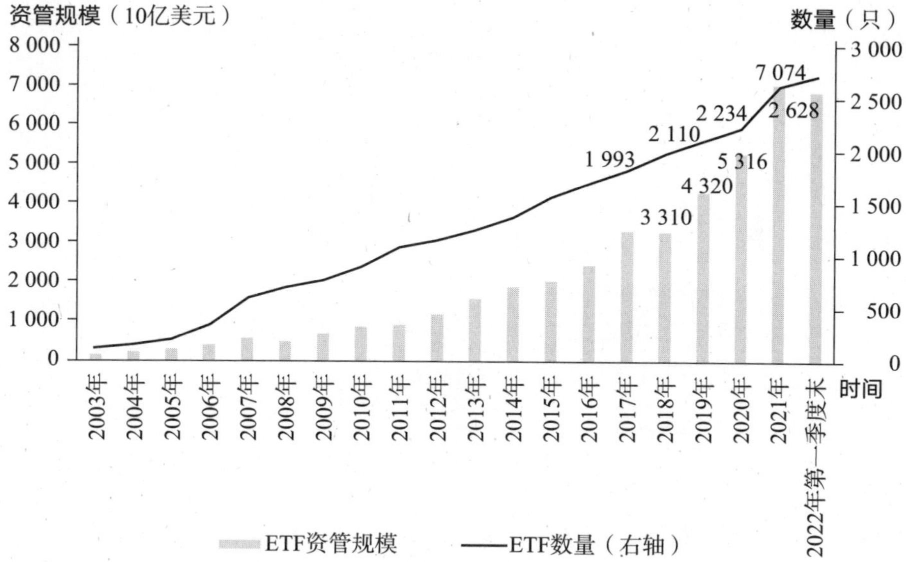

图 15-2　2003 年至 2022 年第一季度末美国 ETF 资管规模和数量的变化

资料来源：ETFGI。

从全球视角来看，美国一直是全球最大的 ETF 市场，特别是在资管规模方面，占据明显优势。自 2007 年以来，美国 ETF 数量在全球 ETF 市场中的占比不断下降，特别是从 2018 年开始，随着全球 ETF 发行量的显著上升，美国 ETF 数量的占比仅维持在 30% 左右。但是从资管规模来看，美国 ETF 的占比始终维持在 70% 左右，2021 年全球 ETF 资管规模为 10.02 万亿美元，美国 ETF 的占比为 70.59%（如图 15-3 所示）。另外，美国 ETF 市场的平均资管规模远高于全球 ETF 市场的平均值。以 2021 年为例，美国单只 ETF 的平均资管规模为 26.92 亿美元，而全球单只 ETF 的平均资管规模为 11.72 亿美元。这表明相比全球 ETF 市场，美国 ETF 市场的行业竞争更加激烈，中小型 ETF 的生存空间相对有限。

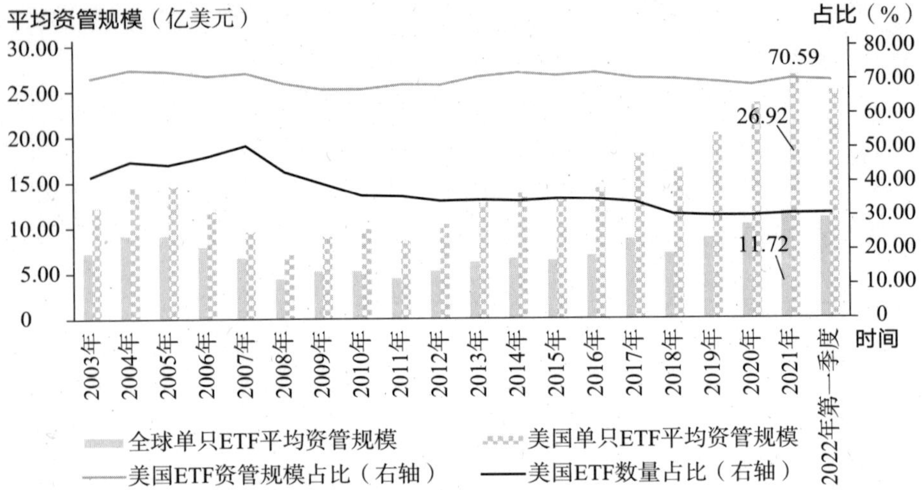

图 15-3　2003 年至 2022 年第一季度末美国与全球 ETF 市场特征对比

资料来源：ETFGI，课题组整理。

资金流动状况和行业竞争格局

2021 年美国 ETF 市场行业竞争格局的分化在基金发行人的资管规模和资金净流入方面表现得更加明显。2021 年，美国 ETF 市场资金净流入总额高达 9 000 亿美元，远超 2020 年的 5 074 亿美元，为历史最高值。在所有的基金发行人中，排名前 3 的贝莱德、先锋领航和道富环球的资管规模为 5.67 万亿美元，占美国 ETF 市场资管规模的 80.20%，而前十大基金发行人的资管规模为 6.75 万亿美元，占美国 ETF 市场资管规模的 95.47%（如表 15-2 所示）。在资金净流入方面，前三大基金发行人 2021 年资金净流入 6 277.98 亿美元，占美国 ETF 市场资金净流入的 69.75%，前十大基金发行人 2021 年资金净流入

7 947.40 亿美元，占美国 ETF 市场资金净流入的 88.30%。相比大型和头部基金发行人，中小基金发行人无论在资管规模还是吸引资金流入方面均处于明显劣势，行业竞争的马太效应十分明显，“赢者通吃”进一步挤压中小基金发行人的生存空间。

表 15-2　2021 年美国 ETF 市场前十大基金发行人的资管规模和资金净流入状况

基金发行人	管理规模（百万美元）	资金净流入量（百万美元）
贝莱德	2 474 779.27	208 799.23
先锋领航	2 084 417.92	325 713.99
道富环球	1 108 645.11	93 285.23
景顺投资	409 543.94	54 021.00
嘉信理财	271 843.28	39 661.50
第一信托（First Trust）	149 590.87	24 840.90
摩根大通	72 080.98	23 043.70
ProShares	70 951.56	12 120.47
VanEck	61 701.10	8 321.71
WisdomTree	48 064.66	4 931.91

资料来源：慧甚、ETF.com。

行业竞争不仅体现在大中小基金发行人之间，还体现在头部基金发行人之间，在基金产品的资金净流入方面，头部基金发行人之间的竞争同样激烈。具体而言，如表 15-3 所示，2021 年美国 ETF 行业资金净流入量排名前 10 的基金中，先锋领航占据了 6 个席位，基金数量与 2020 年保持一致，这凸显了先锋领航的基金产品近年来对于美国投资者的巨大吸引力。先锋领航旗下的 Vanguard S&P 500 ETF 和 Vanguard Total Stock Market ETF 占据了 2021 年资金流入量的前 2 名，分别录得 465.60 亿美元和 440.88 亿美元的资金净流入，这使得这 2 只基金的资管规模分别达到 2 810.38 亿美元和 2 999.87 亿美元。此外，贝莱德、道富环球和景顺投资也均有产品进入该榜单，行业排名前 4 的基金发行人占据了该榜单的所有名额，这 10 只 ETF 全年共吸引资金净流入 2 518.59 亿美元，占据了整个行业资金净流入的 27.98%。从资金净流入量排名前 10 的 ETF 的投资标的来看，仅有先锋领航旗下的 Vanguard Total Bond Market ETF 和 Vanguard Short-Term Bond ETF 为固收类 ETF，其余 8 只均为权益类 ETF，并且其中 6 只的投资标的均为美国股权，这与 2021 年美国股票市场的优异表现密不可分。

表 15-3　2021 年美国资金流入量排名前 10 的 ETF

基金名称	基金发行人	资金净流入量（百万美元）	资管规模（百万美元）
Vanguard S&P 500 ETF	先锋领航	46 559.92	281 038.26
Vanguard Total Stock Market ETF	先锋领航	44 087.72	299 986.78
SPDR S&P 500 ETF Trust	道富环球	35 209.53	455 030.93
iShares Core S&P 500 ETF	贝莱德	27 980.22	335 954.48
Invesco QQQ Trust	景顺投资	21 606.98	217 207.59
Vanguard Total Bond Market ETF	先锋领航	18 678.12	83 806.45
Vanguard FTSE Developed Markets ETF	先锋领航	15 328.37	110 084.01
Vanguard Value ETF	先锋领航	15 223.49	92 710.78
iShares Core MSCI EAFE ETF	贝莱德	13 773.91	104 557.27
Vanguard Short-Term Bond ETF	先锋领航	13 410.96	42 001.58

资料来源：慧甚、ETF.com。

如表 15-4 所示，在资金净流出量最大的 10 只 ETF 中，贝莱德成了最大输家，其旗下的 iShares 系列基金中有 7 只均处于 2021 年资金净流出量排名前 10 的榜单中，其中 iShares iBoxx USD Investment Grade Corporate Bond ETF 全年净流出 142.09 亿美元，成了 2021 年资金净流出量最大的 ETF。行业排名前 3 的另一家基金公司道富环球也有 2 只 ETF 进入该榜单。在资金净流出量排名前 10 的 ETF 中，固收类 ETF 占据了多数名额。2021 年通货膨胀率高企等因素使得美国债券市场的收益率持续下跌，直接导致固收类 ETF 的资金净流出量大幅增加。

表 15-4　2021 年美国资金净流出量排名前 10 的 ETF

基金名称	基金发行人	资金净流出量（百万美元）	资管规模（百万美元）
iShares iBoxx USD Investment Grade Corporate Bond ETF	贝莱德	14 209.24	38 802.29
SPDR Gold Trust	道富环球	10 776.62	56 265.34
iShares MSCI USA Min Vol Factor ETF	贝莱德	7 907.72	30 519.89
iShares iBoxx USD High Yield Corporate Bond ETF	贝莱德	4 779.70	20 965.66
iShares Short Treasury Bond ETF	贝莱德	4 760.09	13 057.64
iShares MSCI EAFE Min Vol Factor ETF	贝莱德	2 874.52	8 187.60
United States Oil Fund LP	美国商品基金（U.S. Commodity Funds）	2 853.33	2 415.34
SPDR Bloomberg High Yield Bond ETF	道富环球	2 625.17	9 884.11
iShares MSCI South Korea ETF	贝莱德	2 274.16	4 586.83
iShares Russell 1000 Growth ETF	贝莱德	2 087.62	79 684.13

资料来源：慧甚、ETF.com。

综合来看，美国 ETF 行业的激烈竞争格局同样体现在头部基金公司之间。截至 2022 年 4 月，贝莱德仍然是美国市场资管规模最大的 ETF 发行人，旗下拥有 397 只 ETF，平均费率为 0.31%，投资标的涵盖股权、固收类产品和大宗商品等主要方向。先锋领航则发行了 82 只 ETF，平均费率仅为 0.09%，投资标的以股权和固收类产品为主，其规模最大的产品 Vanguard Total Stock Market ETF 的费率仅为 0.03%，该产品在 2020 年录得 326.23 亿美元的资金净流入，排名行业第一，在 2021 年录得 440.88 亿美元的资金净流入，排名行业第二。道富环球旗下共有 140 只 ETF，平均费率为 0.27%，投资标的涵盖股权、固收类产品、大宗商品和另类资产等方向。近年来，先锋领航在吸引资金流入方面的能力明显超过另外 2 家头部基金公司，这与其产品的低费率密不可分。比如，同样以美国大盘股为投资标的，道富环球的核心产品 SPDR S&P 500 ETF Trust

的费率为 0.09%，而先锋领航的 Vanguard S&P 500 ETF 的费率仅为 0.03%，先锋领航所有产品的平均费率明显低于贝莱德和道富环球。

投资标的以股权为主

从投资标的的分布来看，2021 年以美国股权和国际股权为投资标的的 ETF 所录得的资金净流入大幅领先于其他产品（如表 15-5 所示）。其中，美国股权类 ETF 资金净流入 4 619.21 亿美元，国际股权类 ETF 资金净流入 2 107.01 亿美元，两者之和占 2021 年美国 ETF 市场资金流入的 74.73%。截至 2021 年末，美国股权类 ETF 的资管规模已经达到 4.39 万亿美元，而国际股权类 ETF 的资管规模则达到 1.30 万亿美元。2021 年，除了大宗商品 ETF 外，其他资产类别的 ETF 均为资金净流入，这说明 ETF 产品对于美国投资者的吸引力仍在进一步增强。

表 15-5　2021 年美国 ETF 资金净流入状况及资管规模（按投资标的分类）

投资标的	资金净流入量（百万美元）	资管规模（百万美元）
美国股权	461 921.12	4 393 360.92
国际股权	210 700.74	1 295 840.03
美国固收类产品	175 287.83	1 115 866.08
国际固收类产品	34 402.36	151 706.40
大宗商品	−4 207.33	135 116.93
货币	1 760.53	3 311.06
杠杆基金	5 414.20	77 086.29
反向 ETF	5 571.92	11 374.22
资产配置	6 023.95	20 888.76
另类资产	3 140.46	6 908.75
合计	900 015.78	7 211 459.44

资料来源：慧甚、ETF.com。

另类资管：在高经济增速和低利率市场环境的驱动下，资管规模呈历史性增长

另类资管的总体概况

2021 年，美国另类资产的规模实现了金融危机后最快的增长。新冠肺炎疫情带来的冲击在很大程度上被有利的宏观环境抵消。一方面，低利率市场环境驱动融资端的配置需求高速增长。另一方面，强劲的经济基本面提升了投资端的预期收益。截至 2021 年第三季度末，美国私募基金资管总规模达到 18.11 万亿美元，同比增长 19.09%；净资产规模 12.00 万亿美元，同比增长 19.04%；私募基金数量合计达到 37 338 只，同比增长 6.71%（如图 15-4 所示）。值得关注的是，从 2021 年第三季度开始，另类资产的规模增长出现了边际放缓的迹象，各细分类别环比增速均存在不同程度的下滑，长期来看其增速将逐步回归中枢水平。

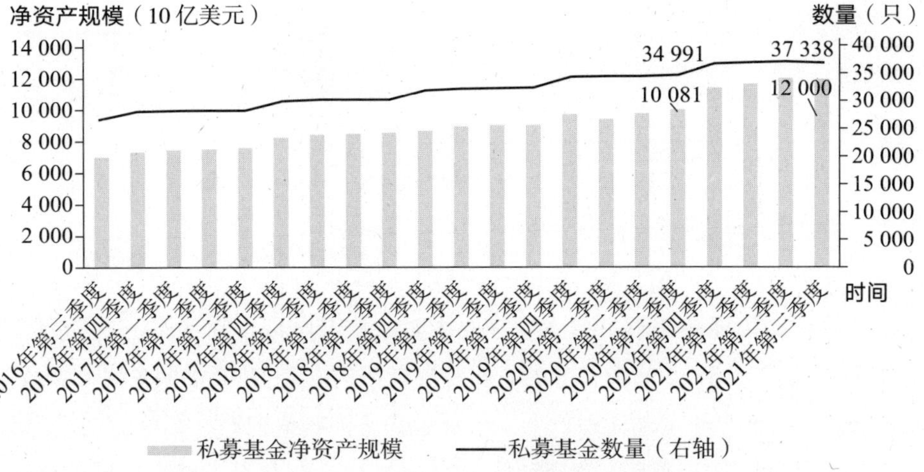

图 15-4　2016 年第三季度至 2021 年第三季度美国私募基金净资产规模和数量

资料来源：美国证券交易委员会（以下简称“美国证交会”）。

另类资产各细分领域的规模增速均达到了阶段性新高，风险投资基金、私募股权基金和对冲基金的增速领跑（如表 15-6 所示）。其中，私募股权基金净资产规模同比增长 26.53%，对冲基金净资产规模同比增长 18.86%，两者共同奠定了另类资产整体高增长的基础。除此之外，风险投资基金实现了 49.31% 的同比增速，投融资活跃度达到了历史较高水平。值得关注的是，在拜登政府围绕可再生能源制定的一系列政策的引导下，基础设施投资和自然资源投资成为另类资产投资中的热点领域，其波动性低、收益稳定和抗通货膨胀属性使其获得投资者的青睐。

表 15-6　2020 年第三季度和 2021 年第三季度美国另类资产净资产规模及同比增速

另类资产细分领域	净资产规模（10 亿美元）		同比增速（%）
	2021 年第三季度	2020 年第三季度	
对冲基金	5 111	4 300	18.86
私募股权基金	4 269	3 374	26.53
其他私募基金	1 273	1 229	3.58
资产证券化基金	215	204	5.39
房地产基金	615	507	21.30
清偿基金	302	323	-6.50
风险投资基金	215	144	49.31
合计	12 000	10 081	19.04

注：按照美国证交会口径，私募债权基金被归为“其他私募基金”类别。

资料来源：美国证交会。

从投资者的视角来看，另类资产的主要投资者维持了对另类资产的稳定配置（如表 15-7 所示）。另类资产的主要投资者包括以 FOF 形式存在的私募基金、州 / 市政府及企业养老金计划、个人投资者和非营利组织等。截至 2021 年第三季度末，上述投资者持有比例合计稳定在 60% 以上，是另类资产规模持续增长的重要驱动力。2017—2021 年，主权财富基金、个人投资者和保险公司持续稳定地增加对另类资产的配置，持有比例呈现逐年上升的态势。

表 15-7　2017 年至 2021 年第三季度另类资产的投资者持有比例及变化

另类资产细分领域	投资者持有比例（%）				
	2017 年	2018 年	2019 年	2020 年	2021 年前 3 季度
私募基金	17.9	17.4	17.1	17.8	17.8
州 / 市政府养老金计划	13.9	14.1	13.7	13.3	13.2
企业养老金计划	12.5	12.0	11.9	10.9	10.5
非营利组织	10.2	9.8	10.2	9.9	10.1
美国本土个人投资者	9.8	9.7	9.8	10.1	10.1
主权财富基金	6.2	6.4	6.7	7.0	7.1
保险公司	4.2	4.6	4.7	4.8	4.9
银行 / 储蓄机构	1.9	1.9	1.9	1.5	1.6
非美国本土个人投资者	2.3	2.4	2.3	2.6	3.2
其他	21.1	21.7	21.7	22.1	21.5
合计	100.0	100.0	100.0	100.0	100.0

资料来源：美国证交会。

在新冠肺炎疫情背景下，虽然近年来美国另类资管行业受到一定的扰动，但是其长期增速仍将回归中枢水平。2020 年新冠肺炎疫情暴发后，另类资产规模增长受到较大冲击，整体规模增速降低至 2015—2019 年平均增速以下。但是到 2021 年，美国经济持续复苏并逐步进入高通货膨胀阶段，叠加利率仍处于历史低位，导致美国另类资产达到创纪录的高增速水平。总体来看，美国市场对另类资产的配置需求仍然强劲。根据另类资产研究机构 Preqin 的估计，2022—2026 年北美地区另类资产的规模仍可以维持约 12.4% 的年化增速。

私募股权基金：投融资端高度活跃

私募股权基金在投资端和融资端均实现大幅增长，但是长期增速仍将回归中枢水平，私募股权基金在新冠肺炎疫情后的持续稳定增长体现了其较强的适应能力和创新能力。2021 年对于美国私募股权基金而言是收获颇丰的一年：融资端的大量配置需求、投资端较多的投资机会，以及股票二级市场持续活跃和退出途径的顺畅，共同推动了私募股权基金的快速增长。私募股权基金的募资活动达到了 2008 年美国金融危机以来的最高峰，其交易活跃度也达到历史最高水平。彭博数据显示，2021 年第一季度美国私募股权投资机构 KKR 集团的融资规模达 590 亿美元，凯雷投资集团则通过其旗舰基金融资 270 亿美元，两者均达到单季度融资的创纪录水平。从融资规模来看，私募股权基金投资项目数量也达到历史高位，私募股权基金通过构建财团的方式参与传统上主要由大型上市公司和主权财富基金主导的大型并购项目。

随着加息周期的开启和政策面的收紧，私募股权基金数量和规模增速已经呈现边际放缓的趋势。Preqin 数据显示，截至 2021 年第三季度末，私募股权基金已经呈现一定的降温迹象，结束募资基金的数量和累计募资规模较 2021 年第二季度均存在 50% ~ 60% 的环比降幅。此外，私募股权基金数量和规模的迅速增长正在引起美国政策制定者的关注和讨论，美国政策制定者采取了限制高杠杆并购项目、降低或者取消针对基金管理人的部分税收减免等措施。但是从长期来看，由于私募股权基金的总体规模仍然只占全部权益市场规模的 4.1%，并且私募股权资产的预期收益率显著高于公开市场资产，私募股权基金仍显示出巨大的增长空间。

私募股权投资领域呈现三大趋势。首先，在融资端，零售市场的地位获得空前重视。头部机构越发重视零售市场，积极争取高净值零售客户的资金。传统上，另类资产的投资者主要为养老金计划、大学基金会、主权财富基金等机构投资者，但是个人投资者增持另类资产的速度仍明显高于行业整体增速。以 KKR 集团为例，截至 2021 年第二季度末，其管理的资产中，约 15% 的支付管理费的资管规模来自高净值零售客户，而黑石集团的这一比例已经达到 20%，且黑石集团预期长期内高净值零售客户支付管理费的资管规模将达到其业务规模的 50%。在低利率市场环境下，来自高净值零售客户的配置需求仍然强劲，相应地，配置于私募股权市场、房地产市场和债权市场的需求持续增长，而这些领域恰恰是头部另类资管机构的专长。渠道的下沉成为私募股权投资机构的重要关注点，黑石集团、KKR 集团、瑞银集团等行业主要参与者均显著增加了对高净值零售客户的投资，积极投资可投资资产为100万～500万美元的高净值零售客户和包括401（k）计划在内的养老金计划。尽管如此，美国监管机构的态度仍然是决定私募股权投资零售端拓展深度的主要变量，这主要是由于私募股权基金的高费率以及非公开交易市场的信息披露问题，均与面向公众的共同基金存在显著的差异。

其次，领先私募股权投资机构纷纷通过上市融资建立平台型机构。2021年，包括TPG、Blue Owl在内的数家美国领先的私募股权基金登陆二级市场，同时包括L Catterton在内的部分私募股权投资机构已经开始筹划上市事宜。私募股权投资机构上市不仅能为资金的募集提供多一重的保障，相对于通过私募渠道募集资金而言，还能使其拥有充足的流动性，为暂时无法上市的企业持续输血以渡过难关。从实践来看，上市的私募股权投资机构大多向多元化另类投资平台方向发展，以进一步巩固其行业领先地位。除了私募股权投资业务，上市的私募股权投资机构对债权投资、房地产投资、夹层投资、对冲基金和金融咨询等业务也均有涉猎，以减少单一的私募股权投资业务带来的股价波动风险。

最后，美国监管机构对于私募股权基金透明度的要求持续提升。在政策层面，美国监管政策对于另类投资的透明度提升进行了明确规定，未来将持续对行业产生影响。2022年2月10日，美国证交会通过了一项提案，要求对冲基金和私募股权基金向投资者提供季度报表，详细说明基金业绩、费用和支出，以及基金经理薪酬，同时还必须接受年度审计。这一监管规定大幅提升了对AIFs的监管力度，对于行业的规范化和透明化，以及加强投资者保护可能起到重要作用。

对冲基金：市场相对复苏，资金录得净流入

在业绩的驱动下，美国对冲基金在2021年录得了资金净流入，在2011—2020年的持续低迷后，对冲基金的发展迎来了较大幅度的反转。相对而言，宏观经济的不确定性和新冠病毒的持续变异等因素，使得应对市场的不确定性变得

空前重要，新冠肺炎疫情暴发以来稳健的收益使得对冲基金吸引了大量资金流入。在高收益和相对股票价格指数更低的波动率水平，以及投资者在通货膨胀上升时期加大另类资产的配置力度等因素的加持下，美国对冲基金在 2021 年出现过去 3 年来首次正资金净流入，合计资金净流入达到 490 亿美元。截至 2021 年第三季度，美国对冲基金净资产规模合计达到 5.1 万亿美元，同比增长 18.6%，同比增速达到过去 5 年来的高点（如图 15-5 所示）。

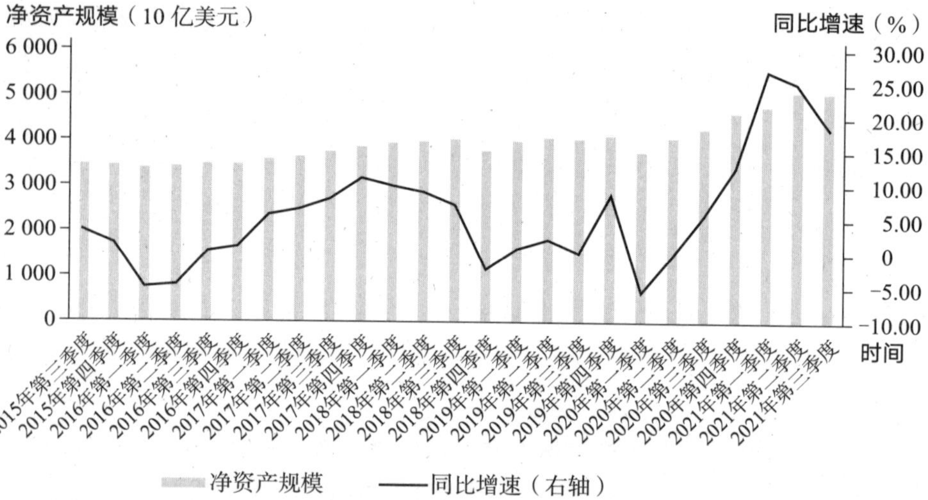

图 15-5　2015 年第三季度至 2021 年第三季度美国对冲基金净资产规模及同比增速

资料来源：美国证交会。

美国对冲基金相对稳健的业绩表现（如图 15-6 所示），是其在过去一年中重新获得资金流入的重要原因。从全球视角来看，美国对冲基金的业绩回报体现出明显优势，2021 年前 3 个季度的平均收益率达到 13.67%（年化收益率 18.62%），显著高于欧洲的 8.65%（年化收益率 11.69%）和亚太地区的 9.16%（年化收益率为 12.39%）。新冠肺炎疫情暴发以来，宏观冲击频发为观察对冲基金的风险收益特征提供了较好的观测窗口。总体来看，美国对冲基金整体的风险收益特征表现突出。2020 年全年美国对冲基金获得高于标准普尔 500 指数的收益率，同时年化收益率的标准差仅为股票价格指数的 50%。2021 年，美国对冲基金的总体收益率虽然有所下降，但是波动率仍然维持在低位，从收益风险比的角度来看仍然在相当程度上优于股票价格指数（如表 15-8 所示）。特别地，在市场明显回调的阶段，美国对冲基金体现出较好的适应能力，其回撤控制幅度明显优于单纯持有指数型基金。

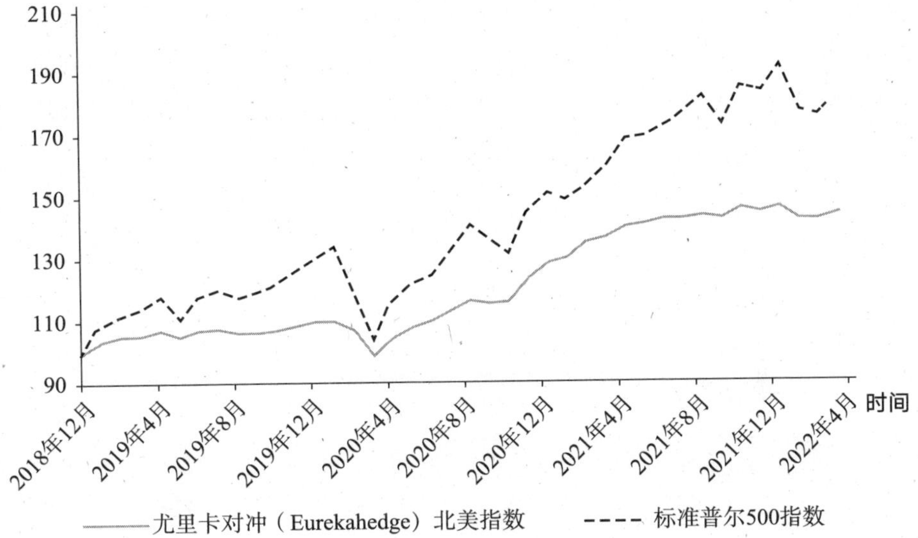

图 15-6　2018 年 12 月至 2022 年 4 月美国对冲基金的业绩表现

资料来源：尤里卡对冲（数据服务公司）。

表 15-8　2019—2021 年美国对冲基金收益和股票价格指数收益对比

对比项目	对冲基金 / 股票价格指数	2019 年	2020 年	2021 年
区间收益率	尤里卡对冲北美指数	9.88	16.76	14.01
	标准普尔 500 指数	29.97	16.26	26.89
年化收益率的标准差	尤里卡对冲北美指数	4.65	12.93	4.42
	标准普尔 500 指数	12.85	26.03	10.58

资料来源：尤里卡对冲。

分策略来看，不同对冲基金的策略在业绩表现和规模变化上均有所分化。从占比来看，股票多空策略、套利策略和宏观对冲策略为对冲基金最主流的三种投资策略，2020 年第二季度至 2021 年第二季度合计占比稳定在 60% 左右。从规模同比增速来看，股票多空策略对冲基金和事件驱动策略对冲基金的规模同比增速显著高于对冲基金整体规模同比增速，宏观对冲策略对冲基金和信用策略对冲基金的规模同比增速均超过 20%，均达到了 2017—2021 年的最高水平。从收益率表现来看，各策略之间体现出显著的分化特征，宏观对冲策略、事件驱动策略和股票多空策略整体的收益率表现高于行业中位数水平。总体来看，收益率表现和规模同比增速仍然体现出高相关性，例如规模同比增速表现最佳的事件驱动策略对冲基金和股票多空策略对冲基金，从 2019—2021 年年化收益率来看表现也最为突出（如表 15-9 所示）。

表 15-9　按投资策略分类的对冲基金的规模变动和收益率情况

策略分类	2021 年第二季度规模（10 亿美元）	2020 年第二季度规模（10 亿美元）	同比增速（%）	2021 年全年收益率（%）	2020—2021 年年化收益率（%）	2019—2021 年年化收益率（%）
股票多空策略	2 298	1 641	40.04	5.29	22.33	13.80
套利策略	1 031	983	4.88	7.37	9.66	6.54
宏观对冲策略	818	641	27.61	33.84	38.76	—
信用策略	448	358	25.14	7.00	7.50	6.74
事件驱动策略	452	281	60.85	14.97	20.73	12.88
其他	1 635	1 294	26.35	9.23	14.22	10.54
合计	6 682	5 198	28.55	—	—	—

资料来源：美国证交会、Preqin。

美国对冲基金逐步适应后疫情时代，投资者关系维护成为重点。由于线下的投资者沟通和尽职调查受到限制，投资者难以通过线下沟通理解基金管理人的投资理念和公司文化，因此增加了投资者方面的不确定性。在投资者对独特的、定制化的产品和服务的需求日益增加的背景下，投资者关系管理的重要性更加凸显。根据毕马威《2022 年全球对冲基金行业报告》，在 2021 年第三季度的调查中，有 72% 的对冲基金管理人认为有效的投资者关系管理有助于保存和增加管理规模；

大部分对冲基金管理人已经逐步适应这种转变，约 56% 的被调查对冲基金管理人认为线上沟通并不会带来明显的影响。在此背景下，大型对冲基金管理人主要受益于现有投资者的增持，而新成立的对冲基金在募资方面面临空前的困难。

美国对冲基金费率仍然过高，持续面临来自投资者的压力。在费率方面，对冲基金综合费率长期下滑的趋势仍在持续。实际上，根据对冲基金研究公司（HFR）的统计数据，2008—2020 年，虽然对冲基金的资管规模翻倍至近 3 万亿美元，但是其资管规模的上升并不是因为资金的净流入，而是因为累计收益增长带来的净资产增加。在股票价格指数处于上升通道的市场环境中，与收益率表现更佳、费率相对低廉的共同基金和 ETF 相比，费率较高的对冲基金始终面临规模和费率的双重压力。

从费率结构来看，固定费率的下降尤其显著，“2-20”收费模式已经逐步让位于“1.4-16”收费模式。HFR 的统计数据表明，截至 2021 年第二季度末，对冲基金的平均管理费率为 1.37% ～ 1.39%，激励费率为 16.35% ～ 16.40%，均已经达到历史最低水平。2021 年新成立的对冲基金中，平均管理费率是 1.16%，低于 2020 年全年的 1.24%。此外，毕马威 2021 年第三季度的调查显示，仍有 32% 的被调查对冲基金管理人面临显著下调管理费率的压力，约 17% 的对冲基金管理人指出其正在面临针对费用越来越详细的审查，16% 的对冲基金管理人反映客户要求在收费结构中增加激励费用的比重。在费率的设定方面，考虑到对冲基金投资策略的不透明度，投资者对于优化费率、提升基金管理人和投资者的利益一致性的诉求，是对冲基金管理人持续面临的重要问题。

风险投资：活跃度达到历史高点，资管巨头加速介入

美国风险投资的活跃度达到历史较高水平，近年来维持高速增长，2021 年美国风险投资的活跃度达到创纪录的水平。从增速来看，美国风险投资实现了持续的快速增长，并在 2021 年达到高点。从规模来看，2016 年第二季度至 2021 年第二季度，风险投资基金规模从 530 亿美元增长到 2 140 亿美元，年化增速

达到约 32%。从投融资活动来看，根据美国风险投资协会（NVCA）的统计数据，2021 年全年美国风险投资基金融资规模合计超过 1 000 亿美元，风险投资基金参与的首次公开募股（IPO）项目规模合计达到 5 000 亿美元，风险投资基金参与的并购项目退出规模合计达到 1 000 亿美元，均达到历史最高水平。

美国风险投资基金持续的高收益率在一定程度上驱动了其规模的快速增长。从投资收益率来看，风险投资基金在 2020 年第三季度末至 2021 年第三季度末平均获得 50.9% 的内部收益率，显著高于私募基金的平均水平 39.4%（如图 15-7 所示）。从 3 年以上的维度来看，风险投资基金的内部收益率仍然高于私募股权基金的平均水平。从投资方向来看，科技和新能源仍然是风险投资基金最关注的投资方向，风险投资基金尤其加大了对生物技术、医疗科技、金融科技和网络安全行业的投资力度，2021 年风险投资基金共发起了创纪录的 17 054 笔交易。值得关注的是，风险投资基金和私募股权基金面临同样的困境，低利率市场环境的终结和当前偏高的估值倍数，为风险投资基金未来数年的增长前景带来“隐忧”。

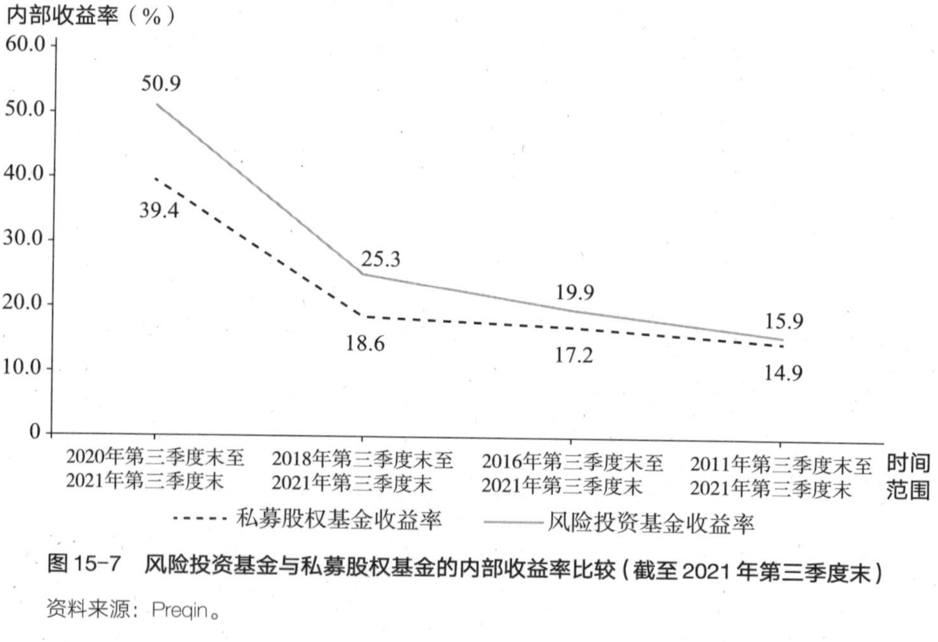

图 15-7　风险投资基金与私募股权基金的内部收益率比较（截至 2021 年第三季度末）

资料来源：Preqin。

美国风险投资机构向综合化发展，资管巨头加速介入。美国风险投资机构向综合化方向发展，不再仅涵盖早期投资范围，而是逐渐转向企业全生命周期投资。例如，红杉资本于2021年正式宣布重组其美国和欧洲的业务，成立单一结构、没有赎回限制的红杉基金，以摆脱传统风险投资的各种限制，从而可以投向包括Pre-IPO、上市公司股票和加密货币等传统风险投资通常不涉及的领域。近年来，科技企业在上市后逐步积累行业优势、为股东创造更具确定性的高额收益的趋势更加明显，而早期风险投资的收益因此从单一走向多元，直至开展全生命周期投资。

美国大型资管公司正在逐步介入风险投资领域。包括贝莱德、富达投资和普信集团（T. Rowe Price）在内的大型资管公司正在加速介入风险投资领域。根据Preqin的统计数据，上述三家资管公司2010—2021年在风险投资领域的累计交易额合计达约920亿美元，其中富达投资最为活跃，累计交易额达到670亿美元。资管巨头介入风险投资领域，一方面是因为资管巨头拥有较强的人才和资本实力，能够以较低的成本参与风险资本市场；另一方面，风险投资基金相对于标准化的二级市场投资基金具有更高的盈利空间。但是从几家资管公司的资管规模来看，风险投资占比仍然较小。以贝莱德为例，其风险投资占比仅为其资管规模的3%。值得关注的是，由于大型资管机构在涉足风险投资领域的同时也发行投资二级市场股票的基金产品，这一实践可能涉及投资者公平问题，当前仍然存在一定的争议。

自然资源和基础设施投资：由能源价格上涨预期和稳定收益率驱动

能源价格上涨预期驱动自然资源投资重获关注，2021年以来，美国自然资源投资受到能源价格波动和全球去碳化趋势的明显影响。传统上，自然资源主要分为农田、能源、金属矿产和林地等，其中以能源为主要投资方向，约85%的自然资源基金主要投向能源领域。从风险收益特征来看，农田和林地属于风险较低、收益相对稳健的品种，其10年内部收益率为3%～6%，波动率为 6% ～ 9%；金属矿产和能源则受国际大宗商品价格影响较大，预期收益率为 8% ～ 9%，但是波动率达到 20% ～ 27%。虽然对于传统能源的需求逐步转移至新能源，但是仍然有大量的另类投资基金参与传统能源投资，以获取阶段性能源供需不平衡带来的超额收益。

近年来，自然资源基金重新获得了投资者的关注。自然资源投资的收益率经历了较大的波动。2020 年全年，受新冠肺炎疫情暴发的影响，自然资源投资的内部收益率仅为 -7.1%，但是从 2016—2020 年来看，其年化内部收益率达到 6.2%。2021 年 9 月 Preqin 的调查数据显示，约 79% 的投资者将在 2022 年投资自然资源，2021 年同期这一比例为 73%。随着经济过热迹象的出现，自然资源对冲通货膨胀的配置价值逐步凸显。虽然断言自然资源投资全面复苏仍然为时过早，但是持续性的通货膨胀、高企的商品价格和全球经济去碳化带来的投资机遇使自然资源具备了阶段性的投资价值。

稳健的收益率预期和政策支持是美国基础设施投资增长的主要动力。一般而言，未上市的基础设施项目具有低波动性、稳健现金流收益和抗通货膨胀等属性，且流动性受限、投资期限较长，因此相对于公开市场资产，未上市的基础设施项目具有一定的溢价。2020 年至 2021 年第一季度末，未上市的基础设施项目实现了 13.4% 的平均内部收益率。2021 年 9 月 Preqin 的调查数据显示，约 91% 的投资者认为基础设施投资在 2021 年的投资收益率“达到或超过预期”，47% 的投资者计划在 2022 年增加在基础设施领域的资产配置。2021 年，基础设施领域关注度较高的是对于数据中心的投资，人工智能和自动驾驶等领域的发展提升了对云计算能力建设的要求，而高清晰度视频的普及也对云端存储提出了更高的需求，使得数据中心的投资收益率相对更加具有吸引力。

基础设施建设政策将为基础设施投资带来深远的影响。在政策驱动下，美国基础设施投资需求旺盛。根据麦肯锡的估计，新冠肺炎疫情暴发后，为了实现长期增长目标，全球范围内需要在 2035 年之前每年进行约 3.7 万亿美元的基础设施投资。拜登政府 2021 年推出的 1.2 万亿美元的基础设施投资法案在一定程度上弥补了基础设施领域供给和需求的不匹配。对于 AIFs 而言，美国政府推动的基础设施投资项目仍将通过 PPP 模式吸引私人资本，并提供相应的预期收益率。在投资方向上，去碳化的能源转型、数字化基础设施和 ESG 主题将是政策层面关注的重要方面，且它们同样构成未来基础设施投资的重要主题。2016—2021 年美国基础设施投资规模和交易数量如图 15-8 所示。

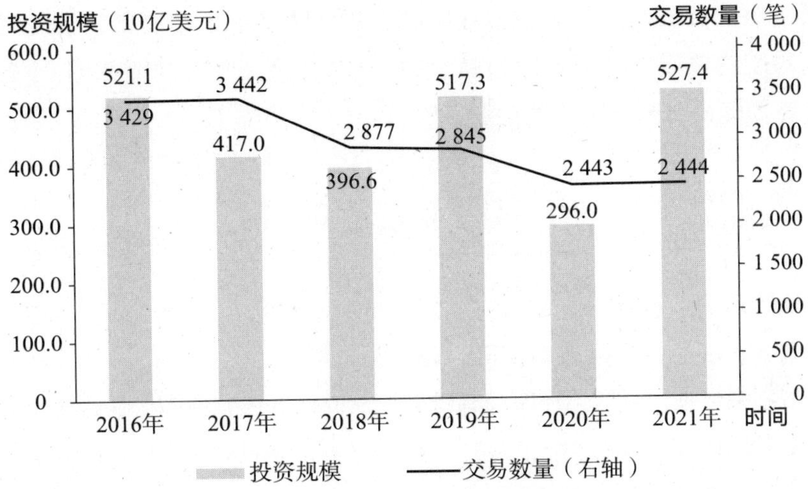

图 15-8　2016—2021 年美国基础设施投资规模和交易数量

资料来源：Preqin。

SPAC：美国资本市场的新宠

2020 年以来，美国资本市场掀起了一股特殊目的收购公司（SPAC）上市热潮，2020 年全年美国 SPAC 上市数量为 248 家，占全年市场 IPO 总数量的 55%，募资规模达到 833.86 亿美元，占全年市场 IPO 募资总规模的 46%。而 2021 年这两项数据进一步提升，SPAC 上市数量达到 613 家，占全年市场 IPO 总数量的 63%，募资规模达到 1 625.01 亿美元，占全年市场 IPO 募资总规模的 49%。美国资本市场 SPAC 的火热使全球主要资本市场纷纷效仿，改革相关制度以拥抱 SPAC 上市模式。实际上，SPAC 上市模式在美国资本市场由来已久，2020 年以来新冠肺炎疫情的冲击导致美国资本市场波动加剧，市场不确定性增加，同时在宽松货币政策的背景下，低利率市场环境使公司估值上升，众多资金在寻找投资标的，SPAC 上市模式为公司提供了一种相对便捷高效，且路径较为确定的上市融资路径，这是 2020—2021 年 SPAC 在美国资本市场火热的重要原因。

SPAC 的定义、历史沿革及发展现状

SPAC 是 Special Purpose Acquisition Company 的简称，根据美国证交会的定义，SPAC 是指自身没有具体业务的公司，其成立的唯一目的就在于通过上市募集资金，并购另一家私有公司，从而达到使该私有公司快速上市的目的，其中并购的过程被称为 SPAC 并购交易（De-SPAC）。与传统的买壳上市和借壳上市不同的是，SPAC 上市是由发起人自己造壳，SPAC 自身没有实际业务，公司账户内只有现金，通过在一定的期限内完成上市和并购流程，实现业务注入和价值增值。

就本质而言，SPAC 是一种空白支票公司，而空白支票公司在美国的发展历史由来已久。20 世纪 80 年代，美国资本市场空白支票公司的欺诈行为推动了相关监管政策的变革，1990 年美国国会通过了《1990 年低价股改革法案》（Penny Stock Reform Act of 1990），该法案对 1934 年出台的证券交易法进行了修订和补充，定义了“低价股”，并要求扩大对从事低价股活动人员的监管权限。在此基础上，美国证交会出台了 419 号规则（Rule 419），对空白支票公司提出了严格要求。

20 世纪 90 年代，证券公司 GKN 设立了新型空白支票公司，这种公司的显著特征就是满足了美国证交会对于空白支票公司的各项规定，并且募资规模也远远超过 419 号规则对于空白支票公司的认定标准。1993—1994 年，GKN 共设立了 13 家新型空白支票公司，其中 12 家均顺利完成最后的并购流程，可以认为这种新型空白支票公司的上市模式就是最初的 SPAC 上市模式。1995—2002 年，美国资本市场几乎没有 SPAC 上市的案例。

2003—2008 年，随着美国私募股权基金和对冲基金的快速发展，SPAC 上市模式所带来的高额利润吸引了一大批投资者。SPAC 上市模式为二级市场的投资者提供了一个通道，通过上市 SPAC 的公开募资，二级市场的投资者能够参与一级市场的投资，从而获得相关收益，而这直接推动了美国 SPAC 的发展。2007 年和 2008 年，SPAC 上市数量分别为 66 家和 17 家，占当时美国市场 IPO 总数量的 22.07% 和 36.17%，而募资规模分别达到 120.94 亿美元和 38.42 亿美元，占市场募资总规模的 13.87% 和 12.77%（如表 15-10 所示）。

表 15-10　2003 年至 2022 年 7 月美国 SPAC 上市数量和募资规模的变化

时间	SPAC 上市数量（家）	市场 IPO 总数量（家）	SPAC 上市数量占比（%）	SPAC 上市募资规模（百万美元）	市场 IPO 募资总规模（百万美元）	SPAC 上市募资规模占比（%）
2003 年	1	127	0.79	24	49 954	0.05
2004 年	12	268	4.48	485	72 865	0.67
2005 年	28	252	11.11	2 113	61 893	3.41
2006 年	37	214	17.29	3 384	55 754	6.07
2007 年	66	299	22.07	12 094	87 204	13.87
2008 年	17	47	36.17	3 842	30 092	12.77
2009 年	1	70	1.43	36	21 676	0.17
2010 年	7	166	4.22	503	50 583	0.99
2011 年	16	144	11.11	1 110	43 240	2.57
2012 年	9	147	6.12	490	50 131	0.98
2013 年	10	220	4.55	1 447	70 777	2.04
2014 年	12	258	4.65	1 750	93 040	1.88

续表

时间	SPAC 上市数量（家）	市场 IPO 总数量（家）	SPAC 上市数量占比（%）	SPAC 上市募资规模（百万美元）	市场 IPO 募资总规模（百万美元）	SPAC 上市募资规模占比（%）
2015 年	20	173	11.56	3 902	39 232	9.95
2016 年	13	111	11.71	3 499	25 779	13.57
2017 年	34	189	17.99	10 048	50 268	19.99
2018 年	46	225	20.44	10 750	63 890	16.83
2019 年	59	213	27.70	13 600	72 200	18.84
2020 年	248	450	55.51	83 386	179 389	46.48
2021 年	613	968	63.33	162 504	334 648	48.56
2022 年 1—7 月	70	90	77.78	12 033	17 493	68.79
合计	1 319	4 631	28.29	327 000	1 470 108	22.15

资料来源：SPAC Analytics。

随着金融危机的爆发，美国 SPAC 一度跌入冰点。2009 年和 2010 年 SPAC 上市数量仅为 1 家和 7 家，而募资规模占市场募资总规模的比例甚至不到 1%。从 2013 年开始，SPAC 在美国资本市场逐渐回暖，年度上市数量均保持在 10 家以上，募资规模也逐年上升。2021 年，美国资本市场 SPAC 的上市数量和募资规模达到历史最高点，尽管其中有疫情冲击和宽松货币政策等外部原因的推动，但是 SPAC 上市模式本身较完善的信息披露和投资者保护制度，以及多年来成熟运行的经验，才是 SPAC 近 2 年火热的根本原因。2022 年 1—7 月，SPAC 有所降温，上市数量已经不及 2021 年同期，但上市数量和募资规模的市场占比分别高达 77.78% 和 68.79%。当前，美国证交会也在进一步完善 SPAC 相关监管机制，后续 SPAC 如何发展，仍然有待市场检验。

SPAC 的上市及并购流程

SPAC 从设立至完成对目标公司的并购，大致可以分为三个阶段（如图 15-9 所示）。

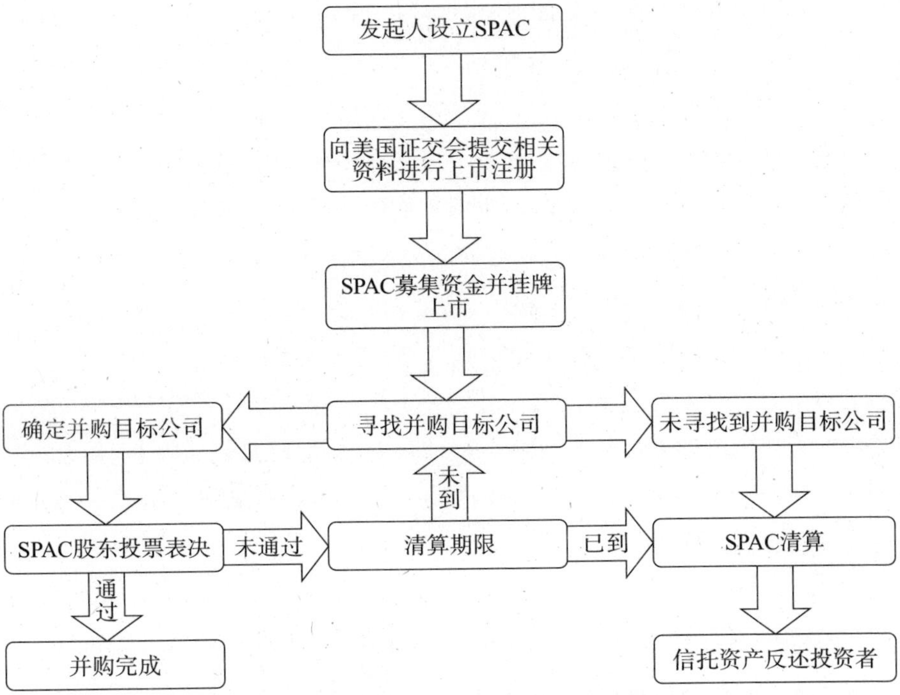

图 15-9　美国 SPAC 上市并购流程示意图

第一阶段为造壳及募资上市阶段，主要是发起人设立 SPAC 并完成上市。在该阶段，发起人首先设立 SPAC，即注册一家壳公司，该壳公司自身没有经营计划，仅以并购为目的。随后，壳公司进行上市注册，这一阶段需要提交 S-1 表（国内注册公司招股书）或者 F-1 表（国外注册公司招股书），由于 SPAC 本身没有实际业务和财务报表，其注册陈述的内容较少，往往仅包括公司管理层概况、目标业务介绍以及公司结构安排等基本情况。在得到美国证交会批准后，SPAC 会向合格投资者募集资金并于场外柜台交易系统（OTCBB）挂牌上市，募集资金的绝大部分（往往超过 90%）以信托形式存入账户进行托管，用作后续的并购交易费用、承销费用以及公司营运资金等。

第二阶段为寻找并购目标公司以及磋商阶段。在该阶段，SPAC 的管理层会在市场寻找并购目标公司，对并购目标公司进行尽职调查，并与并购目标公司进行磋商，针对并购所需的私募股权配套融资等事宜进行谈判，如果磋商顺利，SPAC 管理层会与并购目标公司签署 SPAC 并购交易意向书和并购及融资协议等。

第三阶段为并购完成阶段。在这一阶段，SPAC 首先需要宣布并购交易计划，向美国证交会提交委托投票说明书等文件。随后召开 SPAC 股东大会，股东就并购交易进行投票表决，这一过程需要 80% 的股东同意才能通过。如果有超过 20% 的股东不同意该并购交易，那么 SPAC 需要继续寻找并购目标公司或者被清算。在并购交易完成之后，SPAC 需要在 4 个工作日内向美国证交会提交用于公布上市公司某些重大变的 8-K 表格。需要指出的是，SPAC 并购交易过程需要在上市之后的 24 个月之内完成，即 SPAC 需要在上市后 18 个月内宣布并购交易计划，在 24 个月内完成并购交易，否则 SPAC 将面临清算，到时须将募集资金退还给投资者。

上述过程均顺利完成后，公司往往会选择转板，一般而言会转板至纳斯达克证券交易所，但是从 2011 年开始，美国证券交易所开始允许 SPAC 直接上市，这进一步推动了 SPAC 的发展。

SPAC 上市模式的优劣势

与传统的买壳上市和借壳上市不同的是，SPAC 是由发起人造壳上市，并且壳公司没有实际业务，公司账户内只有现金，是一家现金壳公司。**现金壳公司的优势在于，并购交易完成后不需要“清壳”程序，即进行资产置换或债务清理等，这使 SPAC 上市模式相较于传统的买壳上市和借壳上市更加方便快捷。**

相较于传统的 IPO 上市模式，SPAC 上市模式的优点主要体现在以下几个方面：

第一，对于发起人而言，SPAC 上市时间较短、交易成本较低，同时融资渠道较多。作为现金壳公司，SPAC 的成立时间往往较短，同时没有实际业务，这使 SPAC 的可披露信息相对较少，在上市注册程序中所需提交文件的内容较为简单。从已有 SPAC 的上市经验来看，如果在各个环节妥善安排，那么 SPAC 从发起设立到上市仅需 8 周，同时可以在 6 个月内完成并购交易。而正是 SPAC 的上市环节较少，使得其相较于传统 IPO 上市模式的费用更低。当前，美国 SPAC 的承销费率最高仅为 5.5% 左右，其中 2% 在 SPAC 上市时进行支付，另外的 3.5% 存入信托账户，在并购交易完成后支付。而 SPAC 的融资渠道很多，除了在上市期间向公众投资者和机构投资者募资以外，SPAC 还能够通过向成熟的对冲基金获得配套融资的方式来进行募资。此外，由于 SPAC 的发行人往往可以低价认购 SPAC 的初始股份，如果后续能够完成对优质并购目标公司的并购交易，那么发行人就能够获得较为可观的收益。

第二，对于并购目标公司而言，SPAC 的门槛较低、融资金额确定、上市时间较短并且成功率较高。美国监管层对于 SPAC 上市并没有历史业绩和经营年限等要求，使得一些处于初创期但成长迅速的公司能够通过 SPAC 上市模式迅速上市。而在 SPAC 并购交易过程中，SPAC 管理层会与并购目标公司就并购交易的定价以及配套融资等问题进行磋商交流，这使并购目标公司的估值会有更高的确定性，而 SPAC 相对快捷方便的上市方式也是其吸引并购目标公司的重要原因。

第三，对于投资者而言，SPAC 信息披露较完善，为投资者提供一定程度的资金保护并且上市的确定性较高。由于存在空白支票公司的前车之鉴，美国证交会以及其他监管机构对于 SPAC 有着严格的监管要求，特别是在信息披露和投资者保护方面，而 SPAC 的募集资金均托管在信托账户中，即便并购交易失败，投资者也能收回其所投资金。此外，投资者可以就并购目标公司的并购交易进行投票表决，如果对并购目标公司不满意，还能够行使赎回权，收回自己的本金，并获得一定的承诺利息。SPAC 往往有专业的发起人和管理层，投资者能够利用这些专业资源来寻找有前景的并购目标公司，而 SPAC 上市后，其与并购目标公司的并购交易过程仅需双方磋商沟通即可完成，并购交易过程几乎不受承销商、市场等外力阻碍，这就提高了 SPAC 上市的成功率。

当然，SPAC 上市模式也存在一些劣势。对于发行人而言，SPAC 上市模式对于股权的稀释程度要高于传统的 IPO 上市模式，这就可能导致发行人控制权和主导权的流失。而对于并购目标公司而言，在 SPAC 上市模式中，并购目标公司仅能参与后半段的并购交易，而对于 SPAC 的上市方式和募资方式等并无权参与，并且存在其他导致并购交易失败的原因，而并购目标公司只能被动接受结果。如果并购交易的投票表决未通过，那么可能导致大量时间和资源的浪费。此外，并购交易的成交价由双方谈判确定，其可能低于传统 IPO 价格。而并购交易完成后，往往会由 SPAC 的顾问介入新公司的运营，并购目标公司对此没有选择权。因此，尽管近年来 SPAC 上市模式十分火热，但是对于准备上市的公司而言，其仍然需要综合多方面的因素来考虑选择何种上市模式。对于投资者而言，SPAC 上市模式下并购交易结束后存在股价下跌的可能性。

/ 第16章 /

欧洲资管：高速发展的资管市场和数字化转型新趋势

2021年，欧洲资管市场逐渐脱离新冠肺炎疫情的影响，表现出较强的复苏态势和市场韧性。总体而言，2021年欧洲资管市场处于稳步增长阶段，资管规模和净销售额均有所提升。截至2021年第三季度末，欧洲资管行业资管规模达到31.3万亿欧元。股票市场的优异表现推动资金大幅流入权益类产品，全年可转让证券集合投资计划（UCITS）和AIFs市场表现良好，权益类基金获得可观的资金流入，表现出投资者风险偏好的变化。此外，欧洲ETF市场继续保持高速发展的态势，产品数量和资管规模均显著上升。但是MMFs表现不佳，资金净流入停滞，净销售额下滑。另外，SPAC上市模式在欧洲市场的兴起，以及加密货币的繁荣发展，为欧洲资管市场带来了新的机遇与挑战。

欧洲资管行业总览：资管规模稳步增长，权益类基金更受青睐

资管规模稳步增长

2021年，欧洲地区资管规模维持了稳步增长的趋势，截至2021年第三季度末，资管总规模达到31.1万亿欧元（如图16-1所示）。从更长的时间维度来看，欧洲资管行业经历了长足的发展。2010—2017年，欧洲地区资管规模由13.6万亿欧元增长到23.8万亿欧元，资管规模占GDP的比例由101%增加到139%。2018年在金融市场表现不佳的情况下，欧洲地区资管规模有所下降，此后资管规模均呈现稳步增长的态势，新冠肺炎疫情暴发等外部因素的冲击未给欧洲资管行业带来过大的冲击，整个市场表现出较好的适应能力和韧性。尽管存在独特的政治和地缘因素的限制，但是长期以来欧洲股票市场和债券市场的优异表现是欧洲资管行业迅速增长的重要动力。此外，不断完善的监管体系和成熟的投资者结构也是推动欧洲资管行业持续发展的重要原因。欧洲资管行业在高速发展的同时，也成功地助推了欧洲地区整体的经济发展。

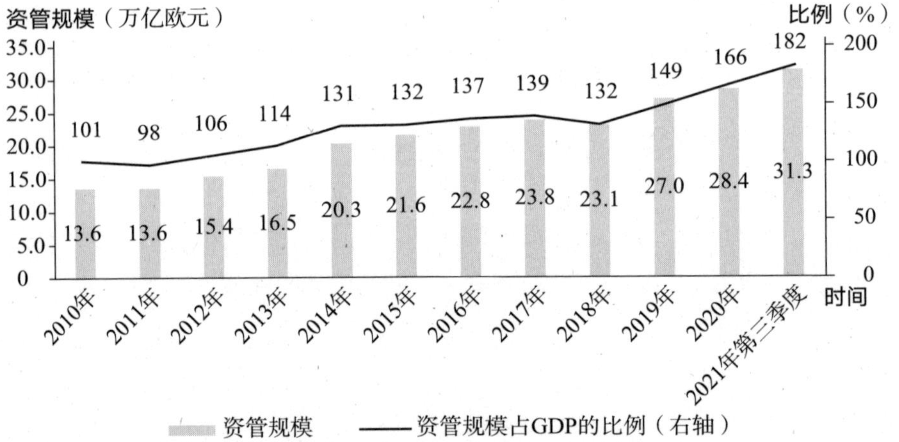

图16-1　2010年至2021年第三季度欧洲地区资管规模及其占GDP的比例的变化

资料来源：欧洲基金与资产管理协会。

从全行业的资产配置情况来看，截至2021年末，债券占比为40%，股票占比为30%，现金占比为7%，其他资产占比为23%（如图16-2所示）。长期以来，固收类产品最受欧洲市场机构投资者青睐，稳定的资金流入使债券市场成为欧洲资管行业最大的投资标的市场；而在经济复苏以及市场信心提振等因素的影响下，欧洲股票市场在2021年表现优异，这使得资金流入权益类产品，股票市场在资产配置中的占比有所提升。在持续低利率市场环境的影响下，欧洲资管行业积极调整投资策略和行业布局，转向持有部分流动性相对较差的资产，如基础设施、对冲基金、结构性金融产品和私募股权等，这使整个欧洲资管市场的资产配置格局有所变化。

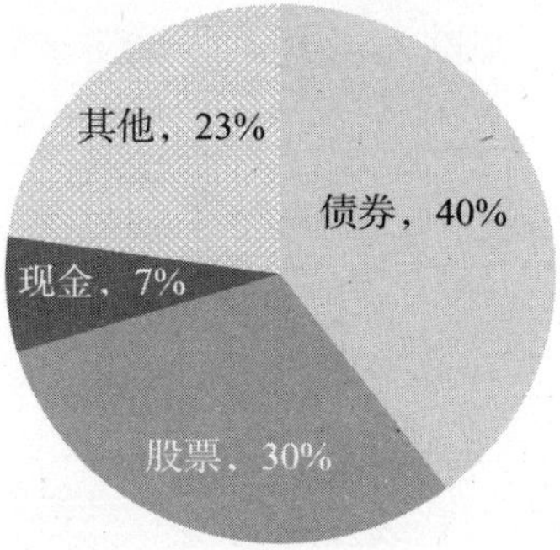

图16-2 欧洲资管行业资产配置情况（截至2021年末）

资料来源：欧洲基金与资产管理协会。

资金流动更偏好权益市场

在资金流动方面，权益类基金和混合型基金是2021年欧洲资管市场吸引资金流入最多的两类产品。2021年欧洲主要经济体的股票市场持续发展，在此基础上权益类基金的资金需求不断提升，全年资金净流入高达3 250亿欧元，比2020年增加了1 720亿欧元，创下历史纪录。债券型基金表现稳定，2021年全年资金净流入1 330亿欧元。由于主权债券和银行存款的利率较低，欧洲投资者开始转投债券型基金和混合型基金，使得2021年前3个季度MMFs的持有量持续降低，资金净流出1 040亿欧元，但2021年第四季度欧洲MMFs需求反弹，净销售额逆转，录得930亿欧元的资金净流入（如图16-3所示）。此外，在市场高波动、不确定性大的背景下，欧洲资管市场资产类别多元化的优势显现，混合型基金在 2021 年录得 2 330 亿欧元的资金净流入。

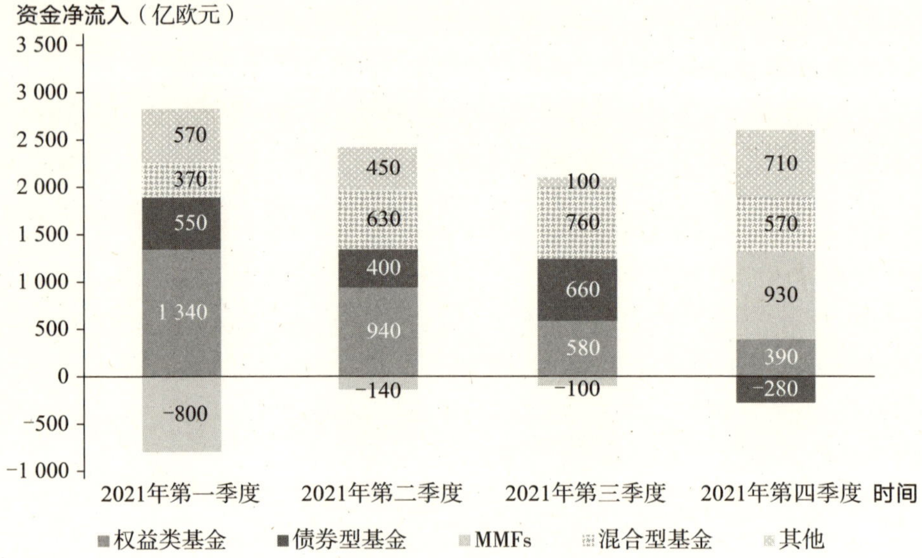

图 16-3　2021 年欧洲资管市场资金流动状况

资料来源：欧洲基金与资产管理协会。

欧洲资管产品发展状况

2021 年欧洲资管市场投资基金有两类主要产品：UCITS 和 AIFs。欧洲股票市场的强劲表现和大量资金净流入促使投资基金的净资产规模达到历史最高水平。欧洲资管市场 UCITS 和 AIFs 的合计净资产规模在 2021 年增长了 17.1%，达到了 21.9 万亿欧元，创历史新高。ETF 产品数量和资管规模保持增长态势。MMFs 资金净流入停滞，净销售额下滑。

UCITS 和 AIFs：净销售额再创新高，净资产规模强劲增长

UCITS 和 AIFs 是欧洲资管市场规模最大的两类投资基金，这两类投资基金的资金流动状况能从整体上反映欧洲资管行业整体的资金流动状况以及投资者情绪。2021 年随着欧洲新冠肺炎疫情的相对缓解，多个国家推行了“与新冠病毒共存”的政策，投资者对于疫情的恐慌情绪下降，市场信心的提振推动资管市场强劲发展。2021 年欧洲地区经济的平稳复苏，以及扩张性的宏观政策与“欧盟下一代”复苏基金[①]的持续发放也对欧洲资管市场产生了显著影响。2021 年欧洲资管市场 UCITS 和 AIFs 的净资产规模增长迅速，净销售额再创历史新高。从两类基金的净资产规模来看，2021 年欧洲资管市场 UCITS 和 AIFs 的合计净资产规模增长到 21.9 万亿欧元，达到了历史最高水平，同比增长 17.1%（如图 16-4 所示）。其中，UCITS 的净资产规模达 13.9 万亿欧元，同比增长 19.8%，AIFs 的净资产规模达 8.0 万亿欧元，同比增长 12.7%。

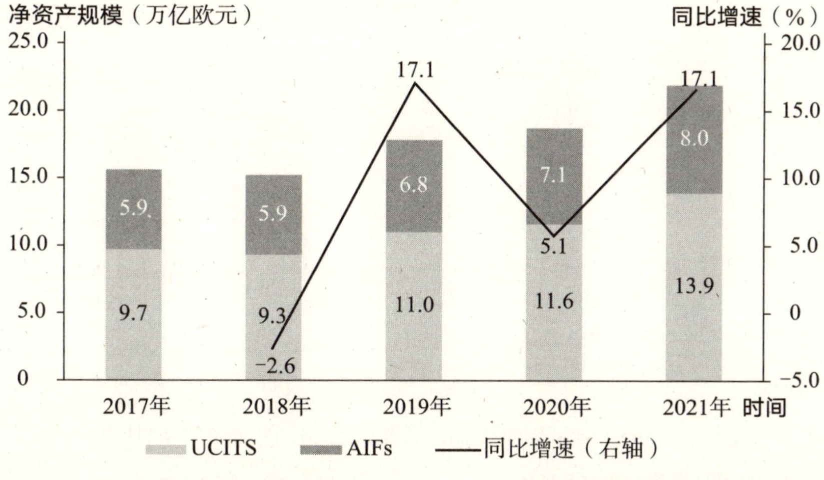

图 16-4　2017—2021 年欧洲资管市场 UCITS 和 AIFs 净资产规模和同比增速的变化

资料来源：欧洲基金与资产管理协会。

① “欧盟下一代”复苏基金是欧盟应对新冠肺炎疫情危机的核心政策工具，其目标是大力支持成员国的经济复苏，并建立更绿色、更数字化和更具韧性的未来。

两类产品净资产规模的增长主要得益于净销售额的大幅上升。欧洲资管市场 UCITS 和 AIFs 的净销售额从 2020 年的 6 490 亿欧元增长到 2021 年的 8 630 亿欧元，同比增长 33%。这表明随着新冠肺炎疫情的缓解以及欧洲市场宏观经济的稳步复苏，投资者对欧洲未来经济的信心在稳步向好。

具体而言，2021 年欧洲资管市场 UCITS 的净销售额再次创历史新高，为 7 980 亿欧元，显著高于 2020 年的 4 720 亿欧元，同比增速高达 69%。从 UCITS 净销售额的月度分布情况来看，2021 年仅 9 月的净销售额为负，其余月份均为正。各月净销售额的变化幅度较大，呈一定周期性。其中，2021 年 4 月、7 月和 10 月 UCITS 的净销售额较高（如图 16-5 所示）。从投资者的期限偏好来看，2021 年长期 UCITS 的净销售额远高于短期 UCITS，其中有 7 个月份长期 UCITS 的净销售额甚至高于整体 UCITS 的净销售额，这一变化体现了投资者对于未来欧洲经济复苏和资本市场的乐观情绪。

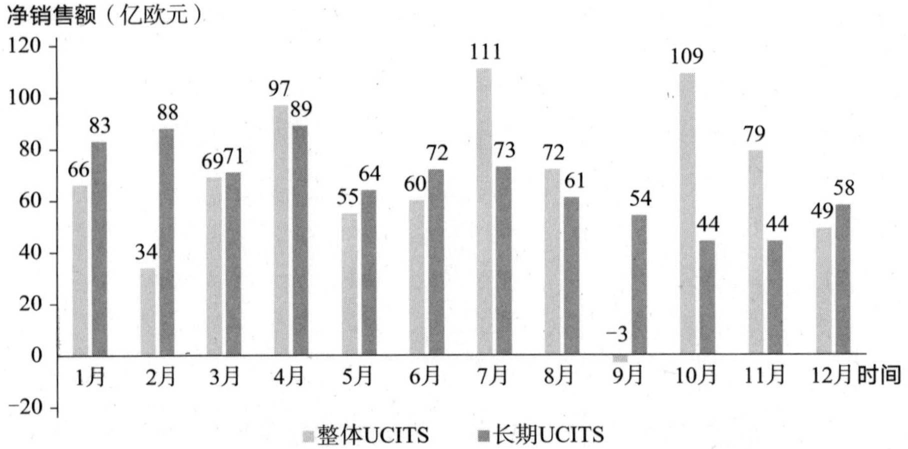

图 16-5　2021 年欧洲整体 UCITS 和长期 UCITS 各月的净销售额

资料来源：欧洲基金与资产管理协会。

相较于欧洲资管市场 UCITS 净销售额的强劲增长，欧洲资管市场 AIFs 2021 年的净销售额有所下滑。2021 年欧洲资管市场 AIFs 的净销售额为 670 亿欧元，相较于 2020 年的 1 770 亿欧元下降 62%（如图 16-6 所示）。欧洲资管市场 AIFs 主要由机构投资者长期持有并定期投入资金，其净销售额历年来都相对稳定。2010—2020 年，欧洲资管市场 AIFs 的净销售额均未低于 1 000 亿欧元。2021 年荷兰的部分养老基金停止在 AIFs 的产品框架下进行资管，这部分养老基金的相关数据在统计中将不再计入 AIFs，从而导致 2021 年欧洲资管市场 AIFs 净销售额的大幅下降。

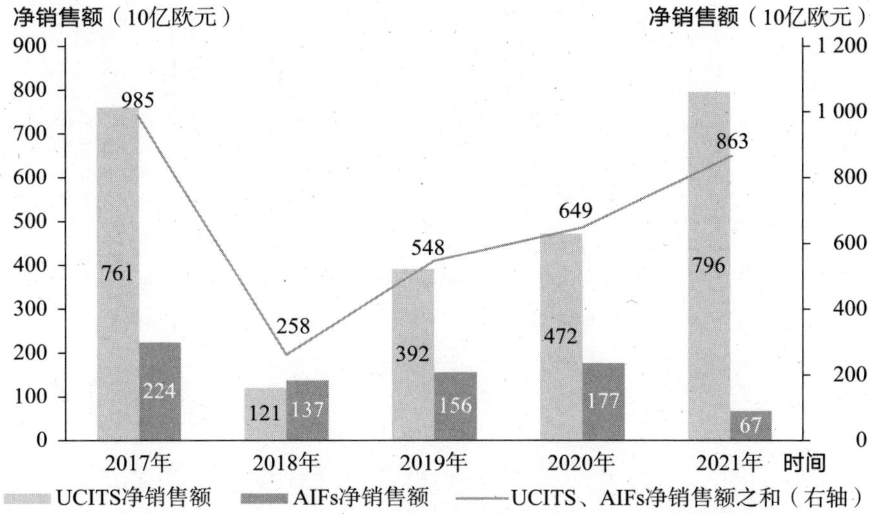

图 16-6　2017—2021 年欧洲资管市场 UCITS 和 AIFs 净销售额的变化

资料来源：欧洲基金与资产管理协会。

从 UCITS 市场份额的国别分布来看，卢森堡占据欧洲资管市场 UCITS 35.25% 的市场份额，其次是爱尔兰和英国，市场份额占比分别为 22.30% 和 10.79%（如图 16-7 所示）。卢森堡和爱尔兰是欧洲地区基金注册和管理的离岸中心，因此其 UCITS 的市场份额占比较大。此外，排名前 5 的国家占据了欧洲资管市场 UCITS 约 80% 的市场份额。而在 AIFs 的市场份额占比中，德国最高达 30.00%，其次是法国、荷兰和爱尔兰，占比分别为 16.25%、12.50% 和 12.50%（如图 16-8 所示），而排名前 5 的国家占据了欧洲 AIFs 市场份额的 82.50%。两类产品市场份额的国别分布体现了欧洲资管市场的行业集中度和国别集中度较高。

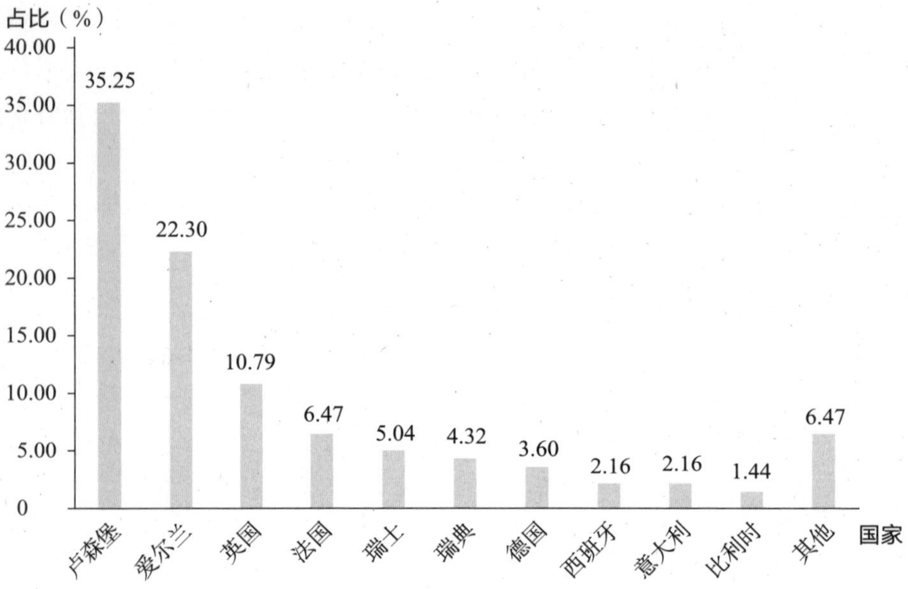

图 16-7　2021 年欧洲资管市场 UCITS 市场份额的国别分布情况

资料来源：欧洲基金与资产管理协会。

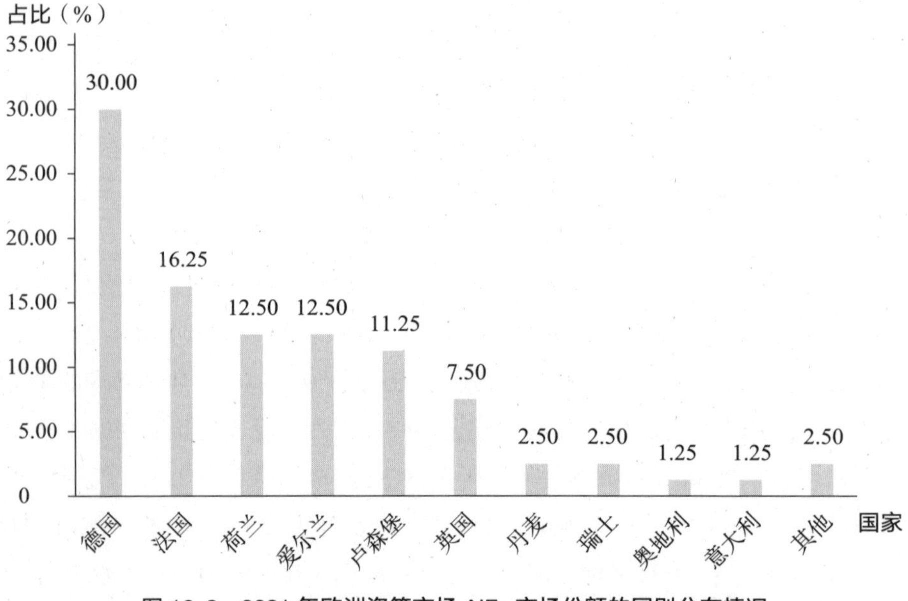

图 16-8　2021 年欧洲资管市场 AIFs 市场份额的国别分布情况

资料来源：欧洲基金与资产管理协会。

ETF：产品数量和资管规模持续增长

2021 年欧洲资管市场流入 ETF 市场的资金规模延续了增长态势，ETF 产品数量和资管规模显著上升。欧洲是全球第二大 ETF 市场，截至 2021 年末，欧洲资管市场共有 1 927 只 ETF 产品，资管规模为 1.36 万亿欧元，约占全球总资管规模的 15%（如图 16-9 所示）。低成本、高效率的交易特性以及良好的流动性使得 ETF 备受欧洲投资者青睐。2021 年欧洲 ETF 市场全年资金流入 1 936.4 亿美元，比 2020 年的 1 199.3 亿美元增长了 61.50%。

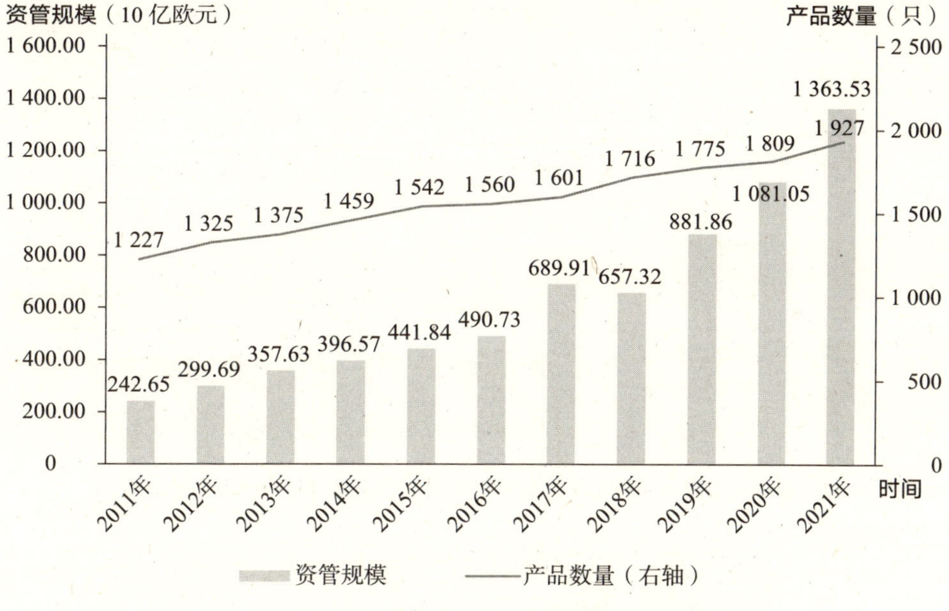

图 16-9　2011—2021 年欧洲 ETF 产品数量和资管规模的变化

资料来源：ETFGI。

从长期趋势来看，欧洲 ETF 市场一直在稳步发展，产品日趋丰富，资管规模不断增长，2018 年以后欧洲 ETF 的资管规模占全球总资管规模的比例趋于稳定，维持在 15% 左右（如图 16-10 所示）。但是，欧洲 ETF 的数量占比降幅较大，由 2018 年的 26.27% 下降至 2021 年的 22.54%，这主要由美国和亚太地区 ETF 市场的迅速发展所致。美国监管机构于 2019 年简化了 ETF 注册流程，提高了 ETF 注册效率，因此 2021 年美国 ETF 新发产品数量暴增，达到 2 628 只，而亚太地区 ETF 市场虽然起步较晚，但是厚积薄发，产品种类不断增多，资管规模持续提升。

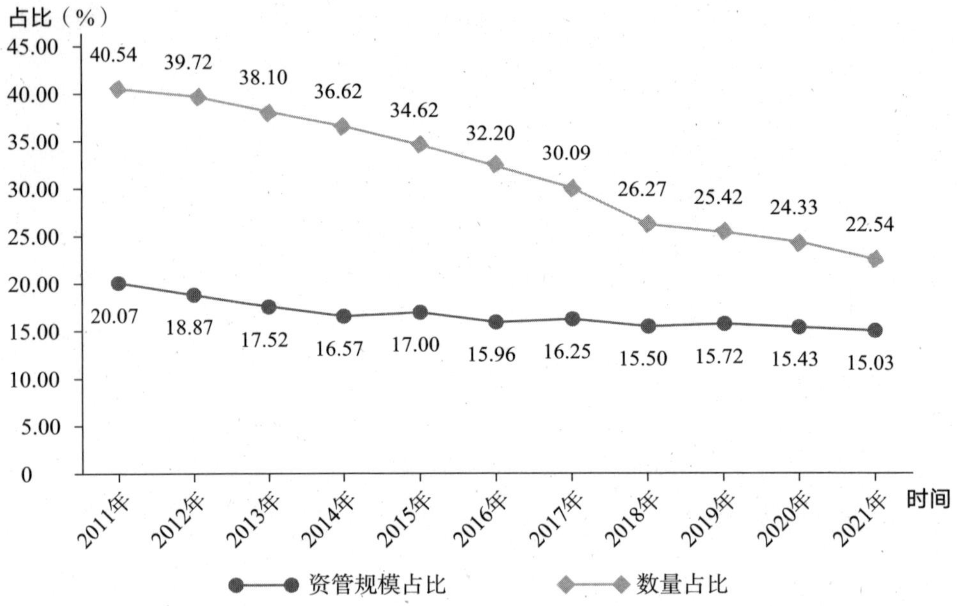

图 16-10　2011—2021 年欧洲 ETF 数量和资管规模的全球占比的变化

资料来源：ETFGI。

MMFs：资金净流入停滞

在欧洲资管市场，投资者通常利用 MMFs 来管理流动性。欧洲资管市场绝大多数的 MMFs 在 2019 年末已经注册为 UCITS 和 AIFs，因此从 2021 年 1 月起，欧洲资管市场对于 MMFs 数据的统计口径为 UCITS 和 AIFs 下的 MMFs。从国别来看，2021 年爱尔兰 MMFs 净资产规模为 6 419.74 亿欧元（如

图 16-11 所示），净资产规模占比高达 41.5%，相较于 2020 年的 44% 略有下降。其次是卢森堡和法国，其净资产规模占比分别为 28.7% 和 24.4%。

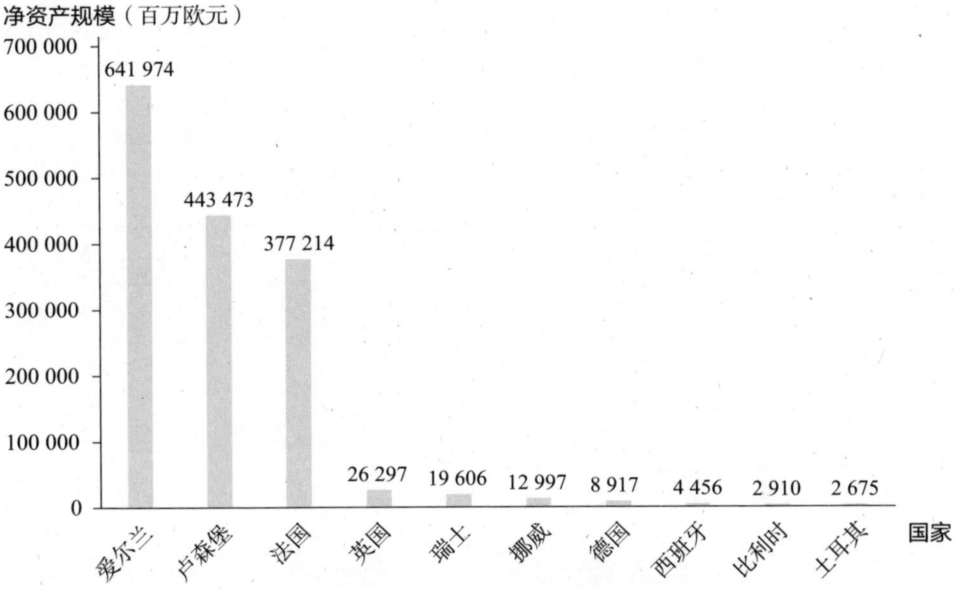

图 16-11　2021 年欧洲 MMFs 市场净资产规模排名前 10 的国家的情况

资料来源：欧洲基金与资产管理协会。

在产品数量方面，2021 年卢森堡以 217 只 MMFs 的数量在欧洲 MMFs 市场排名第一，相较于 2020 年的 192 只增加了 13%。爱尔兰和法国紧随其后，MMFs 的数量分别为 112 只和 100 只（如图 16-12 所示）。对比发现，爱尔兰 MMFs 净资产规模较卢森堡高出 45%，但爱尔兰的 MMFs 数量仅为卢森堡的 52%。由此可见，爱尔兰的单只 MMFs 的平均净资产规模较大，而卢森堡单只 MMFs 的平均净资产规模较小，但卢森堡 MMFs 市场的产品多样化程度更高。从欧洲地区整体 MMFs 的情况来看，截至 2021 年末，欧洲地区共有 648 只 MMFs，较 2020 年的 655 只减少了 7 只。2021 年欧洲地区 MMFs 的数量不升反降，主要是由于资金的净流出导致部分基金破产清算。

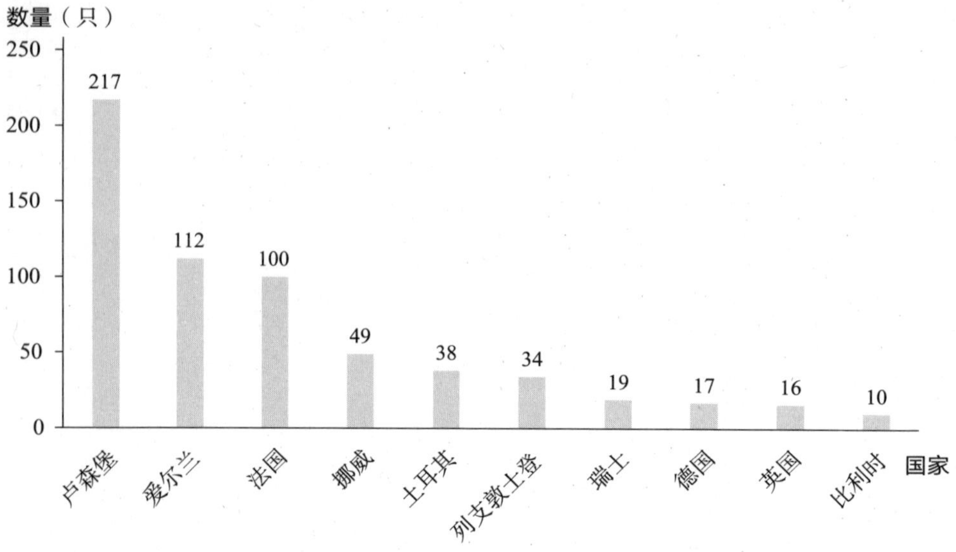

图 16-12　2021 年欧洲 MMFs 数量排名前 10 的国家的情况

资料来源：欧洲基金与资产管理协会。

2021 年欧洲地区 MMFs 净销售额为 -112.58 亿欧元，而 2020 年欧洲地区 MMFs 的净销售额为 2 207.50 亿欧元。2021 年欧洲地区 MMFs 资金净流出的原因主要有以下两点：一是欧洲的负利率政策。在新冠肺炎疫情冲击以及经济衰退等因素的影响下，欧洲央行对抗经济衰退的主要工具为紧急抗疫购债计划（PPEP）和负利率政策，以为市场提供流动性。二是欧洲资管市场投资者风险偏好的变化。随着 2021 年欧洲经济的复苏，投资者的避险情绪逐渐降温，对未来经济预期的向好，使投资者更偏好风险投资，2021 年欧洲 UCITS 股权基金的净销售额因此创下了历史新高。

从欧洲地区 MMFs 净资产规模和净销售额的变动情况来看，2021 年前 3 个季度 MMFs 的净销售额均为负（如图 16-13 所示），这使 MMFs 的净资产规模持续下降。2021 年第四季度投资者对于 MMFs 的需求急剧上升，可能是因为欧洲央行货币政策的不确定性增加导致投资者更加谨慎。

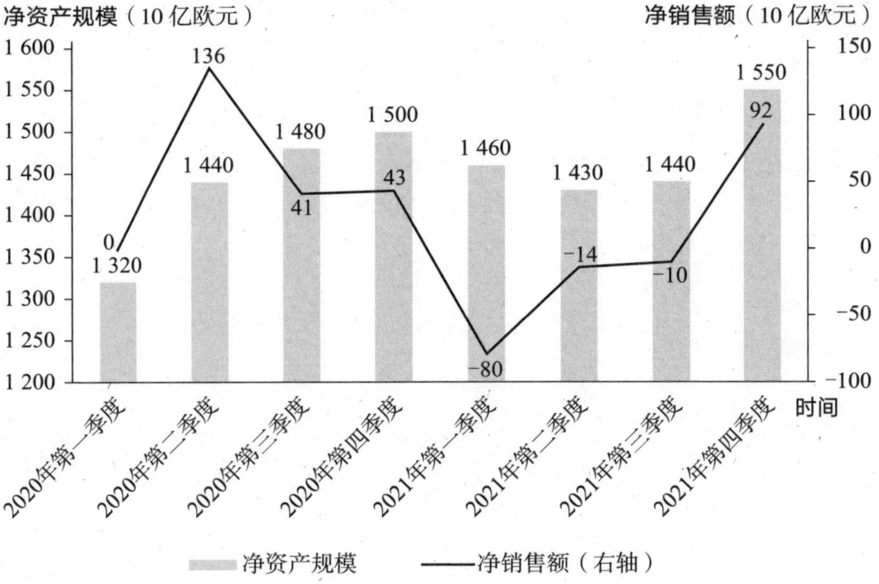

图 16-13　2020—2021 年欧洲地区 MMFs 净资产规模和净销售额的变化

注：净销售额年度数据为审计后真实数据，季度数据可能存在细微尾数差异。

资料来源：欧洲基金与资产管理协会。

SPAC 上市模式在欧洲的发展概况

欧洲 SPAC 上市模式现状：发展迅速，吸引大量资金

1. 欧洲 SPAC 上市数量倍增

2021 年以来欧洲 SPAC 市场迅速升温，并吸引了大量资金涌入。从 SPAC 在欧洲成功上市的数量来看，2021 年以前欧洲资本市场对 SPAC 的上市吸引力

相对较小。根据路孚特的统计数据，2019 年和 2020 年在欧洲地区上市的 SPAC 数量分别仅为 5 家和 4 家，而 2021 年在欧洲地区上市的 SPAC 数量迅速上升至 39 家（如图 16-14 所示）。2021 年是欧洲资本市场 SPAC 迅速起步发展的一年，虽然欧洲地区 SPAC 的市场规模与美国相比仍有较大差距，但是随着欧洲各国对 SPAC 监管政策的不断完善，预计未来欧洲地区 SPAC 的市场规模将进一步扩大。

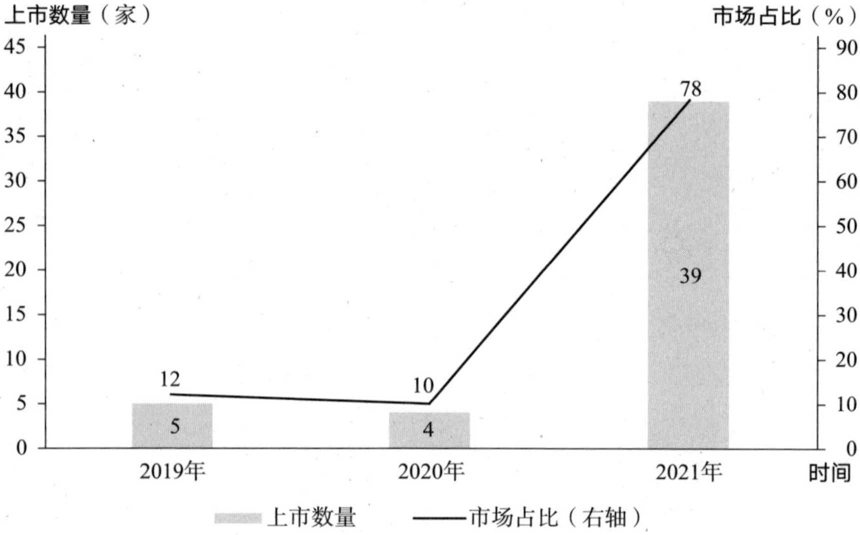

图 16-14　2019—2021 年欧洲 SPAC 上市数量和市场占比的变化

资料来源：美国伟凯律师事务所。

从欧洲 SPAC 上市所在证券交易所的国别来看，英国的伦敦证券交易所是 2020 年及之前 SPAC 在欧洲上市的主要场所，而荷兰阿姆斯特丹的泛欧证券交易所则是 2021 年 SPAC 在欧洲上市的主要场所。如图 16-15 所示，2021 年荷兰阿姆斯特丹的泛欧证券交易所 SPAC 上市数量为 16 家，占 2021 年欧洲 SPAC 上市数量的 41%。其次是英国的伦敦证券交易所，2021 年英国的伦敦证券交易所 SPAC 上市数量为 6 家。由于监管制度和上市规则等原因，2019—2020 年没有 SPAC 在瑞典、德国、芬兰和瑞士等国家的证券交易所上市。2021

年这些国家的证券交易所均修改完善了相关规则，迎来了第一批 SPAC 的上市。

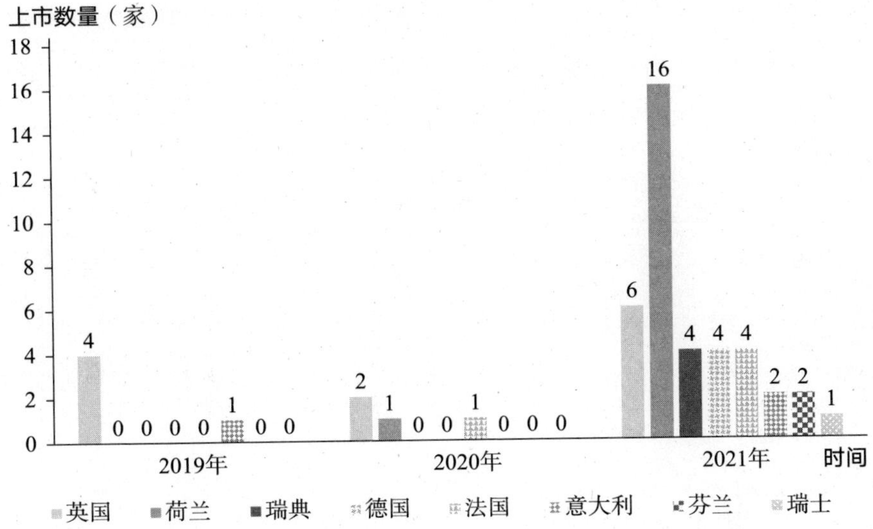

图 16-15　2019—2021 年欧洲 SPAC 上市数量在各国的分布情况

资料来源：美国伟凯律师事务所。

2. 欧洲 SPAC 募资规模激增

从 SPAC 募资规模来看，2021 年欧洲 SPAC 募资规模达 85.6 亿美元，远高于 2020 年的 4.6 亿美元，同比增长 1 761%（如图 16-16 所示）。2010—2020 年，欧洲 SPAC 募资规模较小，2021 年 SPAC 募资规模的激增标志着欧洲 SPAC 开始快速发展。

从国别来看，在荷兰阿姆斯特丹的泛欧证券交易所上市的 SPAC 募资规模最大，2021 年共募资 43.6 亿美元，占欧洲 SPAC 募资规模的 51%。其次为在德国和法国的证券交易所上市的 SPAC，2021 年分别募资 11.1 亿美元和 10.6 亿美元。从单家 SPAC 的平均募资规模来看，2021 年共有 39 家 SPAC 成功在欧洲的证券交易所上市，单家 SPAC 的平均募资规模为 2.2 亿美元。相比之下，

2020 和 2019 年欧洲分别仅有 4 家和 5 家 SPAC 上市，单家 SPAC 的平均募资规模分别为 1.2 亿美元和 0.7 亿美元。2021 年欧洲 SPAC 的募资规模和单家 SPAC 的平均募资规模均有显著提升，这表明欧洲资本市场对 SPAC 上市模式的认可度正在提升，而公司通过 SPAC 模式上市的意愿也在增强。

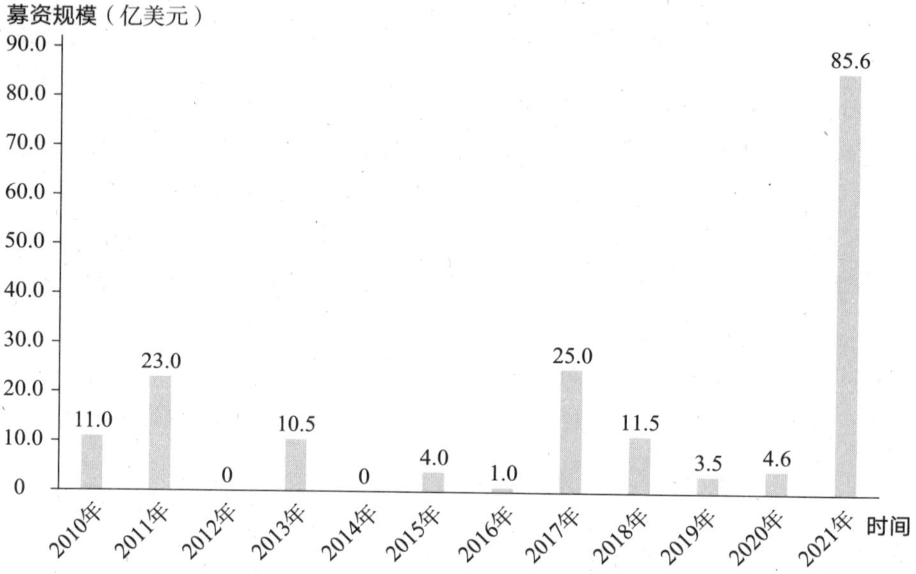

图 16-16　2010—2021 年欧洲 SPAC 募资规模的变化

资料来源：美国伟凯律师事务所。

3. SPAC 并购交易市场本土化占比提升

从 SPAC 并购交易市场的情况来看，随着 2021 年欧洲 SPAC 上市数量的快速增长，欧洲并购目标公司的 SPAC 并购交易量从 2020 年的 12 笔增加到 2021 年的 55 笔，同比增长 358.3%（如图 16-17 所示）。越来越多的欧洲公司选择 SPAC 上市模式进行上市融资。从 SPAC 并购交易的价值来看，2021 年欧洲地区 SPAC 并购交易价值相较于 2020 年增长超 4 倍，从 2020 年的 155.3 亿美元增长至 2021 年的 810.9 亿美元。

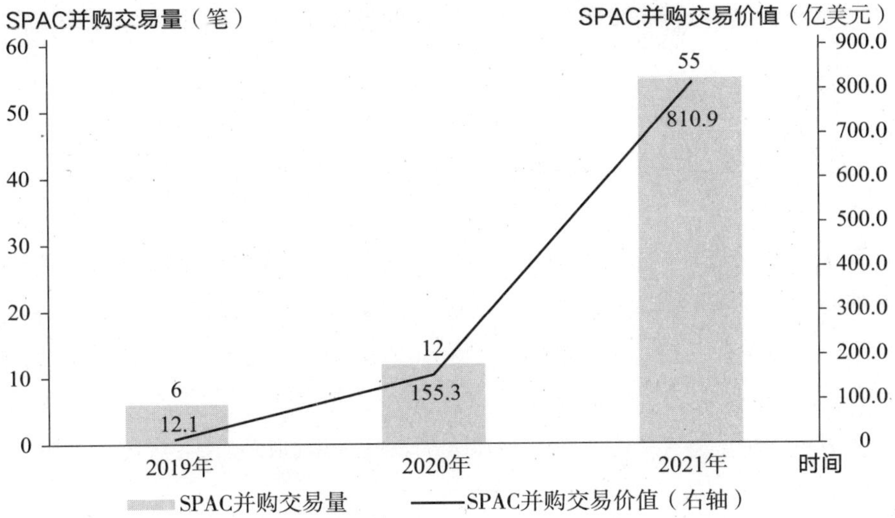

图 16-17　2019—2021 年欧洲 SPAC 并购交易市场趋势

资料来源：美国伟凯律师事务所。

从欧洲 SPAC 并购交易市场 SPAC 并购目标公司的国别来看，2019—2020 年欧洲 18 笔 SPAC 并购交易中，共有 9 家美国公司，占比达 50%。这表明 2020 年以前欧洲希望通过 SPAC 上市模式上市的公司，有相当一部分是作为并购目标公司被美国公司并购的。2021 年，虽然美国的 SPAC 仍然是欧洲 SPAC 并购交易市场最大的并购方，为欧洲 SPAC 并购交易市场提供了 23 笔 SPAC 并购交易，但其并购交易量的市场占比明显下降，占欧洲 2021 年 SPAC 并购交易量的比例为 41.8%。欧洲 SPAC 并购交易市场剩余 32 笔 SPAC 并购交易的双方均为欧洲公司，表明欧洲 SPAC 并购交易市场的本土化占比有明显提升。

SPAC 助力欧洲科技创新转型

根据风险投资公司 Atomico 发布的《欧洲科技现状》的数据，2021 年欧洲新增 98 家科技独角兽公司，总数达到 321 家，仅次于美国位居世界第二。近年来，欧洲科技独角兽公司的数量逐年攀升，创投环境发生了巨大的变化。大量的初创高新科技公司由于研发投入等原因，具有十分迫切的估值和融资需求。

SPAC 上市模式在欧洲资本市场的兴起，为欧洲部分初创公司的多元化融资需求提供了新的方式。

1. SPAC 目标并购行业集中于高新科技行业

从 SPAC 并购目标公司所涉及的行业来看，欧洲 SPAC 并购目标市场规模最大的行业为高新科技行业，2019—2021 年总计有 16 笔 SPAC 并购交易的并购目标公司为高新科技公司（如图 16-18 所示）。其次是金融业和医疗保健行业，2019—2021 年分别有 11 笔 SPAC 并购交易。这表明 SPAC 上市模式对于欧洲众多处于初创期需要大量资金和研发投入的科技、金融以及医疗保健公司具有更大的吸引力。

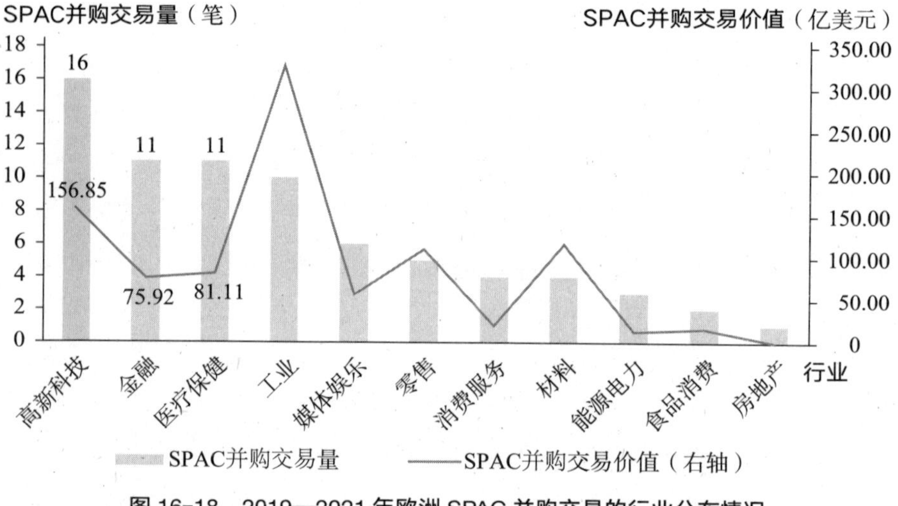

图 16-18　2019—2021 年欧洲 SPAC 并购交易的行业分布情况

资料来源：美国伟凯律师事务所。

2. SPAC 上市模式助力欧洲科创公司提升融资速度

路孚特的数据显示，2020 年欧洲由风险投资资本支持的上市初创公司的平均寿命为 10.5 年，几乎是美国初创公司的 2 倍，这类更加成熟且经营稳健的公司更加偏好通过传统 IPO 上市模式获得融资。但是，对于处于初创期、具有大量研发投入需求的初创科技公司而言，在传统 IPO 上市模式中，公司上市前信息披露要求高，申报材料准备、监管机构履行审核问询程序、路演定价等环节耗时较长，至少需要花费 12 ～ 18 个月，无法满足初创科技公司相对迫切的融资需求。相比之下，公司通过 SPAC 上市模式进行融资通常仅需 4 ～ 6 个月。同时，SPAC 成立时间短，一般无资产，可披露信息少，上市所需文件内容简单。SPAC 上市模式的估值主要通过专业的发起人与被并购公司协商确定，减少了路演定价等相关环节。因此，SPAC 上市模式能够很好地解决欧洲初创科技公司通过传统 IPO 上市模式融资周期长的痛点，推动欧洲资本市场进一步支持科技创新行业。

3. 对发起人的专业能力提出更高的要求

SPAC 上市模式在欧洲资本市场的兴起及其行业特征，对发起人的专业能力提出了更高的要求。一方面，被并购公司的估值主要依赖于经验丰富的 SPAC 发起人对其进行合理评估而确定。而欧洲 SPAC 市场被并购公司主要为初创科技公司，对此类公司做出合理估值往往难度较大。SPAC 发起人需要凭借其专业能力对被并购公司进行科学合理的估值，以保障投资者的利益并有效抑制科技泡沫。

另一方面，SPAC 并购交易完成后发起人需要凭借其在资源整合、公司管理等方面的专业能力，进一步支持被并购的初创公司持续发展。SPAC 并购交易完成是起点而不是终点，SPAC 并购交易完成后，双方是紧密关联的股东关系。SPAC 发起人在并购、持续融资、资源整合等方面拥有丰富的市值管理经验，利用发起人的资源，被并购公司未来在资本市场的运作可以获得持续保障。

欧洲 SPAC 监管特点：兼顾资本吸引与投资者保护

在以往资本市场各种制度的创新上，欧洲市场在监管方面的态度往往相对较谨慎，且更加重视对投资者利益的保护。在较严格的监管制度下，2020 年及之前欧洲 SPAC 上市数量和募资规模相对较少。为了更好地兼顾资本吸引与投资者保护，欧洲部分国家放松了对 SPAC 上市模式的监管。

1. 监管调整加强资本吸引：英国金融行为监管局放松监管

2021 年 8 月 10 日，英国金融行为监管局（FCA）放松了对 SPAC 上市的监管，其主要目的是吸引更多待上市的 SPAC 到伦敦证券交易所上市，以更好地满足英国本土初创科技公司的融资需求。具体的上市规则的调整如下：一是不再要求 SPAC 在披露并购交易计划时暂停上市。在放松对 SPAC 上市的监管前，伦敦证券交易所要求 SPAC 在披露并购交易计划或宣布并购目标公司时，暂停上市直至并购交易完成。该上市规则导致 SPAC 在确定并购目标公司后，即使投资者想要退出，也面临在指定期间内“锁定”投资的风险。二是将 SPAC 在首次上市时需要募集的最低金额从 2 亿英镑降低到 1 亿英镑。降低对最低募资额的限定有助于 SPAC 上市模式更好地对估值较低的初创公司进行融资，从而扩大 SPAC 上市模式融资的适用范围。三是将拟议的 2 年运营期延长至 3 年，且延长至 2 年半无须获得股东批准。

在英国新的 SPAC 监管制度下，英国金融行为监管局在促进伦敦证券交易所成为欧洲 SPAC 上市的有力竞争者与投资者保护之间取得了平衡。调整后的上市规则为 SPAC 的并购交易提供了更高的灵活性，并受到各类市场参与者的欢迎。例如，2021 年 11 月，风险投资公司 Hambro Perks 特别指出，英国 SPAC 上市规则的调整对于其选择伦敦证券交易所作为 SPAC 市场的影响很大。英国 SPAC 上市规则的调整将吸引更多 SPAC 选择在伦敦证券交易所上市，进而为欧洲的初创公司提供更加多样化和更加灵活的融资方式。

2. 严格监管信息披露，保护投资者利益：瑞士 SPAC 上市模式

2021 年 12 月 6 日，在瑞士金融市场监督管理局（FINMA）的授权下，瑞士证券交易所制定了关于 SPAC 的上市规则，并允许 SPAC 在瑞士证券交易所上市和交易。瑞士证券交易所在关于 SPAC 上市规则的制定方面，尤其强调投资者保护，对 SPAC 上市在信息披露方面提出了更加严格的监管要求，以合理保护投资者的利益。瑞士证券交易所规定，SPAC 在招股说明书中必须披露发起人的薪酬计划等经济利益以及潜在的利益冲突、公司进行额外募资的相关条件以及目标并购行业的详细情况等信息。在瑞士证券交易所严格的信息披露要求下，投资者能够更加全面地了解 SPAC 的基本情况，进而做出合理的投资决策。在瑞士证券交易所上市的 SPAC 必须在 3 年以内完成并购交易，且 SPAC 的发起人、管理人员等利益相关者必须签订锁定协议，限制其在完成并购交易的 6 个月内出售股票。同时，在 SPAC 上市规则的其他方面，瑞士证券交易所规定 SPAC 的唯一目的必须是收购或合并一家或多家运营公司，且上市募集的资金必须存入银行的代管存款账户，以保护投资者的利益。

总体而言，瑞士 SPAC 上市监管制度更注重对投资者的保护。瑞士金融市场监督管理局和瑞士证券交易所在关于 SPAC 上市规则的制定上，更加重视 SPAC 上市的信息披露，要求 SPAC 在招股说明书中进行详尽的信息披露以保护投资者的相关利益。

需要注意的是，欧洲各国在资管行业以及资本市场监管制度的制定方面，一直强调对投资者利益的保护。随着 SPAC 上市模式开始在欧洲各国证券交易所运行，对 SPAC 的监管框架将不断完善，SPAC 发起人和投资者需要持续关注欧洲各国监管制度的变化，以确保 SPAC 合规运营。

欧洲加密货币的发展概况和监管进程：加密经济波动巨大，监管框架逐步明确

市场概览：流动性宽松推动市场快速发展

自2019年起，全球范围的宽松货币政策导致大量资金流入欧洲的加密货币领域。2020年7月至2021年6月，大型机构加密货币交易规模从14亿欧元飙升至463亿欧元，交易规模增长了32倍，占中欧、北欧和西欧地区加密货币总交易规模的50%。据区块链分析公司Chainalysis统计，2020年7月至2021年6月，欧洲加密货币交易规模达14 220亿欧元，占全球加密货币交易规模的35%。其中，英国的加密货币交易规模排在首位，约为1 450亿欧元，紧随其后的是法国、德国、荷兰和西班牙。

2021年全球加密货币投资总收益达1 627亿美元，而2020年仅为325亿美元，增长了400%。得益于全球加密货币市场的活跃，欧洲各个国家的加密货币投资收益稳步增长，如图16-19所示，2021年，英国加密货币投资收益达81.62亿美元，位居全球第二、欧洲第一，同比增长超过4倍。德国加密货币投资收益同样增长迅速，规模达58.30亿美元，较2020年同期增长423%。

欧洲是全球最重要的加密货币交易市场之一。从区域来看，其他地区与欧洲的加密货币交易规模均占其交易总规模的24%及以上。比如，欧洲是北美洲最大的加密货币贸易伙伴，2020年7月至2021年6月，北美洲转出至欧洲的加密货币规模占其总转出规模的33%，来自欧洲的加密货币转入规模则占总转入规模的34%。亚洲和大洋洲与欧洲的加密货币交易规模占比均为27%。相比其他地区，即使非洲以欧洲为贸易伙伴的加密货币交易活动占比最低，其加密货币转出至欧洲的规模占比也达到了24%（如图16-20所示）。

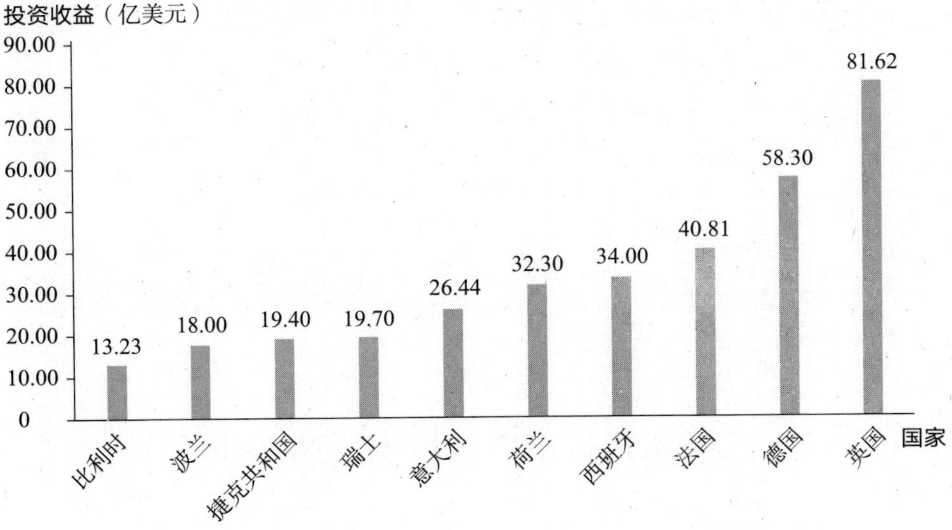

图 16-19　2021 年欧洲加密货币投资收益排名前 10 的国家

资料来源：Chainalysis。

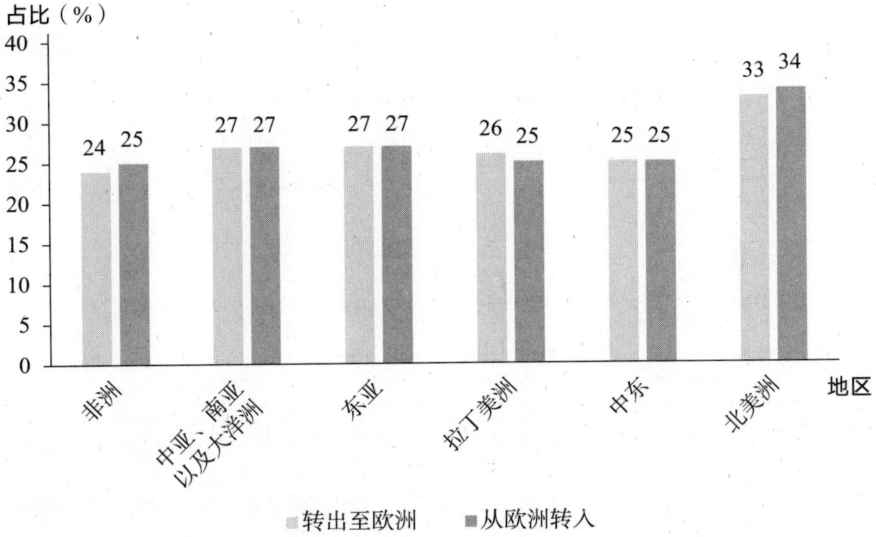

图 16-20　2020 年 7 月至 2021 年 6 月全球各地区与欧洲的加密货币交易规模占比

资料来源：Chainalysis。

欧洲加密经济的繁荣体现在部分交易平台的合规化进程中。2022年1月，比特币机构级服务商NYDIG旗下公司Bottlepay获得英国金融行为监管局的注册许可，成为第一家获得英国监管机构批准的基于闪电网络的初创支付公司。2022年4月，欧洲数字资产交易所（EDSX）完成合规程序，为机构投资者和个人投资者提供投资型代币（也称证券型代币）二级市场，并计划于2022年第三季度开放。2022年5月，加密货币交易平台币安（Binance）获得法国金融市场管理局（AMF）的批准，注册成为数字资产服务提供商，被允许在法国市场开展加密货币交易和托管服务。

监管变迁：欧洲加密货币监管框架逐步明确

1. 加密货币监管框架的变化

随着加密货币行业的发展以及加密货币初创公司的不断创新，全球各个国家和地区面临的加密货币市场监管问题愈发复杂，如何处理市场创新包容性与金融稳定风险的平衡问题，将尤其考验各个国家和地区监管层的治理能力和战略视野。数字资产蓬勃发展，无论是比特币、稳定币等“传统”形式，还是非同质化代币（NFT）、去中心化金融（DeFi）等创新应用，其特性和运营环境都使现有的政策和监管工具难以与之匹配，为了使欧洲监管框架跟上当前加密货币领域的步伐，欧盟以及欧洲各国采取了一系列的监管政策（如表16-1所示）。

表16-1　欧洲各国加密货币监管政策梳理

国家	发布时间	文件名称	主要内容
法国	2019年4月	《商业增长与转型行动计划（Pacte）法案》	该法案为数字资产服务提供商和初始代币产品建立了法律框架，宣布将为加密货币发行方和交易商方颁发许可；规范了法国的加密货币行业，强化了法国金融市场管理局作为加密货币行业监管机构的权力
德国	2019年7月	《实施（欧盟第4号洗钱指令修订）的政府草案》	该草案将加密货币作为金融工具纳入德国银行法，确认了德国加密货币分类，规定加密货币托管机构需要获得德国联邦金融监管局的许可才能在该国提供加密货币托管服务

续表

国家	发布时间	文件名称	主要内容
英国	2020 年 1 月	《反洗钱条例》	该条例指定英国金融行为监管局负责监管加密货币市场，英国加密货币公司必须遵守《反洗钱条例》并在英国金融行为监管局注册
瑞士	2020 年 9 月	《区块链法案》	该法案提高了区块链和加密货币行业法律的清晰度，为数字证券和加密货币交易设定了法律标准，建立了加密货币交易所运营的法律框架
列支敦士登	2020 年 10 月	《区块链法案》	该法案的涵盖范围包括加密货币和稳定币的兑换、托管与通证创造以及一些通用服务，为数字资产所有权、数字资产存储、初始代币发行等提供了法律依据

上述各国已经立法并建立了加密货币监管框架，在加密货币监管上走在欧洲前列。随着欧洲加密经济的繁荣发展，其他国家也越发注重对加密货币的监管。例如，尽管西班牙暂无关于加密货币的具体监管法规，而且西班牙央行目前没有权力监管加密货币市场及其参与者，也没有权力授权或监督相关服务商，但是 2022 年 4 月 26 日，西班牙央行发布的《金融稳定报告》表达了其对加密货币的监管态度。

在欧洲各国纷纷将加密货币监管提上日程的背景下，欧盟需要一个统一的加密货币监管框架。2020 年 9 月 24 日，欧盟委员会通过《欧洲议会和理事会关于加密货币市场监管条例的提案》（以下简称“MiCA 提案”），旨在支持金融产品创新，维护消费者权益和金融稳定，协调整个欧盟的监管框架。MiCA 提案涵盖了与加密货币相关的广泛主题，一是区分了加密货币的主要类别，二是对加密货币服务商进行监管及授权，三是规范了加密货币监管体系。2022 年 3 月 14 日，欧洲议会批准了最新的加密货币市场监管方案，内容包括加密货币监管、消费者保护和环境可持续性规则，不仅就发行和交易加密货币确定了关键监管条款，而且统一了法律框架。2022 年 4 月 9 日，欧洲议会指定欧洲证券及市场管理局（ESMA）为该地区的最高加密货币监管机构。欧洲证券及市场管理局负责向加密货币相关机构和交易所发放许可证，并且有权确定受监管的加密货币类别。MiCA 提案的主要目的和覆盖范围如下：一是加密货币发行和交易准入的透明度和披露要求；二是加密货币服务提供商、资产代币发行人和电子货币代币发行人的授权和监管；三是加密货币发行商和服务提供商的运营、组织和治理；四是加密货币发行、交易、托管方面的消费者保护规则；五是防止市场滥用，以确保加密货币市场的完整性。

2. 加密货币关键监管问题和现状

随着欧洲加密货币监管框架的建立，加密货币行业参与者更加需要相关政策在关键监管领域提供指导，从而有助于其制定战略决策，规划未来发展。

（1）反洗钱规则

反洗钱规则由阻止非法资金流通和洗钱的条例与法律组成。1989 年，为了深化国际合作，反洗钱金融行动特别工作组（FATF）正式成立，并积极领导全球反洗钱行动。随着加密货币市场的不断发展，区块链技术不断推陈出新，反洗钱程序随合规措施定期变化。2018 年 7 月，欧盟发布《欧盟反洗钱 5 号令》（AMLD5），将义务实体范围扩大至加密货币服务提供商。随后两年，FATF 发布了一系列草案和文件，明确定义了纳入监管范围的加密货币服务提供商和加密货币类别，为反洗钱规则如何适用于加密货币提供了指南。

欧洲各国进入详细的反洗钱规则实施阶段。FATF 统计数据显示，截至 2021 年 7 月，欧洲 128 个司法管辖区中有 58 个表示已经实施了修订后的 FATF 标准，其中 52 个司法管辖区监管加密货币服务提供商，6 个司法管辖区禁止加密货币服务提供商运营。截至 2021 年 8 月，英国已完成注册的加密货币相关行业企业有 5 家，还有超过 80 家加密货币企业在临时注册名单内。欧洲各国反洗钱规则监管内容梳理如表 16-2 所示。

表 16-2 欧洲各国反洗钱规则监管内容梳理

国家	实施 / 发布时间	规则名称	监管范围
德国	2020 年 1 月	《欧盟反洗钱 5 号令》	1. 加密货币托管许可证授权 2. 信息披露规范，透明登记制度 3. 加密货币与相关高风险业务
英国	2020 年 3 月	《反洗钱条例》	1. 法定货币与加密货币的兑换 2. 加密货币交易活动 3. 加密货币服务提供商 4. 首次代币发行和首次交易发行 5. 加密货币自动取款机
法国	2020 年 12 月	法国金融市场管理局公告	1. 要求加密货币服务提供商进行注册，若未注册的加密货币服务提供商在法国提供加密货币相关服务，则将面临 3 万欧元罚款及 2 年监禁 2. 对在法国运营并提供服务的所有加密货币企业强制采取了解你的客户要求，并禁止匿名加密货币账户的所有交易

（2）税收政策

加密货币征税是欧洲各国政策决策者的重要议题，欧洲许多国家已经提出关于加密货币的税收政策（如表 16-3 所示）。欧洲加密货币监管在税收政策方面呈现出三个特征。

表 16-3 欧洲各国针对加密货币的税收政策概要

国家	税种	主要内容	免税政策
英国	1. 资本利得税或所得税 2. 社保款项 3. 数字服务税	1. 资本利得税所得税：若个人参与加密货币交易，则需要缴纳资本利得税或所得税 2. 社保款项：若雇主以加密货币进行支付，则雇员需要缴纳社保款项 3. 数字服务税：加密货币交易所在会计期间需要缴纳 2% 的数字服务税	在会计期间，若加密货币交易所有超过 50% 的收入与促进金融工具、大宗商品或外汇的交易有关，则该机构可以免征数字服务税
德国	所得税	1. 个人所得税：个人若在 1 年内通过持有数字资产获利，则需缴纳 25% 的个人所得税 2. 企业所得税：在德国成立的初创企业需要为加密货币收益缴纳企业所得税	个人持有任意加密货币超过 1 年则免税
法国	所得税	所得税：若进行加密货币与法定货币的兑换并产生收益，则需缴纳所得税	加密货币交易免税

续表

国家	税种	主要内容	免税政策
瑞士	所得税	1. 个人所得税：若雇主以加密货币进行支付，则雇员需要缴纳个人所得税 2. 企业所得税：以加密货币交易为盈利来源的企业需要缴纳企业所得税	出于个人利益购买、出售或持有加密货币的合格个人投资者无须为其资本收益纳税
葡萄牙	所得税	所得税：出售商品或者服务获得加密货币的企业需要缴纳所得税	个人购买、出售、交易加密货币完全免税
波兰	所得税	所得税：个人或者企业获得加密货币收入需要缴纳所得税	暂无免税政策

从定义上来看，欧洲大部分国家将加密货币定位为股票、证券和黄金一类的资本财产。如果加密货币卖出所得超过调整后的买入成本（税基），那么就会产生应税收入。

从手段上来看，欧洲一些国家优先选择与本国的加密货币交易所联动。例如，英国税务海关总署要求加密货币交易所披露客户姓名和交易历史，以收回未缴纳的税款。一些国家借助加密货币税收报告工具，如在德国、奥地利和瑞士，加密资产税务软件公司 Blockpit 提供加密货币税收报告工具。

从程度上来看，欧洲大部分国家的税收政策趋严。例如，英国要求加密货币交易所缴纳 2% 的数字服务税。2018 年，瑞典税务机关对 400 余名瑞典加密货币交易者展开调查，开出数百万瑞典克朗的税单。

（3）投资者保护

随着加密货币领域的不断发展，加密货币市场不断细分，加密货币交易的投资者保护问题引起了欧洲监管机构的关注。为了保护数据安全和个人隐私以及投资者合法权益，欧洲银行管理局（EBA）、欧洲证券及市场管理局、欧洲保险和职业养老金管理局（EIOPA）联合发布加密货币风险警告。在国家层面，西班牙央行、西班牙保险与养老金总局向投资者发布联合警告，以提示投资者关注加密货币风险。此外，西班牙国家证券市场委员会（CNMV）发布了加密货币资产营销宣传新规，要求确保宣传广告内容真实、非误导，并披露与之相关的风险，该新规于 2022 年 2 月 17 日生效。为防止加密货币诈骗，保护投资者合法权益，法国监管机构专门成立工作组，针对社交媒体平台上的加密货币推广营销行为进行监管。英国在投资者保护方面处于领先地位，英国金融行为监管局于 2021 年 9 月 15 日公布了《投资者保护战略》，旨在消除加密货币的管制壁垒，使更多投资者能够从中获益。英国金融行为监管局将加密货币投资列为高风险投资，并在官网上向投资者发出了关于加密货币的风险警示。此外，英国政府对加密货币的虚假宣传和营销的监管十分严格，2022 年 1 月 19 日，英国金融行为监管局公布了一则新规草案，提议禁止企业将加密货币推销给未进行金融知识和经验评估的投资者，反映出英国以投资者保护为核心的监管态度。

/ 第 17 章 /

日本资管：经济复苏下的缓慢修复

日本资管市场总览：疫情扰动仍在，规模扩张缓慢

2021 年日本 GDP 规模达 536.79 万亿日元，年增速为 1.6%，GDP 规模经历连续 2 年的萎缩后转为缓慢扩张。在货币政策方面，日本央行仍然维持政策利率在 -0.1% 的水平，同时承诺无限量购买日本国债，基本维持 10 年期国债收益率在 0 左右。日本央行基于日本政府推出的一揽子经济刺激计划，看好日本经济复苏前景，日本经济基本处于缓慢扩张、逐渐复苏的阶段。

从股票市场来看，2021 年日本政府换届、东京奥运会的举办以及日元下跌，为日本股票市场带来利好，东证指数在 2021 年创下历史新高，日经 225 指数突

破 30 000 点大关。从债券市场来看，在日本宽松的货币政策下，日本央行将日本国债收益率维持在一定波动区间内，有效降低了债券市场的波动性，2021 年日本国内基金和国外投资者购买日本国债的规模均大幅增加。2021 年日本国内基金购买日本国债的规模达 25.7 万亿日元，为 2012 年以来的最高水平；国外投资者购买日本国债的规模达 12.4 万亿日元。由于 2021 年日本股票市场和债券市场取得亮眼成绩，日本资管市场在规模和收益上有不错表现。

截至 2021 年 3 月末，日本资管规模达 825 万亿日元，较 2020 年同期增加了 174 万亿日元，增长 26.73%。从投资者规模来看，日本政府养老投资基金仍然占据主要地位，其次是个人养老金、家庭和银行。截至 2021 年末，日本政府养老投资基金资管规模为 199.25 万亿日元，较 2020 年同期增加 22.18 万亿日元，增长 12.53%，累计收益达 107.63 万亿日元，年化收益率为 3.79%。日本投资信托基金规模在 2021 年 9 月末达到 283.67 万亿日元，同比增速为 11.73%。

日本投资信托基金：行业增速趋缓，公募基金占比较高

日本投资信托基金现状：资管规模扩张但增速不显，或源于投资习惯的保守

日本投资信托协会的统计数据显示，截至 2021 年 9 月末，全球投资信托基金资管规模达 7 906.49 万亿日元，同比增长 19.87%。美国共同基金资管规模位居全球第一，同比增速与全球市场基本一致。投资信托基金资管规模扩张速度最快的国家是中国，同比增速达 42.93%（如图 17-1 所示），中国投资信

托基金资管规模在全球的排名从2020年9月末的第六位跃升至2021年9月末的第四位。日本投资信托基金资管规模在2021年9月末达到283.67万亿日元，同比增速显著低于全球市场，仅为11.73%，其全球排名相比2020年9月末下降了一位。

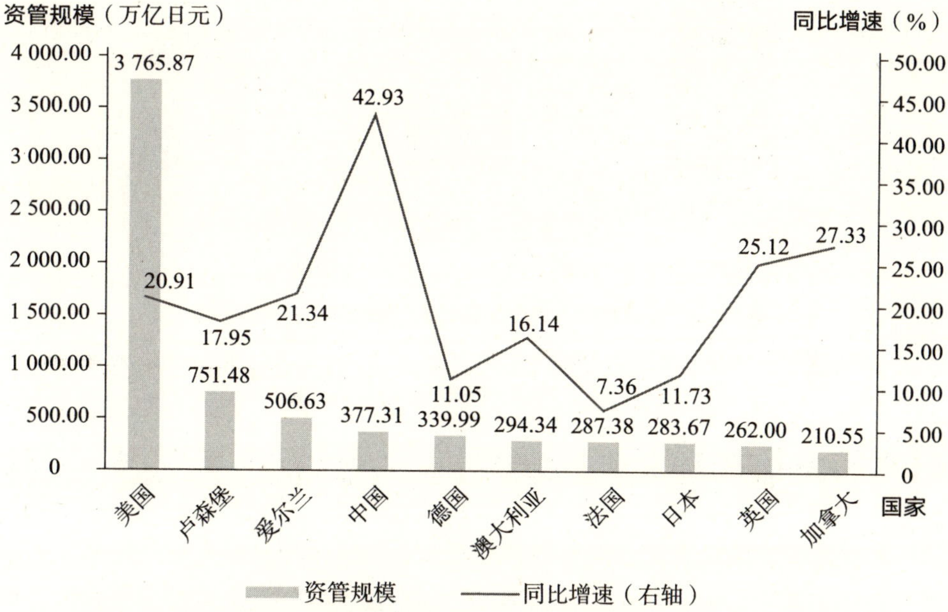

图17-1 全球投资信托基金资管规模排名前10的国家（截至2021年9月末）

资料来源：日本投资信托协会，课题组整理。

日本投资信托基金资管规模增速不显的主要原因是日本民众的投资习惯较为保守。从日本个人资产配置比例可以看出，日本超过50%的个人资产以现金或存款的形式存在，现金和存款与保险和养老金储备之和占日本个人资产总量的80%以上。对比美国和欧洲，日本的个人资产存储方式普遍较为保守，截至2021年9月末，美国有37.8%的个人资产用于股票投资，欧洲的这一比例是18.2%，而日本仅为10.5%（如图17-2所示）。从投资信托基金的资管规模来看，日本仅有4.5%的个人资产为投资信托基金形式，美国和欧洲的占比分别约是日本的3倍和2倍。

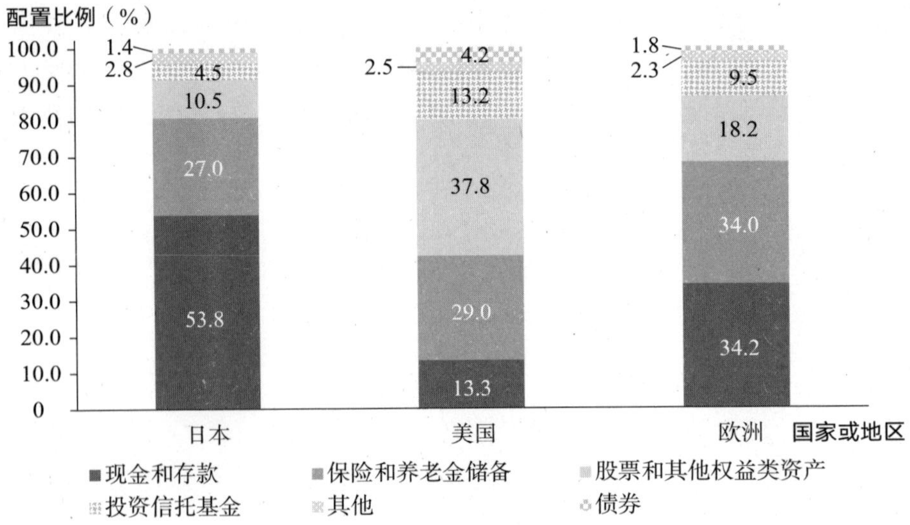

图 17-2 日美欧个人资产配置比例（截至 2021 年 9 月末）

资料来源：日本投资信托协会，课题组整理。

日本投资信托基金产品分类

根据募资对象的不同，日本投资信托基金可以分为公募投资信托基金和私募投资信托基金。根据组织结构的不同，日本投资信托基金可以分为契约型基金和投资法人，截至 2022 年 2 月末，日本不同类别的投资信托基金的概况如表 17-1 所示。

表 17-1 日本不同类别的投资信托基金的概况（截至 2022 年 2 月末）

基金类别	资管规模（万亿日元）	资管规模占比（%）	数量（只）
公募投资信托基金	165.915 5	59.700 7	5 998
契约型基金	154.515 4	55.598 6	5 930
证券型基金	154.515 4	55.598 6	5 930
股票型基金	140.419 0	50.526 4	5 836
单位型	0.490 1	0.176 3	100

续表

基金类别	资管规模（万亿日元）	资管规模占比（%）	数量（只）
追加型	139.928 9	50.350 1	5 736
ETF	58.816 0	21.163 6	218
其他	81.112 9	29.186 5	5 518
债券型基金	14.096 4	5.072 2	94
单位型	0.001 2	0.000 4	7
追加型	14.095 2	5.071 8	87
密西西比河基金（MRF）	13.535 1	4.870 3	12
其他	0.560 1	0.201 5	75
投资法人	11.400 1	4.102 1	68
不动产投资法人	11.250 6	4.048 3	61
基础设施投资法人	0.149 5	0.053 8	7
私募投资信托基金	111.996 4	40.299 2	8 332
契约型基金	109.186 0	39.288 0	8 285
证券型基金	109.184 8	39.287 6	8 284
股票型基金	104.423 6	37.574 4	6 780
债券型基金	4.761 2	1.713 2	1 504
非委托人投资信托	0.001 2	0.000 4	1
投资法人	2.810 4	1.011 2	47
证券投资法人	0.006 4	0.002 3	1
不动产投资法人	2.804 0	1.008 9	46

注：1. 单位型基金类似于封闭式基金，但是因为允许投资者赎回投资而又不完全等同于封闭式基金。

2. 追加型基金即所谓的开放式基金。

资料来源：日本投资信托协会，课题组整理。

1. 日本公募投资信托基金与私募投资信托基金：近年来资管规模差距逐渐拉大

截至 2022 年 2 月末，日本公募投资信托基金存续 5 998 只，资管规模为 165.915 5 万亿日元，占比 59.7%；私募投资信托基金存续 8 332 只，资管规模为 111.996 4 万亿日元，占比 40.3%。证券型基金在公募投资信托基金和私募投资信托基金中均占据 90% 以上的份额，从图 17-3 可以看出，2012 年至 2022 年 2 月末，公募证券型基金和私募证券型基金的资管规模均保持上升态势，2014 年后两者之间资管规模的差距逐渐缩小，2018 年为两种基金资管规模差距最小的一年，之后公募证券型基金的扩张速度加快，两者之间资管规模的差距逐年拉大。

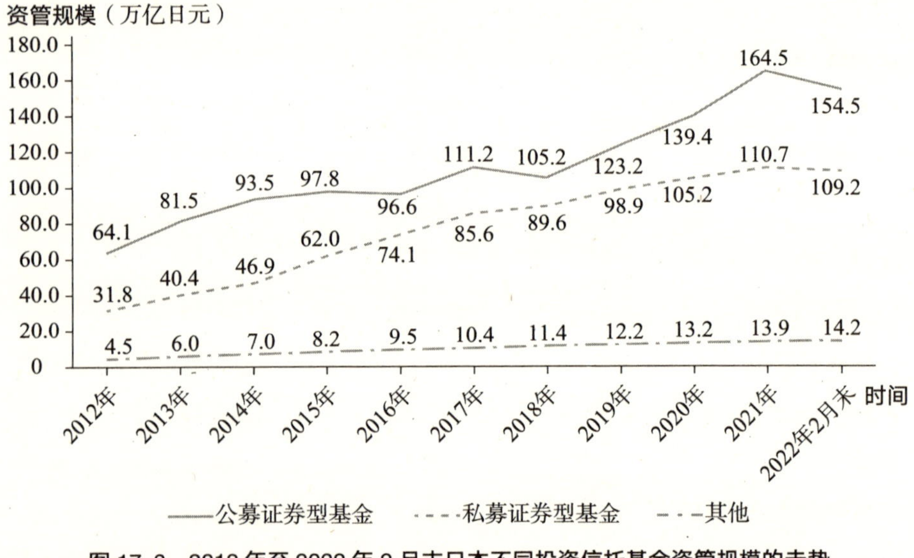

图 17-3　2012 年至 2022 年 2 月末日本不同投资信托基金资管规模的走势

资料来源：日本投资信托协会，课题组整理。

根据产品类别进行分析，截至 2022 年 2 月末，日本公募投资信托基金中股票型基金的存续数量最多，资管规模超 140 万亿日元，占全部投资信托基金资管规模的 50% 以上，债券型基金相对较少，数量不足 100 只；私募投资信托基金中数量和资管规模占比最多的仍然是股票型基金，但债券型基金数量达到1 504只，资管规模占私募投资信托基金的4.25%。根据基金发行类型的不同，公募投资信托基金中追加型证券型基金仍是主流，且数量相较于2021年同期进一步增加，资管规模同比增长6.03%，单位型证券型基金数量有所减少，资管规模同比减少25.79%（如图17-4所示）。

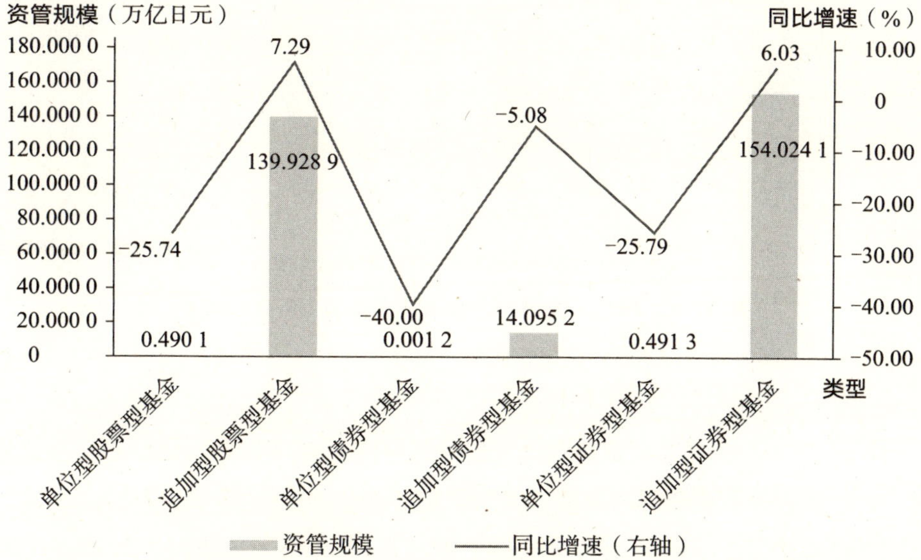

图17-4 公募投资信托基金不同类型资管规模及同比增速（截至2022年2月末）

资料来源：日本投资信托协会，课题组整理。

2. ETF：市场新贵

从2001年日本推出第一批ETF开始，之后20年间日本ETF的资管规模不断扩大。根据日本投资信托协会发布的数据，2012—2021年日本ETF的资管规模已经增长近14倍，虽然因为基数效应，资管规模年增速逐渐放缓，但净增长值未现颓势。根据日本东京证券交易所和日本投资信托协会的数据，截至2021年末，日本存续ETF共计261只，相比2020年末增加69只，资管规模增加7.62万亿日元，同比增速为13.91%（如图17-5所示）。

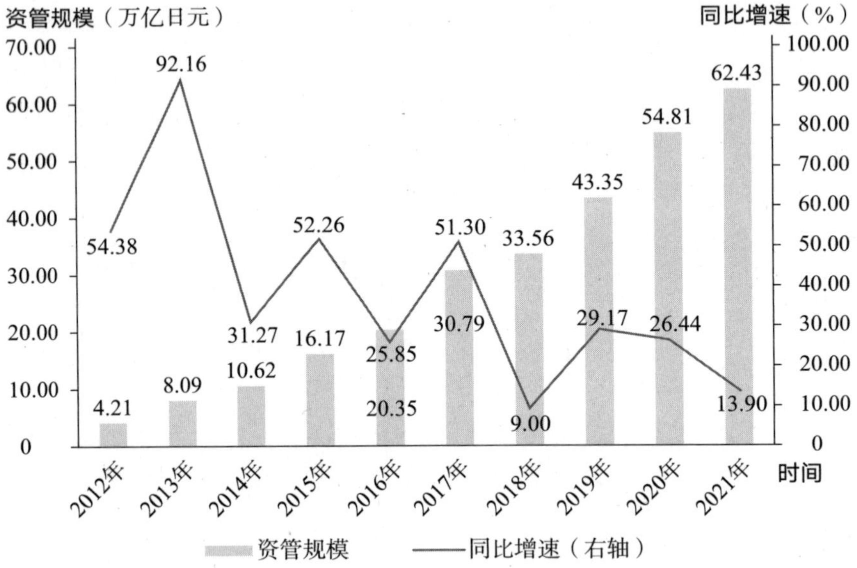

图 17-5　2012—2021 年日本 ETF 资管规模及同比增速

资料来源：日本投资信托协会，课题组整理。

日本 ETF 的快速发展是政府推动和市场导向的共同结果。2008 年金融危机后，日本政府为了刺激经济复苏，采用了购买国债等传统资产的量化宽松手段，但效力略显不足，于是开始大量购买 ETF。从图 17-6 可以看出，2012—2021 年日本央行每年都在购买 ETF，2018 年之前日本央行 ETF 购买规模逐年上升，但在 2018 年之后开始出现波动，这是由于 2018 年日本政府调整了 ETF 的购买策略，由原先的持续购买策略调整为根据市场情况择机购买。

除了日本政府的推动外，市场力量也是促进日本 ETF 发展不容忽视的因素。日本的间接金融在金融体系中占据主导地位，但是日本政府长期推行量化宽松政策导致日本国内存款与贷款息差较低，以及日本银行业愈发重视国外业务等因素阻碍了日本国内间接金融的发展。在直接金融中，日本的债券市场规模近些年发展迅速，而股票市场规模相对较小，发展环境较为宽松，叠加日本国内对风险投资的厌恶倾向和政府的政策引导，日本 ETF 市场的发展前景较好，ETF 低费率、低交易成本和分散投资的特性吸引了大批投资者。

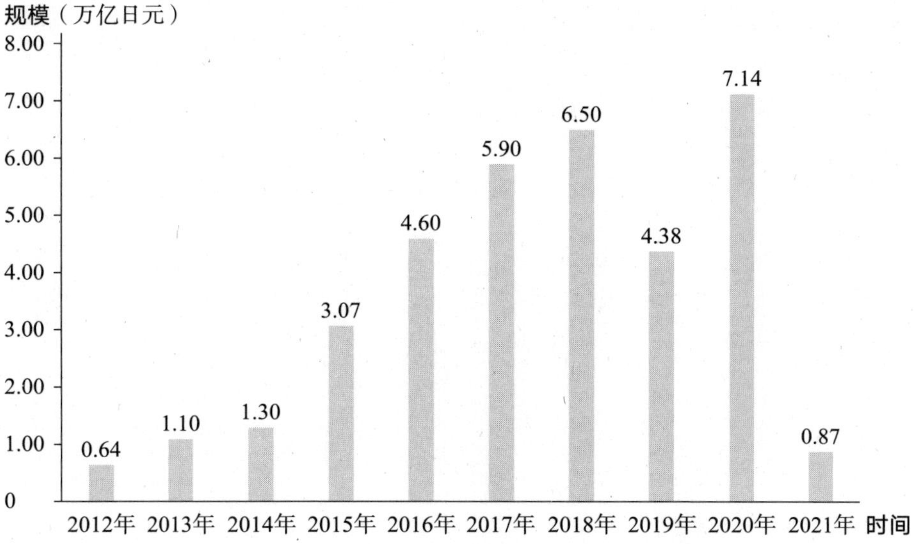

图 17-6　2012—2021 年日本央行购买 ETF 的规模

资料来源：日本投资者协会，课题组整理。

日本养老金市场：日本政府养老投资基金占据主要地位，企业和个人养老金快速增长

在人口老龄化背景下，日本养老金市场成为资管行业最主要的参与者。如图 17-7 所示，日本最新一次人口普查的数据显示，截至 2020 年 10 月 1 日，日本总人口（包括外国人）为 12 614 万人，比 2015 年人口普查时减少了 94.9 万人，下降 0.75%，已经是连续第二次下降。从人口普查年龄来看，截至 2020 年 10 月 1 日，14 岁及以下、15 ～ 64 岁人口数量均出现下降趋势，尤其是 14 岁及以下人口下降了 6%，少子化程度加剧；65 岁及以上人口仍然延续增长趋势，

较 2015 年人口普查时增长了 7%，人口数量达到 3 602 万人，占总人口数量的 28.56%。通过日本人口普查数据可以看出，日本国内人口老龄化和少子化程度进一步加剧，使得日本养老金体系面临的压力加剧。

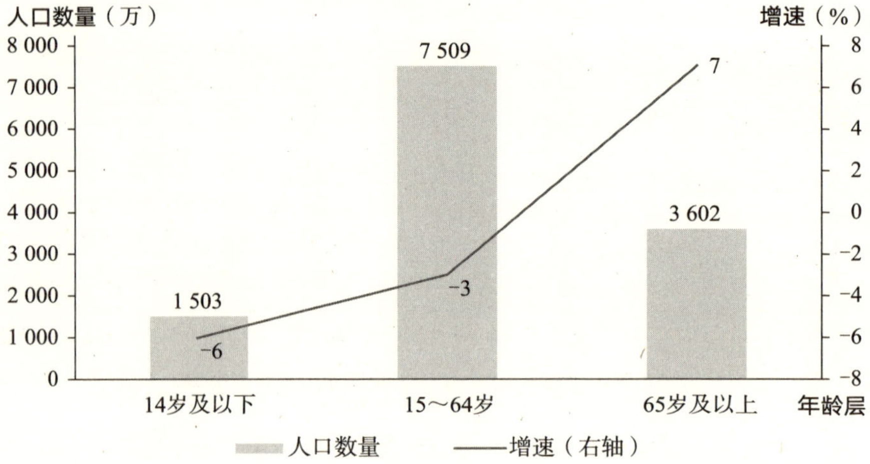

图 17-7　日本 2020 年人口普查数据（截至 2020 年 10 月 1 日）

资料来源：日本总务省统计局。

日本养老金体系主要分为三个部分：日本政府养老投资基金、企业养老金和个人养老金。日本政府养老投资基金是全球最大的养老投资基金，主要包括国民年金和厚生年金。企业养老金主要包括确定收益型养老金计划、确定缴费型养老金计划和现金余额（Cash-Balance）型养老金计划。个人养老金主要包括 NISA 和 iDeCo。

日本政府养老投资基金：资管规模再创新高，收益情况良好

如图 17-8 所示，截至 2021 年 3 月末，日本政府养老投资基金资管规模为 186.16 万亿日元，较 2020 年同期增加 35.53 万亿日元，增长 23.59%，实现收益 37.80 万亿日元，收益率为 25.15%，累计收益达 95.34 万亿日元。此次日本

政府养老投资基金资管规模取得较大增长，主要是因为2020年新冠肺炎疫情暴发，全球经济受到较大影响，日本政府养老投资基金资管规模出现负增长，随着疫情好转，加上日本宽松货币政策，2020财年日本政府养老投资基金资管规模出现大幅增长。

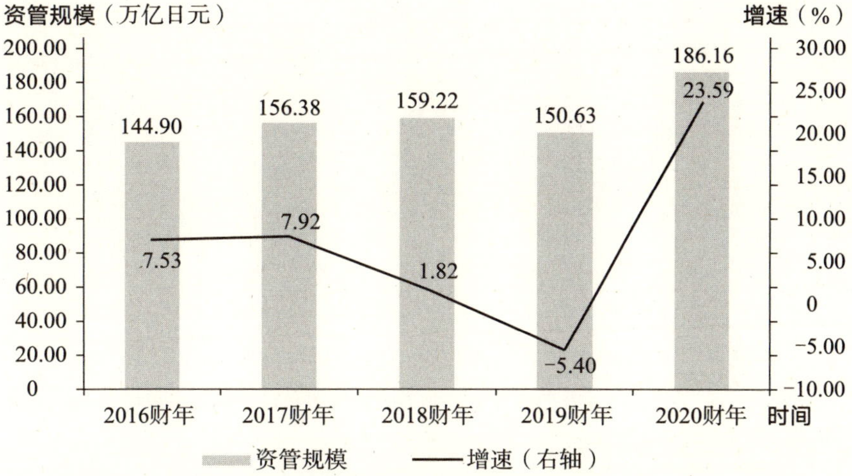

图 17-8 2016—2020 财年日本政府养老投资基金资管规模及增速的变化

资料来源：日本政府养老投资基金，课题组整理。

从资产配置来看，日本国内债券的资产配置比例在逐年降低，国外债券、国外股票的资产配置比例在逐年增加，2020财年日本基本维持债券资产配置与股票资产配置各占50%，国内资产配置与国外资产配置各占50%。具体来看，如图17-9、图17-10所示，日本国内债券资产配置规模为43.82万亿日元，占比23.54%；国外债券资产配置规模为47.29万亿日元，占比25.40%；国内股票资产配置规模为47.23万亿日元，占比25.37%；国外股票资产配置规模为47.82万亿日元，占比25.69%。

从投资收益来看，2020财年全球股票市场表现亮眼，加之日本经济刺激计划的实施，国外股票的收益最好，收益率为59.42%；国内股票的收益次之，收益率为 41.55%；国外债券也实现了正收益，收益率为 7.06%，国内债券是唯一亏损的资产，收益率为 -0.68%（如图 17-11 所示）。

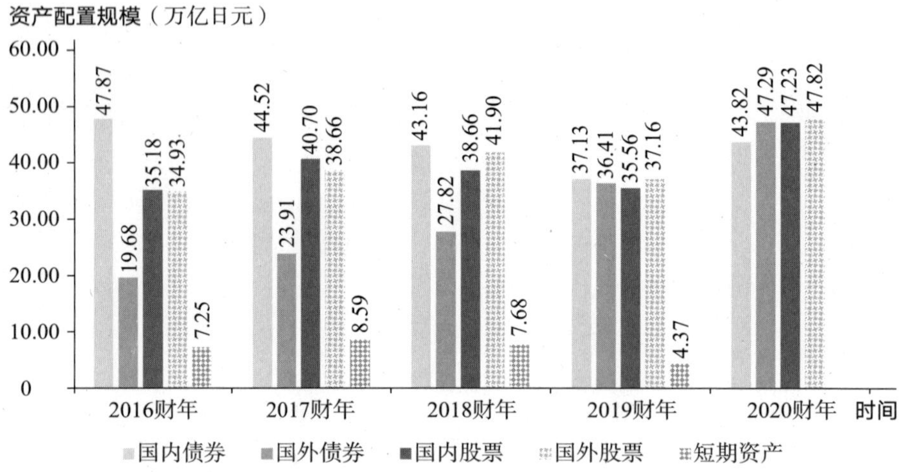

图 17-9　2016—2020 财年日本政府养老投资基金资产配置规模的变化

资料来源：日本政府养老投资基金，课题组整理。

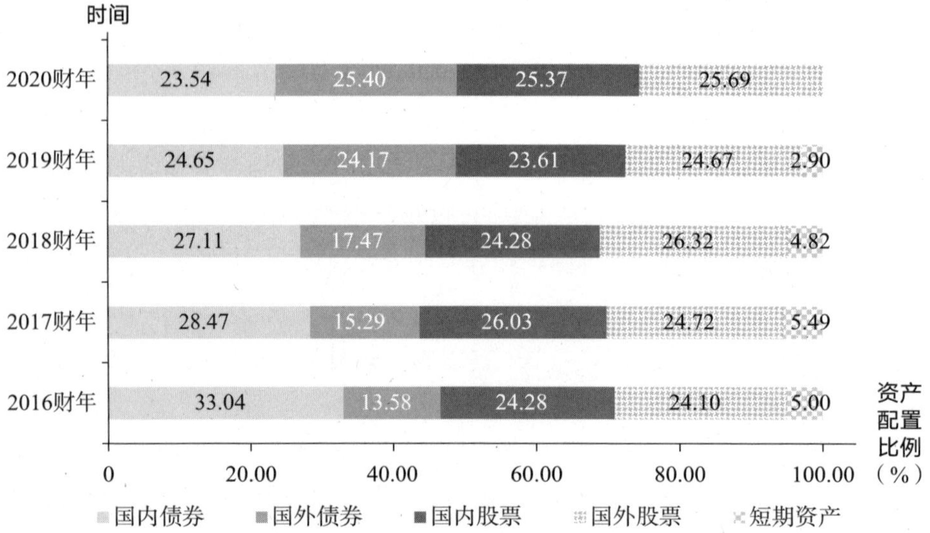

图 17-10　2016—2020 财年日本政府养老投资基金资产配置比例变化

资料来源：日本政府养老投资基金，课题组整理。

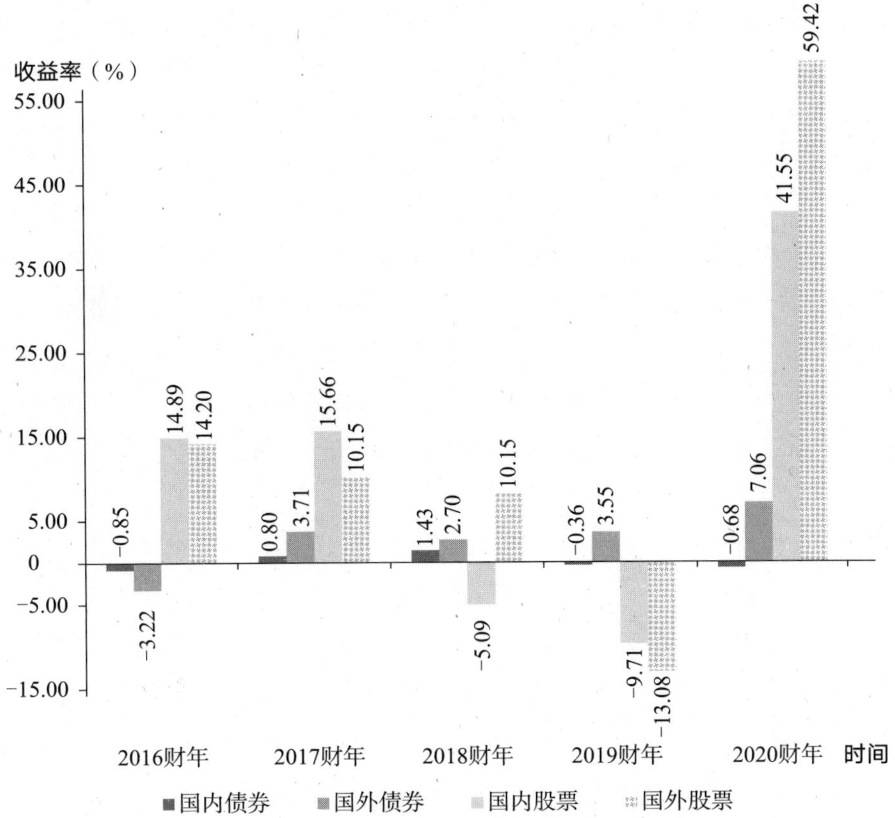

图 17-11　2016—2020 财年日本政府养老投资基金配置资产收益情况

资料来源：日本政府养老投资基金，课题组整理。

企业养老金：确定收益型养老金计划占据主要地位，确定缴费型养老金计划的规模快速增长

截至 2021 年 3 月末，日本企业养老金资管规模为 104 万亿日元，同比增长 12%，其中以确定收益型养老金计划和确定缴费型养老金计划为主。确定收益型养老金计划按照运作模式可以分为两种：一种是基金型确定收益型养老金计划，由企业主和企业中符合加入资格的员工或者工会共同运作，通过合约成立一只基金，与信托公司、保险公司、投资顾问公司等签订合同，委托资管公司管

理；另一种是契约型确定收益型养老金计划，由企业主自行运作，将用作未来给付员工的养老金准备金，与信托公司、保险公司等金融机构鉴订合同，再委托资管公司管理。

确定收益型养老金计划偏好低风险产品，投资收益表现一般。截至 2021 年 3 月末，确定收益型养老金计划资管规模为 68 万亿日元，同比增长 10%。从资产配置来看，近年来确定收益型养老金计划在逐渐降低对日本国内低收益债券的投资，增加了对国外债券和其他资产的配置。配置的资产主要分布在短期资产、债券、股票、对冲基金和其他资产。其中，配置的债券占比大于股票，国内债券占比大于国外债券，国外股票占比大于国内股票。

从投资收益来看，确定收益型养老金计划的收益率低于日本政府养老投资基金，原因是确定收益型养老金计划采取保守的资产配置方式，名义收益率目标为 2% ～ 3%，偏好低风险投资资产。尽管确定收益型养老金计划在逐渐降低日本国内低收益债券的配置比例，但是国内债券仍是确定收益型养老金计划的主要配置资产，从而导致其整体收益率不高。

确定缴费型养老金计划是企业基于劳资双方意愿，随时可以实施的企业养老金计划，费用原则上仅由企业主缴纳，具有较高的弹性，员工在更换工作时，可以直接转入下一家企业。确定缴费型养老金计划由营运管理机构选择投资产品、向员工提供投资者教育，然后向资管机构下达投资指示，由资管机构进行管理。

截至 2021 年 3 月末，日本确定缴费型养老金计划的资管规模为 16.38 万亿日元，同比增长 20.62%；确定缴费型养老金计划 6 601 项，较 2020 年同期增长 221 项，同比增长 3.46%；参与的企业数量达到 39 081 家，较 2020 年同期增加 2 632 家，同比增长 7.22%；参与的员工人数达到 750 万人，较 2020 年同期增加 25 万人，同比增长 3.45%（如图 17-12、图 17-13 所示）。

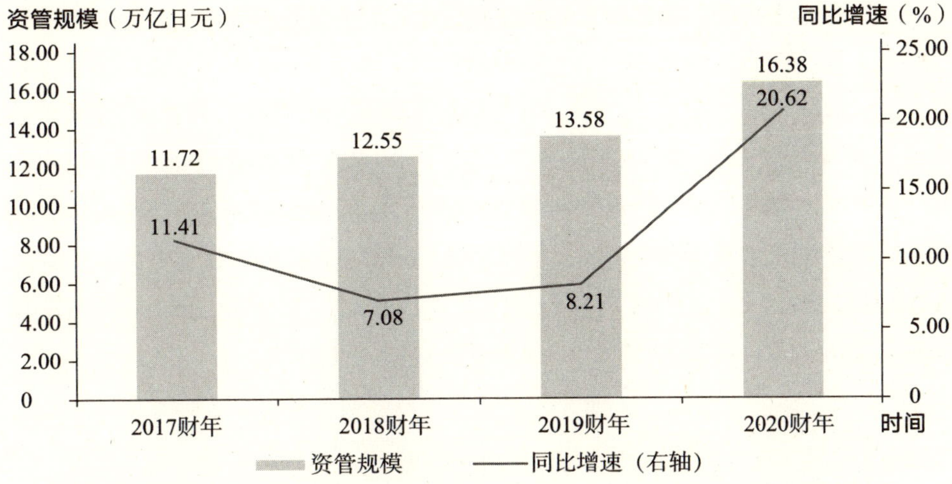

图 17-12　2017—2020 财年日本确定缴费型养老金计划资管规模及同比增速的变化

资料来源：日本企业年金联合会，课题组整理。

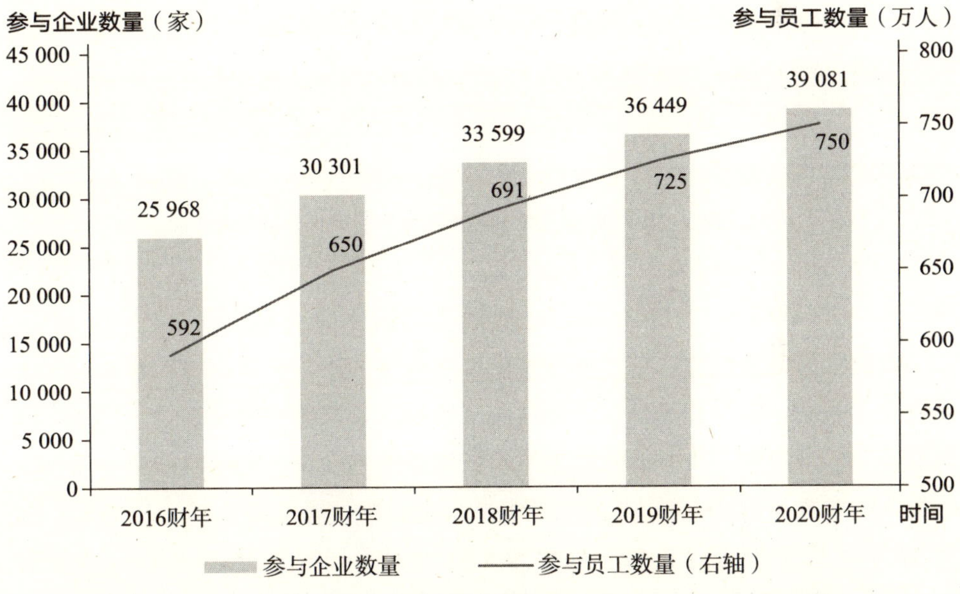

图 17-13　2016—2020 财年日本确定缴费型养老金计划参与企业及员工数量的变化

资料来源：日本企业年金联合会，课题组整理。

从投资者分布看，日本确定缴费型养老金计划中男性投资者、中年投资者占比较大。从投资者性别来看，男性投资者居多，截至2021年3月末，男性投资者共计564万人，占比为75.2%；女性投资者共计186万人，占比仅为24.8%。从投资者年龄阶段来看，50～59岁、20～29岁的投资者数量在逐年增加，30～39岁、40～49岁的投资者数量在逐渐减少，但40～49岁的投资者仍然占据主要地位。截至2021年3月末，40～49岁的投资者有227万人，占比为30.3%；50～59岁的投资者有191万人，占比为25.5%；30～39岁的投资者有186万人，占比为24.8%（如图17-14所示）。

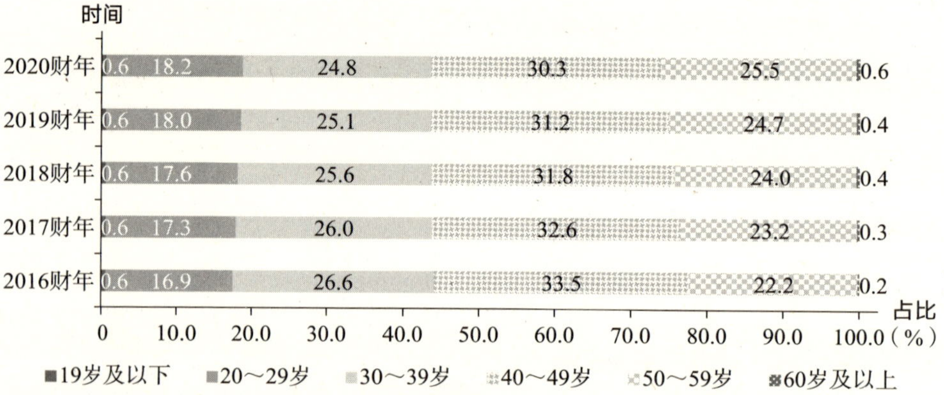

图17-14　2016—2020财年日本确定缴费型养老金计划投资者年龄分布

资料来源：日本企业年金联合会，课题组整理。

确定缴费型养老金计划的投资标的以准备金为主。从投资标的来看，日本准备金占据确定缴费型养老金计划的主要地位，其次是平衡型基金、保险、国内股票和国外股票，日本国内股票的投资规模增长较快，而保险的投资规模在逐年下降。截至2021年3月末，日本准备金的投资规模为5.18万亿日元，占比31.7%；平衡型基金的投资规模为3.08万元，占比18.9%；保险的投资规模为2.16万亿日元，占比13.3%；国内股票的投资规模为2.15万亿日元，占比13.2%；国外股票的投资规模为2.03万亿日元，占比12.4%（如图17-15所示）。

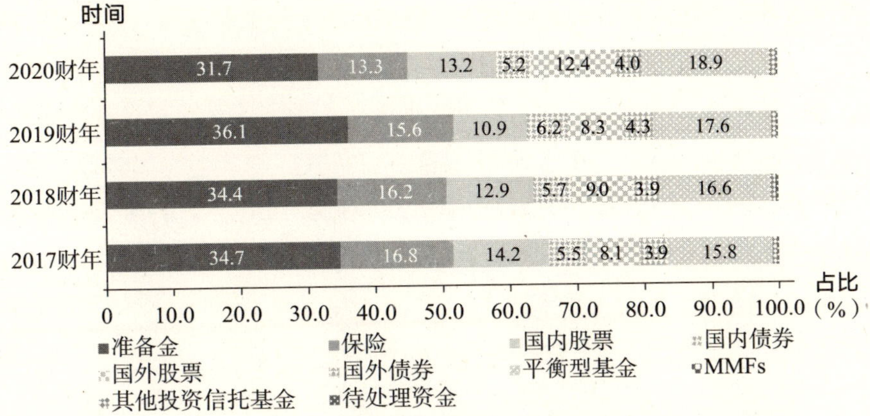

图 17-15　2017—2020 财年日本确定缴费型养老金计划投资标的分布

资料来源：日本企业年金联合会，课题组整理。

个人养老金：NISA+iDeCo，资管规模总量较小，增长速度较快

日本个人养老金主要由 NISA 和 iDeCo 构成，其中 NISA 是日本所有居民均可以办理的具有税收优惠的储蓄账户，iDeCo 是没有参与企业养老金计划的中小企业员工、个体经营者、自由职业者以及家庭主妇等均可以参与的个人养老金计划。

NISA 主要包括普通 NISA、Tsumitate NISA 和 Junior NISA。截至 2021 年 3 月末，NISA 数量共计 1 636 万个，其中普通 NISA 1 225 万个，Tsumitate NISA 361 万个，Junior NISA 50 万个。NISA 资管规模总计 23.37 万亿日元，其中普通 NISA 的资管规模为 22.18 万亿日元，Tsumitate NISA 的资管规模为 0.90 万亿日元，Junior NISA 的资管规模为 0.29 万亿日元。普通 NISA 占据重要地位，下文将重点分析普通 NISA 的情况。

从投资者年龄层来看，截至 2021 年 3 月末，日本 70 ～ 79 岁投资者的普通 NISA 数量最多，为 262.92 万个；其次是 60 ～ 69 岁投资者，普通 NISA 数量为 256.89 万个；50 ～ 59 岁投资者的普通 NISA 数量为 213.43 万个（如图 17-16 所示）。

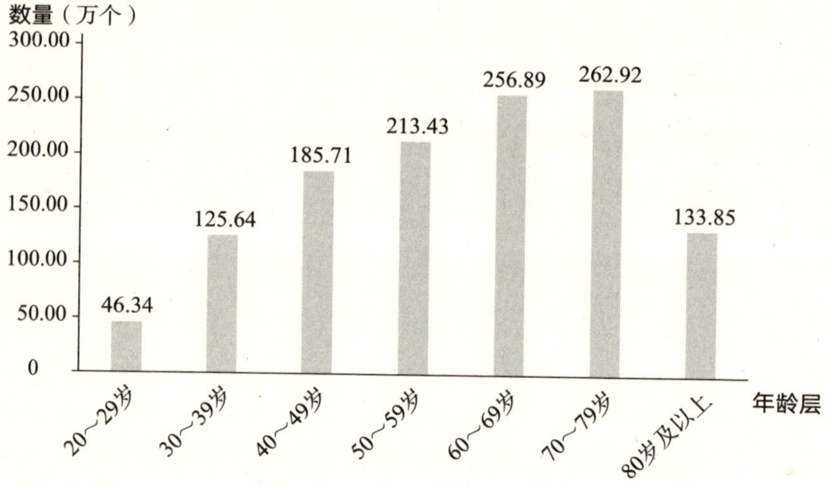

图 17-16　2020 财年日本普通 NISA 不同年龄层投资者持有数量

资料来源：日本金融厅，课题组整理。

从持有资产规模来看，截至 2021 年 3 月末，日本普通 NISA 中，60 ～ 69 岁投资者持有资产规模最大，为 61 492.17 亿日元，占比为 27.73%；其次是 70 ～ 79 岁投资者，持有资产规模为 48 842.00 亿日元，占比为 22.02%；50 ～ 59 岁投资者持有资产规模为 38 323.09 亿日元，占比为 17.28%（如图 17-17 所示）。

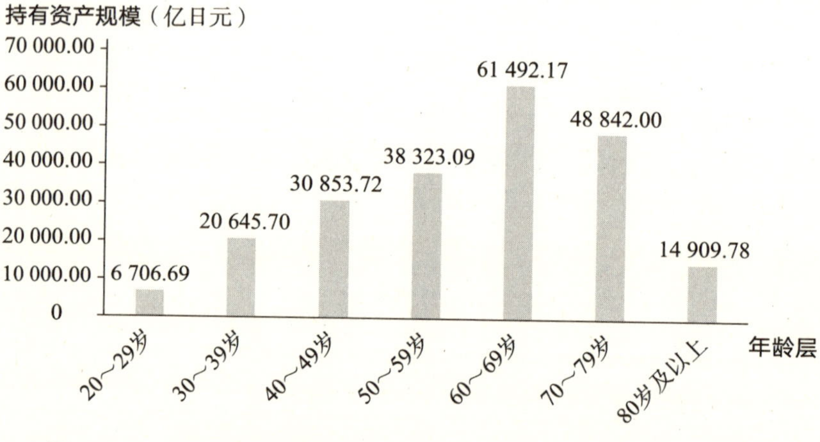

图 17-17　2020 财年日本普通 NISA 不同年龄阶段投资者持有资产规模

资料来源：日本金融厅，课题组整理。

从投资标的来看，普通 NISA 主要投资投资信托基金和上市公司股票，截至 2021 年 3 月末，投资信托基金的投资规模为 122 615.44 亿日元，占比为 55.29%；上市公司股票的投资规模为 92 783.65 亿日元，占比为 41.84%（如图 17-18 所示）。

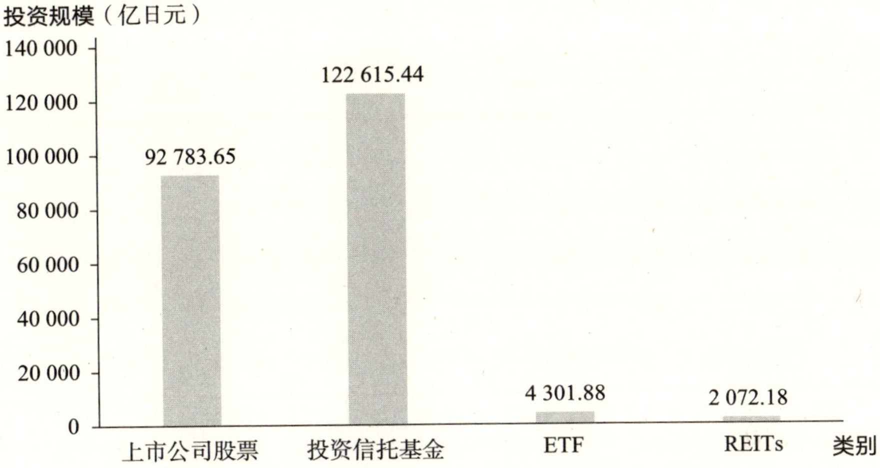

图 17-18　2020 财年日本普通 NISA 投资标的的投资规模

资料来源：日本金融厅，课题组整理。

截至 2021 年 3 月末，iDeCo 的资管规模为 2.96 万亿日元，同比增长 36.87%；参与员工数量达到 195 万人，较 2020 年同期增加 39 万人，同比增长 25%。

从投资者分布看，日本 iDeCo 的男性投资者、中年投资者占比较大。从投资者性别来看，日本 iDeCo 的男性投资者居多，截至 2021 年 3 月末，男性投资者共计 116 万人，占比为 59.5%；女性投资者共计 79 万人，占比仅为 40.5%。从投资者年龄阶段来看，日本 30 ～ 39 岁的投资者数量在逐年增加，40 ～ 49 岁的投资者仍然占据主要地位。40 ～ 49 岁的投资者有 74 万人，占比为 37.9%；50 ～ 59 岁的投资者有 65 万人，占比为 33.3%；30 ～ 39 岁的投资者有 44 万人，占比为 22.6%。

iDeCo 的投资标的以准备金为主。从投资标的来看，日本准备金占据主要地位，其次是国外股票、平衡型基金、保险和日本国内股票，国外股票和平衡型基金的投资规模在快速扩张，准备金和保险的投资规模在逐年下降。截至 2021 年 3 月末，投资信托基金的投资规模为 1.63 万亿日元，占比为 55.3%，其中，国外股票的投资规模为 0.53 万亿日元，占比为 18.0%；平衡型基金的投资规模为 0.45 万亿日元，占比为 15.1%，国内股票的投资规模为 0.37 万亿日元，占比为 12.6%；准备金的投资规模为 0.92 万亿日元，占比为 31.2%；保险的投资规模为 0.39 万亿日元，占比为 13.1%（如图 17-19 所示）。

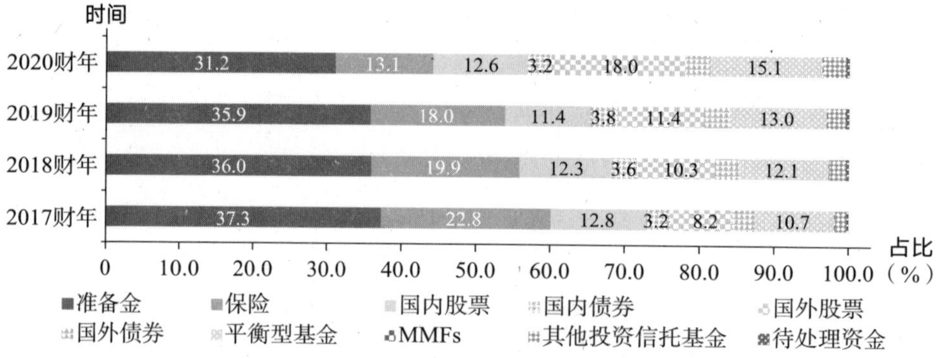

图 17-19　2017—2020 财年日本 iDeCo 投资标的的分布

资料来源：日本企业年金联合会，课题组整理。

金融科技助力日本资管创新发展

智能投顾：市场受众稳步增长

1. 市场现状：新兴的理财模式，受众群体逐年扩大

智能投顾在全球范围内的概念尚未统一，在美国，智能投顾被划分为进行分

析调研的数字咨询工具和为用户理财的机器人顾问，而在日本，智能投顾的应用场景主要是后者，即为用户理财的机器人顾问。Statista 的数据显示，2017 年全球智能投顾资管规模超 26.11 万亿日元，2020 年全球智能投顾资管规模超 115 万亿日元，同比增长 29%，较 2019 年的增速有所下降。预计 2022 年这一规模将扩大至 183 万亿日元，用户数量也将扩大 10 倍。智能投顾在日本虽然是新兴的资管模式，但是发展迅速。Statista 的数据显示，2017 年日本智能投顾资管规模为 1 175 亿日元，2019 年这一规模增长到 5 679.7 亿日元，预计 2023 年将增长到 1.27 万亿日元。根据日本证券业协会的调查结果，日本投资者对于智能投顾的接受度逐年增高。

日本证券业协会的调查结果显示，在 2017 年仅有 8.2% 的日本投资者知道智能投顾是什么，仅有 1.1% 的日本投资者使用过智能投顾，2018 年在日本使用智能投顾的投资者数量占比翻了一番（如图 17-20 所示），且有 22.6% 的日本投资者表示想使用智能投顾，随后智能投顾在日本的受众群逐年扩大，根据抽样结果推断，2021 年有超过 25% 的日本投资者表示使用过或者想使用智能投顾。

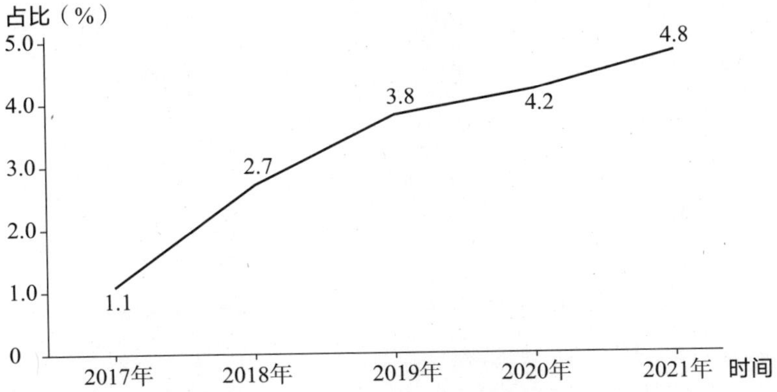

图 17-20　2017—2021 年日本使用智能投顾的投资者数量占比

注：为了使抽样结果能够反映全体投资者的性别、年龄等实际情况，日本证券业协会在做抽样统计时考虑到了人口结构，以当前财年“关于证券投资的全国调查（个人调查）”结果为基础进行样本分配。

资料来源：日本证券业协会，课题组整理。

2. 投资者结构：日本男性、年轻群体、高收入人群更偏好智能投顾

（1）性别结构

在日本，男性投资者比女性投资者更偏好智能投顾。如图 17-21 所示，男性投资者中使用过智能投顾的数量占比高于样本总体中使用过智能投顾的投资者数量占比，使用过智能投顾的女性投资者的数量占比则低于样本总体中使用过智能投顾的投资者数量占比，但是随着整体受众规模的扩大，男性投资者和女性投资者对智能投顾的接受度均逐年提高，性别差异的显著性逐渐降低。

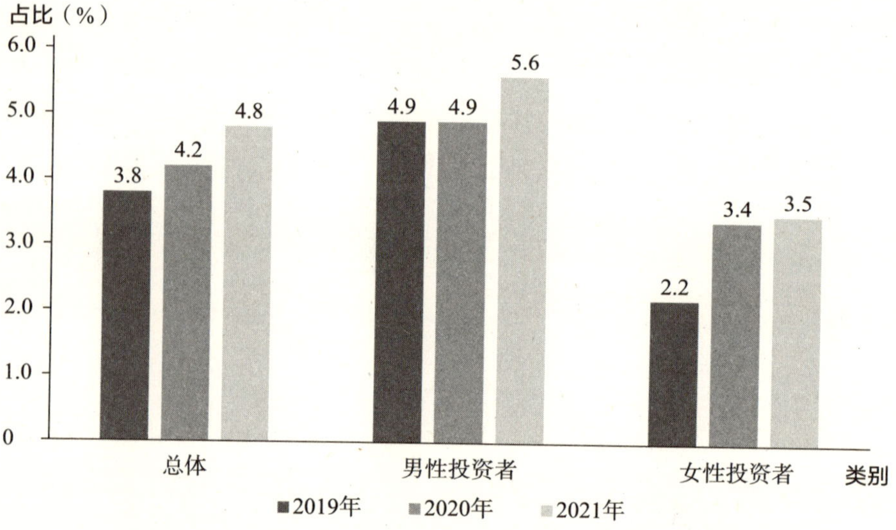

图 17-21　2019—2021 年日本使用智能投顾的投资者性别结构

资料来源：日本证券业协会，课题组整理。

（2）年龄结构

日本智能投顾使用者的年轻化趋势明显。在不同年龄层的群体中，20 ～ 40 岁的日本投资者对智能投顾的接受度最高，随着年龄的增长，投资者使用智能投

顾的比例递减。对比总体情况来看，2021 年 60 岁以下的日本投资者中，智能投顾使用者占比高于总体比例，60 岁及以上的智能投顾使用者数量较少（如图 17-22 所示）。2020 年 20 ～ 39 岁的智能投顾使用者占比出现了小幅跃迁，排除这一年极端值的影响后，各年龄阶段智能投顾使用者的数量均随总体数量的增加而增加，且 65 岁以下智能投顾使用者数量的增长幅度显著高于 65 岁及以上投资者数量的增长幅度。

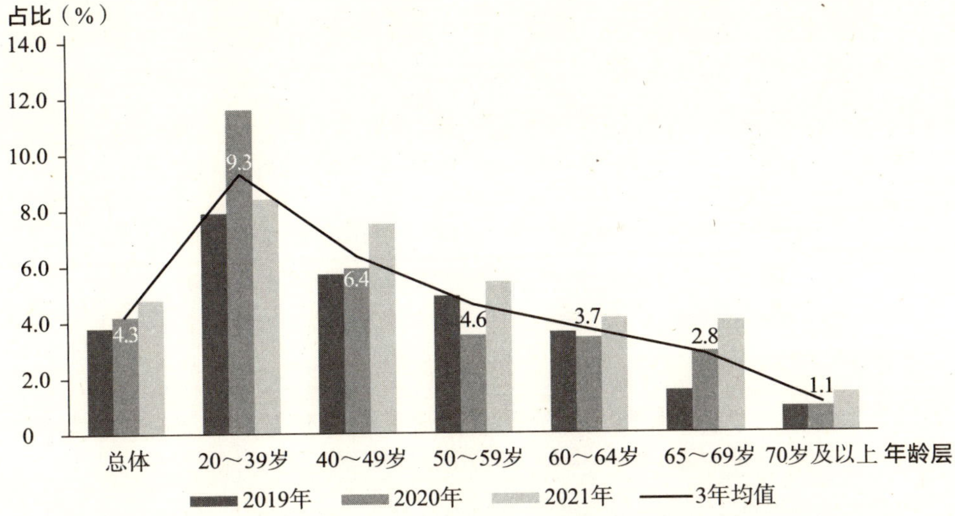

图 17-22　2019—2021 年日本智能投顾使用者的年龄结构

资料来源：日本证券业协会，课题组整理。

（3）收入结构

高收入人群更偏好智能投顾。智能投顾在不同收入人群中的使用者占比随着收入的提高而增加，就统计数据来看，2021 年年收入在 1 000 万日元及以上的投资者中使用智能投顾的比例最高，2019—2021 年这一比例的均值为 7.3%（如图 17-23 所示）。年收入在 300 万日元以下的投资者中使用智能投顾的比例低于总体比例。

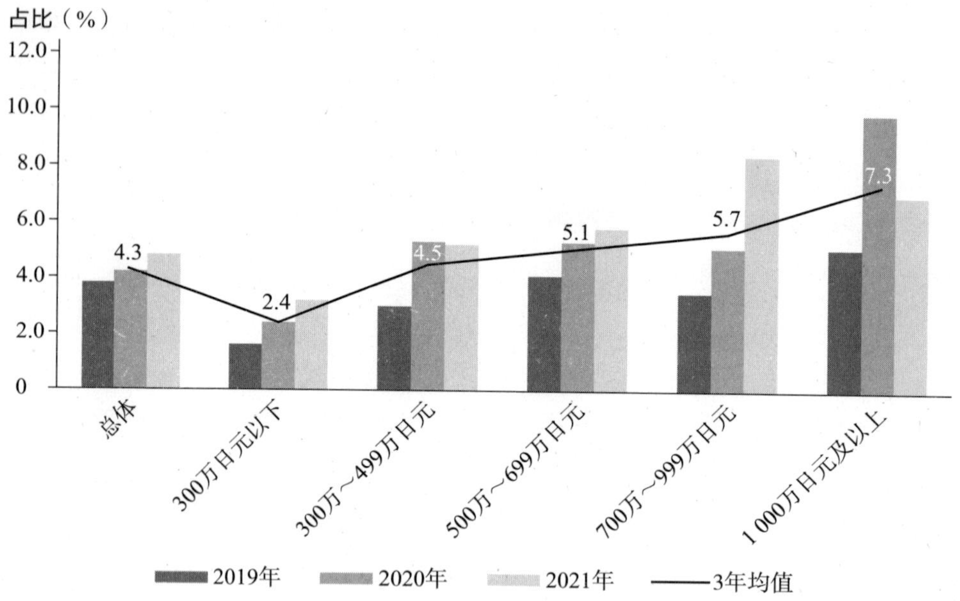

图 17-23　2019—2021 年日本智能投顾使用者的收入结构

资料来源：日本证券业协会，课题组整理。

3. 运作特点：以日本第一家智能投顾平台 Money Design 为例

不同智能投顾平台的运作模式之间有区别，以日本第一家智能投顾平台 Money Design 为例，其主要利用名下产品 THEO 提供智能投顾服务，其投资方法存在以下特点。

其一，分散投资。在空间上，THEO 对全球数十个国家进行分散投资。在时间上，THEO 使用平均成本法对特定标的进行分阶段购买。为了分散风险，提高投资组合的有效性，THEO 在购买 ETF 时，会选择相关性较低的投资标的分别购买。

其二，投资标的为 ETF。这与市场上多数智能投顾平台一致，目前市场上 ETF 的种类较为丰富，交易成本较低，对于多元化投资更有吸引力。在投资过程中，THEO 会将资金合理分散在各个 ETF 投资标的中，同时研判各只 ETF 的流动性和费率，使交易成本维持在较低水平。

其三，聪明贝塔（Smart Beta）。传统指数型基金由于完全跟踪指数，赚取的是市场平均收益，而聪明贝塔则通过制定好的策略对指数进行优化从而赚取超额收益。

其四，再投资。THEO 会对管理的资产的状态进行跟踪，当产生收益时，托管平台会通过算法判断该收益是否可以计入资金池进行再投资，从而尽可能为用户赚取更大的收益。

其五，满足用户需求。当 THEO 有新用户进入时，系统会向其发放问卷，调查用户的基本信息，以判断用户的风险承受能力和预期收益，然后将用户托管的资产在增长型组合、收入型组合和抗通货膨胀型组合中合理配置，以满足用户需求。

其六，再平衡。用户的资管方案分为内外两部分，外部是增长型组合、收入型组合和抗通货膨胀型组合的配置，内部是三大投资组合内投资标的的配置。当 ETF 的价格变化时，内外两部分的资产配置比例均会发生变化，此时 THEO 对超出或不足的投资标的进行卖出或买入，以维持原有资管方案不变。

数字资产：交易热情快速攀升

1. 市场现状：加密货币价格总体呈上升趋势，市场交易热情逐年攀升

目前，关于数字资产的定义在全球范围内并未形成统一意见，在日本，加密货币是数字资产的主要表现形式。日本加密货币交易协会于 2021 年公布的《关于加密货币交易的年度报告》显示，截至 2021 年 3 月末，世界上流通的加

密货币种类超 6 000 种，而日本主流的加密货币有 5 种，分别是比特币、以太币（ETH）、莱特币（LTC）、比特币现金（BCH）和瑞波币（XRP）。截至 2021 年 3 月末，日本加密货币市场规模合计 212.26 万亿日元，其中比特币占 57.37%（如图 17-24 所示），比 2020 年同期占比减少 8%，而以太币占比增加了 8%。

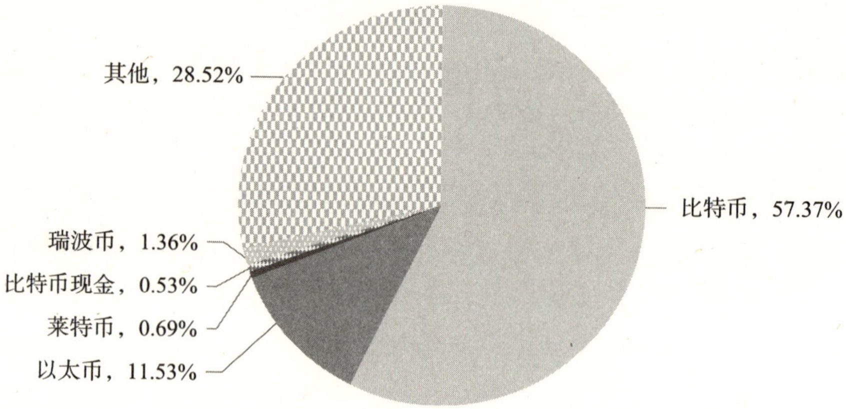

图 17-24　日本不同加密货币的规模占比（截至 2021 年 3 月末）

资料来源：日本加密货币交易协会，课题组整理。

截至 2021 年 3 月末，日本加密货币及相关衍生品交易的参与企业数量比 2020 年同期增加 42.11%，新经营的项目数量也在增加，市场规模不断扩张，现货交易规模约是 2020 年同期的 2.69 倍，保证金交易规模约是 2020 年同期的 1.41 倍。从图 17-25 中可以看出，日本加密货币每财年末的日交易规模逐年上升，其中比特币和以太币的日交易规模更是以超过 100% 的同比增速快速增长。

2. 投资者结构：在男性投资者中的扩张速度更快，年轻化趋势明显，中等收入人群的偏好更强

日本证券业协会的抽样调查结果显示，2019—2021 年日本加密货币的投资者数量占比逐年增长，2019 年仅有 3.4% 的投资者表示接触过加密货币，2021

年这一比例扩大至 6.3%（如图 17-26 所示）。

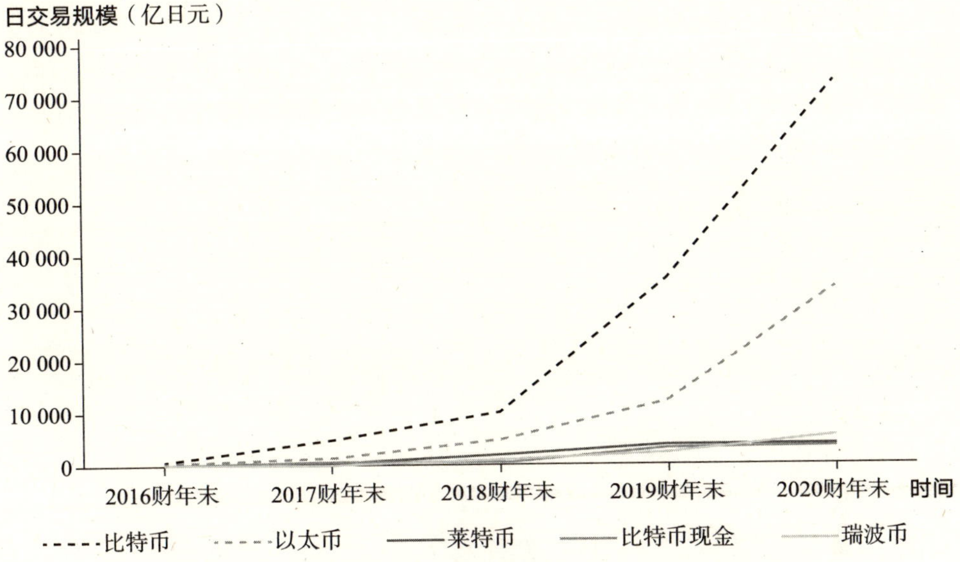

图 17-25　2016—2020 财年末日本主流加密货币的日交易规模

资料来源：日本加密货币交易协会，课题组整理。

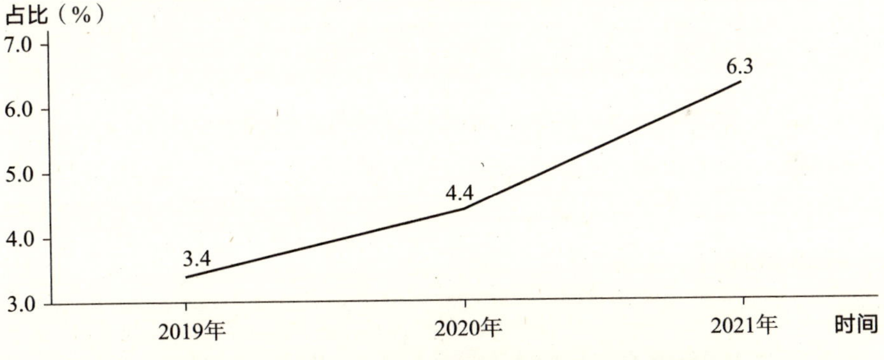

图 17-26　2019—2021 年日本加密货币的投资者数量占比

资料来源：日本证券业协会，课题组整理。

（1）性别结构

加密货币投资在男性投资者中的扩张速度更快。如图 17-27 所示，样本中男性投资者投资加密货币的比例显著高于女性投资者，且随着时间的推移，这一差距在逐渐拉大。2019—2021 年女性投资者中加密货币投资者所占比例均低于样本总体比例，虽然不同性别投资者中投资加密货币的比例均在逐年上升，但是男性投资者中的这一比例提升得更快。

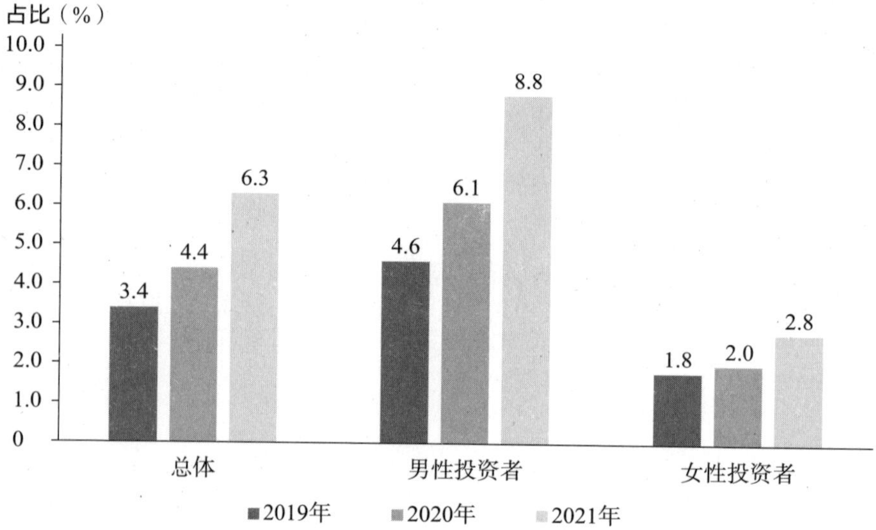

图 17-27　2019—2021 年日本加密货币投资者的性别结构

资料来源：日本证券业协会，课题组整理。

（2）年龄结构

日本加密货币投资者在年轻群体中占比较高，且扩张速度与年龄层呈反比例关系。日本证券业协会的抽样调查结果显示，在 20 ～ 39 岁群体中加密货币投资者的占比最高，且随着年龄增长，这一比例逐渐降低。随着时间推移，各年龄层群体中加密货币投资者的占比均出现了增长，统计 2019—2021 年不同年龄层群体中加密货币投资者的占比增速发现，越是年轻的投资者群体，加密货币投资者数量在该投资者群体中的增长速度越快（如图 17-28 所示）。

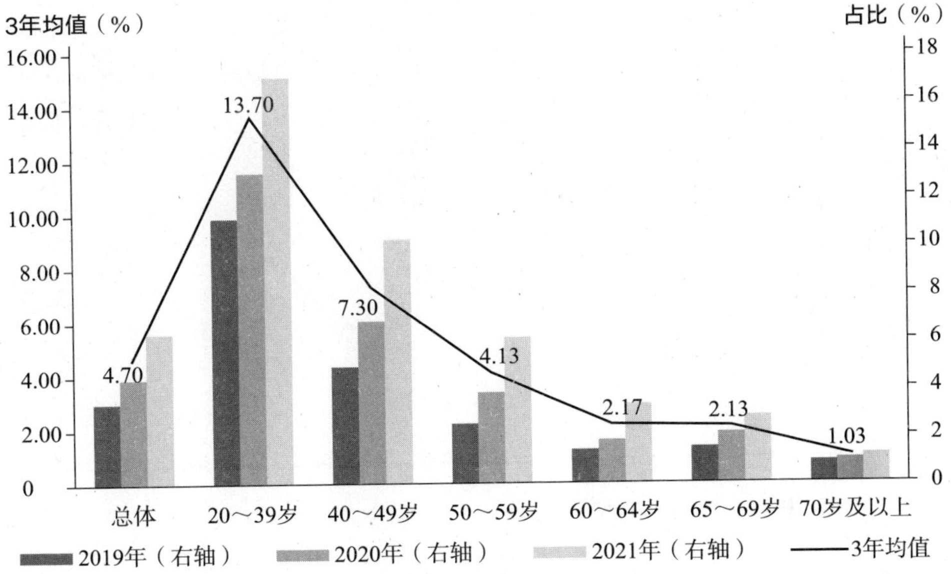

图 17-28　2019—2021 年日本加密货币投资者的年龄结构

资料来源：日本证券业协会，课题组整理。

（3）收入结构

中等收入人群对加密货币的偏好更强。通过绘制 2019—2021 年日本加密货币投资者的收入结构图可以发现，不同收入人群中加密货币投资者的占比与人群平均收入的关系呈倒 V 形。2019—2021 年中等收入（500 万～ 699 万日元）人群中加密货币投资者的占比均值最高，为 8.7%，收入在 300 万日元以下人群中加密货币投资者的占比最低，为 2.6%（如图 17-29 所示）。除 700 万～ 999 万日元收入人群中加密货币投资者的占比有所波动外，2019—2021 年加密货币投资者的占比在不同收入人群中均保持增长趋势，且 2021 年各收入人群中加密货币投资者占比的同比增速均高于 2020 年，其中又以在 500 万～ 999 万日元收入人群中的增长速度最快。

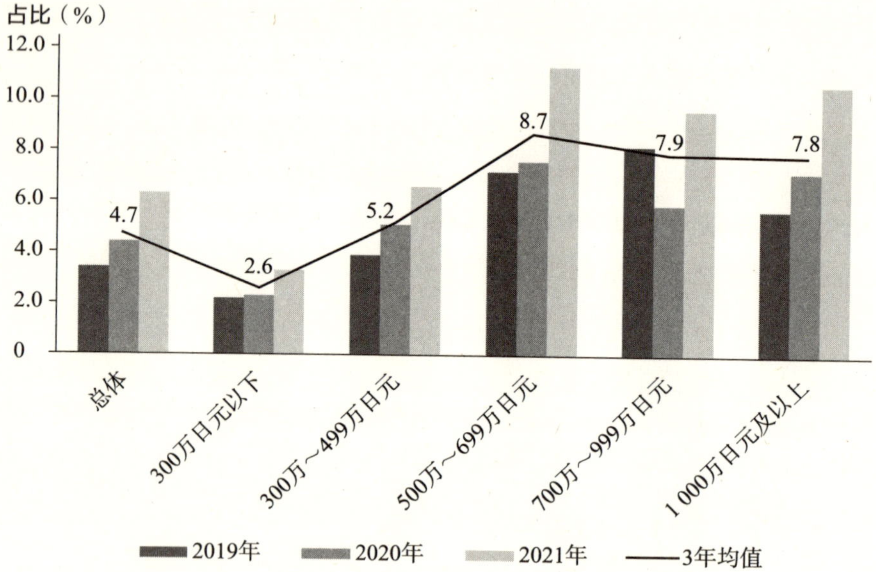

图 17-29 2019—2021 年日本加密货币投资者的收入结构

资料来源：日本证券业协会，课题组整理。

3. 加密货币监管：监管政策相对完善，政府监管和行业自治并行

加密货币激发了日本市场微观主体的活力，但相关制度尚不完善。日本政府已推出《资金结算法》《支付服务法》《金融工具交易法》《金融工具销售法》等法律规范，以加强对加密货币行业的监管。同时，日本政府监管和行业自治并行的监管架构，使得日本加密货币交易协会、日本加密货币商业协会等行业自治组织能够主动发挥监督职能。

日本加密货币行业的监管主要包括对现货交易的监管、对衍生品交易的监管、对信用交易的监管以及对首次代币发行（ICO）业务的监管，其监管主要有以下特点。

第一，相互补充，覆盖全面。由于加密货币属于新兴事物，大部分国家在相关领域存在法律空白，数字资产定义的不清晰也给制度规范的制定设置了障碍。

日本将加密货币进一步细分为支付类、证券类、特定资产类等，并出台不同的法律分别进行监管，比如支付类加密货币受《支付服务法》监管，证券类加密货币受《金融工具交易法》监管等，尽量做到相互补充且覆盖全面。根据交易方式的不同，加密货币交易可以分为现货交易、衍生品交易、信用交易以及ICO业务。日本加密货币的现货交易主要包括加密货币的买卖和兑换，受《支付服务法》监管。加密货币的衍生品交易主要包括加密货币的期货、期权、远期、互换等交易，受《金融工具交易法》监管。加密货币的信用交易是指客户事先向交易商支付一定数额的保证金，在后续交易过程中若出现加密货币短缺，则可以向交易商借入部分加密货币进行交易，信用交易受《支付服务法》和《加密资产交易商内阁府令》等法律的共同监管。加密货币的ICO业务是指发行主体首次以发行加密货币的方式募集资金，根据ICO业务投资性质的不同，将投资类ICO纳入《金融工具交易法》的监管范围，其余ICO业务受《支付服务法》监管。

第二，政府监管和行业自治并行的监管模式。日本金融厅和国税局是日本主要的加密货币政府监管机构，前者主要负责加密货币交易商的注册登记、相关法律的修订以及加密货币相关业务的信息审查，后者则主要负责加密货币征税制度的制定和征税流程的监管。日本除了出台一系列法律法规对加密货币交易进行监管外，还通过行业自治组织规范行业发展。《支付服务法》将日本加密货币行业自治组织称为“支付服务提供商认证协会”，并细分为三类：预付支付工具发行方、资金划付方和交易兑换服务提供商。与日本加密货币行业相关的组织目前主要有日本区块链协会、日本加密货币商业协会、日本加密货币交易协会等。以日本加密货币交易协会为例，日本加密货币交易协会于2018年由16家获得交易许可的金融交易所共同成立，日本金融厅授予该组织行业自治权，允许其监管加密货币行业，调查和制裁不遵守行业规则的行为。

随着加密货币相关制度的完善，日本已成为加密货币行业法律法规实践的先行者和加密货币交易市场快速发展的国家。虽然日本的加密货币监管已经形成系统化框架，但是仍然存在信息披露制度不完善、跨境交易风险较高等问题，对于加密货币未来蓝图的勾画，相关机构还需进一步探索。

/ 第 18 章 /

中国香港地区资管：关注创新业务的发展机遇

2021 年中国香港地区的 GDP 同比增长 6.4%，扭转了过去 2 年的跌势（如图 18-1 所示），但仍低于预期的 6.6%，2021 年第四季度 GDP 增长 4.8%，低于预期的 5.0%。2021 年中国香港地区的经济表现主要被出口表现强劲以及私人消费改善提振，以及被新冠肺炎疫情及防疫措施带来的不确定性拖累。受美联储收紧货币政策、变种新冠肺炎疫情蔓延、供应瓶颈及中国内地监管等相关因素影响，香港股票市场在 2021 年显著调整，恒生指数在 2021 年 2 月 17 日升至 31 085 点高位后辗转回落，至 2021 年 12 月末跌至 23 398 点，跌幅达 25%（如图 18-2 所示）。交投在 2021 年内大部分时间保持活跃，平均成交额较 2020 年增加 28.8% 至 1 667 亿港元。

尽管香港股票市场的表现不尽人意，但是资管行业的表现仍然坚挺。2021 年，中国香港认可单位信托及互惠基金（以下简称“认可基金”）市场源自中国香港投资者的总销售额[①]同比增长 23% 至 972 亿美元，资管规模合计 21 238 亿美元，相较于 2020 年同期增长 6%。其中，混合型基金成为新的增长点，总销售额同比增长 98% 至 300.6 亿美元。在可交易资管产品方面，ETF、杠杆及反向产品和 H-REITs 合计市价总值 11 164 亿港元，同比下降 6%，但成交额逆势上涨 16% 至 20 173 亿港元，主要受 ETF 成交额增长推动。在强制性公积金（以下简称“强积金”）方面，核准成分基金资产净值合计 11 818 亿港元，同比增长 4%。

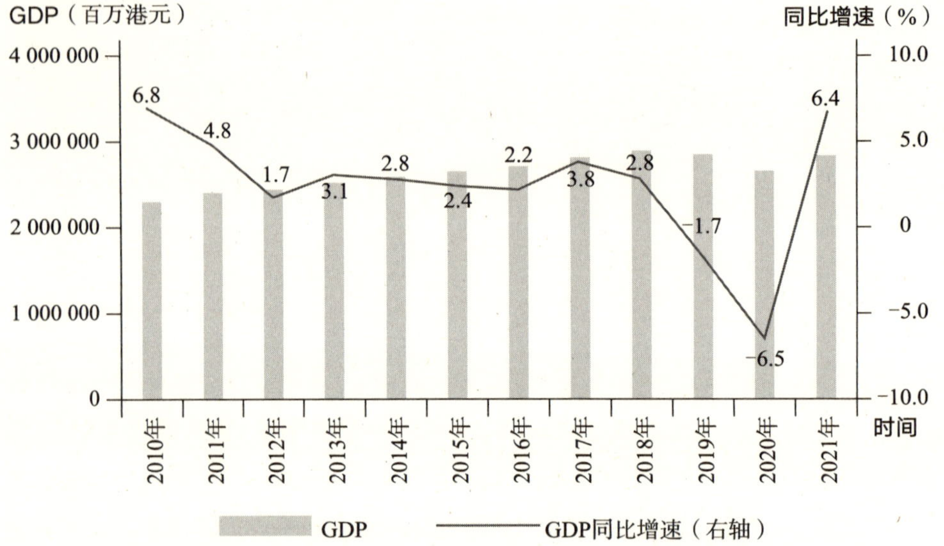

图 18-1　2010—2021 年中国香港地区 GDP 及同比增速

资料来源：万得资讯。

① 源自中国香港投资者的基金销售，是指通过中国香港零售银行、独立财务顾问、保险公司以及拥有中国香港地址的直接客户等渠道进行的认可基金销售活动。

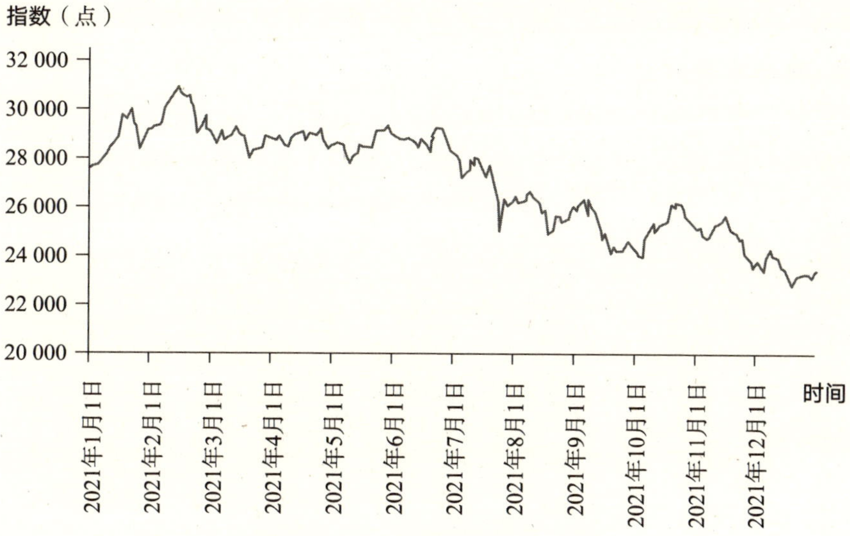

图 18-2　2021 年恒生指数变化趋势

资料来源：万得资讯。

香港资管市场跟踪：权益类产品偏好进一步抬升

认可基金市场：混合型基金驱动资管规模增长

2021 年香港认可基金数量和规模均同比略有增长。中国香港的认可基金与中国内地的公募基金、美国的共同基金类似，均采取开放式募集资金方式向投资者募集资金并根据基金的投资目标购买一系列股票、债券等标的资产，从而为投资者提供专业的资金管理和投资风险分散服务。总体来看，根据香港证监会统计，截至 2021 年末，香港认可基金合计 2 240 只，相较于 2020 年同期增加 46 只，资管规模合计 21 238.12 亿美元，相较于 2020 年同期增长 6%（如图 18-3、图 18-4 所示）。

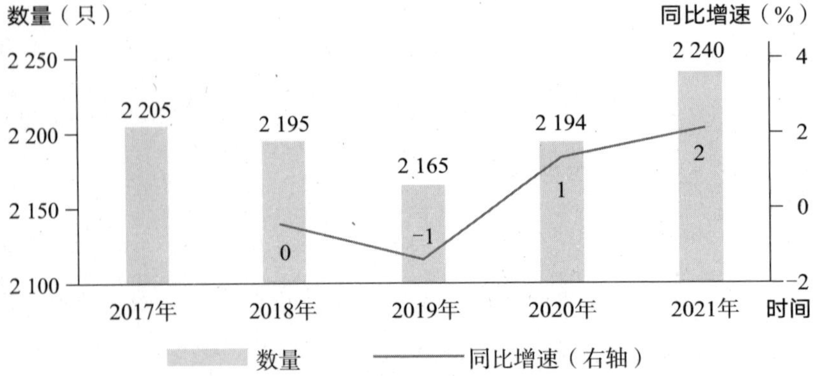

图 18-3　2017—2021 年香港认可基金数量及同比增速

资料来源：香港证监会。

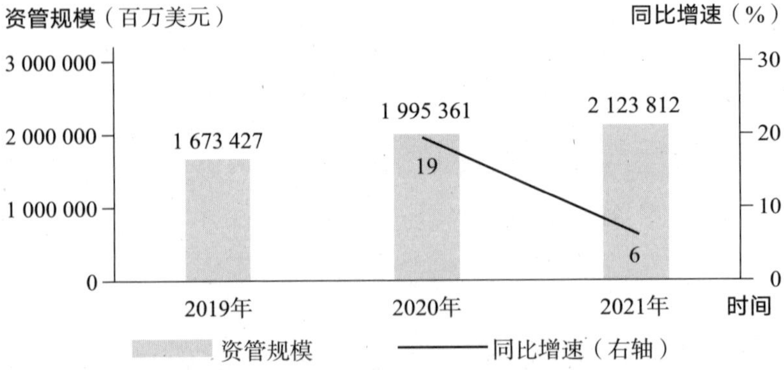

图 18-4　2019—2021 年香港认可基金资管规模及同比增速

资料来源：香港证监会。

香港注册认可基金数量增加，但资管规模依然较低

按注册地来看，香港认可基金主要分为香港注册认可基金和非香港注册认可基金两类，其中香港注册认可基金指在香港注册成立的认可基金，而非香港注册

认可基金则主要源于香港开放式基金型公司的迁册机制，即根据香港以外司法管辖区的法律以公司形式成立的基金，如果符合香港《证券及期货条例》的相关规定，就可以在香港注册成为开放式基金型公司。

中国香港认可基金的注册地主要分布在海外，中国香港注册认可基金的数量、资管规模及平均资管规模均低于海外注册认可基金。从数量上来看，2021年中国香港注册认可基金数量同比增长7%至865只，海外注册认可基金数量同比减少1%至1 375只，自2018年以来，中国香港的海外注册认可基金数量基本维持不变。从资管规模来看，2021年中国香港注册认可基金资管规模同比增长4%至1 916.88亿美元，而海外注册认可基金资管规模同比增长7%至19 321.24亿美元，中国香港注册认可基金总资管规模不及海外注册认可基金资管规模的1/10（如图18-5所示）。中国香港注册认可基金平均资管规模同样低于海外注册认可基金，2021年中国香港注册认可基金平均资管规模为2.22亿美元，而海外注册认可基金平均资管规模为14.05亿美元（如图18-6所示）。中国香港的海外注册认可基金主要来自卢森堡，2021年来自卢森堡的海外注册认可基金数量及资管规模占全部海外注册认可基金的比例分别为75%、76%。

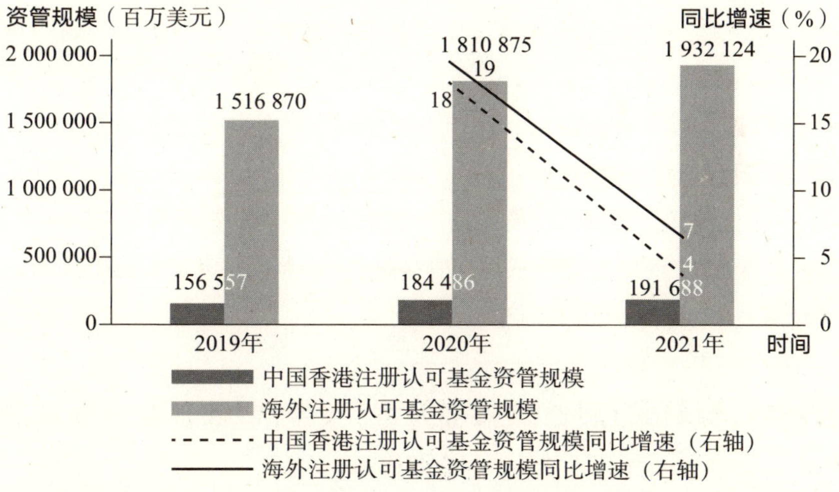

图18-5　2019—2021年中国香港认可基金资管规模及同比增速（按注册地）

资料来源：香港证监会。

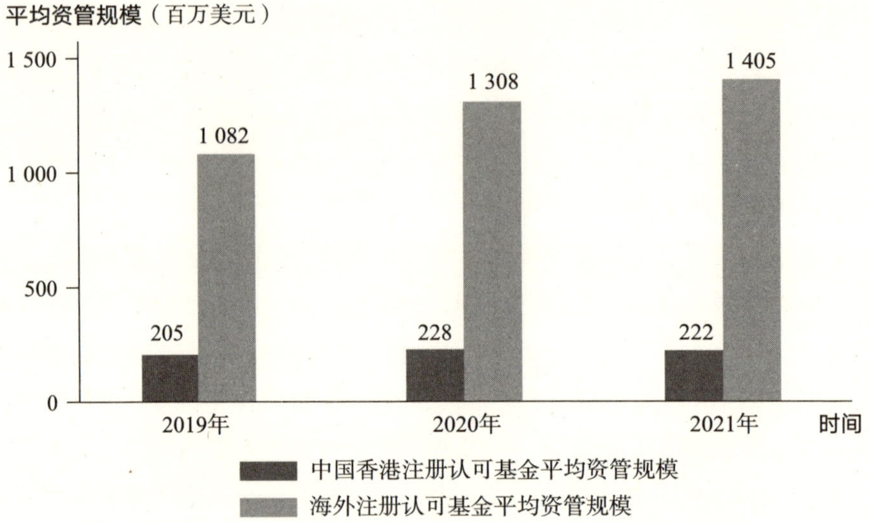

图 18-6　2019—2021 年中国香港认可基金平均资管规模

资料来源：香港证监会。

中国香港注册的各类认可基金的平均资管规模均低于海外注册认可基金，其中指数型基金资管规模的差距尤为明显。尽管中国香港注册认可基金中指数型基金的资管规模占比高于海外注册认可基金，但两类指数型基金的平均资管规模的差距尤为巨大。截至 2021 年末，中国香港注册认可基金中指数型基金的平均资管规模为 3.12 亿美元，而海外注册认可基金中指数型基金的平均资管规模为 41.56 亿美元，相差 10 倍以上。中国香港注册的其他类型的认可基金的平均资管规模同样逊色于海外注册认可基金，如中国香港注册的债券型基金的平均资管规模为 2.04 亿美元，而海外注册的债券型基金的平均资管规模为 16.70 亿美元；中国香港注册的股票型基金的平均资管规模为 3.13 亿美元，而海外注册的股票型基金的平均资管规模为 13.7 亿美元等。

2. 香港认可基金以股票型基金为主，混合型基金资管规模增长较快

中国香港注册认可基金以股票型基金和指数型基金为主，其次为债券型基

金和混合型基金，2021 年中国香港注册认可基金中混合型基金、MMFs 和指数型基金的资管规模增长相对较快。截至 2021 年末，中国香港注册认可基金中股票型基金、指数型基金、债券型基金和混合型基金的资管规模占比分别为 32%、26%、19% 和 18%，数量占比分别为 23%、18%、20% 和 13%。从变化情况来看，2021 年中国香港注册认可基金中混合型基金、MMFs 和指数型基金同比增长较快，同比增速分别为 13%、9% 和 7%（如图 18-7 所示）。

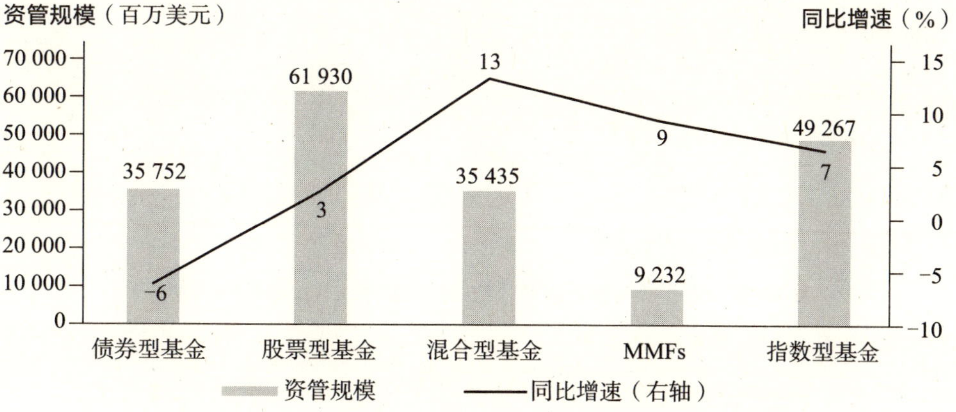

图 18-7　2021 年中国香港注册认可基金资管规模及同比增速

资料来源：香港证监会。

中国香港海外注册认可基金中股票型基金资管规模的占比超 50%，其次为债券型基金和混合型基金，2021 年中国香港海外注册认可基金中股票型基金和混合型基金的资管规模同比增速较高。与中国香港注册认可基金不同的是，中国香港海外注册认可基金中股票型基金的资管规模占比远超其他类型，截至 2021 年末，股票型基金占海外注册认可基金的比例达 54%，其次为债券型基金和混合型基金，占比分别为 31%、10%。纵向来看，2021 年中国香港海外注册认可基金中股票型基金和混合型基金的资管规模增长较快，增速均达 18%，其他类型基金的资管规模同比均为负增长（如图 18-8 所示）。

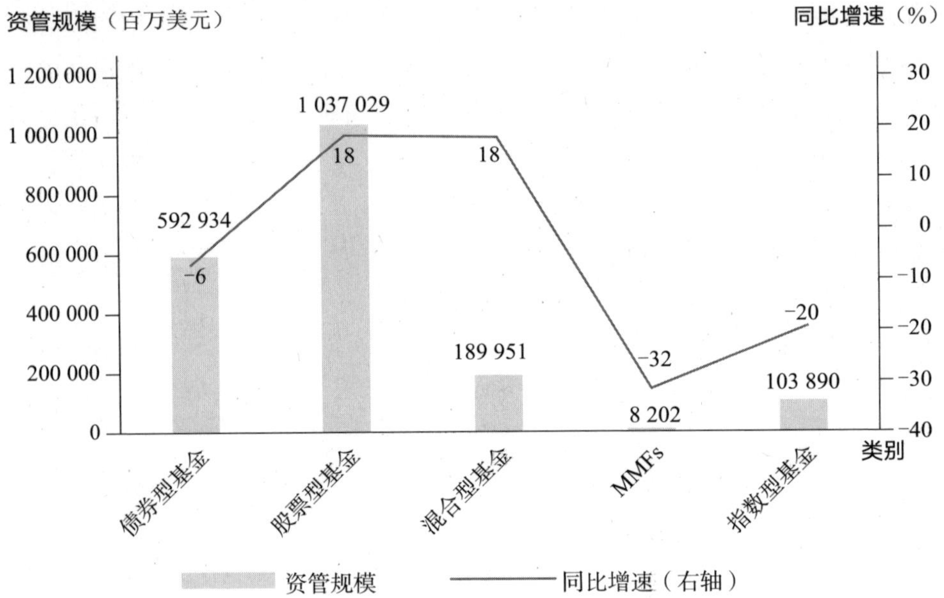

图 18-8　2021 年中国香港海外注册认可基金资管规模及同比增速

资料来源：香港证监会。

3. 香港认可基金总销售额大幅抬升，主要受混合型基金驱动

2021 年香港认可基金总销售额同比增长 23%，净销售额扭负为正。根据香港投资基金公会的数据，2021 年香港认可基金总销售额达 972.5 亿美元，相较于 2020 年增长 23%，净销售额为 88 亿美元，相较于 2020 年增长 144.4 亿美元，扭负为正。分月份来看，2021 年各月份香港认可基金销售额总体呈下降趋势，2021 年 1 月销售额最高，2021 年 6 月销售额上升但随后回落；2021 年 3 月净销售额同比增长最大，主要源于在 2020 年新冠肺炎疫情影响下 2021 年 3 月高增的基金赎回（如图 18-9、图 18-10 所示）。

分类型来看，在销售额方面，2021 年香港股票型基金、混合型基金和债券型基金较多受到投资者关注，其中混合型基金的销售额同比增长显著。在资金流

向方面，混合型基金和股票型基金实现资金的正向流入，而债券型基金资金流出规模较高。如图 18-11 所示，2021 年香港股票型基金、混合型基金和债券型基金的销售额分别为 331.57 亿美元、300.64 亿美元和 299.03 亿美元，分别占总销售额的 34%、31% 和 31%，为香港认可基金的主要销售品种。其中，混合型基金销售额同比增长显著，2021 年同比增速高达 98%，股票型基金和债券型基金销售额的同比增速则分别为 37% 和 -20%。从资金流向来看，2021 年混合型基金和股票型基金实现资金的正向流入，净销售额分别为 63.85 亿美元、97.54 亿美元，而债券型基金资金流出规模较高，净销售额为 -69.81 亿美元（如图 18-12 所示）。

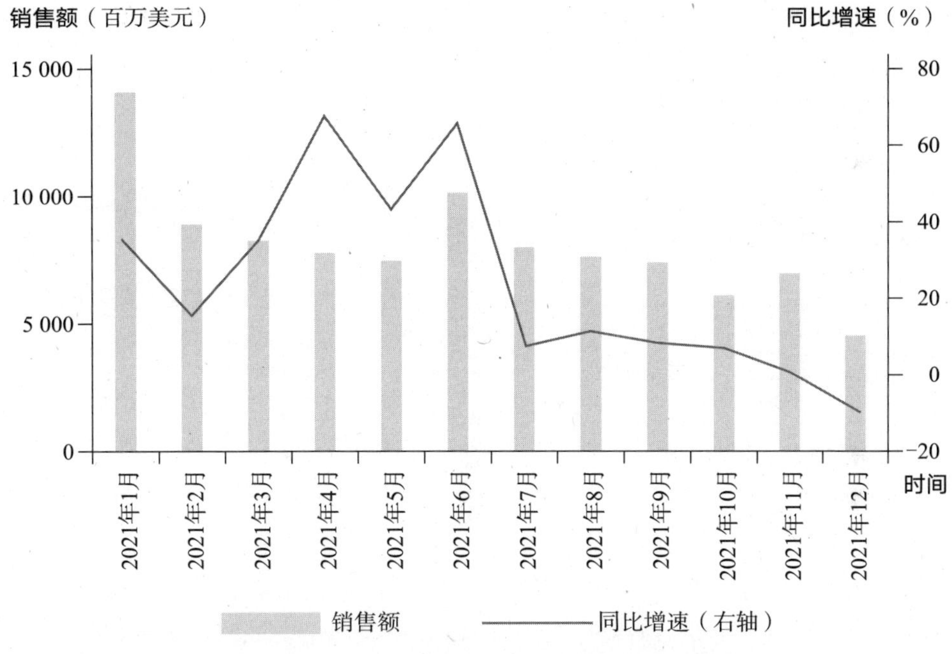

图 18-9　2021 年香港认可基金销售额及同比增速

资料来源：香港投资基金公会。

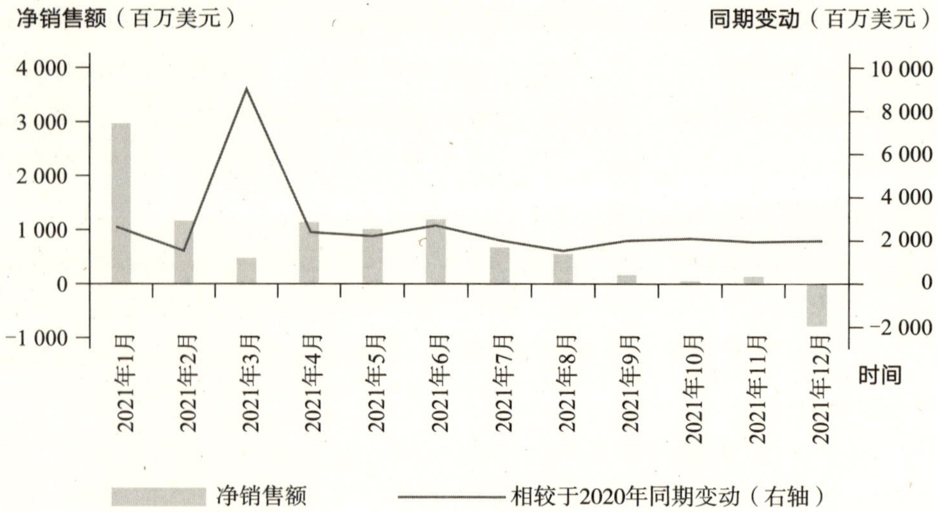

图 18-10　2021 年香港认可基金净销售额及同期变动

资料来源：香港投资基金公会。

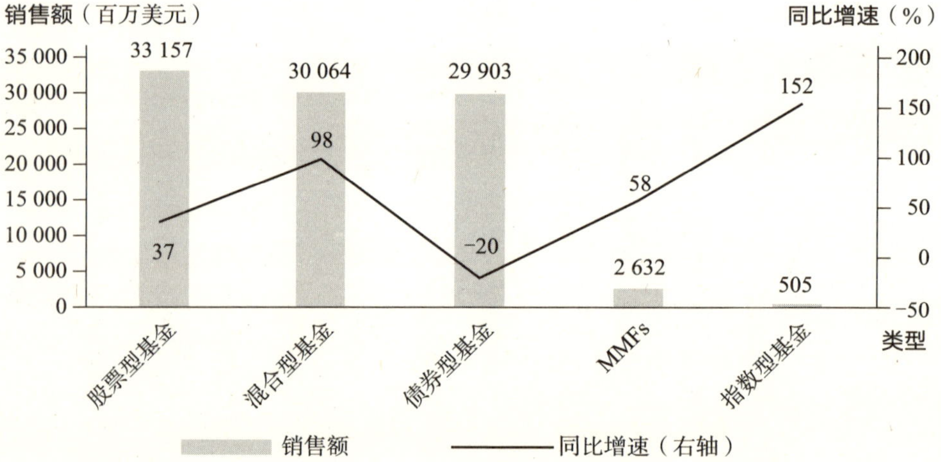

图 18-11　2021 年香港认可基金销售额及同比增速（按类型）

资料来源：香港投资基金公会。

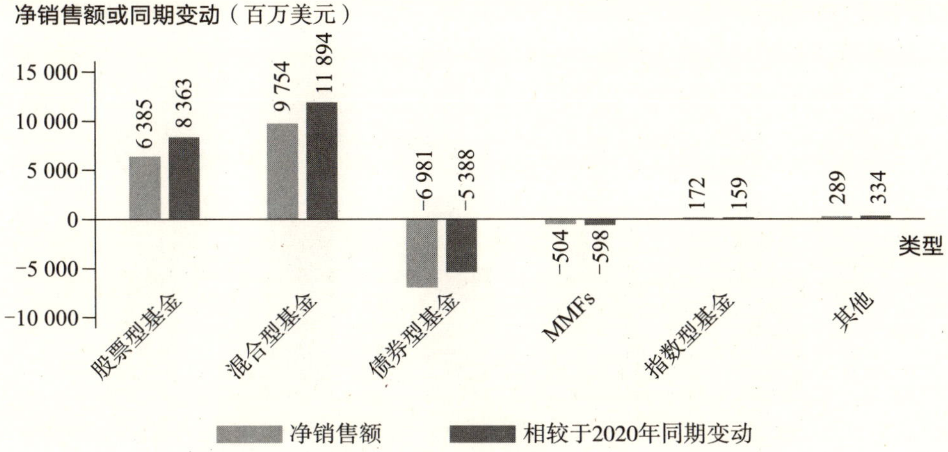

图 18-12　2021 年香港认可基金净销售额及同期变动（按类型）

资料来源：香港投资基金公会。

交易所买卖资管产品市场：ETF 成交火热

从资管产品是否具有可交易属性的角度来看，在香港交易所交易的资管产品主要有 ETF、杠杆及反向产品和 H-REITs 三种类型。根据香港交易所的定义，ETF 是可以在证券交易所进行买卖的开放式基金，可以进行主动管理或被动管理；杠杆及反向产品则是提供杠杆的 ETF，旨在提供短期投资回报，相当于将相关指数当日的投资收益率放大；H-REITs 则是中国香港集体投资计划的一种，通过集中投资可带来收益的中国香港 / 海外房地产投资项目争取为投资者提供定期收益，在中国香港获认可买卖的 H-REITs 必须于香港联合交易所上市，投资者可以像买卖股票一样在证券交易所买卖 H-REITs 单位。

2021 年香港交易所买卖资管产品市价总值同比略降，但成交额稳步提升。根据万得资讯的统计数据，以 ETF、杠杆及反向产品和 H-REITs 合计值计算，2021 年香港交易所买卖资管产品市价总值为 11 164.08 亿港元，同比下降 6%，但成交额延续增长趋势，同比增长 16% 至 20 172.69 亿港元（如图 18-13 所示）。

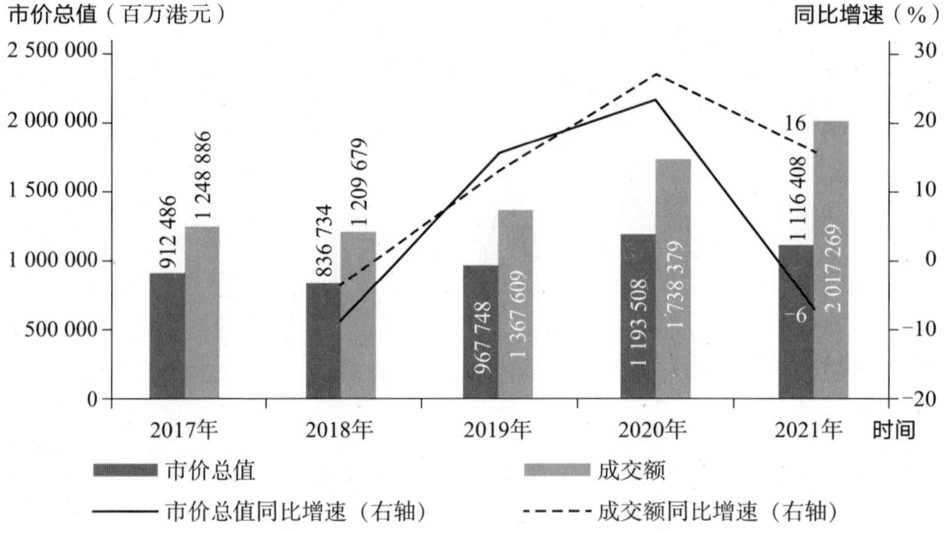

图 18-13　2017—2021 年香港交易所买卖资管产品市价总值、成交额及同比增速

注：交易所买卖资管产品规模以 ETF、杠杆及反向产品和 H-REITs 合计值计算。

资料来源：万得资讯。

分类型来看，ETF 是香港交易所买卖资管产品的主要组成部分。2021 年各类交易所买卖资管产品的市价总值均同比下滑，但在成交额方面，ETF 同比增长较快，而杠杆及反向产品和 H-REITs 则均同比下滑。

横向来看，2021 年香港 ETF 市价总值占可交易资管产品市场的比例为 78%，成交额占比为 81%，而杠杆及反向产品和 H-REITs 的市价总值占比分别为 1% 和 21%，成交额占比分别为 14% 和 6%。截至 2021 年末，香港 ETF、杠杆及反向产品和 H-REITs 的市价总值分别为 8 661.47 亿港元、144.11 亿港元和 2 358.50 亿港元（如图 18-14、图 18-15 所示），2021 年三者成交额分别为 16 295.66 亿港元、2 766.68 亿港元和 1 110.36 亿港元。

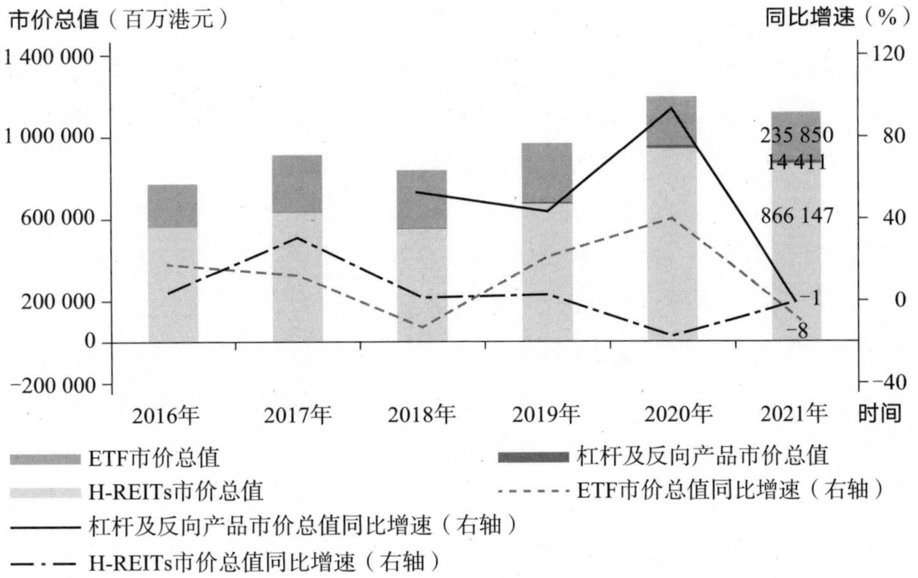

图 18-14　2016—2021 年香港交易所买卖资管产品市价总值及同比增速

资料来源：万得资讯。

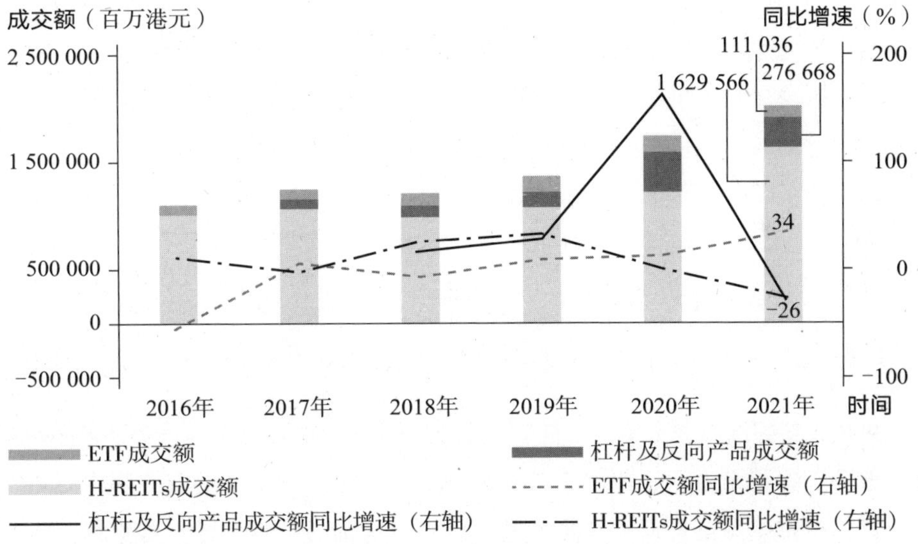

图 18-15　2016—2021 年香港交易所买卖资管产品成交额及同比增速

资料来源：万得资讯。

纵向来看，尽管 2021 年香港股票市场走势震荡下行，但是投资者对香港 ETF 的兴趣有增无减：虽然受市场震荡影响，2021 年中国香港 ETF 的市价总值同比下降 8%，但成交额同比增长 34%。易方达资产管理香港有限公司（以下简称“易方达香港”）的数据显示，2021 年资金逆势流入中国香港 ETF 市场，总额约 600 亿港元，为近年来的增量最高峰，体现了投资者对中国香港上市 ETF 产品接受度的提升、ETF 产品线的不断丰富以及 ETF 在市场不确定性加大时的韧性；杠杆及反向产品和 H-REITs 的市价总值和成交额则均同比下滑，市价总值均同比减少 1%，成交额则均同比减少 26%。从发行数量上来看，香港交易所买卖资管产品同样以 ETF 为主，2021 年 ETF、杠杆及反向产品、H-REITs 的发行数量分别为 127 只、28 只和 11 只，同比增速分别为 8%、0 和 -8%。

目前，中国香港 ETF 发展空间仍然巨大。尽管 2019 年以来中国香港 ETF 成交额同比增长较为迅速，但是相较于全球市场来看，中国香港 ETF 仍有较大的发展空间。易方达香港统计数据显示，截至 2021 年末，在全球 ETF 发行规模中，美国占比最大，为 76.3%，其次为欧洲和日本，占比分别为 11.8% 和 6.4%，而中国香港的占比仅为 0.5%。在权益类 ETF 日均成交额方面，美国、欧洲和日本分别为 1 212 亿美元、27 亿美元和 21 亿美元，而中国香港仅为 10 亿美元，可见相较于世界主要经济体而言，中国香港 ETF 市场规模仍有较大差距，发展空间较巨大。根据易方达香港的统计，中国香港市场前三大 ETF 发行人分别为道富环球、恒生资管和 iShares。

强积金市场：核准成分基金规模略增，股票型基金为增长主力

强积金是香港养老金第二支柱职业养老金计划，也是香港养老金体系的主要组成部分。强积金由一个或多个核准成分基金组成，核准成分基金的投资方式包括直接投资、通过核准汇集投资基金投资以及通过核准紧贴指数集体投资计划投资三种类型，分别与中国内地非 FOF 型证券投资基金、FOF 以及追踪指数的 FOF 的投资方式类似。直接投资指核准成分基金直接将资金投向股票、债券

等相关条例准许投资的资产。通过核准汇集投资基金投资是指核准成分基金将资金投资于下一层的核准汇集投资基金，再通过核准汇集投资基金投资相关底层资产。通过核准紧贴指数集体投资计划投资则是指核准成分基金将资金投资于下一层的核准紧贴指数集体投资计划，与核准汇集投资基金不同的是，该计划往往规定追踪某一指数，因此可被视为一种被动管理类投资方式。

2021 年香港强积金核准受托人数量、注册计划数量、核准成分基金数量和核准汇集投资基金数量基本保持不变，而核准紧贴指数集体投资计划的数量增长较快。香港特别行政区政府统计数据显示，截至 2021 年末，香港强积金核准受托人数量、注册计划数量、核准成分基金数量和核准汇集投资基金数量分别为 13 个、27 个、411 只和 327 只，相较于 2020 年末的数量变化分别是 -1 个、0 个、3 只和 10 只，变化幅度不大；而强积金核准紧贴指数集体投资计划的数量增长较快，截至 2021 年末，同比增长 24% 至 160 个，在一定程度上体现了养老金在控制风险与追求长期稳定收益之间的权衡（如图 18-16、图 18-17 所示）。

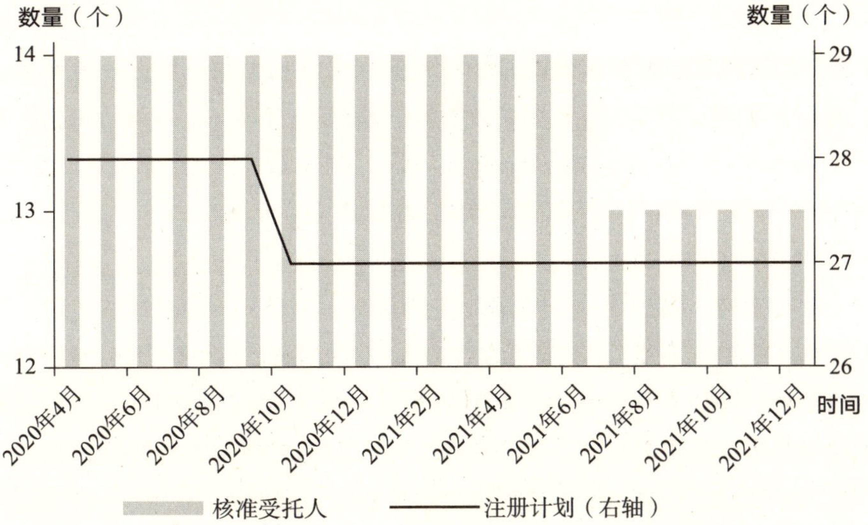

图 18-16　2020 年 4 月至 2021 年 12 月香港强积金核准受托人和注册计划数量

资料来源：香港特别行政区政府统计处。

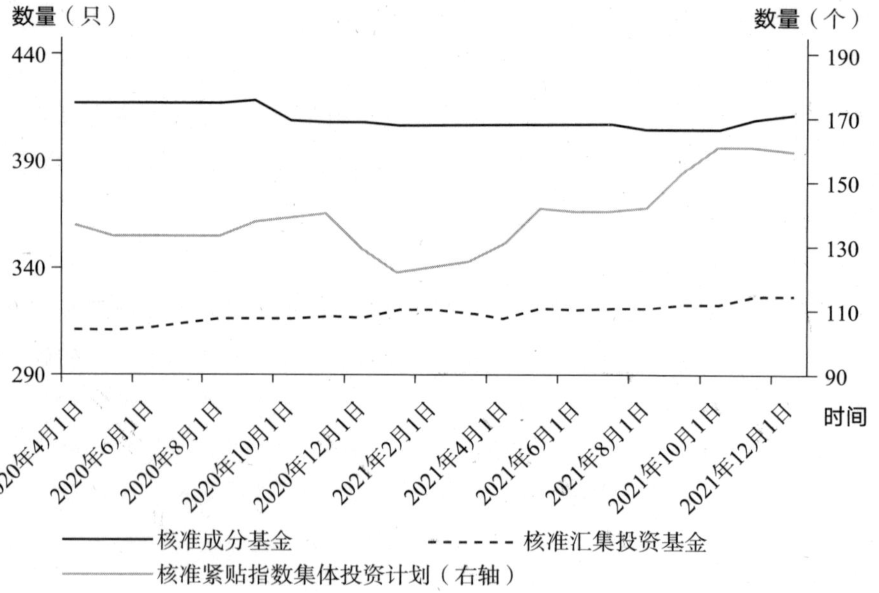

图 18-17　2020 年 4 月至 2021 年 12 月香港强积金核准成分基金、核准汇集投资基金和核准紧贴指数集体投资计划数量

资料来源：香港特别行政区政府统计处。

2021 年香港强积金核准成分基金资产净值同比略增，增速较往年有所回落。根据香港特别行政区政府的统计数据，截至 2021 年末，中国香港强积金核准成分基金资产净值合计 11 817.95 亿港元，同比增长 4%，增速相较于 2019 年的 19% 和 2020 年的 18% 有所回落（如图 18-18 所示）。

分类型来看，2021 年香港强积金核准成分基金的资产净值增长主要受益于股票型基金及混合型基金资产净值的增长；而强积金保守基金、保证基金及债券型基金的资产净值有所下降。截至 2021 年末，香港强积金核准成分基金中股票型基金和混合型基金的资产净值分别同比增长 10% 和 5% 至 5 209.06 亿港元和 4 283.70 亿港元，分别占香港强积金核准成分基金资产净值的 44% 和 36%；而强积金保守基金、保证基金及债券型基金则分别同比减少 9%、6% 和 12% 至 1 048.40 亿港元、781.01 亿港元和 445.91 亿港元，占香港强积金核准成分基金资产净值的比例均在 10% 以下（如图 18-19 所示）。

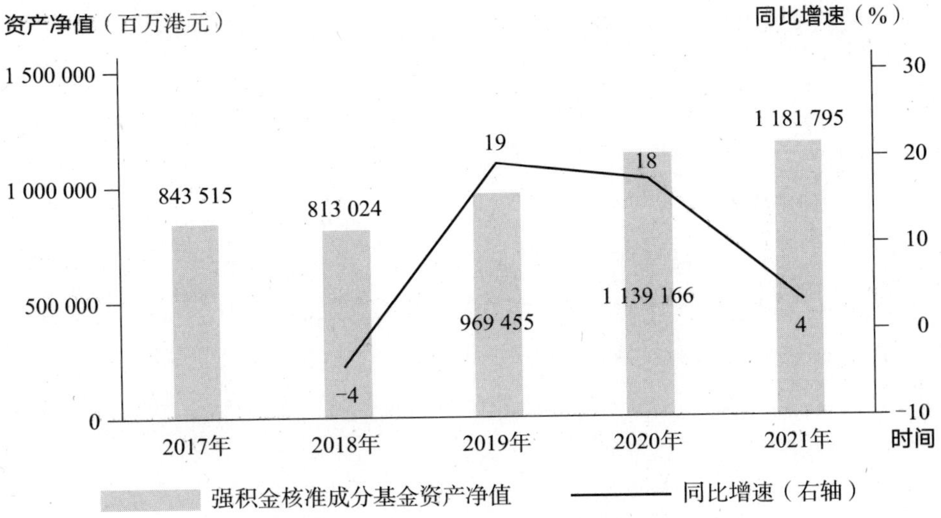

图 18-18　2017—2021 年香港强积金核准成分基金资产净值及同比增速

资料来源：香港特别行政区政府统计处。

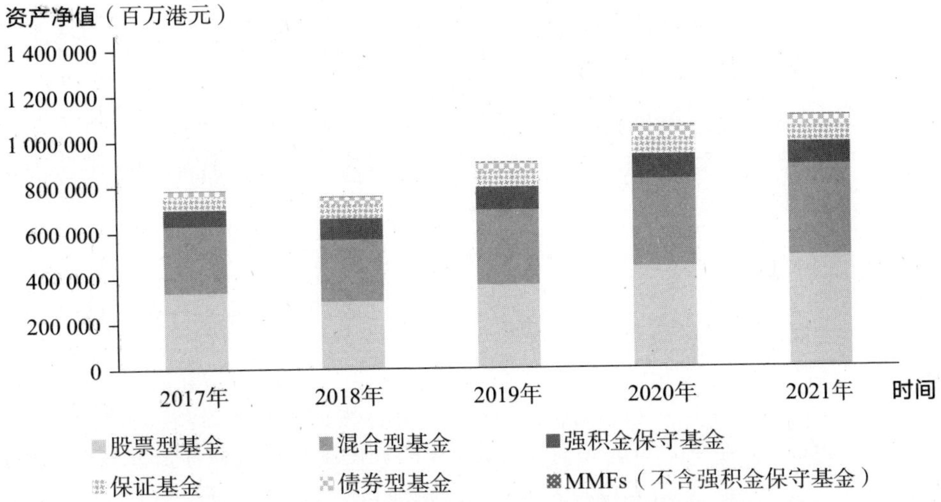

图 18-19　2017—2021 年中国香港强积金核准成分基金的资产净值

资料来源：香港特别行政区政府统计处。

SPAC 引领中国香港资本市场创新

经过审慎研究探讨，作为亚洲乃至全球主要的金融中心、资产及财富管理中心，中国香港为适应瞬息万变的国际资本市场，于 2022 年 1 月 1 日推出 SPAC 上市框架，为中国香港资本市场和资管行业开辟新机遇打下坚实基础。中国香港此次的制度设计从公开征求意见到首家 SPAC 上市仅用时半年，落地节奏快。值得关注的是，相较于国际经验，中国香港的 SPAC 上市制度更加注重发行人需求和投资者保护之间的平衡，试图在吸引符合条件的企业上市的同时，为资管机构及投资者提供更多投资机会。

中国香港 SPAC 或成为新的亚洲增长点

中国香港开放 SPAC 上市具有创新性，但并不是亚洲市场的首次，早在 2009 年，马来西亚和韩国就已经引入 SPAC 上市制度，只是创设与交易并不活跃，其中多家已经清盘。新加坡于 2021 年 9 月 2 日发布 SPAC 上市规则。为了吸引优质企业和更多资金，世界各国交易所均将引入 SPAC 上市制度作为一种重要手段，然而根据以往经验，SPAC 能否发展起来，规则与门槛是重要因素，而本地资管机构的专业性、资本市场的深度和广度也有深刻影响。此前市场普遍认为，鉴于新加坡市场的流动性和估值过低，一旦中国香港“开闸”，新加坡或仍将落在下风，而中国香港或有望成为美国以外最大的 SPAC 市场。

截至 2022 年 4 月 8 日，共有 12 家企业向香港交易所主板递表，其中 2022 年 3 月 18 日上市的 Aquila Acquisition Corporation（以下简称“Aquila”）成为首家通过香港交易所上市的 SPAC。从上市表现来看，Aquila 的募资额略超最低限额 10 亿港元，稍低于新加坡首家 SPAC 的募资额。在交易活跃度方面，Aquila 上市首日的交易活跃度相对较低，原因主要是 SPAC 从上市到并购完成前的发售和交易仅面向专业投资者①。在发行定价方面，Aquila上市首日跌破了发行价，反映出投资者对新经济商业模式、现金壳上市模式的估值持保留态度，最终成效可能在并购交易完成后有所反映。

香港SPAC上市模式支持新经济企业创新发展

SPAC的活跃度主要受资本市场流动性和产业变革周期两个方面的影响。从宏观层面来看，由于资本市场流动性较为充裕，投资者的机会成本有所降低，导致二级市场投资者对具有高速成长前景但尚未具备IPO条件的企业（包括初创企业）的投资需求有所增加。

除了资本市场流动性较为充裕以外，产业变革周期也是中国香港正式引入SPAC上市模式的重要原因。当前，全球处于第六次产业变革初期阶段，中国拥有自主知识产权核心技术的企业，在交通物流、智能设备及制造业等领域正在经历引进、吸收到自主创新的阶段。要全面把握国际竞争格局变化中的机遇，需要进行包容性的金融制度创新，使之能够更好地适应新兴技术发展对资本的需求，进一步加强在发行上市等方面的探索，构建更加灵活的融资制度。

得益于近几年中国香港上市制度的改革，新经济企业中上市企业的占比不断升高，香港交易所数据显示，2021年在香港交易所上市的企业中，新经济企业的募资额占中国香港IPO募资总额的88%。截至2022年4月8日，已经向香港交易所递表的12家SPAC所披露的并购目标行业均为新经济行业。作为其中一项落地的制度改革，以及传统上市方式的补充，SPAC上市制度对于科技型企业有

---

① 专业投资者包括机构专业投资者和非机构专业投资者。机构专业投资者，包括《证券及期货条例》附表1第1条所规定的主体，一般来说仅限于银行、金融机构、持牌券商或其全资子公司、全资母公司，以及强积金投资计划等。非机构专业投资者，根据《有关特殊目的收购公司咨询文件》（以下简称“SPAC咨询文件”）的规定指的是：（1）拥有价值不少于800万港元的投资组合的个人；（2）拥有价值不少于4 000万港元的资产的信托法团；（3）拥有价值不少于800万港元的投资组合或价值不少于4 000万港元的资产的法团或合伙。

较大的支持作用，主要表现在两个方面：一是对发行人设定了独特的强激励机制；二是对投资者的专业性设定了较高门槛，从而有利于新经济企业取得合理估值。

1. 发行人强激励机制契合新经济发展特点

在香港上市SPAC结构中，发起人通过较低折扣持有SPAC 20%的股权，即使并购交易完成后二级市场股价下跌，发起人仍然能从二级市场减持中获得10倍甚至20倍的收益，同时风险得到分散，这对资管机构产生了更强的激励。在传统上市过程中，投资机构主要通过战略配售或者强制跟投参与发行上市的收益分配，潜在的收益远远低于发起SPAC上市所获得的收益。因此，投资机构更有动机充分发挥中介机构的职能，将更主动地在市场寻求合适的融资方与之匹配，这与促进有高速增长潜力的新经济企业创新发展相契合。

2. 专业优势有利于新经济企业取得合理估值

香港SPAC上市制度对投资者的专业性设定较高门槛有利于新经济企业取得合理估值。新经济企业这几年迅速崛起，其中很多行业甚至还衍生出不同的细分赛道，而其新兴的商业模式并不是普通投资者可以完全理解的。传统上市估值模式牵涉到大量投资者，不利于新经济企业取得合理估值。相反，在中国香港SPAC上市制度下，企业的估值主要取决于发起人和第三方专业投资者，其从上市到并购交易完成期间的证券仅向专业投资者发售，因此中国香港SPAC上市制度强调专业性的优势将被放大，而新经济企业也有望受惠于此而取得理想的估值。

更加审慎的监管制度设计理念

在以往的改革进程中，香港监管机构在开放积极的同时，展现出谨慎严格的态度，例如，在2018年的上市制度改革中，中国香港监管机构选择定下较严格的上市要求，最终仍然取得成功。此次在SPAC上市制度的引入和建设过程中，中国香港监管机构仍坚持了这一态度。

1. 开创性地对发起人设立持牌要求，提高专业适格性

中国香港 SPAC 上市制度的一个创新点是对发起人设立持牌要求。香港交易所要求至少需有一名 SPAC 发起人持有香港证监会颁发的第六类牌照（就机构融资提供意见）或者第九类牌照（提供资产管理），并且至少需有一名持牌的 SPAC 发起人实际拥有 SPAC 发行的发起人股份的至少 10%。

尽管中国香港对 SPAC 的发起人设置了较高的准入门槛，但是仍然吸引了大型资管机构以及境内外知名人士，专业的投资经验和丰富的资源支持为 SPAC 的良性发展提供了有利环境。具体而言，据香港交易所披露，截至 2022 年 4 月 8 日，向香港交易所递表的 12 家 SPAC 中，发起人覆盖招银国际资管、春华资本、亚投基金等机构，李宁、王石等具有特定领域投资运营经验与资源的企业家，以及香港金融管理局前总裁陈德霖等监管系统的资深人士（如表 18-1 所示）。除此之外，中国香港的不少家族办公室在 SPAC 领域也有丰富的投资经验，例如，2022 年 3 月向香港交易所递表的 SPAC 黑桃亚洲，由何猷龙旗下的家族办公室黑桃资本与中银香港资管等联合发起，家族办公室的专业投资经验与家族声誉结合，对 SPAC 起着一定的信用背书作用。

2. 设定更严格的证券买卖限制，保护普通投资者

中国香港 SPAC 上市制度的另一个创新点在于 SPAC 的证券（包括股份及认股权证）仅向专业投资者发售，并且在 SPAC 并购交易完成之前，不得向普通投资者营销或容许他们买卖。此外，SPAC 的证券在任何情况下都须由至少 75 名专业投资者持有，且其中至少 20 名须为机构投资者，而且机构投资者须至少持有 75% 的证券。美国、英国和新加坡对此没有限定，容许包括普通投资者在内的所有投资者买卖 SPAC 的证券。

从投资者的角度分析，SPAC 的发起人与普通投资者可能存在利益冲突，即比起 IPO 或公开市场的投资者，SPAC 的发起人能够以低价购买上市 SPAC 的股权，

表 18-1　向香港交易所递表的 12 家 SPAC（截至 2022 年 4 月 8 日）

数量	名称	发起人	递表时间	保荐人	并购目标行业 / 公司
1	Aquila	招银国际资管、AAC Mgmt Holding	2022 年 1 月 17 日	摩根士丹利、招银国际	绿色能源、生命科学、先进技术和制造行业的科技型公司
2	Tiger Jade Acquisition Company	泰欣资本、龙石资本	2022 年 1 月 28 日	瑞银	医疗保健有关行业
3	Trinity Acquisition	李宁、莱恩资本、Astrapto	2022 年 1 月 31 日	摩根大通、瑞信	全球性消费领域生活方式公司
4	Interra Acquisition Corporation	春华资本、农银国际资管 ABCIAM Aquisition Limited	2022 年 1 月 31 日	农银国际、摩根大通	创新科技、消费及新零售、高端制造、医疗健康及气候行动等领域的高增长型公司
5	Ace Eight Acquisition Corporation	ACE Promoter、Assos Omada Promoter	2022 年 2 月 14 日	民银资本	生物技术及电信、媒体和科技（TMT）行业
6	Vision Deal Acquisition Sponsor LLC	卫哲、Deal Global Limited、楼立枢、创富融资	2022 年 2 月 15 日	花旗、海通国际	专门从事智能汽车技术研发，或具备供应链及跨境电商能力的行业
7	Vivere Lifescience	鼎珮资管、天境生物、伍兆威、朱杰伦、陈雅均	2022 年 2 月 21 日	瑞银	全球医疗健康行业
8	香港汇德	陈德霖、曾璟璇、巨溢有限公司	2022 年 2 月 28 日	海通国际	在可持续发展及公司治理方面具备竞争优势且在大中华地区营运或预期营运的金融服务或科技公司
9	Pisces Acquisition Corporation	东建资管	2022 年 3 月 2 日	招银国际	大健康、新能源、新经济消费与零售、先进科技
10	A SPAC	A SPAC (Asia) Holdings Corp.、De Oro Strategics Limited、汇通永利	2022 年 3 月 16 日	海通国际	消费行业
11	黑桃亚洲	黑桃资本、中银香港资管	2022 年 3 月 20 日	瑞银	娱乐、生活方式和医疗保健行业
12	深石收购	王石、亚投基金	2022 年 4 月 8 日	摩根士丹利	脱碳经济增长趋势下的绿色科技及环保消费品与服务领域

资料来源：香港交易所。

从并购中受益更多，并且有动机去促成对普通投资者不利的交易。在激励不对称以及 24 个月存续期的压力下，发起人有动机以达成并购交易为目标，在决策中做出较大让步、支付过高对价。而普通投资者却由于信息不对称，难以在并购表决时做出准确的判断。因此，从严把握投资者适格性，在并购交易完成前仅限专业投资者参与买卖，有助于解决信息不对称问题，促进价值发现，也能保护普通投资者。

3. 设定额外的第三方投资规定，让专业投资者主导估值

第三方投资（PIPE），全称为“私募股权投资已上市公司股份”，其主要作用是在 SPAC 上市以后，为 SPAC 与并购目标公司完成并购交易提供充足的资金。尽管 PIPE 已经是美国和英国的市场惯例，但美国和英国并没有强制要求 PIPE，使得部分 SPAC 在融资渠道收紧时购买力不足。中国香港交易所基于审慎考虑，开创性地将引入 PIPE 作为一项强制要求，即当 SPAC 发出并购公告时，需要证明已落实会获得 PIPE，且 PIPE 机构必须是专业投资者。这项规定对于确保并购目标公司的估值合理和保护投资者起了重要的作用。香港交易所在强制引入 PIPE 的基础上，还严格规定了 PIPE 的占比、组成和门槛：PIPE 的占比视并购目标公司的估值而定，最低为 7.5% ～ 25%；至少要有 50% 来自至少 3 名机构投资者，3 名机构投资者的资管总值须分别至少达到 80 亿港元。这主要是为了应对两方面的风险，一方面，国际经验表明，SPAC 在上市到并购交易完成期间，有投资者行使赎回权会导致资金不足，进而导致并购交易失败与 SPAC 清盘；另一方面，SPAC 上市不需要包销商簿记建档，仅由发起人、企业方厘定估值，容易估值过高。PIPE 作为独立第三方投资不仅提高了可投资资金，增加了达成并购交易的可能性，而且能让专业投资者主导估值，有效降低了估值过高的风险。

SPAC 上市制度拓宽了中国香港资管业务范围

SPAC 上市制度的推出，可以强化香港在区域和全球范围内的金融中心地位，吸引优质新经济公司。2018 年香港交易所上市规则改革，允许同股不同权架构公司以及尚未盈利的生物科技公司上市，并对在海外上市的发行人开通二次上市渠

道，此后新经济板块的市值占比逐年提高。此次引入 SPAC 上市制度是此前改革的延续，SPAC 咨询文件指出，香港交易所前期咨询的部分公司表示希望“双轨”上市，即一方面申请通过传统 IPO 上市，另一方面与数家 SPAC 商谈通过并购交易上市，从而获得更灵活的上市选择。SPAC 咨询文件也指出，生物科技和差异投票权架构公司未来可以通过 SPAC 上市模式上市。可以看出，引入 SPAC 上市制度，有望通过增加赴中国香港上市的灵活性，进一步吸引更多具有创新性的优质中小公司及资产进入中国香港，增强中国香港作为区域和全球金融中心的地位。

SPAC 上市制度的引入拓宽了资管行业业务范围，同时也对其专业性提出更高要求。通过引入 SPAC 上市制度，香港交易所有望吸引大中华区的资深管理和投资人士在中国香港发起 SPAC，从而带动更多投资者参与中国香港股票市场投资。此外，SPAC 主题的信托产品和 ETF 等衍生出来的资管产品也将陆续扩充资管行业的边界。

中国香港加密货币市场的发展动态

加密货币市场处于初期阶段，发展迅猛

加密货币市场从诞生至今已经从去中心化货币扩大至去中心化金融、非同质化代币及证券化代币发行（STO）等领域，发展成为多元化生态系统。加密货币经历多轮大幅波动后，影响力和参与者数量不断上涨，同时关于加密货币的争议也越来越受关注。中国香港作为区域和全球重要的商业和金融中心，在接受加密货币合法交易的地区中相对保守。

目前中国香港的加密货币市场处于发展的初期阶段，主要参与者仅有少数几

家资管公司及数字资产交易平台，且存在交易量低、交易产品数量少、整体规模较小等特点。截至 2022 年 5 月 1 日，在中国香港获得加密货币相应牌照、正在进行合规运营的资管公司和数字资产交易平台仅有 4 家，分别是 BC 科技集团旗下的数字资产交易平台 OSL、火币科技的全资子公司火币资管、区块链和数字资管公司 MaiCapital Limited，以及 2022 年 4 月宣布获发牌照的数字资产平台 Hash Blockchain Limited（HBL）。以 OSL 为例，OSL 是全球首家获香港证监会颁发牌照且有保险覆盖的数字资产交易平台，于 2020 年末获香港证监会授予的第一类（证券交易）及第七类（提供自动化交易服务）牌照，在加密货币监管框架下专为专业投资者提供电子交易平台服务。但是，无论是从加密货币交易量还是从可交易币种数量看，OSL 和当前全球主流的数字资产交易平台相比都有较大的差距。从可交易币种数量看，2021 年币安、火币等大型数字资产交易平台的可交易币种数量均超过百种，而 OSL 官网显示其可支持的加密货币仅有 13 种（如图 18-20 所示）。从交易量看，截至 2022 年 5 月，币安 24 小时交易量达 875 亿港元，火币 24 小时交易量达 128 亿港元，而 OSL 2021 年全年交易量为 3 060 亿港元（如图 18-21 所示），币安和火币一个月的交易量即可超过 OSL 全年的交易量。

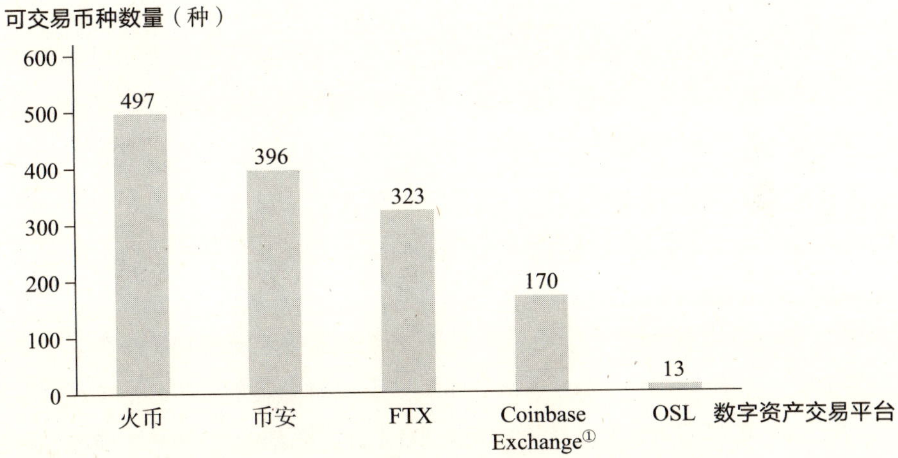

图 18-20　2021 年各数字资产交易平台可交易币种数量

资料来源：CoinMarketCap、OSL 官网。

① 美国最大的加密货币交易所。

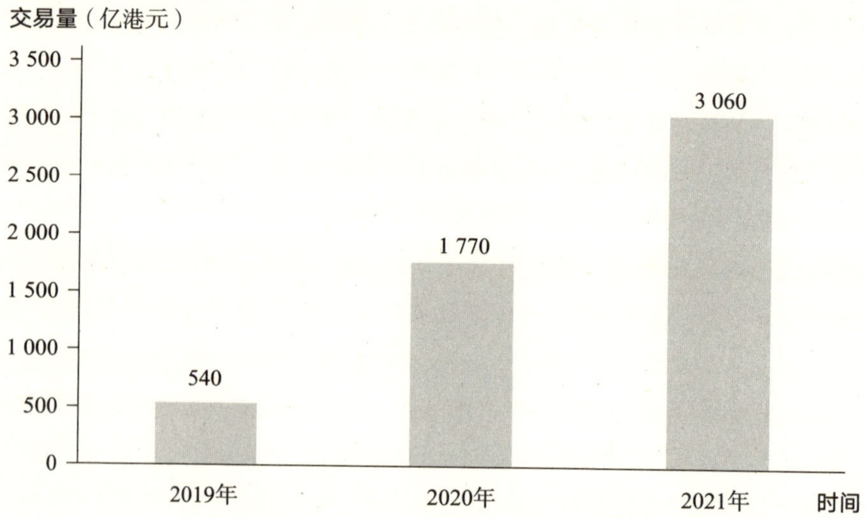

图 18-21　2019—2021 年 OSL 年交易量

资料来源：OSL 官网。

OSL 2021 年的收入为 2.78 亿港元，较 2020 年和 2019 年分别增长 63% 和 244%，2021 年活跃客户数量同比增长 424%，全年交易量较 2020 年和 2019 年分别有 73% 和 467% 的增幅，但约有 70% 来自新加坡分部。2021 年 3 月，火币科技发布公告称香港证监会已向其全资子公司火币资管授出牌照，以第四类（就证券提供意见）及第九类（提供资产管理）牌照受监管开展活动，自此火币资管成为第二家获发牌照的数字资管公司，2021 年 9 月火币资管的加密货币托管规模就已突破 15.5 亿港元，这说明投资者对获发牌照的数字资管公司具有较高的信任度，香港加密货币市场的发展正处于快速增长阶段。

OSL 和火币资管的先后成功对中国香港加密货币市场的发展产生了“催化剂”的作用，更多在中国香港注册的数字资产交易所和管理公司开始考虑类似业务和获发同样牌照的可能性。2022 年 4 月 12 日，总部位于中国香港的区块链和数字资管公司 MaiCapital Limited 宣布已获得香港证监会的批准，该公司将被允许管理 100% 的加密货币投资组合，自 2018 年香港证监会批准获发第四类（就证券提供意见）和第九类（提供资产管理）牌照以来，MaiCapital Limited 一直在运营 2 只区块链主题对冲基金，2019 年 1 月至 2022 年 5 月其资管总规模有超过 20 倍的增长，但仅接受专业投资者的投资。2022 年 4 月 28 日，HashKey Group 旗下的数字资产交易平台 HBL 宣布获发第一类（证券交易）和第七类（提供自动化交易服务）牌照。截至 2022 年 2 月，仍有数家公司等待香港证监会的牌照审批。

加密货币市场监管逐步开放，但准入门槛仍较高

1. 采用监管沙盒管理加密货币，监管态度稳健保守

从金融科技行业整体来看，香港金融管理局于 2021 年 11 月推出金融科技监管沙盒 3.0，截至 2022 年 2 月末，已有 238 个金融科技项目获准使用监管沙盒进行试行，其中 170 个项目为银行与科技公司的合作，试行项目中涉及多种区块链技术，所有技术的分布情况如图 18-22 所示。

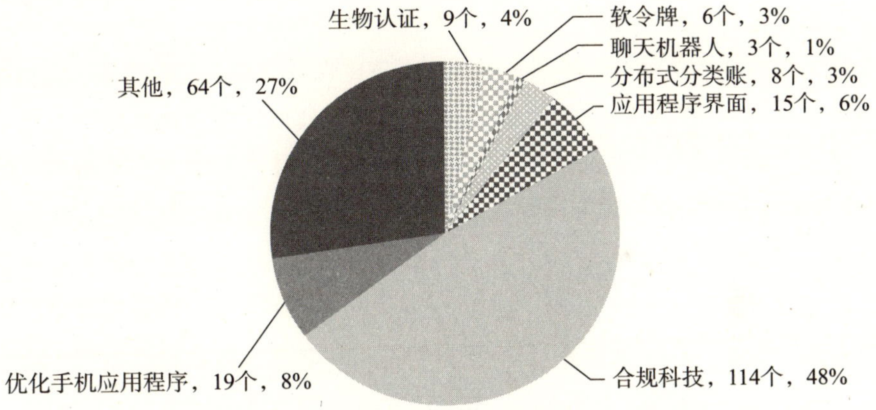

图 18-22　香港监管沙盒试行项目涉及的技术的分布情况

资料来源：香港金融管理局。

目前，大多数国家或地区对加密货币均采用分类监管模式。加密货币可以通过多种方式进行分类，例如，根据结构、经济特征或者功能进行分类。香港金融管理局重点参考国际清算银行的分类标准，将加密货币主要分为三种类型：第一

种为投资型代币，此类加密货币带有证券特征，持有者可以享有收益分配权；第二种为实用型代币，此类加密货币不具备证券特征，持有者享有获取产品或服务的权利，即发行者授予持有者访问某种产品或服务的权限；第三种为交易型代币，此类加密货币主要作为价值贮藏或交易媒介，持有者不对发行者享有权利，此类加密货币依据价值稳定性可再次分为稳定币和非稳定币等类别。目前，各个国家或地区的监管机构比较明确地认为投资型代币具有证券属性，或许可以参考证券的相关法律法规进行监管，因此在加密货币的法律监管上多以投资型代币为主。

香港证监会于 2018 年 11 月 1 日发布《有关针对虚拟资产投资组合的管理公司、基金分销商及交易平台运营者的监管框架的声明》，表明香港证监会的监管重心仍在投资型代币上，以自愿发牌制度（voluntary opt-in regime）将投资型代币业务纳入监管沙盒。在此制度下，针对数字资产交易平台的运营者、基金分销商和数字资产投资组合的管理公司均设置了相关监管条例，主要包括第一类（证券交易）、第四类（就证券提供意见）、第七类（提供自动化交易服务）和第九类（提供资产管理）。数字资产交易平台主要需要第一类（证券交易）及第七类（提供自动化交易服务）牌照，涉及加密货币投资的基金分销商主要需要第一类（证券交易）牌照，数字资产投资组合的管理公司主要需要第四类（就证券提供意见）和第九类（提供资产管理）牌照。OSL 作为数字资产交易平台已于 2020 年末获得第一类（证券交易）和第七类（提供自动化交易服务）牌照，火币资管作为数字资管公司于 2021 年 3 月获得第四类（就证券提供意见）和第九类（提供资产管理）牌照，MaiCapital Limited 于 2018 年获得第四类（就证券提供意见）和第九类（提供资产管理）牌照，2022 年 4 月被批准管理 100% 加密货币投资组合，HBL 于 2022 年 4 月获发第一类（证券交易）和第七类（提供自动化交易服务）牌照，具体如表 18-2 所示。

表 18-2　香港加密货币市场获发牌照情况（截至 2022 年 5 月 1 日）

公司名称	所属类别	获发牌照类型
OSL	数字资产交易平台	第一类（证券交易） 第七类（提供自动化交易服务）

续表

公司名称	所属类别	获发牌照类型
HBL	数字资产交易平台	第一类（证券交易） 第七类（提供自动化交易服务）
火币资管	数字资管公司	第四类（就证券提供意见） 第九类（提供资产管理）
MaiCapital Limited	数字资管公司	第四类（就证券提供意见） 第九类（提供资产管理）

2. 当前牌照申请门槛高，数字资产交易平台短期内持牌难度较大

在香港加密货币牌照申请的门槛较高。从审核条件看，由于去中心化交易所无法很好地控制资产交易双方的资产存储方式和额度，难以达到香港证监会设置的“98% 的加密货币需要存储于线下钱包”“根据用户财务状况设置交易限额”等监管要求，因此香港证监会重点监管去中心化数字资产交易平台并对其发放牌照，申请加密货币牌照时数字资产交易平台必须提供加密货币交易、结算及交收服务资料，并对投资者资产拥有控制权。对于涉及加密货币投资的基金分销商和数字资产投资组合管理公司，如果有 10% 及以上的资金投资于不构成证券或期货合约的加密货币，就必须申领相关牌照并受香港证监会监管。

数字资产交易平台的牌照申请主要分为申请核准阶段、测试阶段、总结和退出阶段（如图 18-23 所示）。在申请核准阶段，香港证监会将与数字资产交易平台运营者讨论应达到的标准，并就标准观察数字资产交易平台的真实运作情况，最终从四个角度，即建议的概念性框架是否足够及有效、数字资产交易平台遵守条款及条件的能力、投资者利益以及本地市场和国际监管的发展综合判断是否向该数字资产交易平台发放牌照。当香港证监会向合格的数字资产交易平台发放牌照后即进入测试阶段，将会适当增加发牌条件，数字资产交易平台运营者必须更加频繁地进行汇报和受到监察和审查。通过香港证监会审查并获发牌照的数字资产交易平台必须经过至少 12 个月的测试阶段，才能进入总结和退出阶段，在此阶段数字资产交易平台才能向香港证监会申请移除或修改部分发牌条件或退出沙

盒。综合来看，数字资产交易平台想要在短期内获得牌照、修改发牌条件或正式推广项目都并非易事。

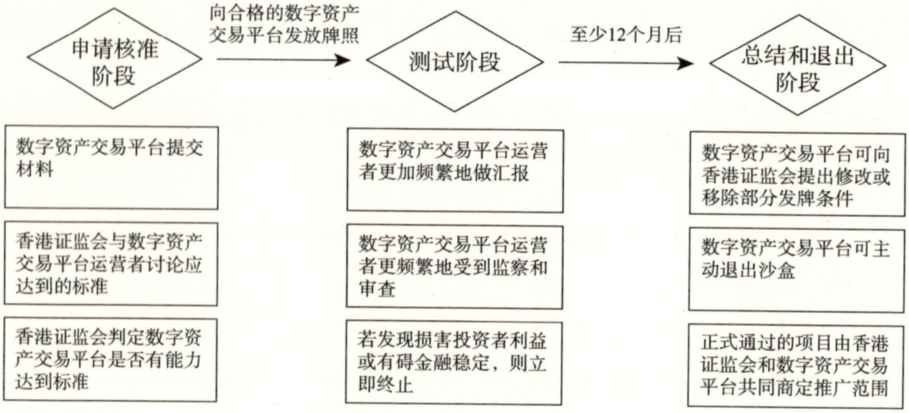

图 18-23　数字资产交易平台牌照申请的三个阶段

资料来源：香港证监会，课题组整理。

监管沙盒可以较有效地平衡加密货币的创新与风险波动，总体来看，香港金融管理局推出的监管沙盒 3.0 主要具备以下特征：第一，设立较高的准入门槛，只有被判定有能力达到标准的公司才能获得牌照；第二，设置较及时的调整和反馈机制，在申请核准阶段香港证监会会结合公司实际情况确定标准，在测试阶段，香港证监会同样会与公司紧密沟通，进一步调整和完善针对公司的监管方针；第三，重视投资者保护，若不能确保投资者权益得到保障，则香港证监会可能会认定公司不应受到香港证监会监管；第四，建立平稳完善的退出机制，包括测试阶段结束后公司主动退出沙盒，以及公司在测试阶段因损害投资者利益或有碍金融稳定而被强制退出。香港加密货币监管情况归纳如表 18-3 所示。

表 18-3　香港加密货币监管情况归纳

项目	内容
主要监管对象	投资性加密货币
主要监管特点	覆盖范围小，申请门槛高

续表

项目	内容
主要监管机构	香港金融管理局、香港证监会、香港财经事务及库务局
主要牌照类型	10 类牌照中的第一类（证券交易）、第四类（就证券提供意见）、第七类（提供自动化交易服务）和第九类（提供资产管理），且原则上必须有香港证监会发出的批准通知书
主要监管依据	《有关针对虚拟资产投资组合的管理公司、基金分销商及交易平台运营者的监管框架的声明》
监管政策趋势	目前政策谨慎严格，未来或将逐步开放

为资管行业带来的机遇与挑战

1. 吸引多家公司入驻香港，拓宽香港资管行业的业务范围

随着数字资产交易平台、基金分销商和数字资产投资组合管理公司在中国香港逐步得到认可，多家公司纷纷开始考虑在中国香港注册子公司或平台。随着BC科技旗下的数字资产交易平台OSL和火币科技旗下的全资子公司火币资管成功获得牌照，市场对加密货币牌照申请的关注度不断提升，多家公司开始咨询获得同样牌照的可能性。2022年4月MaiCapital Limited获准管理100%加密货币投资组合、HBL获发牌照，说明香港证监会在不断探索牌照发放条件并推动牌照申请流程的标准化，在刺激加密货币市场发展的同时，也有助于将资管行业监管范围拓宽至加密货币资管。从中长期来看，中国香港加密货币监管沙盒不断完善，发放牌照条件可能会进一步放松，以及投资者对于100%加密货币投资组合类产品的需求升高等，都将会吸引更多公司入驻中国香港，进一步拓宽中国香港资管行业的业务范围和监管范围。

2. 监管体系逐步完善，致力于在资管行业达到平稳发展与支持创新之间的平衡

根据香港金融管理局发布的数据，截至2022年1月，加密货币的整体市值

显著增长，达到 2.2 万亿美元，并且机构投资者和个人投资者的关注度不断上升。同时，更多数字资产交易平台和管理公司入驻中国香港，这对中国香港来说既是资管行业迅速发展的机遇，也是对现有监管框架的一次挑战，中国香港监管机构正在从不同的角度引入新的监管制度，以逐步完善加密货币相关监管体系。

从公司获发牌照的角度看，香港证监会正在努力组建一支专注于金融科技、具有商业敏感性的授权人员团队，以设置更加清晰的牌照准入标准。香港金融管理局主要从加密货币的投资者保护、认可机构和加密货币的业务关联角度引入新的监管制度。在投资者保护方面，香港金融管理局认为部分加密货币未必有内在价值，并且价格波动幅度大，需要认真考虑拥有这些特征的产品是否适合个人投资者，以及应如何监管其销售过程等问题。因此，香港金融管理局会着重促进投资者教育、加强产品信息披露，并于 2022 年 1 月 28 日与香港证监会联合发布《有关中介人的虚拟资产相关活动的联合通函》，制定对认可机构提供加密货币相关中介服务时在投资者保护方面的监管预期。同时，香港金融管理局表示认可机构在业务上与加密货币的关联正在逐渐增加，因此正在研究该方面的监管重点，以为认可机构提供更加详细的监管指引。认可机构在业务上关联加密货币的主要监管范围相当广，包括用户保障、信用风险、市场风险、业务操作风险、金融犯罪风险（欺诈以及洗钱与恐怖分子资金筹集风险等），以及针对认可机构对加密货币直接风险的承担是否遵守巴塞尔银行监管委员会建议的相关国际标准而做出审慎处理。认可机构在与加密货币服务提供者建立业务关系前，应严格评估风险并制定适当的风险缓释措施。

香港金融管理局等监管机构密切留意加密货币市场形势的变化，秉持开放的态度，在制定监管制度的细节时保持一定的灵活性，并且积极参与相关国际讨论，为加密货币市场的发展做出贡献，致力于在维持中国香港资管行业平稳发展与支持创新之间取得适当平衡。

/ 第19章 /

新兴市场：动荡环境下机遇与挑战并存

2021年新兴市场资管行业呈现波动分化的特征，机遇与挑战并存。一方面，2021年新兴市场资产增值跑输发达市场，摩根士丹利新兴市场指数下跌2.54%，同期摩根士丹利全球指数上涨21.82%。其中，有新兴经济体疫苗接种率相对偏低导致未来应对疫情的不确定性更大的原因，同时在流动性外溢带来的通货膨胀高企、发达市场政策收紧的背景下，部分新兴市场加息应对，在一定程度上抑制了国内需求。另一方面，新兴市场的国际资金流入承压。2021年新兴市场录得资本净流入2 811亿美元，同比下降10.19%，连续第四年净流入金额减少（如图19-1所示）。不同国家的货币政策周期、通货膨胀、经常账户敞口和财政赤字压力不同，使得国际资金的态度有所分化。尤其是在2022年初爆发的俄乌冲突背景下，地缘政治风险成为新的影响因素，新兴市场资本账户的波动与内部分化或会一直存在，仍将面临资本净流入能否持续的考验。

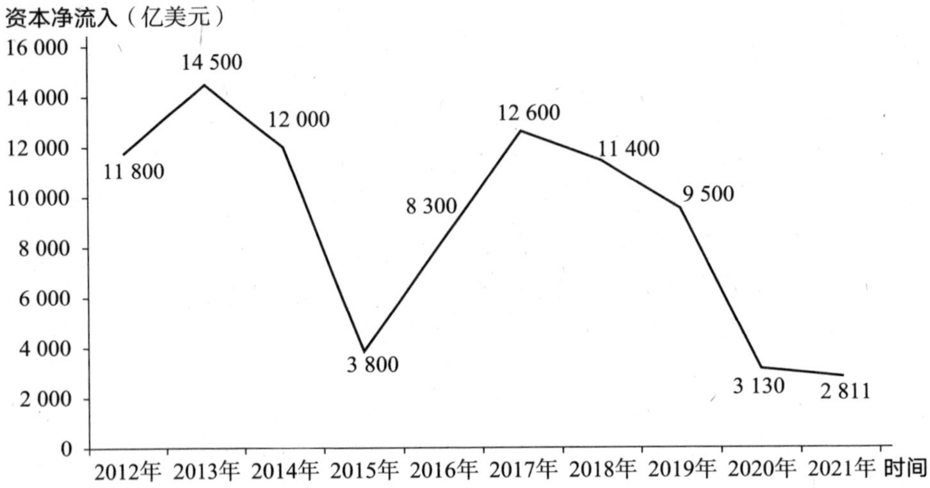

图 19-1　2012—2021 年新兴市场资本净流入

资料来源：国际金融协会。

2021 年主流新兴经济体的资管规模保持增长。根据印度共同基金协会的统计，印度共同基金的资管规模在 2022 年 2 月达到 37.56 万亿卢比，相较于 2017 年 2 月翻了一倍。南非储蓄与投资协会（ASISA）的统计数据显示，南非集合投资计划在 2021 年末达到 3.14 万亿兰特，年增速达 15%。巴西金融和资本市场实体协会（Anbima）的统计数据显示，巴西资管在 2021 年 9 月 20 日的规模达到 6.851 万亿雷亚尔，较 3 个季度前的 6.079 万亿雷亚尔增长 12.70%。但是，在整体增长的背后，新兴市场各资管子行业仍面临疫情冲击、资金大额赎回，甚至内部投资管理机制承压等问题，各自的应对措施和市场表现都不尽相同，提供了不同的经验教训，而在面对私募债权、加密货币等新兴投资领域时，不同国家或地区也呈现出不同的态度、面对不同的机遇与挑战。

共同基金：定投计划及股票市场的繁荣带动资管规模增长

2021 年，印度共同基金的资管规模从 30.96 万亿卢比增长至 37.92 万亿卢比，增幅高达 22.48%，这不仅得益于印度推行多年的家庭系统投资计划（SIPs）持续带来资金净流入（如图 19-2 所示），还受到印度股票市场繁荣带来的股票型基金增长的推动；家庭系统投资计划和股票型基金的增长都在 2021 年达到历史高峰。印度共同基金行业多年的发展格局被打破，出现了新的特征与挑战。

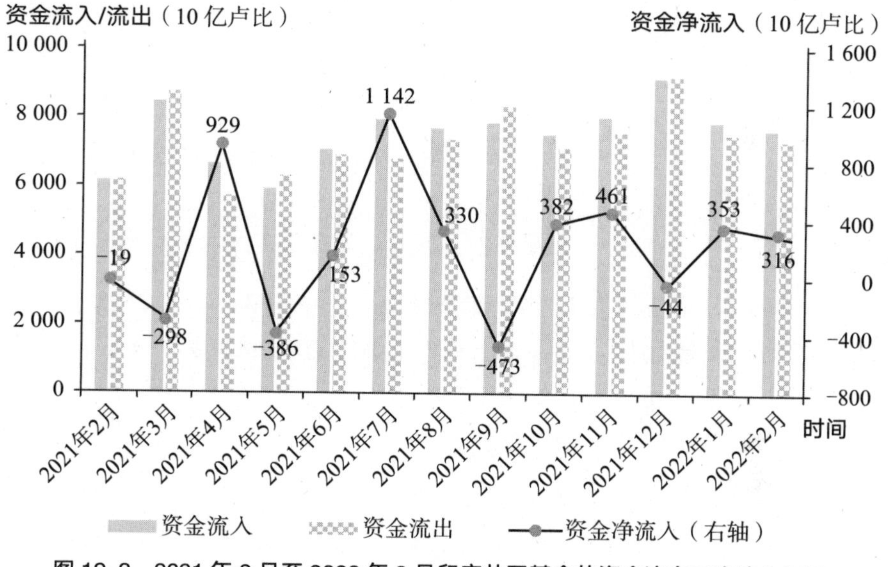

图 19-2　2021 年 2 月至 2022 年 2 月印度共同基金的资金流向及净流入规模

资料来源：印度共同基金协会。

不同风格的共同基金表现分化

权益类基金的资管规模大幅抬升，占比反超固收类基金（包括债券型基金和货币市场基金）。长期以来，固收类基金一直是印度共同基金市场的主流，尤其是在 2020 年，风险规避和流动性需求共振使得债券型基金更受欢迎，而股票型基金的绝对额和占比双双回落，甚至将此前三年积累的涨幅全部回吐。而在 2021 年，印度股票市场表现强劲，大量资金从固收类基金转向权益类基金，2021 年末股票型基金的资管规模大幅反超固收类基金，占共同基金总规模的 48.1%（如图 19-3 所示）。

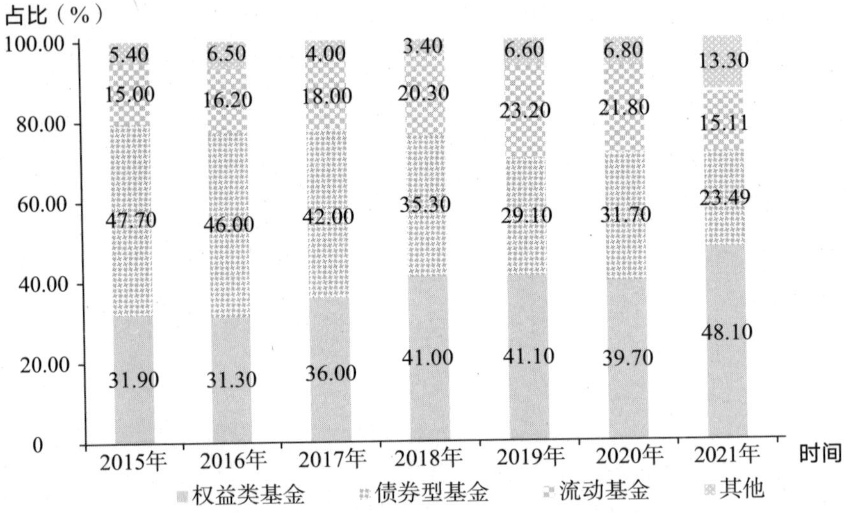

图 19-3　2015—2021 年印度共同基金的产品构成

资料来源：印度共同基金协会。

权益类基金的快速发展得益于投资者对投资收益的追求和投资者结构的变化。首先，从投资者角度看，印度以固收类投资为导向的基金投资者主要是法人机构和高净值人士，这类投资者有更强的风险意识，同时对投资收益更敏感。因此，当固收类基金的收益率下降时（如图 19-4 所示），上述投资者的多余资金便会转向权益类基金，2021 年股票型基金项下的股票挂钩储蓄计划（ELSS）、Multi Cap Funds 和 Flexi Cap Funds 均有亮眼表现，吸引了更多资金进入。同时，印度足够年轻的人口结构、初创企业数量的增加以及收入水平的提高，推动了印度年轻高净值人群数量的增长，而这类群体本身更倾向于机会驱动的股权投资风格，甚至压缩对房地产和债权投资的敞口，以求在权益市场追逐更高收益。

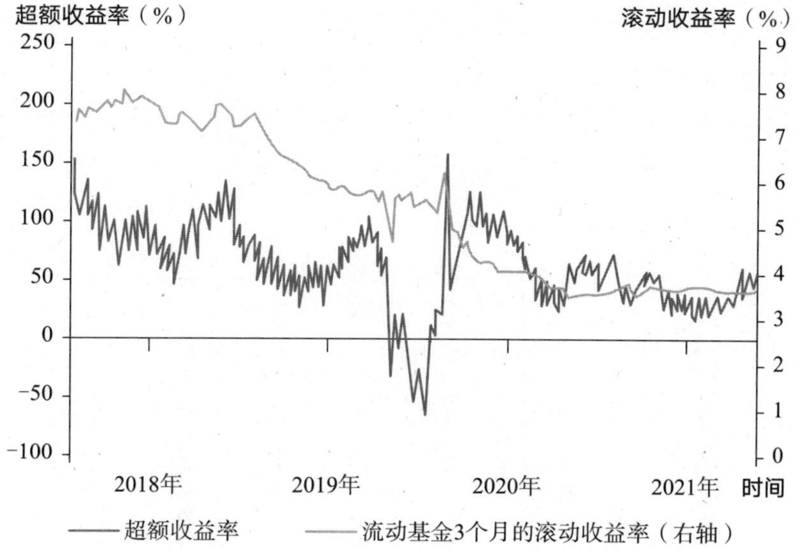

图 19-4　2018—2021 年货币市场基金的收益率一路下行

资料来源：印度克里斯尔顾问公司。

其次，债券市场违约潮使得固收类基金的吸引力下降。自 2018 年印度债券市场出现大型违约事件后，投资者对债券型基金的风险偏好进一步降低，2021 年上半年印度债券市场又出现一轮违约潮，监管收紧发债口径导致债券发行量创 2008 年以来的新低，在投资端共同基金持有的公司债券规模快速下滑，且高评级资产占比进一步抬升（如图 19-5 所示）。债券型基金不断下行的收益率和债券违约风险，导致其对资金的吸引力明显下降。

以 ETF 为代表的被动投资类基金受到关注

自 1993 年第一只 ETF——SPDR S&P 500 ETF（Spiders）在美国开始交易以来，ETF 市场规模大幅增长，甚至许多国家 ETF 的资管规模已经超过传统基金。在印度，从 2015 年起 ETF 市场愈发受到关注，其资管规模从 2014 年末的 540 亿卢比增长到 2022 年 2 月末的 3.9 万亿卢比（如图 19-6 所示）。不仅其资管规模有所提升，产品种类也更加多样化：早些年印度 ETF 市场的 ETF 产品主要围绕 Nifty 或 Sensex 指数，现如今已经有针对大盘股和中小盘股的指数 ETF，如 Nifty Next 50 ETF、Nifty Midcap 100 ETF、Nifty Midcap 150 ETF 等，此外，还有不同投资主题的 ETF 产品，如银行 ETF 和纳斯达克 100 ETF。

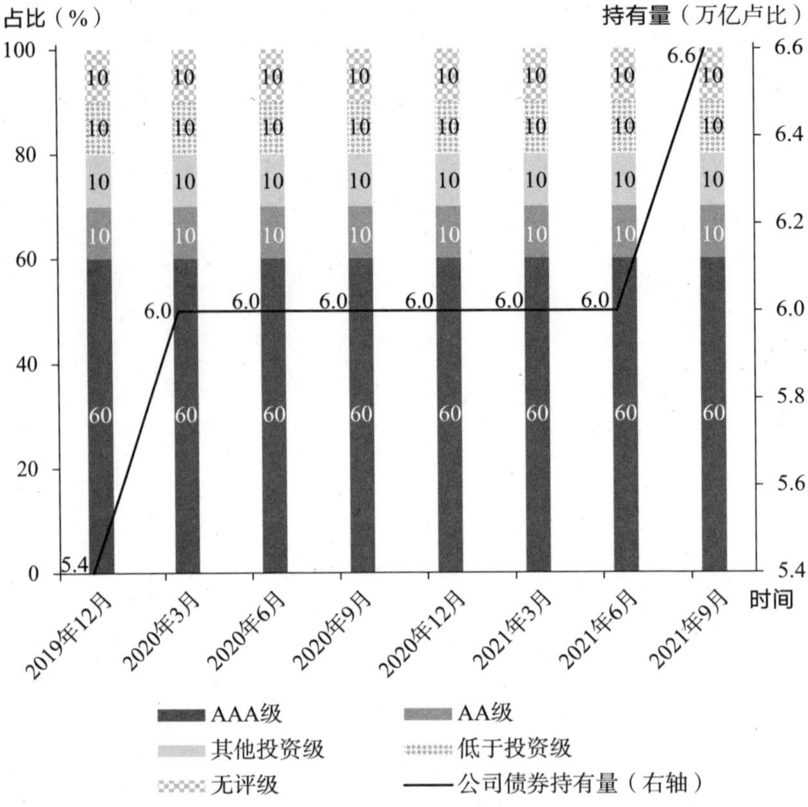

图 19-5　2019 年 12 月至 2021 年 9 月共同基金中公司债券的持仓情况

资料来源：Prime Database。

印度 ETF 的投资者主要以机构投资者为主，如印度雇员公积金组织（EPFO），该组织将资金投资于 Nifty 50 ETF、BSE SENSEX ETF 以及围绕印度 11 家央企的主题基金（CPSE ETF）。近些年个人投资者开始逐渐关注 ETF 投资，挂靠指数的被动投资在过去几年已经表现出更好的业绩和更高的稳定性，这一特性在新兴市场国家尤为明显。2020 年上半年至 2021 年上半年，印度有超过 86% 的大盘股基金经理的业绩被 S&P BSE 100[①] 打败，若拉长时间周期至 3 年，基金经理的业绩表现不如指数的比例高达 87%，若拉长周期至 5 年，则这一比例仍高达 83%。ETF 的投资优势进一步体现，也逐渐获得个人投资者的认可。

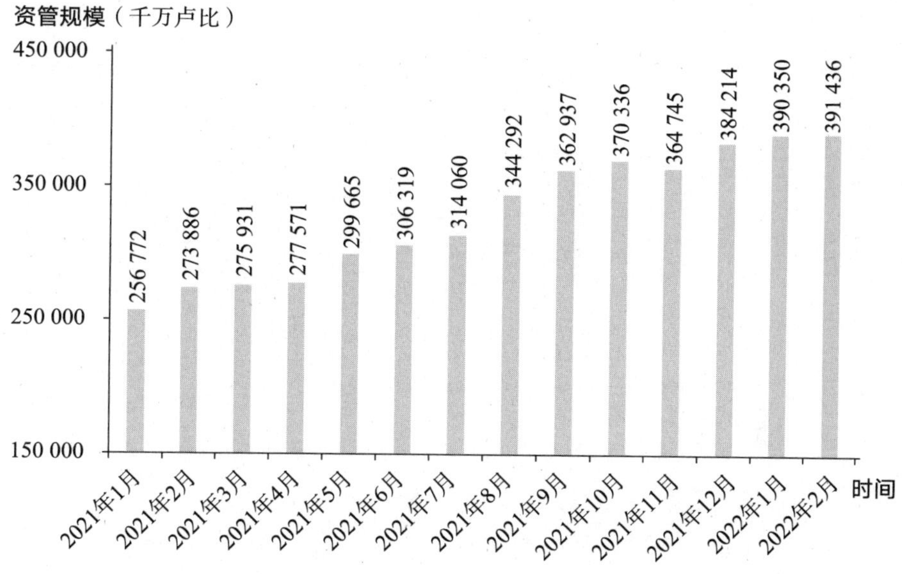

图 19-6　2021 年 1 月至 2022 年 2 月印度 ETF 资管规模稳步上升

资料来源：印度共同基金协会。

个人投资者份额进一步增大

个人投资者在印度共同基金资管规模中一直占据较大份额，2021 年个人投资者持有的市场份额进一步扩大，这离不开家庭系统投资计划多年的积累（如图 19-7 所示），同时也与个人投资者偏好有关。多年来，大众富裕阶层的个人投资者成为共同基金增长的主力，个人投资者的投资账户数在 2016 年 3 月末到 2021 年 6 月末的复合年均增速为 14.6%。截至 2021 年末，印度共同基金一共

① S&P BSE 100 是衡量印度孟买证券交易所 100 只最大和最具流动性的大中型股票表现的指数，以印度卢比计算。

有超过 1.1 亿个投资账户和近 5 000 万个家庭系统投资计划账户，其中 90% 由个人投资者持有。从资管规模来看，2021 年初机构投资者持有基金资管规模占基金市场总资管规模的 47.8%，个人投资者占 52.2%，而在 2021 年末，机构投资者仅占 45%，个人投资者的占比扩大至 55%，两者的差距已十分明显。

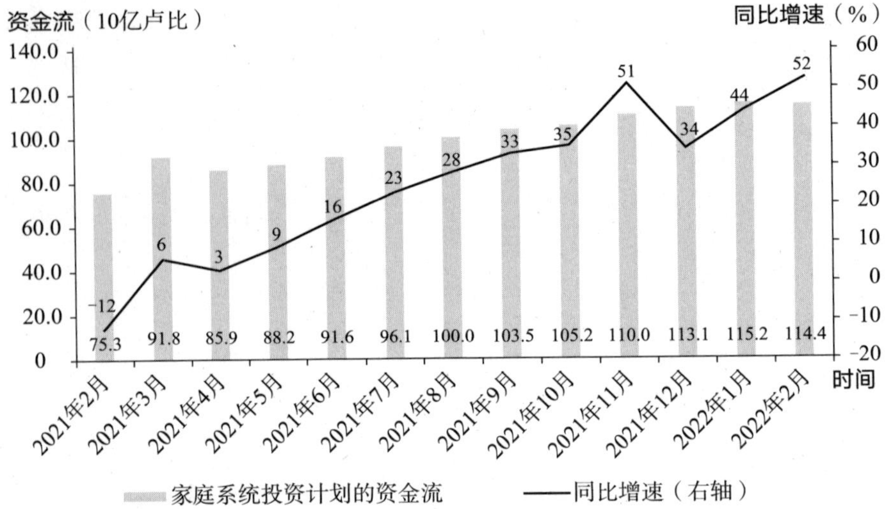

图 19-7　2021 年 2 月至 2022 年 2 月印度家庭系统投资计划的资金流

资料来源：印度共同基金协会。

从投资者偏好来看，通货膨胀压力以及印度央行政策的不确定性，使得机构投资者对投资长期限的债券型基金更加谨慎，而这类产品又是机构投资者关注的重点。反观个人投资者，个人投资者一直对权益投资青睐有加，尤其是股票型基金、股票挂钩储蓄计划和平衡型基金。以往个人投资者投资短期化的现象近年来也在逐步改善，印度的投资者教育使得个人投资者的行为愈发成熟稳定，截至 2021 年末，有近 42.1% 的权益类资产持有期限在 2 年以上，有 60% 以上的权益类资产持有期限在 1 年以上。个人投资者正成为印度共同基金稳定且庞大的资金来源。

引入摆动定价机制应对开放式基金的流动性危机

自 2020 年新冠肺炎疫情暴发以来，印度开放式基金的资管规模保持稳步增长，随着资管规模的逐步扩张，开放式基金在印度金融市场愈发具有系统重要性。尤其是开放式债券型基金，持有越来越多的国债、地方债、国库券和抵押贷款工具，一旦发生任何影响这类基金的事件，例如大额赎回，就可能对上述底层资产带来抛售压力，进而影响市场行情。在 2020 年第一季度，受新冠肺炎疫情的影响，印度在全国范围内实施封控管理，债券市场大跌，共同基金迎来巨大赎回压力（如图 19-8 所示），尤其是开放式债券型基金遭遇了持续的流动性危机，具有代表性的事件是，进驻印度 27 年的富兰克林邓普顿基金集团宣布关闭旗下 6 只债券型基金的赎回窗口，总规模高达 41 亿美元，在当时进一步引发了投资者的恐慌情绪。

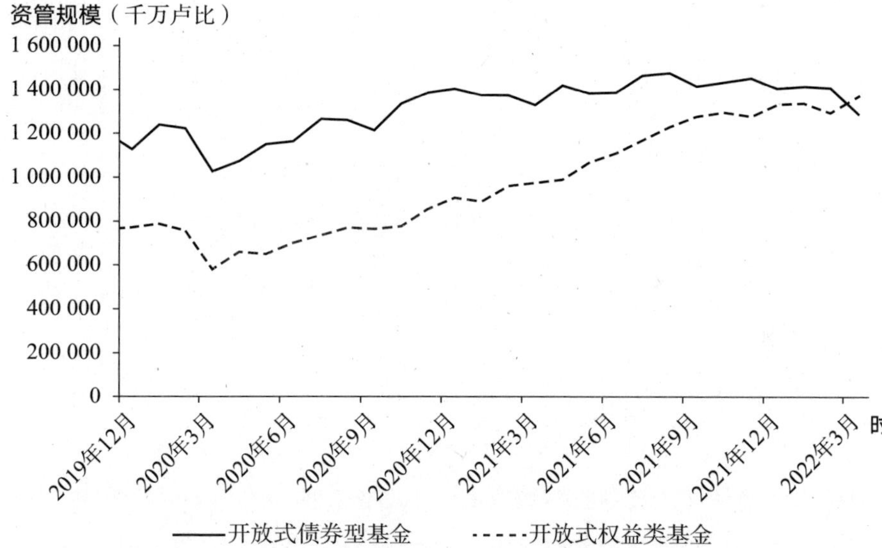

图 19-8　2019 年 12 月至 2022 年 3 月印度开放式基金的资管规模

资料来源：印度共同基金协会。

为了避免后续开放式债券型基金再次受到流动性冲击，或出现如富兰克林邓普顿基金集团那样的不利情形，印度证券交易委员会（SEBI）在 2021 年 9 月决定为开放式债券型基金引入摆动定价机制，以阻止大型机构投资者的突然赎回。摆动定价机制的核心在于，通过由持有人承担申赎相关的交易成本和其他成本，缓解申赎行为可能对基金份额净值的摊薄。例如，当基金赎回超过特定阈值时，为了满足赎回申请，基金管理人不得不打折出售所持有的证券标的，进而产生亏损，摆动定价机制则将此类赎回产生的亏损从赎回申请人持有的资产净值中扣除。目前，摆动定价机制只在小部分发达市场以及中国香港实施，印度引入摆动定价机制为新兴市场提供了一个可参考的案例。

总体来说，印度共同基金在 2021 年的表现可圈可点，尤其是权益类产品和 ETF 表现亮眼，家庭系统投资计划则保持了多年的稳定输出，个人投资者在共同基金市场的份额占比进一步增大，但同时印度仍是世界上基金渗透率较低的国家，该行业依旧有较大空间等待发掘。

养老金：渗透率继续抬升，成为资管规模新的增长点

养老金渗透率大幅提升

2021 年，全球养老金市场的规模进一步增长。根据韦莱韬悦的统计，2021 年全球前二十二大机构养老金的规模达到 56.6 万亿美元，较 2020 年同比增长 7.8%，在 2012—2021 年这 10 年内翻了一番。总体来看，2021 年发达市场经济体和新兴市场经济体的养老金规模较 2020 年均有所提升，但不同国家之间的差异显著。从绝对指标来看，美国依然是全球最大的养老金市场，规模约为 35.5 万亿美元，占全球 65.6% 的市场份额，同时 OECD 收录的 92 个样本国家

中有 70 个国家的养老金市场规模不足 0.2 万亿美元。从相对指标来看，发达市场经济体的养老金渗透率（养老金规模与 GDP 的比率）增长较稳定，而新兴市场经济体不同国家之间养老金渗透率的增速差异较大（如表 19-1 所示）。但是养老金规模和渗透率的增速均高于各国 GDP 的增速，呈现出各国对退休人口养老福利保障的重视程度日益增加的趋势。

表 19-1　2019—2020 年发达市场经济体与新兴市场经济体的养老金渗透率的对比

发达经济体	养老金渗透率（%）		增速（%）	新兴经济体	养老金渗透率（%）		增速（%）
	2019 年	2020 年			2019 年	2020 年	
加拿大	159.5	179.7	12.7	南非	95.1	92.1	-3.1
美国	150.3	169.9	13.0	智利	80.8	75.8	-6.2
澳大利亚	137.5	131.7	-4.3	哥伦比亚	26.7	32.0	19.8
英国	123.2	126.8	2.9	巴西	26.2	28.2	7.6
比利时	35.2	40.4	14.8	秘鲁	22.6	23.1	2.4
日本	28.6	30.1	5.2	墨西哥	18.5	22.8	23.1
意大利	10.9	12.7	16.1	印度	1.9	9.3	388.9
挪威	10.9	12.3	13.3	泰国	7.3	8.1	10.6
法国	10.6	12.2	14.9	俄罗斯	5.6	6.1	8.3
德国	7.5	8.2	9.2	埃及	1.5	1.5	1.2
平均值			9.8	平均值			45.3

注：在发达经济体的样本选择上，基于人口老龄化的程度和养老金制度的完备性，选择加拿大、美国、日本、法国、意大利、德国、英国、澳大利亚、比利时和挪威。一方面，人口老龄化问题会迫使政府更加重视养老金的储备和管理；另一方面，养老金制度完备的国家有更多先进经验。在新兴经济体的样本选择上，首先考虑代表典型新兴经济体的“金砖国家”——巴西、俄罗斯、印度和南非，其次选择摩根士丹利新兴市场经济体指数中的样本——智利、哥伦比亚、埃及、墨西哥和秘鲁。

资料来源：OECD。

尽管新兴市场经济体养老金市场与发达市场经济体养老金市场的规模存在较大差距，但是从 OECD 披露的 2016—2020 年养老金投资收益率来看，新兴市场经济体养老金的投资收益率明显高于发达市场经济体（如表 19-2 所示）。主要是因为大多数国家会优先选择投资本国资产，这体现了新兴市场经济体的投资价值。

表 19-2　2016—2020 年发达市场经济体与新兴市场经济体养老金的投资收益率

经济体		养老金投资收益率（%）				
		2016 年	2017 年	2018 年	2019 年	2020 年
发达市场经济体	加拿大	5.6	8.0	3.1	9.1	6.3
	美国	4.7	9.7	-4.4	12.2	8.1
	澳大利亚	4.4	10.2	8.5	7.6	-0.5
	英国	14.7	5.6	—	—	—
	比利时	5.6	5.3	-3.2	14.3	4.1
	日本	—	3.4	4.4	1.6	-1.3
	挪威	5.5	7.9	-0.1	9.6	7.5
	意大利	2.5	2.9	-1.7	6.0	2.8
	法国	—	4.3	—	—	—
	德国	3.8	3.8	1.9	4.7	2.9
新兴市场经济体	南非	6.0	5.8	4.4	5.2	—
	智利	4.2	8.0	1.5	15.2	5.7
	哥伦比亚	9.4	13.2	0.2	15.2	9.0
	巴西	—	—	5.9	—	—
	秘鲁	9.1	6.6	-2.4	12.1	8.6
	墨西哥	2.9	8.4	-0.3	13.3	12.7
	泰国	4.6	5.3	-1.4	3.1	-1.1
	俄罗斯	11.0	5.0	2.8	8.1	5.1
	印度	—	—	—	7.6	13.4
	埃及	10.8	12.1	12.5	12.4	13.3

注：为保证数据口径统一，未列示 OECD 未披露的国家数据。

资料来源：OECD。

不同的养老金体系拥有不同的管理模式

自 1994 年世界银行首次提出养老金三支柱概念以来，这一体系逐渐成为全球养老金的主流模式，但由于国情不同，养老金三支柱体系在各个国家或地区的实施有所差异，不同国家或地区的主流养老机构也各不相同。例如，在新兴市场，南非有非洲最大的主权养老基金——南非政府雇员养老基金；智利是世界上第一个跳过第一支柱，以第三支柱个人养老金为主的国家；而印度将强制的公积金计划与个人养老金计划相联动（如表 19-3 所示）。不同的养老金体系有不同的制度定位、管理模式、资金来源和投资目标，在 2021 年面临不同的挑战或发展机遇。

表 19-3　主流新兴市场国家的养老金体系和投资管理方式的对比

国家	养老金体系	养老金监管机构	主流养老金管理机构	投资管理方式	优势	劣势
南非	三支柱	南非政府、南非社会保障局	第二支柱的主权养老基金，如南非政府雇员养老基金	指定外包制，南非政府雇员养老基金指定 PIC 基金进行日常投资，并对其下发资产配置指导框架	专营化管理保证规模稳定，参与必要但非市场化的投资交易	容易造成监管不力，滋生腐败等治理问题
智利	强制性个人保险制度	智利养老基金监管局	第三支柱的专业性养老金管理公司，以管理养老金并提供退休金为唯一目标的私营机构，如 Provida、Habitat	由专业的基金公司进行市场化管理	投资形式自由且多样化，可创造更可观的收益，同时减轻财政压力	应对突发事件冲击的能力较弱，容易引发大额赎回，甚至是挤兑
印度	三支柱	印度养老基金监管和发展局（PFRDA）	第三支柱的共同基金机构，如 SBI、HDFC	多家资管公司提供产品供居民自由组合	居民可从强制性的雇员计划转投自愿性的养老金计划	挤占其他养老金
中国	三支柱	社会保险基金监管局、国务院	第一支柱的 21 家基本养老保险基金证券投资管理机构，包括部分券商、基金公司和保险公司	委托专业机构管理，国务院限定投资范围和比例	发挥社会调解作用	投资方式不够灵活

南非政府雇员养老基金是典型的主权养老基金，截至 2021 年 3 月末，南非政府雇员养老基金的资管规模为 2.04 万亿兰特，出现近 10 年来的最大涨幅（如图 19-9 所示）。2012—2021 财年平均增速为 8.9%。

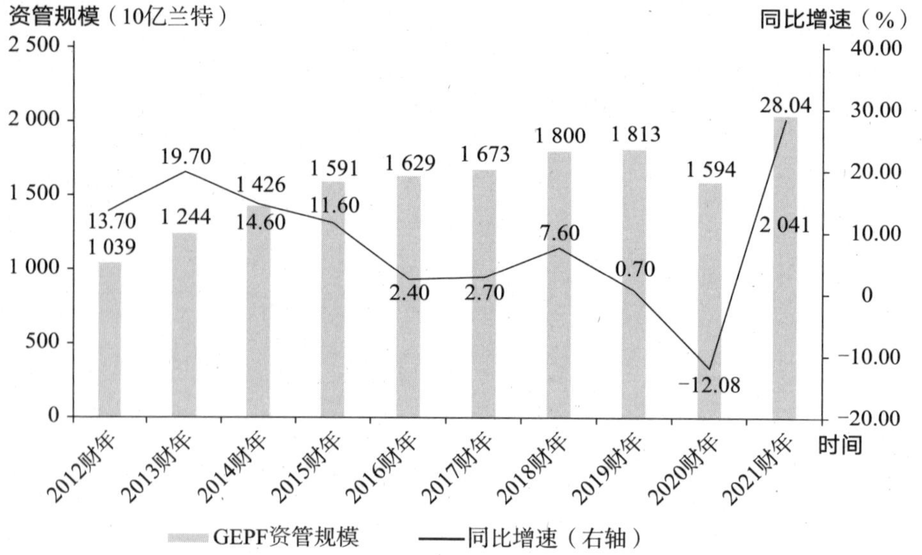

图 19-9　2012—2021 财年南非政府雇员养老基金的资管规模及同比增速

资料来源：南非政府雇员养老基金年报。

除了资管规模的增长，2021 财年南非政府雇员养老基金的投资表现也十分突出。2021 年摩根士丹利南非指数上涨 9.62%，远超摩根士丹利新兴市场指数 3.67% 的涨幅。得益于南非股票市场和债券市场的强势复苏，2021 财年南非政府雇员养老基金获得 2012—2021 财年以来的最高收益率（如图 19-10 所示）。2020—2021 财年南非政府雇员养老基金各类配置资产规模的变化如表 19-4 所示。

在管理方式上，南非政府雇员养老基金聘请政府养老金管理机构 GPAA 和公共投资公司 PIC 进行日常管理和投资。南非政府雇员养老基金通过下设的投资委员会向 PIC 下发资产配置指导框架，进行一定程度的约束。2021 年南非政府雇员养老基金的资产配置指导框架并没有发生改变，但是PIC的投资比例有所变化，对南非国内股权的投资增加了7%，同时降低了对国内债券、现金和货币市场的投资（如表19-5所示），这也是2021年南非政府雇员养老基金获得高额收益的原因之一。

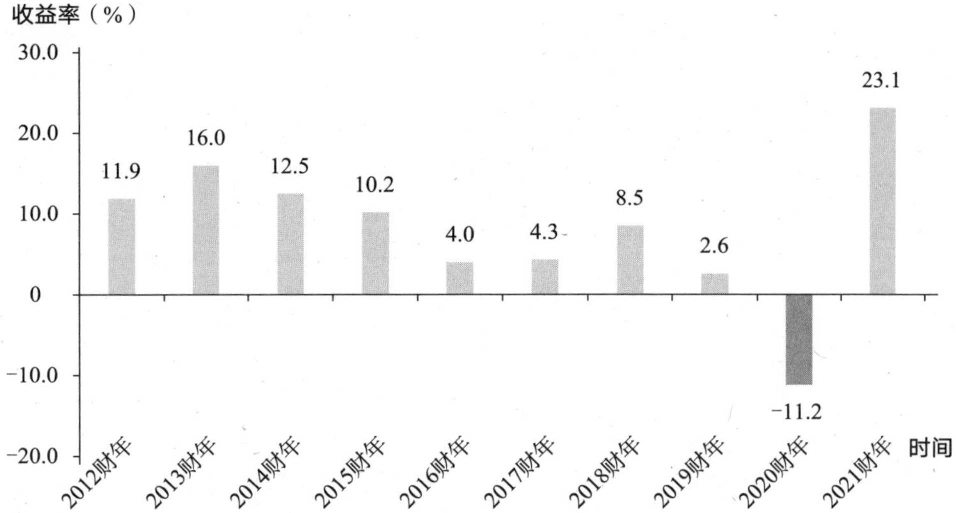

图19-10　2012—2021财年南非政府雇员养老基金收益率

资料来源：南非政府雇员养老基金年报。

表19-4　2020—2021财年南非政府雇员养老基金各类配置资产规模的变化

资产类别	规模（10亿兰特）		规模增长（10亿兰特）	增速（%）
	2020财年	2021财年		
上市股权	763.02	1 099.69	336.67	44.12
国内债券	540.04	644.63	104.59	19.37
非上市股权	49.47	47.42	−2.05	−4.14
境外集体投资计划	117.83	146.59	28.76	24.41

资料来源：南非政府雇员养老基金年报。

表 19-5　2020—2021 财年南非政府雇员养老基金资产配置指导框架与实际投资比例

资产类别	资产配置指导标准（%）	2021 财年实际投资比例（%）	2020 财年实际投资比例（%）
现金和货币市场	0 ~ 8	2	3
国内债券	26 ~ 36	33	36
国内房地产	3 ~ 7	3	4
国内股权	40 ~ 55	54	47
非洲（除南非）股权	0 ~ 5	1	2
国外债券	0 ~ 4	1	2
国外股权	1 ~ 5	6	6

资料来源：南非政府雇员养老基金年报。

作为南非最大的机构投资者，PIC 持有大量政府债券、国企债券以及部分蓝筹股，不但对国家经济活动具有巨大影响力，而且经常在救助濒临破产企业的行动中发挥不可或缺的作用。但是南非政府雇员养老基金专营的外包管理方式也有弊端，一旦监管不力就容易出现滥用资金和投资不慎的现象。2021 年 5 月，南非政府雇员养老基金开始调查 PIC 的操作失职和涉嫌腐败问题。2021 年 11 月 24 日，尽管 PIC 更换了董事会的成员，但是南非政府雇员养老基金对 PIC 的委托份额仍然减少了 700 亿兰特。作为非洲最大规模的主权养老基金，南非政府雇员养老基金亟待治理模式的改革与更新。

与南非主权养老基金不同，智利的养老金管理完全是市场化行为。从 20 世纪 80 年代初开始，智利便开始推行一种新的养老金模式，即在国家宏观调控下，强制劳动者为个人长期储蓄养老金的完全积累模式。在这一模式下，养老金管理机构与其他资管机构并无本质区别，可以自由进行债券、股票及境外资产的投资，不受政府过多的限制，比如智利养老金的境外投资比例就远超其他新兴市场国家。截至 2021 年末，智利养老金的境外投资占比达到 55.5%，甚至超过境内投资的占比，这与大多数新兴市场国家的养老金主要投资国内资产形成鲜明对比。而这一选择为智利养老金带来了较好的投资收益，2021 年摩根士丹利全球指数表现便远远好于摩根士丹利新兴市场指数，智利养老金境外投资的盈利可以弥补其在境内投资的亏损，而自由化、多样化的投资渠道极大地提高了智利养老金的投资灵活性和保值增值能力，也促进了智利国内经济的增长。2010 年和 2020 年发达市场和新兴市场国家养老金境外投资比例如表 19-6 所示。

表 19-6　2010 年和 2020 年发达市场和新兴市场国家养老金境外投资比例

发达市场国家	境外投资比例（%）		新兴市场国家	境外投资比例（%）	
	2010 年	2020 年		2010 年	2020 年
加拿大	29	35	南非	10	20
英国	23	13	智利	45	46
日本	27	30	哥伦比亚	—	40
挪威	27	29	巴西	0	1
意大利	56	67	秘鲁	26	50
丹麦	—	35	墨西哥	7	13
荷兰	83	91	泰国	0	1
平均值	40.83	42.86	平均值	14.67	24.43

资料来源：OECD。

在具体产品设计上，目前智利要求所有养老基金公司提供的资管产品按风险等级分为 A、B、C、D、E 五类，风险依次递减。相应地，这五类产品的股权投资比例在符合上下限要求的同时，必须保证依次递减，以尽可能在不同产品之间有明确的风险划分。智利对不同风险等级养老资管产品的投资限制可以参考表 19-7。

表 19-7　智利不同风险等级养老资管产品的投资限额

养老资管产品风险等级	投资限额（%）								
	股权	房地产	公共部门发行的票据和债券	私营部门发行的债券	零售投资基金	私人投资基金	贷款	银行存款	其他
A	80	13	40	30	100	0	13	60	股权 >40
B	60	11	40	30	100	0	11	75	股权 >25
C	40	9	50	10	100	0	9	85	股权 >15
D	20	6	70	10	100	0	6	95	股权 >5
E	5	5	80	3	100	0	5	100	无要求

资料来源：OECD。

但过于市场化的投资模式也有较明显的缺点，例如，缺乏政府宏观把控，不利于养老金制度发挥应有的社会调节作用。2020 年新冠肺炎疫情暴发后，智利养老金提取比例大幅增加，导致养老基金总规模骤减。根据智利养老基金监管局的统计，截至 2021 年末，智利养老基金总规模为 1.70 万亿美元，较 2020 年同期大幅下降 20.1%。养老基金为智利最大的机构投资者之一，这一流动性冲击不利于金融系统的稳定。

与上述两个国家的养老金体系均不同，印度形成了一种有所分割、但又允许流通的养老金制度。具体来看，印度原始的三大养老金计划分别是雇员公积金计划（EPF）、雇员养老金计划（EPS）和雇员储蓄保险计划（EDLI），三者均由印度雇员公积金组织管理，且都带有一定强制性。除三大养老金计划外，印度养老基金监管和发展局设立了一项居民可以自愿参与的确定缴费型养老金计划——国家养老金计划（NPS）。印度国家养老金计划创立缘由主要是印度政府于 2004 年 1 月停止为此后新加入的政府雇员购买确定收益型养老金计划，2009 年 5 月 1 日后印度国家养老金计划面向全社会开放，任何年龄在 18 ～ 60 岁的印度公民都可以在印度国家养老金计划下开设账户。从开放之日至 2021 年 3 月，其规模的年均增速超过 12%。2008 年 9 月至 2021 年 3 月印度国家养老金系统信托（NPST）规模及增速如图 19-11 所示。

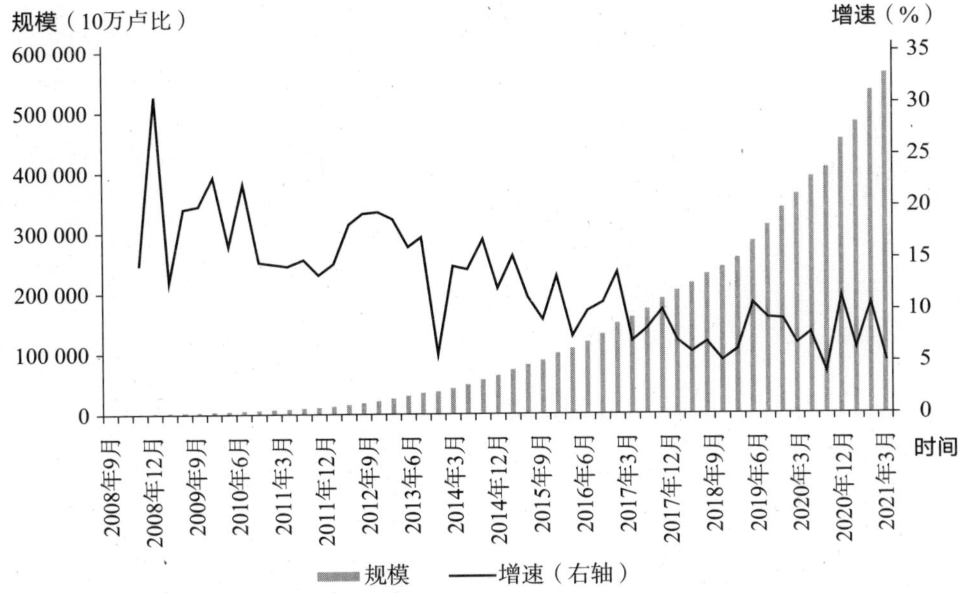

图 19-11　2008 年 9 月至 2021 年 3 月印度 NPST 规模及增速

资料来源：NPST 年报。

印度国家养老金计划规模的扩增离不开印度政府的大力支持。根据印度所得税法案，参与印度国家养老金计划可以获得最高不超过年度收入 20% 的税收减免。为了鼓励居民参与，印度政府还允许之前购买雇员公积金计划的居民转投印度国家养老金计划，而印度国家养老金计划资管产品更高的收益率天然就更具吸引力。并且，印度国家养老金计划还为印度居民提供了较丰富的资管方案。印度有 SBI、LIC、UTI、HDFC、ICICI、Kotak 和 Aditya 这 7 家资管公司提供养老金产品供居民自由组合。印度国家养老金计划 2021 年年报披露，SBI 的资管规模最高，约占整体资管规模的 38%，HDFC 的资管规模增长最快，2021 财年较 2020 财年增长了 98%（如表 19-8 所示）。

表 19-8 2020—2021 财年 NPST 资管规模增长情况

资管公司	资管规模（千万卢比）		资产规模增长（千万卢比）	
	2020 财年	2021 财年	绝对增长	相对增长
SBI	160 492	222 615	62 123	38.71
LIC	121 028	163 389	42 361	35.00
UTI	122 201	166 209	44 008	36.01
HDFC	8 265	16 383	8 118	98.22
ICICI	4 353	7 559	3 206	73.65
Kotak	991	1 572	581	58.63
Aditya	150	297	147	98.00
总计	417 480	578 024	160 544	38.46

资料来源：印度国家养老金计划年报。

上述 7 家资管公司对 4 类资产进行投资，分别是股权、公司债券、政府债券和另类资产。印度国家养老金计划分为一类账户（Tier I）和二类账户（Tier II），一类账户内养老金的提取有所限制，二类账户内养老金的存取不受限制，两者的概念类似于封闭式基金和开放式基金，但印度国家养老金计划的税收减免政策仅适用于一类账户，一般同一类资产一类账户的收益率会略高于二类账户。

总体来看，面对世界人口老龄化趋势，若只依赖公共养老金，其兑付压力会越来越大，而仅有个人养老金的制度体系在面对黑天鹅事件如新冠肺炎疫情的冲击时，更容易造成挤兑甚至是系统性风险。印度强制雇员养老金计划和自愿国家养老计划相结合的养老金体系，为我们提供了一个政府有限参与、个人强化责任的视角。

私募债权基金：新的投资机会

2008年金融危机后，私募债权①基金行业发展迅速，资管规模显著增长，这一趋势在新兴市场也有体现。根据 Preqin 的数据，2011 年至 2021 年 9 月末，私募债权基金资管规模的年均增速约为 13.5%，2021 年 9 月末全球私募债权基金资管规模达到 1.2 万亿美元（如图 19-12 所示），而私募股权基金的资管规模为 3.9 万亿美元。Preqin 预测，到 2025 年，私募债权基金将继续以每年约 11% 的速度增长，并达到 1.46 万亿美元的规模。虽然目前私募债权基金市场主要集中在美欧地区，但是随着新冠肺炎疫情对经济的冲击，以及新兴市场的金融体系改革，私募债权基金的发展已经延伸到新兴市场。

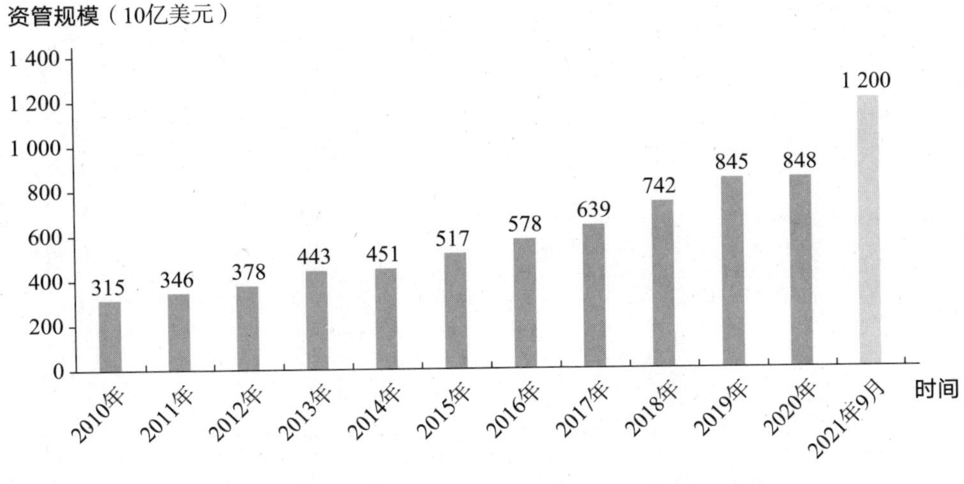

图 19-12 2010 年至 2021 年 9 月全球私募债权资管规模

资料来源：Preqin。

① 私募债权（Private Credit 或 Private Debt），泛指向企业提供的非银贷款。广义来看，私募债权的投资策略 / 标的包括优先贷款、特殊情况投资基金、不良贷款、夹层融资以及贷款抵押债券（CLOs）等，也可能对债券等标准化市场工具进行配置。但由于前述共同基金部分已对标准化债权投资进行介绍，本部分的私募债权投资并不包括私募债券这一标准化品种。

在中国，与私募债权定义有些类似的概念是非标市场工具，两者均有收益更高、透明度和流动性更低的特征。因此，虽然中国非标市场工具陆续压降处置，但新兴市场国家私募债权基金的发展对中国债权市场走向仍有借鉴意义。

新兴市场私募债权基金领域迎来发展窗口

梳理私募债权基金发展的外部环境，一方面，银行的风险偏好抬升、信贷敞口缩减，不愿向规模较小或风险较高的借款人放贷，造成中端市场供需不匹配。另一方面，从借款人的角度看，私募债权基金提供了更多的结构定制选项和更长的贷款期限，以及更快速便捷的借款流程。此外，从投资者的角度看，私募债权基金可以提供更高的收益率和多元化的收益来源。

在新冠肺炎疫情冲击后，私募债权基金或在新兴市场迎来新一轮发展窗口。这是因为在经济复苏初期，传统信贷机构如银行往往更关注其原有投资组合的资产重组及不良资产处置，而不是扩表发展，它们往往会先处理旅游业、零售业、房地产行业和航空业等受疫情影响严重的行业的风险敞口。而在疫情冲击后，一些新兴产业，如金融科技、生物医药、在线教育等有着旺盛的融资需求。私募债权基金可以为上述行业提供更加灵活和个性化的融资服务，甚至是为一些私募股权投资活动提供并购贷款。

除了前面提到的信贷供需不匹配、资管机构追求更高收益这些传统因素外，新兴市场私募债权基金的发展也得到了当地法律框架等基础设施进一步完善的推动，例如，破产法案的完善、抵押制度的更迭，以及对债权人待遇的明确等。这些外部环境的改变曾是美欧市场私募债权基金起步发展的催化剂，现如今出现在新兴市场经济体中。

其中，以新兴亚洲和拉丁美洲为代表，这两个区域的私募债权基金渗透率在新兴市场中位列前茅。在拉丁美洲，有专门从事私募债权投资的基金，例如巴西的债权投资基金（Fundo de Investimentos em Direitos Creditórios，FIDCs）、墨西哥的 CKDs（Certificates of Capital Developments，一种专门从事特殊情况投资的基金，投资标的包括结构化高收益债权、不良资产、应收账款投资等，与中国的纾困基金类似）以及哥伦比亚和秘鲁的私募债权基金 FCPs，这些产品都受到当地部门监管，并且设有投资者保护机制。

在新兴亚洲，例如印度，近些年来，印度采取内外兼修的方式发展私募债权基金市场。一方面，允许外资全资控股印度的资产重组公司，以帮助印度资产重组公司扩充资本；另一方面，自 2016 年印度《破产法》正式生效，注册为私募债权基金类别的 AIFs 的数量明显增加（如图 19-13 所示），这些机构都是印度私募债权基金市场的主流参与者之一。在 2021 年上半年，印度成交 10 多笔私募债权交易，平均每笔的交易规模达到 1.18 亿美元，总交易规模为 13 亿美元。

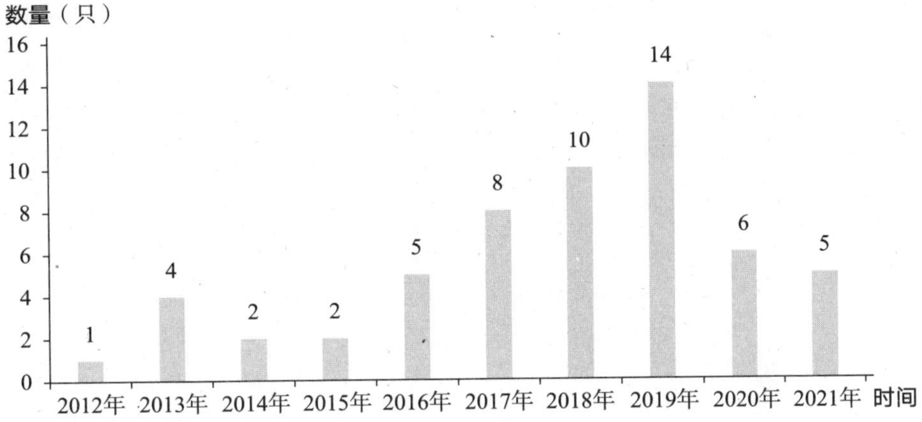

图 19-13　2012—2021 年印度注册为私募债权基金类别的 AIFs 的数量

资料来源：SEBI。

案例介绍

从市场参与者的角度看，私募债权的借款人往往是规模小、杠杆高且未获得标准化评级的主体，而贷款人主要是另类资管机构，背后的资金方大多是机构投资者，如保险公司、养老基金、对冲基金、捐赠基金以及主权财富基金等。随着私募债权基金市场的发展，逐渐出现面向个人投资者的私募债权基金。

1. 印度特殊情况基金

2021年12月28日，印度监管机构SEBI宣布引入特殊情况基金（Special Situation Funds），作为AIFs下的一个子项，该基金仅投资“压力资产”，包括：获印度央行批准，或属于破产重整计划一部分的可收购的压力贷款/不良贷款；印度资产重组公司发行的证券产品；陷入困境的公司曾发行的证券产品等。

监管要求特殊情况基金的募资规模不得低于10亿卢比，可以面向普通投资者和合格投资者，其中普通投资者的起始投资额不少于1亿卢比，合格投资者不少于5 000万卢比，且不允许已违约的公司投资该产品。特殊情况基金不受单一投资标的的集中度限制，还可以投资上市或非上市标的。由于特殊情况基金可以承接银行的不良贷款，或参与破产重整公司的重整草案执行，特殊情况基金要满足印度央行对特定投资者的尽职调查。虽然这一框架在2022年初刚起步运行，但特殊情况基金已经为机构投资者参与印度不良资产处置，尤其是银行端的不良资产处置提供了新的渠道。印度新旧框架下特殊情况基金的对比如表19-9所示。

表19-9　印度新旧框架下特殊情况基金的对比

	旧框架下的特殊情况基金	新框架下的特殊情况基金
投资标的	主要是非上市证券	• 获印度央行批准，或属于破产重整计划一部分的可收购的压力贷款/不良贷款 • 印度资产重组公司发行的证券产品 • 陷入困境的公司曾发行的证券产品 • 证监会允许的其他资产
最小募资规模	2亿卢比	10亿卢比
投资者起始投资额	1 000万卢比，如果是合格投资者则无限制	普通投资者1亿卢比，合格投资者5 000万卢比
集中度要求	不超过被投资公司可投资资金的25%	无限制
投资上市公司的限制	49%及以下	无限制

资料来源：SEBI，课题组整理。

2. 巴西结构化私募债权投资工具

在巴西，AIFs管理公司旗下的私募债权基金Patria Credito Estruturado是一只封闭式基金，主要为巴西的中型民营企业提供优先担保贷款。该基金通过结构化的产品设计募集了12亿雷亚尔，其投资者包括优先级的养老基金，募资规模为8.4亿雷亚尔，惠誉评级为AA-（Br）；劣后级的投资者包括当地家族办公室和部分国际机构投资者，募资规模为2.4亿雷亚尔（未评级），此外还有小部分夹层投资者。

值得注意的是，在上述基金中，为了方便巴西国内机构投资者参与，以国际金融公司（IFC）为代表的国外投资者作为劣后级，与部分夹层投资者为优先级投资者提供信用支持，使其获得惠誉评级，进而达到巴西国内机构投资者（如养老基金）参与该私募债权基金的要求。此外，获得国际评级机构的认定，为该基金的风险收益情况提供了一定程度上的定性判断，有助于AIFs的传播和后续募资。这一模式是通过国际资金撬动国内机构投资者参与私募债权投资的典型案例。

加密货币在新兴市场的发展

自比特币白皮书《比特币：一种点对点的电子现金系统》于2008年发布至今，加密货币的去中心化属性、高波动性在宏观经济格局转换的背景下显得更为突出。从加密货币采用指数来看，在新兴市场加密货币的使用率更高。2021年，全球加密货币采用指数（Global Crypto Adoption Index）快速上升。与其他新兴投资领域不同，在加密货币的投资交易行为中，基本面较弱的新兴市场经济体更加主动。全球加密货币采用指数排名前20的国家主要由亚洲、拉丁美洲和撒哈拉以南的非洲等的新兴市场经济体组成，美国是其中唯一的发达市场经济体（如图 19-14 所示）。但是发展迅速并不意味着市场成熟，新兴市场加密货币的发展往往有许多现实原因，并且在整体繁荣的背后，内部也有分化，不同的新兴市场经济体正处于加密货币不同的发展阶段。

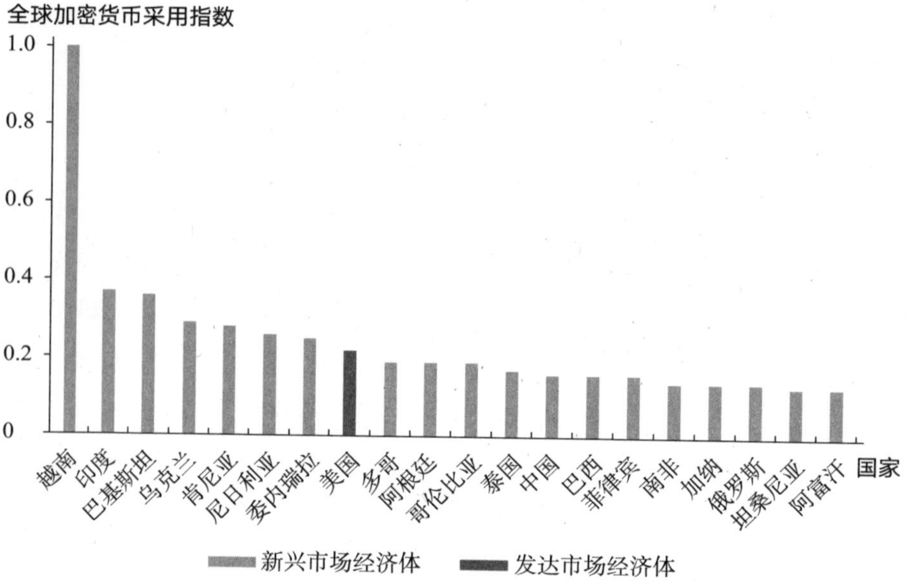

图 19-14　全球加密货币采用指数排名前 20 的国家

资料来源：Chainalysis。

为何加密货币在新兴市场更受追捧

加密货币在新兴市场的发展主要受宏观经济、金融政策和制度、人口结构三大因素推动。相较于发达市场经济体，新兴市场经济体面临的宏观经济环境更加动荡、金融基础设施相对薄弱、人口结构更年轻，而加密货币具有支付的便利性、交易的匿名性、投资的高收益和低相关性等特征，给新兴市场经济体带来了对冲宏观金融风险的希望，也激励投资者参与加密货币的投资交易。

首先，促进加密货币发展的宏观因素包括货币贬值、汇率波动，投资者将加密资产用作对冲工具，这些现象往往存在于经济水平较落后，并且受美元周期制约较为严重的国家。例如，早在 2001 年萨尔瓦多就用美元取代主权货币，并于 2021 年 9 月 7 日成为第一个将比特币作为法定货币的国家，萨尔瓦多明确要求每个经济主体必须接受比特币作为任何商品、服务的支付方式，并且还计划发行债券用于购买比特币和建设比特币城。这一举动为其带来了短期效益，萨尔瓦多 2021 年的 GDP 增长 10.3%，首次实现 2 位数增长，其中旅游业增长 30%。虽然萨尔瓦多在 2022 年尝到了比特币价格大幅下跌的苦果，但是加密货币的盛行让很多金融货币体系脆弱的国家看到了另一种选择方案。2022 年 4 月，中非共和国成为非洲第一个、世界第二个将加密货币作为法定货币的国家。

其次，新兴市场相对贫乏的可配置金融资产衬托出加密货币的投资价值。例如，越南是全球加密货币采用指数排名第一的国家，当地的投资标的有限，ETF、期权、期货等金融市场不够完善，股票经纪渗透率低于 5%。越南落后的传统金融市场难以满足当地居民的资产配置需求，2020 年 7 月至 2021 年 6 月其加密货币市场的增速在 500% 以上。

值得一提的是，在政策及制度层面，资本管制[①]对一个国家加密货币的作用有着两面性。部分新兴市场经济体为了保持货币、财政政策的自主权会采取更严格的资本管制，例如在资本流入流出上加强管控，再结合对加密货币投资交易征收高税额、对交易场所颁发牌照等措施，从而显著限制国内外的投资者进入该国加密货币市场，这不仅削弱了加密货币的流动性，也阻止了各国之间的套利行为。但是，严监管与高需求相结合，往往会带来溢价空间，例如韩国的“泡菜溢

① 资本管制（Capital Controls）是一个国家的政府对资本流入和流出国境的限制，具体措施包括政府限制跨境资本交易、跨境支付和转账、外汇管制、对跨境资本流动征税等。

价”[①]，即在韩国加密货币交易所流通的比特币平均价格比全球平均价格高，尼日利亚、泰国和委内瑞拉等新兴市场经济体也有类似情况。另外，单纯的资本管制往往会催生部分投资者通过购买加密货币绕开监管，达到财富转移的目的，这类交易活动主要集中在监管不严的加密货币交易所，使得该类加密货币交易所可能面临高昂的合规成本。

最后，在人口结构方面，65 岁及以上人口占比较高的国家，其比特币交易相对更少。反观新兴市场经济体，如印度，其加密货币市场由热衷于高风险高收益和创新的年轻投资者主导，一些为国外雇主工作的技术领域的人士，开始要求使用加密货币支付报酬，例如印度开发商、基金分析师以及部分自由职业者。

综上所述，相比加密货币在发达市场的发展更多是基于资产配置和投资的需求，新兴市场加密货币的高采用指数多了许多现实原因，如本国货币贬值、恶性通货膨胀、缺乏可配置金融资产、资本管制严格等，人口结构更年轻也是潜在的影响因素。

加密货币在新兴市场的分化发展

新兴市场加密货币整体繁荣的背后，内部也有分化，不同国家的加密货币市场呈现出不同的交易风格。在通货膨胀波动更高、政策有效性更低及资本管制更严格的新兴市场经济体，如越南和委内瑞拉，投资者买入加密货币主要基于储蓄

---

① 韩国金融服务委员会发布的《关于特定金融交易信息的报告与利用等法律（特别金融法）》，明确虚拟资产服务商需执行与传统金融机构相同的反洗钱规定。随着新的反洗钱法的生效，币安和 OKEx 关闭了它们在韩国的加密货币交易所。韩国被 Coinone、Bithumb、Upbit 和 Korbit 四大加密货币交易所垄断。韩国政府似乎并不打算禁止加密货币，但会发布并加强相关的监管政策，包括税收、监管牌照以及监管框架等。利用泡菜溢价进行套利很难实现，因为韩国加密货币交易所是不用泰达币的，不可以通过泰达币出入金，只能使用韩元交易。此外，韩国对于将大额资金带出国外也有严格的报告要求。这就导致用户在韩国加密货币交易所的资金实则很难转到其他国家 / 地区，同理，外国投资者想要赚取该差价也是困难重重。

保值、汇款支付或快速投机的需求。但是在经济水平相对领先的新兴市场经济体，如印度和巴西，其加密货币投资者更关注资产配置与财富增值，加密货币在这些市场吸引了更多的机构投资者。2020 年 7 月至 2021 年 6 月新兴亚洲不同国家加密货币市场交易量的比较如图 19-15 所示。

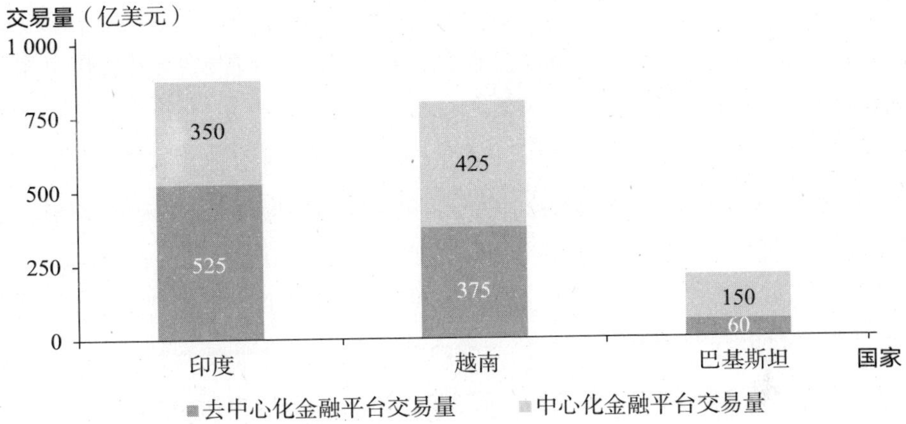

图 19-15 新兴亚洲不同国家加密货币市场交易量的比较（2020 年 7 月至 2021 年 6 月）

资料来源：Chainalysis。

具体来看，印度的加密货币交易中，价值超过 1 000 万美元的交易占比达到 42%，相比之下，越南发生的加密货币交易中，这一比例为 29%，这意味着印度的加密货币投资者的投资规模更大。此外，印度在去中心化金融平台上的交易份额也更大，占比达到 59%，而越南的占比为 47%，并且，印度与加密货币相关的风险投资也相对更多。2021 年 8 月，印度加密货币交易所 CoinDCX 完成 9 000 万美元的 C 轮融资，该轮融资由 Meta 创始人埃德华多·萨瓦林（Eduardo Saverin）创办的 B Capital 领投，融资后该公司的估值达到 11 亿美元，成为第一家挤进独角兽行列的印度加密货币公司。紧随其后，2021 年 10 月，面向个人投资者的加密货币平台 CoinSwitch Kuber 在 C 轮融资中募集 2.6 亿美元，由硅谷风险投资基金安德森 · 霍洛维茨（Andreessen Horowitz）和纳斯达克上市公司 Coinbase 的风投部门 Coinbase Ventures 领投，外国投资者的进驻体现了印度加密货币市场的发展潜力。

除去前述人口结构的促进作用，印度加密货币市场的快速发展还有以下两方面的因素：一是加密货币投资的便利性，即使印度股票市场的繁荣极大地催化了个人投资者的投资兴趣，但是与加密货币投资相比，股票投资的前期准备较烦琐，需要 3 ～ 4 天的时间，而加密货币投资则不到 1 小时。二是越来越多的资金从房地产行业进入加密货币市场，原因是房地产投资收益率下降，而加密货币投资则提供了新的阿尔法收益。

不仅是在新兴亚洲，拉丁美洲的巴西和委内瑞拉也呈现出类似的分化。首先，从交易量来看，巴西加密货币市场的规模接近 910 亿美元，而委内瑞拉加密货币市场的规模为 280 亿美元。其次，巴西超过 1 000 万美元的大型机构投资者的交易量占总交易量的 36%，而委内瑞拉的这一比例为 22%，这意味着机构投资者在巴西加密货币市场中发挥的作用比在委内瑞拉更大。最后，去中心化金融平台的交易量占巴西所有交易量的 39%，远高于委内瑞拉的 23%。

总体来看，即使新兴市场有更高的加密货币采用指数，其加密货币市场也仍有很多需要完善的空间，尤其是在投资行为方面。虽然不同国家加密货币市场的风格不同，但是上述新兴市场经济体都并不急于找出解决加密货币潜在风险的一揽子方案，而是更多地考虑本国的经济活动和资管行为如何与加密货币共存，这为中国提供了观察样本，即如何根据自身的政治结构、宏观经济稳定性、货币政策强弱和金融体系完善度来决定该怎样对待加密货币这一新兴资产。

/ 第 20 章 /

海外市场数字资产迈入成长期，机构投资者日趋关注

海外投资者和监管者对数字资产的关注度在 2021 年有了明显的提高。作为一种新兴的资产类别，数字资产呈现出高波动、与传统资产相关性低等特点，越来越多的海外机构投资者开始考虑如何介入数字资产市场。本章系统性地梳理与分析了全球数字资产的市场环境、监管者态度、投资者类型，以及基于数字资产的资管产品和服务，以期能够丰富并深化对海外资管行业前沿动态的认知。

数字资产的内涵及发展现状

全球监管者正在积极研究和讨论数字资产的内涵及分类，以期加快建设监管

体系，虽然全球监管者尚未就数字资产的分类标准达成共识，但是按照功能或者所含权利特征进行分类的思路基本一致，整体上可以将数字资产大致分为三类：交易型代币（提供有限权利或不提供权利）、投资型代币（赋予投票权、股息分配权等类型的权利）和实用型代币（提供当前或未来服务或产品的访问权）。本部分暂不讨论央行数字货币（CBDC）。

数字资产市场的总市值高速增长，区块链技术的可能性和颠覆式影响越来越被认可，以及全球监管者对这一领域的积极关注，促使越来越多的机构投资者进入数字资产市场，2021 年全球数字资管行业的基金数量和资管规模均高速增长。

全球市场参与者正在积极探索数字资产的内涵

明确数字资产的内涵和边界，是推动其有序发展的关键步骤。然而，目前各个国家和地区的监管者和市场参与者尚未就数字资产的定义和分类达成一致。根据剑桥大学另类金融中心（CCAF）的统计数据，2013—2019 年全球监管者至少使用了 10 个不同的术语指代这类基于密码学（Cryptography）和分布式账本（DLT）等技术的新兴资产，包括虚拟资产、加密资产、数字资产等（如图 20-1 所示）。

尽管“数字资产”这一术语被监管者提出的时间相对较晚，但是其能够更加直观地体现可编程性（Programmability）等依赖技术的特征，并且被越来越多的国际组织（如世界经济论坛）、监管机构（如美国证交会）和各类市场参与者接受，因此本部分内容选用“数字资产”这一术语对上述的新兴资产类型进行概括。

全球监管机构正在积极研究和讨论数字资产的分类，以期能够尽快推进监管体系的建设，实现维持金融稳定和推动金融创新的双重目标。英国金融行为监管局于 2019 年 1 月发布数字资产指南草案（CP19/3），讨论了交易型代币、实用型代币和投资型代币等不同类型的数字资产是否属于监管范围。2019 年 7 月，在收集市场反馈之后，英国金融行为监管局发布了最终版的数字资产指南

（PS19/22），其中重新构建了数字资产的分类，明确投资型代币和电子货币型代币（e-money tokens）等类型的数字资产将受到监管，而交易型代币、实用型代币和部分稳定币（取决于是否提供特定投资的权利或义务）不受监管，并特别强调“任何不是投资型代币或电子货币型代币的，都是不受监管的代币”（如表20-1所示）。值得注意的是，虽然部分代币不受英国金融行为监管局的监管，但是仍可能面临反洗钱和反恐怖融资（AML/CTF）方面的监管。

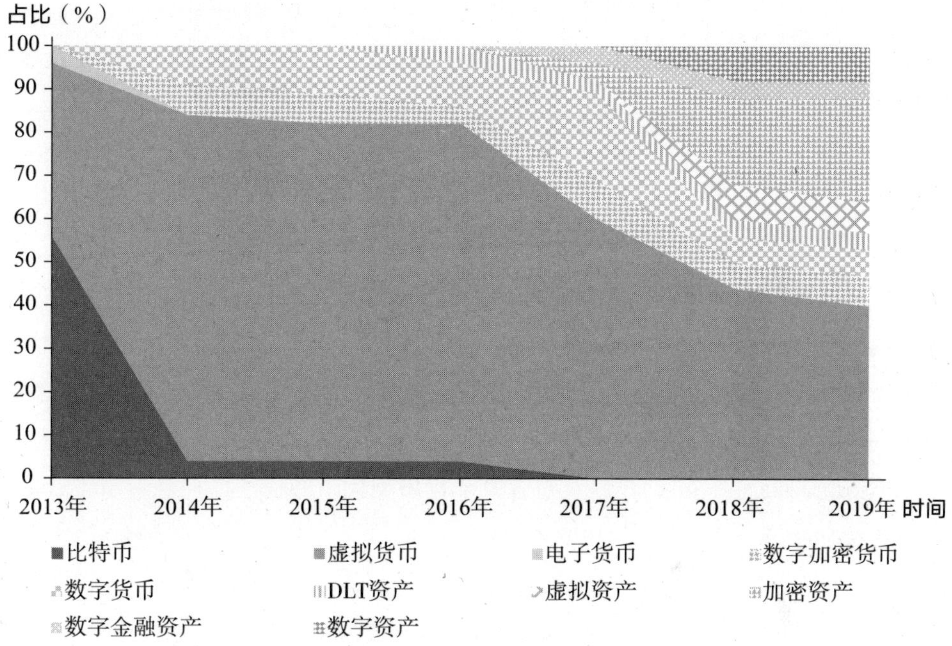

图 20-1　2013—2019 年全球监管者使用数字资产等术语的演变

资料来源：CCAF，课题组整理。

表 20-1　英国金融行为监管局最终版数字资产指南（PS19/22）关于数字资产的分类和监管情况

监管情况	数字资产类型	具体特征
不受监管	交易型代币	交易型代币也被称为加密货币、加密硬币（crypto-coins）或支付代币（payment tokens），仅为代币持有者提供有限权利或不提供权利，通常没有单一发行人可以强制执行权利，例如比特币

续表

监管情况	数字资产类型	具体特征
受监管	实用型代币	实用型代币为投资者提供当前或未来服务或产品的访问权限，通常授予类似预付款凭证的权利，可以在二级市场交易
	部分稳定币	是否受到监管取决于此类代币授予的权利、基础资产的性质等因素，如果提供特定投资的权利或义务，则会受到监管，如赋予持有人对代币发行人所持黄金的权利，或从利润中获得付款的权利等
	投资型代币	投资型代币类似于股票、债券、权证等，属于《欧盟金融工具市场指令》（MiFID II）规定的金融工具，例如，赋予持有人投票权、股息分配权等权利或义务的代币很可能是投资型代币
	电子货币型代币	电子货币型代币指符合英国《2011 年电子货币条例》（EMR）下电子货币定义的代币，包括各种类型的在线钱包中的法定余额

资料来源：英国金融行为监管局，课题组整理。

中国香港、瑞士、新加坡等国家或地区的监管机构和行业协会也就数字资产的分类问题进行了阐述。例如，香港金融管理局 2022 年 1 月发布的讨论文件中，重点提到了国际清算银行的分类方法，根据不同功能将数字资产分为交易型工具、投资型工具和授予某种产品或服务的访问权限的实用型工具（如图 20-2 所示）；其中，稳定币包含在交易型工具中，根据不同结构进一步分为算法稳定币（algorithmic stablecoins），以及包含电子货币型代币的资产抵押稳定币（asset-linked stablecoins）。

值得注意的是，央行数字货币是法定货币的数字化形态，普遍应用分布式账本技术（例如，数字人民币支付体系的发行层基于联盟链技术构建了统一分布式账本，中国人民银行作为可信机构通过应用程序编程接口将交易数据上链），根据英国金融行为监管局、国际清算银行等对数字资产的分类，可以认为其属于数字资产的范畴。但是，央行数字货币主要用于满足零售支付需求（如零售型央行数字货币）和金融系统结算与清算需求（如批发型央行数字货币），缺少资管行业的应用场景，因此本部分内容暂不对其进行研究与讨论。

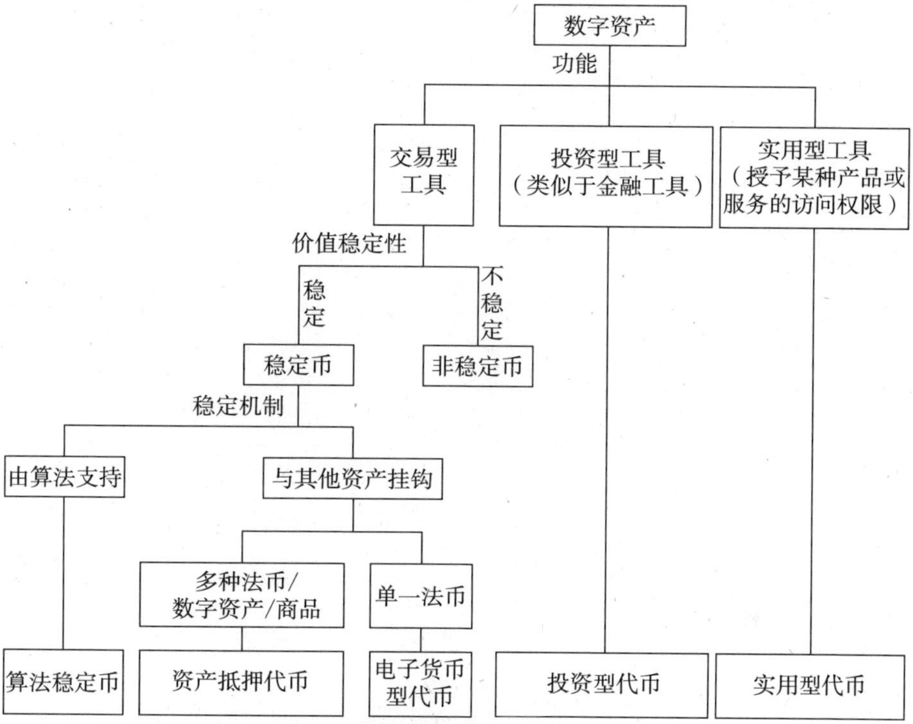

图 20-2　国际清算银行对数字资产的分类

资料来源：国际清算银行、香港金融管理局，课题组整理。

发展潜力受到认可，全球数字资管行业的规模不断扩张

尽管全球市场参与者尚未对数字资产的内涵和边界达成共识，但是数字资产作为一种新兴的资产类别，已经获得越来越多机构投资者的关注。从资管规模看，2021 年全球数字资管规模接近 700 亿美元，虽然占全球整体资管规模的比例仍然较小，但是呈现出高速增长的态势，同比增速已经连续 3 年超过 85%（如图 20-3、图 20-4 所示）。从机构数量看，截至 2021 年末，全球共有 860 多只投资数字资产的基金，并且新发基金的数量连续 6 个季度超过存续基金关闭的数量（如图 20-5 所示）。数字资产相关的基金数量和资管规模的高速增长，为日渐繁荣的资管行业带来更大的想象空间。

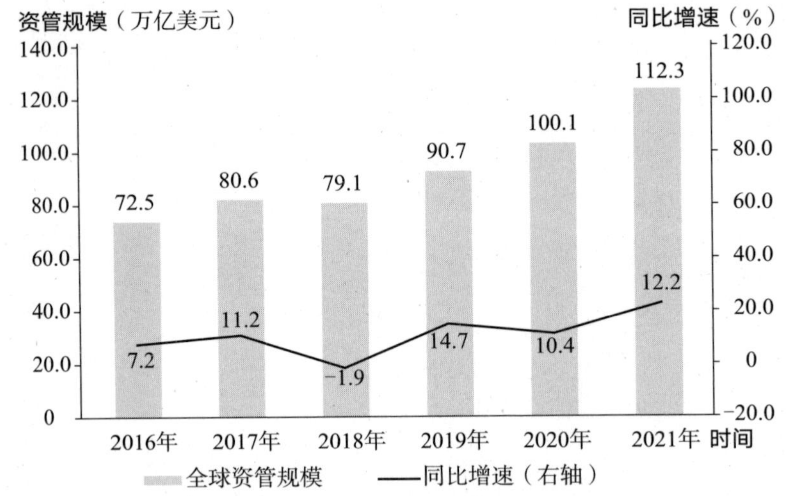

图 20-3　2016—2021 年全球资管规模和同比增速

注：全球资管规模指专业资管机构收费管理的资产规模，覆盖全球 44 个市场，包括离岸资产。

资料来源：波士顿咨询公司、欧洲养老与投资（IPE），课题组整理。

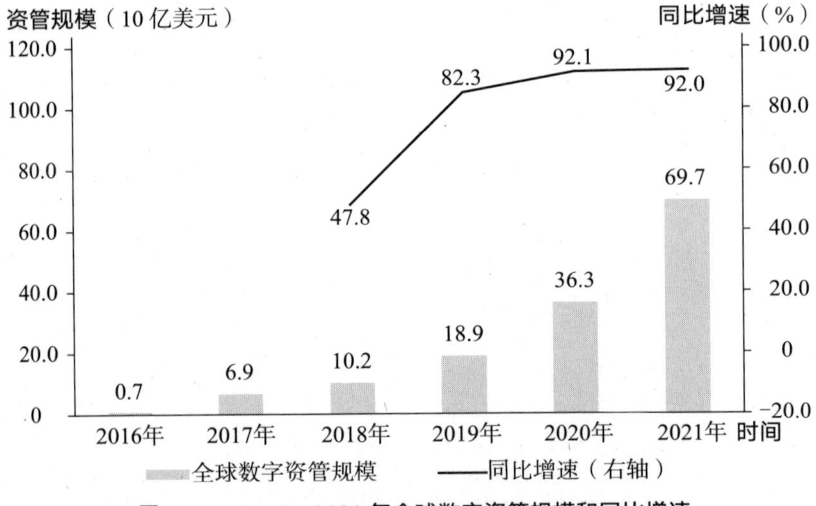

图 20-4　2016—2021 年全球数字资管规模和同比增速

注：全球数字资产涵盖对冲基金、风险投资基金、混合型基金、私募股权基金、FOF 和指数型基金等类型。

资料来源：Crypto Fund Research，课题组整理。

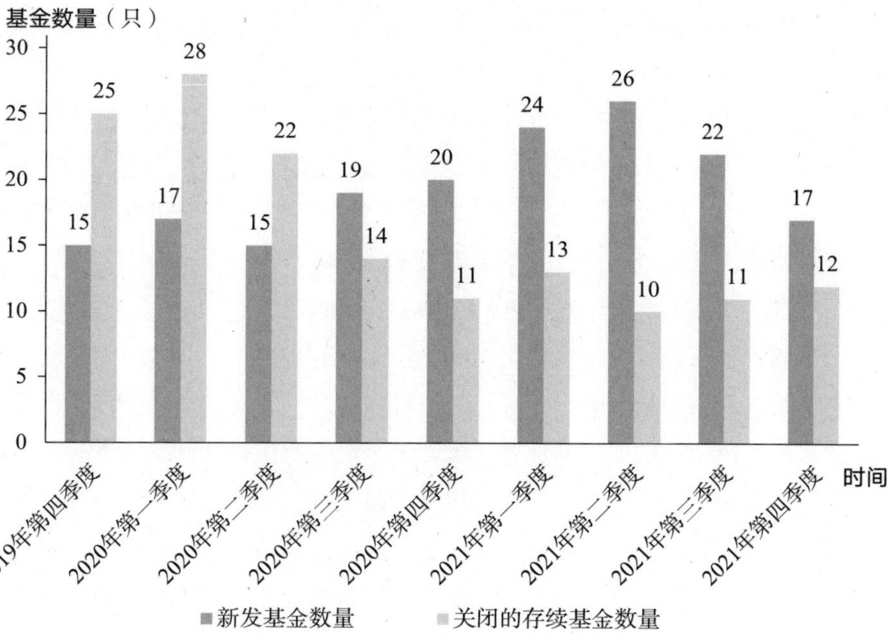

图 20-5　2019 年第四季度至 2021 第四季度全球投资数字资产的基金数量变化

注：全球数字资产涵盖对冲基金、风险投资基金、混合型基金、私募股权基金、FOF 和指数型基金等类型。

资料来源：Crypto Fund Research，课题组整理。

近年来，全球数字资管行业的规模不断扩张，体现出资管行业对新技术的应用逐渐增加，对新资产的接受度和认可度也日益提高。数字资产往往与区块链技术联系在一起，区块链技术实质上是基于密码学原理的分布式账本技术，狭义上是指按照时间顺序将数据区块以链条的形式组合成特定的数据结构，并使用密码学原理保证数据不可篡改和不可伪造的一种技术。区块链技术提供了一种转移有价值资产的新方式，根据注册金融分析师（CFA）协会发布的指南，区块链技术对金融生态系统的积极影响主要来自三个方面：支持快速而低成本的 7×24 小时清算和结算，能够确认数字世界中的稀缺性和产权，允许通过智能合约按照某些条件有效地对资金流动进行编程。

虽然区块链技术的优势并不依赖数字资产，但是数字资产在特定的区块链技术应用场景中充当着不可替代的角色，其中非常重要的应用场景之一是公共的、去中心化的区块链上需要数字资产来为网络维护者提供经济激励。这类去中心化的公链为金融生态带来的颠覆性和可能性，正在被全球越来越多的专业人士所认可，CFA 协会发布的指南中就提到“虽然公链的破坏性在早期为欺诈等不良行为打开了窗口，但是只有公链才能推动根本性突破，例如实现数字稀缺性，这是可能带来巨大飞跃的领域”。私有的、中心化的区块链同样基于分布式数据库，与公链不同的是，需要有组织或机构来集中建立和维护网络，这些组织或机构可以决定区块链网络中的权限和规则，甚至可以关闭区块链。联盟链提供了一个居于公链和私链两个极端之间的选项，由若干个组织或机构共同参与管理，每个组织或机构控制一个或多个节点，共同记录交易数据，能够实现一定程度的去中心化，同时能够缓解单纯依靠公链带来的安全隐患。总体而言，正如互联网与局域网、广域网同时存在一样，公链、私链和联盟链也并非不能共存，其中公链是开放的、去中心化的网络，具备快速创新、迭代与渗透的能力，是极具颠覆性和可能性的区块链技术应用场景。数字资产作为驱动公链运行的关键要素，其价值有着巨大的探索空间。

除了新技术本身拥有强大的发展潜力，作为一种具有稀缺性和影响力的新资产，数字资产近年来也呈现出收益高、与其他资产相关性低等特征，为投资者权衡收益与风险提供了一种新的资产选择。如图20-6所示，截至2022年4月4日，全球数字资产总市值超过 2.1 万亿美元，较 2021 年初的不到 0.8 万亿美元，以及 2020 年初的不到 0.2 万亿美元，实现了大幅增长，尽管过程中经历过较大幅度的波动，但整体上看对于早期进入市场的投资者来说收益可观。与此同时，数字资产（以比特币为例）的价格与股票、黄金等资产价格的相关性低，2021 年初以来比特币美元指数（BTCUSD）与道琼斯指数的相关系数为 0.24，与黄金价格的相关系数为 -0.40，能够较好地满足投资者的资产配置需求（如图 20-7 所示）。

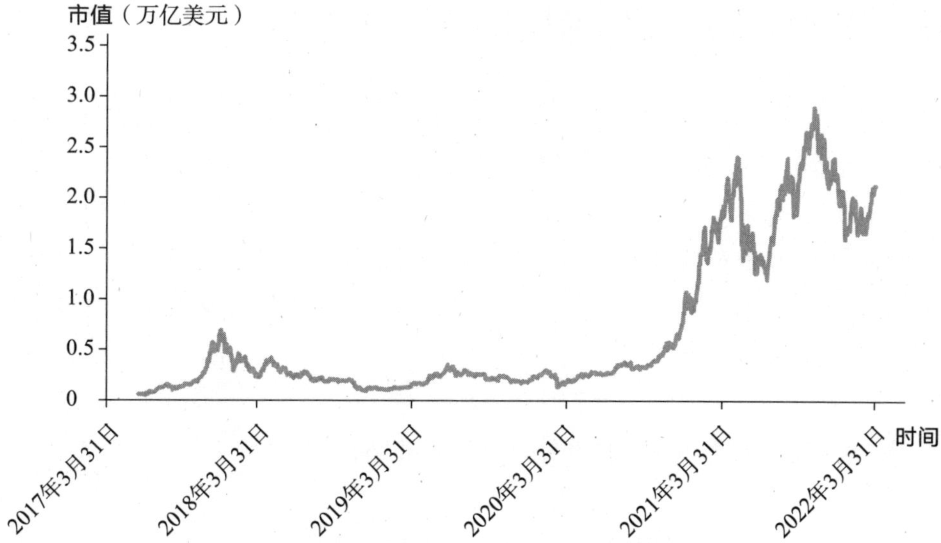

图 20-6　2017 年 6 月 28 日至 2022 年 4 月 4 日全球数字资产市值（日度）

资料来源：TradingView，课题组整理。

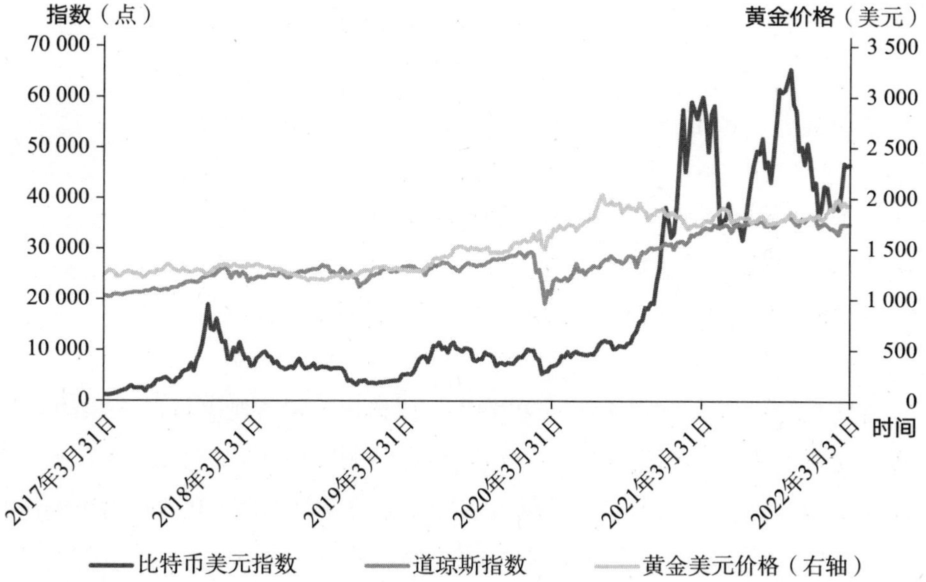

图 20-7　2017 年 3 月 31 日至 2022 年 4 月 4 日比特币等其他资产价格走势（周度）

资料来源：TradingView，课题组整理。

数字资产行业广受机构投资者关注

2022年将是数字资产行业规模持续扩张的一年，EmergentX将其2022年对数字资产行业的展望的关键词概括为“一致”（consilience）：消费、投资、创作等领域开始被加密货币、去中心化金融、非同质化代币和元宇宙重塑。在这一趋势下，机构投资者越来越关注数字资产的投资机会，其中比特币作为率先发展起来的加密货币，已经能够被纳入机构投资者的投资组合，因此本部分内容重点围绕比特币展开。

1. 加密货币率先被机构投资者纳入投资组合

根据Gartner描绘的2021年区块链行业的成熟度曲线（Hype Cycle），加密货币已跨越幻灭期，迈入觉醒期，在区块链技术的应用场景中保持着相对领先的地位。在加密货币中，比特币有着举足轻重的地位，自2010年起比特币就产生了可追溯的交易记录，其历史数据保持了高收益、高波动性、与传统资产低相关三个特点。

高收益：比特币的第一个公开交易数据可以追溯至2010年7月17日的0.05美元，截至2022年3月31日，比特币兑美元达到1比特币兑46 343.5美元。如表20-2所示，在2010—2021年的12年中，有10年呈现正收益，其中有7年呈现超过1倍甚至更多的收益。从历史数据看，比特币可以被称为2012—2021年10年中，中期表现最好的投资标的。

高波动性：从表20-2同样可以看出，比特币的高波动性特征。2017年第一季度比特币的回撤率超过70%，有6个季度出现超30%的回撤，并且波动呈现牛熊市的区制转换。Bitwise根据IEX Cloud的数据得出，比特币的历史日度波动率远高于股票、公司债券、大宗商品和新兴市场货币。

低相关性：根据CFA协会关于数字资产的报告，比特币和传统资产呈现极低的相关性，原因在于比特币的价值难以估计，且价格受到网络安全、监管和技术发展等因素的影响，与传统投资标的的价值驱动因素有所不同。

表 20-2　2010—2021 年比特币季度和全年历史收益率

时间	历史收益率（%）				
	第一季度	第二季度	第三季度	第四季度	全年
2010 年	—	—	25.03	384.65	505.94
2011 年	161.54	1 952.74	-68.08	-8.16	1 473.76
2012 年	4.03	36.53	84.59	9.12	186.08
2013 年	604.58	2.23	43.02	447.24	5 537.40
2014 年	-40.31	41.03	-39.58	-16.92	-57.74
2015 年	-24.00	7.55	-10.18	82.17	33.74
2016 年	-3.33	61.73	-9.25	58.44	124.81
2017 年	11.48	127.63	77.29	222.10	1 349.04
2018 年	-50.67	-7.69	3.40	-44.17	-73.71
2019 年	11.14	174.40	-26.28	-13.74	93.95
2020 年	-9.36	41.12	17.21	168.99	303.28
2021 年	102.66	-40.27	24.46	6.29	60.13

资料来源：CryptoCompare，课题组整理。

基于以上特征，将比特币加入传统投资组合能够起到一定的收益确定性增强作用。Bitwise 于 2021 年发布的白皮书中使用 2014 年 1 月 1 日到 2021 年 6 月 30 日的日度数据，将比特币加入传统的 60/40 投资组合①，在波动率和最大回撤率不变的情况下，收益率和夏普比率均得到一定提升，这种提升在再平衡和考虑持有期的情况下仍然显著（如表 20-3 所示）。

① 60/40 投资组合是指，60% 的资产投资 Vanguard Total World Stock ETF，40% 的资产投资 Vanguard Total Bond Market ETF。

表 20-3　比特币加入传统的 60/40 投资组合的表现

投资组合	累计收益率（%）	年化收益率（%）	年化波动率（%）	夏普比率（%）	最大回撤率（%）
60/40 投资组合 +1% 比特币	74.72	7.75	10.19	0.61	21.07
60/40 投资组合 +2.5% 比特币	89.26	8.90	10.21	0.72	21.32
60/40 投资组合 +5% 比特币	112.73	10.62	10.43	0.87	21.80

资料来源：Bitwise，课题组整理。

加密货币所具备的投资价值逐渐被机构投资者认可，例如，富达投资和富达国际作为主流的资管公司，由于近期在数字资产领域的积极进展而得到关注。富达投资主要面向北美投资者，其加拿大子公司于 2021 年推出富达优势比特币 ETF 及其姊妹 ETF 共同基金，均以美元和加元计价，费率为 0.4%。同时，富达投资允许投资者将比特币存入 401(k) 计划账户，富达退休金账户投资比特币的费率为 0.75% ～ 0.90%，不包含在 Coinbase 和币安等加密货币交易所的交易费率。富达国际主要服务北美以外的资本市场，管理着规模逾 3 830 亿美元的资产，产品覆盖股票、固收类产品、房地产和其他资产，在 2022 年上市了实物比特币交易所交易产品（ETP），总费率为 0.75%，可以在德意志交易所（XETRA）和德国证券交易所交易。

值得注意的是，传统机构投资者的资金大规模流入数字资产市场的情况还未发生。虽然以比特币为代表的加密货币，作为数字资产先锋，已经获得了来自机构投资者、明星投资经理和公司的关注（如图 20-8 所示），但是正如数字资产银行 Sygnum 在 2022 年展望中所指出的，尽管一些巨头公司为切入这一领域打下了基础，但是仍有许多机构没有部署资金，且有更多机构尚未认真评估这一机会。

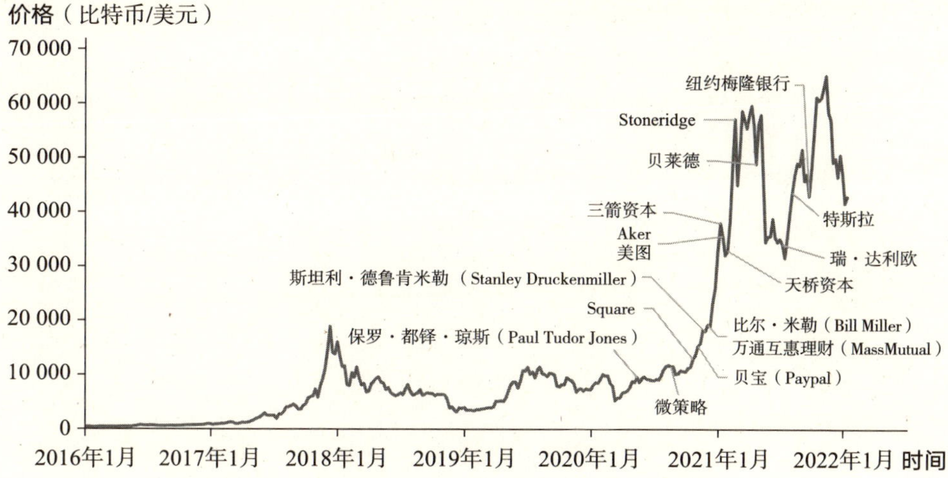

图 20-8　2016 年 1 月至 2022 年 1 月比特币投资一览

资料来源：Coin Metrics，课题组整理。

2. 风险投资基金和对冲基金是主要的机构投资者

主打分散化的数字资产基金（加密基金）在诸多方面呈现出集中化的特点，包括地域集中、类型集中和规模集中等。根据 2021 年第四季度的数据，在地域方面，投资数字资产的基金有超过 50% 位于北美，其中大部分位于美国，欧洲和亚洲则各占 20% 左右。在类型方面，风险投资基金和对冲基金是投资数字资产的主要机构投资者，截至 2021 年末，数量分别达到 429 家和 408 家，剩余的仅 26 家机构投资者为私募股权基金及 ETF。① 在规模方面，数字资产高度集中于几十只基金，其中全球 1/4 的资产由五大数字资产基金管理，而 37% 的数字资产基金管理着 1 000 万美元或更小规模的资产。

数字资产基金基本遵循了传统基金 2-20 的收费模式，即 2% 的费率和 20% 的收益分成，与传统基金类似，主动管理类基金的收益分成高于被动管理类基

① 根据 Crypto Fund Research 的定义，风险投资基金投资区块链初创企业，私募股权基金投资区块链成熟企业，对冲基金投资加密货币和 ICO，以及投资所有原生数字资产的混合型基金和 FOF。

金，而费率可能更低（如表 20-4 所示）。

表 20-4 2017 年第一季度至 2021 年第四季度不同基金类型的平均费率和收益分成（按策略划分）

基金类型	平均费率（%）	平均收益分成比例（%）
FOF	1.39	15.93
指数基金 / 追踪型	1.41	6.67
多头基金	2.19	15.24
多元策略基金	1.69	19.03
量化基金	1.56	22.04
风险偏好型基金 /ICO	1.43	22.86
总体	1.68	18.01

资料来源：CFR，课题组整理。

不同策略基金的表现有所不同。表 20-5 展示了 CFR 统计的 2017 年第一季度至 2021 年第四季度各类基金的表现。就贝塔值而言，贝塔值表示基金投资收益有多少来自比特币，FOF 的贝塔值最高，而风险偏好型基金 / ICO 的贝塔值最低。就偏度而言，使用不同策略的数字资产基金均呈现出正偏和肥尾的收益分布，其中风险偏好型基金 / ICO 及量化基金存在相对正态分布的超额峰度，出现市场极端情况的可能性更大。就夏普比率和索提诺比率而言，FOF 的夏普比率和索提诺比率最高，而风险偏好型基金 / ICO 的夏普比率和索提诺比率最低，多元策略基金和量化基金的夏普比率略低于多头基金，但其索提诺比率更高，意味着在承担相同单位下行风险的情况下，多元策略基金和量化基金能够获得更高的超额收益。

表 20-5 2017 年第一季度至 2021 年第四季度不同基金类型的描述性特征（按策略划分）

基金类型	贝塔值	偏度	峰度	夏普比率（%）	索提诺比率（%）
FOF	1.04	1.15	2.86	1.01	3.10
指数基金 / 追踪型	0.83	0.98	1.71	0.55	0.68
多头基金	0.73	0.87	2.09	0.95	0.90
多元策略基金	0.67	1.15	2.46	0.91	1.69

续表

基金类型	贝塔值	偏度	峰度	夏普比率（%）	索提诺比率（%）
量化基金	0.82	1.11	3.25	0.84	1.86
风险偏好型基金 /ICO	0.43	2.03	7.04	0.40	0.43

资料来源：CFR，课题组整理。

投资方式渐趋完善，投资者类型更加多样

目前，数字资产形成了通过私募对冲基金、风险投资基金、直接托管、期货市场、公开交易平台和数字资产经纪商等进行投资的 6 种主要投资方式，各种方式的优劣、趋势和代表性案例详见表 20-6。其中，私募对冲基金和风险投资基金是目前数字资产主要的机构投资者，由于存在投资门槛的限制，其客户主要是高净值人士和家族办公室。在托管服务方面，以 Hex Trust 为代表的数字资产托管商，将面临数字资产交易平台与传统金融机构如银行的竞争。在数字资产期货投资方面，2021 年第四季度 CFR 的调查显示，54% 的数字资产基金采用期货的方式进行投资，目前最具代表性的数字资产期货市场是芝加哥期货交易所。公开交易平台和数字资产经纪商使得个人投资者能够接触数字资产投资，其中公开交易包括通过美国 OTCQX 等场外市场进行交易（如 Bitwise 发行了 Bitwise 10 Crypto Index Fund），购买相关上市公司（如 Coinbase）的股票，以及通过 Coinbase、Kraken 等平台进行交易。

数字资产的投资方式与传统资产具有很强的相似性，包括公开交易、经纪业务、私募基金和衍生品投资等，部分投资方式通过与区块链技术结合获得更新和演进，呈现出去中心化、去中介化等新特征，例如基于去中心化金融的分布式金融拓展了数字资管行业的边界。

随着投资方式的逐渐完善，投资者对数字资管产品的投资兴趣迅速增长，投资者类型的多样化趋势明显。富达在 2021 年的调查报告中发现，84% 的美国和欧洲投资者以及 90% 的亚洲投资者都对数字资产的资管产品感兴趣。尽管美国、

表 20-6　数字资产的主流投资方式

主流投资方式	简介	优势	劣势	趋势	案例
私募对冲基金	允许投资者通过私募对冲基金投资数字资产	提供了以投资者熟悉的基金形式购买和出售加密资产的能力	仅面向经认证的投资者	高净值人士、投资顾问、家族办公室参与更多	Pantera 旗下的比特币联接基金（Bitcoin Feeder Fund）
风险投资基金	允许投资者投资早期数字资产	在数字资产标的上进行早期布局	投资者很难获得顶级风险投资基金，收费高，缺乏流动性	捐赠基金、慈善基金会、养老金和某些家族办公室参与更多	Blockchain Capital
直接托管	由托管人交易数字资产	减少机构投资者的投资成本	不适合小型机构投资者，对托管人的尽调昂贵	私募对冲基金、风险投资基金、家族办公室和某些捐赠基金参与更多	Hex Trust
期货市场	通过期货市场参与数字资产投资	监管完善、允许个人投资者使用保证金	存在成本和计税问题	对冲基金和自营交易公司参与更多	芝加哥期货交易所期货市场
公开交易平台	利用 OTCQX 场外市场公开交易，购买上市区块链公司的股票	简单、直接	估值受到流动性等多种因素影响	个人投资者、高净值人士、投资顾问和其他基金参与更多	Bitwise、Coinbase
数字资产经纪商	像通过经纪商购买股票一样购买数字资产	便利	安全性不一、交易费用高、非竞争性交易、合规问题	个人投资者参与更多	Coinbase、Kraken

资料来源：CFA 协会，课题组整理。

欧洲和亚洲数字资产和数字资管产品的投资比重存在差异，但共同特征是数字资管产品的投资比重迅速提升，例如，美国数字资管产品的投资比重由 2020 年的 8% 提升至 2021 年的 18%，欧洲则由 2020 年的 14% 提升至 2021 年的 29%。从机构投资者类型来看，数字资产对冲基金和风投基金对数字资产的采用率最高，传统对冲基金、养老金和捐赠基金等风险偏好较为保守的机构投资者也开始关注数字资产。Cointelegraph 针对欧洲数字资产投资的调查有着类似的结论，即数字资产投资者类型多样化，资管规模小于 1 亿欧元的小型资管公司（包含数字资产对冲基金和风险投资基金）、家族办公室和高净值人士越来越多地参与或者计划参与数字资产投资。2021 年 9 月持有或计划持有数字资产的机构投资者和个人投资者的占比如图 20-9 所示。

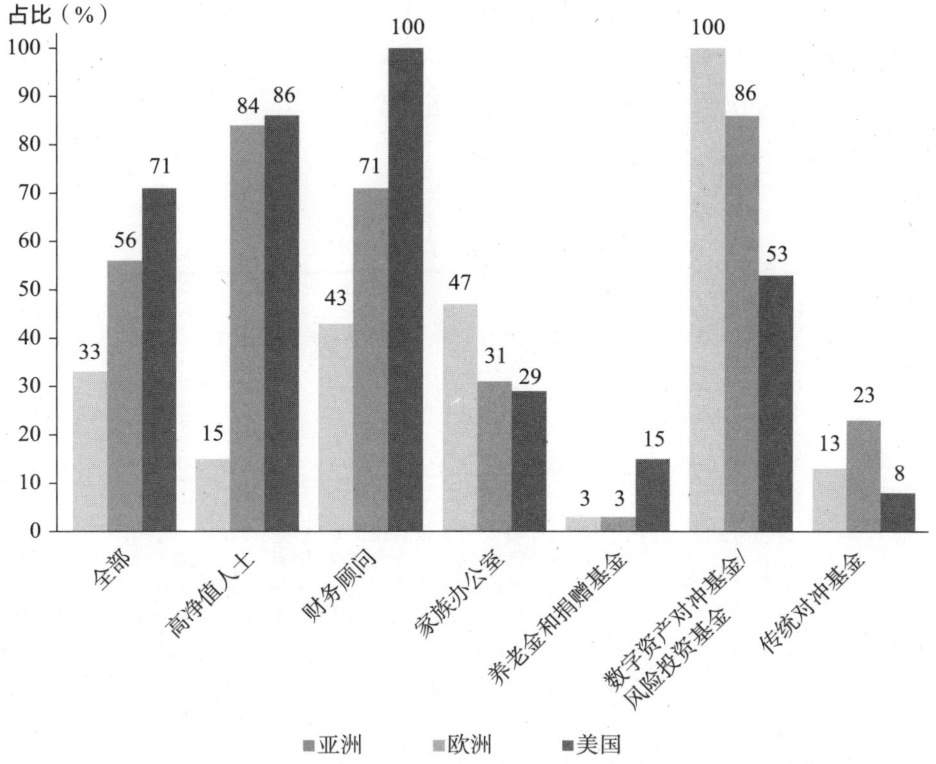

图 20-9　2021 年 9 月持有或计划持有数字资产的机构投资者和个人投资者的占比

资料来源：富达，课题组整理。

基于数字资产的资管产品与服务逐步完善

数字资产基础设施逐步建立，为数字资产发展提供基本支持

1. 数字资产托管

安全托管是机构参与数字资产市场的一项基本要求，数字资产托管是指管理数字资产所有者用于执行交易的密钥的业务，数字资产的所有权是通过控制密钥建立的，如果密钥丢失或被盗，那么相关的数字资产将永远丢失。目前主要的托管方式包括交易所托管、自主托管和第三方托管（如表 20-7 所示），机构投资者可以将密钥保存在离线的冷钱包中以确保安全，或者与专业数字资产托管公司合作实现第三方托管，而个人投资者可以通过 Coinbase、Kraken 等交易平台提供的存储功能来实现托管。

表 20-7　数字资产托管方式介绍

托管方式	含义	优点	问题
交易所托管	以交易为目的，将数字资产存入交易所，是目前主流的个人投资者采用的数字资产托管方式	便于交易，托管费上有一定折扣	安全性不高，交易所容易成为黑客攻击的对象。操作受限于交易所，可能错过套利机会。交易所既是交易业务提供商，也是数字资产托管人，存在监管风险
自主托管	资产管理人使用企业级数字资产钱包自行管理数字资产，包括自有资产和投资者资产	投入成本低，仅需购买硬件钱包，且硬件钱包断网时的安全性很高	容易丢失，且丢失后果严重。机构内部存在是否需要分开保管、谁来保管私钥、私钥如何备份、存储数字资产的硬件钱包如何保管等问题
第三方托管	参考传统金融机构的做法，由第三方专业数字资产托管机构提供托管服务	本身不直接参与交易，独立性较好。通常提供经审核的解决方案，有助于减少监管阻碍。对黑客的吸引力较弱	提款时间较长，通常需 24 小时以上。与其他方式相比托管费高，通常为管理资产的 0.50% ～ 1.00%

托管作为数字资产领域重要的基础设施领域，受到市场的广泛关注，以富达为代表的金融公司和以 Coinbase、Anchorage 和 BitGo 为代表的数字资管公司都切入了这一领域，并与专业的数字资产托管商 Hex Trust 竞争，银行等传统金融机构基于丰富的资产保护经验也在计划进入这一领域。

2. 数字资产借贷和抵押

在技术创新的支持下，数字资管产品不断革新，去中心化的抵押和借贷率先进入应用阶段，给予资管机构新的杠杆选择。共识机制是区块链技术的一大核心，其中，工作量证明（Proof of Work，PoW）和权益证明（Proof of Stake，PoS）是广为人知的共识机制，前者通过比拼算力来选取具有记账权的节点，而后者通过比拼权益来选取具有记账权的节点。PoS 共识机制改进了比特币采用的传统 PoW 共识机制存在的算力浪费问题，并延展了数字资产的抵押功能，PoS 网络上的用户通过抵押其资产参与共识机制，最终通过特定区块链发布的区块奖励创造收益。

在借贷应用方面，Uniswap、MakerDAO 和 Compound 等先行者已经获得用户数量和业务规模的显著增长。以 MakerDAO 为例，其能够通过智能合约质押用户的数字资产（以太币），再借给用户同等金额的稳定币 Dai，借贷服务通过锚定美元的稳定币 Dai、管理型和权益型代币 MKR 双币机制运行，还能通过自动做市商（Automated Market Maker，AMM）进行除以太币外其他币种的借贷。

3. 数字资产支付

使用公共区块链进行跨境支付和结算的机制逐步建立，除了瑞波、Circle、Coinbase 等代表性数字资产的原生厂商外，传统支付服务商也在切入这一领域：2020 年 11 月，贝宝推出相关服务，客户可以购买、出售和持有包括比特币、比特币现金、莱特币和以太币在内的数字资产。此外，美国运通公司、万事达卡国际组织（Mastercard International）、美国银行等金融机构已申请数百项使用区块链技术进行快速支付、内部支付和其他支付的专利。

去中心化金融项目亟待平衡不可能三角，以拓宽传统资管产品边界

去中心化金融项目在区块链不可能三角（如图 20-10 所示）下求索迭代路径，以求不断克服产品和服务中的现有问题。区块链不可能三角最早由以太坊创始人维塔利克·布特林（Vitalik Buterin）提出，指区块链技术在高效低能、去中心化和安全这三个方面中最多能满足两个。以比特币为例，其可以满足去中心化和安全两个方面，但无法实现高效低能，体现为每秒事务处理量（TPS）很低和不支持智能合约，而以太币则损失了一定的安全性，获得了 TPS 的提升，并支持智能合约。去中心化金融是指基于公共区块链网络的一系列金融服务，具有去中心化的特征，能够为资管提供杠杆（如去中心化金融借贷）、衍生品和合成资产（如去中心化金融期货和期权），并能通过权益质押（Staking）、流动性挖矿、闪电贷（Flash Loan）等创新应用扩展传统资管产品的边界，但同时也带来了更多风险。目前，去中心化金融在安全方面做的仍不是很好，Poly Network、Compound、Cream Finance、Badger 等去中心化金融协议都曾遭遇攻击。

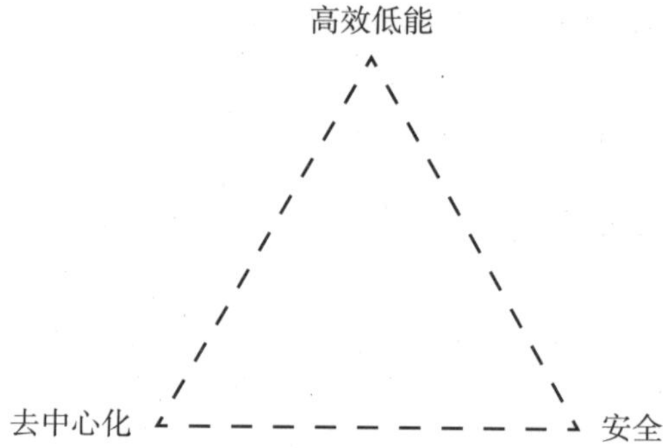

图 20-10　区块链的不可能三角

数字资产领域平衡不可能三角的努力从来没有停止，无论是采用 PoS 共识机制，利用分片突破物理瓶颈，还是建立 Layer2，都可以被视为有益的尝试。在这一过程中，去中心化金融领域的竞争愈演愈烈，以太坊不再独占：截至

2021 年末，锁定在以太坊上的去中心化金融应用中的资产份额由 2021 年初的接近 100% 下降至 70%。

随着去中心化金融生态的丰富，原生的去中心化金融资管拓宽了传统资管的边界。Set Protocol 协议是去中心化金融资管的先行者，基于 Set Protocol 构建的自动化数字资管平台 TokenSets，能够为投资者提供捕捉加密货币波动性的交易策略，并延伸到去中心化金融代币、稳定币和合成资产，为基金经理和投资者提供超过 60 种交易策略（如 Set 社交交易策略）来构建自己的投资组合；同时，基于协议构建的社交交易平台 Set Social Trading，将专业投资者和普通投资者连接得更加紧密，专业的机构或个人投资者可以创建和管理自身策略，并向普通投资者即时宣传，普通投资者可以通过在 TokenSets 上铸造其 Set 代币来执行这些策略，而后提供策略的专业机构或个人投资者可以向普通投资者收取一定的费用。

目前，去中心化金融项目在合规性、安全性和交易效率等方面还不能完全满足机构投资者的要求，短时间内很难出现机构投资者大规模参与去中心化金融项目的现象。此外，针对机构投资者的去中心化金融产品必须进行了解你的客户验证，即通过审查以确认客户是否符合反洗钱、反恐怖融资等方面的监管要求，在一定程度上影响了匿名性。

全球比特币现货 ETF 审批的进展不一，监管仍然存在顾虑

作为普通投资者能够接触的合规数字资管产品，比特币 ETF 受到了广泛的关注。资管巨头 VanEck 经过芝加哥期权交易所于 2021 年 3 月 1 日向美国证交会提出比特币现货 ETF 上市申请，在 8 个多月后审批最终期限到来之际遭到拒绝，理由是未能满足“防止欺诈和操纵市场”“保护投资者和公众利益”的要求，美国比特币现货 ETF 从申请到被拒的过程自 2013 年起便多次上演。在该次拒绝的答复中，美国证交会列出了对于比特币现货 ETF 的顾虑，集中在比特币网络的安全性，以及币价受到巨鲸用户、交易平台操纵等方面。相比之下，由

于芝加哥期货交易所市场的监管合规性程度较高，美国比特币期货 ETF 资管产品的审批比比特币现货 ETF 资管产品更加顺利，在 VanEck 遭拒的前一个月，ProShares 的比特币期货 ETF 获批上市。

与美国不同的是，欧洲对比特币现货 ETF 的态度更为开放，德国、瑞士和瑞典等国已经推行比特币现货 ETF，德国比特币 ETF（BTCE）在德意志交易所推出，该 ETF 跟踪比特币的价格，由加密货币提供实物支持，并由 BitGo 负责托管。加拿大也先于美国推出了比特币现货 ETF：富达投资于 2021 年末正式推出富达优势比特币 ETF，基金购买的 98% 以上的比特币都储存在冷钱包里。可以预见，如果美国现货比特币 ETF 产品推出，那么数字资产作为资管产品将迈出坚实的一步。

机构投资者进入数字资产市场仍然面临障碍

随着越来越多的金融服务提供商提供或计划提供数字资产托管和交易服务，面向机构投资者的基础设施不断完善，各类资管机构加速进入数字资产市场，主流资金开始流入这一领域。然而，监管的不确定性、价格的高波动性、估值体系的缺失等因素仍然阻碍着诸多机构投资者真正将数字资产纳入其投资组合。德勤的一项调查表明，网络安全、监管和金融基础设施是影响金融机构认可数字资产的主要障碍。富达 2021 年发布的调查报告[①]显示，受调查的投资者配置数字资产时的担忧主要是价格波动，其他的阻碍涉及市场操纵、监管分类和资产托管等方面。

① 富达 2021 年对 1 100 名投资者进行调查，涵盖各类高净值人士和机构投资者（包括财务顾问、家族办公室、对冲基金、风险投资基金、捐赠基金和养老基金等）。

主流资金是否能够采取实际行动接纳数字资产，是影响数字资管行业发展空间和增长速度的关键因素。因此，有必要就阻碍机构投资者进入数字资产市场的因素，以及这些因素的现实状况和发展趋势进行研究与讨论。

监管的不确定性仍然存在，全球政策缺乏一致性

由于数字资产同时具有证券属性、商品属性和货币属性，数字资产领域的监管相对复杂，近年来政策变化较为频繁，监管的不确定性是数字资产市场参与者面临的首要挑战。以美国为例（如表 20-8 所示），其并未针对数字资产进行单独立法，而是根据数字资产的不同细分类别及属性，由美国证交会、美国商品期货交易委员会（CFTC）和美国货币监理署（OCC）基于现有框架进行监管。同时，美国国家税务局（IRS）、美国财政部的美国金融犯罪执法网络局（FinCEN）和美国司法部（DOJ）等也从不同维度对数字资产进行监管。但是，在 2021 年 9 月的参议院听证会上，美国证交会主席加里·盖斯勒（Gary Gensler）表示正在制定一套规则来监督数字资产市场。

表 20-8　2019—2021 年美国相关部门关于数字资产的监管文件

监管机构	推出时间	监管文件	具体内容
美国证交会	2019 年	区块链 Token 监管指导方针	用豪威测试判断数字资产是否具有证券属性，审核数字资产 ETF 及投资型代币发行的申请，关注数字资产交易和借贷等行为
	2021 年	《安全港法案》（提案）	发行方注册证券有 3 年宽限期，如果实现网络的完全去中心化，那么可以免于美国证券法监管
美国商品期货交易委员会	2020 年	《数字商品交易法案》（将《商品交易法案》的范围扩大）	交易数字商品时要符合美国证券法的要求。衍生品交易所需获得美国商品期货交易委员会批准，并取得衍生品清算组织（DCO）许可证和指定合约市场牌照（DCN）
美国货币监理署	2020 年	—	允许银行托管数字资产，允许美国银行运行区块链（许可链）节点并使用稳定币（符合监管审查）支付，加密货币支付公司可以申请国家信托银行牌照，之后无须在美国各州分别申请
	2021 年	—	新负责人上任，监管存在不确定性

资料来源：HashKey Group，课题组整理。

相比较而言，中国在数字资产监管方面的态度非常明确，2021 年政策方面的动态整体延续并强化了 2013 年防范比特币风险和 2017 年防范代币发行融资风险的要求。2021 年 5 月 18 日，中国互联网金融协会、中国银行业协会和中国支付清算协会联合发布《关于防范虚拟货币交易炒作风险的公告》，禁止金融机构提供与虚拟货币交易有关的服务。2021 年 9 月 3 日，发展改革委会同中央宣传部、中央网信办、工业和信息化部、公安部、财政部、中国人民银行、税务总局、市场监管总局、银保监会和国家能源局等 11 部委联合出台《关于整治虚拟货币“挖矿”活动的通知》，要求全面梳理排查虚拟货币“挖矿”项目，严禁新增项目投资建设，加快存量项目有序退出。2021 年 9 月 15 日，中国人民银行、中央网信办、最高人民法院、最高人民检察院、工业和信息化部、公安部、市场监管总局、银保监会、证监会和国家外汇管理局 10 部门联合发布《关于进一步防范和处置虚拟货币交易炒作风险的通知》，明确虚拟货币相关业务活动属于非法金融活动。2022 年 4 月，中国互联网金融协会、中国银行业协会和中国证券业协会联合发起倡议，坚决遏制非同质化代币金融化、证券化倾向。

全球其他国家和地区的数字资产监管政策也在逐步推进。例如，英国财政部经济事务部部长约翰·格伦（John Glen）在 2022 年 4 月金融科技周期间的创新金融全球峰会上表示，英国政府已明确会将用作支付手段的稳定币纳入支付监管范围，并且正在考虑修改涉及分布式自治组织（Decentralized Autonomous Organization，DAO）、税收等方面的法律，以使英国成为全球数字资产与技术中心。新加坡金融管理局（MAS）2021 年 8 月“原则上”批准澳大利亚加密货币交易所 Independent Reserve 提供数字资产服务，这是新加坡金融管理局首次向数字资产交易所授予监管许可。

不难看出，随着数字资产市场的发展，监管者对其的重视程度日益提高，监管态度也逐渐清晰。然而，不同区域的监管政策缺乏一致性，监管方面的挑战仍然存在，数字资产市场的参与者可能面临复杂的监管要求和高昂的合规成本。

估值体系尚未建立，资产价值难以衡量

除了监管的不确定性和不一致性成为主流资金进入数字资产市场的障碍外，数字资产本身的特点也是影响投资者决策的重要因素。富达 2021 年发布的调查报告显示，54% 的受访投资者指出数字资产价格波动剧烈是阻碍其进入数字资产市场的主要因素，44% 的受访投资者表示目前评估数字资产价值的成熟方法的缺乏是其进入数字资产市场的主要障碍，其他的障碍涉及市场操纵、监管分类和资产托管等方面（如图 20-11 所示）。

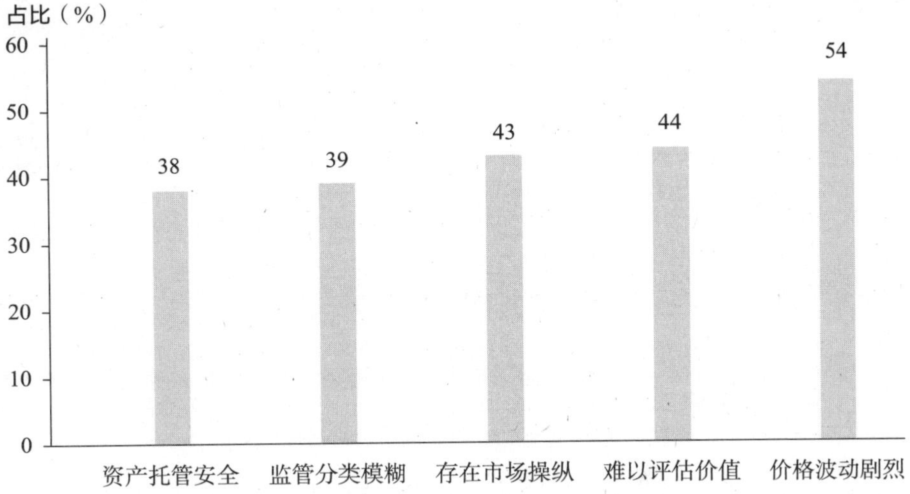

图 20-11　2021 年投资者参与数字资产市场的主要障碍

资料来源：富达，课题组整理。

随着数字资产市场的迅速发展，数字资产的价值成为市场关注的要点，针对数字资产价值评估方法的讨论越来越多，但是尚未形成成熟的估值体系。对数字资产进行估值不能盲目套用传统资产的估值模型和方法。相较于股票、债券等传统资产，数字资产的发展历史较短，能够用模型检验的有效数据较少。同时，不同于传统资产，数字资产的一大特点是基于共识机制，而共识机制的范围和程度会对其价值产生决定性影响。此外，当前数字资产的价格变化受市场情绪影

响很大，基本面方面的支撑有限。因此，需要根据数字资产市场的特点建立估值体系。目前，相对使用较多的数字资产估值方法包括成本定价法、目标市场法、交易方程式法、网络价值与交易量比率法（NVT Ratio）和梅特卡夫定律法（Metcalfe's Law）等（如表 20-9 所示）。

表 20-9　数字资产估值方法介绍

名称	核心理念	方法概述	优势	劣势
成本定价法	仅当数字资产生产成本低于或等于其市场价格时，生产者才会继续生产，因而可以将数字资产的生产成本作为其价值下限	以比特币为例，其生产成本包括电费、固定成本、维护费用和人工费用等，通过计算其生产成本可以得出其价值下限	容易理解，可操作性强	只能对采用 PoW 共识机制的数字资产进行估值，难以用于采用 PoS 等其他共识机制的数字资产，因为后者的生产成本主要体现为参与共识机制需要锁定的权益，会产生难以量化的流动性成本
目标市场法	认为数字资产的价值与其潜在目标市场相关	以比特币为例，假设比特币与黄金类似，能够成为一种价值储藏手段，则可以基于比特币在价值贮藏市场的渗透率、黄金总市值、比特币数量上限计算其价值	容易理解，提供了一个相对可靠的比较框架	仅能得到数量级层面的粗略估计，且难以适用以太币等具有可编程性的数字资产
交易方程式法	借鉴传统的货币估值模型，假设加密货币的价值与其所在市场的规模及其在该市场中的流通速度有关	数字资产的网络价值（M）与其支撑的经济规模（$P \cdot Q$，P 表示价格、Q 表示商品和服务的交易总量）成正比，与其使用次数（V）成反比，即 $M=P \cdot Q/V$	基于货币需求理论，有较扎实的理论基础	仅适用于具有应用价值的数字资产。此外，估值时需要基于大量假设，例如市场规模、市场占有率和使用次数等
网络价值与交易量比率法	认为转账交易是数字资产的主要使用价值，因此选取交易量作为基本面指标，通过网络价值与交易量之间的比值进行相对价值的评估	分子是数字资产的网络价值，类似于上市公司总市值，分母是数字资产的交易量	能够对比不同数字资产的估值，可操作性强	基于不同时间段（如 30 天网络价值与交易量比率和 90 天网络价值与交易量比率）的计算结果会有很大区别，影响结论的有效性。只计算链上交易量，可能造成实际交易量被低估
梅特卡夫定律法	网络价值与该网络用户数量的平方成正比，即网络的用户数量越多，整个网络的价值越大	基础表达式 $NV=C \cdot n^2$，其中 NV 表示网络价值，n 表示用户数量，C 为系数；改进后包括 $NV=C \cdot n^{1.5}$ 和 $NV=C \cdot n \cdot \log(n)$ 等	将数字资产基于共识机制的特征纳入了模型	短期的有效性受到质疑，网络形成需要所有节点互联互通，但用户在短期内只会与有限用户发生信息和价值的交互

资料来源：CFA 协会、HashKey Capital，课题组整理。

资产安全存在隐患，安全解决方案亟待完善

数字资产的安全性受到投资者的广泛关注，自2009年比特币推出以来，数字资产行业经过10余年的发展，相关技术已经有了长足的进步。目前，区块链技术服务商、资产托管服务商等类型的市场参与者，都在积极探索安全解决方案的创新，例如使用多方计算（MPC）对多重签名解决方案进行改进。

然而，资产安全问题仍然严峻，欺诈、黑客攻击等安全事件频发。Atlas VPN的数据显示，2011—2021年已有超过120亿美元的数字资产被盗，其中约40%与欺诈有关（如图20-12所示）。同时，新的安全问题层出不穷，2020年出现了去中心化金融领域的黑客攻击，并且相关损失在2021年激增。

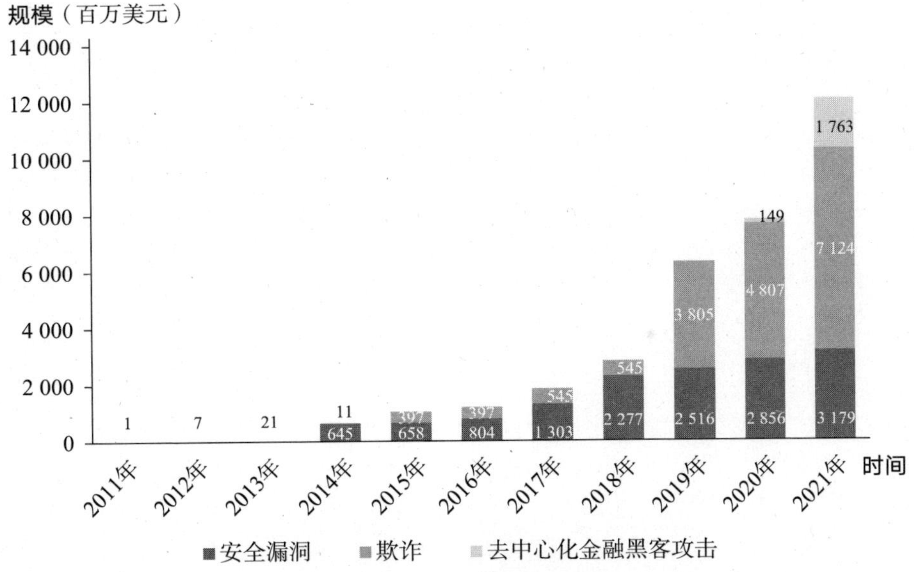

图20-12　2011—2021年被盗的数字资产规模

资料来源：Crystal Blockchain、Atlas VPN，课题组整理。

后 记

2022年资管新规过渡期正式结束，中国资管行业的各个细分赛道在经历洗牌与重整后重新出发。放眼全球，居民财富总额已超过510万亿美元，过去20年大约翻了3倍，相当于全球GDP的6.1倍；中国贡献了全球居民财富总额的1/3，居民财富总额跃居全球第二，中国资管行业已经具备全球影响力。与此同时，在当前国际宏观环境动荡、国内外经济周期分化的背景下，以大宗商品为代表的生产要素价格剧烈波动，刚刚完成净值化转型的中国资管行业面临的是机遇与挑战并存的时代。

本书10余年来尝试持续跟踪中国资管行业的发展，同时也试图捕捉2022年经济金融形势和资管市场中的新变化，并邀请了一些在特定领域做出明显成绩的机构和专家与我们共同研究。《2022年中国资产管理行业发展报告》由我负责整体研究框架的确定、统稿和修订等工作，周冠南、禹路协助我进行研究组织和出版等相关事宜，为了提高书稿质量，本书经历多次修订，整个修订工作在我的主持下，先后有周冠南、禹路、吴培、许洪波、陈晋元等积极参与，对全书进行了多次修订和校对。各章起草人员包括：巴曙松、周冠南、许洪波起草第1章；巴曙松、夏碧莹、陶小敏、王晓倩起草第2章；刘蕾蕾、周锦鹏起草第3章；

李成林、王紫宇、陈晋元起草第 4 章；方云龙、柴宏蕊、吴培起草第 5 章；朱茜月、何家榕、刘雨希起草第6章；禹路、徐亮起草第7章；马曙光起草第8章；段国圣、马得原起草第 9 章；任志强、何超起草第 10 章；杨海及上海东方证券资产管理有限公司产品与业务发展部起草第 11 章；陈进、孙新宝起草第 12 章；葛国栋、朱世伟起草第 13 章；王菁及瑞信证券财富管理部全权委托业务研究课题组（李昆林、林东、何昊等）起草第 14 章；黄文礼、邵杨楠、汪修宇起草第 15 章；邵杨楠、曾好、朱远浩起草第 16 章；杨敏、程远飞起草第 17 章；唐芷瑄、亓良宸、徐扬皓起草第 18 章；江雅好、巴茜起草第 19 章；姚沁雪、陈焕燃起草第 20 章。我们十分感谢湛庐文化的编辑团队为本书的出版所付出的持续专业努力，以及董寰女士多年来与我们就这个主题的研究所形成的良好的合作关系。

我们还要特别感谢农银理财有限责任公司董事长马曙光，泰康保险集团股份有限公司执行副总裁、首席投资官段国圣，海富通基金管理有限公司总经理任志强，上海东方证券资产管理有限公司总经理助理杨海，百瑞信托研究发展中心陈进、孙新宝，永安期货股份有限公司董事长葛国栋，瑞信证券（中国）有限公司首席执行官王菁，他们在各自不同领域的深厚积累必定有助于读者加深对资管行业的认识。

当然，尽管我们在本书的写作过程中投入了大量的精力，但是由于专业水平有限，错误和不足在所难免，恳请各位专家指正，以期在今后的追踪研究中不断改进和深入。

图书在版编目（CIP）数据

2022 年中国资产管理行业发展报告 / 巴曙松等著. -- 北京 : 中国财政经济出版社， 2022.12
ISBN 978-7-5223-1341-2

Ⅰ. ①2… Ⅱ. ①巴… Ⅲ. ①资产管理—研究报告—中国—2022 Ⅳ. ①F832

中国版本图书馆 CIP 数据核字（2022）第 230122 号

责任编辑：郁东敏　　责任校对：胡永立
封面设计：张志浩　　责任印制：张　健

2022 年中国资产管理行业发展报告
2022 NIAN ZHONGGUO ZICHAN GUANLI HANGYE FAZHAN BAOGAO

中国财政经济出版社 出版
URL：http://www.cfeph.cn
E-mail:cfeph@cfemg.cn

社址：北京市海淀区阜成路甲 28 号　邮政编码：100142
营销中心电话：010-88191522
天猫网店：中国财政经济出版社旗舰店
网址：https：//zgczjjcbs.tmall.com
唐山富达印务有限公司印装　各地新华书店经销
成品尺寸：170mm×230mm　16 开　35 印张　568 000 字
2022 年 12 月第 1 版　2022 年 12 月河北第 1 次印刷
定价：159.90 元
ISBN 978-7-5223-1341-2
（图书出现印装问题，本社负责调换，电话：010-88190548）
本社图书质量投诉电话：010-88190744
打击盗版举报热线：010-88191661　QQ：2242791300